제2판

REGIONAL ECONOMICS
지역경제학

정홍열 지음

Σ 시그마프레스

지역경제학, 제2판

발행일 | 2023년 3월 5일 1쇄 발행

저 자 | 정홍열
발행인 | 강학경
발행처 | ㈜시그마프레스
디자인 | 송현주
편 집 | 김은실

등록번호 | 제10-2642호
주소 | 서울특별시 영등포구 양평로 22길 21 선유도코오롱디지털타워 A401~402호
전자우편 | sigma@spress.co.kr
홈페이지 | http://www.sigmapress.co.kr
전화 | (02)323-4845, (02)2062-5184~8
팩스 | (02)323-4197

ISBN | 979-11-6226-426-3

지역경제학의 창시자 아이사드(*Walter Isard*)를 기리며*(1919~2010)*

제2판 서문

지구촌은 1989년을 기점으로 그 후 30여 년간 세계화, 글로벌화를 향해 줄기차게 달려왔다. 1991년에는 소련이 붕괴하면서 러시아가 세계 경제 시스템의 한 축으로 자리 잡았고, 2001년에는 중국이 세계무역기구(WTO)에 가입하면서 또 다른 한 축을 차지했다. 이에 세계무역량은 급증했고, 수많은 기업들이 인건비와 원자잿값이 싼 국가를 찾아 나서면서 이런 조류에 편성해 이름난 글로벌 기업들도 많이 생겨났다. 공산주의나 민주주의 같은 이념은 고려하지 않고 더 적은 비용으로 더 많은 제품을 생산할 수 있으면 세계 어느 곳이든 진출했다. 각국 정부도 나서 세계화 전략에 '올인'했다. 바야흐로 세계화, 글로벌화의 황금시기였다. 이에 따라 세계화(global)와 지역화(local)를 합한 글로컬(glocal)이란 용어도 유행했다.

그러나 영원할 것만 같았던 세계화 추세도 2008년 글로벌 금융위기와 중국의 부상을 계기로 균열이 일어나기 시작하여, 미국의 트럼프 등장과 중국과의 무역전쟁, 코로나19 팬데믹 등 크고 작은 사건으로 움츠러들기 시작했다. 여기에 러시아의 우크라이나 침공이 그 마침표를 찍었다.

세계화의 종말 여파는 세계 곳곳으로 퍼져나가고 있다. 세계화 덕에 세계 국가들은 오랜 기간 낮은 물가 혜택을 공유했지만, 이젠 각국이 앞다투어 빗장을 걸고 무역장벽을 치면서 거래가 막히고 물가가 치솟아 이미 많은 신흥국이 어려움에 직면해 있다. 세계화 시대 비용 절감을 위해 해외로 진출했던 기업들도 이제는 온쇼어링(onshoring)이나 리쇼어링(reshoring), 니어쇼어링(nearshoring), 인쇼싱(insourcing)뿐만 아니라, 동맹국 간에 공급망을 구축하는 프렌드쇼어링(friend-shoring)까지 추진하면서, 과거 신흥 공업 국가들에서나 볼 수 있던 보호주의·신중상주의(neomercantilism) 정책들이 선진국 사이에서도 공공연하게 시행되고 있다. 산업정책으로 자국 생산을 키우는 세계화 시대 이전 세상으로 돌아간 것이다.

일부 학자들은 탈세계화(deglobalization)가 아니라든가 일정 부분 변화된 새로운 세계화 추세라는 주장도 있지만, 어느 쪽이든 과거에 확산되던 형태와는 다른 추세임에는 틀림이 없다. 그리고 이러한 글로벌 경제환경 변화는 지난 30여 년간 세계화의 혜택을 가장 많이 받은 우리나라에 어려운 대외 무역환경을 조성하고 있으며, 금융위기 이후 14년 만에 처음으로 2022년에는 연간 무역수지가 적자를 기록했다.

리카르도가 '비교 우위 이론'으로 세계화에 학문적 근거를 제공했지만, 탈세계화로의 추세 전환은 경제통합론 같은 일부 관련 분야 외에는 당장 주류 경제학 학문 분야에 큰 변화를 가져올 것 같지는 않다. 미시경제학이나 거시경제학 같은 일반경제학보다 좀 더 확장되고 진보된 '공간' 개념을 포함하고 있는 지역경제학도 탈세계화 추세로 인해 학문적으로 특별한 긍정적 영향을 받을 것 같지는 않다.

유학을 마치고 한국의 대학 강단에서 지역경제학을 강의하면서부터 학생들에게 이 과목을 가르치는 것이 쉽지 않다는 것을 깨달았다. 왜냐하면 지역경제학에서 다루는 분야가 여러 다른 학문 분야의 사전 지식을 요구하고 있고, 분야별로 축적된 논문과 자료가 워낙 방대해서 한 학기 동안 어느 분야를 선별해 어느 정도 깊이로 가르쳐야 하는가를 결정하는 것이 어려웠기 때문이다. 또한 관련 교재마다 특색이 있고 다루는 내용도 다르며, 수준도 천자만별이어서 교재 선정부터 많은 고민을 했었다. 그러다 듀크대학교에 1년간 연구년을 가서 대학 도서관에서 지역경제학 관련 수많은 고전 명서들을 발견하고 흥분을 감추지 못했던 기억이 생생하다. 그리고 그런 기억이 기회가 되어 이 책을 집필하게 되었다.

그러나 이제 국내에 있으면 이런저런 일로 시간에 쫓기고, 교재 개정에 필요한 자료도 해외 대학과 달리 수집이 쉽지 않아 2판을 준비하면서 여러 가지 어려움을 겪었다. 그러나 그런 어려움보다도 시간이 지나면서 저자의 지적 능력과 열정도 쇠퇴해감에 기인한 것이 더 클 것이라 생각하니, 변변치 못한 2판을 내놓아 독자들에게 참으로 미안한 마음이 든다. 그저 양해를 부탁드린다.

다만 이런저런 이유로 머뭇거리는 저자를 독려해 개정판을 내도록 해준 ㈜시그마프레스 출판사 사장님과 정성껏 2판을 만들어준 편집부 직원분들에게는 감사 말씀을 드려야 할 것 같다.

2023년 1월 조도 연구실에서
저자가

일반적으로 경제학은 학생들에게 공부하기가 어려운 학문분야로 인식되고 있다. 더구나 지역경제학은 경제학 과목 중에서도 학생들에게 널리 알려져 있지 않고, 학부에 개설되지 않는 학교도 많아 과목에 대한 오해나 편견도 꽤 많은 것 같다. 이는 아마 지역경제학이라는 학문이 비교적 타 경제학 분야에 비해 역사가 짧고, 국내에서 지역경제학을 연구하는 학자도 상대적으로 많지 않아 그럴 것이라고 추측한다. 하지만 지역경제학은 공간을 다루는 학문으로서 이미 세계 각국에서 중요한 경제학의 한 분야로 자리매김한 지 오래된다. 특히, 경제학과, 도시계획학과, 지역개발학과, 지리학과 등에서는 핵심과목으로 꼽히며, 국내에서는 1995년에 지방자치제가 실시된 후 각 지역별로 지역경제가 중요하게 되면서 더 많은 주목을 받아 왔다. 또한 지역경제학은 다른 경제학 분야보다 공간이란 개념을 분석틀에 도입하여 훨씬 더 현실을 반영하고 있어 다른 어떤 경제학 분야보다도 앞선 분야라 할 수 있다.

지역과 관련된 경제적 이해관계는 인류가 유목시대를 벗어나 정착생활을 하면서부터 시작되었는지도 모른다. 그러나 이러한 경제적 이해관계가 학문적으로 체계를 갖추고 연구되기 시작한 것은 제2차 세계대전이 끝난 후 신생국들이 생겨나고, 정부차원에서 국가가 지역개발 계획을 본격적으로 추진하면서 시작되었다고 할 수 있다. 우리나라도 6.25 전쟁이 끝나고 피폐해진 국가의 경제적 현실을 직시하고, 이를 발전시키기 위해 지역개발 계획을 수립하면서 필요에 의해 지역경제학이란 학문도 주목받기 시작하였다. 1970년대 이후에는 수도권에 집중되는 인구와 자본을 분산시켜 국토의 균형적 개발을 도모하기 위해 지역경제학에서 개발된 이론들을 빌려와 국가개발정책에 접목시켰다.

이 책은 지역경제학에 관심을 가지고 있는 대학생이나 대학원생을 대상으로 쓴 책이지만 집필과정에서 이 분야에 특별한 지식이 없는 학생도 쉽게 이해할 수 있도록 수학적인 접근방식의 서술은 최대한 자제했다. 그리고 한 학기 교재용으로 사용할 수 있도록 다루는 주제도 많이 축소시켰다. 그러다 보니 지방의 재정문제나 지역의 빈곤 문제, 지역 간 소득격차 등 중요한 주제들이 많이 빠지게 되었다. 또한 지역이 사회적, 문화적, 종교적, 경제적, 정치적인 모든 요소를 포함하고 있어 실질적 분석을 위해서는 다양한 학문적 시각이 필요하지만, 저자의 전공분야가 경제학으로 한정되어 있어 주로 경제적인 관점에 바탕을 두고 서술하다 보니 자체에 한계점을 가지게 되어 아쉬움이 남는다.

공간에 대한 경제분석은 크게 도시경제학과 지역경제학 두 분야로 나뉜다. 그리고 도시경제학은 도시의 성격이나 활동에 대해 초점을 맞춘 반면 지역경제학은 단일 도시에 비해 더 넓은 공간적 범위의 내용을 다룰 수 있도록 발전했다. 그러나 도시경제를 분석하기 위해 개발된 모델과 분석기법들이 지역경제를 분석하는 모델이나 기법과 서로 배타적이어서 동시에 다룰 수 없도록 진화한 것은 아니다. 오히려 이 두 분야는 상호 교환적이며, 많은 분석들이 두 분야에 공통적으로 포함되는 경우가 훨씬 더 일반적인 현상이다. 따라서 이 책에서도 두 분야를 따로 분리하지 않고 통합시킴으로써 독자들에게 좀 더 포괄적인 접근법을 제시하려고 노력하였다.

저자가 대학 강단에서 지역경제학을 강의한 지는 이미 10여 년이 지났지만 늘 바쁘다는 핑계로 저서를 집필하지 못했다. 그러다 지난 2009년 미국 듀크대학(Duke University)에 방문교수로 가는 기회를 얻게 되어 마침내 이 책을 집필하게 되었다. 이 책을 집필하면서 예상치 못했던 특혜를 얻기도 했는데, 그것은 자료수집을 위해 듀크대학의 퍼킨스 도서관(Perkins Library)을 드나들면서 이 분야의 선구적 학자들이 저술한 100년도 더 된 명서(名書)들을 찾아 펼치면서 느꼈던 고전의 향기와 그 감동이다. 아마 그 감동은 꽤 오랫동안 갈 것 같다. 다만 1년간 방문교수로 머물며 시간이 많지 않음과 저자의 얇은 지식 때문에 선각자들이 발전시켜 놓은 훌륭한 이론을 잘 담아 후학들에게 전달하지 못하는 것이 유감스러우며, 그것이 모두 저자의 능력이 모자람에서 기인한 것이라 생각하니 그저 미안할 뿐이다.

이 책을 집필하면서 저자가 박사과정 때부터 교재로 이용했고, 귀국 후 강단에서 강의하면서 많이 활용했던 블레어(Blair)의 『도시 및 지역경제학(Urban and Regional Economics)』책을 가장 많이 참조했음을 밝혀둔다. 그리고 이 책을 출간하면서 많은 분들의 도움을 받았다. 책을 출판하기 전에 탈·오자를 교정해 주고, 책 전반의 내용을 검토해 준 한국해양대학교 국제무역경제학부 박찬영 군과 출판을 흔쾌히 허락해 준

(주)시그마프레스의 강학경 사장님에게도 감사드린다.

　또한 저자가 학문에 전념할 수 있도록 오랜 세월 뒷바라지를 해 주신 부모님에게도 깊은 감사의 말씀을 드리며, 마지막으로 조그마한 미국의 시골도시 더럼(Durham)에서 답답한 생활을 참으면서 원고 정리와 참고문헌 정리를 도와준 아내에게도 고마움을 전한다.

부산 영도 아치섬에서

저자

차례

제1장

지역경제학이란?

지역경제학의 정의

문화인류학에서는 인류가 단순한 수렵과 채집을 하던 원시 공동체 형태를 벗어나 농사를 짓고 작은 촌락을 형성했던 시기를 지금부터 약 1만여 년 이전으로 추정하고 있다. 그 후 작은 촌락 등이 모여 큰 촌락을 형성하면서 차츰 현대적 의미의 도시(都市)를 형성하게 되었고, 인간의 소비 및 생산 등 경제활동도 발전하게 되었다. 그리고 이러한 경제활동의 발전은 경제행위에 있어 질적, 양적인 변화를 가져와 지역별로 다른 문화를 발생시키고 사회구조도 점점 더 다양하고 복잡하게 만들었다.

그러나 고대 구석기 시대부터 현재까지 인간 생활 속에 변하지 않는 것이 있다면 인간이 삶을 영위하는 과정에서 늘 자신이 원하는 것을 다 갖지 못하고 불만족한 상태로 살아가고 있다는 것이다. 이는 근본적으로 인간이 가지고 있는 욕망이 끝이 없는 반면, 그 욕망을 충족시켜 줄 수 있는 자원은 한정되어 있는 데서 기인한다. 따라서 인간의 경제행위를 분석하는 일반경제학에서는 한정된 자원을 하나의 주어진 제약조건으로 받아들이고, 이를 바탕으로 그들의 욕망을 최대한 만족시킬 수 있는 방법을 찾았다. 즉 소비자의 경우 자신이 쓸 수 있는 예산의 범위 내에서 자신의 효용을 극대화시킬 수 있는 방법을 찾고, 기업의 경우에는 주어진 생산비 내에서 최대한 생산량을 늘릴 수 있는 방법을 찾아 이윤극대화를 할 수 있는 방법을 찾는 것이다. 이는 결국 사회 구성원 간에 욕망 충족의 수단이 되는 재화와 용역 중 '무엇을', '어떻게', '누구를 위해', '언제', '얼마만큼' 생산하고, 분배하는가 하는 문제로 귀착되며, 이에 대한 해답을 찾는 것이 지금까지 경제학이 풀어야 할 주요 과제로 인식되고 있다.

이러한 일반경제학은 자원의 생산과 분배를 하나의 일정한 장소에서 일어나는 것으로 파악하고 있지만, 그것과 연관하여 공간적인 문제는 별로 관심을 두고 있지 않다. 즉, 전체 경제체제가 공간상의 한 점에서 형성되고 작동하는 것으로 가정하고 있어, 재화와 용역을 '어디에서' 생산하고 '어디에서' 소비할 것인가 하는 근본적인 문제는 간과하고 있는 것이다. 그래서 재화 및 용역은 항상 어느 곳에서나 생산과 소비가 가능하고, '운송비는 없다.'라고 가정하고 이론을 전개하고 있다. 이러한 가정은 실제로 생산 및 소비활동에 큰 영향을 미치는 공간적 배열을 완전히 무시함으로써 올바른 결과를 도출하지 못할 뿐만 아니라, 이로 인해 생산 및 소비활동에 큰 왜곡을 가져올 수 있다. 모든 생산품은 시장이 있는 곳으로 이동해야 하며, 적절한 시장에 이르기 위해서 상품은 공간을 가로질러 운송되고 배달되어야 한다. 비슷하게 서비스 활동도 특정한 장소에서 발생하여 지리적인 공간을 가로질러 전송된다. 이때 공간상의 이동에 따른 비용이 반드시 발생하며, 이는 각 시장에서의 재화와 용역의 가격을 결정하는 데 중요한 요인이다. 그래서 왜 특정한 경제활동이 특정한 장소에 입지하게 되는가 하는 것 또한 중요한 경제적 문제가 된다.

이러한 관점에서 지역경제학(地域經濟學)은 이러한 공간적인 문제에 초점을 맞추고, 어느 장소에서 생산활동이 일어나고 어느 곳에서 소비활동이 일어나는 것이 최선인가 하는 문제에 관심을 둠으로써, 실제로 공간상에서 일어나고 있는 생산 및 소비활동에 대한 정확한 해답을 찾아보려는 연구분야로 기존의 경제학보다 한 걸음 더 진보된 학문으로 볼 수 있다. 이러한 점은 너스(Nourse)가 잘 지적하고 있는데, 그는 먼저 일반경제학이 공간적 배열을 고려하지 않고 마치 한 점에서 경제활동을 하고 있는 것처럼 가정하고 있다고 비판하면서 "지역경제학은 간과하고 있는 경제의 공간적 질서를 연구하고, 나아가 희소한 지리적 자원의 지리적 배분에 대한 연구이다."라고 정의하였다.[1] 더구나 지역이라고 하는 것은 그 지역에서 살고 있는 지역주민들의 구성이나 그들이 살아왔던 전통 등 여러 가지 사회·문화·경제적인 특성이 혼재된 영역으로서, 단순히 경제적 상호의존성이나 연계성에 대한 경제적 분석뿐 아니라 지리, 사회, 문화, 종교 등도 같이 고찰해야 비로소 올바른 이해가 가능하게 된다. 따라서 지역경제학이란 실제적으로 지리학, 사회학, 인류학, 토목공학, 도시 및 지역행정학 등 다양한 학문적 기반을 요구하는 종합적인 사회과학이므로 지역과학(regional science)이라고 하는 편이 더 부합될 것이다. 두베이(Dubey)[2]가 지역경제학의 관심대상은 지역에 대한 접근방법에 따라 달라진다고 주장했던 것은 이러한 의미를 내포하고 있으며, 아이사드(Isard)가 지역은 살아 있는 조직체(live organism)라고 불렀던 것도 같은 맥락으로 이해할 수 있다. 그래서 두베이는 결론적으로 "공간성의 분리, 자원의 불균등한 분포, 완전한 이동성의 부족, 경제화의 필요성 등 모든 것들이 지역경제학을 완벽하게 정의하는 데 포함되어야 한다."라고 주장하였다.

---

1) Nourse, 1968, *Regional Economics*, p. 1.
2) Dubey, "The Definition of Regional Economics", pp. 25-29.

제2절 지역경제학의 발전

경제학이 발전하고 여러 이론이 정립되는 동안 공간적 문제는 경제학자들이나 경제정책 입안자들 사이에 한동안 간과되어 왔다. 그러나 국가가 차츰 개방되고 통신수단이 발전되며 노동과 자본의 이동이 증가하면서 국제경쟁력의 많은 부문이 국가경제 전체의 경쟁력보다 각 국가의 특정 지역 간의 경쟁력에 의해 결정된다는 사실을 깨닫게 되었다. 결국 국가 내 그리고 국가 간 경쟁력은 여러 지역 간에 산업활동의 공간적 분포에 달려 있다는 점에서 지난 수십 년간 공간경제의 문제에 상당한 관심이 쏠렸고, 경제에 있어서 지리학의 역할과 지역경제활동의 중요성은 결국 지역경제학을 연구하도록 유도하였다.

실제로 지역경제학에 대한 학문적 발전을 되돌아보면 19세기 초까지 거슬러 올라간다. 특히 독일에서는 공간분석자들과 지역학자들이 전통적인 입지이론(location theory)을 바탕으로 일찍이 서로 의견을 교환했다. 튀넨(Thünen, 1826),[3] 베버(Weber, 1909),[4] 크리스탈러(Christaller, 1933),[5] 팔랜더(Palander, 1935),[6] 후버(Hoover, 1937),[7] 뢰쉬(Lösch, 1944)[8] 등이 여기에 속하는 초기의 학자들이다.

미국에서는 아이사드(Isard)가 처음으로 지역경제학 분야로 박사학위를 받고, 경제학에 공간개념을 포함한 이론 정립에 많은 노력을 하여 미국 지역경제학의 창시자로 불린다. 그는 20세에 탬플 대학을 졸업하고 하버드와 시카고 대학 대학원에 진학하여 입지이론 부문에 연구를 집중하면서 공간 일반균형이론을 크게 발전시켰다.[9] 그리고 기존의 경제학을 "공간개념이 없는 동화의 나라(wonderland of no special dimensions)"라고 비판하면서, 스티븐스(Stevens, 1958),[10] 윈츠(Warntz, 1959),[11] 알론소(Alonso, 1960)[12]와 함께 경제학과 지리학이 결합된 새로운 혼합학문을 만들어 냈다. 이러한 혼

---

3) Thünen, 1826, *Der isolierte Staat in Beziehung auf Landwirschaft und Nationalö-konornie.*

4) Weber, 1909, *Über den Standort der Industrien.*

5) Christaller, 1933, *Die Zentralen Orte in Süddeutschland.*

6) Palander, 1935, *Beiträge zur Standortstheorie.*

7) Hoover, 1937, *Location Theory and the Shoe and leather Industries.*

8) Lösch, 1940, *Die räumliche Ordnung der Wirtschaft.*

9) Isard, 1956, *Location and Space-economy; a General Theory Relating to Industrial Location, Market Areas, Land Use, Trade, and Urban Structure.* Isard, 1960, *Methods of Regional Analysis; an Introduction to Regional Science.*

10) Sevens, 1958, "An interregional linear programming model", pp. 60-98.

11) Warntz, 1959, *Toward a Geography of Price.*

12) Alonso, 1960, "A theory of the urban land market", pp. 149-158.

합학문의 주요 목표는 신고전학파의 경쟁적 균형이론을 공간적 상호조정의 맥락에서 다시 개정하여 모든 수요와 공급 그리고 가격변수들을 입지의 명시적 함수로 표현할 수 있도록 하는 것이었다.

그러나 세계적으로 지역경제학이 경제지리학, 도시 및 지역계획학, 지역개발학 등 다른 유사학문과 분리되어 독립적인 학문분야로서 본격적으로 발전한 것은 제2차 세계대전 이후로 보아야 할 것이다. 지리학적인 입지와 분배의 의미를 연구하는 데 지역경제학을 하나의 중요한 분석틀로 받아들인 것이 1950년대 중반 이후부터였다. 이러한 점은 펠린크(Paelinck)와 니캄프(NijKamp)[13)가 잘 지적하고 있는데, 그들은 지역경제학이 19세기의 튀넨(Thünen)과 20세기 초의 호텔링(Hotteling), 크리스탈러(Christaller),[14) 뢰쉬(Lösch) 등에 의해 시작되었지만, 실질적인 학문적 기원은 1950년대에 시작되었다고 지적한다. 실제로 1950년대 들어 뢰쉬 등을 중심으로 한 공간경제 이론이 본격적으로 전개되었고,[15) 리카도(Ricardo)의 토지 비옥도에 따른 차액지대설과 튀넨의 수송비에 의한 차액지대설 등이 경제학자들의 관심을 끌면서 발전의 전기를 마련했다. 그 후 페터(Fetter),[16) 그린헛(Greenhut, 1970)[17) 등 뛰어난 지역경제학자들이 출현하여 지리학과 공간 사이에 관련된 복잡한 특성에 관한 수많은 기초적 이론을 계속하여 제공함으로써 지역경제학은 큰 발전을 하였다.

한편, 전쟁이 끝나고 세계 각국은 전후 복구사업을 본격화하면서 경제성장에 초점을 맞춘 경제정책을 시행했고, 성장극점(growth pole)이나 지역개발정책에 창조적인 아이디어를 발표했던 페로우(Perroux, 1950, 1955),[18) 폰사르드(Ponsard, 1955, 1958),[19) 보데빌(Boudeville, 1961)[20) 등 소집단의 프랑스 학자들도 이 분야의 발전에 큰 역할을 담당했다. 특히 페로우의 성장거점이론이나 클라센(Klaassen)의 발전 모델들은 현실에 접목되어 지역개발이 이루어지면서, 학문적 성격보다는 지역문제 해결을 위한 지역개발 행정을 위한 분야로 발전하였다.

---

13) Paelinck and NijKamp, 1975, *Operation Theory and Method in Regional Economics*.
14) Christaller, 1933, *Die Zentralen Orte in Süddeutschland*.
15) Isard, 1956, *Location and Space Economy*.
16) Fetter, 1924, "The Economic Law of Market Areas", pp. 119-138.
17) Greenhut, 1970, *A Theory of the Firm in Economic Space*.
18) Perroux, 1950, "Les espaces économiques", pp. 225-244.
　　Perroux, 1955, "La notion de pêle de croissance", pp. 307-314.
19) Ponsard, 1955, *Economie et Espace*.
　　Ponsard, 1958, *Histoire des Théories Economiques Spatiales*.
20) Boudeville, 1961, *Les Espaces Economiques*.

미국 내에서는 아이사드(Isard) 주도하에 지역과학학회(Regional Science Association)가 1954년 12월 설립되어 「지역과학학회 논문집(Regional Science Association Papers)」을 발간하기 시작했고, 1959년에는 일리노이 대학에서도 『지역과학 저널(Journal of Regional Science)』을 출간함으로써 본격적으로 지역경제학자들에 의한 학문적 연구도 활발해졌다. 더불어 1950년대 들어 미국의 140여 개 대학에서 지역경제학과 관련된 과목이 개설되어 그 저변을 확대시켜 나갔다. 한편 영국에서는 이보다 앞선 1910년에 리버풀대학교의 도시계획학자들에 의한 『도시계획개관(Town Planning Review)』 저널이 발간되었고, 1930년에는 도시 및 지역계획협회가 창설되어 『도시 및 국가 계획(Town & Country Planning)』 저널이 발간되었다. 그 후 지역경제이론과 연구를 종합한 사람으로 메이어(Meyer), 브라운(Brown) 및 리처드슨(Richardson), 폰사르드(Ponsard), 한센(Hansen) 등을 꼽을 수 있다.[21]

1990년대 이후에는 세계경제가 EU, NAFTA, ASEAN, MERCOSUR 등 지역별 경제통합체 위주로 발전하고 있어, 기존의 지역경제분석 및 전통적인 비교우위에 의한 무역발생이론에 대한 수정이 필요해졌다. 이에 크루그먼(Krugman)은 기존의 국제무역이론에 운송비나 다른 무역장벽 형태의 공간적 요소를 포함한 동태적 모델을 제시하면서 '새로운 경제 지리학' 분야를 개척했다.[22] 이 새로운 분야는 그 후 지역경제 개발을 다루는 분야나 도시의 집적경제 모델의 구조를 개발하는 데 적용되었다. 그리고 유럽의 통합과 함께 무역장벽이 낮아지면서 유럽의 지역발전에 주는 의미와 관련해 적용범위가 확대되었다.

최근 들어, 지역경제학에 계량경제학적 접근방식이 과거보다 한층 더 강화되고 있다. 이러한 추세는 지난 30여 년 동안 컴퓨터 분석기능이 엄청나게 향상된 것이 주요 이유이다. 특히 미국의 경제학자들이 이러한 접근법에 선도적 역할을 하고 있는데, 이는 미국이 다른 국가에 비해 다양한 주제에서 더 많은 지역자료를 확보하고 있기 때문이다. 그래서 이러한 발달은 지역경제학 분야에 이론과 실증분석 간에 훌륭한 균형관계를 얻을 수 있도록 많은 기여를 하고 있다.

우리나라의 지역경제에 대한 관심은 일제 식민지와 6·25사변을 거치면서 국토가

---

21) Meyer, 1963, "Regional Economics : A Survey", p. 19. Brown, 1969, "A Survey of Applied Economics : Regional Economics", pp. 759-96. Richardson, 1978, "The State of Regional Economics : A Survey Article", pp. 1-48. Ponsard, 1983, *History of Spatial Economic Theory*. Hansen, 1988, "Economic Development and Regional Heterogeneity : A Reconsideration of Regional Policy for the United States", pp. 107-118.

22) Krugman, 1991, *Geography and Trade*.

황폐화된 후 이를 재건하는 과정에서 시작되었다. 그리고 국토 및 도시계획학회가 1963년에 처음 설립되었고, 1970년대 1차 국토종합계획이 수립되면서 본격화되었다. 그 후 미국, 영국, 독일 등지에서 유명대학 대학원을 다니면서 선진국의 지역경제이론을 습득한 젊은 학자들이 귀국하면서 1985년 지역학회가 설립되어 「지역연구」라는 학회지를, 1986년 지역개발학회가 설립되어 「지역개발 학회지」를 발간하면서 지금까지 발전해 왔다. 또한 1995년 지방자치제가 시행된 이후 각 지역별로 자체적인 지역개발계획의 수립이 필요해짐에 따라 각 지역에 기반을 둔 지역연구소가 많이 설립되면서 새로운 도약의 전기를 맞았다. 현재는 지역경제학이 도시경제 문제나 운송문제, 천연자원, 새로운 에너지원 문제 등으로 확대되면서 학문적 분석방법도 더욱 확대·발전되고 있다.

제3절 지역이란?

'지역'이라는 말은 누구나 사용하고 있으며, 여러 언론 매체를 통해 매일 언급되는 용어이지만 막상 "지역이란 무엇인가"라는 질문을 받게 되면 정확히 그 의미를 정의하기가 쉽지 않다.[23] 지역을 분류하는 사람이 경제적 기준을 쓰든가, 행정적, 역사적, 아니면 어떤 다른 기준을 쓰더라도 모두가 만족하는 기준은 없다. 영어에서도 region, area, district, community 등 여러 가지 단어를 혼용하여 쓰고 있다. 이러한 현상은 앞에서도 언급했듯이 지역이란 용어 자체가 사회, 문화, 경제, 종교 등 다양한 요소가 혼합되어 있는 장소를 지칭하는 것으로, 필연적으로 다른 지역과 공간적으로 상호의존되어 있는 까닭에 명확히 그 영역을 한정하는 것이 쉽지 않기 때문이다. 또한 분석하려는 연구자의 목표가 무엇인가? 어떤 관점에서 지역을 분류하는가? 등에 따라 같은 지역이라도 언제든지 다른 범주에 속할 수 있어 마치 카멜레온이 주변 환경에 따라 여러 색깔로 변하듯이 수없이 많은 기준으로 지역의 의미를 각색, 변색, 정의할 수 있기 때문이다. 국가별로도 대만이나 싱가포르같이 작은 국토 면적을 가진 국가와 미국이나 러시아, 캐나다같이 거대한 면적을 가진 국가의 지역개념도 다를 수밖에 없다.

그래서 지역경제학에서는 학문적으로 혹은 정책을 수립할 목적으로 제한적으로나마

---

23) Hudson, 2007, "Regions and Regional Uneven Development Forever? Some Reflective Comments upon Theory and Practice", pp. 1149-1160.

지역을 분류하는 기준을 만들어 정의를 내리고 있는데, 이는 크게 다음 세 가지로 구분할 수 있다.

1. 동질적 지역

동질적 지역(homogeneous region)은 지역이 가지고 있는 여러 특성 중에서 하나의 특징에 기초하여 분류하는 것으로, 균등지역(uniform region)이라고도 한다. 이때 분류의 기준으로 사용되는 특성은 다양한데, 1인당 국민소득, 지배적인 산업부문, 실업률, 지역의 산업구조, 소비유형, 경제성장률 같은 경제적 특성이나, 동일한 지형(topography), 기후, 공동의 천연자원 같은 지리적인 특성 혹은 지역적 일체성(identity), 공동의 역사적 발전, 종교, 특정한 정치적 이데올로기 등 정치·사회적 특성이 될 수 있다. 우리가 흔히 온대지역, 열대지역, 한대지역으로 나눌 때는 기후를 기준으로 지역을 분류한 것이며, 미국의 선벨트(sun belt), 스노우 벨트(snow belt) 등도 기후를 기준으로 한 것이다. 반면 콘 벨트(corn belt), 코튼 벨트(cotton belt), 라이스 벨트(rice belt) 등은 생산되는 곡물을 중심으로 분류한 것이며, 종교적으로 개신교와 침례교파가 우세한 지역을 바이블 벨트(bible belt), 인종적으로 흑인 인구 비율이 높은 지역을 블랙 벨트(black belt)로 분류하기도 한다. 한편 농촌지역, 어촌지역, 탄광지역 등은 그 지역의 주종 산업에 따라 지역을 분류한 것이다.

따라서 연구하려는 목적이나 지역개발의 목표 등에 따라 지역을 달리 분류하는데, 하굿(Hagood) 등의 경우 미국의 농촌지역 자료와 교육, 인구자료 등을 사용하여 동질적인 지역을 구분하는 시도를 하였다.[24] 〈그림 1.1〉은 하굿 등이 농가당 현금소득, 농가의 출산율(fertility), 농촌의 삶 지표, 거리 등의 자료를 이용하여 오하이오 주(州) 내에 동질적인 지역을 4개 범주로 나누어 분류한 것이다.

그에 반해 반호브(Vanhove)와 클라센(Klaassen)[25]은 소득수준과 성장률을 기준으로 지역을 분류했다. 이들은 지역의 소득수준과 성장률을 국가 평균과 비교하여, 소득수준과 성장률 둘 다가 전국 평균보다 높으면 번성지역, 소득수준은 전국 평균보다 낮으나 지역성장률은 높은 지역은 발전 중인 저개발지역, 소득수준은 전국 평균보다 높으

---

24) Hagood, Nadia, and Beum, 1941, "An Examination of the Use of Factor Analysis in the Problem of Subregional Delineation", pp. 216-33. Hagood, 1943, "Statistical Methods for Delineation of Regions Applied to Data on Agriculture and Population", pp. 287-97.
25) Vanhove and Klaassen, 1980, *Regional Policy : A European Approach,* p. 115.

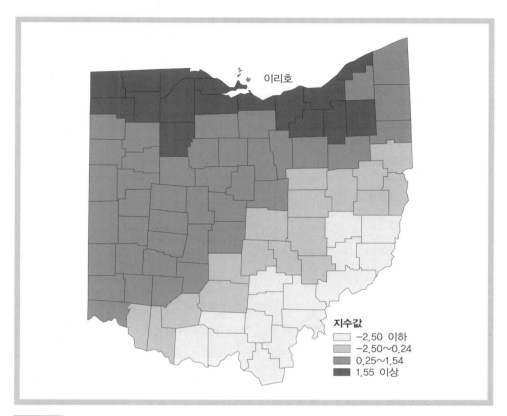

이리호

지수값
- □ −2.50 이하
- □ −2.50∼0.24
- ▨ 0.25∼1.54
- ■ 1.55 이상

그림 1.1 오하이오 주 내 동질적 지역 구분

자료 : Hargood et al., 1943, p. 226.

나 지역성장률은 낮은 지역은 잠재적 저개발지역, 지역성장률과 소득수준 둘 다가 전국 평균보다 낮으면 저개발지역으로 구분했다. 이러한 구분은 지역을 크게 정태적 요인(소득)과 동태적 요인(성장률)을 기준으로 사용한 것으로 지역의 당면문제를 분석하고, 그에 대한 정책적 대안을 제시하기에 유리한 장점을 가지고 있다.

한편 한센(N. M. Hansen)[26]은 지역을 (1) 직접생산활동(Direct Production Activities), (2) 경제적 간접자본(Economic Overhead Capital), (3) 사회간접자본(Social Overhead Capital)을 기준으로 과밀지역(congested regions), 중간지역(intermediate regions) 그리고 낙후지역(lagging regions)으로 구분한 바 있다. 그중 과밀지역은 지역이 성장하면서

---

26) Hansen, 1968, *French Regional Planning,* pp. 9–11.

표 1.1 반호브와 클라센의 지역 구분

동태적 기준 ＼ 정태적 기준		지역소득(y_i) 대 전국 평균소득(y)	
		고 $\left(\dfrac{y_i}{y}>1\right)$	저 $\left(\dfrac{y_i}{y}<1\right)$
지역성장률(g_i) 대 국가성장률(g)	고 $\left(\dfrac{g_i}{g}>1\right)$	번성지역 (prosperous region)	발전 중인 저개발지역 (underdeveloped region in expansion)
	저 $\left(\dfrac{g_i}{g}<1\right)$	잠재적 저개발지역 (potentially under-developed region)	저개발지역 (underdeveloped region)

자료 : 황명찬, 1995, 『지역개발론』, p. 6.

발생하는 한계사회비용이 한계사회편익보다 더 큰 지역을 가리키며, 중간지역은 지역
성장에 따른 한계사회비용보다 한계사회편익비용이 더 커서 그 지역의 주민이나 기업
에 이익을 가져다주는 지역을 의미한다. 마지막으로 낙후지역은 외부로부터 새로운 경
제활동을 끌어들이는 유인력이 거의 없는 지역을 의미한다. 이런 지역은 주로 농촌지
역이거나 지역의 산업이 주로 쇠퇴산업으로 구성되어 있는 지역이다.

이런 동질성을 기준으로 분류한 지역이 갖는 문제점 중 하나는 어떤 특성에 의해
판단한 동질성 지역이 다른 특성에서 보면 이질적 지역으로 된다는 것이다. 예를 들어,
낙후지역에 소득수준이 낮고 실업률이 높아 공평성(equity)을 기반으로 이들 지역의 경
제를 개선시키려 한다고 하자. 그러나 높은 실업률을 기준으로 정의한 동질적 지역은
낮은 1인당 소득기준으로 정의한 동질적 지역과 전혀 다를 수가 있다. 크라프트(Kraft)[27]
등이 미국지역을 대상으로 조사한 결과에 따르면 낮은 소득지역은 주로 시골지역과
연관되어 있지만, 실업률이 높은 지역은 중화학공업과 채취산업(extractive industries)
이 지배적인 지역에서 발견된다. 따라서 이러한 동질적 지역을 기준으로 지역정책을
시행할 때는 먼저 세밀한 기준 선택과 목표 설정이 선행되어야 한다.

---

27) Kraft, Willens, Kaler, and Meyer, 1971, "On the definition of a depressed area", pp. 58-104.

2. 결절지역

결절지역(nodal region)은 거점지역(polarized region)이라고도 부르는데, 기능적으로 상호 영향을 미치며 보완적이거나 서로 의존하는 몇 개의 지역단위를 하나로 묶은 지역을 말한다. 대부분의 도시 및 지역경제학자들은 이 결절지역 개념을 좋아하는데 왜냐하면 이것이 지역 내에서 무엇이 일어났는지를 명시적으로 다루고, 공간적 차원을 중요하게 생각하기 때문이다. 이 결절지역 간에는 계층(hierarchy)이 형성되어 중심도시(central city)들은 재화와 용역, 기타 각종 서비스를 주변의 배후지역(hinterland)에 공급해 주며, 이러한 중심도시들은 주변의 다른 지역보다 경제활동이나 인구 집중도가 높다. 이때 이 중심지역을 하나의 결절(nodes) 혹은 거점(foci)이라 부른다.

실제로 공간에서 경제는 매우 이질적이다. 인구와 산업은 공간상에서 동질적으로 분포하지 않으며, 특정 지역에 집적(集積)한다. 한 국가 내에는 다른 지역보다 인구밀도가 높고, 더 많은 산업이 밀집되고, 도시화가 더 진전된 핵심지역(core region)이 생겨난다. 그리고 지역 내에서도 투입물과 상품, 사람과 교통의 흐름을 유인하는 지배적인 도시(결절)가 생기고, 그 도시 내에서도 기업과 사회의 중심을 형성하는 핵심지역(nucleus)이 있다. 지역은 도시와 읍, 마을 등 각기 다른 크기의 이질적 결절지역이 서로 기능적으로 연관되어 구성된다. 이러한 기능적 연결은 사람과 생산요소, 상품, 통신의 흐름을 관측함으로써 식별할 수 있다. 이런 흐름의 강도는 결절의 유인력에 대한 증가함수이며 거리에 비례해 감소하므로 결절지역을 분석하는 데는 뒤의 제4장에서 언급되는 중력 모델이 적절한 분석기법이 된다.

우리나라 전체 지도를 놓고 살펴보면, 평면상의 공간에서 수도인 서울이 하나의 큰 결절지역을 이루고 있고, 서울에서 남쪽으로 내려오면서 대전 그리고 경상도 쪽으로는 부산과 대구가, 전라도 쪽으로는 전주와 광주가 마치 노끈에 매듭을 지어 놓은 것같이 결절되어 있는 형태를 볼 수 있다. 그리고 이러한 큰 결절지역은 주변의 작은 도시에 재화와 용역, 노동, 정보 등의 경제활동을 지원해 줌으로써 또다시 부산권, 대구권, 광주권, 전주권, 대전권, 춘천권 등의 결절지역을 형성하고 있다.

거점지역이라고 하는 것은 페로우(Perroux)의 지역개발 전략에서 나온 용어로 공간상에 한 지역이 주변지역에 대한 원심력과 구심력을 동시에 가진 힘 있는 지역(field of force), 즉 개발의 중심역할을 하는 거점이라는 뜻이다.

결절지역의 범위를 구분하는 데는 여러 가지 측정변수를 쓸 수 있는데, 리(Liegh)는 통근거리를, 아조(Ajo)는 인구이동을, 베리(Berry)는 시장권을, 고드룬드(Godlund)는

버스 통행로를 사용했다.[28)

3. 계획지역

계획지역(planning region)은 지역의 개발계획을 위해 중앙정부나 지방정부가 목표지역을 몇 개로 나누거나 행정력에 의해 설정된 지역을 말한다. 따라서 계획에 따라 여러 개의 행정구역을 동시에 포함하거나 따로 분리하는 등 신축적으로 설정할 수 있으며 또한 계획 목표에 따라 그 숫자도 달라질 수 있다.

우리나라에서는 제1차 국토종합개발계획에서 국토를 4 대권, 8 중권, 17 소권으로 인위적으로 나누었으며, 제2차 국토종합개발계획에서는 5대 대도시, 17개 지방도시, 6개 농촌도시생활권으로 나누어 각 지역에 맞는 개발계획을 수립하여 추진하였는데 이것이 대표적인 계획지역이라 할 수 있다. 우리나라뿐 아니라 세계 모든 나라가 자국의 지역개발 계획을 수립할 때 이러한 계획지역을 자주 설정한다.

이 계획지역은 목표에 맞춰 정확히 설정하려면 필요한 정보(지역 간 물동량, 실업률, 생산 종류, 지역소득 등)가 많이 필요한데, 요구되는 자료를 모두 구하기가 어려워 기존에 분류되어 있는 특별시나 도(道) 등의 행정지역을 기준으로 하는 경우가 많다. 현재의 지방자치제도는 이러한 행정구역을 기준으로 한 까닭에 지역경제 내에서 그 중요성이 증가하고 있다. 각종 연구에서도 지역을 구분할 때 이 행정지역이 많이 사용되는데, 이는 지역의 대부분 자료가 행정지역을 기준으로 수집되고 발간되기 때문이다. 더구나 이 행정지역은 지도에 그리기도 쉽고, 일반인에게 설명하기도 쉬우며, 일반인이 지역을 생각할 때 보통 이 행정구역을 가장 먼저 떠올린다. 그러나 행정지역은 경제활동에 의한 지역구분이라기보다는 행정상의 편의를 위해 구분한 것이기 때문에 그 사용에 제한을 받고 있다. 일례로 서울 주변의 신도시들이 경기도에 속하고, 부산 인근의 도시 양산은 행정구역 분류상으로는 경상남도에 속해 있지만, 경제적으로는 이들 도시가 속해 있는 도(道)보다도 서울이나 부산과 훨씬 더 강한 연관관계를 가지고 있어 경제적 측면에서는 이러한 행정상 구분이 별 의미가 없을 때가 많다.

현재 우리나라는 1개의 특별시와 6개의 광역시, 1개의 특별자치시, 8개의 도, 1개의 특별자치도로 구성되어 있는데, 이는 서울특별시, 부산광역시, 대구광역시, 인천광역시, 광주광역시, 대전광역시, 울산광역시, 세종특별자치시, 경기도, 강원도, 충청남도,

---

28) 홍기용, 1985, 『지역경제론』, p. 25.

표 1.2 국토종합개발계획상의 권역 구분

	대 권	중 권	소 권
제1차 종합개발계획	한강권, 금강권, 낙동강권, 영산강권	수도권, 태백권, 충청권, 전주권, 대구권, 부산권, 광주권, 제주권	서울권, 춘천권, 원주권, 강릉권, 대전권, 천안권, 청주권, 전주권, 대구권, 포항권, 안동권, 부산권, 진주권, 광주권, 목포권, 순천권, 제주권
	대도시 생활권	지방도시 생활권	농촌도시 생활권
제2차 종합개발계획	서울생활권, 부산생활권, 대전생활권, 광주생활권, 대구생활권	춘천생활, 원주생활권, 강릉생활, 청주생활권, 충주생활, 제천생활권, 천안생활, 전주생활권, 정주생활, 남원생활권, 순천생활, 목포생활권, 안동생활, 포항생활권, 영주생활, 진주생활권, 제주생활권	영월생활권, 서산생활권, 홍성생활권, 강진생활권, 점촌생활권, 거창생활권

충청북도, 전라남도, 전라북도, 경상남도, 경상북도, 제주특별자치도이다.

제4절 **지역경제학의 연구대상**

지역이라 함은 이미 언급했듯이 여러 가지 사회, 경제, 정치, 문화, 종교 등이 섞여 있는 장소를 지칭함으로써, 이를 연구하는 지역경제학의 학문적 대상도 연구자의 접근방법과 목적에 따라 수없이 다양하게 된다. 따라서 명확한 범위를 한정하는 데는 어려움과 오류가 필연적으로 따르므로, 여기서는 주로 경제학적인 관점에서 우리가 관심을 가지는 몇 가지 연구대상을 좁혀서 살펴본다.

1. 지역 간 자원배치 문제

국가 간의 관계와는 달리 한 국가 내의 지역 간에는 노동과 자본 등 생산요소들의 이동이 자유롭다. 따라서 자본이 높은 수익을 올리는 지역으로 자유롭게 이동할 뿐 아니라, 사람들도 직업이나, 교육환경, 여가시설, 생활환경 등의 여건에 따라 자신들이 원하는 지역이나 도시로 쉽게 이주해 간다. 이에 따라 국토 전체를 조망해 보면 한편으로는 인구나 경제활동이 집중된 과밀지역이 발생하며, 다른 한편으로는 인구나 경제활동이 희소한 과소지역이 생겨난다. 이때 과밀지역은 주로 대도시 지역을 의미하는데, 우리나라의 경우 1960년대 이후 급격한 산업화의 과정에서 일자리를 찾아 농촌의 유휴노동력이 도시로 이주해 오면서 서울, 부산, 대구, 인천 등에 인구가 집중되어 이러한 과밀지역이 생겨났다. 그러나 이러한 과밀지역에서는 공통적으로 도시문제, 즉 범죄의 증가, 교통체증, 소음, 공해유발, 생활환경의 피폐화 등의 문제가 발생하며, 인구의 집중에 따른 공공재 수요의 급증으로 중앙정부나 관련 시(市) 정부에 많은 부담을 주게 된다. 반대로 국가 내 나머지 지역은 노동인구의 유출로 지역의 산업기반이 붕괴되고, 자본 유입이 중단되면서 지역 내 존재하는 부존자원을 효율적으로 사용할 수 없게 된다. 결국 이러한 과소·과밀지역의 존재는 국가의 귀중한 자원을 적절히 사용하지 못하게 하는 결과를 가져오며, 균형적으로 발전된 경우보다 「인플레이션」을 유발하거나 상승시키는 경향이 있으며, 나아가 지역 간의 소득격차와 실업문제를 발생시켜 국가 내 국민들 간의 화합을 저해하고, 한 지역에서는 집중에 따른 불경제가, 다른 쪽에서는 과소에 따른 불경제가 발생하여 국가에 큰 피해를 주므로 지역경제학에서는 이러한 지역 간 자원배치 문제에 우선적으로 관심을 두고 다룬다.

2. 경제주체 간의 입지문제

입지문제는 경제주체가 누구냐에 따라 초점이 달라진다. 즉 경제주체가 가계냐, 기업이냐, 정부냐 등에 따라 그들이 입지하는 데 고려하는 요인들이 달라진다. 그러나 일반적으로 교재에서는 생산활동의 주체인 기업의 입지 형태를 중점적으로 분석한다. 특히 이들 기업들이 일반경제학에서 이윤극대화를 한다는 가설을 그대로 받아들인다. 따라서 기업이 총수입과 총비용 간의 차이를 최대화하려 하며, 이를 위해 가장 최선의 자원결합을 통해 생산활동을 한다고 가정한다. 다만 일반경제학에서 고려하지 않았던 공간개념을 도입하여 기업이 이윤극대화를 위해 가장 유리한 장소에서 가장 효율적으로 원료를 투입하여 생산하고 조건이 가장 유리한 시장에 판매하려 할 때 어떠한 장소를 입지지로 선정하며, 입지선정 판단에 기준이 되는 요인은 무엇인가 하는 부분에 분석의 초점을 둔다.

3. 지역의 성장

한 국가 내 지역들은 초기의 부존자원이나 기후, 토양, 위치 등 여러 가지 내재적 요인과 외부적 요인으로 개발이나 발전 정도가 지역마다 다르게 나타난다. 또한 이들의 발전은 독립적이기보다 타 지역 간의 연관성을 가지고 진행된다. 따라서 지역의 성장을 가져오는 요인이나 그 성장경로 등을 설명해 주는 이론은 학자마다 다르며, 그들이 인식하고 있는 발전 형태나 발전과정도 다르다. 그러므로 우리는 지역의 성장을 가져오는 주요한 요소는 무엇이며, 그러한 요소들이 지역별로 어떻게 영향을 주는가에 대해 여러 가지 이론을 알아봄으로써, 침체지역이나 낙후된 지역에 새로운 산업기반 시설을 확충하여 경제적 성장의 기회를 만들고, 지역의 소득을 증가시키고 실업을 줄여 국토의 균형성장을 꾀할 수 있는 방법을 알아본다.

4. 토지의 이용

토지는 다른 재화나 용역과 달리 이동시키거나 그 수량을 증가시킬 수 없는 생산요소로서 그 자체가 특수한 시장조건을 가지고 있다. 또한 그 토지가 농업에 이용되는가, 제조업에 이용되는가, 주거지역으로 이용되는가에 따라서 그 가치가 결정된다. 즉 특정 지역이 그린벨트로 묶여 사용이 제한받고 지가가 잘 형성되지 않을 수도 있고, 반대로 상업지구로 용도 변경되어 단숨에 지가가 폭등하기도 한다. 이에 따라 토지를 어떻게 이용하고 관리하는가 하는 것은 정부의 지역개발 계획자에게는 상당히 중요한 과제이다. 그리고 토지의 가격, 즉 지가(地價)가 결정되는 원리는 무엇이며, 경제활동 간의 토지사용에 경쟁은 어떠한 토지사용 형태를 만들어 내는가 하는 것도 지역경제학에서 중요한 연구대상이다.

　지역경제학에서는 토지자원의 이용에 대해 튀넨(Thünen)이나 리카르도(Ricardo) 등 뛰어난 초기 학자들이 분석한 이론들이 이미 발표되어 있고, 토지 이용의 효율적 사용과 가치 환산을 위한 방법도 오래전부터 연구대상으로 삼아왔기 때문에 관련된 주제에 대해 많은 이론들이 소개되어 있다.

5. 도시 및 농촌 문제

국가가 성장함에 따라 도시화율이 증가하고, 도시지역과 농촌지역 간의 경제적 격차가 확대된다. 특히 도시지역의 경우 생산과 소비의 중심지로 국가 경제성장에 중추적 역할을 할 뿐 아니라 정치, 사회, 문화 등 각 분야의 활동이 집결되는 지역이다. 그러나 이러한 활동이 확대됨에 따라 국민들이 도시로 몰려들어 주택이 부족하게 되고, 교통혼잡, 공해 및 환경, 도시빈곤, 도시 공공재 공급 등의 문제가 필연적으로 발생하며, 이를 해결하기 위한 정책수립이 동시에 이루어져야 한다. 반면 농촌의 경우 젊은 사람들이 대거 대도시로 빠져나감으로써 남아 있는 사람들이 고령화되어 농업 생산성이 저하되고, 국가의 농업기반이 붕괴될 위험에 처하게 된다. 농촌의 인구가 도시로 유출되는 것을 나쁘다고만은 할 수 없다. 경우에 따라 농촌지역의 과잉인구가 도시지역으로 흡수된다면 국가 전체적으로 자원을 효율적으로 이용하는 것이 될 것이므로 오히려 국가경제에 도움이 될 수 있다. 다만 그런 현상이 지속된다면 농촌에 그나마 남아 있는 젊은 사람들도 자녀를 교육시키기 위한 학교시설의 부족으로 어려움을 겪게 되어 추가적 유출요인이 되므로 농촌지역에 대한 종합적인 국가 지원정책이 필요하게 된다.

6. 지역정책

각 지역은 직면하고 있는 여러 가지 경제적 격차에 의해 특정 지역이 다른 지역보다 더 빨리 발전하거나 더 빨리 낙후되기도 한다. 그리고 이러한 경제적 격차는 불필요한 노동의 이동을 야기시키기도 하고, 부존되어 있는 자원을 효율적으로 사용하지 못하기도 하며, 심한 경제적 격차는 국가 내 지역민들 간에 불신과 반목을 가져와 정치적 긴장을 가져오기도 한다. 따라서 국가의 균형적인 발전을 위해 세계 모든 국가들은 지역개발정책을 입안하고 시행하고 있다. 그래서 국가 혹은 지방정부가 채택하고 있는 지역개발 전략의 목표와 계획내용들이 무엇인가를 연구하는 것도 지역경제학의 하나의 주요한 연구대상이 된다.

이러한 것 외에도 지역경제학에서 관심의 대상으로 삼는 것은 무수히 많다. 즉, 지역 내 경제구조 개선문제라든가, 지역 내 직업구조 변화, 환경문제, 주택문제, 지방의 재정문제, 지역 간 교통망 확충문제 등도 같이 다루어야 할 문제들이다.

1989년부터 시작된 세계화, 글로벌화 추세에 지역도 동참함으로써 지역의 세계화 및 국제화에 대한 연구도 활발해졌고, 세계화(global)와 지역화(local)를 합한 글로컬(glocal)이란 용어도 널리 사용되었다. 그러나 2008년 글로벌 금융위기와 중국의 부상을 계기로 세계화 추세에 균열이 일어나기 시작하였고, 미국의 트럼프 대통령 등장과 중국과의 무역전쟁, 코로나19 팬데믹 등 이런저런 사건으로 움츠러들기 시작했다. 그리고 러시아의 우크라이나 침공으로 그 종지부를 찍고, 전 세계적으로 탈세계화 추세가 확산되고 있다. 이에 따라 새로운 추세에 맞추어 정책 기조의 변화도 동시에 진행되고 있다.

제5절 지역문제와 발생원인

1. 지역문제와 문제지역

지역문제라고 하는 것은 일반적으로 지역경제가 건전한 상태에서 건전치 못한 상태로 변화하는 과정에서 발생된다. 즉, 일종의 지역적 병리현상이므로 되도록 빠른 시간 내에 그 원인을 분석하고 대책을 세워야 한다.

세계의 어떤 국가를 보더라도 한 국가 내의 모든 지역이 균형적으로 발달한 국가는 없다. 어떤 지역은 지속적으로 성장하는가 하면, 다른 한쪽에서는 침체되는 지역도 있을 것이고, 경제성장에서 소외되는 지역도 생기게 마련이다. 이런 지역들을 문제지역이라 하는데, 낙후지역·침체지역·과밀지역으로 구분되며 각 지역의 특징을 살펴보면 다음과 같다.

(1) 낙후지역

낙후지역(backward regions)은 경제성장을 경험한 적이 없는 지역으로 인구의 자연증가율이 높고, 노동공급이 과잉상태에 있으며, 전통적으로 농업이나 임업·광업·채취업 등에 의존도가 높은 경제구조를 갖고 있는 지역들이다. 이런 지역은 다른 지역의 소득 및 고용기회 증가수준이나 구조적 변화를 따라가지 못한다. 그리고 주요 생산품 수요의 소득탄력성이 낮고, 생산성 수준도 낮으며, 천연자원을 소진하고, 시대에 뒤떨어진 기술을 사용한다는 공통적 특징을 가지고 있다. 이에 따라 실업률이 높고, 소득수준과 성장률이 낮으며, 유출이주가 많아지는 결과를 초래한다. 주로 젊고, 숙련기술을 가진 사람들 위주로 외부로 이주해 나가고, 지역의 서비스 공급이 나빠지면서 근대화된 산업의 입지지로서의 매력을 점점 잃게 된다.

개발도상국에서 이러한 낙후지역이 많이 발견되지만, 낙후지역은 개발도상국에서만 나타나는 현상이 아니라 선진국에서도 많이 나타난다. 그러나 선진국의 낙후지역은 개발도상국의 낙후지역과 문제의 성격이 다르다. 즉, 선진국의 낙후지역은 개발도상국의 낙후지역과는 달리 인구의 자연증가율이 그리 높지 않고, 낙후지역으로부터 유출(流出)되는 인구가 타 산업에 흡수되는 것도 비교적 자연스럽게 이루어진다. 하지만 도시화된 지역보다는 소득이 낮고 생활환경도 열악하다는 점에서는 개발도상국의 낙후지역과 유사하다.

한국의 경우 지리산 주변, 강원도 산간지방, 호남 중부지역 등을 대체로 낙후지역으로 분류하며, 미국은 로키 산맥이나 애팔래치아 산맥 주변 지역을 꼽는다. 그 외 이탈리아 남부의 메조지오르노(Mezzogiorno) 지역은 세계적으로 유명한 낙후지역이며, 스칸디나비아 북부지역, 프랑스 마시프 중앙지역(Massif Central), 캐나다 극동지역 연해주(Maritime Province), 중국의 귀주, 운남, 감숙지역 등도 낙후지역으로 꼽는다.

(2) 침체지역

침체지역(developed regions in recession)은 앞의 낙후지역과는 반대로 한때는 성공적인 경제적 성장을 이루었으나, 여러 가지 여건변화로 장기적인 경기침체에 들어간 지역을 뜻한다. 주로 지역경제가 성장을 멈추었거나 쇠퇴하는 몇몇 산업에 크게 의존하는 지역에서 나타난다. 과거 연탄이 국가의 주요 난방 및 취사 연료로 쓰일 때 탄광지역이 호황을 누렸었다. 그러나 주요 연료원이 석유로 바뀌면서 석탄에 대한 수요가 급격히 줄어들고, 탄광의 수익이 떨어지면서 주민 중 실업자가 늘어나고, 지역경제도 점점 침체되는 과정을 겪었던 강원도의 일부 탄광지역이 이러한 침체지역의 대표적 예가 된다.

침체지역은 그 지역의 자원을 완전히 활용할 수 없게 되어 다른 지역에 비해 실업률이 높아지고, 경제활동과 성장률, 1인당 국민소득 수준이 낮아지며 경기침체가 장기간 계속된다. 주민들은 일자리를 찾아 다른 지역으로 이동하게 되고, 이러한 인구유출이 계속되면서 지역의 산업기반도 붕괴된다.

현실세계에서는 영원히 성장하는 산업도 없고, 성장하는 산업만 보유한 지역도 없다. 그러나 건전한 지역경제란 쇠퇴하는 산업을 흡수하고, 자원을 빨리 전환시켜 새롭게 성장하는 산업을 유치 혹은 육성하여 균형을 맞추는 것이다. 이러한 구조조정을 성공적으로 수행하지 못하면 그 지역은 쇠퇴지역으로 변하게 된다.

하지만 이러한 침체지역은 한때 번성했던 까닭에 지역 내에 숙련노동자들이 있고, 큰 서비스 부문과 자본, 경영 전문가 그리고 잘 발달된 운송망(transportation network) 등이 있는 것이 낙후지역과 다르다. 영국의 스코틀랜드 남부지역, 웨일스, 잉글랜드 북부지역은 이미 1920년대부터 쇠퇴지역으로 분류되었고, 미국의 뉴잉글랜드 남부지역, 피츠버그, 디트로이트 지역도 대표적 침체지역으로 꼽는다.

(3) 과밀지역

앞에서 언급한 지역들은 낮은 소득수준, 높은 실업률을 특징으로 하고 있다. 그러나 과밀지역(congested region)은 이와 반대로 과도한 인구와 산업집중으로 과잉성장과 대량의 유입이주가 문제가 되는 지역을 말한다. 이 지역에서는 자원이 과다하게 활용되고, 실업률은 높지 않다.

과밀지역의 문제는 그 지역 자체뿐만이 아니라 침체지역이나 낙후지역과도 밀접한 연관을 가진다. 개발도상국이나 후진국의 수도권이나 대도시에서는 급격한 산업화와 인구집중이 일어나며, 이로 인해 수도권과 몇몇 대도시에서는 과밀의 문제가 발생한다. 인구유입 속도가 급격하여 그 도시의 재정이나 도시기반시설로는 이 인구를 모두 감당하지 못하게 되어 무허가 주거지가 형성되며, 환경오염과 교통체증, 범죄 등이 늘어나고 슬럼가가 형성되는 문제가 발생한다. 또한 자원의 과다 사용으로 인한 어메니티(amenity) 및 지역 시설의 파괴, 삶의 질의 저하 등이 동시에 일어난다. 한편 이러한 인구집중은 침체지역이나 낙후지역의 인구유출로 이루어진 것으로서, 이들 지역들은 더욱 낙후되고 침체된다. 개발도상국의 비대해진 수도, 파리와 런던, 동경, 서울 등이 이러한 과밀지역으로 꼽힌다.

2. 지역문제의 발생원인

지역문제를 유발하는 주요요인을 살펴보면 주로 지리적(자연적) 요인, 인구적 요인, 경제구조적 요인, 그 외에 제도적 요인 등을 꼽을 수 있다.

(1) 지리적 요인

각 지역은 원래부터 내재되어 있는 천연자원의 종류나 양 그리고 그 입지적 조건이 각각 다르다. 그리고 이러한 요인으로 인해 지역문제가 발생하게 된다. 토지가 비옥하고 천연자원이 많이 매장되어 있는 지역은 특별한 노력 없이도 경제활동에서 이익을 내기가 쉬워지고, 이에 따라 경제가 성장하고 지역의 소득수준이 높아진다. 지역이 바다 옆에 위치해 있고 항만시설이 갈 갖추어진 지역 역시 좋은 지리적 요인으로 경제성장을 이루기 쉽다. 반면 처음부터 천연자원이 거의 없는 지역이나 사막, 태풍 및 집중호우가 자주 발생하는 지역 등 특별한 지리적 이점을 갖고 있지 못한 지역은 지역경제를 성장시키기가 쉽지 않다.

(2) 인구적 요인

지역의 인구적 특성도 지역문제를 유발하는 중요한 요인이 된다. 인구의 증가는 장기적으로 경제적 요인보다는 사회적 요인에 의해 더 많은 영향을 받는다. 예를 들면, 가

임여성 비율이 높고, 사회적으로 낙태를 금기시하는 사회적 관습이 있는 지역이거나 교육 정도가 낮은 지역은 대체로 출산율이 높게 나타난다. 반대로 낙태를 대수롭지 않게 여기는 풍조가 만연하거나, 여성들의 교육수준이 높고, 사회활동 비율이 높은 지역에서는 출산율이 낮아진다. 그래서 출산율이 높은 지역은 낮은 지역보다 대체로 실업률도 높게 나타난다.

(3) 경제구조적 요인

지역마다 각기 다른 산업구조를 갖고 있으며, 한 지역의 경제적 성장은 그 지역이 가지고 있는 산업의 구조적 특성에 의해 결정된다. 만일 그 지역에서 높은 비중을 차지하는 산업이 급격히 성장하는 산업이라면 그 지역은 높은 성장률과 함께 소득이 증가하지만, 만일 그 지역의 주력산업이 이제 소비자의 취향이나 기술변화 등으로 인해 쇠퇴산업이 되었다면 그 지역은 곧 침체지역으로 전환될 것이다. 부산의 신발산업이나 강원도의 탄광지역 등이 그 좋은 예다.

(4) 기타 제도적 요인

그 외에도 사회 · 심리적 · 문화적인 요인이 지역격차의 원인으로 작용하기도 한다. 만일 그 사회가 돈을 경시하고 부자를 경멸하는 의식이 팽배하거나 상업에 종사하는 사람을 천히 여기는 분위기라면 그 지역은 경제성장에 많은 어려움을 겪게 된다. 또한 종교적 이유로 혹은 관습적으로 여성들의 사회활동을 허용하지 않는 지역도 그렇지 않은 지역에 비해 경제성장이 뒤떨어지는 경향이 있다. 또한 지역의 주민들이 단합해 자신의 지역을 개발시키려는 의지가 강한 지역이 개인주의가 팽배한 지역보다 경제성장이 빠를 확률이 높다.

참고문헌

최성수, 2003, 『지역경제론』, 대왕사.

홍기용, 1985, 『지역경제론』, 4판. 박영사.

Alonso, W., 1960, "A Theory of the Urban Land Market", *Papers and Proceedings of the Regional Science Association,* Vol. 6, pp. 149-158.

Alonso, W., 1964, *Location and Land Use,* Cambridge : Harvard University Press.

Boudeville, J. R., 1961, *Les Espaces Economiques,* Paris : Presses Universitaires de France.

Brown, A. J., 1969, "A Survey of Applied Economics : Regional Economics", *The Economic Journal,* Vol. 79., pp. 759-96.

Buttom, Kenneth, 2000, "Where Did the 'New Urban Economics' Go after 25 Years?", Aura Reggiani (ed), *Spatial Economic Science : New Frontiers in Theory and Methodology,* Berlin : Springer, pp. 30-50.

Chinitz, B., 1961, "Constrast in Agglomeration : New York and Pittsburgh", *American Economic Review,* 51, pp. 279-89.

Christaller, Walter, 1933, *Die Zentralen Orte in Süddeutschland,* Jena, Fisher. English translation by Carlisle W. Baskin, *The Central Places in Southern Germany,* Englewood Cliffs, NJ : Prentice-Hall, INC., 1966.

Dubey, Vinod, 1964, "The Definition of Regional Economics", Journal of Regional Science, Vol. 5, No. 2, pp. 25-29.

Ezcurra, Roberto, 2007, "Is Income Inequality Harmful for Regional Growth? Evidence from the European Union", *Urban Studies,* Vol. 44, No. 10, pp. 1953-1971.

Fetter, F. A., 1924, "The Economic Law of Market Areas", *Quarterly Journal of Economics,* Vol. 38, pp. 119-138.

Greenhut, M. L., 1970, *A Theory of the Firm in Economic Space,* Appleton Century Crofts, New York.

Hagood, Margaret Jarman, Danilevsky Nadia, and Corlin O. Beum, 1941, "An Examination of the Use of Factor Analysis in the Problem of Subregional Delineation", *Rural Sociology,* Vol. 6, Issue 3, pp. 216-33.

Hagood, Margaret Jarman, 1943, "Statistical Methods for Delineation of Regions Applied to Data on Agriculture and Population", *Social Forces,* Vol. 21, pp. 287-97.

Hansen, N. M., 1968, *French Regional Planning,* Bloomington : Indiana University Press.

Hansen, N. M., 1988, "Economic Development and Regional Heterogeneity : A Reconsideration of Regional Policy for the United States", *Economic Development Quarterly,* Vol. 2, pp. 107-118.

Hoover, E. M., 1937, *Location Theory and the Shoe and leather Industries,* Cambridge : Harvard University Press.

Hotteling, H., 1929, "Stability in Competition", *Economic Journal,* 39, pp. 41-57.

Hudson, Ray, 2007, "Regions and Regional Uneven Development Forever? Some Reflective Comments upon Theory and Practice", *Regional Studies,* Vol. 41, No. 9, pp. 1149-1160.

Isard, Walter. 1956. *Location and Space-economy; a General Theory Relating to Industrial Location, Market Areas, Land Use, Trade, and Urban Structure.* Cambridge : Published jointly by the Technology Press of Massachusetts Institute of Technology and Wiley.

Isard, Walter. 1960. *Methods of Regional Analysis; an Introduction to Regional Science.* Cambridge : Published jointly by the Technology Press of the Massachusetts Institute of Technology and Wiley, New York.

Kraft, G., A. R. Willens, J. B. Kaler, and J. R. Meyer, 1971, "On the definition of a depressed area", in J. K. Kain and J. R. Meyer eds., *Essays in Regional Economics, Cambridge,* Mass. : Harvard University

Press. pp. 58-104.

Krugman, P., 1991, *Geograpy and Trade,* New Haven : MIT Press.

Lösch, August, 1940, *Die räumliche Ordnung der Wirtschraft,* Jana, Fisher, English translation by William H. Woglom with the assistance of Wolfgang F. Stolper, 1954, *The Economics of Location,* New Haven and London : Yale University Press.

Marshall, A., 1920, *Principles of Economics,* 8th ed., London : Macmillan.

Meyer, John R., 1963, "Regional Economics : A Survey", *The American Economic Review,* Vol. 53, No. 1, pp. 19-54.

Moses, L. N., 1958, "Location and the Theory of Production", *The Quarterly Journal of Economics,* Vol. 72, No. 2, 259-272.

Nourse, Hugh O. 1968, *Regional Economics,* New York : McGraw-Hill.

Paelinck J. H. P. and NijKamp P., 1975, *Operation Theory and Method in Regional Economics,* Saxon House, UK.

Palander, T., 1935, *Beräge zur Standortstheorie,* Almqvist & Wiksells Boktryckeri, Uppsala, Sweden.

Perroux, F., 1950, "Economic Space, Theory and Application", *The Quarterly Journal of Economics,* Vol. 64, No. 1, pp. 89-104.

Perroux, F., 1950, "Les espaces économiques", *Economie Appliquée,* Vol. 3, pp. 225-244.

Perroux, F., 1955, "La notion de pêle de croissance", *Economie Appliquée,* Vol. 8, pp. 307-314.

Ponsard, C., 1955, *Economie et Espace,* Paris, Sedes.

Ponsard, C., 1958, *Histoire des Théories Economiques Spatiales,* Paris, Armand Colin.

Ponsard, C., 1983, *History of Spatial Economic Theory,* Springer-Verlag.

Porter, M. E., 1990, *The Competitive Advantage of Nations,* New York : Free press.

Richardson, Harry W., 1978, "The State of Regional Economics : A Survey Article", *International Regional Science Review,* Vol. 3, No. 1, pp. 1-48.

Stevens, B. H. 1958, "An interregional linear programming model", *Journal of Regional Science,* Vol. 1, pp. 60-98.

Thünen, Von, J. H. 1826, *Der isolierte Staat in Beziehung auf Landwirschaft und Nationalö-konornie, Hamburg,* F. Perthes.

Vanhove, N. and L. H. Klaassen, 1980, *Regional Policy : A European Approach,* Westermead : Saxon House.

Vernon, R., 1960, *Metropolis, 1985,* Cambridge : Harvard University Press.

Warntz, W. 1959, *Toward a Geography of Price,* Philadelphia : University of Pennsylvania Press.

Weber, A., 1909, *Über den Standort der Industrien,* trans. by C. J. Friedrich, 1929, *Alfred Weber's Theory of the Location of Industries,* Chicago : The University of Chicago Press.

Weber, A., 1939, *Location Theory and the Shoe and Leather Industries,* Cambridge : Harvard University Press.

제2장

기업의 입지이론

입 지이론(立地理論)은 일반경제이론에다 '어디에서 생산할 것인가' 하는 공간개념을 도입한 이론으로 지역경제학을 처음으로 공간경제학으로 발전시킨 혁신적 이론이다. 그리고 호텔링(Hotelling),[1] 스미스(Smith),[2] 튀넨(Thünen),[3] 베버(Weber),[4] 뢰쉬(Lösch), 팔랜더(Palander), 아이사드(Isard)[5] 같은 초기의 뛰어난 경제학자들이 이 부문의 이론 정립에 많은 기여를 하였다.

입지이론은 먼저 입지하는 주체가 누구냐에 따라 고려하는 요인들이 달라진다. 일반인의 경우 자신이 거주할 주거지를 선택할 때 우선적으로 직장까지의 거리, 교통편, 자녀가 있다면 학교와의 거리, 학군의 좋고 나쁨, 주변의 환경, 시장이나 백화점까지의 거리 등을 고려한 개인의 효용극대화를 추구할 것이다. 이에 반해 도로, 공원, 철도, 수도, 항만, 공항, 공용 주차장 등 공공시설은 국민들의 생활편의나 복지증진을 추구한다는 점에서 가계나 기업의 입지고려요인과는 근본적으로 다를 것이다. 정부 관공서의 경우도 입지 위치를 선정할 때 관공서의 이익만을 고려하지 않고 그들이 서비스를 제공할 주민들과의 거리를 우선적으로 고려할 것이다. 즉, 각종 관공서나 소방서, 우체국의 경우 지대가 싸다고 외딴 곳에 따로 입지하기보다는 주민들이 모여 사는 주택 근처에 자리 잡으려 할 것이다. 그러나 작은 슈퍼마켓을 내려는 상점 주인이라면, 소비자 가까이 위치하는 것 외에도 그 지역에 기존의 가게는 몇 개 정도 되는가? 그들의 매상은 어느 정도 되는가? 가게를 새로 열었을 때 기존 가게의 소비자를 내 가게로 유인할 수 있을까? 그 지역이 미래에도 지속적으로 성장할 수 있을까? 대형 슈퍼마켓이 들어서지는 않을까? 등 여러 가지 요인을 고려해 입지를 결정할 것이다.

따라서 각 주체별로 중요하게 생각하는 입지요인들이 다른데, 이 장에서는 경제학에서 주요 분석대상이 되는 기업의 입지요인만을 중점적으로 다룰 것이다. 제2절에서는 첫째 절에서는 언급하지 않았지만 기업의 입지에서 중요하게 고려되는 또 다른 주요 입지이론들을 살펴볼 것이고, 제3절에서는 이러한 주요 입지요인들의 시대 변천에 따른 중요도 변화를 살펴본다.

1) Hotelling, 1929, "Stability of Competition", pp. 41-57.
2) Smithies, 1941, "Optimum Location in Spatial Competition", pp. 423-439.
3) Thünen, 1826, *Der isolierte Staat in Beziehung auf Landwirtschaft und Nationalökonomie.*
4) Weber, 1909, *Über den Standort der Industrien.*
5) Isard, 1959, *Location and Space Economy.*

기업의 주요 입지결정 요인

기업이 새로운 입지지역을 선정할 때는 특별한 경우를 제외하고는 우선적으로 최대이익을 낼 수 있는 지역을 찾을 것이다. 그러나 최대 이익을 낼 수 있는 지역을 찾기 위해 고려하는 요인들은 기업이 생산하는 상품의 종류에 따라 달라진다. 즉, 기업이 수산물을 가공하는 기업이라면 우선적으로 바다 가까운 곳을 입지지로 선정할 것이지만, TV를 생산하는 기업이라면 토지비용이 낮고, 노동자를 구하기 쉬우며, 시장 가까운 곳을 찾을 것이다. 따라서 각각의 기업이 각기 다른 입지요인을 가지고 자신들에게 유리한 장소를 탐색하지만, 이 절에서는 그들 간에 공통적으로 고려하는 요인들을 먼저 찾아본다.

1. 운송비용

기업이 상품을 생산할 때 가장 먼저 고려하는 요인으로 운송비용을 꼽는다. 특히 최종 생산물의 가격 대비 운송비용이 높은 상품일수록 기업은 운송비용에 민감하게 반응한다. 그래서 운송비용은 초기의 입지요인 분석학자들이 가장 주목한 요인이었다. 독일의 경제학자 베버(Weber)[6]는 1909년 자신의 저서를 통해 발표한 최적입지이론에서 기업이 입지를 결정할 때 운송비(transportation cost), 노동비용(labor cost) 그리고 집적경제(agglomeration economy) 세 가지 요인을 고려하는데, 그중에서 운송비가 제일 중요하다고 주장했다. 그의 이론은 그 후 입지이론의 효시로 꼽히면서, 기업의 입지이론 발전에 많은 영향을 주었다.[7]

베버는 상품생산에 필요한 투입물이나 산출물을 세 가지 종류로 나누어 분석했는데, 종류별로 각각의 특성에 따라 운송비에 주는 영향이 다르다. 먼저 운송 가능한 투입물과 산출물(transferable Inputs and outputs)이 있는데, 이들은 다른 지역으로 이동이 가능한 것으로 대부분의 투입물이나 산출물이 여기에 속한다. 반면 지역화된 투입물과 산출물(localized Inputs and outputs)은 운송이 불가능한 것으로 그들이 현재 있는 장소에서만 이용이 가능하다. 석유나 석탄 같은 천연자원, 좋은 토양, 기후 같은 것이 지역

---

6) Weber, 1909, 1929, *Theory of the Location of Industry,* pp. 61-67 참조.

7) 베버의 입지모형은 19세기 튀넨(Thünen)의 고립국(1826)과 랜드하트(Laundhart, 1885)의 연구에 바탕을 두고 있으며, 팔랜더(Pälander, 1928)와 아이사드(Isard, 1956), 모세(Moses, 1958), 후버(Hoover, 1937) 등에 의해 발전했다(이성근 외 2명, 2014, 『최신지역경제학』, pp. 52-53 참조).

화된 투입물의 대표적 예인데, 이들은 비용을 들여서 다른 곳으로 이동시키기가 불가능하다. 교량이나 대형 빌딩, 공항, 항만 등은 지역화된 산출물이다. 하지만 노동의 경우 학자마다 약간씩 견해를 달리한다. 일부 학자는 노동이 한 지역에서 다른 지역으로 이동이 가능하지만, 이동비용이 많이 들어 상대적으로 지역화된 투입물로 본다. 하지만 그 이주비용이 별로 크지 않고, 일부 기업에서는 재정착 비용을 지원해 주는 경우도 많기 때문에 노동을 운송 가능한 투입물로 보는 학자들도 많다. 세 번째 종류로 상재 투입물과 상재산출물(ubiquitous input and output)이 있는데, 이는 어느 곳에서나 존재하여 이용이 가능한 투입물이나 산출물을 지칭하는 것으로 공기나 물 등이 여기에 해당된다. 이런 종류의 투입물이나 산출물은 특별히 선호되는 장소도 없고, 굳이 다른 지역에서 가져올 필요도 없으며, 어디서나 쉽게 발견된다는 공통점이 있다. 하지만 최근 들어 물이나 공기가 점점 오염되고, 사용에 있어 질(質)도 중요시됨에 따라 이용에 제한을 받으면서 상재물로 간주하기가 어려워지고 있다.

기업이 상품을 생산함에 있어 지역화된 투입물이 중요한 생산요소일 경우, 결국 기업은 그 투입물 가까이에 입지할 수밖에 없다. 폐기물 처리장도 지역화된 산출물 종류이므로, 폐기물을 많이 배출하는 기업의 경우 이러한 처리장 가까이에 입지해야 한다. 반면에 운송 가능한 투입물이나 산출물은 비교적 낮은 가격으로 다른 지역으로 이동시킬 수 있어, 입지선정 시 지역화된 투입물이나 산출물과는 다른 성향을 띤다. 하지만 종류에 따라 때론 이동이 가능할 때도 있고, 불가능할 때도 있는 투입물이나 산출물이 있어 그 구분이 명확하지 않은 것들도 있다. 여기서는 먼저 투입물과 산출물 모두 이동 가능한 것을 대상으로 분석한다.

(1) 단일 투입물, 단일 시장 모델

베버는 1900년대 초기의 기업들을 대상으로 입지연구를 했던 관계로 오늘날의 다국적 기업이나 다공장(多工場) 형태까지는 고려하지 못하고, 단일공장 형태를 고려했다. 그래서 상품을 생산할 때 투입되는 원료도 하나이고, 생산된 상품을 소비하는 시장도 하나라는 가정으로부터 시작했다. 여기서도 먼저 베버와 동일한 가정하에 운송비용을 최소화하려는 기업의 입지결정 과정을 살펴보자.

모델을 단순화하기 위해, (1) 상품은 하나의 생산요소를 사용하여 생산하며, 완성된 상품은 한 군데 시장에서만 판매되고, (2) 운송비는 거리에 비례하며, (3) 수요나 생산비용은 입지 장소에 영향을 받지 않는다고 가정한다.

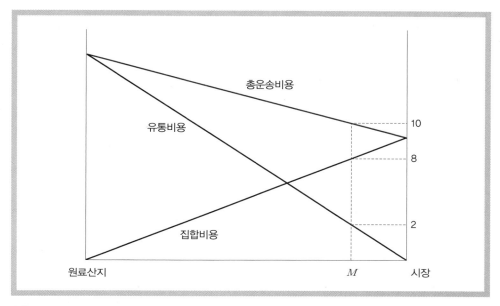

그림 2.1   총운송비용

　베버에 따르면 총운송비는 크게 두 가지 비용으로 구성된다. 하나는 생산에 필요한 원료를 공장까지 운송하는 집합비용(assemble cost)이고, 나머지 하나는 그 공장에서 생산한 상품을 시장까지 운반하는 유통비용(distribution cost)[8]이다. 만일 원료의 집합비용이 유통비용보다 작다면 생산공장은 시장 가까이에 위치하려고 할 것이며, 상품의 유통비용이 집합비용보다 더 작게 든다면 공장은 원료산지 가까이에 위치하려 할 것이다.

　〈그림 2.1〉에는 기업의 총운송비용이 나타나 있다. 지금의 모델에서는 원료산지에서나 공장에서 최종상품을 적재(loading)시키거나 하역(unloading)시키지 않는다고 가정하고 있기 때문에 비용이 0인 점에서부터 시작된다. 기업은 집합비용과 유통비용을 비교하여 어느 비용이 더 저렴한가에 따라서 원료산지나 시장 또는 그 사이 어디엔가 입지할 것이다. 총운송비용은 집합비용에다 유통비용을 합한 것이다. 이때 1단위의 상품을 만드는 데 들어가는 원료 1km 이동하는 비용이 1만 원이고, 최종상품 1단위를

---

8) Hoover는 1948년 저서에서 집합비용(assemble cost)이라는 용어 대신에 구입비용(procurement cost)이라는 용어를 사용했지만 그 후 학자들에 의해 집합비용이라는 용어가 더 많이 사용되었다. 그런 이유로 여기서도 집합비용이란 용어를 사용한다.

1km 이동하는 데 드는 비용은 2만 원이라고 가정하자. 만일 생산공장이 M 지점에 입지한다면, 원료를 생산공장까지 운반하는 데 드는 집합비용이 8만 원이고, 시장까지 최종생산품을 운송하는 유통비용이 2만 원으로 총운송비용이 10만 원이 든다. 그리고 이러한 가격체제하에서는 생산공장이 시장에 입지하는 것이 총운송비를 최소로 하는 선택이다. 왜냐하면 한 단위의 상품을 생산하는 데 필요한 원료를 1km 옮기는 비용이 최종재 한 단위를 시장까지 옮기는 유통비용보다 더 싸기 때문이다.

이 단순 모델은 다음과 같이 수식으로 표시할 수 있다.

$$TTC_d = AC + DC \tag{2.1}$$
$$AC = W_i \times R_i \times (d) \tag{2.2}$$
$$DC = W_o \times R_o \times (L - d) \tag{2.3}$$

TTC_d = 원료산지로부터 d의 거리에 위치한 생산공장의 총운송비

AC = 최종생산물 1단위 생산에 필요한 원료를 생산공장까지 운송하는 비용

DC = 최종생산물 1단위를 생산공장에서 시장까지 운송하는 비용

W_o = 최종생산물 1단위의 무게

R_o = 최종생산물 1단위 무게당 1km 운송비

W_i = 1단위 산출물 생산에 필요한 원료의 무게

R_i = 1단위 산출물 생산에 필요한 원료 무게 1단위당 1km 운송비

L = 원료산지에서 시장까지의 총거리

d = 원료산지에서 생산공장까지의 거리

위의 식에서 산출물 한 단위의 무게에 운송요율(transportation-cost rate)을 곱한 것($= R_o W_o$)을 산출물의 입지요율[9]이라 한다. 비슷하게, 상품 한 단위 생산에 필요한 원료의 무게에 운송요율을 곱한 것을 투입물의 입지요율($= R_i W_i$)이라 한다. 현재의 단순 모델에서 만일 최종상품의 입지요율(=산출물의 입지요율)이 원료의 입지요율(=투입물의 입지요율)보다 크다면 생산공장은 시장에 건설될 것이며, 만일 원료의 입지요율이 최종상품의 입지요율보다 크다면 생산공장은 원료산지에 건설될 것이다. 그리고 2개의 입지요율이 같다면 아무 곳이나 입지해도 총운송비는 같을 것이다. 여기서 시장편

---

9) locational weight 혹은 ideal weight라 한다.

향적 활동은 $W_o R_o > W_i R_i$의 특성을 가지고, 반대로 원료편향적 활동은 $W_o R_o < W_i R_i$로 나타낸다.

상품을 생산할 때 계속 무게가 늘어나는 산업은 시장편향적(market-oriented)이 되기 쉽다. 예를 들어, 탄산음료를 만드는 산업을 생각해 보자. 이 산업의 경우 약간의 향을 내는 향료와 설탕, 물 그리고 병이 완제품을 만드는 데 들어가는 주요 투입물이다. 향료나 설탕은 무게가 가벼워 운송에 비용이 크게 들지 않으며, 물은 어디서나 구하기가 쉽다. 그래서 생산자는 병 공급자 가까이 입지해 완제품을 만들어 시장으로 운송하는 것보다, 빈 병을 옮겨와 시장 가까이에서 상품을 생산하는 것이 더 유리하다. 시장편향적인 상품은 이렇게 생산과정에서 무게가 늘어나는 산업뿐만 아니라 운반하기가 어렵거나 부피가 큰 것, 썩기 쉽고 깨지기 쉬운 상품들도 포함한다. 이들 상품은 종국적으로 시장으로 운송하는 비용이 상대적으로 크기 때문에 시장편향적으로 되는 경향이 높다.

한편 상품의 생산과정에서 무게가 계속 줄어드는 산업은 원료편향적(material-oriented)인 경향이 있다. 연탄을 만들거나 생산과정에서 석탄을 사용하는 상품들은 주로 석탄이 생산되는 탄광지역에 입지하는데, 왜냐하면 상품을 만드는 과정에서 무게가 많이 줄어들기 때문이다. 제재소가 산림부근에 입지하는 것이나, 정미소가 농촌지역에 입지하는 것도 같은 원리이다. 또한 생선 통조림 공장이나 육류 가공품도 주로 원료편향적으로 되는데, 원료가 빨리 부패되는 이유도 있지만, 살아 있는 생선이나 소, 돼지 등을 옮기는 것보다 가공해서 옮기면 쉽고 가공과정에서 버려야 할 부산물을 일찍 처리함으로써 무게를 많이 줄여 운송비도 줄일 수 있기 때문이다. 그리고 생산에 필요한 원료가 부피가 크거나, 깨어지기 쉬운 것, 위험한 것 등도 원료산지 가까이 입지하는 경향이 있다.

그 외에도 일반적으로 생산과정의 초기단계에서는 원료편향적으로 되는 확률이 높은데, 왜냐하면 원료를 정제하면서 무게가 많이 줄어들기 때문이다. 반대로 생산의 후기단계로 갈수록 시장편향적으로 되는 확률이 높은데, 이는 생산품이 소비되는 최종형태로 될수록 커지고 무거우며 깨지기 쉽게 되기 때문이다.[10]

---

10) 원료산지 가까이 입지하는 산업의 공통적 특성은 부피 및 무게가 크다는 점 외에 재화가 생산되는 과정에서 형질가공 과정이 상대적으로 단순하다는 점을 꼽을 수 있다. 만일 최종재까지 생산하는 가공과정이 매우 복잡하고 첨단기술이 필요하다면, 비록 운송비가 높더라도 고급기술인력 확보가 가능한 지역에 입지할 것이다.

(2) 단순 모델의 확장

1) 끝점 입지

앞의 〈그림 2.1〉에서 제시된 모델에서는 투입물 입지요율과 산출물 입지요율이 동일한 경우를 제외하고는($W_o R_o = W_i R_i$), 생산공장이 시장과 원료산지 사이의 중간지점에 입지하지 않는다는 것을 설명했다.

한편 후버(Hoover)[11]는 추가적으로 두 가지 이유를 더 들어 중간입지가 아닌 끝점 입지(endpoint locations)가 강화되는 경향을 설명했다. 첫 번째 요인으로는 터미널 비용(terminal cost)을 들 수 있다. 터미널 비용이란 공장이 시장과 원료산지 중간에 입지했을 경우 원료를 공장까지 이동시키고, 완제품을 만든 후에 다시 공장에서 트럭이나 기차 등에 실어 시장까지 이동하는 과정에서 발생하는 하역비와 적재비 그리고 그에 따른 서류작업 등을 총괄하는 비용이다. 이러한 터미널 비용은 만일 생산공장이 원료산지나 시장에 입지할 경우 피할 수 있는 비용이다. 터미널 비용은 운송수단에 따라 달라지는데, 일반적으로 단거리에서는 트럭이 기차보다 싸고, 기차는 선박보다 싸다. 그리고 터미널 비용은 얼마나 멀리서 운송되어 왔는가에 관계없이 일정하기 때문에 1km당 운송비에 있어 단거리보다는 장거리 운송을 더 싸게 만드는 효과가 있다. 두 번째 끝점 입지 강화요인은 장거리 운송경제(long-haul economies)에 기인한다. 앞의 단순 모델에서는 운송비가 거리에 비례한다고 했지만, 실제로 장거리를 이동할 경우 운송비가 수송거리에 정비례해 늘어나지 않고 체감하는 경향이 있다. 즉, 상품이나 원료를 100km 운송했을 때와 200km, 500km, 1,000km를 운송했을 때를 비교해 보면 운송비가 꼭 2배, 5배, 10배로 늘어나지 않는다는 것이다. 따라서 운송비 곡선은 직선이 아닌 곡선 형태가 되어, 거리가 멀어질수록 거리 증가분에 대한 수송비 증가분이 감소하는 한계운송비 체감의 법칙이 나타난다. 더구나 장거리일수록 선택할 수 있는 운송수단이 늘어나 이러한 장거리 운송경제를 더욱 강화시켜 준다. 원료나 완제품을 단거리로 옮길 경우 트럭 이외에는 마땅한 운송수단이 없다. 그러나 장거리를 운송할 경우 트럭 이외에도 기차나 배, 항공기 등 선택할 수 있는 운송수단이 늘어난다. 따라서 이들 운송수단들도 경쟁수단으로부터 고객을 유치하기 위해서는 운송비를 낮추는 수밖에 없다. 결국 이러한 터미널 비용과 장거리 운송경제에 의해 생산공장은 중간점 입지

---

11) Hoover, 1948, *The Location of Economic Activity*, pp. 19–21.

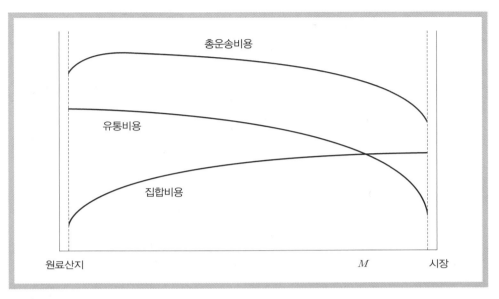

그림 2.2 장거리 운송경제와 총운송비용

보다는 끝점에 입지하는 것이 훨씬 더 유리하다.

〈그림 2.2〉는 알론소(Alonso)[12]에 의해 묘사된 그림으로 어떻게 장거리 운송경제가 끝점 입지를 강화시켜 주는지 잘 보여 준다. 만일 생산공장이 원료산지에 입지한다면 원료를 이동할 필요가 없어 집합비용은 0이 되지만, 대신에 생산한 상품은 시장으로 운송해야 하므로 유통비용이 든다. 반대로 공장이 시장에 입지하게 되면 최종 생산된 상품을 시장으로 실어 나를 필요가 없어 유통비용은 0이 되고, 원료산지에서 원료를 실어오는 집합비용만 지불하면 된다. 따라서 원료산지에 입지한 경우와 마찬가지로 터미널 비용을 절감할 수 있다. 또한 공장이 끝점에 입지해 있으니 원료나 상품을 중간 입지 때보다는 원거리로 운송하게 되어 운송비도 절약할 수 있다. 그러나 만일 생산공장이 중간의 M 지점에 위치한다면 이러한 이점을 누리지 못하게 된다.

2) 이적지점

운송을 하는 과정에서 때론 불가피하게 장거리 운송경제의 이점을 누리지 못하는 경우가 발생하는데, 바로 이적지점(transshipment points)이 그러한 예이다. 이적지점은 적

---

12) Alonso, 1964, "Location Theory", fig. 6, p. 86.

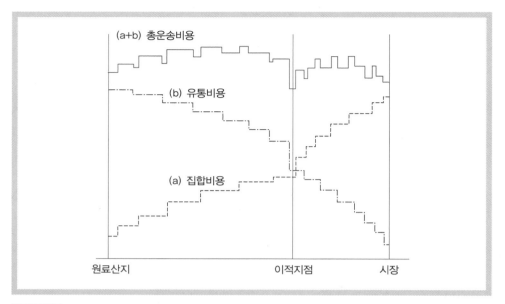

그림 2.3 이적지점과 총운송비용

자료 : Hoover, 1948, p. 39.

재와 하역이 불가피하게 일어나는 운송망의 연결지점을 말한다. 예를 들면, 다리가 없던 시절에는 강을 건너기 위해서 육로를 따라 운반된 상품들은 나루터에서 배로 옮겨 날라야 했다. 그래서 이런 이적지점에는 상품과 사람들이 모여 들었고 도시가 발달했다. 오늘날에도 바다를 건너온 화물이 항구에 도착하거나, 기차로 실은 화물이 역에 도착하면 적재된 화물을 내려 트럭 등 다른 운송수단으로 옮겨서 운반하는데, 이때는 어쩔 수 없이 추가적인 터미널 비용이 발생한다. 우리나라에서는 부산과 인천이 이러한 이적지점이며, 미국은 버펄로와 세인트루이스, 시카고 같은 내륙도시뿐 아니라 뉴욕, 뉴올리언스, 샌프란시스코, 상해 같은 해안 도시 또한 유명한 이적지점이다. 이적지점에는 사용자를 위한 특별적재, 하역, 포장 그리고 저장시설 등을 제공해 줌으로써 적재, 하역, 저장 등에 있어 규모의 경제를 제공한다. 그리고 이런 경제는 이적지점이 생산지점으로서 적합성을 강화시켜 준다. 〈그림 2.3〉은 후버(Hoover)가 이적지점, 즉 중간지점에 입지가 유리한 경우를 예시한 그림인데, 그는 원료를 배로 실어오고 완성된 제품은 기차로 시장까지 운송하는 경우를 상정했다. 그리고 원료를 실어오는 비용과 최종상품 운송비를 비슷하게 보았다. 따라서 이런 경우에는 생산공장이 이적지점에 입지한다면 운송비용을 최대한 낮출 수 있다.

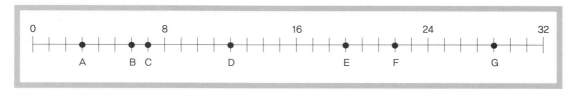

그림 2.4 중간점 입지원칙

도시가 한 번 이적지점 기능으로 발전을 시작하면, 그 지역의 경제는 다양화된다. 그리고 상품을 여러 시장에 공급하거나, 상품생산에 다수의 원료가 필요하여 여러 지역에서 구입해 와야 할 때는 특별히 이러한 이적지점이 유리할 수 있다. 주요 공항을 가지고 있는 도시도 이적지점으로서 추가적 경제활동을 유인하는 데 장점을 가진다.

3) 다수 시장에서의 입지

앞의 단락에서는 시장이 하나인 경우에 운송비와 입지경향을 설명했다. 그러나 만일 시장이 하나가 아니고 여러 곳에 흩어져 있다면 어떻게 될까? 그런 경우 생산지점은 시장의 가운데에 입지하는 경향이 있는데 이를 중간점 입지원칙(The principle of median location)이라 한다. 모델을 간단히 하기 위해 다음 몇 가지 가정을 하고 시작하자. 생산비나 수요량 그리고 가격은 공장이 어디에 입지하든 영향을 받지 않는다. 그리고 배달비용(혹은 유통비용)은 거리에 비례하고, 한 번 배달 시 한 명의 고객에게만 배달하고, 여러 고객에게 동시에 배달하지는 않는다. 이런 가정하에 자장면을 만들어 소비자가 사는 집까지 배달해 주는 중화요리점의 입지지 선택 원리를 살펴보자. 소비자들은 〈그림 2.4〉와 같이 분포되어 있고, 각각의 소비자는 일주일에 한 번씩 자장면을 한 그릇 주문한다고 가정하자. 그림의 한 구간은 1km이고 총구간은 32km이다.

그러면 이 중화요리점은 어디에 입지하는 것이 배달료를 최대한 줄일 수 있을까? 직감적으로, 많은 사람들은 시장의 한가운데인 16번째 지점에 입지하는 것이 가장 좋을 것이라 생각한다. 하지만 그 생각은 옳지 않다. 소비자 D가 위치한 12번째 지점이 최소 운송비용지점이다. 왜 그럴까? 먼저 중화요리점이 배달거리의 한가운데인 16번째 지점에 입지한다고 하자. 그러면 소비자 A에게 자장면을 배달하기 위해서 배달원은 13km, B에 10km, C 9km, D 4km, E 3km, F 6km, G 12km로 7명의 고객에게 모두 배달하는데 총 57km의 거리를 이동해야 한다. 이제 중화요리점이 16번째 블록에서 소비자 D가 있는 12번째 블록으로 이동했다고 가정하자. 이 이동은 고객 A, B, C에게 배달할

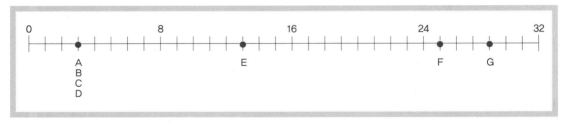

때 4km씩 절약, 즉 총 12km의 배달거리를 줄여 준다. 그러나 다른 한편으로 E, F, G의 고객에게는 추가적으로 4km씩 더해져 총 12km의 배달거리가 늘어난다. 그러나 기존 배달에서 소비자 D에게 배달하던 4km는 하지 않아도 되어 총 53km의 배달만으로 모든 소비자에게 자장면을 배달해 줄 수 있다. 이를 중간점 입지원칙이라 하는데, 이 원칙은 지리학적으로 기업이 시장의 한가운데 있는 것보다는 고객 수의 중간점(고객의 반수가 한쪽에 있고 나머지는 반이 다른 쪽에 있는 것)에 입지하는 것이 운송비를 최소한으로 줄일 수 있다는 것을 의미한다.

〈그림 2.5〉도 동일한 입지원칙을 보여 주고 있다. 앞과 마찬가지 이유로 시장편향적인 상품은 중간지점인 3번째 블록이 운송비용 최소 지점이다. 이러한 예는 우리 주변에서 쉽게 찾을 수 있는데 신문 배달소뿐 아니라 대부분의 분배편향적 기업들도 고객들의 중간지역에 입지하는 경향이 있어 대도시에 입지하는 것을 선호한다. 왜냐하면 대도시 자체가 고객들이 모여 있는 중간에 위치한다고 볼 수 있기 때문이다(혹은, 반대로 고객이 대도시에 모여 있기 때문으로 볼 수도 있다).

이러한 중간점 입지원리는 시장편향적 기업의 입지경향을 잘 설명해 주지만, 원료가 다수인 경우에는 적용하기가 적합하지 않다.

4) 다차원 공간에서의 입지

지금까지 주로 시장과 투입물이 직선을 따라 입지하는 경우를 상정해 분석했다. 직선을 따라 입지하는 것은 중간점 입지원리를 설명하는 데 유용하다. 하지만 다수의 원료나 시장이 있다고 했을 때는 이들 모두가 직선을 따라 분포하는 경우는 드물다. 따라서 2차원 공간에서 입지선택을 설명할 수 있는 모델이 필요하다. 이제 우리는 도자기를 굽는 사업을 시작하기 위해 도자기를 구울 가마를 만들 지역을 찾고 있다고 하자. 도자기를 만들려면 먼저 질이 좋은 흙이 필요하고, 유약이 필요하며, 도자기를 구울

그림 2.6 직선상의 입지

숯과 가마가 필요하다. 그러나 유약의 경우 거의 무게가 없고 이동이 쉬우므로 입지지 선정 시 크게 중요하게 고려하지 않아도 된다. 그래서 흙과 숯 그리고 도자기를 구운 후 시장까지 옮기는 데 드는 운송비용이 주요 고려요인이다.

만일 흙과 숯 그리고 시장이 직선을 따라 입지하고 있고, 한 요소의 입지요율이 다른 요소의 두 입지요율의 합보다 크지 않다면 중간지점에 생산공장(가마)을 세워 생산하려는 경향이 있다. 이는 앞의 중간점 입지원리와 비슷하다. 따라서 〈그림 2.6〉과 같은 상태에서는 숯이 생산되는 곳에 도자기를 구울 가마가 들어선다.

그러나 시장이나 원료산지가 직선으로 위치하지 않을 경우에는 베버나 뢰쉬(Lösh)나 스미스(Smith)[13]가 제시한 입지 삼각형(Locational triangle)이 분석에 사용된다. 터미널 비용과 장거리 경제가 없다면 각 요소의 입지 견인력(locational pull)은 각 요소의 입지요율과 같다. 원료산지와 시장이 〈그림 2.7〉과 같이 분포되어 있고, 입지요율이

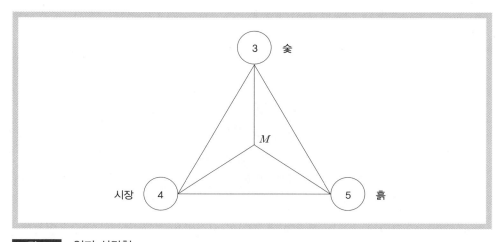

그림 2.7 입지 삼각형

13) Smith, 1981, *Industrial Location*.

그림과 같다고 한다면 운송비용 최소화 입지지역은 삼각형 안쪽 어디엔가 있을 것이다. 왜냐하면 투입물이나 산출물의 이동에 필요한 총거리는 삼각형 외부지역에서 삼각형 선 위로 혹은 삼각형 안으로 들어옴으로써 언제나 줄일 수 있기 때문이다. 그렇다면 생산공장이 삼각형 내 어디에 입지하는가?

최소 운송비 입지점은 세 가지 견인요소가 균형을 이루는 곳에 위치할 것이며, 이외에 다른 지점은 총운송비용을 증가시킬 것이다. 예를 들어, 만일 M이 최소 비용입지지점이라면, 숯이 있는 지점으로 이동은 1km당 총비용 9 입지요율을 증가시키는 반면, 숯을 옮기지 않아 절약하는 3 입지요율만 감소시킨다. 또한 흙 있는 곳으로 이동해 가면 시장과 숯에서 멀어져서 1km당 8 입지요율이 증가되는 반면, 흙은 이동하지 않아도 되므로 5 입지요율이 절약된다. 시장 쪽으로 이동해도 역시 같은 원리로 비용이 더 든다. 한편 흙의 입지요율이 20으로 커진다면, 숯을 흙이 있는 곳으로 옮겨 도자기를 생산해 시장으로 가져가는 것이 비용이 제일 저렴할 것이다. 이 경우 흙을 지배적 중량(dominant weight)이라고 한다.

위의 예에서 운송비용이 삼각형을 통해서 모두 동일하다고 가정했지만, 만일 M 지점으로 통하는 길이 없다면 M 지점은 생산지로서 불가능하다. 따라서 입지는 기존에 만들어져 있는 길을 따라 발생한다고 가정하는 것이 합당하다.

2. 노동비용

운송비용은 제품의 생산과정에서 차지하는 비중이 크기 때문에 전통적으로 다른 입지요인보다 더 중요하게 고려되었다. 하지만 경제가 성장해 가는 과정에서 제조업이 국가나 지역경제에서 차지하는 비중이 지속적으로 감소함으로써 입지결정에서 운송비가 차지하는 비중도 계속해서 감소했다. 더구나 운송기술의 발달과 도로나 철도 등 운송망의 확충으로 운송비가 급격히 하락함으로써 운송비의 상대적 중요성은 더욱 하락하였다. 더불어 기업이 입지를 결정할 때는 운송비뿐 아니라 노동비용과 부지비용, 정부지원 등 여러 요인을 함께 고려할 것이다. 그리고 특정 지역에서 운송비용이 다소 높더라도 노동비용이나 다른 입지요인의 비용이 충분히 싸서 높은 운송비용을 충분히 상쇄할 수 있다면 기업은 그 지역을 입지지로 선택할 것이다.

〈그림 2.8〉에는 베버(Weber)[14]의 최소비용 접근법이 도식되어 있는데, 그는 산출물

---

14) Weber, 1929, *Alfred Weber's Theory of the Location of Industries*.

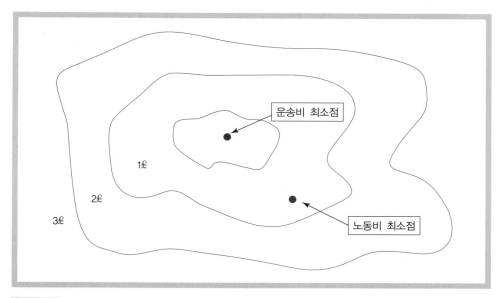

그림 2.8 운송비용과 생산비용의 관계

단위당 노동비용의 절약이 단위당 포함되는 추가적 운송비용보다 더 크다면, 기업이 최소 운송비용점이 아닌 다른 지역에도 입지할 수 있다고 하였다. 즉, 기업은 입지지를 선정할 때 지역적으로 다른 운송비용보다는 지역적으로 다른 생산비용들을 더 중요하게 고려한다는 것이다.[15)

　노동비용의 경우 주로 개인들이 받는 임금이 중요한 판단기준이 되며, 대부분의 경제적 분석에서도 임금을 노동비용을 추정하는 대표적 지표로 사용한다. 그러나 이러한 임금도 직업의 종류에 따라 다르며, 동일 직종이라도 지역에 따라 차이가 나므로 이러한 임금만으로는 노동비용을 정확히 반영하지 못한다. 최근에는 노동자가 직업을 선택할 때 임금 이외에도 기업에서 제공하는 각종 부가적 급부(fringe-benefit)에 관심이 많다. 즉, 회사가 연간 제공하는 휴가는 며칠이며, 휴가 기간에 회사에서 소유한 유명 휴양지 콘도는 이용이 가능한가? 출산휴가는 몇 달 주는가? 연말에 주는 추가적 보너스는 어느 정도인가? 등 여러 가지 회사가 제공하는 전체적 혜택도 같이 고려한다. 따라서 노동비용은 임금과 이러한 각종 추가적 혜택까지 모두 포함하여야 한다. 또한 노동

---

15) 생산비용 편향(production-cost orientation)은 투입물의 종류에 따라 더 세부적으로 나누어지는데, 직물이나 의류 같은 노동편향(labor orientation), 알루미늄 정제 같은 전력편향(power orientation), 연구·개발 같은 어메니티 편향(amenity orientation) 등으로 나눈다.

비용을 정확히 산정하기 위해서는 노동자의 생산성 차이도 같이 고려해야 한다. 어떤 노동자가 임금은 높지만 생산성이 다른 노동자보다 훨씬 높다면 오히려 그의 임금은 낮다고 판단해야 할 것이다. 다만 노동생산성은 정확히 측정하기가 어려운 단점이 있다. 보통 노동자의 생산성은 기업이나 사업장 단위당 총산출물에 총노동자 수를 나누어서 계산한다. 그러나 서비스 부문이나 사무직원의 경우 생산성 측정기준이 애매모호하며 또 노동자가 아닌 경영자의 뛰어난 경영능력으로 인해 생산성이 크게 늘어난 경우에는 이러한 경영자 효과를 노동자의 생산성과 분리하기가 어렵다. 노동비용은 기업 내 노동조합의 존재 여부에 따라 차이가 나기도 한다. 대체로 기업 내에 노동조합이 있는 기업이 없는 기업보다는 노동비용이 높게 나타난다. 노조의 강성 여부도 임금수준에 영향을 미친다. 대체로 노동조합의 힘이 강한 지역에 기업들이 입지를 꺼리기 때문에 미국에서는 근로자가 원하지 않으면 노동조합에 가입하지 않아도 되는 노동권리를 보장해 주기도 한다. 발틱(Bartik)[16]은 미국의 『포춘』 500대 기업을 대상으로 재산세나 법인세, 노동조합 비율, 실업보험 세율, 임금, 인구밀도 등이 새로운 지부공장(branch plant)의 입지에 어떤 영향을 미치는가에 대해 연구를 했는데, 노동조합 비율(unionization percentage) 요인의 영향이 생각보다 커서 '한 주(州)의 노조 가입 노동자 비율이 10% 증가하면 새로운 지부공장의 수가 30~45% 감소하는 것'을 발견하였다. 특히 이러한 노조는 사무직이나 연구직이 많은 화이트칼라 기업들보다 생산직이 많은 블루칼라 기업들에 더 큰 영향을 준다. 따라서 기업의 입지요인으로 노동비용을 고려할 때는 이러한 점들을 모두 고려해야 한다.

기업에 따라 노동의 공급에 대한 선호가 다르다. 일부 기업은 작은 소도시에 입지하기를 원하는데, 왜냐하면 그들이 원하면 바로 채용할 수 있는 노동력이 그 지역에 있고, 다른 기업을 유인할 만큼 충분한 매력은 없기 때문이다. 그러한 기업은 그 지역의 주요 고용주로서 노동자의 전직(turnover)을 최소한으로 유지하기를 원한다. 하지만 다른 일부 기업은 반대로 기업 간 연관관계의 이점을 누리기 위해 다른 기업들과 가까이 입지하기를 원하며, 대도시를 선호한다.

3. 지방정부의 지원책

많은 국가들은 다양한 지원정책을 사용해 문제지역에 여러 활동적인 기업을 유인하려

---

16) Bartik, 1985, "Business Locational Decisions in the U.S. : Estimates of the Effects of Unionization, Taxes and Other Characteristics of the States", pp. 14-22.

고 한다. 특히, 이러한 유인정책은 지방정부에서 더 많은 관심을 가지고 있는데, 그들은 자신들의 지역으로 유망한 기업들을 유인하기 위해 여러 가지 특별 지원정책을 시행한다. 이러한 지원정책으로는 산업공단을 만들어 싼 가격으로 토지를 제공하거나, 각종 규제의 면제, 세금 감면, 도로 및 다리 같은 사회간접자본 확충, 기업 설립시 일부 자금지원 및 대부, 이자 혜택 등이 있다. 지방정부는 자신들의 지역으로 새로운 기업이 입지함으로써 지역 내에 새로운 직업을 창출시키고, 지방정부의 세금수입을 증가시켜 줄 것으로 믿고 있다. 대부분의 기업들도 입지지역을 선택할 때 각 지방정부가 제공하는 여러 가지 지원정책을 검토해 보고, 자신들에게 가장 적합하고 혜택이 큰 지역을 선택한다. 그리고 지역의 각종 규제가 자신들의 사업에 방해가 된다고 생각하면 규제를 폐지해 줄 것을 요구하기도 한다. 결과적으로 대부분 기업들의 입지결정에 어떤 형태로든 지방정부의 이러한 장려정책이 포함되어 있다. 현재 국내에서는 수도권을 제외하고 거의 대부분의 지역에서 기업 유치를 위한 지원정책을 시행하고 있어, 이를 상재 투입물로 보는 학자들도 많다. 대부분의 지역경제개발 담당자는 이러한 지원책이 지역의 투자유치에 필요 불가결한 정책이라고 생각은 하지만, 직접적인 효과에 대해서는 확신을 갖고 있지 못하다.

4. 삶의 질

기업이 입지를 결정할 때 고려하는 또 다른 요소로 삶의 질이 있다. 보통 이러한 삶의 질을 향상시키는 요소들을 어메니티(Amenity)라고 하는데, 좋은 날씨와 기후, 높은 일조량, 박물관과 문화시설, 좋은 대학과 연구기관, 잘 정비된 도로, 넓은 공원, 산책로, 좋은 학군 등 삶을 편리하고 윤택하게 해 주는 모든 것을 지칭한다.[17] 일반적으로 지역개발 계획자들이나 경제학자들은 이러한 삶의 질을 향상시키는 요소를 잘 갖춘 지역에 기업들이 모이며 경제성장도 촉진된다고 믿고 있다. 따라서 최근 들어 많은 학자들이 지역 간 삶의 질의 차이나 수렴 추세에 많은 관심을 두고 연구하고 있다.[18]

---

17) OECD는 2011년부터 주거, 직업, 공동체, 교육환경, 시민참여, 건강, 삶의 만족, 안전, 일과 삶의 균형 11개 부문을 평가해 국가별 삶의 질을 가늠하는 "더 나은 삶의 질 지수((Better Life Index)"를 조사·발표하고 있다. 한국은 38개국 가운데 2012년 24위에서 2013년 27위, 2014년 25위, 2015년 27위, 2016년 28위로 하위권에 맴돌다가 2021년 32위로 순위가 더 하락했다.

18) Drewnowski, 1974, *On Measuring and Planning the Quality of Life*. Blomquist, Berger and Hoehn, 1988, "New estimates of quality of life in urban areas", pp. 89-107. Dasgupta and Weale, 1992, "On Measuring Quality of Life", pp. 119-131. Handerson, 2005, "Natural Amenities and Rural Employment Growth : A Sector Analysis", pp. 80-96. Royuela and Artís, 2006, "Convergency Analysis in Terms of Quality of Life in the Urban Systems of the Barcelona

　　이러한 삶의 질을 향상시켜 주는 요인들은 주로 컴퓨터나 전자, 연구기관같이 원료와 운송요인에 영향을 덜 받는 산업, 화이트칼라 직군, 첨단기술 부문 기업 등의 입지 결정에 점점 더 많은 영향을 주고 있다. 대부분 고학력자를 채용하는 이 기업들이 만일 어메니티가 취약한 지역에 입지할 경우, 더 많은 임금을 지급하더라도 장기적으로 좋은 인재들을 타 지역으로 빼앗기게 된다. 대신 환경이 좋고 어메니티가 풍부한 지역에 입지한 기업은 비록 임금을 적게 주더라도 장기적으로 인재들을 지킬 수 있다. 실제로 좀 더 생산적이거나 기술적으로 숙련된 노동자, 창조적 아이디어를 가진 노동자들은 그들이 받는 보수보다는 자신들의 분야에 있어 최고라는 자존심과 자신들이 원하는 환경에서 일하는 것에 더 관심을 가지고 있기 때문에 보수에는 비교적 덜 민감하다. 또한 좋은 어메니티는 미숙련 노동자들도 낮은 임금으로 묶어 놓을 수 있게 도와준다. 따라서 입지선정자는 고려요인들의 비용이 비슷하다면 더 좋은 어메니티를 가진 지역을 선택하게 되며, 또한 많은 첨단기업들이 다른 요인의 비용이 비슷하지 않더라도 어메니티가 풍부한 지역을 선정한다. 대신 기업은 이때 드는 비용을 상품의 가격을 높이는 방식으로 소비자에게 전가시키기도 하고, 낮은 이윤 형태로 주주에게 전가시키기도 한다. 그래서 어메니티가 풍부한 지역에 자리 잡음으로써 오히려 이윤을 증가시킬 수 있다고 믿는 경영자도 있다.

　　그러나 현실적으로 지역 어메니티가 누구에게 더 이익을 주는지는 확실하지 않다.[19) 어메니티가 풍부한 지역에 입지한 기업은 낮은 보수로 생산적인 노동자를 고용할 수 있기 때문에 이득을 본다고 할 수 있다. 하지만 대부분의 어메니티가 풍부한 지역은 실제로 지대와 사무실 임대료가 높고, 물가도 비싸기 때문에 그렇지 않는 지역에 입지한 기업에 비해 생산비가 더 많이 들 것이다. 그리고 장기적으로 이렇게 물가가 높은 지역에 위치함으로써 노동자에게도 거기에 맞추어 임금도 올려 주어야 하는 경우도 많다.

Province, 1991-2000". pp. 485-492. Monchuk and Miranowski, 2007, "Amenity and Non-Farm Employment Growth in the U.S. Midwest : The Impact of Recreational Amenities in Neighboring Counties", pp. 120-145. Ciriaci, 2014, "Does University Quality Influence the Interregional Mobility of Students and Graduates? The Case of Italy", pp. 1592-1608, Nifo, and Gaetano, 2014, "Do Institution Play a Role in Skilled Migration? The Case of Italy", pp. 1628-1649, Leknes, 2015, "The more the merrier? Evidence on quality of life and population size using historical mines", pp. 1-17. Holl, 2016, "Highways and productivity in manufacturing firms", pp. 131-151, Hanlon, W Walke, 2020, "Coal Smoke, City Growth, and the Costs of the Industrial Revolution", pp. 462-488, Juhász, Sándor et al., 2022, "Amenity complexity and urban locations of socio-economic mixing", pp. 1-36, Lui, Andrew Kwok-Fai et al., 2022, "Modelling of Pedestrian Movements near an Amenity in Walkways of Public Buildings", pp. 394-400.

19) Buettner and Ebertz, 2009, "Quality of life in the regions : results for German Counties", pp. 89-112, Heblich, Stephan et al., 2021, "East-Side Story: Historical Pollution and Persistent Neighborhood Sorting", pp. 1508-1552.

표 2.1 공업용 상수도의 지역별 요금 (2020년 기준, 원)

지 역	1톤당 가격	지 역	1톤당 가격
서울특별시	92	충청남도	867
강원도	565	전라북도	1,056
광주광역시	652	경상남도	1,276
경기도	770	경상북도	1,927

자료 : 인스파일러, https://insfiler.com/detail/rt_water_usage_type-0008?category=total

5. 에너지 비용

기업이 상품을 생산할 때 물이나, 전기, 가스 등 각종 에너지를 필요로 하는데, 이러한 에너지는 생산과정에 직접 투입되는 요소로서 그 비용 또한 기업의 입지요인으로 크게 작용한다. 특히 에너지를 많이 소비하는 기업일수록 에너지 비용의 변화에 민감하게 반응한다.

〈표 2.1〉에는 우리나라 각 지역의 2020년 공업용 상수도 1톤(m³)당 평균단가가 나타나 있다. 전국 평균단가는 797원이지만 지역별 격차가 커서 서울은 가장 싼 92원인 반면, 가장 비싼 경상북도는 1,927원으로 서울의 무려 20배에 이르고, 평균 단가에 비해서도 2.5배 정도로 비싸다. 또한 같은 상수도 요금이라도 업무용, 영업용, 목욕탕용 등 용도별로 다르게 부과된다. 상수도 요금 외에도 산업용 도시가스의 소매 공급비용도 지역별과 편차가 크게 나타나며, 같은 지역 내에서도 사업장 위치에 따라 요금이 다르게 부과되는 지역도 많다. 따라서 제품 생산이나 공장 가동, 난방 등에 어떤 에너지를 많이 사용하는가에 따라 기업이 입지 지역이 바뀔 수 있다.

최근에는 이러한 에너지의 가격뿐만 아니라 에너지의 질도 중요하게 생각하는 기업들이 늘어나고 있다. 특히 반도체나 의료정밀기기, 고성능 컴퓨터 제작 같은 분야에서는 전류, 전압 등에 있어 파동이 거의 일정하고 진폭이 크지 않는 양질의 전기를 요구한다. 이런 산업에서는 한 번의 정전으로도 기업이 수억의 손실을 입을 수 있으므로 위급 시에 대비하여 자체적으로 발전시설을 갖추어 놓는 기업들도 많다.

이러한 에너지 비용의 영향은 산업의 종류[20]뿐 아니라 지역의 위치에 따라 달라지기도 하는데, 예를 들면 북부의 추운지역은 주로 난방을 위해 많은 에너지를 사용하지

---

20) Bae, 2009, "The responses of manufacturing businesses to geographical differences in electricity prices", pp. 453–472.

만, 따뜻한 남쪽지역에서는 반대로 에어컨 사용에 많은 비용을 지불한다.

6. 부지비용

부지비용이란 토지에다 건물비용을 포함하는 개념이다. 상품을 주로 생산하는 제조업의 경우 업종에 따라 넓은 토지와 큰 공장 건물을 필요로 하는 경우가 많은데, 이 경우 입지선정에서 부지비용이 큰 비중을 차지한다. 그러나 실제로 토지비용은 처음 기업을 설립할 때는 주요한 고려사항이지만, 오랜 사용기간 동안 그 비용을 분산시키면 크게 비중이 높지 않을 수도 있으며, 비슷한 부지 사이에서 선택을 할 때도 상대적으로 크게 중요하지 않다. 오히려 여러 서비스들이 충분히 제공되어 당장 생산이 가능한 기존의 건립된 공장의 공급이 더 중요할 수 있다.

부지비용은 지역 간에 차이가 있는 것은 사실이지만 지역별로 한 가지 가격만 있는 것은 아니다. 대부분의 지역이 여러 가격범위에서 다양한 부지를 공급하기 때문에, 지역 간의 입지요인으로서는 중요하지 않을 수 있다. 다만 지역 내에 여러 구역 중에 어디에 입지를 할지 결정하는 데 중요한 요소가 된다. 창고가 많이 필요하거나 큰 공장 부지가 필요한 기업일수록 특히 부지비용에 민감하다.

한편 기업만 부지를 찾는 것이 아니라 부지소유자들도 자신이 보유한 부지에 입지할 기업을 찾고 있다. 예를 들면, 산업공단을 만들어 놓은 지역개발 관료나 아니면 직접 산업용지에 적합한 토지를 가지고 있는 소유주들은 자신의 부지를 광고하거나 잠재적 구입자를 찾기도 하여 서로를 보완해 준다.

지금까지 살펴본 기업의 입지요인들 외에도 지역별로 다른 세금체계나 지역별로 다른 사업환경(Business Climate)도 입지결정에 영향을 준다. 특히 지역마다 선호하는 사업의 종류도 각기 다르며, 주민들이 호감을 가지고 있는 사업이나 혐오하는 사업이 지역마다 다르다. 또한 그 지역 공무원이 새로 입지하려는 기업을 적극적으로 도와주려는 경우도 있지만, 오히려 달가워하지 않고 배척하는 경우도 있다. 지역이 시행하는 정책도 지역의 사업환경에 많은 영향을 미친다.[21] 한편 세금도 소비세[22]와 자산세, 법

---

21) Blume, 2006, "Local Economic Policies as Determinants of the Local Business Climate : Empirical Results from a Cross-section Analysis among East German Municipalities", pp. 321-333.

22) Behrens, Ottavino, Thisse, J.-F., 2007, "Commodity tax harmonization and the location of industry", pp. 272-291. Behrens, Hamilton, Thisse, 2009, "Commodity tax competition and industry location under the destination and the origin principle", pp. 422-433.

인세, 영업세, 자본소득세 등 다양한 종류가 존재함으로써 지역에 입지하려는 기업에 다양한 경로로 영향을 주며, 국가 간의 해외직접투자(foreign direct investment)도 자유로운 현재에는 이러한 세금이 해외의 다국적기업들의 입지에도 영향을 미친다.[23]

특히 최근에는 각 국가의 경제 개방도가 높아지고 외국기업이나 다국적기업들의 국내투자와 국내기업의 해외투자가 늘어나는 추세여서, 기업의 입지요인이 국내의 지역적 요인에 국한되지 않고 국내·외 정치적 요인에도 같이 영향을 받아 각 국가의 정치적 안정도도 기업의 입지결정에 큰 영향을 미친다.

제2절 기업의 다른 입지이론

기업의 입지이론은 지역경제학에서 매우 중요한 이론으로서, 일반경제학 분야에서 고려하지 않았던 '어디서 생산하는가?'라는 질문에 적극적으로 대답하려는 시도이다. 앞절에서는 독일의 경제학자 베버(Weber)[24]가 언급했던 최소 비용입지이론을 중심으로 기업들이 입지할 때 우선적으로 고려하는 요인들을 살펴보았다. 그리고 이러한 입지이론들은 계속해서 후버, 뢰쉬, 호텔링(Hotelling),[25] 그린헛(Greenhut),[26] 아이사드(Isard),[27] 모스(Mose),[28] 스미스(Smith)[29] 같은 경제학자들에 의해 수정, 보완되면서 공간조직이론의 기초를 마련하는 데 크게 기여하였다.

이 절에서는 베버 이후 여러 학자들에 의해 발전된 중요한 몇 가지 이론을 추가적으로 알아본다.

(1) 뢰쉬의 최대수요이론

뢰쉬(Lösch)[30]는 페터(Fetter)[31]와 더불어 베버의 최소비용이론을 비판하고, 기업은 입지에 있어 최소비용보다는 수요를 더 중시한다고 주장하여 수요개념을 입지결정에 주

---

23) Lanaspa, Pueyo and Sanz, 2008, "Foreign direct investment, industrial location and capital taxation", pp. 413-423.
24) Weber, 1929, *Theory of the Location of Industries*.
25) Hottelling, 1929, "Stability in Competition".
26) Greenhut, 1956, *Plant Location in Theory and Practice*.
27) Isard, 1956, *Location and Space-Economy*.
28) Moses, "Location and Theory of Production".
29) Smith, 1981, *Industrial Location, An Evonomic Geograpical Analysis*.
30) Lösch, 1954, *The Economics of Location*.
31) Fetter, 1924, "The Economic Law of Market Areas", pp. 520-529.

요변수로 도입하였다. 즉, 기업은 자신들이 생산하는 상품의 수요를 극대화할 수 있는 곳에 입지하며, 수요를 극대화하기 위해서는 집적경제의 이익 때문에 시장중심지에 근접해야 한다고 하였다. 그는 먼저 이론 전개를 위해 모든 측면에서 동질적인 평원(homogeneous plain)이 존재하고, 둘째, 이 평원에 인구는 균등하게 분포되어 있으며, 셋째, 각 개인은 어디에 위치하든지 동일한 수요곡선을 가지고 있고, 넷째, 생산지 가격(Free On Board, FOB)이 존재하며, 소비자는 생산지에서 소비지까지의 운송비를 부담하고, 다섯째, 사회적으로나 제도적으로 진입을 막는 장애물이 없어 초과이윤이 없어질 때까지 진입이 자유로우며, 여섯째, 합리성이 전제되어 소비자는 가장 가까운 곳에서 생산자로부터 상품을 구매하고, 생산자는 이윤극대화를 한다는 여섯 가지 가정을 하였다.[32] 그리고 이를 바탕으로 수요콘(demand cone)을 도출하였다. 이러한 수요콘 도출과정은 뒤의 제3장에서 다시 자세히 다룰 것이다.

〈그림 2.9〉의 오른쪽 그림은 뢰쉬가 제시한 맥주에 대한 개인의 수요곡선이다. OP는 양조장에서의 맥주가격이며, P 지역에 사는 소비자들은 PQ만큼의 맥주를 살 것이다. 이제 P 지역에서 멀어지면 자연히 운송비만큼 맥주가격이 높아져, 결과적으로 수요는 줄어들 것이다. 그리고 F만큼 멀어지면 운송비가 PF만큼 되어, 더 이상 맥주는 팔리지 않을 것이다. 따라서 PF는 맥주가 팔려나가는 최대 반경이 되며, 이 거리까지 최대한 판매되는 맥주의 양은 PQ를 축으로 하여 삼각형 PFQ를 회전시켜 나타나는 〈그림 2.9〉의 오른쪽 그림인 수요콘이 될 것이다.[33] 즉, 동질적 평원과 인구분포의 동질성 가정하에 맥주에 대한 수요는 삼각형 PQF를 옆으로 눕혀 PQ를 축으로 회전하여 얻을 수 있는 원추형으로 나타낼 수 있다. 뢰쉬는 이러한 수요콘을 바탕으로 각 기업은 상품에 수요가 극대화되는 지점(〈그림 2.9〉의 P 점)에 기업이 입지한다고 주장하였다. 그리고 재화에 대한 수요가 지역적으로 균등하다면 수요가 극대화되는 그 지점은 바로 시장중심지이다. 뢰쉬는 이 수요콘을 중심으로 각 상품의 시장범위와 공간에서 육각형 형태의 균형상태를 설명했다.

그러나 이러한 뢰쉬의 수요중심 입지이론에 대해 아이사드(Isard)[34]는 농촌지역에서

---

32) Lösch, 1954, *The Economics of Location,* pp. 94-97. Parr, 2002, "The Location of economic activity : central place theory and the wider urban system", p. 34.

33) 이 수요콘의 용적은 $2\pi \int_0^R f(p+t)t\,dt$ 이다. 이때 p는 양조장에서의 맥주가격, t는 양조장에서 소비자에게 맥주 한 단위 운송에 드는 비용, R은 최대 운송거리(〈그림 2.9〉에서 PF), $f(p+t)$는 각 소비지역에서 가격함수로 나타낸 개인수요이다.

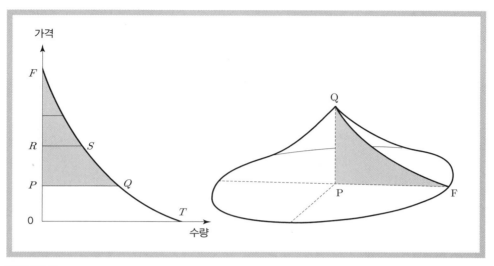

그림 2.9 개인수요곡선과 수요콘

자료 : Lösch, 1954, p. 106.

나 적용이 가능하지만 도시에서는 문제가 있다고 지적하였다. 왜냐하면 도시에서는 인구가 특정 지역에 집중되어 있고, 부분적으로 부심을 많이 가지고 있으며, 수요가 공간상에 고르게 분포되어 있지 않기 때문이다. 물론 수송비도 지역에 따라 달라진다. 더구나 기업이 공간적으로 균등하게 분포되어 있지 않으며, 수요중심지인 시장도 중복될수 있기 때문이다. 이는 중심지이론의 전형적인 문제로 여러 개의 상권이 중복되면 기업은 중심지보다는 상권이 중복되는 곳에 입지하는 것이 상품판매에 더 유리하기 때문이다. 그리고 뢰쉬가 베버이론이 수요 측면을 경시했다고 비판하듯이, 뢰쉬이론도 비용 측면을 고려하지 않았다는 비판을 받는다.

(2) 이윤극대화 입지이론

기업이 이윤극대화 지점에 입지한다는 이론은 로스트론(Rowstron),[35] 테일러(Taylor),[36] 스미스(Smith),[37] 맥더모트(McDormott)[38] 등 여러 학자들이 주장한 입지이론으로서,

---

34) Isard, 1956, *Location and Space Economy*.

35) Rawstron, 1958, "Three Principles of Industrial Location", pp. 132-142.

36) Taylor, 1970, "Location decisions of Small Firms", pp. 51-54.

37) Smith, 1966, "A Theoretical Framework for Geographical Studies of Industrial Location", pp. 96-113.

38) McDormott, 1973, "Spatial margins and industrial location in New Zealand", pp. 64-74.

공간적 수입곡면(spatial revenue surface)을 산정해서 이론을 전개했다. 여기서는 경제지리학자인 스미스의 이론을 중심으로 살펴보자. 스미스는 고전이론들이 교통의 중요성과 최소비용 입지를 너무 강조하였다고 비판하며, 공업의 입지는 교통비뿐만 아니라 총비용(total cost)과 총수익(total revenue) 간의 관계에 의해 결정된다고 하였다.

그는 공장을 설립할 때 다른 조건들이 동일하다면, 기업은 이윤극대화가 되는 지점을 선택한다고 전제하였다. 물론 입지결정은 운영의 규모(scale of operation)와 생산요소의 배합, 시장 여건 같은 다른 여러 조건들과도 연관되어 있는 점도 지적하였다. 그러나 이윤극대화 지점은 공장의 크기, 요소 결합의 차이 그리고 입지지 선택에 따른 수요 변화에 따라 달라지는데, 이런 모든 요소들은 상호작용을 통해 입지분석을 극도로 복잡하게 만든다. 그래서 스미스는 가격과 비용이 고정되어 있고, 대규모 생산을 통해 개별기업이 이를 변화시킬 수 없으며, 요소 결합이나 기술의 변화, 기업가의 능력도 변화가 없다고 가정하였다. 산출물도 공간상에서 항상 동일하며, 수요의 변화는 가격의 지역 간 변화에 반영되어 있다고 가정하여 모델을 최대한 단순화시켰다.

〈그림 2.10〉에는 비용과 가격의 공간상 변화효과가 나타나 있는데, 모델의 복잡성을 피하기 위해 비용과 가격(£)은 Y축에 그리고 거리는 X축에 표시되어 있다. 〈그림 2.10〉(a)는 수요와 가격이 어디서나 동일하지만, 비용은 공간상에서 변화한다고 가정하고 그려진 그림이다. 산출물 1단위당 평균비용(Average Cost, AC)은 O 지점으로부터 양쪽 방향으로 멀어질수록 증가하는데, 이 선을 공간 비용곡선(space cost curve)이라 부르며 일반경제학에서의 평균비용곡선과 구분된다. O 점은 비용최소점이고, Ma와 Mb는 평균비용이 가격과 일치하는 점이다. AC선과 P선과의 수직거리는 산출물 1단위당 평균 수익을 나타낸다. 산출물이 지역 간에 변화하지 않고, 가격도 일정하다고 가정했으므로, 평균비용(AC)곡선은 쉽게 총비용(Total Cost, TC) 곡선으로 그리고 가격을 나타내는 P선은 총수입(Total Revenue, TR)곡선으로 바꾸어 생각할 수 있다. 그리고 $P(= TR)$가 $AC(= TC)$보다 위쪽에 있는 구간(Ma와 Mb 사이)에서는 두 선 간격의 수직거리는 총이윤을 나타내며, O 점이 이윤극대화가 되는 지점으로 최적의 입지지(optimal location)이다.

〈그림 2.10〉의 그림 (a)는 또한 이익을 낼 수 있는 입지지역의 구간을 식별할 수 있게 해 준다. Ma와 Mb는 이윤 가능한 공간적 한계지점으로 이 점에서 기업은 $TR = TC$가 되어 손익분기점이 된다. 그리고 이 한계지점을 지나가면 기업은 손실을 입게 되고, 그 손실의 크기는 TC와 TR 사이의 수직거리이다.

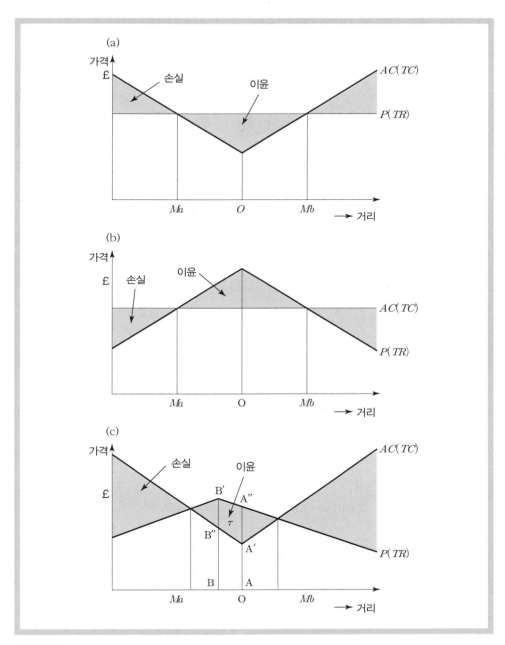

그림 2.10 이윤극대화 입지

자료 : Smith, 1966, p. 96.

〈그림 2.10〉의 그림 (b)는 앞의 그림 (a)와 반대로 비용은 모든 지역에서 동일한데, 가격이 지역별로 변화한다고 가정한 것이다. 이러한 가격 변화는 수요의 변화를 반영한 것으로, 수요가 가장 많은 지점이 가격도 가장 높다. 그리고 O 점이 산출물 단위당 평균수익이 가장 높은 지점이며, Ma와 Mb는 기업의 손익분기점이다.

그림 (b)에서도 그림 (a)와 마찬가지로 산출물은 어느 지역에서나 동일하고 수요의 공간상 변화에 반응하지 않는다고 가정함으로써, AC는 TC로, P는 TR로 쉽게 바꾸어 생각할 수 있다. 그리고 O 점이 이윤극대화 지점이 된다.

물론 현실적으로는 비용과 수요가 동시에 지역별로 변화할 수 있다. 이러한 사례는 그림 (c)에 나타나 있는데, 평균비용(AC)은 A 점에서 멀어질수록 증가하고, 가격은 B 점에서 멀어질수록 수요가 줄어듦에 따라 낮아진다. 산출물이 공간상 어디에서나 불변이라고 가정함에 따라 이때도 역시 AC는 TC로, AR은 TR로 바꾸어 생각할 수 있다. 두 선의 차이가 최대한 크게 나타나는 A 점이 이윤극대화 지점이 된다. 그래서 이윤극대화를 추구하는 기업은 비록 총수입 수준이 극대화되는 지점이 아니더라도 총비용이 최소화되는 A 점에 입지할 것이다.

이러한 스미스의 분석결과에 따르면 총비용과 총수입의 공간상 변화는 특정 기업(산업)이 이윤을 얻을 수 있는 지역을 한정한다. 그리고 이 지역 내에서는 이윤의 크기가 변화하며, 개별 제조업자가 최대 이윤만을 추구하지 않는다면 이 지역 내 어느 곳에나 입지할 수 있다.[39]

〈그림 2.10〉에서 공간상의 변화가 심해 가격선이나 비용선의 기울기가 가파르게 되면 기업의 입지 가능지역 범위가 좁아지고, 반대로 공간상 변화가 크지 않아 가격선과 비용선의 기울기가 완만해지면, 기업들도 넓은 지역에 분산해 입지한다.[40]

스미스는 그의 논문에서 단순화를 위한 가정들을 완화시켜 좀 더 현실적인 모델을 만들었지만, 대체로 위의 단순 모델에서 언급한 내용만으로도 그가 주장하고 싶어하는 중요한 개념들은 모두 포함되었다. 그리고 이러한 이윤극대화 모델은 제1절에서 설명한 기업들의 입지결정요인과 밀접한 관련을 가지고 있다. 즉, 기업들이 입지지를 선정할 때 운송비나 임금 등 여러 가지 요인을 고려하는 이유도 결국은 기업의 이윤을 극

---

39) 다른 이론들은 일반적으로 한 개의 최적입지지점을 선택하려는 것과는 달리 스미스는 이윤율의 공간적 한계(spatial margins to profitability) 개념을 적용하여 공장이 최적입지지점뿐만 아니라 이윤을 낼 수 있는 공간 한계 내에서는 어느 곳이든 입지할 수 있다는 준최적입지(suboptimal location)를 주장하였다.
40) Smith, 1966, pp. 96-98.

대화하려고 하는 것이다. 또한 스미스 등의 이윤극대화 모델은 이윤극대화 지점 또한 수요가 극대화되는 지점(〈그림 2.10〉(b) 참조)으로서 뢰쉬의 이론과도 일맥상통하는 점이 있다. 그러나 이 모델은 다른 이론이 생각하지 못했던 기업의 이윤극대화 입지동기를 잘 설명했지만, 미래의 경제 상황이나 수요자의 취향, 수요측면 등을 고려하지 못한 점은 단점으로 꼽힌다.

(3) 행태적 입지이론

앞에서 언급한 고전적 입지 모델들은 기업이 입지를 결정할 때 비용최소화나 수요극대화, 이윤극대화 등에 중점을 둔다고 주장한다. 이러한 모델들은 기업활동에 있어 합리성이나 완전한 정보 등을 전제로 했을 때는 기업의 최적화 행태를 결정하는 기준으로 매우 유용하다. 그러나 불완전한 정보나 불확실성하에서는 이윤극대화가 궁극적인 목적이 아닌 기업들의 내부 동태성을 고려하기 어렵다. 이러한 점에서 사이먼(Simon),[41] 사이어트(Cyert)와 마치(March),[42] 굴드(Gould)[43] 등은 좀 더 현실성 있는 제한된 정보와 부분적 합리성 가정하에 기업의 행태적 이론을 발전시켰다. 이들 이론에서는 기존의 '최적화 행태(optimizing behaviour)'가 '작은 성과로도 만족하는 행태(satisficing behaviour)'로 대체되었고, 프레드(Pred)에 의해 성공적으로 입지이론에 도입되었다.

사이어트와 마치는 정보가 불안전한 세계에서는 대부분의 기업이 소유권과 의사결정권이 분리된 상태에서 이윤극대화 목표를 추구하기보다는 여러 가지 다양한 목표를 추구한다고 주장하였다. 즉, 현대 기업은 각자가 일하는 분야가 다양하고, 공장도 여러 군데 산재해 있고, 다국적기업도 존재하고, 또한 기업 내 의사결정 계층도 다양하여 단순한 이윤극대화를 추구하는 경우는 적다고 주장한다. 기업 내에서는 각자의 성과에 따라 승진이나 임금 등이 결정되지만, 그 성과를 측정하는 방법이 각기 다르기 때문에 그들이 추구하는 것은 이윤극대화가 아니라 각 부문에서 각자 일정수준을 만족시켜주는 성과의 달성을 목표로 삼는 것이다. 다만 주주들만이 단기적으로 이윤극대화를 원한다는 것이다.

한편, 프레디는 개인들은 실질적인 상황에서 두 가지 변화에 대해 그들이 어떤 입장

41) Simon, 1955, "A behavioural model of rational choice", pp. 99-118.
   Simon, 1957, *Models of man : Social and rational.*
42) Cyert and March, 1963, *A Behavioral Theory of the Firm.*
43) Gould, P. 1963, "Man against his environment : a game theoretic framework", pp. 290-297.

을 취하느냐에 따라 의사결정이 달라지는 것을 보여 주려고 하였다. 그중 하나는 가용한 정보의 양과 질의 변화이며, 다른 하나는 그 정보를 이용하는 의사결정자의 능력의 변화이다. 이 두 가지 변화와 관련하여 개인의 입장을 정확히 예측할 수 없기 때문에 입지형태는 결코 유일하게 결정되지 않고, 일반적으로 확률적 요소(stochastic element)에 따라 결정된다고 보았다.

이들 행태적 입지이론가들의 공통된 주장은 만일 지역에 대한 정보가 불완전하고 불확실성이 크다면 기업은 이윤극대화를 위한 의사결정을 할 수 없으며, 기업 특유의 요인이나 비경제적 요인 등을 바탕으로 대체적 목표를 달성하려 한다는 것이다. 즉, 개인이 가지는 입지 정보나 자녀 교육에 유리한 지역, 노동환경, 제도적 요인 등을 입지의 판단기준으로 삼아 이윤을 극대화하는 최적지점이 아니라는 것을 알면서도 기업은 입지결정을 한다는 것이다.

이러한 행태적 이론은 기존의 입지이론들이 고려하지 못한 비경제적 요인들을 입지결정에 이용한다는 점을 지적하고 이론에 도입한 공헌은 있지만, 다른 한편으론 이론이 너무 '사회적'이고, '심리적'이며 '쉬운(soft)' 요인만 변수로 다루고, 경제적인 요인은 등한시한다는 비판을 받았다.[44]

(4) 제도적 입지이론

고전적 입지이론이나 행태적 입지이론은 기업을 여러 가지 선택 가능한 지역 중에서 한 곳을 선택하는 '입지결정 주체자'로 생각하는 공통점을 가지고 있다. 그래서 두 이론 주장자들에게 환경은 입지요소로서 큰 영향을 미치지 않았다.

그러나 이러한 시각에 대해 1980년대부터 여러 가지 의문을 제기하는 이론들이 등장했다. 새로운 연구는 공통의 믿음을 공유했는데, 공간상에서 경제적 변화과정은 주로 사회의 문화적 제도들과 가치체제(value systems)에 의해 형성된다는 것이다. 따라서 기업의 입지결정에 있어 기업의 행동뿐만 아니라, 그 행동이 구현되는 사회 및 문화적, 정치적 배경도 같이 살펴보아야 한다. 그 후로 기업 입지에 대한 이러한 제도적 접근법은 많은 전통적 경제 지리학자들의 관심을 끌었는데, 그들 중에는 신-마르크스주의 이론가(neo-Marxist theorist)와 지리학자, 문화지리학자들이 포함되어 있다.[45] 이

---

44) Scott, 2000, "Economic geography : the great half-century", pp. 483-504.
45) Martin, 1999, "The new 'geographical turn' in economics : some critical reflection", pp. 65-91.

들은 기업이 활동함에 있어 지역제도 속에서 환경과 상호작용을 한다고 본다. 기업은 기업의 생산과정에서 가격이나 임금, 세금, 보조금, 사회간접자본 혹은 다른 핵심 요소들을 공급자나 지방 및 지역정부 혹은 중앙정부, 노조 혹은 다른 제도(institutions)들과 끝없이 협상을 하며, 입지 행위는 이러한 협상의 결과물로 본다. 이러한 관점에서 이 이론은 그들의 환경에 더 많은 영향력을 행사할 수 있는 대기업에 적합하며, 중소기업은 보통 환경에 의해 부여된 제약이나 구속을 받아들임으로써 이론에 적합하지 않다고 볼 수 있다. 그러나 중소기업도 이러한 제도적 환경에 전혀 영향을 주지 못하는 것은 아니다.

한편 현재는 정부의 역할이 많이 줄어들었지만 1960년대와 1970년대에는 경제활동의 입지에 정부의 역할이 상당히 컸었다. 사회간접자본의 확충, 지역 구획(zoning), 보조금 지급, 세금감면, 재정적 인센티브를 통해 기업의 입지를 촉진하기도 했지만, 한편으론 규제와 제약을 통해 기업의 입지를 억제시키기도 했다. 지역의 환경도 기업의 입지와 성장에 중요한 역할을 한다. 미국의 실리콘 밸리나 이탈리아의 에밀리아-로마냐(Emilia-Romagna)가 좋은 예인데, 이런 지역에서는 특별히 기업문화에 우호적이고, 벤처 캐피털과 지식이 고도화된 네트워크를 통해 기업의 입지를 유도하였다. 따라서 창업지원지역(incubator regions)이나 새로운 산업 공간(new industrial space), 학습지역(learning region)이라는 새로운 용어들도 나타났다.

한편 이러한 사회 및 문화적, 정치적 환경은 기업의 국내 입지보다는 외국 입지에 더 많은 영향을 준다고 할 수 있는데, 왜냐하면 미국의 다국적기업은 사회, 문화, 정치적으로 비슷한 배경을 가진 유럽지역에 투자하기를 선호하는 반면, 일본이나 한국은 중국지역에 투자하기를 선호하기 때문이다.

어쨌든 이러한 제도론자들은 기업의 입지결정이 그 지역사회의 여러 가지 문화적·정치적 관습과도 많이 관련되어 있다고 본다.[46]

---

46) Pellenbarg, Wissen and Dijk, 2002, "Firm Migration", pp. 117-118. Zhang, Hongxia, Heeho Kim, 2022, "Institutional quality and FDI location: A threshold model", Article 105942.

[제3절] 입지요인의 상대적 중요성 변화

앞에서 기업이 입지할 때 고려하는 여러 요인을 살펴보았지만 이러한 입지요인들은 정량화하기 힘들고, 기업마다 중시하는 요인이 달라 그 중요성에 순위를 매기는 것도 어렵다. 그리고 입지요인들도 시간이 지남에 따라 상대적인 중요성도 변화한다.

입지요인의 상대적 중요성에 대한 분석을 위해서는 주로 입지를 결정하는 기업들에 직접적으로 설문조사를 하는 방식을 많이 사용한다. 즉, 그들에게 운송비나 노동비용, 시장 접근성 등 중요하다고 생각되는 입지요인들을 나열한 설문지를 배포하고, 그들에게 '매우 중요함', '보통임', '중요하지 않음' 같이 상대적 중요성을 평가해 달라고 한다. 그러나 이 설문조사 방식은 때때로 잘못된 정보를 제공할 뿐 아니라, 자체적으로 문제점을 내포하고 있다.

첫째, 입지요인을 설문조사할 때 일부 요인은 설문조사 항목으로 만들기가 곤란한 것이 있다. '삶의 질'이 대표적 요인인데, 이는 기업의 입지에 중요한 영향을 미치는 것은 확실하지만, 어떤 것이 삶의 질 변수를 대표하는지 또 그 변수가 입지결정에 어느 정도 영향을 주는지를 묻기가 쉽지 않다. 즉, 어메니티를 정의하기도 어렵고, 일조량이 얼마나 기업의 입지결정에 영향을 주었는지를 설문조사 항목에 포함시키기가 곤란하다. 물론 응답자도 그런 질문에 정확히 답하기가 어렵다.

둘째, 설문조사에 응답할 때 응답자가 자신의 감정이나 정치적 성향에 따라 혹은 자신이 원하는 방향으로 정책에 영향을 줄 수 있다고 느끼고, 일부 입지요인의 중요성을 암묵적으로 과대평가할 수 있다. 예를 들어, 입지결정자가 개인적으로는 세금이나 토지비용이 자신의 입지결정에 별로 중요하지 않다고 생각하면서도, 이런 요인을 매우 중요하게 생각한다고 응답하면 나중에 지방정부가 세금이나 토지 가격을 많이 낮추어 줄지 모른다고 생각하고 그렇게 응답할 수 있다.

셋째, 설문조사 시 설문대상이 되는 기업은 사실 성공하여 현재 영업 중인 기업들이다. 왜냐하면 입지선정을 잘못하여 이미 사업을 접은 기업은 설문조사 대상에서 빠지기 때문이다. 그러나 실제로 입지결정요인을 조사함에 있어 특정 기업이 어떤 부분에서 선택을 잘못하여 사업에 실패했는지에 대한 그들의 경험이 더 소중할 수도 있는데 그들과 접촉할 수 있는 방법이 없다.

기업의 입지요인에 대한 실증분석은 모건(Morgan),[47] 캐머런(Cameron)과 클라크(Clark),[48] 타운로에(Townroe),[49] 셔먼네(Schmenne),[50] 블레어(Blair)와 프리머스

(Premus),[51] 니켈(Nickel),[52] 알마잔(Almazon),[53] 포튼베리(Forenbery)[54] 등 많은 경제학자들에 의해 행해졌다.

모건은 박사논문에서 1963년 이전에 시행된 17개 기업 입지에 대한 연구를 검토한후 (1) 시장, (2) 노동, (3) 원료, (4) 운송 등 네 가지 입지요인이 기업의 입지결정 시가장 영향력이 큰 것을 발견했다. 그리고 나머지 주(州)나 지방의 세금, 삶의 질 그리고재정적 인센티브 요인들은 입지결정에 크게 중시되지 않는 것을 알아냈다.[55] 모건과비슷한 시기에 기업의 입지요인을 분석한 대다수의 연구들도 그와 유사한 결과를 도출했다. 하지만 1970년 후반부터 행해진 조사에서는 이전과는 달리 더 많은 요인들이 입지선택에 중요한 영향을 미치는 것으로 나타났다. 그리고 전통적인 중요한 경제적 입지요인들 — 노동, 시장, 운송 그리고 원료 — 도 여전히 기업의 입지선정에 영향을 미치지만, 그 중요성에는 변화가 있는 것으로 나타났다. 이러한 입지요인의 영향력이 변하는 것은 시간이 지남에 따라 주변의 여러 경제적 여건이 변화하기 때문이다. 경공업(light industry)의 성장은 기업이 시장이나 공급자 가까이 입지할 필요성을 많이 줄였다. 또한 운송체계나 통신의 발달은 더 먼 거리를 이동하는 것이 가능하도록 만들어주고 '얼마나 멀리(how far?)'라는 것으로부터 '얼마나 오래(how long?)'라는 것을 강조하도록 만들었다. 자본집약적인 특성을 가진 새로운 산업의 출현은 노동력의 중요성을감소시켰다. 반면 생산에 있어 자동화와 합리화의 도입과 좀 더 공간 집약적 생산과정의 증가는 부지나 건물 등의 중요성을 증가시켰다. 한편 전후(戰後) 국민들의 전반적인생활수준이 향상되면서 과거와는 달리 자녀 교육이나, 노조, 개인적 이유, 사업환경,어메니티, 에너지, 인적자본에 대한 투자,[56] 집적경제,[57] 교통망,[58] 첨단기술[59] 그리고

---

47) Morgan, 1964, *The Effects of State and Local Tax and Financial Incentives on Industrial Location*.

48) Carmeron and Clark, 1966, *Industrial Movement and the Regional Problem*.

49) Townroe, 1969, "Locational Choice and the Individual Firms", pp. 15-24.

50) Schmenner, 1981, "Locational Decisions of Large Firms : Implications for Public Policy", pp. 3-7.

51) Blair and Premus, 1987, "Major Factors in Industrial Location : A Review", pp. 72-85.

52) Nickel, 2005, *Location theory : a Unified Approach*.

53) Almazan, de Motta and Titman, 2003, "Firm location and the creation and utilization of human capital".

54) Fortenbery, Deller and Amiel, 2013, "The location decisions of biodiesel refineries", pp. 118-136.

55) Due, 1961. "Studies of state-local tax influences on location of industry". pp. 163-173. Oakland, 1978, "Local taxes and intraurban industrial location : a survey". *Metropolitan Financing and Growth Management Policies*, pp. 13-30.

56) Matouschek and Robert-Nicoud, 2005, "The role of Human capital investments in the location decision of firms", pp. 570-583.

57) Cohen, 2005, "Agglomeration economics and industry location decisions : the impacts of spatial and industrial spillovers", pp. 215-237. Arauzo-Carod and Elisabet, 2009, "Industrial Location at the Intra-Metropolitan Level : The

표 2.2 입지요인의 상대적 중요성

입 지 요 인	각 중요도에 나타난 빈도수		
	매우 중요함	중요함	별로 중요치 않음
시장	16	1	0
노동	10	7	0
원료	10	6	0
운송	7	10	0
세금	1	3	13
재정적 인센티브	0	0	13

자료 : Morgan, 1964, *The Effects of State and Local Tax and Financial Incentives on Industrial Location*, 〈표 2〉.

지역환경에 친밀성 등 그동안 주목받지 못하던 요인들의 영향력이 점점 더 커지고 있다. 최근 들어서는 통신이나 인터넷 환경이 연구기관이나 미디어 사업에 가장 중요한 입지요인으로 떠오르고 있으며, 미국의 경우 노조에 가입하지 않을 수 있는 노동권법 (right to work law)의 제정 여부도 주목받는 요인이다. 이러한 입지요인의 다양화와 복잡화는 미래로 갈수록 더 심화될 것으로 보이는데, 특히 근래에 벤처기업이나 4차 산업혁명[60]이 점점 더 기업 입지에 영향력을 미치면서 기업의 입지선정자들도 과거와 비교가 안 될 만큼 점점 더 많은 입지 요인들을 고려해야 할 것으로 보인다.

Role of Agglomeration Economies", pp. 545-558.

58) Shirely and Winston, 2004, "Firm inventory behavior and the returns from high-way infrastructure investments", pp. 398-315. Holl, 2016, "Highways and productivity in manufacturing firms", pp. 131-151, Ghani, Goswarni and Kerr, 2016, "Highway to success : The impact of the golden quadrilateral project for the location and performance of Indian manufacturing", pp. 317-357

59) Clarke and Gaile, 1989, "Moving towards entrepreneurial local development strategies : opportunities and barriers", pp. 574-598, Jenkins, Jaynes and Leicht, 2006, Do high technology policies work? An analysis of high technology employment growth in U.S. Metropolitan areas, 1988-1998", pp. 456-481.

60) Shachmurove, Emanuel, Yochanan Shachmurove, 2009, "Venture Capital Meets Industrial Sector and Location", *PIER Working Paper Archive*, Almada-Lobo, Francisco, 2016, "Industry 4.0 revolution and the future of manufacturing execution systems MES", pp.16-21. Bengtsson, Ola, Ravid, S. Abraham, 2015, "Location Specific Styles and US Venture Capital Contracting", Article. 1550012, 정진원외 2인, 2020, "4차 산업혁명 관련 산업의 입지분포와 성장, 2010-2018", pp. 461-476, 신학철, 우명제, 2020, "4차 산업혁명 관련 산업의 입지특성이 균형발전에 미치는 영향", pp. 91-118, 김규환, 김병근, 2021, "벤처기업 입지결정 요인에 관한 연구", 『국토계획』 pp. 153-164, Jiao, Zhilun et al., 2021, "Should the fourth industrial revolution be widespread or confined geographically? A country-level analysis of fintech economies", Article. 120442.

입지결정을 위해 연구하고 시간을 보내는 양은 기업별로 차이가 많다. 몇 개 빌딩의 임대료를 비교해 보고, 그 지역에 경쟁자가 없다는 것을 확인하고, 금방 사업을 시작하는 기업도 있다. 만일 그 기업이 입지위치에 따라 기업의 이윤이 크게 차이가 나지 않는다면, 입지지 선정을 위해 많은 시간과 노력을 허비할 필요가 없다. 그러나 작은 소매가게나 큰 제조공장들은 입지지 결정을 위해 세밀한 분석을 필요로 한다. 또한 규모가 크고 장기적 투자를 하는 산업들은 최적의 입지지역을 찾기 위해 많은 시간과 재원을 쏟아붓는다. 하지만 입지지 선정을 위한 철저한 분석을 하였더라도 최종결정을 위해서는 결국 최고 결정권자의 마지막 판단에 의존하게 된다. 그래서 어떤 측면에서는 입지요인들의 복잡성, 미래의 불확실성 그리고 동기의 다양성 등으로 인해 입지지 결정은 순수과학과는 거리가 멀다고도 할 수 있다. 이러한 점은 새로운 기업들이 입지지역을 선정할 때 종종 창업자가 사는 곳이나 창업자 고향을 선택하는 것을 보면 알 수 있다. 그러나 비록 처음에는 개인적 요인들에 기초하여 선택하였더라도, 성공적이고 오래 생존하는 기업의 입지지역은 이윤극대화 입지지 성격을 가지고 있다. 만족스러운 이윤을 가져오지 못하고 순수히 개인적 선택에 기초해 입지선택을 한 경우 그 기업은 오래 생존하지 못할 확률이 높다.

제4절 기업의 재입지

앞 절에서는 기업의 입지요인들을 주로 살펴보았지만, 이 절에서는 이러한 기업의 재입지(이동)에 대해 간단히 알아본다.

기업, 특히 제조업을 다른 지역에서 자신의 지역으로 이전시키는 것은 아직도 지방정부에게 매우 인기 있는 지역경제성장 정책 중 하나이다.[61] 현실적으로 제조업 부문의 기업이 서비스 부문의 기업보다 재입지할 확률이 낮은데, 왜냐하면 자본스톡의 투자나 자본의 집중도(intensity)가 더 높기 때문이다. 서비스 부문의 경우 기업이 멀리 이동해 가고, 많은 직원이 회사를 따라 이동하지 않으려 한다면 재입지 비용이 매우 높을 수 있다. 이는 비용에 직원을 해고하고, 다시 채용하고, 훈련시키는 비용이 포함

61) Warner and Zheng, 2013, "Business incentive adoption in the recession", pp. 90-101. Feser, 2014. "Planning local economic development in the emerging world order", pp. 19-38. Lowe and Freyer, 2015, "A moving target : rethinking industrial recruitment in an era of growing economic uncertainty", pp. 1284-1300.

되기 때문인데, 이러한 장거리 이동은 기업에 매력적이지 못하다. 그러나 서비스 부문의 근거리 이동비용은 상대적으로 낮다.

운송이나 건설, 도매부문의 이동성은 이론적으로 제조업 부문과 서비스 부문 사이 중간쯤 될 것이다. 하지만 호텔이나 레스토랑, 술집(bar) 같은 음식료, 숙박 서비스 사업(horeca) 부문이나 소매상 부문은 대부분 지역의 고객이나 다목적 쇼핑객들에게 음식과 숙박시설을 제공하기 위해 이동하지 않고 현재 입지한 위치에 군집해 남아 있는 경향이 크다. 그래서 이들 부문은 이동성향이 제조업부문보다 훨씬 낮다.

기업의 크기와 관련해서는 소기업들이 운송비용이나 조직문제가 훨씬 적기 때문에 대기업보다 다른 지역으로 쉽게 이동한다. 기업의 크기가 이동의 절대적 비용의 지표가 된다는 사실 이외에도, 기업의 크기는 기업의 라이프 사이클(life-cycle) 단계도 반영하고 있다. 특정한 지역은 새로운 기업을 탄생시키는 데 매우 좋은 환경을 제공해 많은 기업을 탄생시키지만, 새로운 기업이 성장하면 작은 도시공간을 벗어나 다른 지역으로 나가도록 밀어낸다. 기업이 커지면서 그들은 다른 큰 공간으로 이동해 나갈 뿐 아니라, 처음 기업이 탄생할 때와는 다른 특성을 가진 지역으로 이동하는 경향이 있다. 소기업의 활동이 증가하면 대기업보다 더 빨리 현재의 입지지역에 문제가 발생하는데, 왜냐하면 대기업은 현재 입지지역에 문제가 발생해도 그 해답을 찾는 데 훨씬 더 유연하기 때문이다. 기업의 인구적 측면에서의 전망에서도 대기업이 소기업보다 이동성향이 더 작게 나타나는데, 실증분석에 따르면 고용자 수가 10명 미만인 소기업의 이동성이 매우 높은 것으로 나타난다.[62] 또한 급속하게 성장하는 기업도 이동성향이 높은 것으로 분석된다.[63]

제5절 요약

많은 입지요인들이 기업의 입지결정에 영향을 준다. 베버나 뢰쉬 등 고전적 입지요인 분석학자들은 운송비나 수요, 이윤 등을 중요한 입지요인으로 꼽았다. 그 외 노동비용, 삶의 질, 세금, 정부의 인센티브, 부지비용 그리고 에너지 비용, 지역의 사업환경, 최근에는 정치적 안정성 등도 입지에 영향을 주는 요인들이다. 그러나 이러한 경제적인 입

---

62) Caves, 1998, "Industrial organization and new findings on the turnover and mobility of firms", pp. 303-29.
63) McCann, ed., 2002, *Industrial Location Economics*, pp. 136-137.

지 동기는 정보의 불확실성과 합리성의 부족 등을 이유로 일부 학자들에게 비경제적인 입지요인에 주목하게 만들었다. 이들은 기업의 입지요인에 경제적 최적화가 아닌 개인적인 동기나 정부정책, 사회, 문화 등 제도적인 요인에서 입지요인을 찾았다.

경제학자들의 연구에 따르면 과거에 중요했던 입지요인으로는 시장과 노동, 원료, 운송비 등이었다. 그러나 최근 들어서는 이러한 전통적 요인보다는 교육이나, 삶의 질, 지역의 사업환경, 인터넷 환경, 집적경제 등 다른 요인들이 상대적으로 더 중요해지는 것을 보여 준다. 따라서 지금의 기업 입지결정자들은 과거보다 훨씬 더 많은 입지요인들을 고려하고, 미래에는 지금보다 더 많은 입지요인들을 고려해야 할 것이다.

한편 기업은 경우에 따라 처음의 입지지에서 벗어나 다른 지역으로 재입지도 하는데, 주로 서비스 부문의 기업들이 제조업부문 기업보다 이동성이 높은 것으로 나타난다. 호텔이나 레스토랑, 술집 등은 거의 이동성이 없다. 크기 측면에서는 소기업이 대기업보다 이동성이 높은데, 이는 비용이나 조직적 측면뿐만 아니라 기업의 라이프 사이클 단계와도 관련이 있다. 즉, 라이프 사이클 초기 단계의 기업은 성장을 하면서 처음 설립될 때와는 다른 조건의 환경을 찾아 이동하는 경향이 있다. 그 외에도 종업원의 수가 적거나 성장이 빠른 기업이 이동성향이 더 높은 것으로 나타난다.

참고문헌

김규환, 김병근, 2021, "벤처기업 입지결정 요인에 관한 연구", 『국토계획』, 대한국토 · 도시계획학회, 제56권 제5호, pp. 153-164

신학철, 우명제, 2020, "4차 산업혁명 관련 산업의 입지특성이 균형발전에 미치는 영향", 『한국지역개발학회지』, Vol. 32, Issue 2, pp. 91-118

이성근, 이춘근, 나주몽, 2014, 『최신지역경제학』, 법문사.

정진원, 조형진, 변병설, 2020, "4차 산업혁명 관련 산업의 입지분포와 성장, 2010-2018", 『국토지리학회지』, 54권 제4호, pp. 461-47

Ajo, Reino, 1953, "Contributions to 'social physics' : a Program Sketch with Special Regard to National Planning", The Royal University of Lund, Sweden, Dept. of Geography, No. 11.

Almada-Lobo, Francisco, 2016, "Industry 4.0 revolution and the future of manufacturing execution systems MES". *Journal of innovation management* Vol3, No.4, pp.16-21.

Almazan, A., A. de Motta and S. Titman, 2003, "Firm location and the creation and utilization of human capital", *NBER Working Paper,* 10106.

Alonso, William, 1964, "Location Theory", in John Friedman and William Alonso ed. *Regional Development and Planning,* Cambridge : MIT Press, pp. 78-106.

Arauzo-Carod, Josep-Maria and Elisabet Viladecans-Marsal, 2009, "Industrial Location at the Intra-Metropolitan Level : The Role of Agglomeration Economies", *Regional Studies,* Vol. 43, No. 4, pp. 545-558.

Bae, Suho, 2009, "The responses of manufacturing businesses to geographical differences in electricity prices", *The Annals of Regional science,* Vol. 43, pp. 453-472.

Bartik, Timothy, 1985, "Business Locational Decisions in the U.S. : Estimates of the Effects of Unionization, Taxes and Other Characteristics of the States", *Journal of Business and Economic Statistics,* Vol. 3, No. 1, pp. 14-22.

Behrens, K., Hamilton, J. H., Ottavino, G.I.P., Thisse, J.-F., 2007, "Commodity tax harmonization and the location of industry", *Journal of International Economics,* Vol. 72, pp. 272-291.

Behrens, Kristian, Johathan H. Hamilton, Gianmarco I. P. Jacquess-François Thisse, 2009, "Commodity tax competition and industry location under the destination and the origin principle", *Regional Science and Urban Economics,* Vol. 39, pp. 422-433.

Bengtsson, Ola, Ravid, S. Abraham, 2015, "Location Specific Styles and US Venture Capital Contracting", *Quarterly Journal of Finance*, Vol. 5 Issue 3, 1550012

Berman, Oded and Dmitry Krass (ed), 2002, *Recent developments in the theory and applications of location models,* Part I, II Dordrecht, the Netherlands : Kluwer Academic.

Blair, John P. and Robert Premus, 1987, "Major Factors in Industrial Location : A Review", *Economic Development Quarterly,* Vol. 1, pp. 72-85.

Blomquist G. C., Berger M. C. and Hoehn J. P., 1988, "New estimates of quality of life in urban areas", *American Economic Review,* Vol. 78, pp. 89-107.

Blume, Lorenz, 2006, "Local Economic Policies as Determinants of the Local Business Climate : Empirical Results from a Cross-section Analysis among East German Municipalities", *Regional Studies,* Vol. 40, No. 4, pp. 321-333.

Buettner, Thiss and Alexander Ebertz, 2009, "Quality of life in the regions : results for German Counties", *The Annals of Regional science,* Vol. 43, pp. 89-112.

Carmeron, G. C., and B. D. Clark, 1966, *Industrial Movement and the Regional Problem,* University of Glasgow Social and Economic Studies.

Caves, R. E., 1998, "Industrial organization and new findings on the turnover and mobility of firms", *Journal of Economic Literature,* Vol. 36, pp. 303-29.

Ciriaci, Daria, 2014, "Does University Quality Influence the Interregional Mobility of Students and Graduates? The Case of Italy", *Regional Studies,* Vol. 48, No.10, pp. 1592-1608.

Clarke, S. and Gaile, G., 1989, "Moving towards entrepreneurial local development strategies : opportunities and barriers", *Policy Studies Journal,* Vol. 17, No.3, pp. 574-598.

Cohen, Jeffrey P., Catherine J. Morrison Paul, 2005, "Agglomeration economics and industry location decisions : the impacts of spatial and industrial spillovers", *Regional Science and Urban Economics,* Vol. 35, pp. 215-237.

Conroy, Tessa, Steven Deller and Alexandra Tsvetkova, 2016, "Regional business climate and interstate manufacturing relocation decisions", *Regional Science and Urban Economics,* Vol. 60, pp. 155-168.

Cyert, R. M. and J. G. March, 1963, *A Behavioral Theory of the Firm,* Englewood Cliffs, NJ : Prentice Hall.

Dasgupta P. and Weale M., 1992, "On Measuring Quality of Life", *World Development,* Vol. 20, pp. 119-131.

Drewnowski J., 1974, *On Measuring and Planning the Quality of Life,* Paris : Mouton.

Due, John. F., 1961. "Studies of state-local tax influences on location of industry". *National Tax Journal,* Vol. 14, No.2, pp. 163-173.

Feser, E., 2014. "Planning local economic development in the emerging world order". *Town Planning Review,* Vol. 85, No.1, pp. 19-38.

Fetter, Frank A., 1924, "The Economic Law of Market Areas", *Quarterly Journal of Economics,* Vol. 38, No. 4, pp. 520-529.

Fortenbery, T. R., Deller, S.C. and Amiel, L., 2013, "The location decisions of biodiesel refineries", *Land Economics,* Vol. 89, No.1, pp. 118-136.

Ghani, E., Grover Goswarni, A. and Kerr, W.R., 2016. "Highway to success : The impact of the golden quadrilateral project for the location and performance of Indian manufacturing", *The Economic Journal,* Vol. 126, Issue 591, pp. 317-357

Gould, P. 1963, "Man against his environment : a game theoretic framework", *Annals of the Association of American Geographer,* Vol. 53, pp. 290-297.

Greenhut, M., 1956, *Plant Location in Theory and Practice,* University of North Carolina Press.

Handerson, Jason R., 2005, "Natural Amenities and Rural Employment Growth : A Sector Analysis", *The Review of Regional Studies,* Vol. 35, No. 1, pp. 80-96.

Hanlon, W Walke, 2020, "Coal Smoke, City Growth, and the Costs of the Industrial Revolution", *Economic Journal,* Vol. 130, Issue 626, pp. 462-488.

Heblich, Stephan, Trew, lex, Zylberberg, Yanos, 2021, "East-Side Story : Historical Pollution and Persistent Neighborhood Sorting", *Journal of Political Economy*, Vol. 129 Issue 5, pp. 1508-1552.

Holl, Adelheid, 2016, "Highways and productivity in manufacturing firms", *Journal of Urban Economics,* Vol. 93, pp. 131-151.

Hotelling, Harold, 1929, "Stability of Competition", *Economic Journal,* Vol. 39, No. 154, pp. 41-57.

Hoover, Edgar M. 1948, *The Location of Economic Activity,* New York : McGraw-Hill Book Co.

Isard, Walter, 1956, *Location and Space-Economy.* Cambridge : MIT Press.

Isard, Walter and Christine Smith, 1990, *Locational Analysis and General Theory,* New York University Press.

Jenkins, C., Jaynes, A. and Leicht, K., 2006, "Do high technology policies work? An analysis of high technology employment growth in U.S. Metropolitan areas, 1988-1998", *Social Science Quarterly,* Vol. 89, Issue 2, pp. 456-481.

Jiao, Zhilun, Muhammad Shehryar Shahid, Nawazish Mirza, Zhixiong Tan, 2021, "Should the fourth industrial revolution be widespread or confined geographically? A country-level analysis of fintech economies", *Technological Forecasting & Social Change,* Vol.163, 120442.

Juhász, Sándor, Pintér, Gergő, Kovács, Ádám, Borza, Endre, Mónus, Gergely, Lőrincz, László, Lengyel, Balázs, 2022, "Amenity complexity and urban locations of socio-economic mixing", Cornell University, pp. 1-36, https://arxiv.org/pdf/2212.07280.pdf or https://ui.adsabs.harvard.edu/abs/2022arXiv221207280J/abstract

Lanaspa, L., F. Pueyo and F. Sanz, 2008, "Foreign direct investment, industrial location and capital taxation", *The Annal of Regional science,* Vol. 42, pp. 413-423.

Leknes, Stefan, 2015, "The more the merrier? Evidence on quality of life and population size using historical mines", *Regional Science and Urban Economics,* Vol. 54, pp. 1-17.

Lösch, August, 1954, *Die räumliche Ordnung der Wirtschraft,* Jana, Germany : Fisher, 1944 (2nd ed) English translation by William H. Woglom with the assistance of Wolfgang F. Stolper, *The Economics of Location,* New Haven and London : Yale University Press.

Lowe, N. and Freyer, A., 2015. "A moving target : rethinking industrial recruitment in an era of growing economic uncertainty", *Environment and Planning C : Government and Policy,* Vol. 33, No.5, pp. 1284-1300.

Lui, Andrew Kwok-Fai, Yin-Hei Chan, Man-Fai Leung, 2022, "Modelling of Pedestrian Movements near an Amenity in Walkways of Public Buildings", 2022 8th International Conference on Control, Automation and Robotics (ICCAR), 8-10, April, 2022, pp. 394-400.

Matouschek, Niko and Frédéric Robert-Nicoud, 2005, "The role of Human capital investments in the location decision of firms", *Regional Science and Urban Economics,* Vol. 35, pp. 570-583.

Martin, R. 1999, "The new 'geographical turn' in economics : some critical reflection", Cambridge Journal of Economics, Vol. 23, Issue 1, pp. 65-91.

McDormott, P., 1973, "Spatial margins and industrial location in New Zealand", *New Zealand Geographer,* Vol. 29, pp. 64-74.

McCann, Phillip, ed., 2002, *Industrial Location Economics,* Edward Elgar.

Monchuk, Daniel C., and John A. Miranowski, 2007, "Amenity and Non-Farm Employment Growth in the U.S. Midwest : The Impact of Recreational Amenities in Neighboring Counties", *The Review of Regional Studies,* Vol. 37, No. 2, pp. 120-145.

Morgan, W. 1964, *The Effects of State and Local Tax and Financial Incentives on Industrial Location,* Ph.

D. Dissertation, University of Colorado.

Moses, L. M., 1958 "Location and Theory of Production", *The Quarterly Journal of Economics,* Vol. 72, No. 2, pp. 259-272.

Nickel, Stefan. 2005, *Location theory : a Unified Approach,* Berlin, New York : Springer.

Nifo, Annamaria and Gaetano Veccione, 2014, "Do Institution Play a Role in Skilled Migration? The Case of Italy", *Regional Studies,* Vol. 48, No.10, pp. 1628-1649.

Oakland, W.H., 1978, "Local taxes and intraurban industrial location : a survey", *Metropolitan Financing and Growth Management Policies,* pp. 13-30.

Parr, John B., 2002, "The Location of economic activity : central place theory and the wider urban system", in Philip McCann ed. *Industrial Location Economics,* Edward Elgar, pp. 32-82.

Pellenbarg, P. H., L. J. G. Wissen and J.V. Dijk, 2002, "Firm migration", in Philip McCann ed. *Industrial Location Economics,* Edward Elgar, pp. 110-148.

Pred, A. R., 1967, *Behavior and location : foundations for a geographic and dynamic location theory : Part 1.* University of Lund, Lund Studies in Geography B, No. 27.

Pred, A. R., 1969, *Behavior and location : foundations for a geographic and dynamic location theory : Part 2.* University of Lund, Lund Studies in Geography B, No. 28.

Rawstron, E., M., 1958, "Three Principles of Industrial Location", *Transactions of the Institute of British Geographers,* Vol. 25, pp. 132-142.

Royuela, Vincente and Manuel Artís, 2006, "Convergency Analysis in Terms of Quality of Life in the Urban Systems of the Barcelona Province, 1991-2000". *Regional Studies,* Vol. 40, No. 5, pp. 485-492.

Scott, A. J. 2000, "Economic geography : the great half-century", *Cambridge Journal of Economics,* Vol. 24, Issue 4, no.4, pp. 483-504.

Shachmurove, Emanuel, Yochanan Shachmurove, 2009, "Venture Capital Meets Industrial Sector and Location", *PIER Working Paper Archive*, Penn Institute for Economic Research, Department of Economics University of Pennsylvania.

Simon, H. A., 1955, "A behavioural model of rational choice", *Quarterly Journal of Economics,* Vol. 69, No. 1, pp. 99-118.

Simon, H. A., 1957. *Models of man : Social and rational,* New York : Wiley.

Smith, D. M., 1966 "A Theoretical Framework for Geographical Studies of Industrial Location", *Economic Geography,* Vol. 42, pp. 96-113.

Smith, D. M., 1981, *Industrial Location, An Evonomic Geograpical Analysis,* 2nd edition, New York : John Wiley & Sons.

Smithies, A., 1941, "Optimum Location in Spatial Competition", *Journal of Political Economy,* Vol. 49, No. 3, pp. 423-439.

Schmenner, Roger W., 1981, "Locational Decisions of Large Firms : Implications for Public Policy", Commentary, pp. 3-7.

Shirely, C. and Winston, C., 2004, "Firm inventory behavior and the returns from high-way infrastructure investments", *Journal of Urban Economics,* Vol. 55 pp. 398-315.

Taylor, M. J., 1970, "Location decisions of Small Firms", *Area,* Vol. 2, No. 2, pp. 51-54.

Thünen, Johann Heinrich Von, 1826, *Der isolierte Staat in Beziehung auf Landwirtschaft und Nationalökonomie,* Hambur.

Townroe, P. M. 1969, "Locational Choice and the Individual Firms", *Regional Studies,* Vol. 3, No. 1, pp. 15-24.

Warner, M.E. and Zheng, L., 2013, "Business incentive adoption in the recession", *Economic Development Quarterly,* Vol. 27, Issue.2, pp. 90-101,

Weber, Alfred, 1909, *Über den Standort der Industrien,* translated by C., Friedrich, 1929, *Theory of the Location of Industry,* Chicago : University of Chicago Press.

Zhang, Hongxia, Heeho Kim, 2022, "Institutional quality and FDI location: A threshold model", *ECONOMIC MODELLING,* Vol. 114, September 2022, 105942.

제3장

공간에서의 시장영역

앞 장에서는 기업들이 입지를 결정할 때 영향을 주는 입지요인들에 대해 살펴보았다.

이 장에서는 이러한 기업들이 입지하면서 공간상에서 수요곡선과 시장영역이 결정되는 과정을 먼저 살펴본다. 그리고 제2절에서는 이렇게 형성된 시장영역 내에서 상품의 가격이 결정되는 방법을 알아본다.

제1절 공간상의 수요와 시장영역

시장이라고 하는 것은 각종 생산자가 생산한 상품들이 팔리는 지역을 말한다. 그러나 최근 들어 시장이라는 의미가 넓어져 굳이 특정한 장소에 상품이 모이지 않더라도 얼마든지 상품의 교환이 가능해졌다. 환율이 결정되는 외환시장이나 세계적으로 유명한 인터넷의 이베이, 한국의 옥션, G 마켓, 인터파크 등이 그 좋은 예이다.

이 절에서는 전통적으로 우리가 생각하는 상품의 집합 장소인 시장을 먼저 고려한다. 그리고 공간상에서의 상품 수요곡선을 도출하고, 그를 바탕으로 수요콘, 시장영역 등을 차례로 도출한다. 이를 위해 이 분야에 기초적 분석방법을 정립해 준 초기 개척자 뢰쉬의 이론을 중심으로 살펴본다.

1. 시장수요곡선과 수요콘

앞 장에서 뢰쉬가 최대수요이론을 주장하면서 가정했던 내용들을 여기서도 동일하게 채택한다. 그래서 모든 지역의 천연자원과 기후, 인구밀도 등이 똑같은 동질적인 평원이 존재하고, 운송비는 모든 방향으로 일정하게 거리에 비례해 증가한다. 그리고 이러한 평원에는 자급자족하는 농부들이 일정한 간격으로 분포되어 있으며, 그들이 선호하는 상품이나 생활수준도 모두 동일하다.

시장영역을 파악하기 위해 먼저 시장 자체가 특정한 천연자원의 편재나 정치적 지원으로 인해 생겨난 것이 아닌 순수한 경제적 힘의 상호작용에 의해 형성된 것으로 본다. 그리고 이러한 시장영역의 성격을 파악하기 위해 공간적으로 설정된 수요에 대해 먼저 생각해 보자. 여기서 고려하는 공간상의 수요는 어떻게 입지 장소에 따라 생산물의 수요가 달라지는지를 보여 줌으로써 일반경제학에서 언급하는 수요곡선과는 다르며 공간 차원을 명시적으로 다룬다.

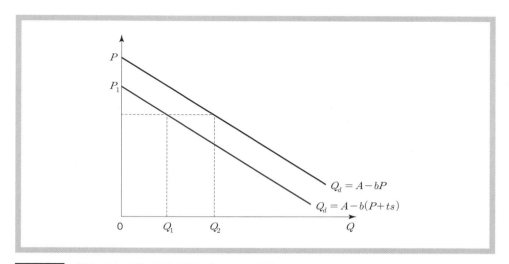

그림 3.1 운송비가 있을 때와 없을 때의 수요곡선

맥주산업에서 규모의 경제가 존재하고, 한 농부가 양조장을 세워 맥주를 만들어 가까이 있는 소비자 농부에게 팔려고 생각을 한다. 그러면 그는 얼마나 멀리까지 자신의 맥주 시장영역을 구축할 수 있을까? 그리고 얼마나 많은 양을 생산하는 양조장을 만들어야 할까? 분석을 단순화하게 하기 위해 몇 가지 가정을 더 추가한다. 첫째, 양조업자가 가격차별을 하지 않고, 모든 소비자에게 동일한 가격을 적용한다. 둘째, 운송비는 거리에 비례하며, 모든 운송비는 소비자가 부담한다. 셋째, 모든 농부는 자신이 있는 위치에서 양조장까지 가장 짧은 거리를 찾아 이동한다.

이러한 가정하에 "양조업자가 처음 산정한 생산물(맥주) 가격이 〈그림 3.1〉의 가격 P_1이었다고 하자. 이 가격은 생산지에서의 판매가격(혹은 FOB 가격)을 나타낸다. 맥주를 사는 소비자는 FOB(Free on Board) 가격에다 운송비를 더한 가격을 지불해야 한다. 〈그림 3.1〉은 운송비를 포함했을 때와 포함하지 않았을 때의 개인 농부의 맥주에 대한 수요를 비교한 것이다. 이 공간적 수요방정식은 운송비용이 거리에 비례한다고 가정했다. 운송비용을 포함한 수요곡선이 운송비용을 포함하지 않은 수요곡선보다 아래에 있는 것은, 만일 소비자가 운송비용을 지불해야 한다면 더 적은 양의 맥주($Q_2 > Q_1$)를 구입한다는 사실을 반영한 것이다.

FOB 가격이 모든 농부에게 동일하다 할지라도 소비자의 비용은 얼마나 그가 양조업자 가까이 살고 있느냐에 따라 달라진다. 이는 〈그림 3.2〉(a)에서 잘 나타나 있는데,

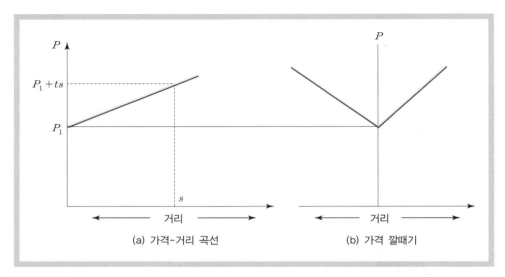

(a) 가격-거리 곡선   (b) 가격 깔때기

그림 3.2   거리와 가격 곡선

FOB 가격은 P_1이고 수송비용은 1km당 t이다. 공장에서 s km 떨어져 있는 곳에 사는 소비자는 P_1을 생산물(맥주) 가격으로 그리고 ts를 수송비로 지불한다. 만일 모든 방향에서 사는 소비자를 반영하여 가격과 거리선을 회전시킨다면, 〈그림 3.2〉(b)의 가격 깔때기(price funnel)가 도출된다. 가격 깔때기 개념은 공장으로부터 각기 다른 거리에 사는 소비자들이 구입하려는 수요량을 보여 주는 수량-거리함수를 도출하는 데 사용된다.

수량-거리함수를 이해하기 위해 먼저 소비자들이 동일한 기호를 가지고 있고, FOB 가격은 P_1로 정해져 있다고 가정하자.

〈그림 3.3〉의 (a)는 가격 깔때기의 일부를 보여 준다. 소비자의 비용은 공장으로부터 거리가 멀어질수록 증가한다. 운송비용 ts은 FOB 가격과 각 거리에서 실제가격과의 차이로 구성된다. 그림 (b)는 대표적 수요자의 수요곡선이다. 이것은 소비자에 의해 지불되는 각 배달가격에서의 수요량을 보여 준다. 그림 (c)는 도출을 위한 단순한 사상(寫像) 그래프인데 수요량과 수요량과의 관계를 보여 준다. 그림 (d)는 수량-거리 곡선인데 이것은 수요량이 거리에 따라 감소되는 관계를 보여 준다. 생산자 옆에 사는 소비자는 각 FOB 가격에서 생산물의 대부분을 사는데, 왜냐하면 그들은 가장 낮은 가격에서 구입할 수 있기 때문이다. s_1 이상의 거리[1])에서는 소비자 가격이 너무 높아서 한 단위도 구입하지 않는다. 주의할 점은 수량-거리함수는 단지 처음에 주어진 FOB

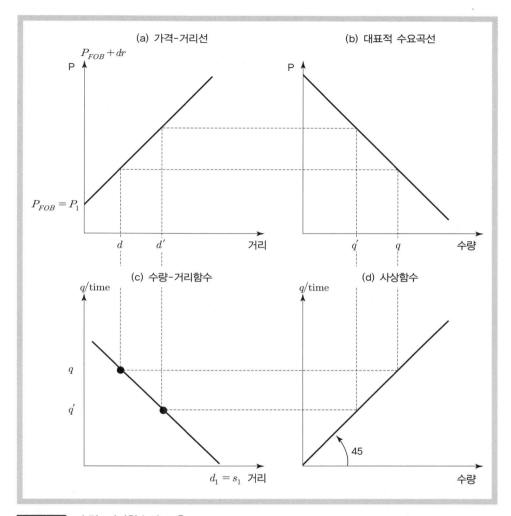

그림 3.3 수량-거리함수의 도출

McCann, 2002, p. 35. Blair, 1991, p. 69, Capello, 2016, p. 32.

가격에서 유효하다는 것이다. 만일 FOB 가격이 증가한다면, 수량-거리함수는 감소할
것인데, 이 내용은 〈그림 3.5〉에서 다시 설명된다.

수량-거리곡선은 공장으로부터 한 방향으로 늘어난 수요를 나타내는데, 그 길을 따

---

1) 이때 s는 시장의 최대거리로 〈그림 3.1〉의 아래 수요곡선에서 $Q_d = 0$으로 놓고 구하면 된다. 그러면 $s_1 = \dfrac{A - bP_1}{bt}$가
   된다.

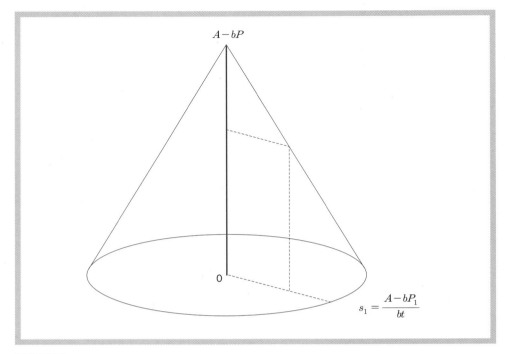

그림 3.4 수요콘

라 총수요는 수요곡선의 높이에다 각 점에서의 인구밀도를 곱한 것의 합과 같다. 수요밀도가 모든 방향으로 일정하다고 가정했기 때문에 가격 P_{FOB}에서 총수요된 양은 수량-거리곡선을 회전시킨 것과 같다. 그리고 그 결과로 나타난 것이 〈그림 3.4〉의 수요콘(demand cone)이다.

〈그림 3.4〉에서 각 농부의 맥주에 대한 수요는 농부가 위치한 곳에서 콘의 높이까지이다. 그리고 수요콘의 부피는 FOB 가격 P_1에서 맥주의 총수요량을 나타내 준다.[2] 또한 주어진 FOB 가격에서 수요콘은 총수요된 양뿐 아니라 지리적으로 시장 크기를 나타내 주고 있는 것에도 주목해야 한다. 즉, s_1까지의 거리가 이 양조장에서 맥주를 팔 수 있는 최대 거리이다.

---

2) 이때 수요콘의 부피, 총수요량은 $Q = D \int_0^{2\pi} \int_0^s a - b(p+ts)s\,ds\,d\theta$이며 이때 D는 시장 한 구역에서의 수요밀도를 나타낸다. 이는 다시 $Q = \int_0^s 2\pi DS^2[a - b(p+ts)]ds = 2\pi DS^2 \left(\frac{a}{2} - \frac{bp}{2} - \frac{bt}{3}S \right)$이다. $S = (a-bp)/bt$를 위 식에 대입하면 $Q = \pi D \frac{(a-bp)^3}{3(bt)^2}$이 되어 원뿔 면적을 내는 공식과 일치한다.

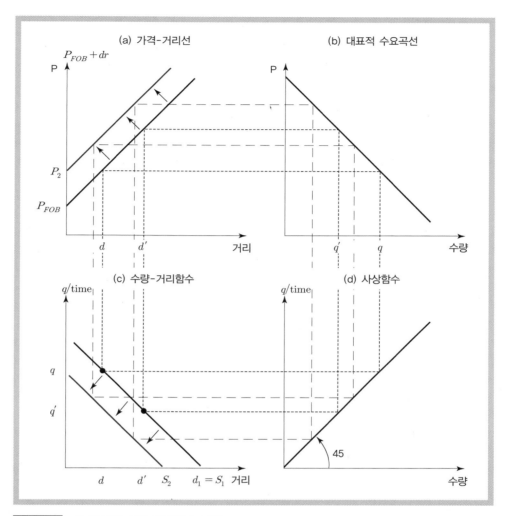

그림 3.5 P_2에서의 수량-거리함수 도출

　만일 어떤 외부적 여건의 변화로 생산지 가격(FOB 가격)이 변하면 수요콘의 크기와 부피가 달라지며, 이에 따라 맥주의 총수요량 또한 달라진다. 인구밀도와 소득, 선호가 지역 내에서 일정하다고 가정하고 생산지 가격의 변화가 수요콘의 크기를 어떻게 변화시키는지 알아보자. 생산지에서의 FOB 가격이 올라서 P_2가 되었다고 하자. 그러면 〈그림 3.5〉에 나타나 있듯이 〈그림 3.3〉의 P_1 가격보다 높고, 결국 수량-거리선은 〈그림 3.3〉의 선보다 낮아진다.

　그리고 이 선을 기준으로 도출한 〈그림 3.6〉의 수요콘 크기는 〈그림 3.4〉와 비교하

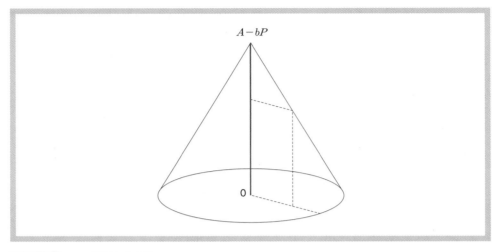

그림 3.6 P_2에서의 수요콘

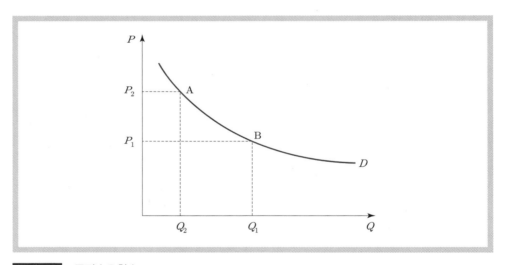

그림 3.7 공간수요함수

면 훨씬 작다. 즉, 생산지 가격이 상승하면 수요콘의 크기가 작아지고 따라서 총수요량
도 줄어든다.

이제 생산지 가격의 변화를 연속적으로 고려해 각 가격대별로 이러한 수요콘을 도
출하는 과정을 충분히 반복해 가격대별 수요량을 그리면 〈그림 3.7〉의 공간수요함수
를 도출해 낼 수 있다. 이때 A점의 수요량 Q_2는 〈그림 3.6〉의 수요콘의 부피이며, B점

의 수요량 Q_1는 〈그림 3.4〉의 수요콘의 부피를 나타낸다.

앞의 분석에서는 소비자가 어디에 사는가에 따라 각각 다른 맥주 가격을 지불한다고 가정했다. 그러나 현실세계에서는 대부분의 상품이 소비자가 어디에 사는가에 관계없이 동일한 FOB 가격을 가진다. 다만 소비자가 가게까지 왕복하는 비용을 지불한다. 도매상품도 일반적으로 같은 방법으로 가격을 매긴다. 어떤 생산자는 거리가 증가함에 따라 배달료를 증가시키며, 배달료를 소비자에게 부과시킨다. 위의 모든 경우 소비자는 직·간접적으로 배달료를 지불한다. 배달료를 소비자에게 전가시키는 데에는 여러 가지 방법이 있다. 만일 생산자가 소비자가 어디에 있든 똑같은 배달료를 부과한다면 어떻게 될까? 자장면 가게나 가구가게에서 무료로 배달을 해 주는 경우가 그 예가 될 것이다. 이때 소비자가 생산자로부터 멀리 떨어져 있으면 생산자의 순이윤은 감소할 것이다. 대신에 생산자가 운송비를 부담함으로써 자신의 시장영역을 넓힐 수 있다. 하지만 소비자나 생산자 누가 운송비를 부담하든지 관계없이 생산지점으로부터 거리가 멀어질수록 생산자가 팔 수 있는 수량은 감소한다.

이제 우리는 공간적 수요곡선에 대한 우리의 이해를 요약할 수 있게 되었다.

각 가격에서 수요량은 각 가격을 기준으로 도출한 수요콘의 부피로 개념 지어진다. 그리고 FOB 가격이 증가하면 소비자는 적은 양을 구입하며, 시장의 가장자리에 위치했던 소비자는 더 이상 구입하지 않는다. 즉, 시장의 총소비자 수와 크기가 감소한다. 따라서 가격이 증가하면 수요의 공간적 측면에서 지리학적 시장영역의 축소로 수요량은 비공간적 경우보다 더욱더 빨리 감소하게 된다.

제2절 공간에서 기업의 가격결정

앞 절에서 우리는 공간적 측면에서 어떻게 수요곡선이 도출되는지를 논의했다. 그리고 이러한 공간적 수요곡선이 일반경제학에서 사용하는 수요곡선과 어떻게 다른가도 살펴보고, 이 수요곡선을 바탕으로 시장영역이 결정되는 원리도 알아보았다.

이 절에서는 각 개별기업이 가지고 있는 시장영역이 공간에서 어떻게 배열되며, 상품의 가격은 어떻게 결정되는지 그 원리를 알아본다. 공간상에서는 실제로 생산자들이 일정부분 독점력을 가지고 있다. 그러나 같은 상품을 생산하는 다른 생산자가 있어 처음에는 생산자들이 경쟁을 피해 서로 멀리 떨어져 입지하여 서로의 소비자를 침범하지 않는다고 가정한다. 소비자들이 가까운 생산자를 선호하는 한 언제나 약간의 상품차별화가 일어나므로, 공간상에서는 완전경쟁 수요곡선은 존재하지 않는다.

1. 공간상에서 독점기업의 가격결정

앞의 절에서 양조장에서 생산하는 맥주에 대한 시장수요곡선을 도출하였다. 그러면 다시 '어떻게 생산지 가격(FOB 가격)이 결정되는가?' 하는 문제로 되돌아가 보자.

처음에는 맥주시장에서 양조업자가 한 명밖에 없거나, 아니면 양조업자들 간에 경쟁을 피해 공간상에서 따로 멀리 떨어져 입지함으로써 각자의 지역에서는 독점기업과 같이 행동한다. 실제로 어떤 기업이나 공간상에서는 어느 정도 독점력을 가지게 되는데, 그 이유는 이 장 마지막 부록에서 자세히 다룬다.

기업이 공간상에서 독점자로 행동하게 됨으로써 분석은 일반경제학에서 다루는 독점시장과 매우 비슷하게 된다. 양조업자는 생산한 맥주를 모든 소비자에게 동일한 가격으로 판매하며, 만약 가격차이가 있다면 이는 비용의 차이를 반영하는 것이라 가정하자. 〈그림 3.8〉에 이러한 생산자의 가격결정과정을 잘 보여 준다. D 곡선은 양조업자가 생산한 맥주의 수요곡선이며, MR은 한계수입곡선(Marginal Revenue Curve)이다.

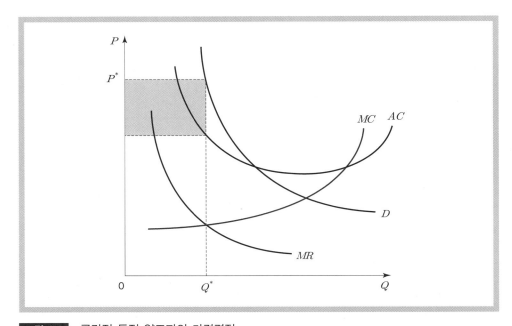

그림 3.8 공간적 독점 양조자의 가격결정

평균비용은 우하향하고 있는데, 이것은 생산에 규모의 경제가 작용하는 것을 반영하는 것이다. MC는 한계비용곡선(Marginal Cost Curve)을 나타내며 우상향하고 있다. 만일 양조업자가 맥주의 가격을 낮추면, 그 기업의 지역적 시장영역은 확장되지만 이윤은 감소한다. 가격이 평균비용보다 높은 곳에서 수요가 없다면, 맥주는 더 이상 생산되지 않는다. 이러한 상황에서 공간적 독점자는 일반적인 이윤극대화 원리에 의해 $MR = MC$가 되는 Q^*점을 선택해 생산할 것이다. 그리고 생산지에서의 가격, 즉 FOB 가격은 P^*로 동시에 결정된다. 독점적 지위를 이용해 양조업자는 색칠된 부분만큼 독점이윤을 얻을 것이다.

지금까지 양조업자는 하나의 FOB 가격을 결정한다고 가정했다. 그리고 각 맥주 소비자들이 배달료를 모두 지불함으로써 가격차별은 없다고 가정했다. 양조장으로부터 멀리 떨어진 소비자는 가까이 사는 소비자보다 더 많은 가격을 지불하는데, 그때 추가적으로 더 지불하는 금액은 정확히 한계운송비용(marginal transportation cost)과 일치한다.

하지만 양조업자가 절대적으로 이윤극대화를 추구한다면, 그는 가격차별화 정책(price discrimination policy)을 추구할 것이다. 가격차별화란 생산자가 동일한 상품을 한 지역에서 다른 지역보다 높은 가격으로 판매를 하고, 그 가격의 차이가 비용요소들에 의해 설명되지 않는 것을 의미한다. 가격차별을 하기 위해서는 몇 가지 조건을 갖추어야 하는데, 이는 첫째, 지역시장이 2개 이상으로 분리될 수 있어야 하고, 둘째, 분리된 두 시장의 수요탄력성이 서로 달라야 하며, 셋째, 두 시장 사이에 상품의 중개매매(arbitrage)가 불가능해야 한다는 것이다. 실제로 공간적 독점자들은 소비자들이 지역적으로 분리되어 있는 관계로 비공간적 독점자들보다 가격차별화의 기회를 더 자주 갖는다. 그리고 생산지에서 가까운 소비자보다는 멀리 떨어져 있는 소비자들에게 더 낮은 가격을 책정하는데, 그 이유는 생산지에서 가까운 소비자는 가격이 좀 높더라도 가까운 생산자에게 구매를 하지만, 지리적으로 먼 곳에 있는 소비자는 다른 생산자를 찾아갈 확률이 높기 때문이다.

공간적 가격차별의 좋은 예로 덤핑을 들 수 있다. 덤핑은 생산물이 할인된 가격으로 거리적으로 멀리 떨어진 시장에서 팔릴 때 발생한다. 특히 해외시장에서 덤핑을 행하는 경우가 많은데, 이는 국내시장에서는 소비자들이 다른 대체재가 많지 않은 반면, 해외에서는 국내보다는 다른 경쟁자가 많아서 가격을 높게 매길 경우 소비자를 뺏길 염려가 있기 때문이다. 또한 시장이 분리되어 있어 가격이 낮다고 중간에서 중개매매를 할 수 없기 때문이다. 국내 자동차 업체들이 국내에서는 높은 가격으로 차를 판매하지만, 해외 선진국 시장에서는 국내보다 낮은 가격으로 차를 판매하는 것이 그 좋은 예이다.

2. 공간상에서의 경쟁과 가격결정

지금까지는 양조장 예를 통해 각 기업들이 외따로 떨어져서 독점이윤을 누려온 것을 고려했다. 그러면 독점이윤이 장기적으로 존재할까? 이제 이러한 독점이윤이 가상적 공간으로 다른 기업들을 유인하는 상황을 고려해 보자. 즉, 자유로운 진입의 경제적, 공간적 결과로 공간에 새로운 공급자가 가득 차는 경우까지를 생각해 보자. 단순한 논리 전개를 위해 생산자들이 비가격차별 정책을 시행한다고 가정한다. 소비자들이 균등하게 분포되어 있고, 선호나 소득수준이 동일하다면, 새로운 진입기업은 되도록 경쟁을 피하고 싶어 한다. 그래서 기존의 생산자가 있는 공간을 피해 혼자 멀리 떨어진 곳에 입지해 자신만의 독점이윤을 누리고 싶어 할 것이다. 〈그림 3.9〉 (a)에는 공간적 독점자 집단의 시장영역이 나타나 있는데, 생산자들은 분리되어 있어 각각 그들 자신의 시장영역에 독점을 형성하고 있다.

각 생산자들이 초과이윤을 얻고 있으며, 이러한 초과이윤은 새로운 생산자들을 유인한다. 그리고 신규기업이 계속 진입하여 시장을 분할해 나가면 기업에 점유되지 않은 지역은 차츰 줄게 되어 〈그림 3.9〉의 (b)와 같이 점점 더 빽빽이 들어서게 되고, 결국 기존의 생산자들의 시장영역을 침범하지 않고는 더 이상 새로운 기업이 진입할 수 없

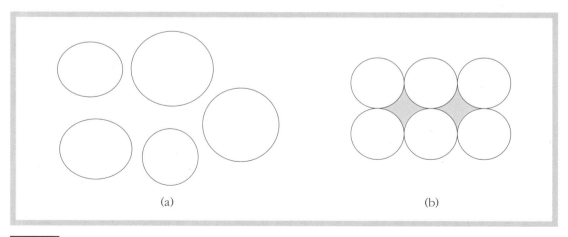

(a) (b)

그림 3.9 다수 기업의 공간상의 입지

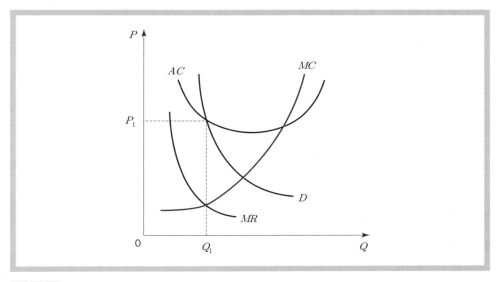

그림 3.10 독점적 경쟁시장에서의 균형

는 상황에 이르게 된다. 이에 따라 새로운 기업은 기존의 기업으로부터 소비자를 빼앗고 시장영역과 이윤은 줄어든다. 그러면 언제까지 계속 진입할 것인가? 그것은 새로운 기업이 진입해서 이윤을 낼 수 없을 때까지 계속 진입할 것이다. 이 균형점은 체임벌린(Chamberlin)[3]이 정의한 경쟁적 독점시장 구조와 같은 형태인데, 〈그림 3.10〉에 나타나 있다.

〈그림 3.10〉에서 D는 수요곡선인데 이 수요곡선은 공간상의 경쟁으로 인해 앞의 〈그림 3.8〉의 독점 수요곡선에 비해 안쪽으로 많이 들어와 있어, 경쟁적 독점시장에서의 개별기업이 직면하는 수요량이 전체적으로 줄어들었음을 보여 준다. 독점적 경쟁시장에서 생산자 역시 이윤극대화 점인 $MR = MC$인 점에서 생산량과 가격을 결정하는데 균형점은 P_1, Q_1로 각각 나타나 있다. 그러나 가격 P_1에서는 평균비용(AC)곡선과 접하고 있어 초과이윤이 없기 때문에 더 이상 새로운 기업이 진입하지 않는다.

하지만 뢰쉬는 그의 저서에서 〈그림 3.9〉(b)의 색칠한 부분같이 생산자에 의해 공급(서브)되지 않는 지역이 있는 경우 장기적으로 기업들이 계속하여 시장에 진입하여 〈그림 3.11〉의 두 번째 그림같이 각 기업의 시장영역이 중복되는 부분(색칠된 부분)이 나타난다고 하였다. 그러나 이 중복된 부분에 사는 소비자가 교통비가 적게 드는 중심

---

3) Chamberlin, 1965, *The Theory of Monopolistic Competition,* Ch. 5.

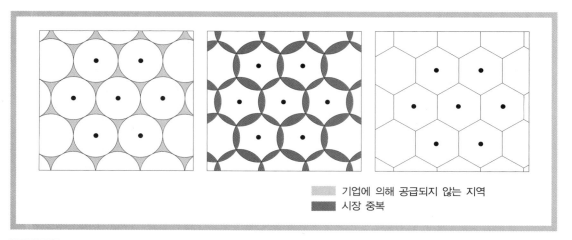

기업에 의해 공급되지 않는 지역
시장 중복

그림 3.11 시장영역의 변화

Glasson, 1971 p. 130.

지로 쇼핑을 계속하게 되면 결국 색칠된 부분은 두 개 원의 교점을 연결하는 직선에 의해 양분되어 육각형 모양의 시장영역이 초래된다고 하였다.[4] 실제로 뢰쉬는 원형과 사각형, 삼각형, 육각형 등 여러 가지 모양을 고려하였는데, 결국 최종 수요의 크기를 생각하면 원추체의 밑면적이 동일할 경우 사각형이나 삼각형에 비해 육각형이 최대가 되기 때문에 육각형이 가장 효과적이라 결론지었다. 〈그림 3.11〉의 세 번째 그림인 육각형 모양의 시장은 첫 번째 그림의 원형 모양 시장보다는 시장범위가 커서 동일한 가격 하에서 더 큰 이익을 얻게 될 것이다.

그러면 이러한 육각형 형태의 시장 크기는 모든 생산자에게 동일할까? 생산자들이 생산하는 상품은 종류에 따라 수요곡선이 다르고, 또한 가격에 대한 수요의 탄력성도 다르다. 일반적으로 고급 제품일수록 제품의 질에 차별성이 있어 가격에 비탄력적인 반면, 싼 제품은 제품의 질이 비슷하여 가격에 탄력적으로 된다. 따라서 저가품은 운송비의 증가에 민감하게 반응하여 시장영역이 작은 경향이 있고, 반대로 고급 제품의 경우 운송비 증가에 크게 영향을 받지 않아 시장영역이 크다. 각각의 육각형 시장영역도 수요생산자의 상품 종류에 따라 달라질 것이다. 농산품같이 가격에 대한 탄력성이 큰 상품생산자는 작은 육각형의 시장영역으로 여러 지점에 입지하지만, 가격에 대한 탄력성이 낮은 상품을 생산하는 생산자는 큰 육각형의 시장영역에 소수지역에 입지한다.

---

4) Lösch, 1940, p. 110.

그러나 뢰쉬의 이러한 육각형 시장영역에 대해 몇몇 경제학자들은 의문을 제기했는데, 그들은 이러한 육각형 모양은 영역을 채우는 데 효과적인 모양이지만 공간상에서의 경쟁에서 오직 나타날 수 있는 한 가지 가능한 결과만은 아니라고 주장한다. 만일 모든 기업이 정상이윤보다 약간 더 많은 이윤을 얻고 있고, 시장영역은 〈그림 3.9〉의 (b)와 같이 원형으로 빽빽이 차 있다고 가정해 보자. 이 경우, 색칠한 부분의 지역은 특정 기업에 의해 상품을 공급받지 못하고 있지만, 색칠된 부분의 크기가 새로운 기업이 진입해서 이윤을 낼 만큼 크지 않다면 그 지역에 입지하려는 기업은 없을 것이다. 따라서 기업에 의해 공급되지 않는 지역에 있는 그 상태 그대로 또 다른 균형점이 될 수 있다. 대신 색칠한 부분에 위치한 소비자들은 원 속에 있는 소비자보다 상품을 구입하기 위해 더 많이 이동해야 되고, 더 많은 배달비용을 지불해야 한다.

3. 시장영역의 크기

생산자 시장영역의 지리적 크기는 지역경제학에서 관심거리다. 큰 시장영역을 가진 생산물은 생산지점의 수가 적으며, 작은 시장영역을 가진 생산물보다 더 멀리 떨어져 있다. 예를 들면, 주유소, 슈퍼마켓, 교회, 레스토랑 등은 백화점이나 스케이트장, 박물관 같은 경제활동보다는 더 흔하다. 이러한 생산지점의 공간적 배치는 도시발전에 있어서 중요한 의미를 가지고 있다.

〈표 3.1〉은 웨이스(Weiss)가 1960년대에 미국의 283개의 제조업을 대상으로 시장 크기를 조사한 것 중 일부를 선별한 것이다.

조사지역은 인구밀도가 각 지역마다 다르고, 운송체계도 동질적이지 않고, 시장영역의 형태도 각기 달랐다. 연구결과에 따르면 담배나 건설용 기계류, 카펫 및 직물류 등은 당시 미국 내에 단일기업만 있었는데, 건설용 기계류나 직물류 같은 경우는 고정비용이 너무 높아서 여러 곳에서 생산공장을 세우기 어려웠을 것으로 추정된다. 반면 담배산업의 경우 원료가 지역화된 투입물이고, 운송비용도 높지 않아 담뱃잎이 수확되는 곳에서 주로 생산되었을 것으로 추측된다. 한편 병이나 캔에 담긴 청량음료의 경우 대부분이 표준적인 대도시지역에 입지하는데, 이렇게 공간적으로 널리 흩어져있는 이유는 이 산업 자체가 무게가 무거운 투입물(병과 물 등)을 사용하면서, 이들이 지역화된 투입물이 아니라 아무 곳에서나 구입이 가능한 상재물이기 때문이다. 조사한 산업 중에서 시장영역이 제일 작고, 기업수가 제일 많은 것으로는 콘크리트 생산물과 아이스크림 및 관련 디저트용품들이다.

표 3.1 산업별 기업수와 시장

산업집단	미국 내 기업수	R_{90}(마일)
담배	1	1,108
카펫, 양탄자, 직물	1	2,200
건설용 기계류 및 장비	1	1,760
타이어 및 내부 튜브	2	1,209
병이나 캔에 든 청량음료	SMSA	—
신문	SMSA	—
비누 및 세제	3	902
평판유리	3	878
살충제 및 다른 농업용 화학제품	4	846
압축 혹은 액화 산업가스	6	627
보일러 가게	6	630
애완동물 및 가축사료	16	411
콘크리트 생산물(concert product)	48	230
아이스크림 및 관련 디저트용품	48	190

자료 : Weiss, 1972, "The Geographic Size of Markets in Manufacturing", pp. 255-257.
R_{90} = 총톤수 중 90%가 이동하는 반경마일.
SMSA = Standard Metropolitan Statistical Areas(표준 대도시 지역).

그렇다면 어떤 요소들이 생산물 시장의 크기를 결정할까? 이에 대해 크게 세 가지 요소가 언급되는데, 첫 번째 요소는 규모의 경제이다. 규모의 경제가 작용하면 큰 규모의 기업은 작은 규모의 기업보다 생산물 한 단위당 더 낮은 가격에서 생산할 수 있고, 그래서 원거리 시장에 상품을 공급하기 위해 드는 추가적 운송비를 상쇄할 수 있다. 따라서 규모의 경제가 큰 산업의 대기업들은 작은 기업들보다 더 싼 값에 더 멀리 떨어진 시장에 상품을 판매할 수 있어, 종국적으로 소기업들을 축출하고 그들의 시장영역까지 잠식해서 더 확대된 시장영역을 점유한다. 이 규모의 경제는 일반적으로 높은 고정비용과 관련되어 있다. 둘째, 수요밀도가 커질수록 주어진 영역 내에서 활동하는 생산자의 수가 증가하며, 수요밀도가 높은 생산물은 작은 시장영역을 가진다. 이때 수요밀도는 토지 한 단위당 수요량 혹은 (1인당 수요량×인구밀도)를 뜻하는데, 수요밀도가 높을수록 기업의 최적규모는 작아져 시장영역이 작아도 이익을 낼 수 있다. 일반적으로 시골지역에서는 마을 전체 주민을 대상으로 하나의 작은 슈퍼마켓이 있지만, 도시에서는 아파트마다 작은 슈퍼마켓이 있는 것을 볼 수 있는데, 이것이 수요밀도에 따른 시장영역 크기의 차이를 보여 주는 좋은 예가 된다. 셋째, 운송비 또한 시장 크기에 영향을 미치는 요소이다. 그러나 이 운송비가 시장 크기에 어떤 방향으로 영향을 미치는지는 명확하지 않다. 만일 규모의 경제가 존재하고 운송비가 감소하게 되면, 생산물은 시장 가장 끝 부분 지역을 포함한 모든 지역에 낮은 가격으로 공급된다. 따라서 운송비의 감소는 시장영역을 확대시켜 규모의 경제와 낮은 운송비 둘 다의 이점을 기업과 소비자가 누릴 수 있게 해 준다. 그러나 현실은 그렇게 간단하지는 않다. 이러한 운송비 감소로 기업의 이윤이 증가하면, 장기적으로 더 많은 경쟁 기업을 그 산업으로 유인하게 된다. 그리고 경쟁에 따른 생산요소 가격의 상승으로 생산비용이 증가하게 되고, 결국 확대된 시장에 공급하는 단위당 비용은 더 비싸지게 되어 결과적으로 작은 시장영역을 초래한다. 이러한 상반된 힘 중에 어느 쪽 힘이 더 크게 작용하는가에 따라 시장영역이 커지는지, 작아지는지가 결정될 것이다.

이러한 세 가지 시장 크기 결정요소 이외에도 두 가지 추가적 요소가 시장의 크기에 영향을 준다. 이는 소득과 인구증가인데, 이 요소들은 주로 장기적으로 변화하는 요소로서 두 요소 다 수요밀도에 영향을 주며, 특정 생산물 특히 소매상품의 시장영역을 점점 더 촘촘하게 밀집시키고 크기는 줄인다.[5]

제3절 요약

이 장에서는 경제적 단위들 간의 공간적 상호작용을 통해 나타나는 현상들을 설명하였다. 특히 공간에서 시장의 수요곡선이 어떻게 도출되는지에 대해 알아보았다. 이를 위해 먼저 가격 깔때기와 수량-거리함수를 도출하였고, 수량-거리선을 360도 회전시킴으로써 수요콘을 도출했다. 그러나 이 수요콘의 부피는 단순히 공간수요곡선에서의 한 점에 불과했다. 완전한 공간수요곡선을 구하기 위해서는 각 FOB 가격마다 수요콘의 부피를 구하는 과정을 반복해야 한다. 그리고 이러한 공간수요곡선은 일반경제학에서 언급하는 수요곡선과 달리 기울기가 훨씬 더 완만하고 탄력적이다.

한편 수요콘은 각 상품의 가격대별 시장영역의 크기를 결정해 주었다. 그리고 가격이 상승할수록 시장의 영역은 줄어들었다. 이러한 수요콘과 공간수요곡선은 우리에게 친숙한 수요개념이 어떻게 공간 속으로 통합되는지를 쉽게 이해하게 해 준다.

---

5) 그 외에도 시장영역의 크기에 영향을 주는 요인으로 구매빈도나 일 회의 구매금액 등을 꼽을 수 있다.

기업은 소비자 확보를 위한 경쟁을 회피하기 위해 서로 멀리 떨어져서 입지한다. 따라서 초기의 공간에서 각 기업은 각 지역 내에서는 독점자로서 행동을 한다. 하지만 공간상에서 독점자가 초과이윤을 누리면, 더 많은 생산자가 그 산업에 진입하여 지리적 시장영역은 줄어들고 초과이윤도 떨어진다. 그리고 장기적으로 독점시장은 독점적 경쟁시장 구조로 바뀌게 되고 초과이윤은 존재하지 않게 된다.

공간은 기업들에 의해 뢰쉬가 주장한 육각형 모양으로 분할될 수도 있지만, 일부 지역이 기업들의 공급범위에 포함되지 않으면서 균형을 이룰 수도 있다. 이것은 남아 있는 지역이 새로운 기업이 진입해서 이윤을 낼 수 없을 정도로 작은 영역이기 때문이다.

시장영역의 크기는 규모의 경제, 수요밀도, 운송비 등의 요소에 의해 영향을 받는다. 그리고 장기적으로는 인구밀도와 소득수준의 변화도 시장영역의 크기에 영향을 미친다.

부록 공간상에서 기업의 독점력

공간상에서는 인구밀도나 소득수준의 차이, 소비자들의 기호의 차이 등에 의해 지역 간에 여러 가지 특성들이 다르게 나타난다. 그러나 이러한 인구밀도나 소득수준, 소비자들의 기호가 동일하다고 하더라도 공간이라는 특성에 의해 여전히 기업들에게는 어느 정도 독점력을 제공하게 된다. 이러한 점에 대해서는 팔랜더(Palander)의 설명을 통해 알아보자.[6]

〈그림 3.12〉에는 A와 B라는 두 기업의 가격 깔때기가 그려져 있다.

두 기업은 동일한 제품을 생산하고, 두 회사의 최종재 상품의 운송비용은 같다고 가정한다. 그러나 A 기업의 생산지에서의 가격은 OP_A이고, B 기업은 SP_B로 A 기업의 가격이 낮은데, 이는 A 기업이 효율적으로 상품을 생산하는 것을 의미한다. 소비자는 OS선을 따라 일정하게 분포하고 있으며, 각 소비자는 운송비를 포함한 전체 가격이 낮은 생산자에게서 상품을 구매하려 할 것이다. 따라서 OT 사이에 있는 소비자는 A 기업의 상품을 구매할 것이고, TS 사이에 있는 소비자는 B 기업의 상품을 구매할 것이다. 결과적으로 A 기업이 B 기업보다 효율적 기업이어서 생산지에서의 상품가격이 B 기업보다 낮더라도 공간상에서 모든 지역을 자신의 시장영역으로 확보하지는 못한다.

---

6) Palander, 1935, *Beiträge Zur Standortstheotie.* McCann, 2013, *Modern Urban and Regional Economics,* pp. 23-24, Capello, 2016, *Regional Economics,* 2nd ed., p. 27.

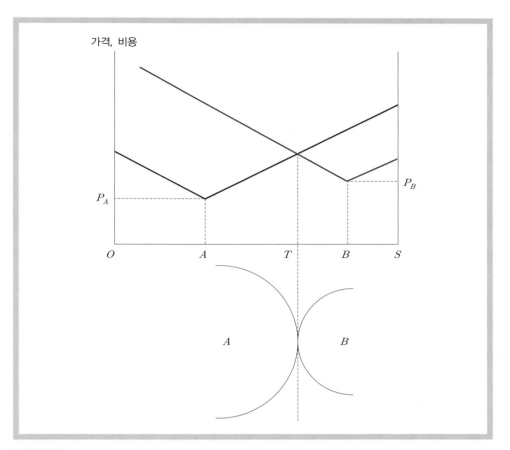

그림 3.12 운송비가 동일한 경우의 두 기업의 시장영역

그리고 기업은 생산에 있어 A 기업만큼 효율적으로 생산을 하지 못하더라도, 일정 구간을 자신의 시장영역으로 확보할 수 있다. 따라서 공간상에서는 모든 기업이 운송비로 인해 자신이 입지한 부근에서는 어느 정도 독점력을 확보할 수 있다.

이제 생산지에서의 가격뿐 아니라 운송비가 다른 경우도 살펴보자.

A 기업에 비해 B 기업은 생산비용뿐만 아니라 상품의 운송비 측면에서도 불리하다고 하자. 이러한 상황은 〈그림 3.13〉에 나타나 있다. A 기업은 초기 생산지의 가격이 낮을 뿐 아니라 운송비도 B 기업보다 낮다. 따라서 *OR* 지역뿐만 아니라, 그 지역 넘어 *VS* 지역까지 A 기업이 상품을 공급한다. 반면 B 기업은 시장영역이 작은 원에 그친다. 그러나 이러한 비효율적 기업이라도 아직도 자신의 시장영역을 확보하고, 그 지역 내에서는 어느 정도 독점력을 가지고 있는 것을 알 수 있다. 이러한 조건들을 여러 가

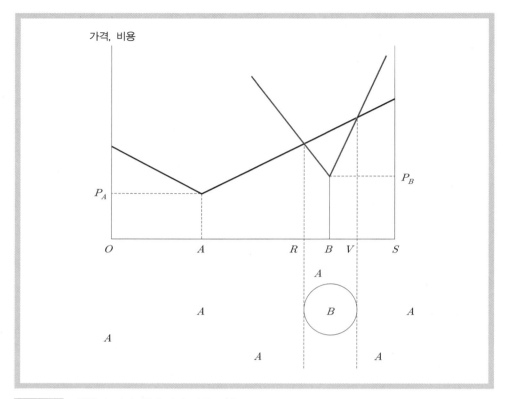

그림 3.13 생산지 가격, 운송비가 다른 경우

지 형태로 변화시켜 보아도, 여전히 비효율적 기업이 자신의 시장영역을 확보할 수 있게 되는데, 이것은 공간상에서 가지는 특성이라 하겠다. 그리고 기업들이 멀리 떨어져 입지할수록 그리고 상품의 운송비가 높을수록 이러한 공간 독점력은 높아진다.

참고문헌

Blair, John P., 1991, *Urban and Regional Economics,* Boston : Irwin.

Capello, Roberta, 2016, *Regional Economics,* 2nd ed., Routledge : London and New York.

Chamberlin, E. H., 1965, *The Theory of Monopolistic Competition,* 8th ed. Cambridge, Mass. : Harvard University Press.

Glasson, John, 1974, *An Introduction to Regional Planning,* London : Hutchinson & Co Ltd.

Lösch, August, 1940, *Die Räumliche Ordnung der Wirtschraft,* Jana, fisher, English translation by William

H. Woglom with the assistance of Wolfgang F. Stolper, 1954, *The Economics of Location,* New Haven and London : Yale University Press.

McCann, Philip eds., 2002, *Industrial Location Economics,* Cheltenham : Edward Elgar.

Palander, T., 1935, *Beiträge Zur Standortstheotie,* Uppsala, Sweden : Almqvist & Wiksells Boktryckeri.

Segal, David, 1977, *Urban Economics,* Richard D. Illinois : Irwin, Inc.

Weiss, Leonard W., 1972, "The Geographic Size of Markets in Manufacturing", *Review of Economics and Statistics,* Vol. 54, No. 3, pp. 245-257.

제4장

도시의 형성과 도시영역

앞 장에서는 개별기업의 입지결정과 공간에서 시장영역이 형성되는 과정에 관해 알아보았는데, 이 장에서는 기업들의 개별적인 입지선택이 어떻게 도시나 도시망(networks)을 형성하는지 알아본다.

도시는 생산과 소비의 중심지로서 경제 발전에 중요한 역할을 담당하고 있으며, 정치, 사회, 문화, 역사적 활동이 집결하는 종합적 공간이다. 따라서 도시가 형성되는 과정을 정치적으로나 역사적으로 혹은 문화적, 사회적으로 다양한 측면에서 분석해 볼 수 있지만, 여기서는 순수하게 경제적 시각에서 접근할 것이다. 그러나 이러한 순수 경제적인 측면에서의 접근결과로 생겨난 도시 형태가 때로는 실제 도시 형태와 차이가 날 수 있는데, 이는 모델에서 상정한 가정이 현실과 일치하지 않기 때문에 생겨난 것이다. 하지만 이러한 가정하에서 도출된 결과라도 도시 형성에 기본적인 시각을 제공해 주는 중요한 내용들을 포함하고 있다.

이 장에서는 먼저 도시 형성에 중요한 역할을 하는 집적경제의 설명부터 시작한다. 두 번째 절에서는 중심지 이론(Central-Place Theory)에 대해 살펴본다. 이 이론은 특정 시장지역의 중심지에 입지한 생산자들이 어떻게 도시를 형성하고 도시계층을 발전시키는지 보여 준다. 세 번째 절에서는 중심지 이론에 대한 평가를 알아보고, 마지막 절에서는 도시나 시장의 영역을 측정하기 위해 개발된 기법들을 살펴본다.

제1절 집적경제

경제활동의 공간적 집중으로부터 이익을 얻는 집적경제(agglomeration economies)는 도시로 여러 활동이 밀집하는 현상을 설명하는 중요한 요인이며, 지역 성장을 설명하는 데 중요한 기능을 수행한다. 집적경제는 한 제조업체가 공단에서 외따로 떨어져 조업하는 것보다 여러 업체들이 군집하는 공단에 같이 입지하면서 생산성이 높아지고 기술진보가 촉진되며, 업체의 생산비용을 낮추고 수익을 높여 주는 경제이다. 또한 이주자들을 유인하고, 타 지역으로 인구유출을 감소시킨다. 이러한 집적경제는 단일 기업에 발생하는 내부 집적경제로부터 도시 전 지역으로 확산되는 도시화 경제까지 그 종류와 범위가 다양하다.

가장 낮은 단계의 내부 집적경제(internal agglomeration economies)는 한 기업이 특정지점에 경제활동을 확장시켰을 때 발생하는 단위당 비용감소를 의미한다. 이 내부 집적경제는 우리가 자주 언급하는 규모의 경제와 의미상 약간의 차이가 있다. 규모의 경제는 대량수요로 인해 기업이 산출물을 증가시켰을 때 얻는 단위당 비용절감을 말하지만, 기업들이 반드시 한 지역에 모여 있을 필요는 없다. 그러나 내부 집적경제를 얻기 위해서는 비용절감이 기존의 공장이 규모를 확대하거나, 아니면 공장 가까이에 시설을 확장하는 데서 기인하여야 한다. 즉, 공간적 측면이 내부 집적경제의 본질이다. 기존의 공장을 확장함으로써 얻는 비용절감은 내부의 규모의 경제와 내부의 집적경제 둘 다에 나타난다. 그러나 만약 기업이 두 분리된 설비의 활동을 단일공장으로 통합함으로써 비용을 줄인다면 전통적인 규모의 경제 없이 내부의 집적경제가 발생한다.

범위의 경제(economies of scope)와 복합의 경제(economies of comprise)도 내부 집적경제의 일종이다. 범위의 경제는 한 기업이 2개나 그 이상의 상품을 한꺼번에 생산하면서, 각각 따로 생산했을 때보다 총비용이 더 낮아졌을 때 생겨난다. 예를 들면, 첼로를 만드는 공장에서 첼로를 만들고 남는 나무를 이용해서 바이올린을 만들거나, 트럭 엔진을 만드는 기업이 그 기술을 응용해 승용차 엔진을 같이 만들면서 평균비용을 낮추었다면 이것은 범위의 경제를 얻은 것이다. 복합의 경제는 단일 생산품이나 관련 상품들의 다단계(multi-stage) 혹은 다중처리(multi-process) 생산특성과 관련이 되어 있다. 복합경제는 일반적으로 각기 다른 생산과정이나 단계를 한 기업이 모두 수행함으로써 각기 다른 기업에서 수행했을 때보다 총비용을 낮추면서 발생한다. 그러나 그러한 복합경제는 석유화학산업이나 철광업과 같이 수직적으로 통합된 생산이 공간적으로 근접해야만 집적경제가 나타난다. 이 경우 집적경제는 에너지 절약이나, 각기 다른 생산과정의 효율적 흐름, 개선된 경영 등을 포함한다.

생산에 드는 고정비용을 더 많은 산출물에 분산시키는 것이 내부 집적경제의 중요한 원천이지만, 내부 집적경제의 또 다른 원천은 노동의 더 큰 분업, 대체기술 사용의 잠재력 그리고 대량구매를 통한 절약 등이다. 또한 생산을 한 지역에 집중시킴으로써 경영자가 여러 공장을 돌아다닐 필요가 없어 시간을 절약할 수 있는 점도 산출물이 증가함에 따라 평균비용을 낮추는 결과를 가져온다.

이탈리아 투린에 있는 피아트(Fiat) 자동차 공장이나 미국 시애틀의 보잉 에버렛(Boeing Everett) 대형 공장들이 내부 집적경제의 예로 꼽힌다.

두 번째 집적경제는 상호교역을 하는 기업들이 같은 지역에 입지하므로 발생하는 산업 간 집적경제이다. 산업 간 집적경제(interindustry agglomeration)는 전·후방 연관관계를 통해 발생한다. 전방연관관계(forward linkage)는 공급자가 구매자를 유인하는 것을 의미하고, 후방연관관계(backward linkage)는 구매자가 공급자를 유인하는 것을 의미한다. 예를 들어, 금속제련공장이 어떤 지역에 입지하고 농기구 제조업자가 이 금속제련공장 가까이에 입지한다면 이는 전방연관관계이고, 반대로 금속제련공장이 농기구 제조업자가 있는 지역에 입지한다면 이것은 후방연관관계가 존재한다고 볼 수 있다.

전방연관관계와 후방연관관계 중 어느 것이 더 중요한가 하는 것은 지역개발 계획자에게는 매우 중요하다. 왜냐하면 전방연관관계가 더 중요하다면 지역개발 계획자는 석유나 원재료, 농업 같은 1차 생산활동을 발전시키는 데 중점을 두는 지역정책을 수립해야 하기 때문이다. 그러면 이러한 1차 활동에서 생산할 제품을 투입물로 쓰는 기업들이 그 지역으로 유인되어 올 것이다. 반면 후방연관관계가 더 효과적이라면 지역개발 계획자는 의류나 식료품, 통조림 같은 최종재를 발전시키는 데 중점을 둔 지역정책을 수립해야 한다.

허쉬만(Hirshman)[1]은 그의 연구에서 저개발국의 기업들은 상호 간에 의존성이나 연관관계가 미약하고, 저개발국의 주요 산업인 농업, 어업, 광업 등은 대부분 큰 후방연관관계가 없다는 것을 발견했다. 이들 국가에서 생산되는 석유나 광물, 농산물들이 충분한 전방연관관계를 갖지 못해 지역경제활동을 촉진하지 못하고 다른 나라로 바로 수출된다고 하였다. 또한 수입상품의 단순한 포장이나 가공도 효과적인 후방연관관계를 가지고 있지 못하다고 하였다. 그는 또 경제성장에는 전방연관관계보다 후방연관관계가 더 효율적이라고 생각해서, 저개발국에 중대한 후방연관관계를 가진 대규모 산업을 개발하는 정부활동을 권고했다. 하지만 전방연관관계와 후방연관관계 중 어느 것이 더 효율적인가에 관해서는 경제학자들 사이에서도 명확히 결론이 난 것이 없다. 다만 둘 중에 어느 것이 더 강력한가 하는 것은 그 지역산업의 종류와 기업이 처한 환경에 달려 있다는 것이 일반적 의견이다.

세 번째 집적경제 형태는 지역화 경제(localization economies)이다. 이 지역화 경제는 특정 지역에서 동종기업 집단 전체의 산출물 증가가 그 지역 그 산업 기업들의 비용을 낮추었을 때 발생한다. 지역화 경제는 기업에는 외부적이지만 산업에는 내부적 경제와 비슷하다. 1990년대에 부산에 신발산업이 번창하면서 많은 신발산업 관련 기업들이 이 지역에 몰려들면서 발생했던 집적경제가 그 좋은 예가 되며, 미국에서는 뉴욕

---

1) Hirshman, 1972, *Strategies of Economic Development : Processes and Problems.*

의 의류산업, 샌프란시스코의 실리콘밸리, 미국 디트로이트, 영국 버밍햄, 일본 도요타시, 한국 울산의 자동차 산업 클러스트 등이 지역화 경제의 대표적 예이다.

지역화 경제의 원천은 전문인력의 공동사용(pool)과 특화된 기계, 아이디어의 교환 및 복사, 모방 그리고 비교 쇼핑의 기회 등이다. 실제로 동일산업에 종사하는 많은 기업들이 한 지역에 동시에 입지한다면, 요구하는 기술이 특별하다고 하여도 기업은 그러한 특수기술을 가진 노동자를 별도로 교육하고 재훈련시키는 비용을 들이지 않고 주변에서 직무를 정확히 수행할 수 있는 숙련노동자를 쉽게 찾을 수 있다. 노동자의 입장에서도 직장을 바꿀 때마다 다른 지역으로 이사할 필요 없이 자신의 기술을 필요로 하는 기업을 그 지역 내에서 다시 찾을 수 있다. 뉴욕이나 런던 같은 세계적 국제금융도시의 금융센터에 근무하는 전문금융인들이 그 대표적 예이다. 특수한 목적에만 사용하도록 특화된 기계나 다른 특수한 생산요소도 공동으로 이용할 수 있다는 것이 또 다른 지역화 경제의 원천이 된다. 특화된 기계의 경우 다른 목적으로 사용하기가 어렵지만, 그 기계를 사용하는 기업들이 한 지역에 밀집되어 있다면 얼마든지 공동으로 사용이 가능하며, 기계 구입의 고정비용을 여러 기업에 분산할 수가 있고 고장 시 수리 서비스도 수월해 지역화 경제가 발생한다. 더구나 동일산업 기업이 한 곳에 같이 입지해 있다면, 서로가 오찬회의나 다른 사회적 활동을 통해 자주 만날 수 있어 아이디어도 서로 공유함으로써 더 쉽게 복사할 수 있고 모방할 수 있다. 경우에 따라 이러한 모방과 복사가 일부 선도기업에 손해가 될 수도 있지만, 만일 그들이 경쟁자들로부터 멀리 떨어져 있다면 최신 유행하는 아이템이나 혁신 기술을 접할 기회가 줄어든다. 따라서 비록 개별기업에는 다소 불리하더라도, 장기적으로 전체의 기업군집이 서로 같이 입지하여 아이디어를 서로 교환하는 것이 이익이 된다. 특히 패션 산업같이 수없이 많고 산발적인 혁신이 지속적으로 일어나는 산업의 경우 빠른 모방을 허용하는 지역에 같이 입지하는 것이 기업에게 더 많은 이익 기회를 가져다준다. 마지막으로 개인이 상품을 비교해 보려는 욕망으로부터 지역화 경제가 발생한다. 만일 컴퓨터를 구입하려면 서울에 거주하는 시민은 용산, 부산 시민은 가야의 컴퓨터 전문 판매업체가 밀집해 있는 상가로 갈 것이다. 왜냐하면 그 지역으로 가면 짧은 시간에 여러 컴퓨터 가게에 들러 상품과 가격, 성능, 디자인을 비교할 수 있기 때문이다. 이러한 가게의 밀집은 많은 쇼핑객들을 한 지역으로 유인하기 때문에 소비자뿐 아니라 판매상에게도 이점이 될 수 있다. 자동차나 가구, 보석, 전자제품 등 다양하고 차별적 상품을 파는 가게들은 보통 군집(群集)하지만, 식품종류를 파는 가게는 대체로 군집하지 않는다. 한편 보완적 상품을 파는 가게들도 군집하는 경향이 있는데, 예를 들면 사람들이 영화를 보기 전이나 영화를 본 후에 외식을 좋아한다는 사실을 반영하여 영화관과 레스토랑은 종종 같이 입지한다.

이러한 지역화 경제는 기업의 통제 밖에 있으며, 특정 지역에서의 지역화 경제는 산업의 규모에 달려 있으므로 공간적으로 통제된 규모의 외부경제로 간주된다.

마지막으로 집적경제 중에서 가장 확대된 형태의 집적경제는 도시화 경제(urbanization economies)이다. 이 도시화 경제는 전체 도시지역의 활동이 증가할 때 도시 내에서 활동하고 있는 다양한 종류의 기업에 발생하는 비용절감 효과이다. 도시화 경제를 공유하는 기업들이라도 서로 관련이 없을 수도 있으며, 기업에는 외부적이다.

후버(Hoover)는[2] 이러한 지역화 경제와 도시화 경제에 대해 간단히 그 차이를 정의했는데, 그에 따르면 지역화 경제는 같은 산업의 기업들이 특정 지역에 모이면서 생겨나는 외부경제이고, 도시화 경제는 다른 산업의 기업들이 같은 장소에 모이면서 생겨나는 외부경제라고 하였다.

핸더슨(Handerson)[3]도 두 경제를 구분해서 설명했는데, 지역화 경제는 동일산업 내에서 다른 기업의 생산규모가 확대되거나 새로운 기업의 진입으로 그 산업 전체의 생산이 증대될 때, 기존에 있던 기업들의 한계생산물이 평균생산물을 능가하는 것으로 정의하였다. 한편 도시화 경제는 여러 다른 산업들이 집중하면서 발생하는 이익으로, 도시 내 다른 산업의 규모가 늘어날 때 이 산업의 한계생산물이 평균생산물을 능가하는 경우를 의미한다고 하였다.

도시화 경제는 종류가 다르고 서로 관련 없는 산업들이 같은 장소에 입지하여 특정한 투입물이나, 공공시설, 각종 사회간접자본, 전문화된 사업 및 기술 서비스 등을 공유하면서 발생하는데 그 원천을 좀 더 세부적으로 나누어 보면 첫째, 공공사회간접자본의 규모의 경제로부터 발생된다. 도로나 철도, 주차장 같은 도시의 사회간접자본은 다양한 형태의 생산, 소비활동에 투입물이 될 수 있다. 이러한 사회간접자본의 공급에 있어 상당한 규모의 경제가 존재할 때 도시지역 크기의 증가는 단위당 낮은 사회간접자본 비용을 가져온다. 그리고 그러한 비용절감은 생산자와 소비자에게 전가될 수 있다. 교통부문은 도시 간접자본의 중요한 부분을 차지하는데, 기업의 수가 많을수록 운

---

2) Hoover, 1937, *Location Theory and the Shoe and Leather Industries*, pp. 90–91.
3) Henderson, 1974, "The Sizes and Types of Cities", pp.640–656. Reprinted in Location Theory, J. F. Thisse(ed.), Edward Elgar Publishing Limited, U.K. 1996.

송시설은 더 좋아질 것이고, 이 시설을 이용하는 기업은 이익을 얻을 것이다. 예를 들면, 도시가 커져 비행기 여행객 수가 늘어나면 취항하는 항공사와 취항노선이 확대될 것이고, 대부분의 여행객들은 선택의 다양화로부터 이익을 얻을 것이다. 마찬가지로 좀 더 많은 고속도로가 건설될수록 트럭으로 수송하는 기업의 운송비는 떨어질 것이며, 차를 이용하는 판매원이나 승용차 통근자, 여행객 모두의 운송비도 떨어질 것이다.

둘째, 경제활동의 다양화로 노동분업이 확대되면서 도시화 경제가 발생한다. 작은 도시에서는 일반적으로 생산과 분배가 그 공장 내에서 수행되어야 하는데, 왜냐하면 지역시장이 좁아 다양한 기업의 활동을 모두 지원해 줄 수 없기 때문이다. 공장 내에서 수행할 수 없는 활동은 다른 지역에서 구입하든가, 아니면 전혀 수행하지 못하든가 한다. 그러나 큰 도시에서는 다양한 종류의 경제활동을 하는 기업들과 노동의 분업이 이루어지므로, 작은 도시에서는 받을 수 없었던 다양한 서비스를 지원받을 수 있다. 즉, 의류업체는 옷을 만들 때 원단이나 특수한 형태의 단추, 소매 등을 도시 내에서 자체 조달이 가능하다. 또한 기업이 법정소송에 휘말릴 경우 주변의 유능한 변호사나 회계사의 도움을 얻을 수 있다.

셋째, 큰 도시시장에서는 경제활동의 다양성을 평준화시킴으로써 집적경제가 발생한다. 대도시에서는 한쪽 소비자 집단에서 판매가 감소해도 다른 소비자 집단들로부터의 주문이 늘어나 서로 상쇄될 수 있다. 따라서 도시지역에서 사업을 하는 기업은 작은 지역에 입지한 기업보다 생산계획에 차질을 빚지 않고 생산활동을 할 수 있다. 비슷한 원리로 노동의 변화도 큰 도시지역에서는 좀 더 쉽게 조절할 수 있다. 만일 기업에서 특수한 업무를 담당하던 직원이 그만두어도, 대체인력을 구하는 것이 작은 도시보다 대도시가 쉽다.

그 외에도 도시에 입지함으로써 다양한 문화시설을 이용할 수 있고, 필요한 생산요소를 언제든지 가까이서 쉽게 구할 수 있고, 소매상, 도매상들이 많아 재고관리가 용이한 까닭에 큰 창고가 필요 없는 등 다양한 혜택을 얻을 수 있다.

하지만 도시지역에서 이러한 집적경제로 인한 장점만 있는 것은 아니다. 도시의 규모가 커짐에 따라 부정적 효과인 집적 불경제(diseconomies of agglomeration)도 나타난다. 즉, 인구나 경제활동이 한 지역에 집중하여 성장을 유인하는 양(+)의 집적경제뿐만 아니라, 산출물 단위당 더 많은 투입물을 요구함으로써 생산의 실제 비용을 증가시키거나 혹은 물질적, 사회적 어메니티(amenity) 수준을 떨어뜨려 실제 생활수준을 악화시킴으로 성장을 저해하는 음(−)의 집적 불경제가 동시에 작용한다. 이러한 집적

불경제의 예로 환경오염이나 범죄율 증가를 들 수 있다. 환경오염은 일부 기업의 생산비용을 증가시키고, 가계에는 청결 및 건강비용을 증가시킨다. 또한 높은 범죄율도 가계나 기업에 보안과 보험비용을 증가시킨다. 그러면서도 여전히 오염된 공기와 보안에 대한 불안감은 남아 있다. 일부 경제학자들은 대도시 지역의 교통 혼잡과 그에 수반되는 시간비용, 시간 지연에 따른 짜증 등도 일종의 도시의 집적 불경제로 보고 있으며,[4] 사회학자들은 범죄나 근심, 외로움도 대도시에 사는 개인들이 지불하는 비용이라고 믿고 있다.[5]

많은 경제학자들은 세계적으로 도시화 경제가 도시 불경제를 능가한다고 보는데, 왜냐하면 아직도 많은 기업들과 사람들이 계속해서 대도시로 몰려들고 있기 때문이다.[6]

제2절 도시의 형성과 도시계층

도시의 형성과정을 이해한다는 것은 도시성장 요인을 연구하는 데 필수적이 과정이다. 실제로 생산이 특정한 시장영역의 중심부에 한 번 집중하게 되면, 경제적인 공간 형태는 더 이상 가족들이 동질적인 지역에 골고루 분포되어 있지 않게 되고 도시가 생겨난다. 어떤 도시는 규모의 경제 없이 단지 몇몇 생산물 생산지점을 가지고 있는 작은 도시가 될 것이며, 어떤 도시는 규모의 경제와 함께 큰 도시로 발전해 나간다. 도시의 크기와 특성 그리고 경제적 활동을 유인하는 힘 등은 다른 관련된 주변 지역의 크기와 특성에 따라 달라지는데, 일부 도시는 성장을 계속하지만 일부 도시는 어느 순간부터 쇠퇴의 길을 걷는다.

이 절에서는 이러한 도시의 형성과 발전, 도시 간의 계층에 대한 내용들을 중점적으로 살펴본다.

1. 중심지 이론

도시는 시골지역보다 박물관이나 스포츠센터, 콘서트홀 같은 문화적 서비스뿐만 아니

---

4) 리처드슨(Richardson, 1973) 같은 경제학자는 이러한 혼잡은 도시의 집적 불경제라기보다는 단순히 지역의 운송체계를 최적의 규모로 증가시키지 못해서 생긴 문제로 보고 있다.

5) 집적 불경제에 대한 자세한 내용은 Hoch, 1972, "Income and City Size", pp. 299-328. Wingo and Evans ed. 1977, *Public Economics and Quality of Life*, pp. 28-65, Capello, 2016, *Regional Economics*, p. 20 참조.

6) Blair, 1991, *Urban and Regional Economics*, pp. 105-114.

라, 다양한 카페와 레스토랑, 쇼핑 기회 등을 더 많이 제공해 줌으로써 사람들을 도시 지역으로 더 유인한다.[7]

중심지 이론은 서비스 중심의 입지 및 기능에 관한 이론으로, 지리적 공간상에서 규모가 다른 도시들이 어떻게 발전하고, 어디에 입지하며, 도시 간의 계층구조가 어떻게 발달하고, 중심지의 규모와 수, 분포 등에 어떤 일반화된 법칙이 존재하는가 하는 것을 연구하는 이론이다. 이 이론은 1930년대 접어들면서 시작되었는데 독일의 경제학자 크리스탈러(Christaller)[8]를 시초로 디킨슨(Dickinson),[9] 뢰쉬(Lösch),[10] 베리(Berry) 및 개리슨(Garrison)[11] 등에 의해 발전되었다.

여기서는 이 이론의 개척자인 크리스탈러의 중심지 이론(central place theory)을 중심으로 알아본다. 그는 1933년 발간한 "남부 독일의 중심지역들"이라는 책에서 도달거리(range), 경계범위(threshold), 그리고 계층(hierarchy) 3가지 기초개념을 바탕으로 독일 남부의 소도시와 대도시들의 공간적 분포에 대한 연구를 통해 도시의 분포와 도시들 사이의 계층에 일정한 법칙을 발견하려 하였다.

그의 연구결과에 따르면 도시의 공간적 분포에는 전형적 형태가 있고, 도시의 수적(數的) 분포 역시 일정한 규칙이 있다. 도시는 상품과 서비스를 생산하고, 도시의 시장영역은 그 도시가 생산하는 상품 중에서 가장 큰 시장영역을 가진 상품의 시장범위와 동일하다. 그리고 도시들이 다 똑같은 것이 아니고 그들 사이에 계층(hierarchy)이 있다. 한 도시는 자신들보다 낮은 등급의 도시에서 생산하는 상품을 모두 생산하며, 거기에 추가적으로 시장범위가 더 넓은 상품을 추가로 생산해 자신의 등급을 설정한다.

가장 낮은 등급의 도시(중심지 H)에서는 시장범위가 3km(정확히 4km를 넘지 않는)를 가진 상품들이 공급된다. 이런 상품이 10개 종류가 있다고 하자. 그러면 그보다 한 등급 높은 도시(중심지 M)에서는 H 지역에서 공급되는 상품 10종류에다 시장범위가 4~7km(정확히 6.9km)가 되는 상품 30종이 더 공급되어 총 40종의 상품이 공급된다. 그보다 한 등급 높은 도시(중심지 A)는 시장범위가 7~12km가 되는 50종의 상품이 추

---

7) Leknes, 2015, "The more the merrier? Evidence on quality of life and population size using historical mines", pp. 1-17.

8) Christaller, 1933, *Die Zentralen Orte in Süddeutschland.*

9) Dickenson, 1934, "The Metropolitan Regions of the United States", pp. 278-291.

10) Lösch, 1940, *Die räumliche Ordnung der Wirtschaft. 1950, The Economics of Location,* Translated by W.H. Woglom, New Haven : Yale University Press.

11) Berry and Garrison, 1958, "Recent development of central place theory", pp. 107-120.

가로 더 공급되어 총 90종의 상품이 공급되고, 또 한 등급 높은 도시(중심지 K)에는 시장범위가 12~21km가 되는 90종의 상품이 추가되어 총 180종의 상품이 유통된다. 그리고 더 높은 등급(중심지 B)에는 150종류가 추가되어 총 330개의 상품이, 그보다 더 높은 등급의 도시(중심지 G)에는 총 600 종류의 상품이 유통된다고 하였다.[12] 따라서 도시의 계층수준과 상품이 공급되는 범위 사이에는 직접적인 대응관계가 존재하여, 낮은 등급의 도시는 높은 등급의 도시에 비해 생산 상품의 범위가 좁은 경향이 있으며, 동시에 도시 규모가 축소됨에 따라 도시의 수도 증가한다.

한편 크리스탈러의 중심지 이론에서는 하위계층의 중심지와 상위계층의 중심지[13]는 일정한 원칙에 의거하여 상호관계를 유지하면서 도시 간에 공간적 배열을 이루게 되는데 이러한 공간상 배열이 〈그림 4.1〉에 나타나 있다.

그림을 보면 높은 등급의 도시(G등급)는 그다음 6개의 높은 등급의 도시(B등급) 가운데 위치하며, 그다음 높은 등급의 도시(K등급)는 다시 자신보다 한 등급 낮은 6개의 도시(A등급) 가운데 위치하고 있는 형태이다. 즉, 낮은 등급의 도시는 자신보다 높은 등급의 도시로부터 여러 상품과 서비스를 제공받고, 대신 자신보다 낮은 도시에 자신이 생산한 상품과 서비스를 제공해 주는데, 크리스탈러는 이러한 계층 간의 도시 간 관계에도 일정한 법칙이 있다고 하였다. 이를 크리스탈러의 K=3 법칙이라고 하는데, 이는 한 중심지가 자신의 중심지에 더하여 하위 6개 중심지 지역 중 1/3을 지배하므로 결국 총 3개의 시장지역을 지배한다는 법칙이다. 이럴 경우 각각의 중심지와 시장영역은 3개의 차상위 중심지에 의해 분할 지배되는데, 위의 〈그림 4.1〉이 5개 계층의 중심지가 K=3 법칙[14]에 의해 계층화된 사례를 보여 주고 있다.

그는 또 운송에서의 K=4 원칙, 행정에서의 K=7 원칙 배치[15]와 중심지 간의 거리와 중심지 크기, 인구 등에 대해서도 비교적 자세히 상술했는데, 그가 제시한 독일 남부지역의 중심지 간의 거리, 크기, 면적 등을 간략히 정리하면 〈표 4.1〉과 같이 된다. 크리스탈러는 가장 낮은 등급의 마을로부터 세계적 도시등급의 베를린까지 사이에 7개 등급의 중심지로 분류하였는데 가장 낮은 등급의 중심지 간 거리를 7km로 한 것은

---

12) Christaller, 1966. *The Central Places in Southern Germany,* p. 64.

13) 중심지 이론에서 중심지의 주요기능은 낮은 등급의 도시에 재화와 서비스를 공급하는 데 있다.

14) 이 법칙은 주어진 중심지 센터에 경제적으로 의존하는 센터의 숫자를 나타내는데, $1,\ k^0(k-1),\ k^1(k-1),\ k^2(k-1),$ $k^3(k-1), \cdots$ 혹은 1, 2, 6, 18, 54⋯로 나타난다.

15) K법칙에 대한 좀 더 자세한 설명은 최외출 편역, 1995, pp. 255-257, Capello, 2016, Regional Economics, 2nd ed., p. 77 참조. 구동회, 2022, "크리스탈러의 중심지이론 재검토", pp. 9-10.

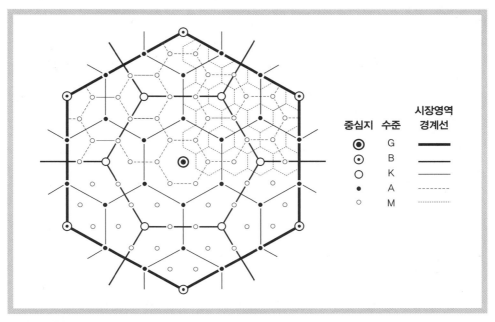

그림 4.1 중심지역 체제에서의 시장지역

자료 : Christaller, 1966, *The Central Places in Southern Germany*, p. 66.

표 4.1 크리스탈러의 독일 남부지역 계층도

계층	중심지	도 시		배 후 지		
		거리(km)	인구(천 명)	면적(km²)	인구(천 명)	
1등급(최하급)						Hamlet
2등급	Marktort	7	0.8	45	2.7	Village
	Amtsort	12	1.5	135	8.1	
3등급	Kreisstadt	21	3.5	400	24.0	Sub-town
	Bezirkstadt	36	9.0	1,200	75.0	
4등급	Gaustadt	62	27.0	3,600	225.0	Town
5등급	Provinz-haupstadt	108	90.0	10,800	675.0	Major Town City
6등급	Landstadt	186	300.0	32,400	2,025.0	Major City
7등급	Reichstadt					World City

자료 : Glasson, 1974, *An Introduction to Regional Planning : Concept, Theory and Practice*, p. 13.

표 4.2 독일 남부지역의 도시분포

도시등급 형태	중심지 숫자	지역의 범위 (km)	지역의 넓이 (km²)	공급되는 상품수	인 구
1 (M)	486	4.0	44	40	3,500
2 (A)	162	6.9	133	90	11,000
3 (K)	54	12.0	400	180	35,000
4 (B)	18	20.7	1,200	330	100,000
5 (G)	6	36.0	3,600	600	350,000
6 (P)	2	62.1	10,800	1,000	1,000,000
7 (L)	1	108.0	32,400	2,000	3,500,000
총계	729				

자료 : Christaller, 1966, *The Central Places in Southern Germany*, p. 67.

그 거리의 반인 약 4km가 사람이 1시간 정도 걸으면 도달할 수 있는 거리라는 가정에 기초하여 추정한 거리이다.

그는 또한 이러한 중심지의 수나 시장 크기, 면적 등에도 일정한 법칙이 있다고 주장하였다. 즉, 계층의 규모가 커짐에 따라 중심지 수는 계층 단계별로 점차 1/3씩 줄어들고, 시장지역의 경계까지 거리는 원래 거리의 $\sqrt{3}$ 배로 증가한다고 했다. 또한 계층이 높아짐(M 등급에서 L 등급으로)으로써 시장지역의 넓이도 3배씩 확대된다(⟨표 4.2⟩ 참조).

이러한 크리스탈러의 중심지 이론에 나타난 도시들 간의 계층별 중복 형태를 가상적으로 펼쳐서 배열해 보면 ⟨그림 4.2⟩와 같이 눈송이 모양으로 잘 배열된 모습을 상상할 수 있다. 이것은 이론적인 도시계층을 전형화시킨 도시체계 지도로서 하나의 수도와 대도시, 작은 도시, 마을 등의 순서로 배열된다. 그리고 만일 하나의 대도시가 차상급 도시 6개에 영향을 미친다고 가정해 보면, 제일 큰 대도시는 다음 등급의 6개의 도시와 36개의 중도시, 216개의 소도시, 1,296개의 작은 마을을 배후지로 가지고 있고, 가장 큰 대도시는 그 나라의 수도로 볼 수 있다.

중심지 이론에 대해 두 번째 중요 공헌자인 독일의 경제학자 뢰쉬(Lösch)는 수송비에 기본 개념을 두고 (1) 완전한 경쟁으로 기업에 초과이윤이 없고, (2) 상품을 사기 위해 소비자가 공간상의 이동을 최소한으로 하며, (3) 공간상으로 동일한 구매력을 가진 소비자가 균등하게 분포되어 있다는 가정을 하고 분석을 시작하였다. 그는 크리스

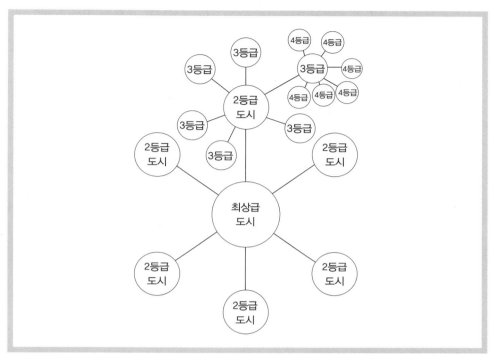

그림 4.2 도시의 등급 간 공간적 분포

탈러의 분석에 각기 다른 지역에 반경과 높이가 다양한 '수요콘'이라는 개념을 더하였다. 그리고 각각의 도시는 육각형의 형태로 배후지역에 공급을 하고, 여러 크기의 도시센터들이 최적 형태로 정주하고 있다는 크리스탈러의 결론을 입증하였다. 또한 도시의 계층이 나타나고, 큰 도시는 더 많은 범위의 상품과 서비스를 제공하며, 더 많은 운송수단과, 교차점, 통신망을 가지고 있다는 것도 증명했다. 그러나 뢰쉬는 크리스탈러의 K 체제 같은 등급 간의 경직된 계층체제를 반대하고, 좀 더 현실적이고 가변적인 모델을 만들려고 시도했다. 각 계층의 중심지에 인구수도 크리스탈러가 주장하듯이 이산적으로 분포되는 것이 아니라, 작은 마을의 100명부터 큰 도시의 1천만 명까지 수많은 계층이 연속적으로 분포된다고 주장하였다. 시장 크기를 추정할 때도 크리스탈러와 달리 인구밀도를 고려해, 인구밀도가 높은 지역은 시장 크기가 작아지고, 인구밀도가 낮은 지역에서는 시장 크기가 커진다고 하였다. 또한 크리스탈러가 주로 서비스 활동을 중심으로 한 공간구조를 설명하려고 했던 반면, 뢰쉬는 시장편향적인 제조업의 공간상 분포를 설명하는 모델을 만드는 데 치중하여 생산장소가 판매가격이 최소화되는 지점으로 중심지 계층성과 생산되는 재화의 조합과는 고정된 상관관계가 없다고 보았다.

뢰쉬의 실제 모델은 상당히 구체적인 기하학적 원리를 바탕으로 전개되어 그 결과의 해석은 이 책의 범위를 넘어서지만, 그래도 경제활동의 공간적 조직이 거리의 마찰력으로 인해 계층화된 형태로 나타난다는 근본적인 원칙은 크리스탈러와 동일하다.

이러한 크리스탈러와 뢰쉬의 중심지 이론이 발표된 후 많은 경제학자들 간에 모델의 유용성에 대한 검증과 수정, 보완이 뒤따랐지만, 공간 균형분석에 미시경제적 기초를 제공하고, 지역의 공간구조를 이해하는 데 지대한 공헌을 한 점은 지금도 높이 평가받고 연구되고 있다.[16]

실제로 중심지 이론에서 주장한 도시 간 배열과 계층현상은 우리의 현실세계에서도 쉽게 관찰할 수 있는데, 이론에서 언급한 대로 등급이 낮은 작은 도시로 갈수록 공급되는 상품과 서비스 종류와 숫자가 점점 줄어들어, 낮은 등급의 도시에 사는 주민들이 특정한 상품이나 서비스를 구입하기 위해서는 자신이 사는 도시보다는 등급이 더 높은 도시로 쇼핑을 가야 하며, 하급도시로 갈수록 도시의 수는 많아진다.

2. 도시체계의 변화

크리스탈러와 뢰쉬에 의해 정립된 중심지 이론은 도시체계의 변화를 분석하는 데도 사용된다. 특히 베리(Berry)와 파(Parr)[17] 등은 중심지 이론을 이용하여 도시계층의 상부로부터(top-down) 혹은 하부로부터(bottom-up)의 발전을 설명하였다. 하부로부터의 발달이란 도시체계가 처음 작은 마을에서 시작하여 차츰 도시로 그리고 낮은 계층의 지역을 바탕으로 높은 계층의 지역으로 발달하여 종국적으로 대도시로 발달하는 것을 의미한다. 파(Parr)[18]는 유럽같이 역사가 오래된 지역의 발달을 설명해 주는 하부로부터의 발달 모델(bottom-up model)을 개발하였다. 실제로 우리나라나 일본, 중국도 오랜 세월 동안 사람들이 먼저 정착하여 살면서 마을을 이루고, 차츰 도시로 발전해 하부로부터의 발달 형태를 취한다. 그러나 반스(Vance)[19] 같은 경제학자는 일반적으로 상

---

16) 권오혁, 2016, "교통발달에 의한 중심지체계 변화 모형의 분석과 함의", pp.77~88, 구동회, 2017, "크리스탈러의 중심지 이론에서의 Range 개념", pp. 391~406, Meeteren, Michiel van and Ate Poorthuisc, 2018, "Christaller and "big data": recalibrating central place theory via the geoweb", pp. 122~148, Tammiksaar, Erki et al., 2018, "Edgar Kant, Estonian geography and the reception of Walter Christaller's central place theory, 1933-1960", pp.77-88. Taylora, Peter J. and Michael Hoyler, 2021, "Lost in plain sight: revealing central flow process in Christaller' soriginal central place systems", pp. 345-353, 구동회, 2022, "크리스탈러의 중심지이론 재검토", pp.1~12.

17) Berry, Brain, Parr et al. 1988, *Market Centers and Retail Locations*.

18) Parr, 1978, "Models of the Urban Systems : A More General Approach", *Urban Studies,* Vol. 15, No. 1, pp. 35-49.

부로부터(top-down) 도시의 계층이 발달한다고 주장한다. 이러한 상부로부터의 도시
계층 발달은 미국이나 캐나다 같은 국가가 경험했던 형태이다. 이들 국가에는 사람들
이 정착하기 전에 국가나 지방정부가 도시발전계획을 수립하고, 실행에 옮김으로써 가
능했던 것이다. 이런 도시들은 대부분의 도로가 바둑판같이 잘 정돈되어 있고, 주소도
일정한 법칙을 가지고 부여되어 있어 지도 한 장만 가지고 있으면 어디든 쉽게 찾을
수 있다. 이러한 도시체계의 변화에 대해 반스는 좀 더 실증적 분석을 하였지만, 허프
(Huff)[20]는 이주에 초점을 두고 순수 이론적 접근을 하였다.

 도시체계가 한 번 발전되면 중심지 모델은 이러한 도시체계의 변화를 초래하는 힘
을 검토하는 데도 사용될 수 있다. 도시체계는 시장체계에 기초하기 때문에 시장영역
을 변화시키는 요인들이 도시계층의 구조도 변화시킨다. 즉, 운송비의 변화, 생산에서
의 규모의 경제, 수요밀도, 소득, 인구밀도 등은 도시계층 변화에 중요한 영향을 미친
다. 소득의 증가나 인구밀도, 수요밀도의 증가 혹은 운송비의 증가 등은 시장영역을
줄이며, 이렇게 시장영역이 줄어들면 경제활동은 낮은 등급의 중심지로 이동하게 된
다. 경제활동이 낮은 계층으로 이동하면 이전에 큰 중심지에서만 공급되던 상품이나
서비스들이 낮은 등급의 지역에도 공급이 되므로, 낮은 등급의 도시에 사는 주민들이
이들 상품 및 서비스를 구입하기 위해 더 높은 등급의 도시로 쇼핑을 가지 않아도 된
다. 그렇게 되면 상급도시의 배후지에 대한 지배력은 차츰 약화된다. 예를 들면, 휴대
폰이 처음 도입되었을 때에는 큰 대도시지역에서만 살 수 있었다. 그러나 소비자들의
소득이 증가하면서, 웬만한 작은 도시에서도 대리점이 생기면서 쉽게 구입할 수 있다.
반대로, 시장영역을 증가하는 힘이 커지면 상품 및 서비스 공급장소가 상급계층의 도
시로 이동하고 소비자들의 상품 및 서비스 구입을 위한 이동거리가 멀어진다. 운송기
관과 도로망의 발전이나 농업의 기계화는 이러한 경향을 강화시킨다.

 그러나 도시계층의 변화는 상당히 느리고 안정적인 특성을 가진다. 1~2년 만에 중
심지가 없어지거나, 새로운 지역이 중심지로 부상하는 일은 잘 나타나지 않는다. 특히
계층이 높은 상급도시로 갈수록 더욱 안정적이어서, 세계 대부분의 국가에서 국가의
수도가 바뀌거나 두 번째 등급의 도시가 순위 바뀜을 하는 경우는 드물다. 미국의 뉴
욕, 영국의 런던, 중국의 베이징, 러시아의 모스크바, 일본의 동경, 한국의 서울 등은

---

19) Vance, 1970, *The Merchant's World : Geography of Wholesaling.*
20) Huff, 1976, "A Hierarchical Migration Model of Population Redistribution within a Central Place Hierarchy", pp. 231-254.

오랜 세월 동안 최상급 도시로서 지위를 누려왔고, 앞으로도 오랜 세월 동안 그 지위가 변하지 않을 것이다. 그러나 하부계층으로 갈수록 등급의 변화는 흔하게 일어난다. 우리나라에서도 대구가 오랜 세월 동안 부산 다음으로 세 번째 대도시로 위상을 누려왔지만, 최근 들어 인천에 그 자리를 내어 주었다.

도시체계의 변화속도가 느린 이유는 부분적으로 관성(Inertia)의 힘이 작용하고, 사회간접자본의 경제수명이 길기 때문이며, 또 다른 측면에서는 새로운 경제활동이 기존의 도시망에 적응하려는 동기가 있기 때문이다. 도시가 형성되고, 여러 가지 경제활동이 그 도시 속에서 이루어지면 주변에 그러한 경제활동과 연관된 다른 경제활동도 같이 들어서면서 서로가 연관관계를 갖게 된다. 그리고 이러한 환경이 한 번 만들어지면 다른 지역에서 그런 환경을 다시 만들기가 쉽지 않기 때문에 그곳에 정착한 경제활동은 다른 지역으로 이동하려고 하지 않는 관성의 법칙이 작용한다. 또한 도로나 다리, 건물, 철도 등은 경제적 수명도 길다. 도시계층의 안정성은 상호의존적인 채널의 형성으로도 설명된다. 도시나 지역의 연결이 한 번 구축되면, 이를 통해 한 지역에서 다른 지역으로 성장이 전달된다. 낮은 등급의 도시가 성장하면서 계층 내에 서로 연결되어 있는 다른 도시들에도 성장의 기회가 주어진다. 도로와 통신망의 연결은 경제적인 연결을 보완, 지원해 주는 또 다른 중요한 물리적 연결수단이다.

그러나 도시의 서열을 판단하는 데 정확한 기준이 없기 때문에, 연구자의 개인적 판단에 달려 있을 때가 많다. 일반적으로 미국에서 뉴욕을 최상급 도시라고 분류하지만 일부 학자는 로스앤젤레스를 최상급 도시로 꼽는다. 왜냐하면 그런 학자들은 도시의 등급을 판단할 때 할리우드나 TV 그리고 영화제작 같은 측면에 중점을 두고 도시등급을 판단하기 때문이다. 아이사드(lsard)는 도시계층을 한 국가가 아닌 세계적인 관점에서 살펴보았는데, 그는 제2차 세계대전 이전에는 영국의 런던이 세계 최상위 도시였지만 전쟁이 끝난 후에는 그 지위를 미국의 보스턴과 워싱턴을 포함한 뉴욕 주변 지역에 빼앗겼다고 주장했다.

제3절 중심지 이론에 대한 고찰

중심지 이론 모델에 의해 생겨나는 도시의 형태는 앞의 〈그림 4.2〉에서와 같이 매우 규칙적이었다. 시장 크기와 마찬가지로 도시의 크기도 일정한 규칙에 따라 분류된다.

같은 등급의 도시는 같은 수의 배후지를 가지고, 같은 상품과 서비스를 제공하고, 같은 규모의 인구를 가진다. 상급도시는 하급도시가 제공하는 모든 상품과 서비스를 제공하며, 이에 더하여 바로 다음 크기의 시장에 공급하는 생산자 기능도 한다. 작은 배후지를 가진 낮은 등급의 작은 도시는 높은 등급의 큰 도시에 비해 수도 많고, 도시 간의 거리도 짧다. 낮은 등급의 도시에 거주하는 주민은 높은 등급 도시의 생산자로부터 상품과 서비스를 구입할 수 있지만, 도시계층에 의해 하급도시에서 상급도시로 상품이 유통되지는 않는다.

1. 중심지 이론의 현실적 고려

중심지 이론에 의해 나타난 공간상의 배열은 현실적으로 찾아보기 힘든 눈송이와 같이 완전히 대칭적으로 잘 정돈된 지역들이었다. 하지만 이러한 모양이 나타나게 된 것은 (1) 경제적 행위가 동질적인 평원에서 발생하고, (2) 운송비가 모든 방향으로 같고, (3) 시장이 동일하게 분포되어 있고, (4) 비경제적 요인들(정치, 문화, 국방, 역사 등)이 도시발전에 중요하지 않다는 가정으로부터 도출했기 때문이다. 이러한 가정은 기업의 시장편향적인 특성의 결과이며, 이에 따라 도시 또한 시장편향적이 된다.

 그러나 중심지 이론을 지지하는 학자들이라도 실제로 이론에서 묘사된 것 같은 도시의 형태와 계층을 얻을 것이라고 생각하는 학자는 거의 없다. 먼저 자원과 인구가 균등하게 분포되어 있지 않다. 채취산업의 경우 필연적으로 자원이 있는 곳에 입지하고 그 지역으로 인구를 유인한다. 지형적 불규칙성도 교통의 운송망에 영향을 주어 경제활동의 동일한 공간상 분포를 저해한다. 항구나 강 포구, 기후나 다른 지역적 어메니티(amenity)도 인구나 산업의 입지에 강력한 영향을 미친다. 만일 인구와 산업이 불균등하게 분포된다면, 중심지 또한 균등하게 분포되지 않을 것이다. 따라서 이 절에서는 좀 더 현실적인 측면을 고려하면서 중심지 이론에서 도출했던 도시 형태의 변화 모습을 살펴본다.[21)]

(1) 생산비용의 공간적 차이

중심지 이론 모델에서는 동질적 평원을 가정함으로써 모든 지역에 자원도 동일한 형태로 편재되어 있다고 가정하였다. 따라서 기업은 다른 조건이 동일하면 시장 가까이에

---

21) Blair, 1991, pp. 86-91.

입지하려 할 것이다. 그러나 현실세계에서는 자원이 모두 지역에 동일하게 편재되어 있지 않다. 특정한 원료를 필요로 하는 상품을 생산하는 기업의 경우에는 원료 생산지나 공급자 가까이 입지하려 한다. 자원뿐 아니라, 토질과 기후 등도 현실적으로 각기 다르기 때문에 토지의 생산력도 다르다.

한편 큰 시장영역을 가지고 있는 상품의 생산자 중 일부는 노동비용이 낮고, 원료산지에 가까운 작은 도시에 입지하여 이윤을 남기며 운영하는 경우도 있다. 이럴 경우, 중심지 이론의 예측과는 달리 생산된 상품이 낮은 등급의 도시에서 높은 등급의 도시로 이동해 갈 것이다. 제조업의 경제활동이 특별히 공간적 가격 변화에 민감하기 때문에 큰 제조업자들이 큰 도시뿐만 아니라 작은 도시에도 입지하는 경우가 종종 있다. 또한 두 도시가 비슷한 배후지와 비슷한 기능을 가지고 있지만 한 도시는 매우 큰 시장영역을 가진 제조업 공장을 가지고 있는 경우도 있다. 이때에는 이 제조업 공장을 가진 도시는 다른 도시들과 비슷한 도시계층에 위치하지만 다른 지역보다 더 클 것이다. 따라서 중심지 이론은 제조업의 부지선정에 적용하기보다는 소매업이나 도매업 등 서비스 활동의 입지에 적용하는 것이 더 적합하다.

(2) 운송비용의 지역 간 차이

중심지 이론에서는 운송비가 모든 방향으로 일정하다고 가정했다. 그러나 현실적으로 운송비는 모든 방향으로 같지 않고, 기존의 도로가 건설된 길을 따라 저렴하게 된다. 따라서 시장영역은 중심지 이론에서 예측했던 원형이나 육각형보다는 운송노선을 따라 길게 확장된 형태가 될 것이다. 또한 강이나 산 또는 다른 지리적인 특성으로 운송체계가 두절되는 경우도 많으며, 이러한 장애물이 있으면 운송비는 증가하게 되고 도시의 배후지역이 될 수 있었던 지역도 분리된다. 따라서 도시체계는 이론에서 그렸던 이상적인 대칭 형태로부터 벗어나게 된다.

운송회사에서는 운송비를 종종 연속적으로 증가하는 비율보다는 계단식 비율(block rate)로 운임을 부과하기도 한다. 이러한 계단식 비율은 일정한 거리까지는 동일한 운송비를 부과함으로써 생겨나는 것인데, 택시요금이나 지하철 요금이 여기에 해당한다. 이것은 두 생산자가 특정 지역에서는 같은 가격으로 생산물을 배달하기 때문에 시장영역이 겹치고, 시장경계가 결정되지 않도록 유도한다. 〈그림 4.3〉은 시장영역이 중복(overlap)되는 것을 보여 준다. 생산점 A와 C 사이에 있는 소비자는 배달 비용이 싼 A 지점에 입지한 기업으로부터 구입한다. 마찬가지로, B에서 D 사이에 있는 소비자는

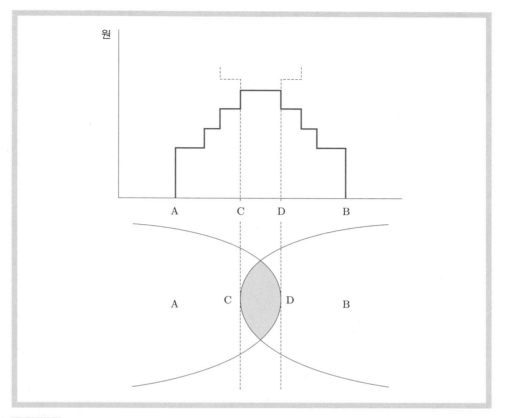

그림 4.3 계단식 운송비와 시장 중복

B 지점에 입지한 기업으로부터 구입한다. 그러나 C와 D 사이의 지역은 두 기업이 경쟁한다.

또한 상품과 서비스의 이동에는 거리가 멀어질수록 운송비용이 감소하는 장거리 운송경제가 존재한다. 만일 부지선정에 따른 생산비의 차이와 함께 장거리 운송경제가 존재한다면, 〈그림 4.4〉와 같이 B 기업의 시장이 A 기업의 시장을 둘러싸는 시장 형태가 생겨난다(제3장 부록 참조). B 지역에 입지한 기업은 그 지역에서 중요한 투입물을 싸게 수중에 넣을 수 있기 때문에, 낮은 가격에 생산물을 생산할 수 있다. A 지역에 입지한 기업은 비싼 비용으로 생산하는 생산자이다. 따라서 A에 입지한 기업의 시장은 B 기업에 의해 둘러싸인다. 이런 경우 중심지 이론에서 예측했던 시장영역과는 다른 모양이 나타난다.

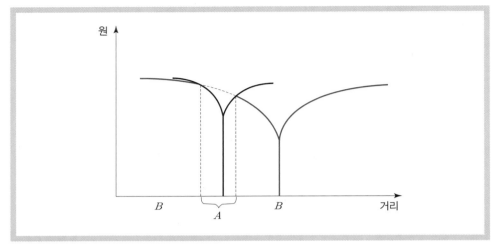

그림 4.4 생산비 차이와 장거리 운송경제에 따른 시장영역

(3) 판매자의 운송비 부담

지금까지는 소비자가 상품의 운송비를 부담한다고 가정했다. 그러나 현실적으로는 판매자가 자신의 시장을 확장시키기 위해 그들 자신이 운송비의 일부를 부담하고, 소비자에게 전가시키지 않는 경우가 있다. 즉, 판매자가 자신의 시장영역 내에 있는 모든 소비자에게 동일한 배달가격으로 상품을 판매하는 경우가 있다. 이때는 판매자로부터 먼 거리에 있는 소비자에게 더 많은 혜택이 돌아가 가까운 거리의 소비자들과 가격차별이 일어난다. 하지만 판매자가 원거리의 소비자를 유치하기 위한 전략으로 이러한 운송비 부담 전략을 구사한다. 가구점이 밀집한 곳에서 도시 어느 지역이나 무료로 배달해 준다는 광고를 우리는 자주 접하는데, 이렇게 판매자가 배달료를 부담할 경우도 중간지점에서는 시장의 중복이 일어난다.

(4) 소비자의 상품차별화

앞의 중심지 모델에서는 생산물이 동질적이고, 소비자의 선호도 동질적이라는 가정을 하였다. 따라서 소비자는 가장 가격이 싼 제품을 구입하였다. 모든 기업이 똑같은 생산지 가격(FOB 가격)을 부과한다면, 소비자에게는 가장 가까운 거리에 있는 생산자가 가장 낮은 가격의 공급자이다. 하지만 소비자가 특정한 상표를 다른 상표보다 특별히 더 선호한다면, 그 소비자는 자신이 원하는 상표의 상품을 사기 위해 더 비싼 가격을 지불하더라도 더 먼 거리를 쇼핑하러 갈 것이다. 이것은 중심지 이론에서 고려하지 않았던 사항으로 또다시 시장 중복이 일어날 것이다. 그리고 상표에 대한 선호가 강하면 강할수록 시장의 중복범위도 더 커질 것이다.

(5) 제도적 요인

많은 제도적 요인들이 도시체계에 영향을 미칠 수 있다. 미국의 경우 각 주(州)마다 주류에 대한 규정이 다르고, 주류세율도 각기 다르다. 그래서 주와 주 사이의 국경지역에 주류상점이 한꺼번에 모여 있는 경우를 발견할 수 있는데, 이는 주로 주류에 대한 규제가 엄격한 주의 주민들이 덜 엄격한 주로 건너가 손쉽게 술을 사려고 하기 때문에 생겨난 현상이다. 또한 미국과 캐나다 국경 사이에 사는 주민은 비자 없이 양국을 왕래할 수 있는데, 두 나라의 휘발유 값 차이 때문에 자주 국경을 넘어 주유를 하러 간다. 미국 내에서는 각 주 간에 무역장벽은 거의 존재하지 않지만 그렇다고 완전히 없는 것은 아니다. 자기 주의 물건 사기 캠페인, 세금정책, 면허제도 그리고 검역규정 등은 시장계층에 영향을 미치는 제도적 장벽이다.

　이러한 제도적 요인은 국제무역에 있어서는 더욱 큰 영향력을 발휘한다. 언어, 관세, 쿼터제, 법체계의 차이, 자국 상품 구매하기 운동 같은 것은 한 국가의 기업이 해외지역에서 시장을 확대하려 할 때 직면하게 되는 장애요인들이다. 유럽연합은 1986년 단일유럽의정서(European Single Act)를 체결하며, 회원국 간에 단일시장을 실현시켜 이러한 제도적 장벽을 없애려고 노력했다.

(6) 베드타운과 통근

중심지 이론에서 묘사한 이상적 시장영역으로부터 이탈하게 하는 변수들은 같은 방식으로 도시체계에도 영향을 미친다. 생산과 고용도 그러한 영향을 가지고 있다. 실제로 도시는 고용과 무관하게 성장할 수 있다. 대도시 옆의 작은 소도시에는 큰 도시에서 근무하는 노동자들이 주로 주거만을 목적으로 거주하는 경우가 많다. 이런 도시의 주민은 대체로 낮에는 다른 지역에 가서 일함으로써 그들의 주거지역은 고용증가 없이도 성장할 수 있다. 퇴직자들이 모여 사는 은퇴도시도 마찬가지이다. 이들 도시들은 중심지 이론체계에서 벗어난 성장의 좋은 예이다. 왜냐하면 중심지 모델에서는 암묵적으로 개인이 자신이 일하는 곳에 거주한다고 가정했기 때문이다. 이에 따라 중심지 이론은 대도시 지역의 경제활동 분포에 대해서는 잘 설명하지 못하는 부분이 있다.

2. 중심지 이론에 대한 평가

중심지 이론이 발표된 후 많은 학자들이 "중심지 이론이 실제로 현실세계에서도 적용 가능한가?"라는 질문에 명확한 답을 얻기 위해 노력했다.

초기의 실증적 검증 중 하나는 뢰쉬 자신에 의해 행해졌는데, 그는 1930년 인구통계 조사(센서스) 자료를 사용하여 아이오와 주의 도시지역을 자세히 분석하였다. 사전적인 판단으로도 아이오와 주는 이 연구를 하기에 좋은 후보지역이다. 이 지역은 이론에서 가정했듯이 여러 면에서 상당히 동질적 지역이다. 그리고 일찍부터 농장들이 주 전역에 걸쳐 균등하게 자리 잡고 있었고, 농장과 농장을 연결하는 연결로가 직사각형 모양이었다. 뢰쉬는 아이오와 주의 도시를 6등급으로 나누고, 중심지 이론에서 예측하는 각 등급에서의 중심지 수, 중심지의 크기 그리고 중심지 간의 거리가 거의 현실과 일치한다는 것을 발견했다.

이러한 뢰쉬(Lösch)의 연구결과 발표 후 미국뿐 아니라 전 세계 각 지역에서 많은 실증적 연구가 이루어졌다.[22] 그러나 이러한 연구들이 공통적으로 지적하는 중심지 이론의 문제점은 모델이 본질적으로 정태적(static) 특성을 가지고 있다는 것이다. 즉 중심지 이론은 어떤 주어진 시기에, 주어진 소득과 주어진 운송비, 주어진 집적경제내에서 주어진 인구가 어떻게 공간적으로 배열되는가를 설명한 이론이라는 것이다. 하지만 현실세계에서는 이러한 요인들이 늘 변하며, 모델에서는 이러한 변화를 고려하지 않았다는 것이다. 이러한 단점을 극복하기 위해 많은 학자들이 중심지 이론을 다양하게 수정, 발전시키려고 노력하였다. 예를 들면, 화이트(White)[23]는 시간이 지나면서 비용과 수익함수가 어떻게 변화하고, 상호작용 형태의 영향은 어떠한지를 고려함으로써 이론의 동태적 측면을 발전시키려 하였다. 한편 앨런(Allen)과 상글러(Sanglier)[24]는 중

---

22) Dickenson, 1932, "The distribution and functions of the smaller urban settlements of East Anglia", pp. 19-31. Brush and Bracey, 1955, "Rural Service Centres in South Western Wisconsin and Southern England", pp. 550-69. Berry and Garrison, 1958, "The Functional Bases of the Central Place Hierarchy", pp. 145-54. Carruthers, 1962, "Service centers in Greater London", pp. 5-31. Grove, and Huszar, 1964, *The Application of Central Place Theory in the Regional Planning of a Developing Country.* Preston, 1978, "The Structure of Central Place Systems", pp. 185-206. Hsu, Wen-Tai, 2008, *Central place theory and Zipf's law.* Parr, John B. 2017, "Central place theory: an evaluation", pp. 151-164. Shi, Lifeng et al., 2020, "Measuring the spatial hierarchical urban system in China in reference to the Central Place Theory", Article. 102264.

23) White, 1974, "Sketches of a Dynamic Central Place Theory", pp. 219-227. White, 1977, "Dynamic Central Place Theory : Results of a Simulation Approach", pp. 226-243. White, 1978, "The Simulation of Central Place Dynamics : Two-Sector Systems and the Rank-Size Distribution", pp. 201-208.

24) Allen and Sanglier, 1979, "A Dynamic Model of Growth in a Central Place System", pp. 256-72. Allen and Sanglier,

표 4.3 아이오와의 지역체계 : 이론과 실제

지역의 규모등급	$k=4$인 이론체계[1]				
	중심지				
	수		거리[2]		
	이론	현실	이론	현실	
1	615	615	5.6	5.6	
2	154	153	11.2	10.3	
3	39	39	22.4	23.6	
4	10	9	44.8	49.6	
5	2~3	3	89.6	94.0	
6	0~1		179.2		

지역의 규모등급	규모-등급 법칙[3]				
	중심지				최소등급계층
	수		최소규모[4]		
	이론	현실	이론	현실	
1	819	819	447	447	180~1,000
2	205	204	1,800	1,950	1,000~4,000
3	51	51	7,200	7,500	4,000~20,000
4	13	12	28,800	34,800	20,000~60,000
5	3	3	115,000	94,000	60,000~200,000
6	1		460,000		200,000~800,000

자료 : Lösch, 1954, p. 435.
주 : 1. $k=4$체계 내에서는 상위 중심지 A가 자신의 시장영역과 6개 하위 중심지의 1/2을 합한 4개의 중심지
　　에 서비스를 공급한다.
　　2. 거리는 마일로 측정.
　　3. 파레토 $\alpha=1$로 가정. 다음 단락에서 언급하는 등급-크기 법칙 참조.
　　4. 인구수.

심지의 발전에 있어서 인구요인과 인구밀집의 영향을 검토했다.

　　자주 거론되는 중심지 또 다른 문제점은 이 이론이 제과업 같은 소비자-시장편향적
제조업이나 서비스 같은 시장편향적 경제활동의 분포는 잘 설명해 주지만, 그렇지 않
는 경제활동의 입지는 잘 설명해 주지 못한다는 것이다. 원료편향적 제조업은 원료가

있는 지역 가까이 입지하며, 만약 채취산업같이 자원이 골고루 분포되지 못하는 자원을 대상으로 하는 산업의 경우 자원이 있는 몇몇 지역에 집중하게 되고 그 지역에서 국가 전체 시장에 공급하게 될 것이다. 석탄이나 철강, 제강산업들이 그 좋은 예이다. 비슷하게 생산비용 편향적 제조업의 경우도 낮은 등급의 작은 도시에 공장을 설립하여 제품을 생산하여 전국 시장에 공급하는 경우가 많다.

또한 여러 경제활동 중에 도시화에 기여를 하고 도시체계를 형성하는 것을 돕기는 하지만, 중심지 이론 틀에는 잘 맞지 않는 활동들이 있다. 그러한 활동의 입지는 시장의 분산된 형태나 투입물과는 별개의 요소에 의해 영향을 받으며, 이를 중심지 이론의 활동과 반대로 '특화된 기능의 활동'이라 부른다.[25] 주로 관광(tourism)이나 관공서, 공공시설, 군사시설 등이 그런 활동들로서 이들 활동도 도시기반을 형성한다. 역사적으로 특정기간 동안에 종교적 행사나 종교적 조직의 기반시설도 비슷한 영향을 가진다. 그러나 이러한 활동의 형태나 이들을 기초로 한 도시 중심의 입지를 일반화하기는 실제로 불가능하다. 도시화를 가져오는 또 다른 특화된 기능으론 자원개발(resource exploitation)이 있으며, 이러한 활동은 최소한 일부분 설명은 가능하다. 그러나 자원이 있는 곳에서 경제활동이 일어나는 것은 필연적이지만, 자원이 존재한다고 해서 반드시 개발을 보장하는 것도 아니며, 도시화가 일어나는 것도 아니다. 이러한 특화된 기능활동 중 가장 중요한 것 중 하나는 특수한 형태의 제조업이며, 이 제조업은 중심지 활동의 특성을 보여 주는 그런 특성을 가지고 있지 않다. 특화된 기능 형태의 제조업 활동은 시장이나 생산에 필요한 원료나 투입물에의 접근성, 에너지, 노동 공급 같은 입지요인뿐 아니라 집적경제와 규모의 경제 등 여러 가지 요소에 영향을 받는다. 또한 베리(Berry)와 호턴(Horton),[26] 듀랜톤(Duranton)과 푸가(Puga)[27] 등에 따르면 특정한 제조업은 특정한 크기의 도시에 입지하는 경향이 있다. 따라서 이러한 제조업의 입지에는 중심지 이론에서 주장하는 명확한 규칙성이 존재하지 않는다.

그리고 이 중심지 이론은 공간적으로 미국 중서부 지방같이 평원이 넓게 펼쳐진 동질의 농촌지역에서 도시의 분포와 크기는 잘 설명해 주지만, 뉴욕이나 워싱턴, 서울, 도쿄, 베이징 같은 복잡한 대도시 지역의 도시 형태는 잘 설명하지 못한다. 왜냐하면

---

25) Parr, 1987, "Interaction in an Urban System : Aspects of Trade and Commuting", pp. 223-240.
26) Berry and Horton, 1970, *Geographic Perspectives on Urban Systems*.
27) Duranton and Puga, 2000, "Diversity and Specialisation in Cities : Why, Where and When Does it Matter?", pp. 533-555.

이미 언급했듯이 근무지와 숙소가 분리되어 있거나 인구가 특정 지역에 밀집되어 있기도 하기 때문에 중심지 이론의 예측에서 자주 벗어나기 때문이다.

하지만 이러한 여러 문제점에도 불구하고 중심지 이론은 도시체계 내에서 변화의 추세를 파악하는 것을 도와주며, 기술혁신과 경제발전의 영향하에 도시의 정주 형태나 도시 크기 분포, 여러 계층의 도시 간에 기능분배를 이해하는 데 많은 공헌을 하였다.

3. 등급-크기 법칙

도시체계에서 또 하나의 일반화는 어떻게 도시의 규모(혹은 인구)가 분포하는가 하는 것이다. 앞에서 중심지 이론을 설명하면서 중심지 간의 거리나 중심지 수뿐만 아니라 중심지의 크기에도 일정한 규칙성이 있다고 하였다. 이러한 중심지 크기에 대한 논의는 보통 등급-크기 법칙(rank-size rule)에 의해 설명된다.

이 법칙은 아우어바흐(Auerbach)[28]와 지프(Zipf)[29]에 의해 처음 소개되었고, 나중에 지프 법칙(Zipf's law)이라고도 불리는데 방정식은 다음과 같다.

$$P_R = \frac{P_1}{R^\alpha} \tag{4.1}$$

이때 P_R은 R 등급 도시의 인구이며, P_1은 최상급 도시의 인구, 즉 각 나라 수도의 인구이며, R은 도시 등급을 나타낸다.

이 식의 양변에 로그(log)을 취해 정리하면 다음 식 (4.2)로 나타난다.

$$\log P_R = \log P_1 - \alpha \log R \tag{4.2}$$

이 방정식은 소득분포에 있어 파레토 법칙(Pareto Law)을 대표하는 방정식의 수정판이다.[30] 그리고 비선형식 (4.1)에 로그를 취하면 선형식 (4.2)로 바뀌고, $\log P_1$은 상수로 그래프상 Y축의 절편이 되고, α는 식 (4.2)의 기울기가 된다.

이 모델은 나중에 베크만(Beckmann)[31]과 사이몬(Simon)[32]에 의해 변형·확장되었으며, 방정식 (4.2)는 여러 경제학자들에 의해 실증분석되었는데 몇 가지 예외적인 결

---

28) Auerbach, 1913, "Das Gesetz der Bevölkerungskonzentration", pp. 74-76.
29) Zipf, 1949, *Human Behavior and the Principle of Least Effort : An Introduction to Human Ecology.*
30) Mills, 1970, *Urban Economics.*
31) Beckman, 1958, "City Hierarchies and the Distribution of City Size", pp. 243-248.
32) Simon, 1955, "On a Class of Skew Distribution Functions", pp. 435-440.

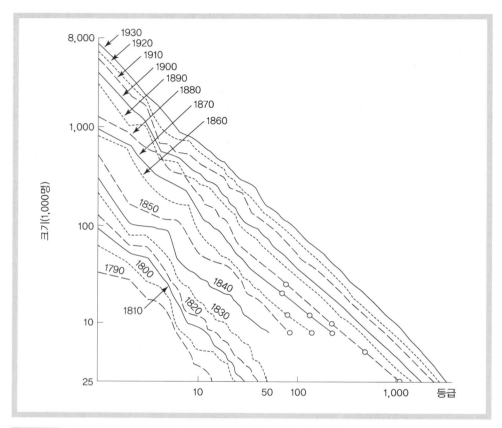

그림 4.5 미국의 2,500명 이상 도시의 인구규모, 1790~1930년

자료 : Zipf, 1949, p. 420.

과[33])를 제외하고는 대부분의 연구에서 기울기 α가 1에 가까운 값으로 나타난다.[34)]

〈그림 4.5〉는 위의 식 (4.2)를 이용하여 미국의 1790~1930년까지 등급 도시와 인구

---

33) Rosen and Resnick 1980, "The size distribution of cities : an examination of the Pareto law primary", pp. 165-186.
Sheppard, 1982, "City size distributions and spatial economic change", pp. 127-151. Nitsch, 2005, "Zipf Zipped", pp.
86-100. Anderson and Ge, 2005, "The Size distribution of Chinese cities", pp. 756-776. Soo, 2005, "Zipf's law for
cities : a cross-country investigation", pp. 239-263. Soo, 2007, "Zipf's law and Urban Growth in Malaysia", pp. 1-14.
34) Singer, 1936, "The "Courbe des Populations", A parallel to Pareto's Law", pp. 254-263. Singer, 1954, "The "Courbe
des Populations", A further Analysis", Bulletin of the Oxford University Institution of Statistics, Vol. 16, pp. 176-189.
Vining, 1955, "A Description of Certain Spatial Aspects of an Economic System", pp. 147-195. Berry, 1961, *Central
place studies : a bibliography of theory and application.* Hsing, 1990, "A note on functional forms and the urban
size distribution", pp. 73-79. Ioannides and Overman, 2003, "Zipf's Law for Cities : An Empirical Examination", pp.
127-137. Soo, 2005, "Zipf's Law for Cities : A Cross Country Investigation", pp. 239-263. Schffar and Dimou, 2012,
"Rank Size City Dynamics in China and India", 1981-2004, pp. 707-721. Jianga, Bin et al., 2015, "Zipf's law for all
the natural cities around the world", pp. 498-522.

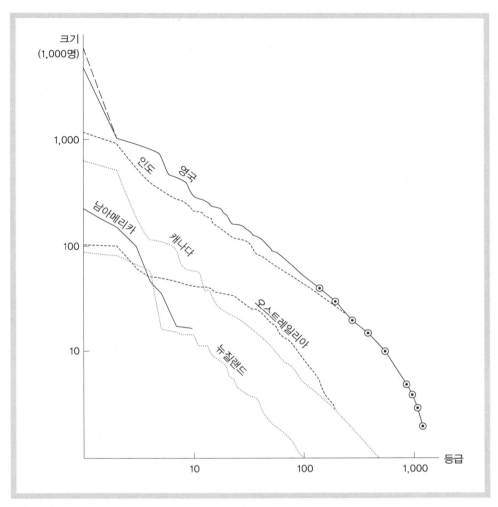

그림 4.6 1921년에 영연방국가 일부 주요국가

자료 : Zipf, 1949, p. 439.

규모를 그래프로 그린 것인데, 1930년 이전 그림은 직선 형태와는 다소 괴리되어 있지만 1930년이 되면 거의 직선 형태로 나타난다. 그리고 이러한 직선 형태는 1940년, 1950년, 1991년이 되면 더욱 선명하게 나타난다.[35]

지프(Zipf)는 이러한 등급-크기의 법칙을 미국 도시뿐 아니라 세계 주요국 도시에도

---

35) Vining, 1955, "A Description of Certain Spatial Aspects of an Economic System", pp. 147-195. Berry, 1967, *Geography of Market Centers and Retail Distribution*. Gabaix, 1999, "Zipf's Law for Cities : An Explanation", pp. 739-767. 1991년 그래프는 뒤에 부록 참조.

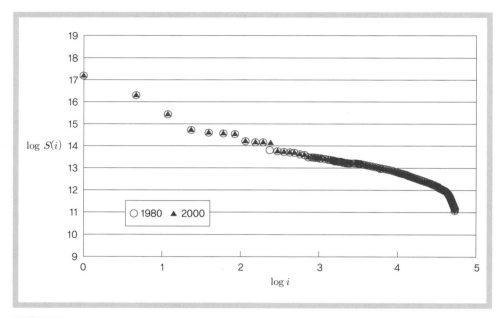

그림 4.7 일본 도시의 크기-등급 법칙

자료 : Nishiyama, Osada and Sato, 2008, "OLS Estimation and the t Test Revisited in Rank-Size Rule Regression", p. 694.
주 : $S(i)$는 i 등급 도시 인구, i는 등급.

적용해 보았는데 그중 영연방 국가들의 그래프가 〈그림 4.6〉에 나타나 있다.

한편 최근에 니시야마[36] 등이 지프의 법칙을 일본 도시에 적용해 계량방법(OLS)으로 추정한 그래프가 〈그림 4.7〉에 나타나 있다.

이러한 실증분석 연구를 바탕으로 $\alpha = 1$로 가정하면, 위의 식 (4.1)은 다음 식 (4.3)으로 변형된다.

$$P_1 = R \times P_R \tag{4.3}$$

그래서 R 등급 도시의 경우 등급 R에다 R 등급 도시의 인구수를 곱해 준 것이 그 나라 수도의 인구수와 같아진다. 이 등급-크기 법칙은 미국이나 다른 선진국의 도시 크기 분포, 특히 전체 대도시 지역의 인구 크기의 지표로 사용했을 때는 잘 맞는다. 하지만 분포의 상위 끝 등급에서는 등급-크기 법칙이 생각만큼 잘 맞지 않으며, 크기

---

36) Nishiyama and Sato, 2008, "OLS Estimation and the t Test Revisited in Rank-Size Rule Regression", pp. 691-715.

의 차이도 크게 나타나지 않는다. 예를 들면, 미국의 제1 등급 도시 뉴욕은 제2 등급 도시 로스앤젤레스 인구 크기의 2배가 넘는다. 그러나 미국 내 많은 지역에서 등급이 낮아지면서 대체로 이 법칙이 잘 맞는다.[37) 반면, 저개발국가에서는 일반적으로 이 법칙이 잘 맞지 않는 것으로 나타난다. 왜냐하면 후진국으로 갈수록 수도는 보통 다음 등급의 도시보다 훨씬 더 큰 경향이 있고, 정치·경제적으로도 다른 지역에 비해 불균형적으로 집중되는 현상을 보이기 때문이다.

제4절 시장 및 도시영역의 측정

시장영역과 배후지 개념은 비슷하다. 시장영역이란 특정한 상품이 팔리는 지역을 말하며, 시장의 크기는 생산물의 종류에 따라 달라진다. 또한 특정 도시의 배후지라는 것은 그 배후지역에 미치는 영향이 다른 도시보다 큰 도시를 의미한다. 배후지에 더하여 특정한 중심지의 지배영역은 그 중심지의 영향력이 미치는 범위, 도시지역, 시장영역, 종속지역 등을 의미한다.

많은 요인들이 특정한 도시의 영역을 결정하기 위해 복잡한 방법으로 상호작용한다. 그중에서도 지형이나 기후, 천연자원의 가용성 같은 자연조건이 특정 상품의 생산에 있어 특정 지역에 비교우위를 가져다준다. 상품생산에 지역의 비교우위가 클수록, 도시영역은 더 커질 것이다. 자연환경은 다른 도시지역, 국가와 교역하는 데 드는 비용에 영향을 미친다. 다른 조건이 같다면, 좋은 천연자원의 항구를 가지고 있는 도시지역은 다른 빈약한 항구를 가진 지역보다 도시영역이 클 것이다. 지역의 어메니티가 풍부할수록 도시지역도 커질 것이며, 국가의 총인구도 도시지역 크기에 영향을 미친다. 일반적으로 높은 인구밀도를 가진 국가는 큰 도시지역을 갖는다. 만약 도시가 기술 진보가 빠른 상품 생산에 비교우위가 있다면, 도시영역도 급속히 성장할 것이다. 이러한 요소들의 영향력이 어느 정도 되는지 그 크기는 잘 알려져 있지 않지만, 어떤 요인들은 도시영역이 거의 같은 크기가 되도록 하지만, 또 다른 요인들은 도시영역의 크기를 다르게 만들 것이다. 이 절에서는 이러한 도시나 시장의 영역을 측정하는 데 사용되는 방법들을 알아본다.

1. 조사방법

---

37) Berry, Parr et al., 1988, *Market Centers and Retail Location : Theory and Applications*, Ch.1.

도시의 배후지 영역을 측정하려는 시도는 많이 이루어졌다. 그중에서도 신문이나 TV 방송의 범위를 가지고 도시영역을 추정하기도 한다. 즉, 부산일보나 인천일보, 대구의 매일신문, 광주일보 등 주요 도시에 근거를 둔 지방신문의 배포지역을 조사해 그 도시의 영향력이 미치는 범위를 추정한다. TV 방송도 마찬가지로 각 지방 주요 도시 방송국의 수신지역 범위를 추정해 그 도시의 배후지로 간주한다.

그린(Green)은[38] 뉴욕과 보스턴 두 도시 사이의 스프링필드(Springfield), 프로비던스(Providence), 뉴런던(New London) 등의 지역에 신문의 배포와 기차표 구입, 운송 트럭의 이동, 장거리 전화 통화, 여행객들의 출발지, 주요기업 중역들의 사업주소 그리고 배후지 은행의 협회 등 여러 가지 도시의 범위에 영향을 미치는 요인들을 중심으로 조사하였다. 그리고 여러 가지 지표들이 도시영역에 일정한 정의를 내려 주지 않는 것을 발견했다. 즉, 특정 지역이 신문배포를 기준으로 판단하면 보스턴의 배후지로 분류되지만, 운송화물의 이동을 분류기준으로 보면 뉴욕의 영향권에 드는 것으로 나타났다.

한편 레일리(Reilly)[39]는 소매상품 교역영역(retail-trade territory)을 파악하기 위해 고속도로나 철도 및 버스노선 요금, 수로(waterway) 요금, 속달 및 일반 우편요금뿐 아니라 신문배포 수나 전화, 인구밀도, 큰 도시시장의 근접성, 도시의 상품 종류 및 배달 서비스, 가게의 평판, 은행 시설 등 도시의 기업유인 요인, 영화관이나 교육시설, 음악 및 스포츠 이벤트, 교회 모임, 도시의 인구 등 여러 사회적 요인도 고려하여 파악하였다.

쇼핑도 배후지를 측정하는 데 중요한 판단지표이다. 단일품목이나 쇼핑센터의 시장영역도 판매 형태를 조사함으로써 직접적으로 추정할 수 있다. 특히 쇼핑센터나 생산자들은 고객 관리차원에서 고객들의 거주지 주소를 가지고 있으므로 직접적으로 추정하기가 쉽다.

2. 레일리 법칙

레일리(Reilly)[40]는 처음으로 뉴턴의 중력법칙(gravity law)을 상권(소매권)의 범위 혹은 도시 배후지의 영역을 결정하는 데 적용하였다.

이 법칙은 두 도시 사이에 사는 주민들이 어느 도시로 쇼핑을 하러 가는지 그 비율을 알려 주는데, 공식은 다음 식 (4.4)와 같다.

---

38) Green, 1959, "Hinterland Boundaries of New York City and Boston in Southern New England", pp. 185-201.
39) Reilly, 1929, *Methods for the Study of Retail Relationships*, pp. 21-22.
40) Reilly, 1929, *Methods for the Study of Retail Relationships*, pp. 48-49.

$$\frac{B_a}{B_b} = \left(\frac{P_a}{P_b}\right)^M \left(\frac{D_b}{D_a}\right)^N \tag{4.4}$$

이때 B_a는 a 도시로 쇼핑가는 두 도시 중간 지역주민의 비율, B_b는 b 도시로 쇼핑가는 두 도시 중간 지역주민의 비율, P_a는 a 도시의 인구, P_b는 b 도시의 인구, D_a는 a 도시에서 경계지점까지의 거리, D_b는 b 도시에서 경계지점까지의 거리, M은 인구가 큰 것의 상대적 매력도 지수, N은 거리가 가까운 것의 상대적 매력도를 나타내는 지수이다. 이 식 (4.4)가 의미하는 바는 두 도시 사이 영역의 경계는 도시(인구)의 크기와 거리에 따라 결정된다는 것이다.

예를 들어 보자. a 도시에는 상주인구가 500,000명, b 도시에는 200,000명이 있다. 이 a 도시와 b 도시 사이에 도시 e가 있고, 인구는 20,000명이 살고 있다고 하자. 도시 e에서 a 도시까지 거리는 20km, b 도시까지는 30km이며, 지수 M은 1, N은 2라고 가정하면 레일리 법칙에 따라 아래 식 (4.5)와 같이 된다.

$$\left(\frac{B_a}{B_b}\right) = \left(\frac{500,000}{200,000}\right) \times \left(\frac{30}{20}\right)^2 = 5.63 \tag{4.5}$$

즉, e 도시에서 a 도시로 쇼핑을 가는 주민들 수가 b 도시로 가는 주민들 수보다 약 5.6배 많다는 뜻이다. 결국 e 도시에서 볼 때 양 도시의 영향력이 어느 도시가 큰지를 말해주는데, 결국 인구의 크기와 거리에 따라 결정된다는 것이다.

이러한 레일리 법칙은 그 후 컨버스(Converse)[41]에 의해 수정되었는데, 그는 두 도시 배후지의 정확한 경계지점을 구하기 위해 먼저 두 도시로 꼭 절반씩 쇼핑하며 $(B_a/B_b = 1)$, $M = 1$, $N = 2$라고 가정하였다.

그러면 식 (4.4)는 다음 식 (4.6)으로 바뀐다.

$$\left(\frac{P_b}{P_a}\right) = \left(\frac{D_b}{D_a}\right)^2 \tag{4.6}$$

이 식 (4.6)은 두 지역 사이에 거주하고 있는 주민이 a 도시에서 쇼핑하려는 성향은 a 도시의 (인구) 크기가 클수록 증가하고, 그 주민과 a 도시 사이의 거리가 증가함에 따라 제곱비율로 감소한다는 중력법칙과 비슷한 내용을 말하는 것이다.

---

41) Converse, 1949, "New Laws of Retail Gravitation", pp. 379-384.

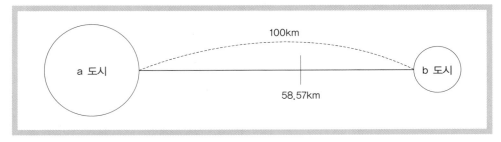

그림 4.8 레일리 법칙의 적용

위의 식 (4.6)을 정리하면 두 주요 도시 사이의 거리로 다시 쓸 수 있으며, 이때 a 도시가 영향을 미치는 최대지점(최대 교역지점)까지의 거리는 다음 식 (4.7)과 같다.[42]

$$D_a = \frac{D_{ab}}{1 + \sqrt{\dfrac{P_b}{P_a}}} \qquad (4.7)$$

D_a =a 도시의 배후지역의 범위

D_{ab} =a와 b 도시 사이의 거리

이때 구해지는 경계지점은 두 도시의 영향력이 같아지는 지역이다. 그리고 이 경계점 한쪽은 a 도시가 지배하고, 그 경계지점을 넘으면 b 도시가 지배한다.

식 (4.7)은 컨버스가 레일리의 법칙에서 유도해 낸 식인데 이를 '컨버스의 상권경계 결정식'이라고 하기도 한다. 이 내용을 수치적 예로 살펴보자. 〈그림 4.8〉에 두 도시가 그려져 있다. a 도시는 인구가 6만 명이고, b 도시는 인구가 3만 명이며, 두 도시는 서로 100km 떨어져 있다. 이 경우 a 도시가 영향을 미치는 최대 범위는 $D_a = \dfrac{100}{1 + \sqrt{\dfrac{30{,}000}{60{,}000}}}$ =58.57km까지이다.

예에서 a 도시가 인구가 더 많은 큰 도시이기 때문에 a 도시의 배후지 영역이 더

---

42) 식 (4.5)에서 식 (4.6)을 도출해 보면 $\dfrac{D_b}{D_a} = \sqrt{\dfrac{P_b}{P_a}}$ → $\dfrac{D_{ab}-D_a}{D_a} = \sqrt{\dfrac{P_b}{P_a}}$ → $\dfrac{D_{ab}}{D_a} - 1 = \sqrt{\dfrac{P_b}{P_a}}$ → $\dfrac{D_{ab}}{D_a} = 1 + \sqrt{\dfrac{P_b}{P_a}}$ → 양변의 분모, 분자를 바꾸면 $\dfrac{D_a}{D_{ab}} = \dfrac{1}{1 + \sqrt{\dfrac{P_b}{P_a}}}$ → 정리하면 $D_a = \dfrac{D_{ab}}{1 + \sqrt{\dfrac{P_b}{P_a}}}$ 가 도출된다. 같은 방식으로 D_b는 $D_b = \dfrac{D_{ab}}{1 + \sqrt{\dfrac{P_a}{P_b}}}$ 가 된다.

크고, 경계지점은 b 도시에 더 가깝다. 그리고 a 도시와 b 도시 사이에 사는 주민들 가운데 a 도시에서 약 59km 떨어진 지역 내에 사는 주민들은 b 도시에 쇼핑하러 오고, 그 거리 이상 떨어진 지역에 사는 주민들은 b 도시로 쇼핑하러 간다.

　레일리는 그의 법칙을 미국의 피츠버그와 클리블랜드, 버펄로, 컴벌랜드, 존스타운 등 여러 도시들 간의 경계지점을 조사하는 데 사용했다. 그리고 이러한 레일리 법칙은 미국뿐 아니라 전 세계적으로 적용할 수 있는 모델로 평가받았다. 하지만 이 모델도 실제 적용에는 단점을 가지고 있는데, 먼저 모델에서는 양 도시 사이에 경계지점이 어디인지는 분명히 말해 주지만, 경계지점 좌우의 인근 지역들에서의 시장 유인력이 어떤지는 말해 주지 않는다. 현실적으로 양 도시 사이에 사는 주민들은 경우에 따라 a 도시로 쇼핑을 가는 경우도 있고, b 도시로 쇼핑을 가는 경우도 있을 것이다. 그리고 중심지의 영향력은 거리가 멀어질수록 감소하면서 시장이 중복되고, 도시의 배후지도 겹치게 된다. 둘째, 교역의 장애물을 측정하는 기준으로 거리(km)를 사용하였지만, 거리보다는 이동시간이나 이동비용을 변수로 쓰는 것이 더 적절할 때가 많다. 즉, 우리나라의 경우 부산에서 전주로 가는 거리가 서울보다는 훨씬 더 짧지만, 도로의 연결망 문제로 오히려 서울에 도착하는 시간이 더 짧을 수도 있다. 이 경우 단순히 거리가 멀고, 가까움을 기준으로 하기보다는, 이동시간의 길고 짧음이나 이동비용을 기준으로 추정하는 것이 더 좋은 기준이 될 수 있다.

3. 레일리 모델의 확장

레일리 모델이 발표된 후 여러 경제학자들에 그의 모델을 수정 및 확장시켰다. 먼저 컨버스(Converse)[43]는 그의 논문에서 미국 일리노이 주의 인구 1,000명 이상 100개 도시를 대상으로 레일리 모델에서 고려하지 않았던 교통 혼잡이나, 도로 상황, 산과 같은 요소들과 의복이나, 가구, 패션용품 등의 교역 형태를 고려하여 조사한 후 다음 식 (4.8)과 같이 레일리 법칙을 재수정했다.

$$\frac{B_a}{B_b} = \left(\frac{P_a}{H_b}\right)\left(\frac{4}{d}\right)^2 \tag{4.8}$$

이때 B_a는 중소도시 외부(대도시)로 나가는 교역비율, B_b는 b 도시(중소도시) 내부

---

43) Converse, 1949, "New Laws of Retail Gravitation", pp. 379-384.

에 남는 교역비율, P_a는 중소도시 외부(대도시)의 인구, H_b는 b 도시(중소도시)의 인구, d는 도시 간 거리, 4는 관성요소(inertia factor)이다. 이때 관성요소는 앞의 식 (4.4)의 D_b와 같은 의미인데, 컨버스는 연구를 통해 이것이 평균 4mile인 것을 발견했다. 따라서 모델에서 두 도시의 인구와 두 도시 간의 거리를 알면, $\left(\dfrac{B_a}{B_b}\right)$ 즉 중소도시 외부(대도시)로 나가는 교역비율과 중소도시 내부에 남는 교역비율을 알 수 있다.

예를 통해 이 모델을 수치적 측면에서 해석해 보자. 일리노이 주의 도시 벤턴(Benton)이 컨버스가 연구하던 1940년대에 인구가 7,372명이고, 서프랭크퍼트(West Frankfort)는 인구가 12,383명이었으며, 두 도시 간의 거리는 7mile이었다. 그리고 당시 교역이 벤턴 도시 자체 내에서 87%가 이루어지고, 나머지 13%는 서프랭크퍼트와 이루어지고 있었다. 따라서 이러한 내용을 위 식 (4.8)에 대입하면, $\dfrac{13}{87} = \left(\dfrac{12,383}{7,372}\right)\left(\dfrac{x}{7}\right)^2$이 되어, $x = 2.1$mile이 된다. 이 경우 벤턴 지역 교역의 관성-거리요소(inertia-distance factor)는 4mile보다 적어 평균 이하가 되며, 이는 벤턴 지역이 자체 내에 교역을 묶어 두는 비율이 일리노이 주 다른 도시들 평균보다 높다는 것을 의미한다. 이외에도 컨버스는 이 모델을 큰 도시 하나에 작은 도시 2개 혹은 작은 도시 3개 등 여러 경우에 적용해 분석하였다.

한편 엘우드(Ellwoods)[44]는 레일리 모델의 단점을 일부 보완하여 식 (4.9)와 같이 변형된 모델을 만들었다.

$$\frac{B_a}{B_b} = \left(\frac{S_a}{S_b}\right)\left(\frac{T_b}{T_a}\right)^2 \tag{4.9}$$

이때 B_a는 a 지역으로 쇼핑 가는 주민의 비율, B_b는 b 지역으로 쇼핑 가는 주민의 비율, S_a는 a 지역 소매매장의 면적, S_b는 b 지역 소매매장의 면적, T_a는 a 지역까지 쇼핑 가는 데 소요되는 시간, T_b는 b 지역까지 쇼핑 가는 데 소요되는 시간이다. 따라서 엘우드는 레일리 모델에서 인구의 크기를 쇼핑 매장의 크기로, 거리변수를 시간변수로 바꾸었다. 결과적으로 레일리와 컨버스는 도시 간의 영향력 범위를 추정한 반면, 엘우드는 도시 내 쇼핑센터 간의 영향력 범위를 추정하는 모델을 만든 것이다.

---

44) Ellwood, 1954, "Estimating Potential Volume of Proposed Shopping Centers", pp. 583.

4. 허프의 확률 모델

앞에서 알아본 레일리나 컨버스 모델은 전형적으로 농촌지역에 적합한 모델이라고 할 수 있다. 그러나 대도시지역에서는 인구밀도가 지역별로 다르고, 소매업중심지가 곳곳에 분포하여 있으며, 교통 경로와 수단도 다양하고 복잡한 형태를 띠고 있다. 따라서 허프(Huff)[45]는 이러한 적용상 문제점을 고려해 앞에서 이용한 인구와 거리에 쇼핑몰의 면적을 추가하여 대도시지역 내에서 여러 쇼핑 지역의 상호작용을 측정하는 확률 모델(Probabilistic Models)을 개발했다. 그는 i 지역(도시)에 있는 주민(소비자)이 특정한 지역(도시) j에 가서 쇼핑할 확률을 추정했다. 그 확률은 (1) i 지역주민과 목적지 j 사이(보통 시간으로 표현된)의 거리, (2) 경쟁 중심지의 수, (3) j 지역의 크기에 따라 달라진다. 허프의 모델은 여러 측면에서 앞의 엘우드 모델과 비슷한데, 허프도 확률을 계산할 때 인구나 거리보다는 중심지 공간의 면적과 중심지까지 가는 데 소요되는 시간을 이용했다.

$$P_{ij} = \frac{S_j/(T_{ij})^\beta}{\sum_{j=1}^{n} S_j/(T_{ij})^\beta} \tag{4.10}$$

여기서 $P_{ij} = i$ 지역의 주민이 j 지역에 가서 쇼핑할 확률

         $S_{ij} = $ 중심지 j의 공간 면적

         $T_{ij} = $ 시간으로 표현된 i와 j 사이의 거리

         $\beta \ = $ 지수

         $n \ = $ 중심지 총수

         $\sum_{j=1}^{n} P_{ij} = 1, \ 0 \le P_{ij} \le 1$

지수 β 값은 보통 2를 사용하는데 이는 일에리스(Illeris)[46]가 덴마크 지역을 연구할 때 사용한 지수값을 그대로 적용한 것이다. 그리고 주민이 특별히 자신이 선호하는 상품이나 서비스가 있어 먼 거리를 가서도 구매하는 경우에는 이 β 값이 낮게 나타난다. 쇼핑의 거리도 이 모델에서는 시간으로 추정되는데, 주로 5분 간격으로 나누어서 측정

---

45) Huff, 1973, "The Delineation of a National System of Planning Regions on the Basis of Urban Spheres of Influence", pp. 323-329.

46) Illeris, 1967, "Funktionelle regioner I Denmark omkring 1960", pp. 225-251.

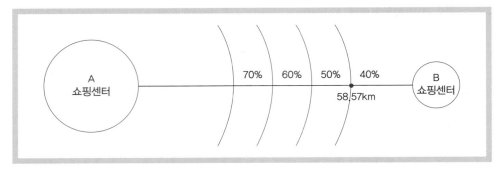

그림 4.9 허프의 모델

한다. 즉, 쇼핑 가는 데 걸리는 시간이 5분 이내이면 $T=1$로, 5~10분 이내에는 $T=2$로, 10~15분 이내에는 $T=3$으로 계산한다. 그리고 이러한 허프의 확률 모델은 〈그림 4.9〉에서와 같이 교역지역을 확률 등고선으로 정의되도록 해 준다. 이때 확률 50% 지점은 레일리가 언급했던 경계지점이다. 따라서 레일리 모델이 경계지점의 위치만 정확히 어느 곳인지 알려 주었던 반면, 이 허프 모델은 경계지점뿐만 아니라 전체 영역에서의 쇼핑 확률을 알 수 있게 해 준다.

〈그림 4.10〉을 통해 실제로 허프 모델을 적용하는 방법을 알아보자.

이제 〈그림 4.9〉와 같이 토지 개발자가 j 지역에 20,000km²의 쇼핑 단지를 건설한다고 하자. A, B 두 곳에는 기존의 쇼핑센터가 이미 영업을 하고 있으며, i 지역에서 각각 20분, 15분 거리에 있다. 그러면 i 지역에 있는 개인이 j 지역에 새 쇼핑센터가 들어서면 그곳으로 쇼핑 갈 확률은 얼마쯤 될까? 허프의 확률적 중력 모델을 적용하면 다음과 같다.

$$P_{ij} = \frac{\dfrac{20,000}{6^2}}{\dfrac{25,000}{4^2} + \dfrac{20,000}{6^2} + \dfrac{15,000}{3^2}} = 14.68 \qquad (4.11)$$

따라서 i 지역에 있는 개인이 j 지역에 20,000km² 크기의 쇼핑센터가 들어서면 그곳에 가서 쇼핑할 확률이 14.68% 혹은 i 지역 인구 중 14.68%가 j 지역의 쇼핑센터에 가서 쇼핑한다고 해석할 수 있다(소비자 영역의 가운데 지점에 i 지역의 모든 소비자가 있다고 가정한다). 이렇게 j 지역에서의 쇼핑 확률이 낮은 이유는 j 지역이 i 지역에서 멀고, i 지역 가까운 곳에 이미 두 군데나 쇼핑센터가 있기 때문이다.[47]

---

47) 허프 모델의 변형모델과 확장은 강진희, 2017, "Huff의 확률적 상권분석 모형과 ESRI 모형을 활용한 외식산업 상권분석 모형 개발", pp.189-211 참조.

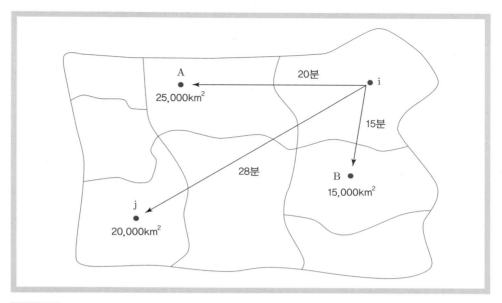

그림 4.10 소비자와 쇼핑센터의 입지

한편 허프의 확률 모델은 특정 쇼핑센터를 설립하기 전에 미리 그 쇼핑센터가 건설되면 연간 총판매금액이 어느 정도 되는지 추정하는 데도 이용할 수 있다. 그래서 그 지역을 상업지구로 개발할지 말지 결정하려는 상업지구 개발자나 계획입안자들에게 상당히 큰 도움을 준다. 어떻게 총판매금액을 미리 계산할 수 있을까? 개발하려는 쇼핑센터 주변 i 지역의 소비자 수(PO_i)는 이미 알려져 있다. 또한 그 지역 소비자들의 연간 1인당 가능한 지출규모 E도 대략 사전 조사를 통하거나 지역자료(1인당 소득 등) 등을 바탕으로 추측할 수 있다. 결국 i 지역에 있는 주민들의 j 쇼핑센터에서의 연간 총지출액(TE_{ij})은 i 지역에 있는 주민들이 j 쇼핑센터에서 쇼핑할 확률 (P_{ij})에 i 지역에 있는 총주민 수(PO_i)와 각 주민의 연간 가능한 지출액(E)을 곱한 것과 같다.

$$TE_{ij} = P_{ij} \times PO_i \times E \tag{4.12}$$

위의 식 (4.12)는 i 지역주민들의 j 지역 쇼핑센터에서 연간 지출할 금액이며, 쇼핑센터가 있는 주변지역을 같은 방식으로 반복해 계산해서 합치면 j 지역에 쇼핑센터를 건립했을 때 주변지역으로부터 연간 총 얼마의 매출을 올릴 수 있는지 계산이 가능하여, 이를 바탕으로 쇼핑센터의 설립 여부를 결정할 수 있다. 따라서 이러한 소매인력 모델(retail gravity model)은 시장편향적 입지결정에 유용하게 쓸 수 있다.

요약

이 장은 먼저 도시를 형성하는 중요한 요인인 집적경제에 대해 살펴보았다.

가장 특별한 집적경제는 한 기업에서 발생하는 내부 집적경제이다. 그리고 규모의 경제와 범위의 경제, 복합의 경제는 이러한 내부경제의 변형된 형태이다. 이 세 가지 내부 집적경제는 특정 지역에서의 도시발전 수준과 전체적인 도시체계의 구조와 밀접한 관련을 가진다.

상호교역하는 기업끼리 같은 지역에 입지하면서 발생하는 산업 간 집적경제나 동종의 기업들이 특정 지역에 모여서 발생하는 지역화 경제는 집적경제가 공간상에서 확대된 형태이다. 그리고 도시화 경제는 이러한 집적경제의 가장 확대된 형태이다. 이 도시화 경제는 전체 도시 크기에 달려 있으며, 집적경제의 이익은 다양한 기업에 의해 공유된다.

한편 크리스탈러와 뢰쉬가 개발한 중심지 이론은 어떻게 도시체계와 도시계층이 형성되어 가는가?에 대한 해답을 찾으려는 이론이다.

중심지는 하나 혹은 그 이상의 시장영역들의 중심지역이다. 대도시는 많은 시장의 중심부가 있는 장소이며, 매우 큰 시장영역을 가진 상품들의 생산지를 포함하고 있다. 그리고 도시 간에 도시의 계층이 발달되며, 상급도시는 하급도시에 여러 가지 상품과 서비스를 제공하며, 일반적으로 하급도시의 경제활동 기능에 추가적으로 하급도시가 가지고 있지 않은 경제적 기능을 가지고 있다. 시장영역의 크기를 변화시키는 요인들은 도시의 체계도 같이 변화시킨다. 운송비나 생산에서의 규모의 경제 그리고 수요밀도 등이 그런 요인들이다.

중심지 모델은 몇 가지 추상적인 가정으로부터 도출되었다. 그리고 이러한 가정을 완화시키면서 중심지 도시의 분포 형태도 변화를 가져와, 원래의 이론에서 예측한 눈송이 모양으로 잘 정돈된 형태에서 벗어나게 된다. 중심지 이론에 대한 실증적 분석은 중심지 이론의 예측이 동질적인 시골지역이나 서비스 부분 예측에는 잘 맞지만 큰 대도시 지역이나 제조업 부분에는 잘 맞지 않는다는 것을 보여 준다.

지역 인구를 고용의 함수라고 가정하면 중심지 이론체계 내에서 도시의 인구 크기 또한 설명될 수 있다. 고용은 산출물에 의존하고, 산출물은 중심지에 의해 공급되는 시장 크기에 따라 결정된다. 높은 등급의 도시들은 다수의 낮은 등급 도시에 공급함으로, 등급이 올라갈수록 시장 크기는 증가하며, 그에 따라 인구도 증가한다.

등급-크기 법칙은 도시 크기의 분포를 잘 요약해 준다. 이 법칙은 도시의 등급에 그 도시의 크기를 곱한 것이 국가 수도의 인구와 같다고 주장한다. 이 등급-크기 법칙은 저개발국보다는 선진국 지역에 잘 맞다. 또한 계층 내의 도시지역은 그 지역이 경제적으로 통합된 후에는 안정적이다.

마지막 절에서는 시장 및 도시영역의 크기를 결정하는 실증적 기법에 관해 논의했는데, 대부분의 실증기법들은 주로 중력원칙을 이용하여 영역의 크기를 추정한다. 그 중 레일리 법칙은 두 도시 사이에 사는 주민들이 어느 도시로 쇼핑을 갈 것인지 경계지점을 알려 주는 반면, 허프의 확률 모델은 특정지역에 사는 주민의 특정한 쇼핑센터에 쇼핑을 갈 확률을 추정한다.

부록

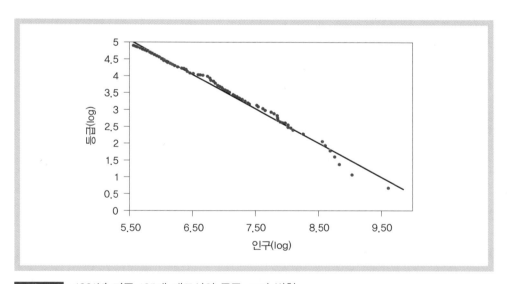

그림 4.11 1991년 미국 135개 대도시의 등급-크기 법칙

자료 : Gabaix, 1999, "Zipf's Law for Cities : An Explanation", pp. 7740.

$$\ln \text{등급} = 10.53 - 1.005 \ln \text{크기}, \quad R^2 = .986$$
$$(.010)$$

참고문헌

강진희, 2017, "Huff의 확률적 상권분석 모형과 ESRI 모형을 활용한 외식산업 상권분석모형 개발", 『관광연구』, 32권 8호, pp. 189-211

구동회, 2017, "크리스탈러의 중심지이론에서의 Range 개념", 『국토지리학회지』, 제51권 제4호, pp. 391~406

구동회, 2022, "크리스탈러의 중심지이론 재검토", 『국토지리학회지』, 제56권 제1호, pp. 1~12

권오혁, 2016, "교통발달에 의한 중심지체계 변화 모형의 분석과 함의", 『대한지리학회지』, 제51권 제1호, pp.77~88

최외출 편역, 1995, 『지역분석기법』, 지역연구발전센터 출판부.

Allen, P. M. and M, Sanglier, 1979a, "A Dynamic Model of Growth in a Central Place System", *Geographical Analysis,* Vol. 11, pp. 256-72.

Allen, P. M. and M, Sanglier, 1979b, "A Dynamic Model of a Central Place System II", *Geographical Analysis,* Vol. 13, pp. 149-64.

Anderson, Gordon and Ying Ge, 2005, "The Size distribution of Chinese Cities", *Regional Science and Urban Economics,* Vol. 35, pp. 756-776.

Auerbach, F., 1913, "Das Gesetz der Bevölkerungskonzentration", *Petermanns Geographische Mitteilungen,* Vol. 59, pp. 74-76.

Beckman, Martin J, 1958, "City Hierarchies and the Distribution of City Size", *Economic Development and Cultural Change,* Vol. 6, No. 3, pp. 243-248.

Berry, B. J. L., and William L. Garrison, 1958, "Recent development of central place theory", *Papers and Proceedings of the Regional Science Association,* Vol. 4, pp. 107-120.

Berry, B. J. L. and William L. Garrison, 1958, "The Functional Bases of the Central Place Hierarchy", *Economic Geography,* Vol. 34, No. 2, pp. 145-54.

Berry, Brain Joe Lobley, 1961, *Central place studies : a bibliography of theory and application,* Philadelphia : Regional Science Research Institute.

Berry, Brain Joe Lobley, 1967, *Geography of Market Centers and Retail Distribution,* Englewood Cliffs, N.J., Prentice Hall.

Berry, B. J. L. and F. E. Horton, 1970, *Geographic Perspectives on Urban Systems,* Englewood Cliffs, NJ : Prentice-Hall.

Berry, B. J. L. and J. B Parr, G. Epstein, A. Ghosh and R. Smith, 1988, *Market Centers and Retail Location : Theory and Applications,* Englewood Cliffs, NJ : Prentice-Hall.

Blair, John P., 1991, *Urban and Regional Economics,* Irwin.

Brush, J. E. and H. E. Bracey, 1955, "Rural Service Centres in South Western Wisconsin and Southern England", *Geographical Review,* Vol. 45, No. 4, pp. 550-69.

Capello, Roberta, 2016, Regional Economics, 2nd ed., Routledge : London and New York.

Carruthers, W.I., 1962, "Service centers in Greater London", *Town Planning Review,* Vol. 33, No. 1, pp. 5-31.

Christaller, Walter, 1933, *Die Zentralen Orte in Süddeutschland,* Jena : Fisher. English translation by Carlisle W. Baskin, 1966, *The Central Places in Southern Germany,* Englewood Cliffs, NJ : Prentice-Hall, INC.

Converse, P. D., 1949, "New Laws of Retail Gravitation", *Journal of Marketing,* Vol. 14, No. 3, pp. 379-384.

Dickenson, R. E. 1932, "The distribution and functions of the smaller urban settlements of East Anglia", *Geography,* Vol. 17, No. 1, pp. 19-31.

Dickenson, R. E., 1934, "The Metropolitan Regions of the United States", *Geographical Reviews,* Vol. 24. No. 2, pp. 278-291.

Duranton, G. and D. Puga, 2000, "Diversity and Specialisation in Cities : Why, Where and When Does it Matter?", *Urban Studies,* Vol. 37, No. 3, pp. 533-555.

Ellwood, L. W., 1954, "Estimating Potential Volume of Proposed Shopping Centers", *The Appraisal Journal,* Vol. 23.

Fujita, Masahisa and Jacques-François Thisse, 2002, *Economics of Agglomeration : Cities, Industrial Location, and Regional Growth,* Cambridge University Press.

Gabaix, Xavier, 1999, "Zipf's Law for Cities : An Explanation", *Quarterly Journal of Economics,* Vol. 144, No. 3, pp. 739-767.

Glasson, John, 1974, *An Introduction to Regional Planning : Concept, Theory and Practice,* London : Huschinson Educational.

Green, Howard L., 1959, "Hinterland Boundaries of New York City and Boston in Southern New England", In Mayer, H. M, and C. F. Kohn, ed., *Reading in Urban Geography,* Chicago : University of Chicago Press.

Grove, D., and L. Huszar, 1964, *The Application of Central Place Theory in the Regional Planning of a Developing Country,* Town and Country Planning School, Exeter.

Henderson, John Vernon, 1974, "The Sizes and Types of Cities", *American Economic Review,* Vol. 64, pp.640-656. Reprinted in Location Theory, J. F. Thisse(ed.), Edward Elgar Publishing Limited, U.K. 1996.

Hirshman, A. O., 1972, *Strategies of Economic Development : Processes and Problems,* New York : John Wiley & Son.

Hoch, Irving, 1972, "Income and City Size", *Urban Studies,* Vol. 9, No. 3, pp. 299-328.

Hoover, Edgar M., 1937, *Location Theory and the Shoe and Leather Industries,* Cambridge : Harvard University Press.

Hsing Y., 1990, "A note on funfunctional forms and the urban size distribution", *Journal of Urban Economics,* Vol. 27, pp. 73-79.

Hsu, Wen-Tai, 2008, *Central place theory and Zipf's law,* University of Minnesota.

Huff, David L., 1973, "The Delineation of a National System of Planning Regions on the Basis of Urban Spheres of Influence", *Regional Studies,* Vol. 7, No. 3, pp. 323-329.

Huff, J. O., 1976, "A Hierarchical Migration Model of Population Redistribution within a Central Place Hierarchy", *Geographical Analysis,* Vol. 8, pp. 231-254.

Jianga, Bin, Junjun Yinb and Qingling Liua, 2015, "Zipf's law for all the natural cities around the world", *International Journal of Geographical Information Science,* Vol. 29, No. 3, pp. 498–522.

Leknes, Stefan, 2015, "The more the merrier? Evidence on quality of life and population size using historical mines", *Regional Science and Urban Economics,* Vol. 54, pp. 1-17.

Illeris, S., 1967, "Funktionelle regioner I Denmark omkring 1960", *Geografisk Tidsskrift,* Vol. 66, pp. 225-251.

Ioannides, Y. M. and H. G. Overman, 2003, "Zipf's Law for Cities : An Empirical Examination", *Regional Science and Urban Economics,* Vol. 33, pp. 127-137.

Lösch, August, 1940, *Die räumliche Ordnung der Wirtschraft,* Jana, Fisher, English translation by William H. Woglom with the assistance of Wolfgang F. Stolper, 1954, *The Economics of Location,* New Haven and London : Yale University Press.

Meeteren, Michiel van and Ate Poorthuisc, 2018, "Christaller and "big data": recalibrating central place theory via the geoweb", *URBAN GEOGRAPHY,* Vol. 39, NO. 1, pp. 122–148.

Mills, E. S., 1970, *Urban Economics,* Scott, Foresman & Co., Glenview, III.

Mulligan, G. F., 1980, "The Effects of Multiplier Shifts in a Hierarchical City-Size Model", *Regional Science and Urban Economics,* Vol. 10, No. 1, pp. 77-90.

Mulligan, G. F., 1984, "Agglomeration and Central Place Theory : A Review of the Literature", *International Regional Science Review,* Vol. 9, No. 1, pp. 1-42.

Nishiyama, Y., S. Osada and Y. Sato, 2008, "OLS Estimation and the t Test Revisited in Rank-Size Rule Regression", *Journal of Regional Science,* Vol. 48, No. 4, pp. 691-715.

Nitsch, Volker, 2005, "Zipf Zipped", *Journal of Urban Economics,* Vol. 57, pp. 86-100.

Parr, John B., 1973, "Structure and Size in the Urban Systems of Lösch", *Economic Geography,* Vol. 49, No. 3, pp. 185-212.

Parr, John B., 1978, "Models of the Urban Systems : A More General Approach", *Urban Studies,* Vol. 15, No. 1, pp. 35-49.

Parr, John B., 1980, "Temporal Change in a Central-Place System", *Environment and Planning A,* Vol. 13, pp. 97-118.

Parr, John B., 1985, "Square Market Areas, Löschian Numbers and Spatial Organization", *Geographical Analysis,* Vol. 17, pp. 284-301.

Parr, John B., 1987, "Interaction in an Urban System : Aspects of Trade and Commuting", *Economic Geography,* Vol. 63, No. 3, pp. 223-240.

Parr, John B., 1995a, "The Economic Law of Market Areas : A Further Discussion", *Journal of Regional Science,* Vol. 35, No. 4, pp. 599-615.

Parr, John B., 1995b, "Alternative Approaches to Market-Area Structure in Urban Systems", *Urban Studies,* Vol. 32, No. 8, pp. 1317-1329.

Parr, John B., 1997, "The Law of Market Areas and the Size Distribution of Urban Centers", *Papers in Regional Science,* Vol. 76, No. 1, pp. 43-68.

Parr, John B. 2002, "The location of economic activity : central place theory and the wider urban system", in Philip McCann ed. *Industrial Location Economics,* Edward Elgar, pp. 32-82.

Parr, John B. 2017, "Central place theory: an evaluation", *Review of urban and regional development studies,* John Wiley & Sons, Ltd, Vol.29 No.3. pp. 151-164.

Preston, Richard E., 1978, "The Structure of Central Place Systems", in L. S. Bourne and J. W. Simmons eds. *Systems of City,* New York : Oxford University Press, pp. 185-206.

Reilly, William J., 1929, *Methods for the Study of Retail Relationships,* University of Texas Bulletin, No. 2944, University of Texas at Austin.

Richardson, Harry W., 1973, *The Economics of Urban Size,* Mass. : Lexington Books.

Rosen K. and Resnick M., 1980, "The size distribution of cities : an examination of the Pareto law primary", *Journal of urban Economic,* Vol. 8, pp. 165-186.

Schffar A. and Michel Dimou, 2012, "Rank Size City Dynamics in China and India, 1981-2004", *Regional Studies,* Vol. 46, No. 6, pp. 707-721.

Sheppard, E., 1982, "City size distributions and spatial economic change", *International Regional Science Review,* Vol. 7, pp. 127-151.

Shi, Lifeng, Michael Wurm, Xianjin Huang, Taiyang Zhong, Hannes Taubenbock, 2020, "Measuring the spatial hierarchical urban system in China in reference to the Central Place Theory", *Habitat International,* Vol. 105, 102264

Simon, Herbert A., 1955, "On a Class of Skew Distribution Functions", *Biometrika,* Vol. 42, No. 3, pp. 435-440.

Singer, H. W., 1936, "The "Courbe des Populations", A parallel to Pareto's Law", *Economic Journal,* Vol. 46, No. 181, pp. 254-263.

Singer, H. W., 1954, "The "Courbe des Populations", A further Analysis", Bulletin of the Oxford University Institution of Statistics, Vol. 16, pp. 176-189.

Soo, Kwok Tong., 2005, "Zipf's Law for Cities : A Cross Country Investigation", *Regional Science and Urban Economics,* Vol. 35, pp. 239-263.

Soo, Kwok Tong, 2007, "Zipf's law and Urban Growth in Malaysia". *Urban Studies,* Vol. 44, No. 1, pp. 1-14.

Stabler, J. C. and P. R. Williams, 1973, "The Changing Structure of the Central Place Hierarchy", *Land*

Economics, Vol. 49, Issue 4, pp. 454-458.

Tammiksaar, Erki, Jussi S. Jauhiainen, Taavi Pae, Rein Ahas, 2018, "Edgar Kant, Estonian geography and the reception of Walter Christaller's central place theory, 1933-1960", *Journal of Historical Geography*, Vol. 60, pp. 77-88.

Taylora, Peter J. and Michael Hoyler, 2021, "Lost in plain sight: revealing central flow process in Christaller' soriginal central place systems", *REGIONAL STUDIES*, Vol. 55, NO. 2, pp. 345–353.

Vance, J. E., 1970, *The Merchant's World : Geography of Wholesaling,* Englewood-Cliffs, NJ, Prenctice-Hall.

Vining, Rutledge, 1955, "A Description of Certain Spatial Aspects of an Economic System", *Economic Development and Cultural Change,* Vol. 3, No. 2, pp. 147-195.

White, R. W., 1974, "Sketches of a Dynamic Central Place Theory", *Economic Geography,* Vol. 50, No. 3, pp. 219-227.

White, R. W., 1977, "Dynamic Central Place Theory : Results of a Simulation Approach", *Geographical Analysis,* Vol. 9, pp. 226-243.

White, R. W., 1978, "The Simulation of Central Place Dynamics : Two-Sector Systems and the Rank-Size Distribution", *Geographical Analysis,* Vol. 10, pp. 201-208.

Wingo, Lowdon and Alan Evans ed. 1977, *Public Economics and Quality of Life,* Baltimore : John Hopkins University Press.

Zipf, George Kingsley, 1949, *Human Behavior and the Principle of Least Effort : An Introduction to Human Ecology,* Cambridge, Massachusetts : Addison-Wesley Press, INC.

제5장

지역 간 자원이동

국가와 마찬가지로 지역도 성장을 하려면 타 지역과의 교역이 활발해야 한다. 따라서 특정지역이 특정상품에 특화해 생산하고 수출하는 근본적 이유를 잘 이해하면 그 지역 발전에 큰 도움이 된다. 일반적으로 경제학자들은 한 국가 내에서 지역화된 자원 외에는 대부분의 자원이 자유롭게 이동한다는 가정을 하고 있지만, 국제무역을 연구하는 경제학자들은 전통적으로 국가 간에는 상품의 이동이 자유롭지만 생산요소는 이동이 불가능한 것으로 가정하고 모델을 개발해 왔다. 실제로 한 국가 내에서 지역 간 교역은 국제무역보다 훨씬 자유롭게 이루어지는데, 이는 주로 거리상의 이점뿐만 아니라 제도적 요인과 환율변동의 불확실성이 없는 단일통화, 무관세장벽 등의 장점 등이 복합적으로 작용하기 때문이다. 그러나 최근 들어 국제화·세계화 추세가 확산됨에 따라 세계 각국의 경제가 개방되고, 국가 간 경제통합이 늘어나 국가 간의 경제적 국경이 명확히 구분되지 않으면서 학문적으로도 지역경제학과 국제경제학 사이에 이론적 구분이 점점 희미해져 가고 있다. 실제로, 거대한 다국적기업이 출현하여 세계 각 국가로 진출함에 따라 세계 국가들 간에 자원과 상품의 이동이 과거보다 훨씬 더 자유로워지고 있다. 더구나 유럽연합(EU)이나, 북미자유무역협정(NAFTA), 남미공동시장(MERCOSUR) 등 거대한 경제통합체의 출현은 이러한 추세를 더욱 강화시키고 있다.

하지만 다른 한편으론 아직도 국가 간뿐만 아니라 한 국가 내의 지역 간이라도 자원의 이동을 저해하는 장애물이 여전히 존재하고 있는 것도 엄연한 사실이다.

이 장에서는 이러한 자원들의 지역 간 이동[1]에 관련된 내용들을 살펴본다.

제1절 국제무역과 자원의 이동

지역 간 자원이동에 관련된 이론은 국가 간 교역을 확대하기 위해 개발된 국제무역이론들을 많이 인용한다. 이러한 이론들로는 스미스(Smith)의 절대우위론과 리카도(Ricardo)[2]의 비교우위론 등이 있다. 전자는 각 국가들이 자국에 절대적으로 우위가 있는 상품을 생산해 교환함으로써 이익을 얻을 수 있다는 주장이고, 후자는 한 국가가

---

1) 실제로 지역 간 자원이동을 가정하면 헥셔-오린이 주장한 한 지역의 비교우위를 가진 상품을 확정할 수 없게 되어 헥셔-오린 정리는 실패한다. 즉, 좀 더 현실적인 모델을 만들기 위해 기본가정을 완화하는 것이 그리 쉽지는 않다.
2) Ricardo, 1817, *The Principle of Political Economy and Taxation*.

상대적으로 우위가 있는 상품을 생산하여 타국과 교환하면 더 많은 이익을 얻을 수 있다는 주장이다.

비교우위이론이 가지고 있는 중요한 의미 중 하나는 비록 한 국가가 다른 국가에 비해 모든 면에서 절대적 우위를 가지고 있더라도, 그중 상대적으로 생산에 우위가 있는 상품을 특화해 생산하여 다른 국가와 교환을 하면 더 많은 이익을 얻을 수 있다는 것이다. 예를 들어, 의사가 환자를 진료하는 것뿐 아니라 주사도 간호사보다 훨씬 잘 놓는다고 하자. 이 경우에 의사는 간호사보다 진료행위뿐 아니라 주사 놓는 것도 간호사보다 절대우위에 있다고 할 수 있다. 그러면 과연 의사가 둘 다 하는 것이 더 이익일까? 아니면 의사가 둘 다 잘하더라도 주사는 간호사에게 맡기고 환자 진료에 집중하는 것이 더 이익일까? 비교우위론에서는 의사가 간호사보다 주사를 더 잘 놓더라도 의사는 환자 진료에 집중하고 간호사가 주사를 놓는 것이 훨씬 더 효과적이며, 의사에게도 더 많은 이익이 돌아간다고 주장한다. 이때 의사의 비교우위는 환자의 진료이며, 간호사의 비교우위는 주사를 놓는 것이다.

한편 이러한 비교우위이론에서는 각 국가들이 상대적으로 그들이 생산에 우위가 있는 혹은 낮은 비용으로 생산할 수 있는 상품의 생산에 특화해야 한다고 주장하고 있지만, 어떤 상품이나 서비스를 수출해야 한다는 것을 명시적으로 언급하지는 않았다. 이러한 점에 대해 헥셔(Heckscher)와 오린(Ohlin)[3]은 만일 한 국가가 상대적으로 특정한 생산요소가 풍부하다면, 그 풍부한 요소를 투입물로 많이 사용하는 상품의 생산에 비교우위가 있다고 하였다. 이를 헥셔-오린의 제1명제인 요소부존이론(Factor- Proportion Theory)이라 하는데, 이 이론에 따르면 그 국가에 풍부한 생산요소를 집약적으로 사용하는 재화를 생산해 수출하고, 희소한 생산요소를 집약적으로 사용하는 재화를 수입해야 한다. 예를 들면, 질 좋은 토양과 풍부한 강수량을 가진 국가는 농산물 생산에 비교우위가 있어 농산물을 생산·수출하고, 석유가 많이 나는 국가는 석유제품 생산에 비교우위가 있어 이들 제품을 생산해 수출해야 한다고 하였다. 이러한 헥셔-오린의 주장 이면에는 비록 생산요소는 이동할 수 없지만, 그들을 국가수출품에 투입하여 생산하여 수출함으로써, 풍부한 생산요소가 실질적으로 이동할 수 있는 체계를 만든다.

이러한 무역을 통한 상품의 흐름은 다른 한편으로 상품가격뿐 아니라 자원의 가격

---

3) Hecksher, 1919, "The Effect of Foreign Trade on the Distribution of Income". Ohlin, 1933, *Interregional and International trade.*

에도 영향을 미친다. 노동이 풍부한 국가는 (나머지 세계국가에 비해) 무역 개시 전에 낮은 임금을 가지는 경향이 있다. 그러나 노동집약적 생산물을 수출하게 됨으로써 노동의 수요가 증가하고, 이것은 장기적으로 임금을 증가시킨다. 반대로 노동이 부족한 국가는 노동집약적 생산품을 수입할 것이며, 이에 따라 노동수요의 압력이 완화되어 노동자의 임금을 낮추는 경향이 있다. 결국 상품의 이동은 종국적으로 생산요소의 가격을 동일화시키게 된다. 이것이 헥셔-오린의 제2명제인 요소가격 균등화 법칙(the Law of Factor Price Equalization)이다.

그러나 레온티에프(Leontief)[4]는 1947년 미국 자료를 바탕으로 검증한 결과 헥셔-오린 이론의 예측과 반대 결과가 나온 것을 발견했는데 이를 레온티에프 역설(Leontief's paradox)이라 한다. 그는 1947년 미국의 투입산출표(input-output table)와 무역자료를 이용하여 헥셔-오린 정리의 제1명제인 생산요소부존정리를 검증하였는데, 그 결과 미국이 일반적으로 자본이 풍부한 국가로 알려진 것과는 달리 노동집약적 재화를 수출하고 자본집약적 재화를 수입하는 것으로 나타났다. 이에 대해 레온티에프는 미국 노동자들의 노동의 생산성이 타국 노동자들의 노동생산성에 비해 3배가량 높기 때문에 노동의 질을 생각하면 미국은 오히려 노동이 상대적으로 풍부하여 위의 역설이 발생한다고 설명하였다. 그러나 그의 이러한 연구결과와 해석은 그 후 많은 논란과 실증적 검증을 불러왔다.[5]

한편 스톨퍼(Wolfgang Stolper)와 사무엘슨(Paul Samuelson)[6]은 요소시장의 완전경쟁을 전제로 미국이 저임금의 후진국과 자유무역을 하면 미국 근로자들의 실질임금 수준이 점차 하락해 장기적으로 양 국가의 임금이 균등화된다고 하여 헥셔-오린의 제

---

4) Leontief, 1954, "Domestic Production and Foreign Trade : The American Capital Position Reexamined". Leontief, 1956, "Factor proportions and the Structure of American Trade; Further Theoretical and Empirical Analysis". Leontief, 1969, "Domestic Production and Foreign Trade".

5) Moroney and Walker 1966, "A Regional Test of the Heckscher-Ohlin theorem", *Journal of Political Economy,* Vol. 74, pp. 573-586. Estle, 1967, "A more conclusive regional test of the Heckscher-Ohlin hypothesis", *Journal of Political Economy,* Vol. 75, pp. 886-888. Dixon, 1973, "Regional specialisation and trade in the UK", *Scottish Journal of Political Economy,* Vol. 20, pp. 159-69. Klassen, 1973, "Regional comparative advantage in the United States", *Journal of Regional Science,* Vol. 13, pp. 97-105. Swales, 1979, "Relative factor prices and regional specialisation in the United Kingdon", *Scottish Journal of Political Economy,* Vol. 26, pp. 127-146. Horiba and Kirkpatrick, 1981, "Factor endowments, factor proportions and the allocative efficiency of US interregional trade", *Review of Economics and Statistics,* Vol. 63, pp. 178-87. Coughlin and Fabel, 1988, "State factor endowments and exports : an alternative to cross-sectional studies", *Review of Economics and Statistics,* Vol. 70, pp. 696-701.

6) Stolper and Samuelson, 1941, "Protection and Real Wages", *The Review of Economic Studies,* Vol. 9, No. 1 pp. 58-73.

2명제를 지지하는 논문을 발표했다. 이들은 미국 같은 고임금 수준의 국가가 노동자의 실질임금을 유지하기 위해서는 보호무역정책이 유리하며, 이를 위해서는 보호관세제도가 필요하다고 주장하였다. 그들의 이 같은 주장은 차후 보호무역주의자의 이론적 근거를 제공하였으며, 미국 노동운동에 이론적 기초를 제공했다.

제2절 ## 지역 간 자원이동과 자원가격

앞의 절에서는 국제 간 무역이론의 핵심내용을 간략히 알아보았는데, 이러한 이론들은 주로 입지문제나 수송비 문제를 전혀 고려하지 않은 상황에서 국가 간 교역원리를 제시한 것이다. 또한 국제무역에서 사용하는 이론들은 자원이 국가 간에 이동하지 못한다는 가정하에 개발된 이론들이지만, 한 국가 내의 지역 간에는 완전한 자원이동이 가능하다는 가정하에 모델들을 개발한다. 실제로 국가 간에 생산요소의 이동보다는 국가 내의 지역 간 생산요소 이동에 장애물이 훨씬 적다. 따라서 이러한 국제무역 이론들을 국내 지역 간 교역에 적용하려면 몇 가지 수정이 필요하다.

먼저 완전한 정보와 이동비용이 없다는 가정하에서 지역에 있는 생산요소는 자연히 수익이 높은 쪽으로 이동하게 된다. 〈그림 5.1〉은 이러한 자원이동을 보여 준다. 이제 B와 A 두 지역이 있고, 초기에 생산요소에 대한 보수가 B 지역보다 A 지역이 더 크다고 하자. D_A와 D_B는 자원에 대한 A 지역과 B 지역의 수요곡선을 나타내고, S_{1A}와 S_{1B}는 초기의 A 지역과 B 지역의 자원 공급곡선을 나타낸다. B 지역이 A 지역보다 자원이 더 풍부하므로 자원 공급곡선이 더 우측에 위치하고, 초기의 자원의 가격은 자원이 희소한 A 지역에서 더 높게 형성된다($P_A > P_B$). 이러한 가격 차이는 자원이 B 지역에서 A 지역으로 흘러가도록 유도한다. A 지역에는 자원이 계속 유입됨으로써 자원의 공급곡선이 S_{1A}에서 S_{2A}로 늘어나고, B 지역에서는 자원이 계속 유출되어 공급곡선이 S_{1B}에서 S_{2B}로 줄어든다. 이러한 자원이동은 양 지역 모두 자원가격이 P^*과 같아지면서 중단된다.

그러나 실제로 이러한 자원이동에는 비용이 들기 때문에 이동비용의 영향도 고려해야 한다. 만약 이주지에서의 미래에 벌어들일 소득에서 이동비용을 뺀 것의 현재가치가, 이동하지 않고 원래 지역에서 벌어들일 미래소득의 현재가치보다 적다면 이동하지 않을 것이다. 따라서 자원이 A 지역으로 이동하도록 충분한 인센티브를 주기 위해서는

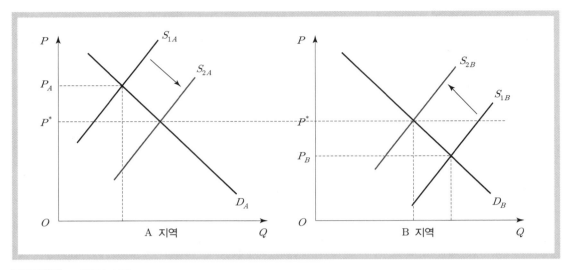

그림 5.1 자원의 이동

A 지역에서 이동 후 벌어들일 수 있는 미래의 추가적 수익의 현재가치가 이동비용보다 더 커야 한다. 그러나 이러한 미래가치를 현재시점에서 추정하기란 쉽지 않다.

자원의 이동은 낮은 요소가격을 가진 지역에서 많은 자원을 소유하고 있는 일부 사람에게는 이익이 되지만, 높은 요소가격 지역의 자원소유자에게는 손해가 된다. 이동으로부터 이득을 얻는 자와 손해를 보는 자 둘 중 누가 더 많은지를 추정하기란 불가능하다. 하지만 우리가 자원이 그들의 한계생산물 가치에 따라 지불된다고 가정한다면, 자원의 이동은 총생산물을 늘릴 것이다. 일반적인 경제이론에서와 같이 자원의 가격이 그들의 한계생산물 가치와 같다고 하면, A 지역에 있는 자원의 가격이 높으므로 B 지역에 있는 자원보다 높은 한계생산을 가지고 있다고 볼 수 있다. 따라서 자원이 B 지역에서 A 지역으로 이동해 가면서 자원의 한계생산가치가 늘어나는데, 이는 국가의 총생산이 증가한 것을 의미한다.[7]

〈그림 5.1〉에서는 수요가 반응하지 않는 것을 가정했다. 그러나 실제로 한 지역의 높은 자원가격은 높은 비용의 자원을 사용하는 사용자가 그 지역으로부터 외부로 이동해 나가는 것을 유도한다. 즉, 높은 자원 가격 지역에서는 수요가 줄어들게 되고, 이러

---

7) 실제로 B 지역의 한계생산가치는 올라갔지만 A 지역의 한계생산가치는 내려갔으므로 그 효과는 명확하지 않다. 그러나 이러한 자원이동은 국가 전체적으로 이익을 가져다주는 것으로 평가되는데, 그 이유는 뒤의 〈그림 5.2〉와 〈그림 5.3〉에서 설명된다.

한 수요의 이동 또한 가격 차이를 제거하는 데 도움을 준다. 이렇게 자원의 이동을 통해 자원의 가격이 동일화된다는 것은 주로 신고전학파(neo-classical school) 학자들이 주장하는 내용이다.

그러나 현실은 훨씬 더 복잡할 것이다. 즉, 요소 가격의 지역 간 격차나 수요반응이 지역 간 요소이동에 영향을 미치는 중요한 요인은 맞지만, 그 외에도 언급되지 않은 여러 가지 요인들이 요소 이동에 영향을 미칠 것은 확실하다. 요소의 질도 각기 다르며, 특히 노동의 경우 수많은 상이한 기술을 가진 노동자들이 포함되어 있으며, 고용기회도 지역 간 차이가 클 것이다. 따라서 단순한 가정에 기반한 신고전학파 모델은 예측력이 떨어지는 중대한 결함을 가지고 있다.

이러한 사실을 인지하면서 다음 절부터는 주요한 생산요소들 — 자본, 노동 그리고 혁신 — 의 지역 간 이동에 대한 영향을 구체적으로 살펴본다.

제3절 │ 자본의 이동

자본의 이동에 대한 논의는 종종 '자본'이 무엇인가라는 정의 문제로 혼란에 빠질 때가 많다. 흔히 '자본'이라고 하면 화폐나 혹은 화폐로 바꿀 수 있는 자산을 생각한다. 그러나 경제학자들은 '생산을 위한 투입재가 될 수 있는 생산재'를 자본으로 정의한다. 따라서 자본은 빌딩이나 기계, 공장건물 그리고 인적자본같이 생산과정에 투입되는 물리적 투입물 모두를 포함한다. 이때 물리적 자본의 양(量)은 보통 화폐단위로 나타냄으로써, 화폐와 실질자본 사이의 구분이 명확하지 않을 때가 많다. 특히 개인들의 경우 빌딩이나 기계를 타인에게 매각해서 현금으로 전환할 수 있기 때문에 이러한 구분은 별로 중요하지 않을 수도 있다. 그러나 국가의 입장에서 보면 빌딩이나 기계는 자본이고, 화폐는 화폐여서 둘 사이에 구분이 확실하다. 화폐자본은 국내뿐 아니라 국제적으로도 높은 이동성을 가지고 있다. 누구나 한 지역의 금융기관에서 다른 지역의 금융기관으로 순식간에 이동시킬 수 있다. 그래서 작은 금리 차이에도 많은 양의 화폐가 한 지역에서 다른 지역으로 빠르게 이동한다.

경제학자들은 이러한 화폐와 마찬가지로 실질자본에도 관심을 가지고 있다. 실질자본은 토지와 노동, 건물, 기계, 기업가 정신 등 생산에 꼭 필요한 것들을 의미하는데, 이들은 화폐보다 이동성이 훨씬 떨어진다. 특히 공장 건물이나 무거운 기계는 한번 입지하면 거의 수명이 다할 때까지 한 장소에 묶여 있는 경우가 대부분이다.

일부 실질자본은 이동에 어려움이 있지만, 개인은 그러한 자산을 팔아서 다른 지역에서 다시 구입할 수 있으므로 개인적인 관점에서는 실질자본도 공간상 이동이 가능하다. 하지만 만일 사업을 중단하게 된다면 그러한 실질자본의 가치는 전혀 없을 수도 있으며, 철거비용까지 부담해야 한다면 오히려 가치가 음(−)이 될 수도 있다.

일반적으로 자본의 지역 간 이동은 자본의 한계생산성 차이로 발생하는데, 자본 수익이 낮은 지역에서 높은 지역으로 옮겨가는 것이 기본 원칙이다. 이 과정에서 저개발 지역의 발전을 돕고, 지역의 경제구조나 개발수준이 좀 더 비슷해지는 방향으로 변하도록 유도한다. 그러나 좀 더 자세히 들여다보면 그렇게 단순하지는 않다.

1. 자본이동의 경제적 효과

자본은 노동에 비해 지역 간 이동이 훨씬 자유롭다. 그러면 이러한 지역 간 자본이동은 지역에 어떠한 경제적 효과를 가지고 있을까?

〈그림 5.2〉에는 A 지역과 B 지역에 자본의 한계생산성이 달라 두 지역의 자본가격이 다르다는 가정하에서 그려진 그림이다.

직선 M_A와 M_B는 양 지역의 자본스톡(이때 노동은 주어진 것으로 한다)과 자본의 한계생산성을 결부시킨 선이다. 양 지역 간 자본이동이 있기 전 초기 자본스톡은 A 지역은 OM, B 지역은 ON이다. 따라서 A 지역의 자본가격은 P_A, B 지역의 자본가격은 P_B이다. 일반적인 경쟁시장에서는 자본 1단위당 이윤은 그것의 한계생산물과 같아질 것이다. 그러므로 A 지역의 총생산은 $a+b+c+d+e$이며, 이 중 자본의 총이윤은 $d+e$이고, 나머지 $a+b+c$는 노동의 몫이다. 이와 유사하게 B 지역에서의 총생산은 $f+g+i$이고, 이 중 자본의 이윤은 $g+i$, 노동의 이윤은 f이다. 자본에 대한 대가가 A 지역보다 B 지역이 더 높은데, 이는 B 지역의 생산환경이 더 유리하기 때문으로 볼 수 있다.

이제 자본이 높은 수익을 찾아 A 지역에서 B 지역으로 이동하며, 이 이동은 두 지역 자본의 한계생산성이 균등해져 (A 지역에서는 OL, B 지역에서는 OP 크기의 총스톡량) 자본의 가격이 P^*에서 새로운 균형점을 이룰 때까지 계속된다.

그리고 새롭게 도달한 새 균형점을 이전의 상태와 비교해 보았을 때 양 지역 모두에 유익한 결과를 가져다준다. 이를 좀 더 자세히 보자. A 지역의 경우 자본이동 후 A 지역 내 생산은 $a+b+d$로 줄어들지만, B 지역에 투자된 A 지역의 자본(NP)에 대한

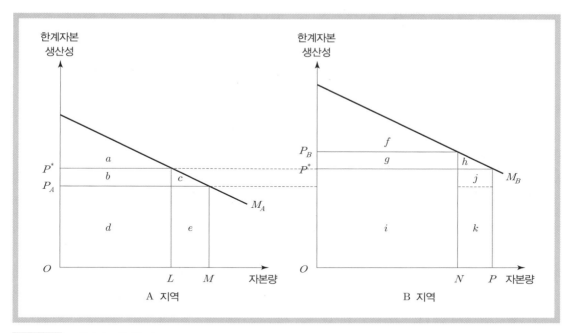

그림 5.2 자본의 이동효과

이윤의 송금(즉, $j+k$)을 고려하면($e=k$라고 하면) A 지역의 생산은 전체적으로 $(j-c)$ 만큼 증가한다. 한편, B 지역은 지역 내 생산이 $h+j+k$만큼 증가하지만, A 지역으로의 이윤송금($j+k$)을 빼고 나면 B 지역 내 생산은 h만큼 증가한다.

주체별로 보면 A 지역의 경우 자본의 일부가 유출되어 B 지역으로 투자되므로 A 지역의 노동자 몫은 줄어들고($a+b+c$에서 a로), 자본소유주에게는 ($d+e$에서 $b+d+j+k$) 유리하게 된다. 반대로 B 지역의 경우 외부자본의 유입에 따른 공장이나 대형사업장의 확대로 노동자의 몫은 늘어나고(f에서 $f+g+h$로) 자본소유주에게는 ($g+i$에서 i로)불리하도록 바뀐다. 그림에서 b는 A 지역 내에서 노동자 몫이 자본가로 소득재분배된 것이고, g는 B 지역 내에서 원래 자본가 몫이 노동자에게 소득재분배된 것이다. 이러한 자본이동을 통해 양 지역에서는 $j-c+h$만큼의 순소득 증대가 발생했고, 이것은 순수하게 자본의 한계생산력이 높은 곳으로 자본이 재배치되면서 생겨난 것이다.

그러나 경우에 따라 자본이 지속적으로 한 지역에만 집중되었을 경우에는 그러한 요소이동이 필연적으로 모든 지역에 이익을 가져다주지 않고, 자본이 계속 유출되는 지역으로부터 반발을 유발해 새로운 문제가 발생할 수도 있다.

2. 자본이동의 장애물

앞의 절에서는 자본이 완전히 이동 가능하다는 전제하에 자본이동이 각 지역에 가져오는 이익을 살펴보았다. 이러한 자본이동은 단순히 자본이 자본수익률이 낮은 곳에서 높은 곳으로 이동한다고 가정한 것이다. 또한 자본이동에 드는 비용이 전혀 없으며, 자본시장이 고도로 발달되어 전국 금융기관에 의해 모든 지역에 자본이 골고루 공급된다는 전제하에서 도출된 결과이다. 그러나 실제로 자본이 이동할 때는 투자지역의 투자위험도, 자금공급자의 성향, 지역 및 정부의 지원정책, 지역의 투자환경 등 많은 요인들을 고려해야 한다.

과거 자본의 투자형태는 선택의 폭을 줄이는 경향이 있었고, 그래서 지리적 이동성을 줄였다. 기업들의 정보수집 능력에 한계가 있기 때문에 되도록이면 잘 아는 지역이나 내부 사정에 밝은 기업에 투자를 하려고 한다. 또 기존의 설비가 있는 곳에 입지하는 것이 전혀 설비가 없는 지역에 입지하는 것보다 낮은 한계비용을 가진다. 그리고 거기에는 기업임원들이 이전의 입지선정이 실패했다고 인정하는 것을 막는 정신적 비용도 포함되어 있다. 이러한 점들은 자본의 이동을 제약한다.

일반적인 투자형태는 지리적 선택의 폭을 제한하지만, 그렇다고 새로운 투자가 수익이 높은 지역으로 흘러가는 것을 완전히 막지는 못한다. 그러나 높은 수익지역으로 투자가 흘러들어 가는 것을 막는 장애물이 전혀 없는 것도 아니다. 자본 흐름을 제한하는 요인들은 다음과 같다.

1. 투자자들은 자본을 투자할 때 투자수익률을 계산하기보다는 자기가 거주하는 지역이나 근접한 지역, 고향에 투자하는 경우가 많다. 왜냐하면 그 지역을 자신이 잘 알고 있어 불확실성이나 투자위험이 적고, 정보도 많이 가지고 있어 타 지역에 투자할 때보다 정보비용이 적게 든다고 생각하기 때문이다. 여러 공장을 운영하는 기업들에서도 자주 지역 간에 상당한 양의 자본이동이 발생한다. 이때의 자본이동은 지역 간 투자수익률을 계산해 결정하기보다는 각 기업 내부의 확장정책에 따라 결정된다. 정부가 주도하는 자본투자 흐름도 지역에 필요한 시설이나 지역주민 후생수준 향상을 위한 기반시설 확충, 지역정책 등에 따라 결정되고 투자수익률과는 별로 관계가 없다. 또한 특정한 투자계획은 투자규모가 방대하고, 내용상 분할할 수 없을 경우가 많은데 그때는 투자계획이 실행되어 대규모 자금이 이동하거나 계획이 취소되어 아예 자금 이동이 발생하지 않을 수는 있어도,

미소한 수익률 차이로 인해 부분적으로 자본이 이동하는 경우는 거의 없다.

2. 배후지역이나 외딴 지역, 시골지역에는 금융기관이 잘 발달되어 있지 않아 자본을 유치하기가 어렵다. 투자자들은 이러한 지역에 투자할 경우 대체로 위험성이 높다고 생각하며, 반대로 발전된 지역에 투자할 경우 안정적일 거라 생각해 심리적 안정은 찾으며 그들이 받게 되는 안심에 대해 기꺼이 대가를 지불하려 한다. 그래서 이런 지역에는 정부가 특별한 정책자금을 책정하지 않으면 자본의 공급이 거의 이루어지지 않는다.

3. 기업들도 잘 알려지지 않은 외부기업에는 거의 투자를 하지 않고, 기업 내부적으로 재투자하는 것을 선호한다. 왜냐하면 내부기업에 대해서는 더 많은 정보를 가지고 있어 불확실성에 따른 투자위험을 줄일 수 있기 때문이다. 따라서 기업들은 이윤이 생기면 가장 수익을 낼 수 있는 다른 지역을 찾기보다는 기존의 공장에 다시 투자한다. 이런 이유로 이윤을 내는 기업이 거의 없는 침체지역은 투자를 유인할 기회가 더욱 적어진다.

제4절 노동의 이동

국가나 개인의 관점에서 보면 항상 인구의 이동은 일어난다. 즉, 노동시장이 균형상태에 있더라도 이주는 계속 일어나는데 군복무를 마쳤거나, 대학을 졸업하고 새로운 직장을 얻거나, 자녀를 좋은 학교에 진학시키기 위해서 또 정년퇴임을 했거나 배우자와 사별해서 등 그 이유도 다양하다.

이주를 연구하는 학자들은 사람들이 이주하는 요인으로 지역의 문화나 기후,[8] 연령[9] 혹은 인종의 차이,[10] 좋은 대학이나 연구기관[11] 등 다양한 요인에 주목하여 분석한다. 그러나 노동이동을 결정하는 요인 중 가장 중요하게 꼽히는 것은 임금과 고용의

---

8) Cebula and Vedder, 1973, "A note on migration, economic opportunity, and the quality of life", pp. 205-211. Liu, Ben-chieh, 1975, "Differential net migration rates and the quality of life", pp. 329-337.

9) Becker, 1964, *Human Capital,* Wertheimer, 1970, *The Monetary Rewards of Migration Within the U.S.* Gallaway, 1969, "Age and labor mobility patterns", pp. 171-180.

10) Graves, 1979, "A Life-Cycle Empirical Analysis of Migration and Climate, by Race", pp. 135-147.

11) Defoort, 2008, "Tendances de long term de migrations internationals : analyse à partir des 6 principaux pays receveurs", pp. 285-318. Ciriaci, 2014, "Does University Quality Influence the Interregional Mobility of Students and Graduates? The Case of Italy", pp. 1592-1608. Nifo and Gaetano, 2014, "Do Institution Play a Role in Skilled Migration? The Case of Italy", pp. 1628-1649.

기회 차이이다. 노동의 이동은 종종 유인효과(pull effects)와 방출효과(push effects)의 관점에서 분석된다. 노동자는 이주지역의 높은 임금에 의해 유인되며, 현재 거주지역의 낮은 고용기회나 낮은 임금에 의해 방출된다. 그리고 여러 연구결과에 따르면 유인효과가 방출효과보다 더 강한 것으로 나타난다.

하지만 노동의 이동에는 이러한 높은 임금이나 높은 고용기회 이외에 다른 요인들도 영향을 미친다. 첫째, 이미 제2장에서 언급했듯이 많은 이주자들이 이주를 결심할 때는 기본임금뿐 아니라 각종 부가적 혜택(fringe benefit)을 포함한 총보수에 관심이 있다. 둘째, 이주지역의 생활비 수준 또한 이주에 영향을 미친다. 이는 이주자가 명목임금뿐 아니라 실질임금도 고려한다는 의미이다. 셋째, 삶의 질도 고려사항이다. 비록 이주지에서 높은 임금을 받을 수 있더라도 어메니티가 좋지 않은 지역이면 이주하기를 망설일 것이다. 반대로 기후나 문화, 지역사회의 생활환경 등이 좋고 방문하고 싶은 곳에 접근성이 좋은 지역은 환영을 받을 것이다. 넷째, 이주지의 새로운 직장에서 직업의 안정성이나 미래의 진급전망, 배우자의 수입전망 등도 이주 시에 고려하게 되는 사항들이며, 현재 거주지와 이주지 간에 이러한 차이가 크다면 이주가 시작된다.

이주하면서 드는 비용은 생각보다 복잡하다. 이주를 하면서 드는 이사비용뿐 아니라 집을 구매하고 판매하면서 드는 중개수수료, 주택 등록세 및 취득세, 가스철거 및 재설치비, 인터넷 연결비 등 여러 가지 금융비용이 드는 것 이외에도 전입신고나 전화 이전, 새 은행계좌를 만들기 위해 드는 시간적 비용, 가까운 친척이나 친구들로부터 멀어지면서 생기는 고독함과 외로움, 친숙한 환경을 벗어나 낯선 환경에 새롭게 적응하면서 받는 스트레스 등 여러 가지 정신적 비용도 존재한다. 위험 회피자에게 미래의 불확실한 전망도 중요하게 고려해야 할 또 다른 형태의 비용이다. 많은 경우, 이런 비금융비용들이 금융비용보다 더 중요하게 고려될 때도 있다.[12]

이주는 개인적으로 발생하는 비용뿐 아니라 사회적 비용도 발생시킨다. 주민이 외부로 많이 이주한 지역은 폐가와 폐교가 생겨나고, 여러 가지 공공시설이 사용되지 않고 방치되어 자원의 낭비를 가져오는 반면, 이주자가 몰리는 지역에는 주택이 모자라고, 교통 혼잡과 범죄가 증가하며, 새로운 교육시설과 도로, 공공시설들이 필요하게 된다.

---

12) Grant and Vanderkamp, 1976, *The Economic Causes and Effects of Migration 1961-71*, Economic Council of Canada, Ottawa. Mincer, 1978, "Family migration decisions", *Journal of Political Economy*, Vol. 86, pp. 749-773. Snaith, 1990, "Migration and dual career households", in J. H. Johnson and J. Salt (eds), *Labor Mobility*, David Fulton, London, pp. 155-171.

1. 노동이동의 지역 간 경제적 효과

노동의 이동은 이주민 자신과 가족뿐 아니라, 이주자가 유출되는 지역과 유입되는 지역의 경제에도 많은 영향을 미치게 된다. 이 절에서는 이러한 노동의 이동이 가져오는 경제적 효과에 대해 살펴보자.

노동은 노동의 한계생산성이 낮은 지역에서 높은 지역으로 혹은 임금이 낮은 지역에서 높은 지역으로 이동하게 된다. 그로 인해 국가 내 지역 간 노동의 한계생산력이나 임금이 균등하게 되고 국가 전체의 총생산이 증대하게 된다고 하였다.

그러나 노동의 이동은 자본의 경우와 달리 단순한 보수(임금)수준에만 영향을 받는 것이 아니라 여러 가지 사회적 요인에 의해서도 영향을 받게 된다. 또한 이주지역의 직업에 대한 불확실성, 이주에 드는 비용, 가족과의 유대, 자신과 배우자의 경력, 고향에 대한 향수 등도 노동이동의 장애요인으로 작용하게 되므로, 지역 간 노동 이동이 자유롭더라도 노동의 한계생산성이나 임금수준이 똑같이 되기는 어렵다. 그러나 이 절에서는 노동이 자유롭게 이동한다면 노동의 한계생산성이 같아지고, 따라서 지역 간 임금격차가 없어진다는 신고전학파 논리를 수용하여 분석할 것이다.

〈그림 5.3〉은 노동이동에 대한 경제적 효과를 설명하고 있다. 그림에서 D_A, D_B와 S_A, S_B는 각각 A 지역과 B 지역의 노동수요와 공급곡선을 나타낸다. 노동시장에서의 고용량은 수요와 공급의 균형점에서 결정되며, 지역 간 노동의 이동은 이동에 드는 비용과 임금에 의해 영향을 받는다고 하자.

양 지역의 초기 상황이 달라 A 지역에서는 임금이 높게 형성되어 있는 반면에 B 지역에서는 임금이 낮게 형성되어 있다. 즉, 노동이 이동하기 전에 A 지역의 임금은 OA이며, B 지역의 임금은 OD이다. 이러한 상황에서 B 지역 노동자는 보다 높은 임금을 받을 수 있는 A 지역으로 이동해 갈 것이다. 먼저 B 지역에서 A 지역으로 노동력이 유입됨으로써 A 지역에서는 임금이 OA에서 OB로 하락되고, 그에 따라 A 지역 노동자의 공급은 OL로 감소되는 반면 A 지역 내 수요는 OM으로 늘어난다. 초과수요분 LM은 B 지역으로부터 이주해 오는 노동자들로 충당된다.

한편 B 지역에서는 이와 반대의 현상이 나타난다. 노동력의 유출로 인해 노동력이 줄어들어 B 지역 내 임금은 OD에서 OC로 상승하고, 그 결과 B 지역 내 노동공급은 OQ로 증가하나 노동수요는 OP로 줄어든다. 초과공급분 $PQ(=LM)$는 A 지역으로 간 이주 노동자 수를 나타낸다. 낮은 임금의 B 지역에서는 노동자의 유출현상을 경험하게 되고, 그 결과 B 지역 내 실질적 노동공급곡선은 당초의 공급곡선(S_B)에서 A 지역으로

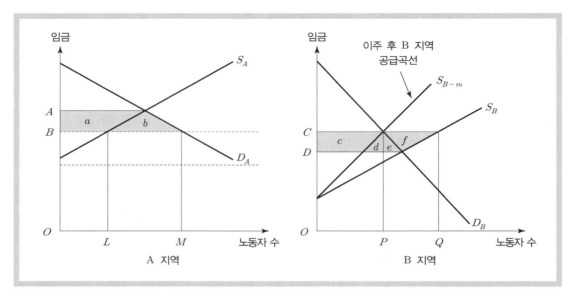

노동이동의 경제적 효과

이동해 간 노동자 수를 뺀 잔여곡선(S_{B-m})으로 줄어든다. 이때 B 지역의 새로운 노동 공급곡선은 다른 여건이 불변인 상태에서 노동력만 감소한 공급조건을 반영하게 되므로 종전보다 비탄력적인 공급곡선이 된다.

이러한 노동력 이동으로 인한 양 지역의 노동자 및 자본가에 대한 후생효과를 살펴보자. 노동자 입장에서 볼 때 A 지역 노동자는 임금하락으로 a만큼의 손실(생산자 잉여의 감소)을 입게 되는 반면, B 지역에 남아 있는 노동자는 A 지역으로 이주해 직업을 찾을 수 있는 기회가 생겼고 또 임금도 인상된 만큼 이익을 얻게 된다. 이때 B 지역 노동자들에 의한 생산자잉여의 증대는 c의 크기로 나타난다. A 지역으로 이주해 간 B 지역 노동자 역시 A 지역에서 받는 높은 임금소득으로 이익을 얻게 된다. 이러한 이주 노동자의 이익은 초기공급곡선(S_B)의 윗부분과 이주 후 공급곡선(S_{B-m})의 아랫부분 사이의 면적인 $d+e+f$로 나타난다. 즉 B 지역의 이주 노동자들의 임금은 원래의 OD에서 이주 후 $OC(= OB)$로 상승해 실질임금소득 증대는 CD의 크기로 나타난다. 따라서 B 지역 노동자 전체의 생산자잉여는 $c+d+e+f$로 확대될 수 있으나 c는 B 지역 내에 남아 있는 노동자들에게 돌아가는 실질잉여이므로, A 지역으로 이주해 간 노동자에게 돌아갈 수 있는 총잉여의 크기는 $d+e+f$이다.

한편 자본가(고용주) 입장에서 보면 임금의 변동으로 A 지역 자본가는 이익을 얻었지만, B 지역 자본가는 손실을 입었다. A 지역에서는 노동자의 유입과 임금하락으로 자본가의 후생증대분인 소비자잉여가 $a+b$만큼 증가했으나, a는 A 지역 노동자의 소득이 자본가의 소득으로 재분배된 것이기 때문에 상쇄되고, 삼각형 b만큼의 순이익이 생겼다. 반면 B 지역 자본가(고용주)는 임금인상과 그로 인한 이윤감소를 감수해야 한다. B 지역 자본가의 소비자잉여는 $c+d+e$만큼 감소했으며, 이 중 c는 B 지역 내에 남아 있는 노동자의 소득으로 재분배되었다. 그리고 A 지역으로 이동해 간 노동자의 소득증대분 $d+e+f$가 모두 고향(B 지역)으로 송금되어 올 경우 B 지역 내에서는 이러한 이주자 소득증대분으로 B 지역 내 순손실 $d+e$를 보상하고도 f만큼의 순후생 이익이 생겨나게 된다. 만일 이주해 간 노동자들로부터 이러한 송금이 없을 경우 B 지역은 노동시장 통합으로 자본가의 손실에 상당하는 $d+e$만큼의 순손실을 보게 된다.

한편 국가 전체의 입장에서 볼 때는 임금수준이 높은 지역으로 노동이 이동하면서 A 지역의 순이익 b와 B 지역의 순이익 f를 합한 크기만큼 순후생 증대효과가 생겨났다. 이러한 순후생 증대효과는 노동의 자유로운 이동으로 두 지역 간에 노동의 한계생산(임금)이 같은 수준으로 되었기 때문에 생겨난 결과이며, 한편으론 노동효율성 증가에 따른 결과이다. 이는 낙후된 지역에서 젊은이들이 일자리가 없거나 있더라도 생산성이 낮은 직업에 종사하다가, 몇몇 사람들이 더 기회가 많은 다른 지역으로 이주해 가서 좀 더 좋은 직장을 가지고 높은 임금을 받으며 일하게 되고, 고향에 남아 있는 친구들도 노동공급의 희소로 인해 이전보다 더 높은 임금을 받게 되어 모두가 좀 더 좋은 노동환경에 처하는 경우를 의미한다.

2. 지역 간 노동이동 모델

노동의 이동은 기본적으로 지역의 임금과 고용수준 간의 관계에 의존하지만, 때론 이들과 관련 없이 다른 요인으로도 발생한다. 이 단락에서는 노동이동에 대한 중력 모델과 해리스-토다로 모델을 중심으로 노동이동에 영향을 미치는 또 다른 요인들에 대해 살펴본다.

(1) 중력 모델

중력 모델(gravity model)은 뉴턴이 발견한 중력의 법칙 또는 만유인력법칙(law of universal gravitation)을 지역경제학에서 응용한 것으로 지역 간 교역량이나 인구이동을 설명하는 데 자주 적용되는 기본적인 모델이며, 앞의 4장에서 설명한 레일리법칙으로 확장된 초기 모델이다. 중력 모델은 두 지역 간의 이동수준은 그 지역의 인구규모와 직접 관련이 있으며, 두 지역 간의 거리와는 역의 관계가 있다고 설명한다.

$$M_{ab} = \frac{P_a P_b}{(D_{ab})^2} \tag{5.1}$$

M_{ab}는 a 지역과 b 지역 간의 인구이동, p_a는 a 지역의 인구, p_b는 b 지역의 인구, D_{ab}는 a 지역과 b 지역 간의 거리를 나타낸다. 따라서 두 지역 간에 이주의 흐름은 지역의 인구 크기와 비례하여 증가하며, 두 지역 사이의 거리에 따라 감소한다.

예를 들어, 미국 뉴욕의 인구가 855만 명이고, 샌프란시스코 인구가 86만 명, 두 도시간 거리가 6,000km이면 두 지역 간에 약 204,250명의 인구가 이동한다고 추정할 수 있다.

이러한 중력 모델에 대해 몰호(Molho)[13]는 이주자들의 총체적 이동분석에 통계적으로 상당히 유용하게 활용할 수 있는 모델이라고 의미를 부여하였으며, 다른 학자들도 다양한 가정을 도입하여 훨씬 더 복잡한 모델로 변형시켜 활용하였다.[14] 이에 도시로의 인구이동, 인구의 지역분포, 도시 간의 인구흡인력, 정보의 흐름, 두 지역 사이의 교통량, 전화통화량, 상품과 우편의 거래량 등을 추정하기 위해 다양하게 응용되었으며, 두 주(州) 간, 두 국가 간, 두 대륙 간, 혹은 한 도시 내 두 인접지역 간의 이동을 추정하는 데도 사용되었다. 인구변수 대신에 임금수준이나, 소득, 실업률 등 여러 다른 변수들을 사용해 인구이동을 추정하는 데 이용되기도 하였다.

하지만 이 중력 모델도 몇 가지 측면에서 비판을 받았는데, 먼저 현재의 운송체계하에서 거리가 이동의 어려움을 대표하는 적정한 변수가 아니라는 지적이다. 즉, 경우에 따라 거리보다는 이동하는 데 걸리는 실제 시간(운전시간, 비행시간)이 더 적절한 변수가 될 수 있다는 것이다. 반더캠프(Vanderkamp)[15]는 이주의 흐름을 추정하는 연구에서 이동에 따른 운송비용으로 거리뿐 아니라, 금전적 비용과 심리적 비용, 두 지역 간

13) Molho, 1986, "Theories of Migration : A Review", *Scottish Journal of Political Economy,* Vol. 33. No. 4, pp. 396-419.
14) Ravenstein, 1889, "The Laws of Migration", *Journal of the Royal Statistical Society,* Vol. 52, No. 2. (June, 1889), pp. 241-305. Tinbergen, 1962, *Shaping the World Economy : Suggestions for an International Economic Policy,* New York : The Twentieth Century Fund. Wilson, 1974, *Urban and Regional Models in Geography and Planning.* Isard, Drennan, Miller, Saltzman, and Thorecke, 1998, *Methods of Interregional and Regional Analysis.* Anderson, 2010, *THE Gravity Model,* National Bureau of Economic Research, Working Paper 16576. Jurik, David, Vit Janos, 2022, "Using Census Data for the Gravity Model in Smart Transport Planning", SCSP, 1-6 May, 2022.
15) Vanderkamp, 1971, "Migration Flows, Their Determinants and the Effect of Return Migration", pp. 1012-1031.

의 심리적 소득 차이(difference in psychic incomes) 그리고 정보부족으로 인한 소득전망의 불확실성도 포함했다. 인구의 이동에는 거리보다는 사회 및 정치적 장애가 더 클 때가 있으며, 이러한 요인은 거리와는 관련이 없다. 예를 들면, 서울에서 평양까지의 거리는 서울과 부산까지의 거리보다 훨씬 짧지만, 서울에서 부산으로 가는 것이 아무런 장애 없이 훨씬 쉽고, 시간도 짧게 걸린다. 또한 이주에는 관례효과(beaten path effect)도 있다. 즉, 이주지를 결정할 때 이주지역에 부모나, 형제, 자매 혹은 아는 친척이 있으면 거리에 상관없이 먼 거리도 이동해 간다. 역이주도 같은 방향으로 작용해, 이주한 지역에서 다시 되돌아갈 때는 전혀 모르는 지역으로 가는 것이 아니라, 기존에 부모나 형제, 자매가 있던 지역 혹은 이전에 자신이 살던 지역으로 가는 경향이 강하다. 이런 관례효과는 해외 이주에서 특히 뚜렷하게 나타나는데, 미국의 뉴욕이나 시카고, 로스앤젤레스 등 대도시에 있는 코리아타운이나 차이나타운 등이 그 좋은 예이다. 또한 뉴욕은 역사적으로 유럽에서 대서양을 건너오는 이주자들의 입국 통로가 되고 있으며, 시카고는 멕시코 인들의 미 중부 이주의 중요한 첫 번째 기착지 역할을 하고 있다. 이러한 관례효과가 강하게 나타나면 날수록 중력 모델의 예측력은 약화된다.

그 외에도 중력 모델에는 취업기회나 직업종류, 직업정보, 이주지역의 환경 등 이주에 영향을 미치는 다양한 요인들이 고려되지 않는 점이 약점으로 꼽힌다.

(2) 해리스-토다로 모델

해리스(Harris)와 토다로(Todaro)는[16] 도시와 농촌 간의 인구이동에 관한 연구를 통해 개발도상국에서 도시지역에 실업률이 높음에도 불구하고 사람들이 계속해서 도시로 모여드는 현상을 설명하려고 하였다. 또한 이러한 이주에도 불구하고 도시와 농촌 간에 임금격차가 지속되는 현상도 같이 설명하려고 하였다. 그들은 이러한 설명을 위해 기대임금(expected wage)이라는 개념을 새롭게 도입했다. 기대임금이란 실질임금에 고용될 확률을 곱한 것이다. 즉, 새로 이주하는 지역에 연봉이 4,000만 원이고, 그 지역의 실업률이 20%라고 하면 기대임금은 4,000만 원×(1−0.2)=3,200만 원이 된다. 그리고 현재 거주하는 지역의 실질임금이 이주지역의 기대임금보다 작으면 새로운 이주지로 이동한다고 가정한다.

도시지역은 노조나 관행에 의해 최저임금 수준이 보통 정치 · 사회적으로 결정되는

---

16) Harris and Todaro, 1970, "Migration Unemployment and Development : A Two-Sector Analysis", pp. 126-142.

농업수입보다 더 높다.[17] 또한 도시지역은 상당한 실업률에 직면해도 임금이 잘 감소하지 않는다. 이렇게 도시지역의 임금이 농촌의 소득보다 높기 때문에 도시에 실업자가 존재해도 계속해서 인구의 이동이 일어난다. 그리고 도시지역의 직업수가 일정하게 유지된다면 실업률은 계속 증가할 것이다. 이주자는 높은 임금을 얻을 수 있는 기회와 실업의 위험을 교환하려는 의도가 있다. 그리고 이러한 이주로 인해 실업률이 높아지면서 국가의 생산은 떨어진다. 그럼에도 불구하고 자기 위주로 생각하는 이주자들은 주어진 고용확률 가정하에서 계속 이주한다.

〈그림 5.4〉가 이러한 사실을 예시해 준다.

〈그림 5.4〉에서 *D*는 도시지역과 시골지역의 노동에 대한 수요곡선을 나타낸다. 총노동공급은 1,000명이며 이들은 도시노동자와 시골노동자로 나누어진다. 노동시장의 임금은 2,000원에서 균형을 이루고 있고 800명의 시골노동자와 200명의 도시노동자가 고용되어 있다. 그러나 도시지역에는 4,000원에서 임금이 고정되어 있다. 따라서 도시지역에는 200명의 노동자 중에 100명의 노동자만 고용되고, 이들의 기대임금은 4,000×0.5=2,000원으로 1인당 기대임금이 시골지역 임금과 동일한 상태에서 균형을 이룬다. 그러나 도시지역의 50%는 실업자 상태로 남아 있다.

이러한 해리스-토다로 모델은 세 가지 중요한 의미를 내포하고 있는데, (1) 비록 높은 임금지역으로 노동이 이동하더라도 임금이 동일화되지 않고, (2) 임금수준과 실업수준 둘 다 도시 크기와 함께 증가하며, (3) 고임금 지역으로 이동을 허용하더라도 실업을 막기는 어렵다는 것이다.

모델이 제시하는 이러한 의미는 개발도상국의 도시계획자들에게 특히 중요하다. 그러나 만일 임금이 실업률 크기에 따라 신축적으로 변한다면 모델의 설명력은 떨어진다.[18]

이 헤리스-토다르 모델은 처음 발표된 이후 여러 학자들에 의해 다양한 분야에서 여러 방식으로 계속해서 변형 및 활용되고 있다.[19]

---

17) 일부 경제학자들은 도시지역에 대학 졸업생 등 고학력자가 도시에 많이 거주하기 때문에 도시지역에 임금(소득)이 높다고 주장한다(Glaeser and Saiz, 2004. "The rise of the skilled city", pp. 47-94. Baum-Snow and Pavan, 2012. "Understanding the city size wage gap", pp. 88-127. Carlsen et al., 2016, "Education, experience and urban wage premium", pp. 39-49. Wang, 2016, "Wage growth, ability sorting, and location choice at labor-force entry : New evidence from U.S. Census data", pp. 112-120).

18) Blair, 1991, pp. 317-318.

19) 이현재, 2015, "Harris-Todaro 모형에 의한 국가간 잠재적 노동인구 이동에 관한 실증분석 : 한・중・일 3국을 중심으로", pp. 421-431, MIHAI, Iuliana, 2016, "THE MANAGEMENT OF THE 2015 EU REFUGEE CRISIS FROM THE PERSPECTIVE OF THE HARRIS-TODARO MODEL.", pp. 86-92. SANCAR, Canan, Yusuf Ekrem AKBAŞ, 2022, "The Effect of Unemployment

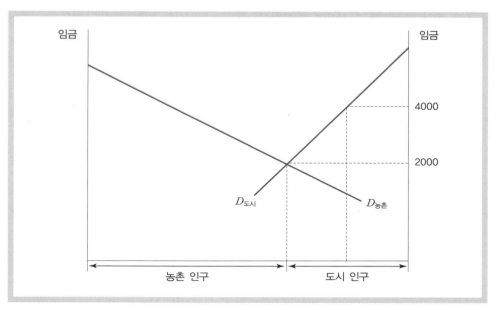

그림 5.4 해리스-토다로 모델

(3) 노동이동의 효율성과 지역 간 격차

앞의 제2절 〈그림 5.1〉은 노동이 보수가 높고 생산성이 높은 지역으로 이동해 감으로써, 이주가 국가 전체의 총생산을 늘리고 효율적이라는 의미를 내포하고 있다. 반면 해리스-토다로 모델에서는 농촌에서 도시지역으로의 이주는 도시지역의 실업률을 증가시키기 때문에 비효율적이라는 의미를 가지고 있다.

그러면 이주가 실제로 효과적이었는가를 추정하는 방법은 무엇인가? 이에 대해 블레어(Blair)는 다음의 세 가지 접근법을 제시하였는데 이는, (1) 이주자에게 전보다 잘 살게 되었는가 물어보거나, (2) 이주하지 않은 사람과 이주한 사람의 소득을 비교해 보는 방법, (3) 외부효과를 포함한 사회적 이익을 조사해 보는 방법 등이다.[20]

실제로 랜싱(Lansing)과 뮬러(Mueller)[21]는 그들의 연구에서 대부분의 이주자가 이주 후 소득이 증가하고, 자신의 이주 결정에 대해 충분히 만족하고 있는 것을 발견했다. 헌트(Hunt)와 카우(Kau)[22]도 1967~1971년까지 미국의 18세에서 27세까지 젊은 남자

---

and Urbanization on Migration in Turkey: An Evaluation in terms of the Harris-Todaro Model". pp. 215-239.

20) Blair, 1991, p. 321.

21) Lansing and Muller, 1967, *The Geographic Mobility of Labor*.

2,344명을 대상으로 조사한 후 이와 비슷한 연구결과를 발표하였다. 이들은 처음 이주자나 비이주자보다 반복해서 이주하는 이주자의 임금이 연간 13% 상승하는 것을 발견했는데, 이는 처음 이주자가 경험이 미숙하고, 직업 탐색 정보가 부족하기 때문이라고 결론지었다. 즉, 반복해서 이주하는 이주자가 이를 통해 직업을 찾는 기술을 습득하고, 따라서 이주의 효율성도 경험과 함께 증가한다는 것이다. 한편 울에버(Wolaver)와 화이트(White)[23]도 미국의 25세에서 32세의 남성을 대상으로 조사한 결과 이주한 흑인은 백인과의 임금격차를 줄였지만, 이주하지 않은 흑인에게서는 그러한 현상이 나타나지 않는 것을 발견했다. 데탕-대센드레(Détang-Dessendre)[24]도 프랑스의 젊은이들을 대상으로 연구한 결과 교육을 많이 받은 젊은이 집단이 이주 후 임금이 10% 이상 증가하는 현상을 발견했다. 특히 다른 지역보다 파리로 이주한 젊은이들의 임금증가가 더 컸으며, 대신 교육을 많이 받지 않은 집단은 이주 후 2% 이하의 임금증가가 나타나는 것을 발견했다.

하지만 이러한 결과에 대해 이주가 선별적이기 때문에 단순히 이주자의 소득과 그와 비슷하게 보이는 비이주자의 소득을 비교하는 것은 잘못된 것이라고 주장하는 학자도 많다. 즉, 이주라고 하는 것은 스스로 선택하는(self-selective)[25] 경향이 큰데, 대체로 이주를 선택하는 사람들은 젊고, 건강하고, 진취적이며, 교육을 많이 받은 사람들이어서 당연히 비이주자보다 더 나은 결과를 가져온다는 것이다.

한편 세 번째 질문의 경우 외부효과를 포함한 이주의 총사회적 이득을 평가하는 것은 앞의 두 질문에 대한 평가보다 더 어렵다. 만약 이주자들의 높은 소득이 사회적으로 더 많은 생산물을 반영하고 있다면, 이주는 사회적으로 이익이 된다고 판단할 수 있다. 그러나 사회적 이익이란 이주자 개인의 영향뿐 아니라 이주지와 원래 지역의 주민에 미치는 영향에 관한 판단까지 요구하므로, 이주의 사회적 영향을 평가하는 것은 어렵다. 예를 들면, 쇠퇴지역으로부터 번성지역으로의 이주는 이주지의 공공시설에 대한 많은 수요와 세금의 증가, 오염, 추가적인 교통 혼잡 등을 야기하지만, 원래 지역에

---

22) Hun and Kau, 1985, "Migration and Wage Growth : A Human Capital Framework", pp. 697-710.

23) Wolaver and White, 2006, "Racial Wage Differences among Young Male Job Changers : The Relative Contribution of Migration, Occupation Change, Site Characteristics, and Human Capital", pp. 34-59.

24) Détang-Dessendre, Drapier and Jayet, 2004, "The Impact of Migration on Wages : Empirical Evidence from French Youth", pp. 661-691.

25) Nakosteen and Zimmer, 2008, "Migration and Self-selection : Measured Earnings and Latent Characteristics", pp. 769-788.

남아 있는 주민들에게는 더 많은 세금과 다른 추가적 비용을 부담시킨다. 이러한 변화를 계량화하여 금액으로 추정하기에는 한계가 있기 때문에 이주의 사회비용이나 사회이익 측면에서 비교할 때는 많은 어려움이 따른다.

이주자들이 기회가 높은 지역으로 이동하는 것과 관련하여, 이러한 이동이 신고전학파에서 주장하듯이 지역 간 경제적 격차를 실제로 줄이는가? 하는 문제에 대해서는 학자들 간에 의견이 일치하지 않는다.[26] 일부 학자들은 이주가 지역 간 격차를 줄인다고 주장하지만, 일부 학자는 반대로 이주자들이 이주해 간 지역의 경제적 성장을 더 촉진하기 때문에 고임금지역과 저임금지역 사이의 격차가 더 확대된다고 주장한다. 즉, 인구가 더 많아지고, 다양해질수록 그 지역의 소비자들에게 더 많은 상품과 서비스를 제공하기 위해 고용수요를 증가시킬 것이라는 것이다. 특히, 이주자가 현직 노동자가 아니라 은퇴한 사람들이라면, 노동의 공급보다 수요를 더 빨리 증가시킬 것이다. 그리고 이러한 경제활동이 커질수록 더 큰 집적경제와 생산증가를 가져온다는 것이다. 실제로 도시의 크기가 증가함에 따라 생산성이 증가하는 실증적 증거는 많다. 더구나, 언급했듯이 이주는 스스로 선택하는 특성을 가지고 있으므로, 번성하는 지역으로 이주해 오는 사람들은 좀 더 창조적이고 사업가적 기질이 있는 개인들이 많다. 그리고 이들은 그 지역의 발전에 많은 기여를 할 것이다. 한편 쇠퇴하는 지역에서는 이러한 이주자를 받아들일 기회가 더욱 줄어들 것이다. 이들 지역에는 주로 노인들만 남거나, 교육을 덜 받고 낮은 기술을 보유하여 다른 지역에서 직업을 찾기가 어려운 사람들만 남게될 것이다. 따라서 이 지역은 새로운 경제활동을 유인하기가 점점 더 어려워지고, 낮은 임금 고용자들만 유인할 것이다. 만약 쇠퇴하는 지역의 임금이 높고 경직적이면, 기업을 유인할 전망은 더욱 감소된다. 이러한 생산요소 이동에 따른 지역 간 격차의 확대를 주장하는 이론은 뒤의 제6장의 누진적 성장이론에서 다시 상세히 다룬다.

---

26) Cromartie and Nord, 1997, "Migration contributes to nonmetro per-capita income growth", pp. 40-45. Détang-Dessendre, Drapier and Jayet, 2004, "The Impact of Migration on Wage : Empirical Evidence from French Youth", pp. 661-691. Østbye and Westerlund, 2007, "Is Migration Important for Regional Convergence? Comparative Evidence for Norwegian and Swedish Counties, 1980-2000", pp. 901-915. Fratesi, 2007, "Does Migration Reduce Regional Disparities? The Role of Skill-Slective Flows", pp. 78-102. Peeters, 2008, "Selective In-migration and Income Convergence and Divergence across Belgian Municipalities", pp. 905-921.

제5절 새로운 혁신과 아이디어

경제성장을 자본축적이나 노동의 기여만으로는 설명할 수 없는 부분이 상당히 많기 때문에, 성장에서 공간의 역할은 단순한 생산요소의 이동에만 한정되지는 않는다. 새로운 아이디어와 혁신, 기술의 발달 등은 노동이나 자본과 마찬가지로 중요한 생산요소로서 경제성장의 주요 원천(source)을 구성한다.

경제학자들은 전통적으로 발명(inventions)보다는 혁신(innovations)에 더 많은 관심을 가지고 있다. 혁신은 새로운 아이디어의 경제적 적용이다. 우리는 TV나 신문 등 대중매체를 통해 국내에서 세계 최초로 무언가 발명했다는 소식을 매일 접한다. 그렇다면 매일 세계 최초로 뛰어난 발명품을 가진 나라가 왜 세계 최고의 부국(富國)이 되지 못하는가? 그것은 발명과 혁신이 다르기 때문이다. 아무리 뛰어난 발명을 하였더라도 그것을 실제생활에 이용하고 상품화하지 못하면 별 소용이 없을 것이다. 미국이 트랜지스터를 최초로 발명했지만, 일본이 그 트랜지스터를 라디오나 전자계산기 등에 응용해 막대한 이익을 거둔 것이 그 좋은 예이다. 그릴리치(Griliches)[27]는 미국에서 옥수수 혼합종(hybrid corn)의 확산 형태를 연구한 후 혁신의 도입은 주로 공급에 의해 결정되고, 수용률(adoption rate)은 수요에 달려 있지만, 둘 다는 수익성에 달려 있다고 주장했다.

혁신은 경제성장에 중요할 뿐 아니라, 혁신이 복사되고, 수정되고, 변형되고 그리고 경제의 다른 부문으로 확산되는 정도와 속도가 경제적 발전에 영향을 준다. 일반적으로 혁신은 무게가 없고, 운송비용도 없어 빠르고 쉽게 확산되어 갈 것같이 생각하는 경우가 많다. 그러나 많은 연구결과 혁신도 저항력을 가지고 있으며, 종류에 따라 상업적 적용까지는 수십 년도 더 걸리는 것도 있는 것으로 나타난다.

1. 혁신의 발생과 확산

혁신은 주로 대도시지역에서 발생하는데, 그 이유는 대도시에서 혁신에 대한 수요와 공급이 많기 때문이다.

수요측면에서 보면 도시지역이 혁신에 대해 큰 경제적 보상을 제공해 준다. 새 상품은 초기에는 잘 알려지지 않아 구매자를 찾기가 쉽지 않기 때문에 처음에 적절한 판매

---

27) Griliches, "Hybrid corn : an Exploration in the economics of technological change", pp. 501-22.

수준을 얻기 위해서는 큰 시장이 필요하다. 대도시의 혁신에 대한 큰 수요는 실제로 생산자들의 큰 집적경제에 기인한다. 새로운 생산방식은 대도시에 입지하고 있는 여러 기업들에 적용할 수 있다.

한편 공급측면에서도 여러 가지 요인들이 대도시지역에서 혁신이 일어나기 쉽게 만든다. 대도시지역은 혁신에 필요한 다양한 활동을 지원할 수 있는 여건을 갖추고 있다. 고도의 기술을 가진 전문가, 중간제조업자, 발명가, 엘리트 공무원 등 혁신에 중요한 공헌자들 대부분이 대도시지역에 거주하고 있다. 또한 대학의 기술 인프라나 정부의 연구시설들도 대도시지역에 입지하여 이들의 활동을 지원해 준다. 최근에 많은 도시지역정책 담당자들은 이러한 혁신이 지역발전에 주요한 역할을 담당하는 것을 인식하고, 각종 연구단지나 전문가 풀(pool) 네트워크를 구축하여 지역의 혁신을 늘리기 위한 정책을 수립하고 있다.

그러나 혁신이 발생해도 곧바로 확산되지 않거나, 확산되더라도 경제 전체에 균등하게 확산되지 않는다. 오히려 불규칙적으로 확산되어 일부 지역에서는 혁신이 채택된 초기 단계에 이미 도달해 있는 반면, 다른 지역에는 늦게까지 도달하지 않을 수도 있다. 특히, 특정한 기업적 혁신은 요구하는 최소 규모의 시장 크기가 있어 어떤 지역에서는 영원히 확산이 안 될 수도 있다.

혁신의 확산에 대해 선구적 연구를 한 스웨덴 학자 헤거스트란드(Hägerstrand)[28]는 농업의 기술혁신에 대한 연구를 통해 이러한 혁신(혹은 기술)의 공간적 확산은 거리에 대한 체감함수로 나타나 혁신수용률이 중심지역에서 멀어질수록 낮아진다고 하였다.

$$P(d) = ae^{-bd} \tag{5.2}$$

식 (5.2)는 헤거스트란드가 제시한 혁신수용률 방정식인데, 음의 지수형태를 띤다. $P(d)$는 거리 d에 따른 혁신(기술)수용률이며, a는 상수, b는 거리체감계수, e는 자연대수를 나타낸다. 따라서 헤거스트란드의 혁신 확산 형태는 〈그림 5.5〉와 같이 되어, 중력이론과 비슷하게 거리가 멀어질수록 혁신의 수용률은 점점 떨어진다. 곡선의 형태는 시간이 지남에 따라 S 형태를 띠는데, 왜냐하면 초기에는 천천히 수용되다가 중간 단계에서 점점 수용률이 증가하여, 종국적으로 포화상태에 이르게 되면 떨어지기 때문이다.

---

28) Hägerstrand, 1953, *Innovationsförloppet ur korologisk synpunkt.*

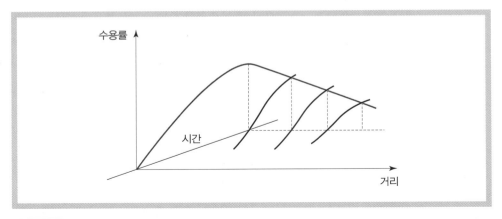

그림 5.5 거리에 따른 혁신수용률

자료 : Richardson, 1978, p. 127.

　이러한 헤거스트란드 모델은 현대의 기술확산이론에 핵심적 이론 중 하나인데 혁신
의 확산이 개인들의 접촉에 의존하는 저개발지역(농가가 균등하게 분포되어 있는 시골
지역)에 잘 맞다. 따라서 공간의 분포가 이질적인 도시지역에서는 이 모델이 수정되어
야 한다.

　또 다른 혁신의 공간적 확산 모델은 피더슨(Pedersen)[29]에 의해 제시되었는데, 그는
혁신의 수용확률과 도시의 인구 크기를 관련시킨 모델을 제시하였다.

$$S_i = 1 - e^{-P_i w} \tag{5.3}$$

　여기서 S_i는 시간 t_i 기에 인구 크기가 P_i인 도시의 혁신수용확률이고, w는 인구 중
에 잠재적 혁신가(innovator) 수이다. 따라서 이 모델에서는 도시의 인구가 늘어나거나,
잠재적 혁신가의 수가 많아질수록 혁신을 수용할 확률이 높아진다. 하지만 피터슨은
도시가 너무 작으면 혁신을 수용하기가 불가능하기 때문에 혁신을 수용하기위한 도시
크기의 임계치가 있다고 하였다. 그는 대도시가 혁신을 더 잘 수용한다고 하였는데,
왜냐하면 이미 언급했듯이 기술자나 경영자, 연구개발 전문가 같은 혁신수용 엘리트
(innovation adopting elite)가 거기에 불균형적으로 집중되어 있고, 좀 더 우호적인 사
회구조와 대기업의 의사결정 센터가 입지해 있기 때문이라고 하였다. 또한 도시의 집

---

29) Pedersen, 1970, "Innovation diffusion within and between national urban systems", pp. 203-54.

적경제가 좀 더 많은 엘리트 인구와 기업을 유인하면서 이러한 추세를 강화시키는 반면, 창업가(수용자)의 공간적 분포에 영향을 미치는 임의적 요인들(stochastic factors)은 혁신이 작은 도시로 확산되는 것을 막는다고 하였다.

그러면 이러한 혁신이 확산되는 형태는 어떠한가? 여기에는 세 가지 형태가 식별되는데, 첫째, 대도시로부터 방사선 형태로 주변의 가까운 지역으로 확산되는 형태, 둘째, 대도시에서 대도시로 비슷한 등급의 도시로 확산되는 형태, 셋째, 대도시에서 소도시로 도시의 계층을 따라 확산되는 형태이다.

첫 번째 형태는 주로 소비자 편향적 혁신으로 중심도시로부터 인근의 시외지역으로 혁신이 퍼져 나가는 것으로, 단순히 거리가 가깝고 정보비용이 크지 않은 데 따른 확산 형태이다. 이러한 확산 형태는 헤거스트란드의 혁신수용률 예측 모델과 잘 맞는다.

이에 비해 두 번째 형태는 혁신이 거리와 무관하게 등급이 비슷한 도시 사이에 확산된다. 이러한 혁신은 서울이나 부산, 대구, 인천 같은 대도시에 동시에 나타나는 것을 의미하며 이는 새로운 혁신을 지지해 줄 환경이 필요한 때문에 발생한다. 즉 휴대전화가 처음 출시되었을 때, 이러한 새로운 기기를 운영할 기지국과 기기가 고장 났을 때 그것을 수리해 주고, 기타 부수적인 서비스를 해 줄 수 있는 인프라가 구축되어 있어야 하는데, 그러한 장비와 인력을 유지하는 데 낮은 등급의 도시는 어려운 점이 많다. 또한 지역 간에 있어 주요 대도시들 간의 통신시설과 운송체계의 연결이 대도시와 소도시 간의 연결보다 훨씬 더 잘 되어 있다. 이러한 점도 같은 등급의 도시 간에 혁신이 빠르게 확산되는 이유가 된다. 대도시지역 소비자의 1인당 소득수준이 높은 것도 대도시 간에 혁신의 확산을 촉진한다. 보통 처음 출시되는 새로운 혁신제품들은 비교적 가격이 높게 설정되므로 이러한 상품을 구매하는 소비자도 소득 수준이 높은 사람들이다. 따라서 새로운 제품은 대도시에서 먼저 상품이 팔리고 차츰 낮은 등급의 도시로 퍼져나갈 것이다. 컴퓨터, 컬러 TV, 복사기, 캠코더(Camcorder) 등 시대를 앞서 가는 제품 대부분이 초기에는 대도시에서 먼저 유통되었던 것도 같은 이유이다.

세 번째 확산 형태는 대도시로부터 낮은 등급의 도시로 혁신이 확산되는 형태이다. 이러한 확산 형태는 경제적 연관관계에 의해 설명될 수 있다. 큰 기업은 내부적으로 도시의 계층과 같이 기업 내에도 계층을 가지고 있다. 예를 들면, 본사는 대부분 주요 대도시에 입지하고, 지역이나 지방사무실은 그보다 낮은 등급의 도시에 입지한다. 그리고 기업의 조직계층을 따라 정보도 흘러간다. 기업 본사는 그룹 내에서 제일 먼저 팩스기를 설치한다. 그리고 나면 중·소도시에 위치한 지역사무실과 작은 지방사무실에 필요한 지시를 내려 보내기 위해 점차적으로 팩스기를 설치할 것이다. 따라서 팩스기 같은 경우 도시의 계층을 따라 확산될 것이다. 또한 소비자 생산물의 배급 채널도 장소와 정보 채널의 계층을 반영할 것이다.

2. 혁신의 확산과 지역개발

일반적으로 혁신은 대도시에서 발생하여 앞 단락에서 언급했던 형태로 주변지역과 낮은 계층의 도시로 확산되어 간다. 이러한 사실을 생산물의 라이프사이클(life-cycle) 모델과 결부시켜 보면 생산초기에 상품을 개발하는 동안에는 많은 혁신적 활동이 요구된다. 그래서 먼저 대도시에서 탄생해 대도시에서 생산되고 판매된다. 개발 초기단계의 생산물은 표준화되지 않고, 상용화되지 않은 생산기술을 요구하므로 대도시의 진보된 기술력과 높은 숙련기술자를 필요로 한다. 그래서 연구개발(R&D) 활동과 생산활동이 서로 가까이 있어야 한다. 그러나 초기단계를 지나 생산과정이 더 많이 이해되고 제품의 생산이 상용화되면, 기술력이나 타 기업들의 지원 그리고 유연성에 대한 필요성은 점차 감소한다. 이때는 연구개발 활동과 생산활동이 반드시 가까이 있을 필요가 없다. 즉, 더 이상 대도시에서 생산될 이유가 없어진다. 따라서 일상적인 생산활동을 하는 기업들은 낮은 생산비용 지역을 찾아서 차츰 대도시에서 중소도시 그리고 그보다 작은 지역으로 이동하는데, 이런 과정을 보통 산업적 여과(industrial filtering)라고 부른다. 대도시지역은 그들의 경제기반 일부를 작은 도시에 빼앗기며, 이를 대체할 새로운 혁신이 계속 일어나야 한다. 대신 중소도시나 배후지는 대도시에서 더 이상 생산되지 않는 제품을 가져와 생산함으로써 지역의 발전을 도모한다.

교육과 훈련 그리고 좋은 환경에 대한 전략적 투자는 대도시 지역이 특별한 상품을 생산하는 데 필요한 숙련기술자들을 유인하고, 머무르도록 하는 것을 돕는다. 대도시는 또한 그 지역에서 생겨난 산업을 유지하고, 산업적 여과의 진행을 늦추는 방법을 탐색한다. 반대로, 작은 도시는 산업적 여과의 진행을 되도록 빠르게 하여 생산의 초기단계에 그 산업을 유인해 오려고 노력한다.

이러한 혁신의 확산과 제품의 라이프사이클 순환과 관련하여 기에세(Giese)와 테스타(Testa)[30]는 만일 생산활동이 낮은 비용의 환경을 찾아 다른 지역으로 옮겨 가도 여전히 대도시에 연구개발 기능은 유지되는가? 하는 문제에 대해 연구하였다. 그들은

---

30) Giese and Testa, 1988, "Can Industrial R&D Survive the Decline of Production Activity?", pp. 326-38.

1976년부터 1985년까지 시카고 지역의 600여 개 연구개발 연구소(Lab)를 대상으로 연구를 하였는데, 이 기간 동안 시카고 지역의 제조업 고용자는 16%나 감소하던 때였다. 하지만 제조업이 쇠퇴하더라도, 시카고 지역은 산업연구개발 센터로서 우월성은 유지되는 것을 확인하고, 대도시에서의 연구개발 기능은 생산기능의 근접성과는 큰 연관관계가 없이 지속된다고 결론 내렸다.

제6절 │ 자원의 이동과 지역정책

경제학자들은 일반적으로 자원이 이동될 때 경제가 좀 더 효율적으로 운용되고 그 성과도 개선된다고 믿고 있으며, 이러한 이동을 방해하는 장애물을 제거하는 것이 정부나 지방정부의 주요 역할이라고 생각한다.

그러나 노동의 이동과 관련하여 정부가 자주 직면하는 문제는 침체지역이나 낙후지역 등 실업률이 높은 지역에 산업을 이전시켜 직업을 창출하는 것(job to people)이 좋은 정책일까? 아니면 그런 지역에 사는 사람을 직업이 있는 장소로 이주시키는 것(people to job)이 좋을 정책일까? 하는 것이다. 이는 사람을 옮길 것인가 아니면 직업을 옮길 것인가 하는 문제로 귀착되는데, 그에 대한 해답은 근본적으로 노동의 이동성에 대해 어떻게 판단하느냐에 달렸다.

'사람이 있는 곳에 직업을(jobs to people)' 창출해야 한다고 주장하는 학자들은 사람들이 현재의 거주지에서 낯선 곳으로 이동을 잘 하려 하지 않아 노동의 이동성이 낮다고 생각한다. 실제로 랜싱(Lansing)과 뮬러(Mueller)[31]의 연구결과에 따르면 직업이 없는 사람이 직업이 있는 사람들보다 더 다른 곳으로 이동하기를 원하지만, 이런 경향은 교육을 덜 받고, 숙련된 기술이 없는 집단 그리고 흑인층으로 갈수록 줄어드는 것으로 나타난다. 그래서 노동자를 직업이 있는 지역으로 옮기려는 정책은 비용만 많이 들 뿐 성공하기도 어렵다고 판단한다. 또한 일부 학자들은 국민이면 누구든 직업에 똑같이 접근할 권리가 있다고 주장하고 있다. 이런 주장의 꽤 오래되었는데, 1967년에 미국의 대통령 자문위원회가 대통령에게 제출한 보고서에는 "국가의 정책은 미국의 농촌지역 주민들에게도 다른 미국시민과 동일한 기회를 제공할 수 있도록 계획되어야 한다. 이것은 인종과, 종교, 사는 지역에 관계없이 직업에 대한 접근, 의료, 주택, 교육, 후생

---

31) Lansing and Mueller, 1967, *The Geographic Mobility of Labor.*

및 다른 모든 공공 서비스를 포함한다."라는 내용이 서술되어 있다.[32] 또한 침체지역이나 낙후지역에서의 직업창출 활동은 국가 총생산의 아무런 손실 없이, 낮은 비용으로 직업을 창출할 수 있다고 주장한다. 이러한 '사람이 있는 곳에 직업을' 접근법은 침체지역 유지들이나 공무원들이 특히 선호하는데, 왜냐하면 그들은 자신들이 사는 지역에 대한 자부심과 개인적 감정으로 그 지역의 발전 잠재력이 적다거나, 인구가 감소한다는 사실을 인정하기를 싫어하기 때문이다. 더구나 이 정책에 자신들이 직접적 수혜자가 될 확률이 높기 때문이다. 그러나 '사람이 있는 곳에 직업을' 접근법은 지역의 후생을 사람의 후생 위에 두는 것 같지만 실제로는 그 지역 자체를 돕기 위한 것이 아니라 거기에 살고 있는 사람들을 돕기 위해 고안된 것이라는 비판을 받는다.

한편 '사람을 직업이 있는 장소로(people to jobs)' 접근법을 주장하는 학자들은 근본적으로 노동의 이동성이 높다는 것을 전제로 한다. 그리고 직업은 한 곳에서 다른 지역으로 쉽게 이동하지 않는다고 생각한다. 실제로 현재의 제조업 입지는 과거 석탄이나 증기를 산업 연료로 쓰던 때와 비교해 입지가 훨씬 자유로운 것도 사실이다. 그러나 이것이 근로자가 대도시와 소도시나 시골지역에 취업하는 데 대해 선호의 차이가 없다는 의미는 아니다. 새로운 산업을 모든 지역사회에 배치함으로써 지역의 고용문제를 해결하려는 시도는 낭비적이고 효과가 없다는 증거는 많다. 여러 국가에서 주요 산업을 소도시에 배치해 성공한 사례는 드물다. 오히려 많은 사람과 기업이 시골이나 소도시에서 대도시로 이전해 간 경우는 많다. 이것은 부분적으로 3차 산업의 중요성이 증대하면서 농업의 중요성이 감소하고, 장거리 통신과 교통의 발전, 대규모 생산과 대도시 형태의 어메니티 수요증가 그리고 집적 및 도시경제의 확산 등에 따른 현상이다. 그래서 정부가 쇠퇴지역의 발전을 촉진하려고 재원을 투자해 직업을 창출해도 장기적으로 입지조건이 좋고, 수익이 높은 지역으로 다시 이전해 감으로써 계획은 실패할 것이라고 주장한다. 그들은 한편으론 '시장이 투자를 지역 간에 가장 효율적으로 분배한다'는 원칙을 신뢰하고 있으며, 정부가 그러한 시장의 힘을 억지로 바꾸려는 시도를 하면 안 된다고 주장한다.

이러한 양 극단적 접근법에 대해 많은 정책적 토론이 이루어졌지만 두 정책 모두 장점과 단점을 가지고 있고, 지역이 처한 공간적 환경에 따라 한 가지 접근법이 다른 접근법보다 더 나을 수도 있다.

---

32) Presidential Advisory Commission, 1967, *The People Left Behind.*

지역적 이동은 개인이 그들의 지위를 향상시키는 하나의 방편으로 되어 왔고, 미래에도 계속 그러할 것이다. '사람을 직업이 있는 장소'의 전략은 완전한 정책은 아니다. 많은 사람들이 이동하는 것에 대해 거부감이 있으므로 이러한 이주장려정책은 종종 저항에 직면한다. 그래서 '사람이 있는 곳에 직업을' 접근법도 무시될 수는 없다.

자본의 이동은 노동보다 훨씬 더 자유로워, 최근에는 주로 국내의 다른 지역보다는 외국으로부터의 자본유입이 흔하게 일어난다. 특히 대부분의 선진국에서 법인세율을 줄이고 조세기반을 넓히는 정책을 시행하는 추세여서 다국적기업의 자본이동이 이전보다 훨씬 적극적이고 많아졌다.[33] 하지만 이러한 외국자본의 유입에 대해 일반 사람들은 크게 우려하지 않는다. 그들은 자신들이 일하는 기업이 외국자본가에 의해 소유되었든, 국내자본가에 의해 소유되었든 별문제가 안 된다고 생각한다. 오히려 외국자본가가 소유자라는 것 자체가 자신들의 나라가 그만큼 투자하기에 안전한 국가라는 것을 증명해 주는 좋은 증거라고 반기는 사람들은 외국인의 자본유입이 경제적 약점이 아니라 장점이라고 생각한다. 그러나 일부 사람들은 이러한 외국인 자본이 계속 유입되면 국가의 자본통제 권한이 약화되고, 국가의 중요한 경제적 결정이 외국인에 의해 이루어지고, 국내노동자는 저임금과 단순 반복작업만 하는 노동자로 전락할지 모른다고 걱정한다.[34] 더구나 이러한 외국자본은 국내경제가 어려우면 썰물처럼 빠져나가 국가의 경제위기를 더욱 심화시킨다고 생각한다.

이렇게 외국자본의 유입에 대한 상반된 의견이 존재함에 따라 외국인의 자본투자에 대한 일반적인 합의를 끌어내기는 쉽지 않다. 그러나 대부분의 경제학자들은 자본의 자유로운 국가 간 이동이 더 바람직하다고 생각하고 있으며, 지금과 같이 개방된 세계에서 자본의 유입을 막는 것은 불가능하다고 생각한다.

제7절 요약

지역 간 생산요소의 이동은 지역 성장에 중요한 역할을 한다는 관점에서, 이 장에서는 지역 간 자원의 흐름과 그 영향에 대해 구체적으로 살펴보았다. 처음에는 서로 극단적

---

33) Fuest and Hemmelgarn, 2005, "Corporation tax policy, foreign firm ownership and thin capitalization", pp. 508-526. Pusterla and Resmini, 2007, "Where do foreign firms locate in transition countries? An empirical investigation", pp. 835-856.
34) Tolchin and Tolchin, 1987, *Buying into America*.

으로 상반된 이론적 모델이 소개되었다. 한편으로 자원은 이동할 수 없지만 상품이 이동 가능하다면, 상품의 수출은 생산요소의 대체재가 될 수 있다. 다른 한편으로, 자원의 완전이동이 가능하다면, 그들은 자원의 가격이 균등화될 때까지 가격이 낮은 지역으로부터 가격이 높은 지역으로 흘러간다. 그래서 자원에 대한 보수가 생산성을 반영한다면, 자원의 이동은 양 지역에 자원가격이 같아지도록 유도하며 총생산물을 증가시킨다. 하지만 이러한 자원의 완전이동성 가정은 고려해야 할 훨씬 더 복잡한 현실적 사실들을 감추고 있다.

자본의 경우 비록 이동에 수많은 장애물이 있지만, 일반적으로 이동성이 높은 생산요소로 간주된다. 또한 자본의 이동은 출발지나 목적지 두 지역 모두의 경제에 이익을 가져오는 것으로 나타난다.

노동의 이동은 출발지의 방출요인과 이주지의 견인요인의 결과이다. 그러나 견인요인이 방출요인보다 이주결정에 더 큰 영향을 미치는 것으로 나타난다. 대부분의 실증적 증거는 노동은 높은 임금지역으로 이주해 가는 경향이 있지만, 임금 하나만으로 이주 결정요인을 설명하는 것은 부적절하다는 것을 말해 준다.

이주는 임금을 동일화시키는 경향이 있다. 그러나 해리스-토다로 모델에서는 노동자의 높은 임금이 실업 가능성과 상쇄되기 때문에, 노동이 임금과 실업률이 높은 지역으로 이동하는 경향을 보여 준다.

중력 모델은 이주가 두 지역 사이의 인구 크기에 비례해 증가하고, 거리에 따라 감소하는 것을 가정한다. 주요한 중력 모델의 비판은 그들이 이주에 영향을 주는 많은 요소들을 고려하지 못하기 때문에 모델 자체가 명확하게 정의되지 못했다는 것이다. 관례효과(beaten-path effect) 또한 이러한 중력 모델의 예측력을 약화시킨다.

혁신과 아이디어의 이동도 자본이나 노동 못지않게 경제발전에 영향을 준다. 혁신은 대도시지역에서 주로 발생하며, 같은 등급의 도시끼리 혹은 높은 등급의 도시에서 낮은 등급의 도시로 혹은 혁신중심지에서 방사선 형태로 멀어지며 확산되어 간다.

지역 간 자원의 흐름은 정책적 의문에 중요한 역할을 한다. 실업률이 높은 지역으로 직업을 옮겨야 하나, 아니면 사람이 직업이 있는 곳으로 옮겨 가야 하나 하는 문제는 노동의 상대적 이동성에 달려 있다.

최근에 많은 연구자들은 외국인의 자본투자에 관심을 나타내고 있다. 일부는 이러한 외국인 투자를 국가경제의 장점으로 보지만, 일부는 경제적으로 중요한 사항이 외국인에 의해 결정된다고 걱정한다.

이 책에서는 다루지 않았지만 천연자원도 지역성장에 중요한 역할을 담당하는 요인이다. 그래서 머로니(Moroney) 같은 학자는 교역의 결정요인으로 지역의 천연자원 부존량이 노동이나 자본보다 더 중요하다고 주장한다. 그러나 천연자원은 부존량에 따라 집약적으로 개발할 수 있는 기간이 매우 짧아 지속가능성에 의문을 제시할 수도 있다.

참고문헌

이현재, 2015, "Harris-Todaro 모형에 의한 국가간 잠재적 노동인구 이동에 관한 실증분석 : 한·중·일 3국을 중심으로, 『한국콘텐츠학회논문지』, 2015, 15권 6호, pp. 421-431

Anderson, James E. 2010, *The Gravity Model,* National Bureau of Economic Research, Working Paper 16576.

Baum-Snow, N. and Pavan, R., 2012. "Understanding the city size wage gap", *Review of Economic Studies,* Vol. 79, No. 1, pp. 88-127.

Becker, G. S., 1964, *Human Capital,* NBER, New York : Columbia University Press.

Blair, John P., 1987, *Urban and Regional Economics,* Boston : Irwin.

Carlsen Fredrik, Jørn Rattsø, Hildegunn E. Stokke, 2016, "Education, experience, and urban wage premium", *Regional Science and Urban Economics,* Vol. 60, pp. 39-49.

Cebula, R. J. and R. K. Vedder, 1973, "A note on migration, economic opportunity, and the quality of life", *Journal of Regional Science,* Vol. 13, Issue 2, pp. 205-211.

Ciriaci, Daria, 2014, "Does University Quality Influence the Interregional Mobility of Students and Graduates? The Case of Italy", *Regional Studies,* Vol. 48, No. 10, pp. 1592-1608.

Coughlin, C.C and Fabel, O. 1988, "State factor endowments and exports : an alternative to cross-sectional studies", *Review of Economics and Statistics,* Vol. 70, pp. 696-701.

Cromartie, J. B. and Nord M., 1997, "Migration contributes to nonmetro per-capita income growth", *Rural Conditions and Trends,* Vol. 8, pp. 40-45.

Defoort, C., 2008, "Tendances de long term de migrations internationals : analyse à partir des 6 principaux pays receveurs", *Population,* Vol. 63, pp. 285-318.

Détang-Dessendre, C., Carine Drapier and Hubert Jayet, 2004, "The Impact of Migration on Wage : Empirical Evidencefrom French Youth", *Journal of Regional Science,* Vol. 44, No. 4, pp. 661-691.

Dixon, R. J., 1973, "Regional specialisation and trade in the UK", *Scottish Journal of Political Economy,* Vol. 20, pp. 159-169.

Estle, E, 1967, "A more conclusive regional test of the Heckscher-Ohlin hypothesis", *Journal of Political Economy,* Vol. 75, pp. 886-888.

Fratesi, Ugo, 2007, "Does Migration Reduce Regional Disparities? The Role of Skill-Slective Flows", *Review of Urban and Regional Development Studies,* Vol. 19, No. 1, pp. 78-102.

Fuest, Clemens and Thomas Hemmelgarn, 2005, "Corporation tax policy, foreign firm ownership and thin capitalization", *Regional Science and Urban Economics,* Vol. 35, pp. 508-526.

Gallaway, L. E., 1969, "Age and labor mobility patterns", *Southern Economic Journal,* Vol. 36, Issue 2, pp. 171-180.

Giese, Alenka S. and William A. Testa, 1988, "Can Industrial R&D Survive the Decline of Production Activity?", *Economic Development Quarterly,* Vol. 2, No. 4, pp. 326-338.

Glaeser and Saiz, 2004, "The rise of the skilled city", Brookings-Wharton Paper. *Urban Affair.* pp.47-94.

Grant, K. E. and Vanderkamp, J., 1976, *The Economic Causes and Effects of Migration 1961-71,* Economic Council of Canada, Ottawa.

Graves, Phillips E., 1979, "A Life-Cycle Empirical Analysis of Migration and Climate, by Race", *Journal of Urban Economics,* Vol. 6, No. 2, pp. 135-147.

Griliches, Z., "Hybrid corn : an Exploration in the economics of technological change", *Econometrica,* Vol. 25, No. 4, pp. 501-522.

Harris, John R. and Michael P. Todaro, 1970, "Migration Unemployment and Development : A Two-Sector Analysis", *American Economic Review,* Vol. 60, No. 1, pp. 126-142.

Hägerstrand, Torsten, 1953, *Innovationsförloppet ur korologisk synpunkt.* C. W. K. Gleerup, Lund, Sweden, translated by Allen Pred, 1967, *Innovation Diffusion as a Spatial Process,* The University of Chicago Press.

Hecksher, E. F., 1919, "The Effect of Foreign Trade on the Distribution of Income", *Ekonomisk Tidskift,* reprinted in H. S. Ellis and L. M. Metzler, 1950, *Readings in the Theory of International trade,* Homewood III : Irwin.

Horiba Y. and Kirkpatrick, R. C., 1981, "Factor endowments, factor proportions and the allocative efficiency of US interregional trade", *Review of Economics and Statistics,* Vol. 63, pp. 178-187.

Hunt, Janet C., and James B. Kau, 1985, "Migration and Wage Growth : A Human Capital Framework", *Southern Economic Journal,* Vol. 52, No. 3, pp. 697-710.

Isard, W., Azis, I. J., Drennan, M. P., Miller, R. E., Saltzman, S. and Thorecke, E., 1998, *Methods of Interregional and Regional Analysis,* Ashgate : Bookfield, Vt.

Jurik, David, Vit Janos, 2022, "Using Census Data for the Gravity Model in Smart Transport Planning", Smart City Symposium Prague (SCSP) Smart City Symposium Prague (SCSP), 1-6 May, 2022.

Klassen, T. A., 1973, "Regional comparative advantage in the United States", *Journal of Regional Science,* Vol. 13, pp. 97-105.

Lansing, John B. and Eva Mueller, 1967, *The Geographic Mobility of Labor,* Ann Arbor : Survey Research Center, University of Michigan.

Leontief, W., 1954, "Domestic Production and Foreign Trade : The American Capital Position Reexamined", *Proceedings of the American Philosophical Society,* Vol. 97, No. 4 (Sep. 28, 1953), pp. 332-349, *Economia Internazionale,* February, reprinted in R. E. Caves and H. G. Johnson, 1968, *Readings in International Economics,* Homewood, III. : Irwin, and in J. N. Bhagwati, 1969, *International Trade : Selected Readings* Baltimore : Penguin.

Leontief, W., 1956, "Factor proportions and the Structure of American Trade; Further Theoretical and Empirical Analysis", *Review of Economics and Statistics,* November.

Liu, Ben-chieh, 1975, "Differential net migration rates and the quality of life", *Review of Economics and Statistics,* Vol. 52, No. 3, pp. 329-337.

MIHAI, Iuliana, 2016, "THE MANAGEMENT OF THE 2015 EU REFUGEE CRISIS FROM THE PERSPECTIVE OF THE HARRIS-TODARO MODEL." *USV Annals of Economics & Public Administration,* 2016, Vol. 16, Issue 2, pp. 86-92.

Mincer, J., 1978, "Family migration decisions", *Journal of Political Economy,* Vol. 86, pp. 749-773.

Molho, Ian, 1986, "Theories of Migration : A Review", *Scottish Journal of Political Economy,* Vol. 33. No. 4, pp. 396-419.

Moroney, John R. and Walker, James M., 1966, "A Regional Test of the Heckscher-Ohlin theorem", *Journal of Political Economy,* Vol. 74, N0. 6. pp. 573-586.

Moroney, John. R., 1975, "Natural resource endowments and comparative labor costs : A hybrid model of comparative advantage, comparative advantage", *Journal of Regional Science,* Vol. 5, Issue, 2. pp. 139-50.

Nakosteen, R. A., O. Westerlund and M. Zimmer, 2008, "Migration and Self-selection : Measured Earnings and Latent Characteristics", *Journal of Regional Science,* Vol. 48, No. 4, pp. 769-788.

Nifo, Annamaria and Gaetano Veccione, 2014, "Do Institution Play a Role in Skilled Migration? The Case of Italy", *Regional Studies,* Vol. 48, No. 10, pp. 11628-1649.

Ohlin, B., 1933, *Interregional and International trade,* Cambridge, Mass. : Harvard University Press.

Østbye, Stein and Olle Westerlund, 2007, "Is Migration Important for Regional Convergence? Comparative Evidence for Norwegian and Swedish Counties, 1980-2000", *Regional Studies,* Vol. 41, No. 7, pp. 901-915.

Pedersen, P. O., 1970, "Innovation diffusion within and between national urban systems", *Geographical Analysis,* Vol. 2, pp. 203-54.

Peeters, Ludo, 2008, "Selective In-migration and Income Convergence and Divergence across Belgian Municipalities", *Regional Studies,* Vol. 42. No. 7, pp. 905-921.

Presidential Advisory Commission, 1967, *The People Left Behind,* Report of the President's National Advisory Commission on Rural Poverty, Washing D. C., Government Printing Office. p. xi.

Pusterla, Fazia and Luara Resmini, 2007, "Where do foreign firms locate in transition countries? An empirical investigation", *The Annals of Regional Sciences,* Vol. 41, pp. 835-856.

Ravenstein, Edward George, 1889, "The Laws of Migration", *Journal of the Royal Statistical Society,* Vol. 52, No. 2. (June, 1889), pp. 241-305.

Ricardo, David, 1817, *The Principle of Political Economy and Taxation,* London.

Richardson, H. W., 1978, *Regional and Urban Economics,* London : Penguin.

SANCAR, Canan & Yusuf Ekrem AKBAŞ, 2022, "The Effect of Unemployment and Urbanization on Migration in Turkey: An Evaluation in terms of the Harris-Todaro Model." *Sosyoekonomi.* Vol. 30, Issue 51, pp. 215-239.

Snaith, J., 1990, "Migration and dual career households", in J. H. Johnson and J. Salt (eds), *Labor Mobility,* David Fulton, London, pp. 155-171.

Stolper, Wolfgang F. and Paul A. Samuelson, 1941, "Protection and Real Wages", *The Review of Economic Studies* Vol. 9, No. 1 pp. 58-73.

Swales, J. K., 1979, "Relative factor prices and regional specialisation in the United Kingdon", *Scottish Journal of Political Economy,* Vol. 26, pp. 127-146.

Tinbergen, 1962, *Shaping the World Economy : Suggestions for an International Economic Policy,* New York : The Twentieth Century Fund.

Tolchin, Susan and Martin Tolchin, 1987, *Buying into America,* New York : Times Books.

Vanderkamp, John, 1971, "Migration Flows, Their Determinants and the Effect of Return Migration", *Journal of Political Economy,* Vol. 79, Iss. 5, pp. 1012-1031.

Wang, Zhi, 2016, "Wage growth, ability sorting, and location choice at labor-force entry : New evidence from U.S. Census data", *Journal of Urban Economics,* Vol. 96, pp. 112-120.

Wertheimer, R. F. III, 1970, *The Monetary Rewards of Migration Within the U.S.,* Washington, D. C. : The Urban Institute.

Wilson, A. G, 1974, *Urban and Regional Models in Geography and Planning,* London : Wiley.

Wolaver, A. M. and N. E. White, 2006, "Racial Wage Differences among Young Male Job Changers : The Relative Contribution of Migration, Occupation Change, Site Characteristics, and Human Capital", Growth and Change, Vol. 37, No. 1, pp. 34-59.

제6장

지역의 성장이론

세월이 흐르면서 국가의 위상도 바뀐다. 즉, 과거 높은 국민소득 수준을 자랑하던 선진국가가 현재에는 어려운 형편에 처하기도 하고, 과거 가난에 시달리던 국가가 눈부신 경제성장을 통해 경제 선진국으로 발돋움하기도 한다. 지역도 같은 운명을 겪어 과거에 번성했던 지역이 현재에는 침체된 지역으로 전락하고, 반면에 과거에 낙후지역이 현재에는 번성지역으로 변신하기도 한다. 그러다보니 국가의 성장이나 지역의 성장요인을 규명하는 일이 경제학자들에게는 중요한 연구과제이다. 이 장은 지역성장에 초점을 맞추는데 지역의 성장은 크게 질적인 성장과 양적인 성장으로 구분할 수 있다. 질적인 성장은 지역경제 외적인 요인과 사회구조의 변화, 지역 주민들의 가치관 및 태도의 변화 등을 의미하는데, 이러한 질적 변수들은 장기간에 걸쳐 변하고 측정이 쉽지 않다는 점 때문에 여기서는 주로 경제성장만을 뜻하는 협의의 개념으로 한정하여 살펴본다.

지역의 경제적 성장을 이야기할 때 먼저 성장을 측정하는 지표를 무엇으로 선택할 것인가에 대한 명확한 정의가 필요하다. 즉, 지역의 총 산출량 증가나 노동자 1인당 산출량 증가 혹은 1인당 산출량, 지역의 부가가치 총액 등 여러 지표 가운데 어느 지표를 기준으로 측정할 것인가를 결정하는 것이 중요하다. 왜냐하면 어떤 지역에 경제 여건이 좋지 않아 지역의 총 산출량이 계속 줄어드는 상황에서, 직업을 잃은 노동자가 외부지역으로 급속히 빠져나가면 그 지역의 노동자 1인당 산출량은 오히려 증가할 수 있기 때문이다.

이러한 지표 선정의 문제와 별개로 지역의 변화와 성장은 지역 내 여러 다양한 경제적·사회적 상호작용에 의해 이루어지는 점도 고려해야 한다. 특히 산업 내 진보된 기술을 효율적으로 적용하는 데 필요한 복잡한 메커니즘과 적용과정을 이해하는 것을 우선적으로 요구한다. 이러한 성장과 관련하여 전 세계적으로 공통적으로 관측되는 현상은 1차 산업의 중요성이 줄어드는 대신 2차 산업과 3차 산업의 역할이 증가하고, 도시화율이 증가하며, 1인당 국민소득 수준의 증가와 함께 자산소득이 전체 개인소득에서 차지하는 비중이 증가하고 자본이 축적되는 것이다. 이러한 지역의 성장이 한 가지 '요인'에 의해 발생된다고 기대하는 것은 너무나 성장을 단순화시킨 것으로 합리적이지 못하다. 그러나 일부 성장이론은 지역의 변화나 성장을 가져오는 여러 가지 요인 중에 특정한 요인이 좀 더 독립적이고 외생적이며, 다른 것보다는 더 중요하며 영향력이 크다고 강조한다. 지역경제학의 맥락에서 지역의 성장을 분석하는 것은 핵심적 요소인데, 왜냐하면 '어떻게' 그리고 '왜' 지역이 성장하는지를 이해하는 것이 효과적인 지역정책을 수립하는 데 매우 중요하기 때문이다.

한편 지역이 성장함에 필요한 요인을 크게 공급 측면과 수요 측면으로 나누어 생각해 볼 수 있다. 공급 측면에서는 주로 재화 및 서비스 생산에 필요한 원료나 동력,[1] 공장건물 같은 물적자본, 교육, 훈련 및 경험 등을 통해 형성되는 인적자본, 토지, 광물, 기후 같은 자연자원과 이들을 조합해 생산해내는 생산기술 및 지식 등을 꼽을 수 있다. 이러한 공급 측면 요인이 쉽게 충족된다면 그 지역은 성장하는 데 타 지역에 비해 우위에 서게 된다. 그러나 지역이 성장하기 위해서는 공급 측면 외에도 지역에서 생산한 재화 및 서비스에 대한 수요도 충분해야 한다. 즉, 지역이 재화와 서비스를 공급하는 데 큰 문제가 없더라도 그것을 사 줄 수 있는 수요가 부족하다면, 지역은 성장에 어려움을 겪게 된다. 따라서 지역은 공급 측면뿐만 아니라 수요 측면에서도 지속적 확대가 전제되어야만 성장하는데, 이 중 어느 측면을 강조하느냐에 따라 지역성장이론이 나누어진다.

이 장에서는 지역성장에 대한 기초적 이론들을 살펴본다. 첫 번째 단락에서는 신고전학파의 지역성장이론을, 두 번째 단락에서는 수출기반이론 모델을 설명한다. 이 수출기반이론은 한 지역의 발전은 그 지역에 사는 사람들이 그 지역 외부에 사는 사람들에게 생산물을 판매하는 능력에 달려 있다고 가정한다. 불균형 성장이론인 누진적 성장이론과 성장거점이론은 세 번째 단락과 네 번째 단락에서 논의되고, 다섯 번째 단락에서는 내생적 성장이론이 소개된다. 한편 마지막 단락에서는 지역의 성장을 통해 이익을 얻는 집단은 누구이며 손해를 보는 집단은 누구인지에 대해 알아본다.

제1절 | 신고전학파의 지역성장이론

신고전학파(neoclassical school)의 지역성장 모델은 솔로(Solow),[2] 스완(Swan),[3] 해로드-도마[4]가 개발한 거시경제성장이론을 기초로 하여 1960년대부터 저명한 지역경제학

---

1) Lewis, Joshua, Severnini, Edsonb, 2020, "Short- and long- run impacts of rural electrification : Evidence from the historical rollout of the U.S. powergrid", 102412, Severnini, Edson, 2022, "The Power of Hydroelectric Dams: Historical Evidence from the United States over the Twentieth Century", pp. 420-459.

2) Solow, 1956, "A Contribution to the Theory of Economic Growth", pp. 65-94.

3) Swan, 1956, "Economic Growth and Capital Accumulation", pp. 334-361.

4) Harrod, 1948, *Towards a Dynamic Economics : Some Recent Developments of Economic Theory and Their Application to Policy.*

자들[5]이 지역성장에 적용하면서 발전된 공급 측면의 성장이론이다.

이 이론은 지역의 생산성 증대가 지역성장의 기반이며, 지역의 생산은 그 지역이 가지고 있는 생산요소의 공급능력에 의존한다고 하여 총생산함수에 핵심적 이론 근거를 두고 있다. 그리고 완전고용과 완전경쟁, 상품의 동질성, 규모수익 불변, 모든 지역에서의 동일한 생산기술, 0의 운송비 등 고전학파들의 주요 가정을 그대로 적용하고 있다.

여기서는 콥-더글러스(Cobb-Douglas) 생산함수를 이용해 신고전학파의 성장 모델을 간단히 살펴보자.

$$Q = AK^{\alpha}L^{\beta} \tag{6.1}$$

위의 식 (6.1)에서 Q는 특정 지역의 생산을 나타내며, A는 상수, K는 자본, L은 노동이며, α와 β는 각각 지역경제에서 자본과 노동의 비중을 나타내며, 다른 의미로는 자본과 노동의 탄력성을 의미하기도 한다. 그러나 규모수익 불변이라고 가정함으로 $\alpha + \beta = 1$이 되고, 따라서 $\beta = 1 - \alpha$로 쓸 수 있다. 여기서 규모수익 불변이란 다른 조건이 일정하다면 각 생산요소(자본과 노동)의 투입량을 두 배로 늘리면 생산된 산출량이 두 배가 되고, 투입량을 세 배로 늘리면 산출량도 세 배로 늘어난다는 의미이다.

이제 식 (6.1)의 양변에 자연로그(ln)를 취하여 전개하면 다음 식 (6.2)와 같이 된다.

$$\ln Q = \ln A + \alpha \ln K + (1 - \alpha) \ln L \tag{6.2}$$

그리고 전미분을 하면 식 (6.3)을 얻는다.

$$\frac{dQ}{Q} = \alpha \frac{dK}{K} + (1 - \alpha) \frac{dL}{L} \tag{6.3}$$

식 (6.3)이 의미하는 것은 지역의 경제성장률(생산증가)은 생산의 자본탄력성(α)에 자본성장률의 곱과, 생산의 노동탄력성($1 - \alpha$)에 노동성장률의 곱을 합한 것과 같다는 것이다. 다시 말해 지역의 성장률은 그 지역의 노동과 자본의 성장률에 의해 결정되며, 자본과 노동의 공급이 증가하면 산출량도 무한히 증가하게 된다.

그러나 모델에서는 내재적으로 지역의 개방성을 인정함으로써 암묵적으로 자본과

---

5) Borts, 1960, "The equalization of returns and regional economic growth", pp. 319-47. Borts and Stein, 1964, *Economic Growth in a Free Market*. Romans, 1965, *Capital exports and growth among U. S. regions*. Siebert, 1969, *Regional Economic Growth : Theory and Policy*.

노동이 이동한다는 것을 인정하고 있다. 노동이 풍부한 지역에서는 노동의 한계생산성이 낮고 임금도 낮으며, 마찬가지로 자본이 풍부한 지역은 자본의 한계생산성이 낮아 자본의 수익(이자율)이 낮다. 결국 노동은 임금이 낮은 지역에서 높은 지역으로 이동하고, 자본은 자본수익이 낮은 지역에서 높은 지역으로 옮겨 간다. 노동이 유입되는 지역에서는 노동이 늘어남에 따라 노동의 한계생산성이 점차 떨어지고, 자본이 유입되는 지역에서도 같은 원리로 자본의 한계생산성이 점점 떨어진다. 지역 간에 이러한 자본과 노동의 이동은 각 요소의 한계생산성이 같아질 때까지 계속된다. 이러한 과정을 거치면서 각 지역은 생산요소의 한계생산성(가격)이 같아지고 지역 간 격차도 점차 사라지게 되며, 소득도 균등화된다. 그리고 높아진 요소소득이 지역 내의 소비와 생산을 유발시키면서 지역은 성장하게 된다. 이러한 신고전학파 성장 모델을 균형성장 모델이라고도 한다.

이제 이 콥-더글러스 생산함수에 시간이 지남에 따라 기술수준이 변화하는 것을 포함시켜 보자. 실제로 노동과 자본량이 변하지 않더라도 새로운 생산기법이나 기술을 개발하여 총생산량을 증대시킬 수 있다. 이러한 새로운 생산기법이나 기술을 생산에 적용하는 것을 앞 장에서 혁신이라고 하였는데, 혁신의 과정은 시간이 경과함에 따라 주어진 생산요소 투입량에 대해 산출량 수준이 증가하는 것을 의미한다.

t기에 걸쳐 기술수준이 향상되는 궤적을 나타내는 함수를 e^{rt}라고 하면, 이러한 기술변화를 고려한 콥-더글러스 생산함수는 다음 식 (6.4)와 같이 표기할 수 있다.

$$Q_t = Ae^{rt}K^\alpha L^{(1-\alpha)} \tag{6.4}$$

양변에 자연로그를 취하면

$$\ln Q_t = \ln A + rt + \alpha \ln K + (1-\alpha)\ln L \tag{6.5}$$

이 되고, 식 (6.5)를 시간 t에 대해 미분하면

$$\frac{1}{Q}\frac{dQ}{dt} = r + \frac{\alpha}{K}\frac{dK}{dt} + \frac{(1-\alpha)}{L}\frac{dk}{dt} \tag{6.6}$$

이 되며, 이는

$$\frac{\frac{dQ}{dt}}{Q} = r + \alpha \frac{\frac{dK}{dt}}{K} + (1-\alpha)\frac{\frac{dL}{dt}}{L} \qquad (6.7)$$

의 의미로, 이를 다시 정리하면

$$\dot{Q}_t = r + \alpha\dot{K}_t + (1-\alpha)\dot{L}_t \qquad (6.8)$$

로 쓸 수 있다. 여기서 $\dot{Q}_t$, $\dot{K}_t$, $\dot{L}_t$는 각각의 t 시점에서 산출량, 자본, 노동의 성장률을 나타낸다.

따라서 신고전학파의 지역성장은 그 지역의 기술진보와 자본 및 노동의 성장에 의해 이루어지며, 그 지역이 어떻게 지역민의 투자와 외부지역의 자본을 유치하고, 지역의 경제활동인구와 외부 인구유입을 유도하고, 생산기술을 향상시키느냐가 그 지역의 성장에 핵심요소가 된다.

이 성장 모델은 국가 경제성장 모델을 지역경제 분석에 쉽게 적용할 수 있고, 모델이 간결하며, 내생적 성장요인을 포함시켰다는 장점이 있다. 그러나 이 모델은 한 지역만을 대상으로 이론을 전개했지만 지역의 성장은 다른 인근 지역과의 경제적 상호작용에 의해 이루어지며, 공간상에서 완전경쟁 가정은 비현실적이며, 각 지역마다 생산함수나 기술진보 형태가 동일하다는 가정이 단점으로 꼽힌다. 또한 상품의 동질성을 가정한 것이나, 지역경제의 다양성, 수요측면, 운송비 등을 고려하지 못한 것도 단점으로 언급된다.

제2절 수출기반이론

신고전학파의 지역성장 모델은 노동력과 자본스톡의 증가, 기술 진보 등과 같은 기본적 공급 측면을 강조한 이론이라면, 수출기반이론(export-base theory)은 수요 측면을 강조한 이론이다.

1930년대 와이머(Weimer)와 호이트(Hoyt)[6]에 의해 제시된 이론으로 일명 경제기반이론(economic base theory)으로도 불리는데, 특정 지역에서 생산된 재화와 서비스는 그 지역에서 소비하고 남은 생산물을 다른 지역에 수출함으로써 그 지역의 소득이 증

---

6) Weimer and Hoyt, 1939, *Principle of Urban Real Estate*, New York : Donald.

가하고 소비가 촉진되면서 지역이 성장한다는 것이다. 따라서 지역 소득의 증가는 종국적으로 지역 외부시장에 수출하게 되는 재화와 서비스의 생산량(액)이 그 지역의 총생산량(액)에서 차지하는 비율에 달려 있다.

　이론에서는 지역성장 문제를 다루기 위해 지역경제구조를 단순히 '기반활동'과 '비기반활동' 2개 부문으로 나눈다. 이때 '기반(basic)활동'이란 생산된 재화와 서비스를 다른 지역으로 수출하여 역내 지역의 소득을 발생시켜 그 지역의 성장을 가져오는 활동을 의미하며, '비기반(non-basic)활동'은 지역의 전체 성장의 결과로 나타나는 활동을 의미한다.[7] 만약 그러한 기반활동을 실제로 식별할 수 있다면 지역의 경제성장은 첫째, 기반활동의 입지를 설명하고, 둘째, 그 지역에서 기반활동이 비기반활동의 발전을 가져오는 과정을 추적하는 것으로 정리될 것이다.

　일반적인 수출기반이론은 기반활동을 외부세계로부터 화폐(money)를 가져오는 활동을 지칭하는데 보통 수출을 위해 상품이나 서비스를 생산하는 것을 의미하며, 비기반활동은 수출이 아닌 그 지역 내 소비를 위해 상품이나 서비스를 생산하는 것을 의미한다.[8] 따라서 성장에 대한 수출기반이론은 지역경제가 성장하기 위해서 무엇보다도 먼저 화폐의 유입을 증가시켜야 하고, 화폐의 유입을 증가시키는 유일한 효과적 방법은 수출을 증가시키는 것이란 생각이다.

　수출기반이론을 자세히 살펴보자.

　이 수출기반이론은 고용측면으로 표기하거나, 소득측면으로 표기할 수 있다.

$$\Delta T = k \Delta B \tag{6.9}$$

$$\Delta Y = k \Delta E \tag{6.10}$$

　여기에서 T는 총고용, k는 수출기반승수, B는 기반(수출)활동 종사자, Y는 총소득, E는 수출수입(輸出收入)을 나타낸다.

　따라서 고용측면에서 보면 총고용의 변화는 기반활동에 종사하는 노동자 수의 변화에 비례하고, 소득측면에서 보면 총소득의 변화는 수출수입의 변화에 비례한다.

　수출기반이론의 주된 개념은 수출활동이 성장의 원동력이라는 것이다. 원래 수출부문에 의해 벌어들이는 소득은 지출되고, 지역에서 다시 지출되어서 승수를 통해 추가

---

7) '비기반산업'은 지역서비스 산업 혹은 지역 내 소비산업이라고 불리며, 수출산업이 확대되면서 승수효과를 거쳐 생겨나는 유발산업(induced industry)이다.

8) Tiebout, 1962, *The Community Economic Base Study*.

적인 소득을 창출한다. 즉, 수출로 벌어들인 화폐의 일부분은 수출 종사자들에 의해 지역에 지출되고, 지역 서비스 일자리를 창출한다. 다음으로 지역경제에 참여하는 고용자들은 자기네 소득의 상당 부분을 지역 내에서 소비하여서 추가적인 일자리를 만든다. 승수의 크기는 지역 외부에 돈을 지출하는 것보다는 지역경제 내에서 돈을 쓰는 개개인의 성향에 달렸다.

이러한 내용을 소득측면에 초점을 둔 수출기반이론 모델을 통해서 살펴보자.

1. 수출기반이론의 모델

지역의 소득은 다음 식 (6.11)과 같이 표시할 수 있다.

$$Y = C + MI - MO \tag{6.11}$$

여기서 Y는 총소득, C는 지역주민의 소비지출, MI는 화폐(자금)유입, MO는 화폐(자금)유출을 의미한다. 따라서 지역총소득은 지역주민들의 소비에 화폐의 유입을 더한 후, 외부로 유출되는 화폐를 뺀 것이다.

각각의 항목을 자세히 살펴보자.

소비는 일반적으로 소득수준과 관련이 있다. 즉, 케인스(Keynes)의 절대소득가설에서 주장하듯이 소득수준이 높은 개인들은 일반적으로 소비를 많이 하고, 소득수준이 낮은 개인들은 소비를 적게 한다. 따라서 소비는 다음 식 (6.12)로 표시할 수 있다.

$$C = a + bY \tag{6.12}$$

a는 개인의 소득이 전혀 없더라도 생존을 위해 하는 지출이고, b는 한계소비성향이다.

한편, 수출기반이론에서 수출은 화폐유입의 주요 근원이다. 그리고 그 지역의 수출은 지역에서 생산된 상품과 서비스에 대한 외부지역의 수요에 의해 결정된다. 이러한 외부지역의 수요는 그 지역에서 결정하는 것이 아니기 때문에 '외생적(exogenous)' 변수로 간주한다. 그러므로 화폐유입의 식은 (6.13)으로 나타난다.

$$MI = E_o \tag{6.13}$$

여기서 E_o는 외생적으로 결정된 수출소득을 의미한다.

마지막으로 화폐의 유출은 주민이 외부지역에 지출하는 정도에 따라 결정된다. 지역소득이 증가함에 따라 주민들은 잘살게 되고, 외부지역으로부터 수입(輸入)도 증가할 것이다. 그러므로 화폐유출은 그 지역의 소득수준에 의해 결정된다. 외부로부터 상품과 서비스를 구매하는 것, 즉 수입은 자금유출의 주요 요인이다. 모델을 단순화하기 위해 모든 화폐유출이 소득수준과 관련되어 있다고 가정한다. 수입 이외에 저축도 또다른 형태의 유출(leakage)이다. 저축률이 높아질수록 한계소비성향 b는 더 낮아질 것이다. 그렇지만 모델을 단순하게 하기 위해 저축은 명시적으로 다루지 않는다. 화폐유출 식은 다음과 같다.

$$MO = mY \tag{6.14}$$

여기서 m은 한계수입성향을 나타낸다.

이제 식 (6.12), (6.13), (6.14)를 식 (6.11)에 대입하면 식 (6.15)와 같이 된다.

$$Y = a + bY + E_o - mY \tag{6.15}$$

이를 재정리하면 다음 식 (6.16)과 같이 된다.

$$Y = \frac{1}{1-b+m} \times (a + E_o) \tag{6.16}$$

이 식 (6.16)은 지역의 소득이 어떻게 결정되는지를 나타내는데, 지역의 소득은 한계소비성향과 한계수입성향, 생존을 위한 지출과 수출소득에 의해 결정되는 것을 말해준다. 첫 번째 분수 형태의 항은 일반적인 승수 개념으로 한계소비성향이 커지면 지역의 소득이 더 커지고, 한계수입성향이 작아지면 지역소득은 커지게 된다. 두 번째 항은 자동적인 지출을 나타낸다. 즉 생존을 위한 최소한의 소비수준 a와 수출수준 E_o는 지역의 소득수준과 관련되지 않는 지출로 그 지역의 소득에 영향을 받지 않는다.

b, m 그리고 a 같은 파라미터(parameters)들의 변화는 제도적·물리적·정치적 요인들에 의해 결정되므로, 모델에서 오직 수출만이 지역의 소득을 증가시키는 요인이다.

그러면 수출이 변하면 소득은 얼마만큼 변하는가?

이에 대한 대답은 다음 식 (6.17) 혹은 (6.18)에 나타나 있다.

$$\frac{\Delta Y}{\Delta E_o} = \frac{1}{1-(b-m)} \tag{6.17}$$

혹은

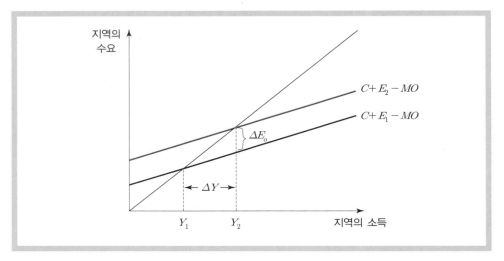

그림 6.1 지역의 균형소득과 변화

$$\Delta Y = \frac{1}{1-(b-m)}\Delta E_o \tag{6.18}$$

따라서 수출이 ΔE_o만큼 늘어나면 그 지역의 소득은 $1/(1-(b-m)) \times \Delta E_o$만큼 증가한다. 이때 $(b-m)$은 지역의 한계소비성향에서 지역 외부에 대한 소비성향인 한계수입성향을 뺀 것으로 결국 지역 내부의 한계소비성향을 뜻한다. 이 수출기반승수는 개념적으로 거시경제학 분석에서 사용되는 케인시안(Keynesian) 승수와 비슷한 의미를 가지고 있다. 수출이 늘어 수출소득이 증가하면 그 소득이 또다시 지출되어 추가적인 소득을 계속 창출하기 때문에 승수효과가 발생한다. 그러나 모델에서 소득이 증가하면 소비도 늘고 이런 추가적 소비는 자금유출의 형태로 순환 흐름으로부터 일부 '누출'된다.

다음 〈그림 6.1〉은 수출기반이론 모델에서 지역소득의 균형과 변화과정을 보여 주고 있다. 종축에는 지역으로부터 구매한 액수 — 소비에 수출을 더하고 여기에 화폐유출을 뺀 것 — 가 나타나 있고, 횡축에는 지역의 산출물 가치 혹은 지역의 소득수준이 나타나 있다. 그리고 지역으로부터 구매한 가치와 지역의 산출물 가치가 같을 때 균형에 이른다. 45°선은 균형 가능한 점들을 나타낸다.

지출선인 $C+E-MO$는 다양한 지역소득 수준에서 지역자원에 대한 수요를 나타낸다. 지출선의 기울기는 지역 내부에서 소비하는 한계소비성향과 똑같다. 만약 수출이 증가한다면($E_1 \rightarrow E_2$) 지출선은 위쪽으로 옮겨 갈 것이다. 그리고 지역의 소득수준은 Y_1에서 Y_2로 늘어난다.

이러한 수출기반 접근법은 '수출을 증가시키면 지역경제는 성장한다'는 정책적 의미를 명확히 하고 있으며, 지역성장에 있어 지역경제의 개방성과 상호의존성을 중시하고 수요측면을 중시했다는 장점을 가지고 있다.

2. 기반산업과 수출기반승수의 측정

(1) 기반산업의 측정

수출기반이론에서는 지역의 경제구조를 '기반활동'과 '비기반활동'으로 나누고 있기 때문에 이 두 부문의 크기를 정확히 추정하는 것이 이론 전개에 무엇보다도 중요하다.

기반산업을 측정하기 위해 지역 외부로 판매된 산출량과 판매지역에 대해 지역 내 기업들이나 기관들을 대상으로 면접이나 설문지를 통해 조사하는 방법이 있다. 이러한 접근방법의 장점은 지역 전문가들의 도움을 받아 면접이나 설문지 조사 분석을 하면, 지역 내 경제단위 사이에 존재하는 연관관계를 파악할 수 있다는 것이다. 지역 외부로 수출된 모든 재화의 송장을 조사하는 것도 기반활동을 측정하는 또 다른 방법이다.

하지만 이러한 직접적 조사방법은 기업들이 자신들의 내부 정보를 명확히 알려주는 것을 전제조건으로 하고 있어, 기업이 영업 비밀을 모두 통보해 주지 않으면 큰 성과를 거두기 어렵다. 또한 여러 지역에 공장이 산재해 있는 기업들에게도 적용하기 쉽지 않다.

따라서 일부 경제학자들은 경험에 기초하여 농업 및 제조업 활동은 수출기반산업으로, 금융, 의료 및 서비스 활동을 비기반산업으로 분류하기도 한다. 그러나 지역의 경제구조가 상대적으로 단순하다면 이러한 분류 방식이 어느 정도 의미를 가진다고 할 수 있지만, 지역의 구조가 복잡하고 문화적·역사적으로 상당히 다른 방식으로 발전해 왔다면 이 방법은 유용하지 못하다. 이러한 이유로 제7장에서 언급한 입지계수를 이용한 수출활동 추정 방법이 많이 이용된다.

(2) 고용변수를 이용한 수출기반승수 측정

앞 절에서 소득 측면에서 수출기반이론을 설명하고, 수출기반 모델을 통해 수출기반승수를 도출했다. 그러나 수출기반승수를 알기 위해서는 한계소비성향과 한계수입성향에 대한 정확한 정보를 가지고 있어야 하지만 이러한 정보를 얻기란 쉽지 않다. 설문조사(survey)를 하는 방법도 있지만 그런 조사는 돈이 많이 들고, 명확한 설문항목을 만들기도 어려울 뿐 아니라, 설문조사를 통해 얻은 결과가 신뢰성이 높지 않다. 따라서 연구자들은 소득 대신에 고용을 대용(proxy)변수로 사용하여 지역승수를 얻는 방법을 개발시켰다. 이를 위해 2개의 가정이 필요한데, 첫째는 소득이 고용에 비례한다는 것이다. 이 가정은 소득 변화에 대한 척도로서 고용자료를 활용하기 위해 필요하다. 단기적으로 고용증가 없이 소득만 증가하지는 않을 것이다. 그래서 더 높은 소득은 그 지역에 추가적으로 노동자를 고용시킬 것이라 가정하는 것은 크게 무리가 없다. 두 번째 가정은 총고용에 대한 수출고용비율이 일정하다는 것이다. 이 가정은 각각의 새로운 수출직업의 증가는 같은 수의 비기반 직업을 창출할 것이라는 의미이다, 즉, 수출노동자의 수(소득)가 증가함에 따라 비기반 노동자의 수(비기반소득)도 총고용비율에 대한 기존의 수출비율로 증가한다는 것이다.

이제 이러한 가정하에서 고용변수를 이용한 수출기반승수를 구해 보자.

식 (6.18)과 관련하여, $(b-m)$는 그 지역에서 소비되는 소득증가의 비율이다. 따라서 수출기반승수는 다음과 같이 바꾸어 표현할 수 있다.

$$k = \frac{1}{1-(b-m)} = \frac{1}{1-\dfrac{NB}{T}} = \frac{1}{\dfrac{T}{T}-\dfrac{NB}{T}} = \frac{1}{\dfrac{B}{T}} = \frac{T}{B} \qquad (6.19)$$

이때 T는 총고용자 수, B는 기반(수출)종사자 수, NB는 지역 내 소비를 위한 비기반고용자 수를 나타낸다.

이 식 (6.19)를 식 (6.9)에 대입하면 다음과 같이 된다.

$$\Delta T = \frac{T}{B} \times \Delta B \qquad (6.20)$$

따라서 총고용자 수가 40,000명이고, 기반종사자 수가 20,000명이면 고용승수는 2가 된다.

이러한 고용변수를 사용한 승수 추정은 여러 학자들에 의해 행해졌는데,[9] 바이스(Weiss)와 구딩(Gooding)은 뉴햄프셔 포츠머스(Portsmouth)의 제조업 부문, 해군 조선소, 공군기지 3군데 지역을 조사하여 각각의 고용승수를 1.78, 1.55, 1.35로 추정했다. 따라서 제조업 부문의 고용이 100명 늘어나면 추가로 고용이 78명 늘어나는데, 해군조

---

9) Bolton, 1966, *Defense Purchases and Regional Growth.* Leven, 1963, *Theory and Method of Income and Product Accounts for Metropolitan Areas,* pp. 6-17. Weiss and Gooding, 1968, "Estimation of Differential Employment Multiplier in a Small Economy", pp. 235-244.

선소와 공군기지는 각각 55명, 35명 늘어난다. 이러한 차이는 방위시설의 경우 특수 장비들이 필요해 지역 내 공급자보다는 타 지역 공급자로부터 투입물을 구매하는 비율이 높아 지역 내 고용효과가 제조업 부문보다 낮다고 추측할 수 있다.

고용승수는 종종 특정 지역에 공장을 새로 짓거나 기존의 공장이 다른 지역으로 이전해 나갔을 때 그 지역 고용에 미치는 영향을 분석하는 데 사용할 수 있다. 예를 들어, 현재 400명을 고용해 상품을 생산해 수출하고 있는 기업이 문을 닫는다면, 그 지역의 경제에 주는 총영향은 어떤지 평가해 달라는 요구가 있을 수 있다. 수출고용에 있어 초기 변화, 즉 −400은 총고용 충격을 평가하는 승수에 의해 확대될 수 있었다.

그러나 일부 평가자들은 이러한 고용영향평가의 타당성에 대해 회의적이다. 왜냐하면 이러한 고용영향평가 연구 대부분이 지역경제에 있어서 그 기업의 중요성을 부각시키거나 혹은 정부의 지원을 얻기 위해 충격의 크기를 과장하는 경향이 있기 때문이다. 고용에 대한 지역의 영향을 과장시키는 방법 중 하나는 특정시설에 고용되어 있는 모든 노동자들이 수출에 종사한다고 가정하는 것이다. 예를 들면, 만약 1,000명의 직원을 고용하고 있는 지역 내 대학이 문을 닫는 영향을 평가할 때, 그들 모두가 직업을 잃어 버릴 거라고 가정하는 것이다. 그러나 실제로 대학교 종사자 1,000명 중 일부는 지역 내 다른 대학교나 전문대로 옮겨 갈 것이고, 또 일부는 대학이 아니더라도 지역 내 다른 직종으로 옮겨 갈 것이기 때문에 1,000명의 직원 모두가 지역경제에서 직업을 잃어 버린다고 가정하는 것은 과대평가된 결과이다.

이러한 고용영향의 과대평가 문제 외에도 연구수행에 있어 자료수집에 문제가 발생할 수도 있다. 종종 규모가 작은 마을이나 도시의 경우 정확한 고용자료를 얻기 어려워 분석이 불가능할 때도 있다. 더구나 도시 외곽지역은 대도시 경제에 너무 많이 의존하고 있어 충분히 통합된 내부순환 흐름을 가지지 않고, 서비스 노동자들도 종종 그 지역주민이 아닐 때가 많다. 따라서 이런 지역에서는 수출기반 모델을 적용하기가 어렵다.

3. 수출기반이론에 대한 비판

앞의 절에서 지역성장에 있어 수출의 역할과 승수에 대해 살펴보았다. 그러나 이 수출기반이론은 여러 연구자로부터 비판을 받아 왔다. 이 절에서는 수출기반이론의 접근법에 대한 비판 내용을 살펴본다.

첫째, 수출기반이론에서는 지역성장에 수출만 너무 강조한 나머지 다른 중요한 요인들은 간과하고 있다. 지역은 자원의 생산성 증가나 외부지역에서의 투자증가, 기술혁신 또는 수입대체 등 다양한 방법으로 성장을 꾀할 수 있다. 수출만이 유일한 지역의 화폐유입 원천이 아니다. 다만 더 많은 성장요인들이 모델에 포함될수록 순수한 수출기반이론은 원래의 의미에서 자꾸 멀어져 가는 것도 사실이다.

둘째, 수입대체정책은 몇몇 지역사회가 수출을 늘리지 않고 지역의 성장을 촉진하는 데 사용되어 온 개발전략이다. 어떤 의미에서 수출을 늘리기보다 수입하던 상품을 지역내에서 생산하는 것이 화폐유출을 줄이는 데 더 좋은 전략일지도 모른다. 수입대체의 장점은 현재 그 지역에 수입되는 생산품들을 쉽게 식별할 수 있고, 그런 상품을 그 지역 내에서 생산한다면 지금까지 수입하면서 지불했던 운송비까지도 줄일 수 있다는 점이다. 그러나 모든 수입상품을 지역에서 생산할 수는 없을 것이다. 경우에 따라 그 지역에서 생산에 꼭 필요한 원료를 구할 수 없거나, 아니면 생산품의 경제적 규모가 너무 커 지역시장에 맞지 않는 상품도 있을 것이다. 이런 경우 여전히 지역시장에서는 수입된 상품들이 팔릴 것이다.

미국의 로스앤젤레스의 경우 제2차 세계대전 동안 지역이 군수물자 생산에 치중했기 때문에 전쟁이 끝난 후 지역경제가 침체될 것으로 예상했다. 그러나 로스앤젤레스 지역 기업들은 전쟁 동안 증가한 지역의 수요를 만족시키기 위한 상품을 생산하기 시작했다. 이전에 로스앤젤레스 지역으로 상품을 수출했던 기업들도 로스앤젤레스 지역에 상품공급을 위해 지역 내 자회사를 설립했다. 그래서 전후(戰後) 수출은 감소했지만 지역경제는 오히려 성장했다. 수입을 대체하기 위해 생산한 상품 중 일부 상품(유리문)은 오히려 지역의 대표적 수출품이 되었다. 따라서 전후 로스앤젤레스 지역의 경제성장은 어떻게 수입대체가 경제를 발전시킬 수 있는지를 잘 보여 준다. 자코브(Jacob)는 수입대체가 수출기반 확장과 동시에 일어난다면 지역경제가 폭발적으로 성장한다고 하였다.[10]

셋째, 노동생산성이나 다른 자원의 생산성이 향상되어도 수출은 증가시키지 않고 지역의 소득을 증가시킬 수 있다. 만일 생산성이 경제의 비기반활동이나 서비스 활동분야에서 증가한다고 가정해 보자. 그럴 경우 지역사회에서 수출수준은 변함이 없지만 실제소득수준은 증가할 수 있다. 생산성 향상이 수출부문에 나타나도 수출이 증가할 수 있다. 이런 경우 수출은 성장과 관련되어 있지만, 일반적인 관계는 수출기반이론에

---

10) Jacobs, 1969, *The Economy of Cities*, p. 57.

서 주장하는 것과 다르다. 즉, 이때의 수출증가는 외생적이지 않다. 수출의 증가는 지역의 연구소나 교육활동과 같은 지역 내부의 생산성 증가에 의해 생겨난다.

넷째, 수출기반이론은 수출에 대한 수요가 지역 외부에서 생겨난다고 암묵적으로 가정하고 있다. 그러나 수출품을 개발하고 생산하는 능력은 사실 지역 내의 서비스 질에 달려 있다. 서비스 부문은 수출발전에 도움이 되는 전반적인 환경을 조성하는데, 예를 들면 특정 금융기관은 수출기업을 창업하는 데 필요한 자본을 제공하고, 대학은 혁신을 가져올 아이디어를 제공하며, 토지개발자들은 산업단지를 만들 수 있는 토지를 공급한다. 보통 대도시들은 도시의 경제성장을 위해 개발위원회를 가진다. 가장 능동적인 회원들은 일반적으로 은행가, 부동산 개발자, 브로커, 대학 관계자 그리고 공공시설 기획자이다. 이런 개인들은 서비스 분야를 대표하지만 그들은 또한 수출기업의 입지와 성장을 조성하는 주요 역할을 한다.

다섯째, 수출기반이론에서는 수출(기반)부문이 확장될 때 비기반부문도 같은 비율로 증가한다고 가정하여 수출기반승수를 도출했다. 하지만 수출이 증가하더라도 지역 내소비를 위한 상품이나 서비스를 생산하는 부문의 증가비율이 모든 지역에서 똑같이 증가하지는 않는다. 즉, 대규모의 재정이 투입되는 사업이나 고도의 기술이 요구되는 일부 지역 서비스들은 필요하다고 해서 모든 지역에서 똑같이 확장되지는 않는다. 유명 학원이나 병원을 유치할 때에도 대도시에 인접한 작은 도시와 외따로 떨어져 있는 시골도시는 같지 않을 것이다. 또한 지역 서비스의 공급이 매우 유동적이지 않다면 수출고용자 수의 감소 후에도 한동안 비기반고용자 수가 감소하지 않고 일정하게 유지될지도 모른다.

만일 수출기반이론에서 가정한 대로 수출이 증가(감소)하면서 비기반부문이 똑같이 증가(감소)하지 않는다면 수출기반승수(총고용/기반고용)의 예측과 영향 분석력은 약화될 것이다. 앞의 중심지 이론분석에서 언급했듯이 수출이 증가하고 지역의 시장규모가 커지면 더 많은 서비스가 지역 내에서 공급되고, 다른 지역에서 수입되는 상품의 수는 줄어든다. 이것은 기반고용자 수에 대한 비기반고용자 수 비율이 더 커지는 것을 의미하며, 그래서 지역승수도 더 커지게 된다. 인구가 증가하는 것도 같은 효과를 갖는데 해리스(Harris)[11]는 미국의 67개 도시를 실증분석하여 도시의 인구가 증가하면서 비기반고용자 수/기반고용자 수의 비율이 증가해 승수가 커지는 것을 관측했다. 또한

---

11) Harris, 1958, "Comment on Pfouts's Test of the Base Theory", p. 236.

200만 명 이상 대도시의 비기반고용자 수/기반고용자 수 비율(=4.02)이 작은 도시의 비기반고용자 수/기반고용자 수 비율(=2.77)보다 훨씬 더 큰 현상도 발견했다.

여섯째, 수출기반승수는 장기적으로 변한다. 대부분의 경제적 모델은 '다른 요인이 일정하다면(ceteris paribus)'이라는 가정하에 모델을 개발한다. 수출기반 접근법도 이러한 가정을 기초로 하고 있지만 실제로 경제적 요인들은 시간이 지나면서 변화될 것이고, 그러면 수출기반이론에서 가정했던 기반과 비기반부문 사이의 연관관계나 수출기반승수도 변할 것이다. 특히 한계소비성향이나 한계수입성향은 지역의 경제규모나 주민의 소득수준, 다른 지역과의 근접성 등 여러 가지 요인들에 의해 영향을 받는다. 장기적으로 인구가 증가하거나 지역의 경제규모가 증가하면 평균수입성향은 줄어든다. 그리고 평균수입성향이 줄어들면 한계수입성향도 줄어들고, 수출기반승수는 커진다. 따라서 이러한 승수는 장기적으로 안정적이지 않다.

일곱째, 수출기반이론은 과도하게 단순화되어 있다. 이론에서 모든 수출이 지역경제에 똑같이 영향을 준다고 간주했다. 그러나 현실적으로는 일부 수출은 다른 수출보다 지역경제에 더 큰 영향을 주어 상이한 효과를 가져온다. 예를 들어 일부 수출기업은 상품을 생산하는 데 필요한 투입물 대부분을 지역 내에서 공급받고, 다른 수출기업은 대부분의 투입물을 지역 외부에서 수입한다면 같은 수출이라도 두 기업이 지역경제에 미치는 영향은 확연히 다르다. 투입물 대부분을 외부에서 수입하여 상품을 생산하는 기업의 경우 수출상품이 증가하더라도 지역 내 2차 주문은 없을 것이다. 따라서 이 절에서 논의했던 수출기반이론에서는 특정 기업의 수출증가보다는 지역의 평균수출이 증가했을 때의 영향을 예측하는 데 사용하면 더 유용할 것이다. 과도한 단순화 문제는 기반·비기반고용자 승수에서도 동일하게 적용되는데, 지역의 복잡한 산업 간 연관관계를 파악하는 데 있어 경제활동을 단순히 기반, 비기반 두 범주로만 분류하는 것은 경제를 너무 총체적으로 분류한 것이다. 이것은 단순한 이론적 정확성 문제뿐만 아니라 예측성에 세밀성도 떨어뜨린다. 수입된 원료에 많이 의존하는 수출산업은 그 지역에서 공급되는 원료에 많이 의존하는 수출산업보다 비기반부문에 영향이 약할 것이다. 그러나 단순화로 인해 수출이 변화하면 어떤 비기반부문이 영향을 많이 받고, 어떤 비기반부문은 영향을 작게 받는지 세분해서 분석해 줄 수 없으므로 그것도 모델의 한계점이 될 것이다.

한편 이러한 수출기반이론은 주나 국가 같은 큰 지역보다는 대도시(Metropolitan Statistical Areas, MSAs) 같은 지역에 적용하기 적합한 이론이다. 왜냐하면 지역의 크기를 극단적으로 크게 확대시켜 세계 전체를 대상으로 본다면 종국적으로 세계는 수출 없이 성장했기 때문이다. 따라서 지역이 더 커질수록 수출의 중요성은 줄어들며, 성장을 설명하는 데 수출기반이론은 부적합해진다.

그러나 이러한 여러 비판에도 불구하고 수출기반이론은 해당 지역의 기반산업과 비기반산업의 부가가치나 생산액, 고용자 수 등의 자료나, 한계소비성향과 한계수입성향 값만 알면 수출기반승수를 쉽게 구할 수 있다는 장점이 있다. 또한 도시, 지역, 국가 등 다양한 크기의 공간 영역에 적용이 가능해 수출기반이론은 여전히 많은 개발담당자들이나 도시계획자들에게 선호되고 있다.[12]

제3절 누진적 성장이론

대부분의 경제성장 모델은 경제가 균형에서 출발하고, 변화를 경험하고, 분석의 마지막에는 균형으로 되돌아가는 것으로 구성되어 있다. 특히 신고전학파의 성장이론이나 수출기반이론도 내재적으로 그런 의미를 내포하고 있어, 어떤 외부적인 충격으로 경제가 균형에서 벗어나도 이는 일시적인 현상이며, 곧 다시 균형으로 돌아간다고 믿고 있다. 수출기반이론에서 수출수요의 변화는 경제가 새로운 균형점으로 이동할 수 있도록 해 주는 외생변화의 예이다. 그래서 이질적인 공간의 존재나 고용과 소득의 지역 간 불균형 현상 등은 이러한 신고전학파 학자들에게는 설명하기 쉽지 않아 난감하고 불편한 현상들이었다.

한편 이러한 신고전학파적 균형 모델과는 다르게 최소한 소득의 범위 내에서 성장이 추가적 성장을 불러오고 쇠퇴가 추가적 쇠퇴를 유발한다는 누진적 인과관계 모델(cumulative causation model)이 있다. 이러한 새로운 아이디어를 처음으로 제시한 사람은 M.I.T 교수였던 도마(Domar)[13]였다. 그는 논문에서 인플레이션 없이 완전고용상태에서 지속적인 성장(=동태적 균형)을 하는 것은 칼끝(knife-edge)에서 균형을 잡는 것 같이 매우 어렵고 불가능하다고 주장했다. 2년 뒤에 해로드(Harrod)[14]도 비슷한 의견을 피력했는데, 시장경제에서 한 번 균형에서 벗어나면 이것은 균형으로 돌아가는 것

---

12) Blair, 1991, pp. 151-165.
13) Domar, 1946, "Capital Expansion, Rate of Growth and Employment", pp. 137-147.
14) Harrod, 1948, *Toward a Dynamic Economics, Some Recent Developments of Economic Theory and Their Application to Policy.*

이 아니라 더 멀어져 가는 경향이 있다고 주장했다. 그 후 1950년에 힉스(Hicks)[15]도 해로드와 같은 주장을 펼쳤다. 그리고 마침내 1957년에 뮈르달(Myrdal)[16]을 시작으로 허쉬만(Hirshman),[17] 보몰(Baumol),[18] 칼도(Kaldor)[19] 등 일군의 학자들이 이러한 불균형 이론을 구체화하기 시작했는데, 이들의 이론은 부분적으로 정통적 이론들이 현실세계에서 지역 간 경제적 격차가 지속되는 기본적인 문제에 대한 명쾌한 해답을 제시해 주지 못하는 데 대한 일종의 반론이었다.

지역 간 격차의 지속을 설명하기 위해 뮈르달은 수익체증과 밀접하게 관련되어 있는 '순환적·누진적 인과관계의 원칙(principle of circular and cumulative causation)'을 주장하였다. 이때 누진적 인과관계란 한 방향으로의 변화가 다른 변화들의 경향을 같은 방향으로 강화시키는 과정을 말한다. 뮈르달에 의하면 불균형 성장과 발전 경로는 흔히 있는 일로, 소득의 회전 및 누적 원리에 의해 지역소득이 높은 지역은 상대적 구매력도 높아서 생산요소들의 수익은 높아지고 이에 따라 지역의 개인소득도 높아진다. 또한 그 지역에 더 많은 집적력이 형성되어 다른 지역보다 성장률도 더 높다. 반면 소득이 낮아지는 지역은 점차로 실업이 늘어나고, 낮은 구매력과 낮은 소득으로 인해 지역의 산업활동이 침체되어 지역경제는 더욱 쇠퇴해진다. 그리고 사회시스템은 자동적으로 스스로 안정화(self-stabilization)되는 경향은 없다. 시스템은 스스로 특정한 힘 간에 균형이 되는 방향으로 움직이지 않고, 그 균형으로부터 계속해서 멀어지려 한다. 일반적인 경우 변화는 변화를 상쇄하는 변화를 불러일으키지 않고, 대신 시스템이 처음의 변화와 같은 방향 그리고 더 멀리 나가는 그런 변화들을 지지한다. 그러한 순환적 인과관계 때문에 사회적 진행과정은 누진적으로 되며, 종종 더 가속화되는 경향이 있다.

이런 관점에서 보면 초기에 존재하는 격차는 생산요소의 이동이나 교역에 의해 상쇄되기보다는 오히려 더욱 강화되는 누진적 활동에 의해 영구적으로 지속되게 된다. 저소득지역으로부터 고소득지역으로 노동, 자본, 상품, 서비스가 이동하고, 그것은 성

---

15) Hicks, 1950, *A Contribution to the Theory of Trade Cycle*, p. 7.
16) Myrdal, 1957, *Economic Theory and underdeveloped Regions.* Myrdal, 1957, *Rich Lands and Poor : The Road to World Prosperity.*
17) Hirshman, 1958, *The Strategy of Economics Development.*
18) Baumol, 1963, "Interaction of Public and Private Decisions", pp. 1-18.
19) Kaldor, 1970, "The case for regional polices", pp. 595-602. Kaldor, 1971, "The dynamic effects of the Common Market", pp. 59-91.

장률과 1인당 소득격차를 줄이기보다는 오히려 확대시킨다. 성장지역의 초기 장점을 지속·강화시켜 주는 진행과정을 뮈르달은 역류(back wash)효과, 허쉬만은 극화(polarization)효과라고 불렀다.

한편 낙후된 지역을 발전시키는 데 중요한 영향을 미치는 것은 발전된 지역이 성장하면서 나오는 효과이다. 이 효과는 두 가지 종류로 구분되는데, 첫째, 뮈르달의 역류효과(back-wash effect) 혹은 허쉬만의 극화효과(polarized effect)로부터 초래되는 해로운 효과와, 둘째, 뮈르달이 확산(spread)효과 그리고 허쉬만이 침투 혹은 여과(trickle-down)효과라고 이름 붙인 유익한 효과이다. 후자의 효과는 중심지역이 성장하면서 낙후된 지역에 상품이나 서비스에 대한 수입(輸入) 수요의 증가와 좀 더 발전된 중심지역으로부터 낙후된 지역으로 기술확산 효과 등을 포함한다.

만일 두 가지 효과 중 확산효과(침투효과)가 충분히 크다면, 국가나 모든 지역이 중심지역의 성장으로부터 파급되는 이익을 얻을 수 있고, 불균형문제는 발전과정에서 잠시 존재하는 단기적 현상이 될 것이다. 허쉬만은 침투효과가 궁극적으로 극화효과보다 우세하여 성장 초기에는 극화현상 때문에 지역 간 격차가 벌어지지만, 마지막에는 중심지역의 외부 불경제가 강해져 주변지역과 수렴하게 된다고 주장한다. 하지만 뮈르달은 좀 더 비관적인 견해를 피력했는데, 확산효과가 약해 정부간섭이 실패하면 빠르게 성장하는 지역의 성장은 실제로 다른 지역의 발전을 저해한다고 하였다. 그리고 이러한 진행과정이 오랫동안 작용한다고 보았다. 따라서 주로 저소득지역과 고소득지역 간의 격차가 시간이 지남에 따라 줄어들 것이라는 다른 학파들의 주장에 동의하지 않고 회의적으로 보았다.

뮈르달은 저개발지역을 주로 고려하여 누진적 인과관계를 논의했지만, 이 개념은 도시체계에도 적용할 수 있다. 노동자들의 유출은 누진적 쇠퇴를 가져온다. 예를 들면, 대도시에서 고소득의 가족들은 교외의 쾌적한 환경을 찾아 이주하는 경향이 있다. 이러한 고소득 가족들이 대도시를 떠나감에 따라 공공 서비스에 대한 요구는 많지만 세금은 낼 능력이 부족한 가족들만 남게 된다. 결국 남아 있는 고소득 가족들에게 세금 부담은 계속 늘어나서, 종국적으로 이들 가족까지 이주해 나가도록 압력을 가한다. 이들이 외부로 떠나감에 따라 도시의 재정은 더 악화되고, 이는 다시 범죄의 증가나 도시의 흉물스러움, 침체 그리고 어메니티가 줄어드는 등 다른 형태의 쇠퇴가 더욱 강화된다. 인구와 소득의 감소는 또한 소매상이나 다른 서비스가 교외로 이전해 나가도록 만든다. 반대로, 한 지역이 번성하기 시작하면 자체적 강화요인들이 누진적 성장을 불러올 것이다. 높은 소득은 더 많은 어메니티를 누릴 수 있게 할 것이며, 여러 유망 기업을 유인하고 집적경제를 증가시킬 것이다. 성장으로 명성은 얻은 지역은 추가적인 투자를 유인하며, 그것은 다시 더 높은 성장을 불러올 것이다.

물론 이러한 성장이나 쇠퇴가 영원히 계속되지는 않을 것이다. 도시의 토지가격이 올라가거나 아니면 내리거나 하는 반대의 상쇄요인에 의해 새로운 균형이 종국적으로 정해질 것이다. 이런 의미에서, 대부분의 현상들은 장기적으로 균형화될 것이다. 그러나 불균형 모델은 지역사회의 조정경로의 일정 부문에서 일어나는 누진적 변화의 잠재력을 강조하는 장점을 가지고 있다.

이러한 뮈르달의 누진적 성장이론은 보몰(Baumol), 오츠(Oates)와 하우레이(Howray),[20] 리처드슨(Richardson)[21] 등에 의해 동태적 모델로 발전하였다. 이들은 쇠퇴(deterioration)라는 추상적 개념을 채택했는데, 쇠퇴는 소득의 감소를 가져다주는 범죄나 오염, 혼잡, 세금 등 다양한 도시문제들을 포함한다. 어느 특정 연도에 쇠퇴수준이 높아질수록, 그다음 연도에 그 지역의 소득은 줄어든다. 이런 관계를 방정식으로 나타내면 다음 식 (6.21)과 같다.

$$Y_{t+1} = r - sD_t \tag{6.21}$$

여기서 Y_{t+1}는 $t+1$년도의 소득이고, D_t는 t년도의 쇠퇴수준, r과 s는 파라미터이다.

쇠퇴수준은 그 지역사회의 소득수준에 의해 결정되는데, 지역사회의 소득증가는 쇠퇴를 가져오는 문제를 억제하고, 더 많은 어메니티와 서비스를 제공해 주기 때문에 쇠퇴수준을 감소시킨다. 따라서 쇠퇴와 소득수준은 음(−)의 관계를 가진다.

$$D_t = u - vY_t \tag{6.22}$$

u와 v는 파라미터이다.

모델에서 소득이 쇠퇴에 영향을 주고, 쇠퇴는 다시 소득에 영향을 주는 순환적 특성을 가지고 있다. 이제 방정식 (6.22)를 (6.21)에 대입하면 방정식 (6.23) 혹은 (6.24)를 얻는다.

---

20) Baumol, 1963, "Interaction of Public and Private Decisions", pp. 1-18. Oates, Howrey and Baumol, 1971, "An Analysis of Public Policy in Dynamic Urban Models", pp. 142-153.

21) Richardson, 1975, *Regional Development Policy and Planning in Spain*.

$$Y_{t+1} = r - su + sv Y_t \tag{6.23}$$

$$Y_{t+1} = g + h Y_t \tag{6.24}$$

여기서 $g = r - su$이고, $h = sv$ 를 나타낸다.

균형소득수준 Y_e는 $Y_e = Y_t = Y_{t+1}$일 때 이루어지는데, 그때 Y_e는 다음 식 (6.25)와 같이 나타난다.

$$Y_e = \frac{g}{1-h} \tag{6.25}$$

이 모델은 순환과정이 너무 단순하게 표현되어 있지만, 그래도 정책결정자들이 직면하는 문제를 포함하고 있어 나름대로 의미가 있다.

모델이 누진적인 쇠퇴 방향으로 가는가? 아니면 누진적 성장 방향으로 가는가? 아니면 안정적 균형 방향으로 가는가? 하는 것은 g와 h의 값의 크기에 달려 있다. 만약 $g < 0$이고 $h > 1$이면 〈그림 6.2〉의 (a)에서 보여 주듯이 누진적 변화가 일어날 것이며, $g > 0$이고 $h < 1$이면 〈그림 6.2〉의 (b)에서 보여 주듯이 성장이 균형으로 수렴할 것이다. 부록에 이에 대한 자세한 수치적 예가 제시되었다.

〈그림 6.2〉의 (a)는 방정식 (6.25)의 누진적 쇠퇴나 누진적 성장의 특성을 보여 준다. 예를 들면, 어떤 힘이 소득수준을 Y_e에서 Y_1으로 이동시켰다고 하자. 그러면 현재 연도의 소득 Y_t는 Y_1이 될 것이다. 그리고 시간이 지나면서 소득수준은 Y_2, Y_3로 계속 감소할 것이다. 한편 소득이 어떤 외부적 충격으로 인해 초기균형 Y_e보다 더 높이 증가한다면(Y_4), 소득은 누진적으로 증가할 것이다.

이러한 누진적 성장 모델은 중요한 정책적 의미를 가지고 있다. 만일 소득과 쇠퇴 간의 관계가 〈그림 6.2〉의 (a)에 나타난 것같이 누진적으로 쇠퇴한다고 하자. 이렇게 소득이 Y_e에서 Y_1, Y_2, Y_3로 계속 줄어든다면, 정부가 직접적으로 소득이전이나 간접적 정부 서비스 제공 같은 정책을 시행해서 소득수준을 증가시킬 것이다. 그렇게 정부의 정책을 통해 소득이 Y_2에서 Y_1으로 증가하면 도시는 일시적으로 번성한다. 그러나 정부의 지원정책이 중단되자마자 다시 누진적 쇠퇴가 시작될 것이다. 한편 정부가 지원정책을 통해 소득을 균형소득 Y_e 수준으로 증가시킨다면, 더 이상 정부지원 없이도 균형소득수준이 유지된다. 그리고 만일 정부가 지역소득을 Y_e 수준 이상으로 증가시킨다면, 도시는 누진적 성장경로를 따라 지속적으로 성장할 것이다. 따라서 정부가 그

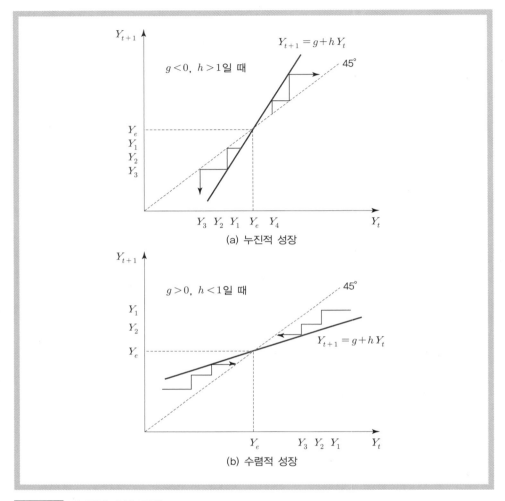

그림 6.2 누진적 순환 모델

지역사회의 과거 특정한 소득수준으로 증가시키기 위해서는 정책들이 충분한 범위나 크기가 되도록 하여야 한다. 충분치 못한 정책지원들은 소득수준을 일시적으로 증가시킬 수는 있지만 영원히 높은 소득수준을 만들지 못한다.

한편 특정 기간의 소득과 그다음 기간의 소득 간에 관계가 초기의 균형소득으로 되돌아가는 수렴경로의 결과를 초래한다면, 정부의 직접적인 소득부양정책들은 단기간에만 성공할 것이다. 〈그림 6.2〉의 (b)는 외생적으로 소득을 Y_1 수준으로 증가시켜도 Y_1으로부터 초기 균형 Y_e로 돌아가는 소득 수렴과정을 보여 준다. 이러한 상황에서 소득을 영원히 증가시키는 가장 좋은 방법은 소득과 쇠퇴 사이의 관계를 근본적으로 변화시켜 쇠퇴의 증가가 이전만큼 소득의 감소를 야기시키지 않게 하든가, 주어진 소득수준이 쇠퇴를 적게 시키는 결과를 가져오게 하는 것이다. 예를 들면, 방정식 (6.21)에서 s의 증가는 미래소득에서 쇠퇴수준의 변화에 주는 영향을 줄이는 반면, r의 증가는 일정한 쇠퇴수준에서 미래소득의 증가를 야기한다. 하지만 현실적으로 소득과 쇠퇴간의 관계를 변화시키는 정책들은 쇠퇴의 개념 자체가 너무 추상적이기 때문에 수립하기가 어렵다. 정책입안자들은 쇠퇴를 어떻게 효율적으로 정지시키거나 늦추어야 할지 잘 모른다. 소득결정과정에 영향을 미치는 정책들은 일시적으로 소득을 증가시킬지는 모르지만, 지역이 누진적 성장을 가져오는 여건을 충분히 조성하지는 못한다. 특정한 도시에 사는 것이 단점보다는 장점이 더 크다는 것과, 인구밀집에 의한 불편함을 감소시키는 더 나은 도시계획 등을 사람들에게 확신시키는 시장 캠페인은 소득과 쇠퇴의 관계를 변화시키므로 균형소득을 영원히 증가시킬 수 있는 한 가지 방법이 된다.

이 누진적 성장 모델에 대한 실증분석은 쿠마르-미시어(Kumar-Misir)[22]에 의해 행해졌는데, 그는 캐나다의 중심도시와 주변지역의 1951년에서 1966년까지 제조업 산출물 증가율을 성장률 변수로 사용해 분석하였다. 그의 연구결과에 따르면 누진적 성장가설을 지지해 주는 지역은 없었다. 대신 전형적인 수렴적 성장가설($g > 0$, $h < 1$) 쪽을 지지해 주었는데, h 값은 변화폭이 커서 앨버타 지역은 0.003이고, 서스캐처원 지역은 0.088, 온타리오 지역은 0.464 그리고 뉴브런즈윅 지역은 0.496으로 나타났다. 이렇게 수렴성장 쪽으로 결과가 나오는 것에 대해 이 기간 동안 캐나다의 재정균형정책과 다른 재분배정책이 지역 간 소득격차가 확대되는 것을 막았기 때문인 것으로 생각한다.[23]

제4절　성장거점이론

여러 가지 지역성장이론 중에서 성장거점이론(growth pole theory)만큼 개념이 애매모호하면서 동시에 많은 관심을 불러일으킨 이론은 없었다. 성장거점이론은 슘페터(Schumpeter)[24]의 혁신이론에서 아이디어를 얻은 프랑스 경제학자 페로우(Perroux)[25]

22) Kumar-Misir, 1974, *Regional Economic Growth in Canada : an Urban-rural Functional Area Analysis.*
23) Richardson, 1978, *Regional Economics,* pp. 147-150. Blair, 1991, pp. 205-210.
24) Schumpeter, 1934, *The Theory of Economic Development.*
25) Perroux, 1950, "Economic Space : Theory and Applications", pp. 89-104. Perroux, 1955, "Note on the Concept of

에 의해 제시되어, 제2차 세계대전 이후 폐허가 된 국가의 재건이 시급했던 유럽국가뿐 아니라 전 세계 여러 국가로 급속히 퍼져 나간 불균형 성장이론이다. 이 이론은 지역의 중심도시를 집중적으로 지원하여 중심도시를 먼저 성장시킨 후, 그 성장의 힘을 주변도시로 확산시켜 중심도시와 주변도시의 동시 성장을 달성할 수 있다는 주장을 펼치고 있다.

페로우는 경제성장은 산업의 발전과 마찬가지로 공간의 기본적 사실(fact), 즉 "성장은 모든 지역에서 한꺼번에 나타나지 않고, 발전의 원심력에 의해 그 힘이 힘의 장(fields of force)인 특정 공간에 하나의 극점(pole)에 모여 발생한다."라는 것을 믿었다. 그리고 경제발전에 극화(極化)현상을 일으키는 힘은 대규모 산업으로부터 발생하며, 대기업만이 생산적인 혁신을 창출하고 다른 관련산업에 영향력을 미칠 수 있다고 하였다.

그는 이러한 산업을 선도산업(propulsive industries)이라고 했는데, 이 선도산업은 (1) 상대적으로 새로운 산업이며, 진보된 기술을 가진 '동태적(dynamic)' 산업이고, (2) 생산하는 상품이 전국 시장에서 높은 소득탄력성을 가졌고, (3) 다른 부문과 산업간 연관관계(inter-industry linkage)가 강력하고, (4) 비교적 규모가 크며, (5) 주변 환경에 상당한 성장동력을 만들어 내고, (6) 혁신능력이 매우 높으며, (7) 매우 빨리 성장하는 산업군에 속한 산업을 의미한다. 그리고 이러한 선도산업이 입지한 곳이 성장거점이다. 즉, 선도기업들에 의해 원심력과 구심력이 발생하는 곳이 성장거점(growth pole) 또는 중심점이다. 성장거점에서는 대규모 생산이 이루어지며, 혁신이 보다 쉽게 수용되고, 새로운 기술을 쉽게 받아들이고, 기술혁신을 창출하여 급속한 경제성장이 일어난다. 또한 규모의 경제로 인해 비용절감도 일어나며, 거점지역의 주민들의 높은 소득 수준으로 수요창출의 효과도 크다. 이러한 요인은 대부분 선도산업에 의해 주도되며, 여기서 성장추진력도 발생한다. 그리고 성장추진력이 한 번 발생하면, 거점 내에서 일어난 성장효과보다 더 큰 효과가 후방연관관계를 통해 타 산업으로 전파되어 성장을 유도한다. 이러한 성장거점의 성장효과는 교통망과 산업연관관계를 통해 주변도시와 배후지로 확산되어 전반적인 지역성장이 촉진된다. 이런 점에서 성장거점은 한편으로 확산의 중심지(diffusion centre)가 되기도 한다. 한편 제조업 공장의 재입지, 인구의 배후지로 분산, 혁신과 투자, 성장에 대한 태도 등이 확산되면서 주변지역의 소득과 고용

Growth Poles", pp. 182-187.

수준도 향상되고, 인구밀도도 높아진다. 이러한 성장거점에 대해 보데빌(Boudeville)[26]은 "도시지역에 입지한 팽창하는 기업들의 집합(set)이며, 그들의 영향권을 통해 경제활동의 추가적 확대를 유인하는 것"이라고 정의 내렸다.

한편 라슈에우(Lasueu)[27]는 도시가 성장거점에 지정되기 위해서는 먼저 1인당 국민소득이 전국 평균보다 높고, 투자량이나 생산량이 계속 증가하고, 다른 지역보다 인구성장률이 높아야 한다고 하였다. 또한 규모의 경제가 작용하고, 자생적으로 성장할 수 있는 충분한 잠재력을 가지고 있으며, 자신의 성장을 주변지역으로 전달할 수 있는 힘이 있고, 그 지역을 전국의 지역권으로 통합시킬 수 있는 능력을 가지고 있어야 한다고 하였다.

하지만 성장거점에는 확산효과만 있는 것이 아니라, 상쇄 혹은 역류효과도 생겨난다. 이러한 역류효과는 사회적·경제적 측면에서 일어나는데 주변지역으로부터 성장거점지역으로 좋은 교육을 받은 젊은 엘리트들과 선진기업들이 유입되고, 주변지역의 원자재나 저축도 유입된다. 자원, 특히 노동이 중심지로 급격히 몰리면서 초기에는 이러한 역류효과가 크게 나타난다. 그러나 기존의 배후지에 있는 산업이 중심지로 재입지하고, 숙련되고 교육받은 노동자가 옮겨 가고, 저축이 이전되고 하는 역류효과도 시간이 지나면서 약해진다. 그리고 이러한 배후지의 자원 일부는 다시 채워지고, 확산효과가 커지면서 종국적으로 역류효과는 없어진다.

성장거점에서 주변지역으로 지역성장 요인이 확산되는 파급효과는 시간이 경과함에 따라 처음에는 완연히 출발했다가, 점점 힘을 모으는 밴드웨건(Band Wagon) 효과와 정점에 이른 후 둔화되는 세 가지 국면을 거치면서 〈그림 6.3〉의 첫 번째 그림같이 로지스틱함수 형태로 나타난다. 이때에는 제조업공장의 재배치나 기술의 전파, 투자 및 발전에 대한 긍정적 시각, 인구의 분산 등이 일어난다. 역류효과는 시간 경로를 쉽게 가름할 수 없지만, 많은 연구들이 시간이 지나면서 그 효과가 줄어드는 것으로 예측하고 있다. 예상경로는 〈그림 6.3〉의 두 번째 그림에 나타나 있는데, 초기에는 노동력이나 자원 등 지역성장요인이 성장거점으로 모여들어 역류효과가 강하게 나타난다.[28] 하지만 역류효과는 배후지역에 있던 기존 산업들의 성장거점으로 재배치, 고기술자 및

---

26) Boudeville, 1966, *Problems of Regional Economic Planning.*
27) Lasueu, 1972, "On the growth Pole", pp. 34-41.
28) 많은 지역경제학자들은 역류효과가 집적경제와 도시화경제의 형성으로 7~8년 정도 지나면 정점에 이를 것으로 생각한다.

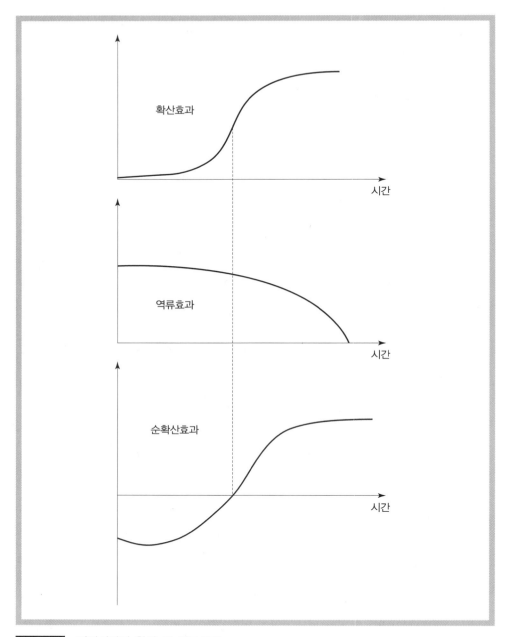

그림 6.3 지역성장의 확산 및 역류효과

자료 : Richardson, 1976, "Growth Pole Spillovers : the dynamics of backwash and spread", p. 3.

고학력자의 이주, 과거에 저축 등으로 축적된 자본의 이동 등 주로 1회성 성격을 가지고 있기 때문에 시간이 지나면 차츰 약화된다. 대신 확산효과의 확산과 지역균형정책들은 배후지역을 좀 더 경쟁적 지역으로 만든다.

순확산효과(net spill-over effect)는 확산효과에서 역류효과를 수직으로 차감한 효과인데, 이 순확산효과의 형태는 성장거점의 크기, 지역의 경제, 사회적 조건의 차이, 성장거점발전 전략의 차이, 사회-문화적, 정치적 환경의 이질성 등의 차이에 따라 지역마다 다르게 나타나 파(parr)[29]의 경우 확산효과가 〈그림 6.3〉과 다르게 양(+)-음(−)-양(+)의 형태로 나타난다고 주장한다. 그러나 주변지역에서는 〈그림 6.3〉의 마지막 그림같이 처음에는 역류효과가 확산효과보다 커 음(−)의 지역성장효과가 발생하다가, 시간이 지나면서 차츰 확산효과가 커지면서 양(+)의 지역성장효과가 발생하고, 파급효과가 포화상태에 이르면서 순확산효과도 평행선으로 나타나는 것이 일반적 형태인 것으로 알려져 있다. 다만 이러한 주장들은 자료가 부족하고 성장거점 전략을 실행한 경험이 충분치 않기 때문에 확실한 검증이 어렵다. 또한 순확산효과가 음(−)에서 양(+)으로 바뀌는 시점도 15년부터 25년까지 학자들 간에 예측이 다양해 어느 것 하나 확실한 것이 없다.

성장거점이론은 처음에 큰 관심을 끌지 못했지만 프랑스 학자 보데빌(Boudeville)[30]에 의해 공간적 개념이 더해지면서 차츰 알려졌고, 부문별 극점의 재정의는 입지이론과 중심지 이론의 계층 그리고 지역성장이론을 한꺼번에 융합시킬 수 있는 공간적으로 매우 유용한 개념으로 폭넓게 받아들여졌다.

실제로 1970년대 초까지 세계적으로 발전된 국가라고는 별로 없던 시절이어서 이 이론은 1960년대에 프랑스, 벨기에, 퀘벡에서 지역개발계획 수립의 지침이 되었고, 1970년대 이후에는 스페인과 미국, 일본, 라틴아메리카, 아프리카, 아시아 등 전 세계 국가들의 지역개발계획에 채택되었다. 우리나라도 1970년대부터 지역개발을 위해 성장거점전략을 채택해 개발잠재력이 높은 지방도시 등에 투자와 지원정책을 집중했다. 성장거점 접근법이 정책결정자에게 매력적이었던 이유는 산업정책과 물리적 계획(physical planning) 그리고 지역 간 및 지역 내 경제계획을 통합할 수 있는 기회를 제공해 주기 때문이다.

---

29) Parr, 1973, "Growth poles, regional development and central place theory", pp. 173-212.
30) Boudeville, 1966, *Problems of Regional Planning.*

그러나 이러한 성장거점이론은 선도산업이나 성장거점, 확산효과 등 개념상 정의가 모호한 점과 거점지역의 효율적 크기, 다른 거점과의 최적거리 선정 등의 문제가 많은 논란을 불러왔다. 성장거점의 경우도 이를 설명하는 문헌은 방대하지만 아직도 그 개념이 분명하지 못해, 인구 수백만 명의 도시가 선정된 국가가 있는 반면 아프리카 모리타니아(Mauritania)에서는 1만 명의 인구를 가진 케아디(Keadi)가 성장거점도시로 선정되기도 했다. 또한 이론의 공간상 개념들이 라틴아메리카나 아시아같이 도시분포가 균형적이지 못한 개발도상국보다는 인구가 밀집되어 있고, 도시 크기가 정규분포 형태를 띠고 있는 서유럽 선진국들에 잘 맞는다. 더구나 기업가 정신(entrepreneurship)이 희박하고, 발전을 확산시키기에 산업구조가 결여된 개발도상국에서 시행하기는 어려움이 크다.

성장거점 접근법에서 성장거점을 선택하는 것은 주로 국가의 주요 중앙부서 업무였다. 그러다보니 성장거점들이 지역 개발의 도구로 활용되는 것이 아니라, 국가의 경제 개발계획 중 일부 목표를 성취하기 위한 수단으로 사용되었다. 따라서 접근법에 의거해 몇몇 지역이나 도시를 성장거점으로 선정해 특혜를 주면, 대신 다른 지역과 도시를 차별한다는 의미이므로 이것은 또 다른 정치적 어려움을 가져온다. 이에 대한 가장 원만한 해결법은 성장거점을 여러 지역에 건설하여 불만을 잠재우는 것이지만, 이는 희소한 투자재원을 여러 곳에 분산투자하는 것이므로 계획이 실패할 확률이 높다. 무엇보다도 가장 큰 문제점은 여러 실증분석을 통해 실제로 거점지역의 성장이 기대하는 만큼 주변의 배후지역으로 확산되지 못하였고, 성장거점 내의 산업성장도 지역의 전통산업과 연계를 갖지 못해 지역의 자생력을 키우는 데 실패했다는 결과가 나온 것이다.[31] 실제로 도시의 산업이 주변지역에 소득과 고용을 증가시키는 확산효과를 가지려면 도시의 산업이 천연자원에 기반을 두고 있고, 그러한 천연자원이 주변지역에서 발견되는 경우이다. 성장거점이론의 개념이 처음 소개될 때만 해도 서유럽 도시의 많은 산업들이 천연자원에 기초를 두고 있었고, 그런 도시에서는 성장거점이론이 잘 적

---

31) Conroy, 1973, "Rejection of Growth Center Strategy in Latin American Regional Development Planning", *Land Economics,* Vol. XLIX, No. 4, pp. 371-380, Richardson and Richardson, 1975, "The Relevance of Growth Center Strategies to Latin America", *Economic Geography,* Vol. 51, No. 2, pp. 163-178, Santos, Milton, 1975, "Underdevelopment, Growth Poles and Social Justice", *Civilizations,* Vol. 25, No. 1 and 2, pp. 18-30. Hansen, 1982, "The Role of Small and Intermediate Sized Cities in National Development Processes and Strategies", Paper delivered at Expert Group Meeting on the Role of Small and Intermediate Cites in National Development, Nagoya, Japan : United Nations Center for Regional Development.

용되었다. 그러나 현실적으로 이 성장거점이론이 잘 맞지 않는 경우가 많다. 경제활동이 주변지역에서 팽창해 거꾸로 도시를 성장시키는 반대의 경우도 있고, 도시가 너무 작고 통조림 공장이나 야자나무에서 설탕을 뽑아내는 활동같이 단순해 주변지역에 중요한 확산효과를 만들어 내지 못하는 경우도 있다. 또한 산업은 천연자원에 기초하고 있더라도 천연자원이 주변지역에서 발견 안 되고 외부지역에서 수입되는 경우도 있고, 대도시의 선도적 산업이 천연자원에 기초한 것이 아니라 인적자본에 기초해 과학편향적 산업이 되어 주변지역과 아무런 연관관계가 없을 수도 있다. 따라서 성장거점 접근법에서 주장한 확산효과가 기대에 못미치자 그에 대한 유용성에 논란이 일면서 1980년대 이후에는 지역정책에서 선호도가 급격히 떨어졌고 정책적으로 채택되는 경우도 드물어지고 있다.[32]

일부 경제학자들은 이러한 현상에 대해 성장거점 접근법의 경우 시행하던 국가들이 그 효과를 적절히 평가받기도 전에 빈번하게 전략을 포기했다는 점을 지적했다. 성장거점 접근법이 원래 추구했던 결과를 얻기 위해서는 장기간 실행을 했어야 하는데, 실제론 그러지 못했다는 것이다. 지역의 계획 담당공무원들은 이러한 내용을 잘 알고 있었지만, 단기간에 가시적인 성과를 얻지 못해 정치인들로부터 압력을 받아 계획을 중단했을 것이라는 것이다. 또 다른 이유로 성장거점 지역 선정의 부적합성, 필요한 기반시설 구축에 필요한 재원 확보의 실패, 불완전한 투자기준, 창의력이 부족한 정책 수단 등을 꼽을 수 있다.[33]

한편 다른 학자들은 앞에서 언급하였듯이 성장거점 접근법의 경우 고도로 산업화되고 도시 규모가 대수정규분포(log normal distribution)를 따르며, 지역 간에 공간적으로 잘 연계되어 있는 서유럽 국가를 대상으로 전개한 접근법이라서, 기업가들이 적고 비정상적으로 비대한 수도(capital city) 때문에 불균형적인 도시 분포를 가진 개발도상국에는 처음부터 적용하기 어려운 전략이라고 평가한다.

---

32) 김용웅, 1999, 『지역개발론』, pp. 140-146. Higgins and Savoie, *Regional Development Theories & Their Application,* pp. 89-106. Richardson, 1978, *Regional Economics,* pp. 164-178. Higgins, 1995, *Regional Development Theories & Their Application,* p. 102. Hansen, 1972, "Criteria for a Growth Centre Policy", pp. 103-124. Joaquim, Isaque Manteiga et al., 2022, "Theoretical Approach of Growth Poles and Export Base Theories in Economic Development of Mozambique", pp. 70-98.

33) 성장거점이론의 문제점은 기우걸, 1991, "성장거점이론의 유용성에 관한 소고", pp. 61~78 참조.

제5절 내생적 성장이론

내생적 성장이론은 주로 국가의 경제성장을 설명하는 이론이지만 지역차원에서의 경제성장도 어느 정도 설명할 수 있는 비교적 최근에 등장한 신성장이론(new growth theory)이다. 솔로(Solow)[34] 등 신고전학파들의 성장이론에서는 자본축적에 따른 수확체감현상으로 지속적인 경제성장은 불가능하고 오직 외생적이고 주어진 기술진보 등에 의해서만 경제성장이 이루어진다고 주장한다.[35] 즉, 기술진보는 경제체제 내에서 결정되는 것이 아니라 우연히 외부적 요인에 의해 결정되므로, 장기균형성장은 경제체제 밖에서 결정된다는 것이다. 이를 〈그림 6.4〉를 통해 간단히 설명해 보면 우연히 기술진보가 일어나 1인당 생산곡선인 $f(k)$곡선이 위로 이동하고, 이에 따라 1인당 저축곡선 $sf(k)$곡선도 위로 이동해 균형성장 상태의 1인당 자본노동비율도 k_0^*에서 k_1^*으로 증가하면서 1인당 소득, 1인당 소비 및 1인당 저축 모두가 증가한다.

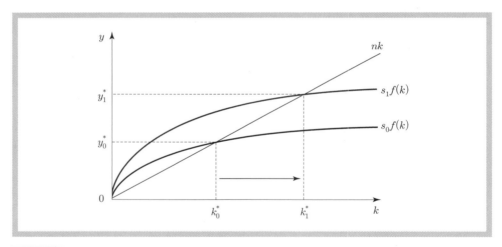

그림 6.4 기술진보와 균형성장의 자본노동비율 변화

---

34) Solow, 1956, "A Contribution to the Theory of Economic Growth", pp. 65-94. Solow, 1970, *Growth Theory : An Exposition*.

35) 한 나라 국민들의 1인당 소득을 증가시키기 위해서는 1인당 자본이 높아지는 자본심화가 일어나야 한다. 솔로 모델에서 장기에 자본심화가 일어나 1인당 소득이 높아지는 방법은 국민저축률(s)의 증가, 인구증가율(n)의 억제, 생산기술(f)의 향상 등 세 가지로 크게 나눌 수 있다. 만일 국민저축률(s)이 증가하면 〈그림 6.4〉에서 저축곡선이 $s_0 f(k)$에서 $s_1 f(k)$로 이동해 균형성장 상태의 1인당 자본도 본문에서 설명하는 기술진보 때와 같이 k_0^*에서 k_1^*로 증가한다. 대신 인구증가율이 낮아지면 nk 직선의 기울기가 작아져 균형성장 상태의 1인당 자본도 위의 경우와 같이 증가하게 된다.

그러나 현실의 경제성장과정을 단순히 외부적 기술진보로 설명하는 이 이론이 과연 타당성이 있는가 하는 의문이 생긴다. 즉, 국가 간의 경제성장률 격차가 단지 외생적인 기술진보의 차이로만 생겨나는 것일까? 사실 1980년대 선진국의 낮은 성장률과 후진국의 높은 성장률의 원인을 기술진보의 차이로 설명한다면 당연히 설득력이 떨어진다. 그래서 현실세계에서 관찰되는 지속적인 경제성장률 차이를 모델 내 내생변수의 상호작용을 이용해 설명하려는 시도가 1980년대 중반부터 로머(Romer),[36] 루카스(Lucas),[37] 배로(Barro)[38] 등 당시 젊은 경제학자들을 중심으로 시도되었다. 그들은 기술진보를 외생적 변수로 보지 않고 내생적 변수로 보았다. 즉, 생산과정의 개선이나 연구개발, 사내교육에 대한 투자의 결과로 발생하는 기술혁신은 이윤을 추구하는 경제적인 요인이 내적으로 작용하는 것으로 간주하였다. 성장에 큰 영향을 주는 무역, 경쟁, 자본 축적, 학습효과, 연구개발, 교육, 지적재산권 등에 관한 정책도 경제적 요인이 작용한 것으로 보았다. 따라서 이렇게 기술의 변화가 신고전학파가 주장하는 경제외적 요인에 의해 결정되는 것이 아니라 경제내적 요인에 의해 결정된다고 주장함으로써 이를 내생적 성장이론(theory of endogenous growth)이라 한다.

내생적 성장이론은 자본의 수확체감법칙이라는 신고전학파의 가정을 버리고 자본축적만으로 경제성장은 얼마든지 가능하다고 주장한다. 이러한 논리를 로머가 먼저 적용해 자본축적이 갖는 외부효과를 도입한 이론을 제시했다. 로머는 솔로우 성장 모델과 달리 자본 축적으로 1인당 자본량, 소득의 지속적인 증가가 가능하다고 보고, 저축률이 성장률 수준을 결정하는 중요한 요소이므로 정부는 저축률을 증가시키는 정책을 시행해야 한다고 주장했다.

그는 한 기업의 자본 증가가 유익한 외부성으로 인해 다른 기업의 생산성 증가를 가져올 수 있다는 사실에 착안하여 $Y = K^\alpha \cdot F(K \cdot L)$, $\alpha > 0$이란 형태의 생산함수를 가정하였다. 신고전학파의 경우 생산함수는 $Y = A \cdot F(K \cdot L)$의 형태로 A는 외생변수였다. 그런데 로머는 외생변수 A 대신에 내생변수 K^α를 도입한 것이다. 그리고 투자 또는 자본축적이 유익한 외부효과를 창출하여 규모가 증가할 때 수확체증이 된다면 자본노동비율(K/L) 증가에 따른 수확체감의 법칙을 상쇄하고도 남게 되어, 투자의 지

36) Romer, 1986, "Increasing returns and long-run growth", pp. 1002-1037. Romer, 1994, "The Origins of Endogenous Growth", pp. 3-22.
37) Lucas, 1988, "On the Mechanics of Economic Development", pp. 3-42.
38) Barro, 1989, "Economic Growth in a Cross Section of Countries".

속적인 경제성장이 가능하게 된다고 하였다. 따라서 경제성장률은 외생적으로 주어진 A의 성장률에 의해 결정되는 것이 아니라, 내생변수 K의 변화율에 의해 결정되게 되고, 이런 의미에서 내생적 성장이론이라 이름 붙였다.[39)]

로머에 의해 제기된 내생적 성장이론은 AK 모델에 의해 인적자본을 도입한 이론으로 발전되었다. 인적자본이란 각 노동자들이 지니고 있는 지식 혹은 기술수준을 의미한다.

먼저 총생산함수를

$$Y = AK (A는 상수) \tag{6.26}$$

로 상정하는데, 여기서 총생산은 자본 K에 대한 어떤 일정 배수 A에 의해서 재화가 생산된다고 가정한다. 이때 A가 상수이므로 자본의 투입에 대해 한계생산이 체감하지 않으며, 자본 K는 물적자본뿐만 아니라 인적자본까지 포함하는 광의의 자본이다. 따라서 물적자본뿐 아니라 근로자가 교육이나 훈련을 받고, 건강을 유지, 향상시키면 생산성이 높아진다.

먼저 자본축적 형태는 솔로 모델과 같다.

$$I = S = sY \tag{6.27}$$

이때 S는 저축, s는 한계저축성향, Y는 소득을 나타낸다.

새로운 투자 $I = \triangle K$로 놓고, $Y = AK$에서 $\dfrac{Y}{K} = A$를 식 (6.27)에 대입하면

$$\frac{\triangle K}{K} = \frac{sY}{K} = sA \tag{6.28}$$

가 도출된다.

이때 A를 상수라 가정했기 때문에 총생산의 증가율은 자본스톡의 증가율과 같게 된다. 따라서 식 (6.28)은

$$\frac{\triangle Y}{Y} = \frac{\triangle K}{K} = sA \tag{6.29}$$

---

39) 로머는 비록 노동력 성장이 정체되더라도 자본축적만으로도 무한한 성장이 이루어질 수 있는 모델을 만들었지만, 현실 세계에서는 투자의 외부효과가 경제성장에 별로 도움이 되지 못하는 것으로 나타나 이 또한 모델의 약점으로 꼽힌다.

를 의미하게 된다.

그래서 이 AK 모델에서는 균형상태의 경제성장률은 sA가 된다.

만일 인구증가율이 n이라면 1인당 소득증가율은 경제성장률에서 인구증가율을 뺀 것이 되어 1인당 소득증가율은 식 (6.30)과 같이 된다.

$$1인당\ 소득증가율\ =\ \frac{\triangle Y}{Y} - n = sA - n \qquad (6.30)$$

식 (6.30)에서 경제의 생산성을 나타내는 지수인 A가 상당히 커서 sA가 n보다 크다면($sA > n$) 균형상태에서 1인당 소득증가율이 일정한 양수가 된다.[40] 즉, 일정한 비율의 자본만 축적해도 1인당 소득은 영원히 증가하는 것이다. 따라서 투입요소에 대한 한계생산체감의 법칙이 성립하지 않을 경우 경제의 지속적 성장은 가능하여 솔로 모델과 다른 결과를 가져온다.[41]

루카스(Lucas)도 외생적 기술변화의 가정을 포기하고 광의의 자본에 포함되는 인적자본이 더 많이 축적될수록 1인당 소득이 영구적으로 높아지며, 균형상태에서 인적자본 축적률이 1인당 소득증가율과 같게 되는 모델을 제시했다. 그는 경제성장에 필요한 인적자본 축적을 위해 교육과 훈련, 기술습득에 투입되는 시간, 자본축적 과정의 효율성과 관련된 교육제도의 확대 등을 주장했다.

그 이후 내생적 성장이론은 인적자본에 대한 투자, 즉 교육이 자본축적에 미치는 영향과 정부정책의 중요성에 대한 논의를 중심으로 활발히 전개되고 있다. 특히 배로(Barro)는 정부부문의 공공재를 경제성장에 중요한 요소로 꼽았으며, 그로스먼과 헬프먼(Grossman & Helpman)[42]은 경제성장 분석 시 국제무역을 내생적 변수로 상정해야 한다고 주장한다.

이렇게 내생적 성장이론은 신고전학파 성장이론과 전혀 다른 결론을 도출하는데, 이는 주로 신고전학파 모델에서는 수확체감의 법칙 때문에 자본축적이 지속적인 경제성장을 가져올 수 없었던 데 반해, 내생적 성장 모델에서는 물적자본과 인적자본이 동시

---

40) 식 (6.30)을 약간 변형하면 $k = sAk - nk$가 되어 $sA > n$이면 1인당 자본장비율이 $(sA > n)k$의 비율로 지속적으로 증가하고 1인당 소득도 같은 비율로 증가하게 된다.

41) AK 모델에서 자본의 한계생산이 체감하지 않는 것은 자본이 물적자본뿐 아니라 인적자본까지 포함하는 넓은 의미의 자본으로 정의했기 때문이다. 따라서 두 자본이 축적되는 과정에서 서로 양(+)의 외부효과를 일으켜 자본의 효율성을 증가시키기 때문이다.

42) Grossman and Helpman, 1994, "Endogenous innovation in the theory of growth", pp. 23-44.

에 축적되기 때문에 수익률이 감소하지 않고 자본축적이 지속적인 성장의 원동력이 된다고 보기 때문이다. 그리고 신고전학파의 모델에서는 정부정책이 지속적인 경제성장을 유발할 수 없으나, 내생적 성장 모델에서는 정부정책이 자본축적에 영향을 미치는 경우 지속적인 경제성장이 가능하게 된다. 특히 인적자본[43]과 사회간접자본에 대한 투자, 연구개발, R&D 투자 세제지원, 교육 서비스 증가[44] 등을 적극 지원하는 정책을 통해 지역경제를 급속히 성장시킬 수 있다고 본다.

이러한 내생적 성장 모델의 주요 주장 중 하나는 인적자본량이 증가할수록 경제성장률이 높아진다는 것이다. 즉, 국가 전체의 인구 크기보다 인적자본의 크기가 경제성장에 중요한 역할을 한다는 것인데, 실제로 개혁개방 이전의 중국이나 1990년대 이전에 인도같이 인구대국의 경우 인구는 많았으나 인적자원이 적어 경제성장이 느린 반면, 교육시스템과 교육열이 높았던 한국, 싱가포르 등 아시아 네 마리 용의 급속한 경제성장 현상은 이를 잘 설명해 주고 있다. 또한 국가 간에 경제통합이나 자유무역 등을 통해 지식 이전이 급속히 빨라지면서 경제성장을 경험하는 국가들의 성장 이유도 쉽게 설명할 수 있다.

지역 관점에서 이 성장 모델이 특히 흥미 있는 점은 저소득지역과 고소득지역 간의 1인당 소득이 수렴할 것이라는 예측을 하지 않는다는 것이다. 대부분의 내생적 성장 모델에서는 발전된 지역이 더 부유해져도 물적·인적 자본의 한계생산이 감소하지 않기 때문에 그들이 더 느리게 성장하지 않는다. 오히려 더 많은 인적자본 및 지식을 보유한 지역은 자본 및 기술을 내생적으로 진보시켜 더 빠른 성장을 유지할 수 있게 된다. 반면에 저개발지역은 연구개발이나 인적자본에 투자할 충분한 여력이 없어 오히려 발전된 지역과 저개발지역 사이에 소득격차가 더 커질 가능성을 배제하지 않고 있다.

이 내생적 성장 모델은 국가 간 소득의 수렴현상이나 기술의 외부성, 인적자본 비중, 기업 간 경쟁과 혁신, 지적재산권 보호정책 등 다양한 부문에서 학자들 간에 이론 논쟁과 검증을 통해 계속 발전되어 왔다.[45] 그러나 정확히 평가할 수 없는 가정에 의존하

---

43) Lucas, 1988, "On the Mechanics of Economic Development", Romer, 1989, "Human Capital and Growth : Theory and Evidence".

44) Jones, 1995, "R&D-based models of economic growth", pp. 759-784. Funke, 2005, "Regional Geographic Research and Development Spillovers and Economic Growth : Evidence from West Germany", pp. 143-153. Izushi, 2008, "What Does Endogenous Growth Theory Tell about Regional Economies? Empirics of R&D Worker-based Productivity Growth", pp. 947-960. Stough, 2009, "Knowledge spillovers, entrepreneurship and economic development", pp. 835-838. Berchin, Issa Ibrahim, et al., 2021, "How do higher education institutions promote sustainable development? A literature review", pp. 1204-1222.

고 있다거나 이론의 유효성을 실증적으로 검증한 바가 없다는 비판도 받고 있다. 더구나 인적자본과 물적자본의 구분이 명확치 못하고, 조세 및 관세정책, 제도의 효율성, 내재된 천연자원의 차이 등 국가 간 경제성장률 차이를 가져오는 다양한 요인들도 두루 고려하지 못했다는 평도 같이 받고 있다.

제6절 지역성장에 따른 이익의 귀착

앞의 절에서는 여러 경제학자들이 개발한 지역의 경제성장이론들을 살펴보았다.

그러면 지역이 성장하면서 그 성장의 이익은 과연 누구에게 돌아갈까?

지역성장에 가장 큰 수혜자들은 어느 지역의 어느 산업이 가장 많이 성장했는지를 명확히 파악할 수만 있다면 정확히 찾아낼 수 있다. 그러나 이를 명확히 식별하기가 쉽지 않으며, 오히려 성장으로 손해를 입는 집단도 생겨난다. 그래서 이 절에서는 성장으로부터 이익을 보는 집단과 손해를 보는 집단에 대한 일반적 법칙을 찾아본다.

지역의 성장은 수출부문에 종사하는 집단에는 별 도움을 주지 못하는 것 같다. 왜냐하면 보통 수출수요는 그 지역 내부와 상관없이 외부지역의 소득수준에 의해 결정된다고 가정하기 때문이다. 대신 금융기관이나 슈퍼마켓, 카센터, 신문, 구두수선소, 부동산 중개업같이 지역주민들에게 봉사하는 비기반부문(비수출부문) 종사자들에게는 혜택이 늘어난다. 하지만 지역시장에 종사하는 집단 모두가 성장으로부터 이익을 보는

---

45) Barro, Robert J& Xavier Sala-i-Martin, 1990, "Economic Growth and Convergence across The United States", *NBER Working Papers 3419*. Barro, Robert J, 1991. "Economic Growth in a Cross Section of Countries", Vol. 106, No. 2, pp. 407-443. Barro, Robert J & Sala-i-Martin, Xavier, 1992. "Convergence", *Journal of Political,* Vol. 100, No. 2, pp. 223-251, Mankiw, N. Gregory et al. 1992. "A Contribution to the Empirics of Economic Growth", Vol. 107, No. 2, pp. 407-437. Aghion, Philippe & Howitt, Peter, 1992, "A Model of Growth through Creative Destruction", Vol. 60, No. 2, pp. 323-351, Aghion, P., A. et al., 2007, "Democracy, Technology and Growth." in E. Helpman (ed.), *Institutions and Economic Performance*. Bartelsman, Howitt, Peter, 2007, "Accounting for Trends in Productivity and R&D: A Schumpeterian Critique of Semi-Endogenous Growth Theory", Vol. 39, No. 4. pp.733-774. E. J. et al. 2009. "Cross-country Differences in Productivity: The Role of Allocation and Selection" NBER Working Paper 15490. Acemoglu, D. and U. Akcigit, 2012, "Intellectual Property Rights Policy, Competition and Innovation", Vol. 10, pp. 1-42. Chukwuemeka Onyebuchi Onyimadu, 2015, "An Overview of Endogenous Growth Models: Theory and Critique", Vol. 5, Issue 3, pp. 498-514. Dosi, Giovanni, Andrea Roventini, Emanuele Russo, 2019, "Endogenous growth and global divergence in a multi-country agent-based model", Vol. 101, pp. 101-129. Soegiarto, Eddy et al. 2022, "Human Capital, Difussion Model, And Endogenous Growth:Evidence From Arellano-Bond Specification", Vol. 19, No. 2, pp. 6265-6278. Chandra, Ramesh, 2022, *Endogenous Growth in Historical Perspective; From Adam Smith to Paul Romer*,

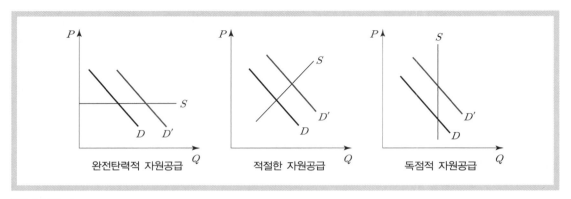

그림 6.5 공급곡선의 탄력성과 가격

것은 아니며, 이익 크기 여부는 그들이 보유하고 있는 자원의 공급탄력성 크기에 달려 있다.

〈그림 6.5〉에는 자원공급에 대한 세 가지 경우가 예시되어 있다. 첫 번째 그림은 지역 내에서 자원의 공급이 완전탄력적인 경우이다. 이때에는 지역이 성장해 수요가 증가하더라도 자원의 가격은 변하지 않기 때문에 이런 자원을 소유한 소유주는 별다른 이익을 얻지 못한다. 두 번째 그림은 어느 정도 공급이 탄력적인 경우인데, 이때는 공급을 늘리기 위해서 가격을 증가시켜야 한다. 마지막 그림은 공급이 완전 비탄력적인 경우인데, 이때는 수요가 늘어난 만큼 가격도 같이 상승한다.

지역에서 소비되는 상품이나 서비스 생산을 위한 공급의 탄력성은 그 상품이나 서비스가 얼마나 수월하게 외부지역으로부터 수입되고, 추가적 생산을 위해 자원의 가격이 어느 정도 상승하느냐에 달려 있다. 일부 자원들은 이러한 자원의 수요 변화에 반응하여 수출부문(기반부문)에서 비수출부문(비기반부문)으로 이동하기도 한다. 그리고 시간이 지나면서 자원은 외부지역으로부터 더 낮은 가격으로 수입해 올 확률이 커진다. 따라서 지역적으로 가용한 자원도 장기로 갈수록 공급탄력성이 커지며, 성장으로부터 자원소유주가 얻는 이익의 크기는 시간이 지날수록 줄어들 것이다. 그러나 세 번째 그림에서와 같이 지역에서 독점적인 자원을 소유하고 있는 집단은 지역의 성장으로 생겨나는 이익을 영원히 누릴 수 있을 것이다.

성장의 이익을 생산요소별로 좀 더 세분해서 살펴보자.

자본의 공급은 〈그림 6.5〉의 첫 번째 그림과 같이 매우 탄력적이다. 그리고 지역 내에서 만일 자본의 기대수익이 증가한다면, 외부지역으로부터 자본이 신속히 유입되어 자본의 가격(이자) 차이는 금방 줄어들 것이다. 자본소유주는 자신의 자본을 지역이 성장하기 이전에 어떤 부문에 투자해 놓았느냐에 따라 투자수익률이 달라질 것이다. 만일 자본소유주가 아파트를 사 놓았다면 지역성장에 따른 아파트 가격상승으로 이익을 볼 것이며, 빌딩을 사 놓았다면 임대료가 상승하여 이익을 볼 것이다. 하지만 단순히 은행에 저축을 했다면, 은행 이자소득 외에는 성장에 따른 추가적 이익은 거두지 못할 것이다.

노동자도 자본가와 마찬가지로 지역의 성장으로부터 이익을 얻을 수 있다. 지역이 성장하면 먼저 외부지역으로부터 새로운 기업이 지역 내로 진입해 온다. 그리고 지역 내 노동에 대한 전반적 수요가 증가하면서 노동자들의 임금수준도 상승할 것이다. 따라서 노동자들의 소득도 증가한다. 기업에 고용된 노동자 이외에 개인사업을 하는 그룹들도 지역성장에 따른 소득증가를 경험할 것이다. 자동차 판매를 하는 중개상의 경우 지역성장에 따른 주민들의 소득증가와 지역 내 인구수의 증가로 자동차 수요와 판매가 빠르게 증가하면서 그의 소득도 증가할 것이다. 하지만 외부로부터 자동차 판매점들의 진입이 계속되어 원래 판매점의 판매가 줄어들면서 이러한 소득증가는 일시적일 수도 있다. 그러나 일시적이더라도 자동차 중개상의 소득은 증가할 것이고, 개인과 기업들이 경제적 환경 변화에 느리게 반응한다면 이러한 소득증가는 상당히 오래 지속될 수 있다.

한편 일부 부문에 임금이 증가한다면, 관련된 부문의 임금도 증가시키는 경우가 많다. 앞에서 예시했듯이 자동차 판매가 증가한다면, 자동차 생산업체는 좀 더 많은 자동차 생산을 위해 노동자의 채용을 늘릴 것이다. 또한 자동차 생산이 늘어남에 따라 자동차 부품을 납품하는 자동차 부품업체들의 노동자 고용도 같이 늘어날 것이며, 자동차 판매의 호조가 지속된다면 자동차 업계 전체의 노동자 임금도 상승할 것이다.

노동시장에서 실업자들도 성장과 관련하여 이익을 얻을 기회가 생긴다. 지역 내로 새로 진입해 오는 기업들로 인해 그들은 새로운 직업을 얻을 수도 있다. 임시직 종사자 중 일부도 경제가 성장함으로써 정규직 직업을 얻을 수 있을 것이고, 불완전고용자들도 좀 더 좋은 직업을 확보함으로써 비슷한 이익을 얻을 수 있다. 패트리지(Partridge)[46] 등이 최근에 미국의 전 지역을 대상으로 연구한 결과에 따르면 지역경제의 발전으로

---

46) Partridge, 2009, "Who Wins From Local Economic Development? : A Supply Decomposition of U.S. County Employment Growth", pp. 13-27.

직업이 새로 생기면 그 지역 원주민에게 가장 큰 혜택이 돌아가는 것을 발견했다.

그러나 신체적으로나 정신적으로 문제를 가지고 있는 많은 실업자들이나 연금을 받고 사는 퇴직자들은 지역이 성장하여 새로운 직업이 많이 창출되더라도 별로 이익은 얻지는 못할 것이다. 오히려 집세가 오르거나 다른 생필품들의 가격이 올라서 성장으로 인한 고통을 겪게 될 확률이 더 높다.

지역의 독점적 자원소유자들은 성장으로부터 이익을 장기적으로 누릴 수 있다. 예를 들어, 토지를 소유하고 있는 집단은 지역 내 토지의 공급이 일정하기 때문에 장기적으로 성장으로부터 이익을 유지할 수 있다. 비슷하게, 일부 체인점(franchise) 소유자들도 특정 지역에 공급하는 면허증을 가지고 있기 때문에, 지역이 성장해도 그들은 독점은 계속 유지할 수 있고, 따라서 이익도 계속 지속된다.

경제활동의 경제적 규모도 독점을 영구화시키는 데 기여한다. 만일 컴퓨터수리 서비스업체가 정상적 이윤을 얻기 위해서는 최소한 고객 수가 20,000명 필요하다고 하자. 그 지역이 경제성장으로 지역주민의 수가 20,000명에서 30,000명으로 늘어났다면, 컴퓨터 서비스 시장규모가 50% 증가했기 때문에 서비스 업체 주인은 정상이윤 이상의 초과이윤을 얻을 수 있다. 그러나 지역이 추가적 성장을 하여 주민 수가 40,000명으로 늘어나기 전에는 두 번째 컴퓨터 서비스 업체가 지역 내로 진입해 들어오지 않을 것이다. 따라서 지역 내 컴퓨터 서비스 업체의 독점이윤은 영원할 수가 있다.

일반적으로 지역의 경제성장에 대해 찬성하는 사람들이 많다. 그러나 성장이 지역을 덜 매력적으로 만든다고 믿기 때문에 반대하는 사람들도 많다. 성장은 지역에 범죄를 증가시키고, 교통 혼잡과 오염, 높은 생활비 등을 수반하기 때문에 수입이 고정되어 있는 개인이나 성장으로부터 이익을 받지 못하는 집단에게는 성장이 하나의 단점으로 부각된다. 따라서 지역의 성장을 반대하는 캠페인이나 님비현상(NIMBY or 'Not in my backyard' effect) 등이 여러 개발예정지역에서 관측된다. 이러한 강력한 성장 반대 움직임은 주로 교외나 대도시 주변에 생겨나는 경향이 있다. 교외지역 거주자 중 일부는 그들 지역이 현재의 좋은 환경특성을 유지하면서 대도시 성장으로부터의 이익을 나누어 갖기를 희망한다. 그리고 그러한 태도는 종종 이웃지역들 간의 충돌을 빚기도 한다.

하지만 많은 사람들이 어메니티와 쇼핑 선택의 증가 그리고 지역사회의 성장으로 가용해진 다른 기회의 증가로부터 많은 이익을 얻는다. 따라서 성장의 모든 간접적 효과들이 부정적이지는 않다.

현재에는 대부분의 지역들이 성장으로부터 훨씬 더 많이 혜택을 받으며, 현재의 거주자나 그 후손들에게 직업을 주기 위해 경제적 성장이 필요하다고 생각하고 있다. 그리고 만약 지역이 성장하지 않는다면, 자연적 인구증가로 인해 지역 내 유출이주가 늘어날 것이고, 종국적으로 그 지역은 쇠퇴지역으로 분류될 것이다.[47]

제7절 요약

지역성장에 관한 여러 가지 실증적 그리고 이론적 접근법들이 이 장에서 언급되었다.

신고전학파의 성장이론은 국가의 경제성장이론을 지역에 적용시킨 공급측면의 성장이론이다. 이 이론에서는 성장의 주요 요소로 노동과 자본 그리고 기술 같은 생산요소의 성장률에 주목한다. 그리고 이동을 통해 이러한 생산요소의 한계생산성이 같아짐으로써, 장기적으로 지역 간 소득수준은 같아지고 지역 간의 경제적 격차는 없어지는 대표적 균형성장이론이다.

이에 비해 수출기반이론은 수출을 지역성장에 주요요인으로 강조한 수요측면의 성장이론이다. 지역의 성장은 외부지역으로 수출의 크기에 따라 결정된다. 그러나 이 수출기반이론은 지역성장에 여러 가지 중요한 요인들을 간과하고 수출만 너무 강조했다는 비판을 받는다. 하지만 여전히 수출기반이론은 지역성장이론에 지배적 위치로 남아 있다.

누진적 성장 모델은 기존의 균형성장 모델에 대한 반발로 출현한 이론으로, 현실세계에서 나타나는 지역 간 불균형 경제성장 현상을 설명하기 위해 개발된 성장이론이다. 이 불균형 성장 모델에서는 경제가 자체적으로 균형에서 멀어져 가려는 힘이 내제되어 있다고 본다. 그래서 한 번 균형에서 벗어나면 균형으로부터 계속 멀어지는 힘이 작용하여 성장하는 지역은 계속 더 성장하고, 쇠퇴하는 지역은 계속 쇠퇴하게 된다고 주장한다.

한편 프랑스의 경제학자 페로우에 의해 발표된 성장거점이론은 여러 성장이론 중에서 한때 세간에 가장 많은 주목을 받았던 이론이다. 이 이론에는 지역의 성장을 주도하는 선도산업이 있다. 그리고 지역정책가들은 이러한 선도산업을 선정해 입지시켜 성장거점을 만들면, 이러한 산업이 성장하면서 확산효과에 의해 주변의 배후지로 성장이 확산되면서 주변지역도 같이 성장한다는 것이다. 그러나 이론이 주장한 확산효과가 실

---

47) Blair, 1991, pp. 210-215.

증분석을 통해 입증되지 못하면서 그 타당성에 의심을 받았다. 그리고 아직까지도 성장거점이론 자체가 잘못된 것인지, 아니면 정책결정자가 이론을 현실에 적용하면서 피할 수 있는 실수를 한 것인지는 의문으로 남아 있다.

1980년대 중반부터는 로머, 루카스, 배로 같은 경제학자들에 의해 기술진보율 대신에 자본축적의 차이, 학습효과의 차이, 연구개발의 차이, 교육수준의 차이, 정부정책의 차이 등으로 각 지역만의 경제성장률의 차이를 설명하는 이론이 출현했다. 이렇게 새로 나타난 성장이론을 내생적 성장이론이라 칭하는데, 이들은 수확체감의 법칙 가정을 채택하지 않았기 때문에 신고전학파 성장이론과 전혀 다른 결론을 도출한다. 즉, 내생적 성장 모델에서는 물적자본과 인적자본이 동시에 축적되기 때문에 수익률이 감소하지 않고 지속적인 성장이 가능하며, 정부의 정책이 자본축적에 영향을 미치는 경우에는 영구적인 경제성장도 가능하게 된다. 따라서 이 모델에는 발전된 지역자본의 한계생산이 감소하지 않아 더 느리게 성장할 이유가 없다. 반면에 저개발지역은 연구개발이나 인적자본에 투자를 할 여력이 없어 빠르게 성장할 이유가 없으므로 장기적으로 두 지역 사이에 소득격차가 더 커질 가능성이 있다고 본다.

지역이 성장할 때 그 지역에 거주하는 주민 모두가 동일하게 이익을 보는 것은 아니다. 일부 집단은 성장에 의해 손해를 보고, 일부 집단은 일시적 이득을 얻으며, 일부 집단은 영원한 이익을 얻는다. 그리고 그 이익의 크기는 자원의 공급탄력성에 달려 있다. 이때 비탄력적인 자원을 소유한 집단은 성장으로부터 가장 많은 이익을 얻게 된다.

부록   누진적 성장과 수렴적 성장

앞의 제3절에서 설명한 누진적 성장이론의 수치적 예를 살펴보자.

먼저 누진적 성장을 나타내는 $g < 0$, $h > 1$인 경우를 살펴보자.

가정된 파라미터의 크기에 맞추어 $g = -20$, $h = 2$로 설정한다. 이 경우 균형소득은 $Y = -20 + 2Y$로 $Y_e = 20$이 된다. 이제 균형소득값 $Y_e = 20$보다 우측, 즉 더 큰 소득인 $Y_1 = 30$에서 시작해 보면 그다음 기의 소득은 $Y_2 = -20 + 2 \times 30 = 40$이 되어 더욱 커진다. 그리고 다시 그다음 기의 소득 Y_3는 $Y_3 = -20 + 2 \times 40 = 60$으로 더 커진다. 반대로 균형소득값 $Y_e = 20$보다 작은 $Y_1 = 15$에서 시작해 보자. 그래프에서는 균형소득 Y_e보다 좌측에 위치하고 있는데 그다음 기의 소득 Y_2은 $Y_2 = -20 + 2 \times 15 = 10$이 되어 더

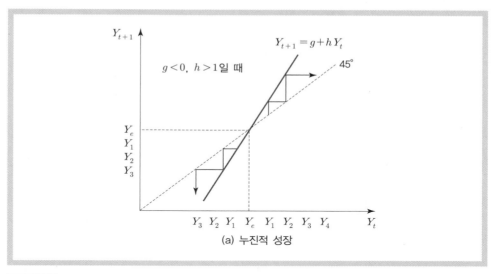

그림 6.6 누진적 성장

작아진다. 그리고 그다음 기의 소득 Y_3는 $Y_3 = -20 + 2 \times 10 = 0$으로 더욱 적어진다. 따라서 $g < 0$, $h > 1$인 경우 균형소득에서 벗어나면 균형소득보다 더 큰 우측부분에서는 소득이 더 커지는 방향으로 그리고 균형소득보다 작은 좌측 부분에서는 더욱 작아지는 방향으로 움직인다.

이제 수렴적 성장의 경우를 살펴보자.

이때는 파라미터가 $g > 0$, $h < 1$의 범위에 포함되어야 하므로 $g = 20$, $h = 1/2$로 가정한다. 그리고 균형소득은 $Y = 20 + \frac{1}{2}Y$로 $Y_e = 40$이 된다. 이제 균형소득값 $Y_e = 40$보다 우측인 $Y_1 = 50$에서 시작하면 그다음 기의 소득은 $Y_2 = 20 + \frac{1}{2} \times 50 = 45$가 되어 원래 소득보다 작아진다. 그리고 다시 그다음 기의 소득 Y_3는 $Y_3 = 20 + \frac{1}{2} \times 45 = 42.5$로 더욱 작아진다. 한편 소득이 균형소득값 $Y_e = 40$보다 작은 $Y_1 = 20$에서 시작해 보면, 그다음 기의 소득은 $Y_2 = 20 + \frac{1}{2} \times 20 = 30$이 되어 더 커진다. 그리고 그다음 기의 소득 Y_3는 $Y_3 = 20 + \frac{1}{2} \times 30 = 35$로 더욱 커진다. 따라서 $g > 0$, $h < 1$인 경우 균형소득에서 벗어나면 균형소득보다 더 큰 소득수준인 우측부분에서는 소득이 작아지는 방향으로

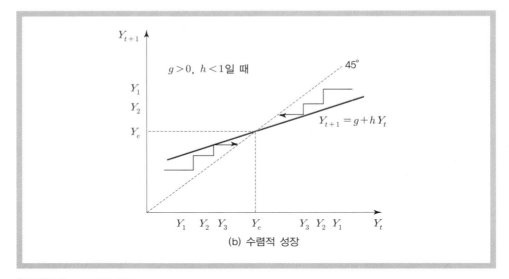

그림 6.7 수렴적 성장

그리고 균형소득보다 작은 소득수준인 좌측부분에서는 더욱 커지는 방향으로 움직여 결국 균형소득으로 수렴하게 된다.

참고문헌

기우걸, 1991, "성장거점이론의 유용성에 관한 소고", 『기업과 혁신연구』, 조선대학교 지식경영연구원 pp. 61-78.

김용웅, 1999, 『지역개발론』, 법문사.

Acemoglu, D. and U. Akcigit, 2012, "Intellectual Property Rights Policy, Competition and Innovation", *Journal of the European Economic Association*, Vol. 10, pp. 1-42.

Aghion, P., A. Alesina, and F. Trebbi, 2007, "Democracy, Technology and Growth." in *E.* Helpman (ed.), *Institutions and Economic Performance*, Cambridge University Press.

Aghion, Philippe & Howitt, Peter, 1992, "A Model of Growth through Creative Destruction", *Econometrica,* Econometric Society, Vol. 60, No. 2, pp.323-351

Barro, Robert J., 1989, "Economic Growth in a Cross Section of Countries", *NBER Working Paper,* No. 3120, September.

Bartelsman, E., J. Haltiwanger, and S. Scarpetta, 2009. "Cross-country Differences in Productivity: The Role of Allocation and Selection." *NBER Working Paper* 15490.

Barro, Robert J& Xavier Sala-i-Martin, 1990, "Economic Growth and Convergence across The United States", *NBER Working Papers 3419*, National Bureau of Economic Research, Inc.

Barro, Robert J, 1991. "Economic Growth in a Cross Section of Countries", *The Quarterly Journal of Economics,* Oxford University Press, Vol. 106, No. 2, pp. 407-443.

Barro, Robert J & Sala-i-Martin, Xavier, 1992. "Convergence", *Journal of Political Economy*, University of Chicago Press, Vol. 100(2), pages 223-251,

Baumol, Williams J., 1963, "Interaction of Public and Private Decisions", In H. S. Schaller ed. *Public Expenditure Decisions in the Urban Community,* Baltimore : The John Hopkins Press, pp. 1-18.

Berchin, Issa Ibrahim, de Aguiar Dutra, Ana Regina, Guerra, José Baltazar Salgueirinho Osório de Andrade, 2021, "How do higher education institutions promote sustainable development? A literature review", *Sustainable Development,* Vol. 29 Issue 6, pp. 1204-1222.

Blair, 1991, *Urban and Regional Economics,* Boston : Irwin.

Bolton, Roger, 1966, *Defense Purchases and Regional Growth,* Washington, D.C. : The Brookings Institution.

Borts, George H, 1960, "The equalization of returns and regional economic growth", *American Economic Review,* Vol. 50, pp. 319-47.

Borts, George H. and J. L. Stein, 1964, *Economic Growth in a Free Market,* New York : Columbia University Press.

Boudeville, J., 1966, *Problems of Regional Economic Planning,* Edinburgh : Edinburgh University Press.

Chandra, Ramesh, 2022, *Endogenous Growth in Historical Perspective; From Adam Smith to Paul Romer*, Book series, Palgrave Studies in Economic History.

Chukwuemeka Onyebuchi Onyimadu, 2015, "An Overview of Endogenous Growth Models: Theory and Critique", *International Journal of Physical and Social Sciences,* Vol. 5, Issue 3, pp. 498-514.

Conroy, Micheal E., 1973, "Rejection of Growth Center Strategy in Latin American Regional Development Planning", *Land Economics,* Vol. XLIX, No. 4.

Domar, Evsey, 1946, "Capital Expansion, Rate of Growth and Employment", *Econometrica,* Vol. 14, No. 2, pp. 137-147.

Domar, Evsey, 1957, *Essays in the Theory of Economic Growth,* New York : Oxford University Press.

Dosi, Giovanni, Andrea Roventini, Emanuele Russo, 2019, "Endogenous growth and global divergence in a multi-country agent-based model", *Journal of Economic Dynamics and Control,* Vol. 101, pp. 101-129, Vol. 101, April 2019, pp. 101-129.

Funke, Michael and Annekatrin Niebuhr, 2005, "Regional Geographic Research and Development Spillovers and Economic Growth : Evidence from West Germany", *Regional Studies,* Vol. 39, No. 1, pp. 143-153.

Grossman, Gene M. and Elhanan Helpman, 1994, "Endogenous Innovation in the Theory of Growth", *Journal of Economic Perspective,* Vol. 8, No. 1, pp. 23-44.

Hansen, Niles M., 1972, "Criteria for a Growth Centre Policy", in Antini Kuklinski ed. *Growth Poles and Growth Centres in Regional Planning,* The Hague : Mounton, pp. 103-124.

Hansen, Niles M., 1982, "The Role of Small and Intermediate Sized Cities in National Development Processes and Strategies", Paper delivered at Expert Group Meeting on the Role of Small and Intermediate Cites in National Development, Nagoya, Japan : United Nations Center for Regional Development.

Harris, Britton, 1958, "Comment on Pfouts's Test of the Base Theory", *Journal of the American Institute of Planners,* November.

Harrod, Roy, 1948, *Towards a Dynamic Economics : Some Recent Developments of Economic Theory and Their Application to Policy,* London : Macmillan.

Henderson, J. Vernon, 2007, "Understanding Knowledge spillovers", *Regional Science and Urban Economics,* Vol. 37. pp. 497-508.

Hicks, John R., 1950, A *Contribution to the Theory of Trade Cycle,* Oxford : Clarendon Press.

Higgins, Benjamin and Donald J. Savoie, 1995, *Regional Development Theories & Their Application,* New Brunswick(USA) and London(UK) : Transaction Publisher.

Hirshman, A. O., 1958, *The Strategy of Economics Development,* New Haven, CO : Yale University Press.

Howitt, Peter, 2007, "Accounting for Trends in Productivity and R&D: A Schumpeterian Critique of Semi-Endogenous Growth Theory", *Journal of Money, Credit and Banking,* Vol. 39, No. 4. pp. 733-774

Izushi, Hiro, 2008, "What Does Endogenous Growth Theory Tell about Regional Economies? Empirics of R&D Worker-based Productivity Growth", *Regional Studies,* Vol. 42, No. 7, pp. 947-960.

Jacobs, Jane, 1969, *The Economy of Cities,* New York : Random House.

Joaquim, Isaque Manteiga, Raitone Armando, Elzira Tundumula, 2022, "Theoretical Approach of Growth Poles and Export Base Theories in Economic Development of Mozambique", *Asian Journal of Management Entrepreneurship and Social Sciene*, Vol. 02, Issue 03, pp. 70-98.

Jones, C. I., 1995, "R&D-based models of economic growth", *Journal of Political Economy,* Vol. 103, pp. 759-784.

Kaldor, N., 1970, "The case for regional polices", *Scottish Journal of Political Economy,* Vol. 3, pp. 595-602.

Kaldor, N., 1971, "The dynamic effects of the Common Market", in D. Evans ed. *Destiny or Delusion : Britain and the Common Market,* London : Gollancz, pp. 59-91.

Kumar-Misir, L. M., 1974, *Regional Economic Growth in Canada : an Urban-rural Functional Area Analysis,* M.A. thesis, University of Ottawa.

Lasueu, J. R. 1972, "On the growth Pole", *Growth Centers in Regional Economic Development,* edited by Niles M. Hansen, The Free Press, pp. 34-41.

Leven, C. L., 1963, *Theory and Method of Income and Product Accounts for Metropolitan Areas,* Center for Regional Economic Studies, Pittsburgh, Pennsylvania : University of Pittsburgh.

Lucas, R. E., 1988, "On the Mechanics of Economic Development", *Journal of Monetary Economics,* Vol. 22, pp. 3-42.

Lewis, Joshua, Severnini, Edsonb, 2020, "Short- and long- run impacts of rural electrification : Evidence from the historical rollout of the U.S. powergrid", *Journal of Development Economics*, Vol. 143, March 2020, 102412.

Mankiw, N. Gregory, David Romer, David N. Weil, 1992. "A Contribution to the Empirics of Economic Growth", *The Quarterly Journal of Economics,* Oxford University Press, Vol. 107, No. 2, pp. 407-437.

Moretti, E., 2004, "Workers' education, spillovers, and productivity : Evidence from plant-level production functions", *The American Economic Review,* Vol. 94, No. 3, pp. 656-690.

Myrdal, Gunnar. 1957, *Economic Theory and Under-developed Regions,* London : Duckworth.

Myrdal, Gunnar. 1957, *Rich Lands and Poor : The Road to World Prosperity,* New York : Harper & Row.

Oates, W. E., E. P. Howrey and W. J. Baumol, 1971, "An Analysis of Public Policy in Dynamic Urban Models", *Journal of Regional Science,* Vol. 70, No. 1, pp. 142-153.

Parr, J. B., 1973, "Growth poles, regional development and central place theory", *Papers of the Regional Science Association,* Vol. 31, pp. 173-212.

Partridge, Mark D., Dan S., Rickman and Hui Li, 2009, "Who Wins From Local Economic Development? : A Supply Decomposition of U.S. County Employment Growth", *Economic Development Quarterly,* Vol. 23, No. 1, pp. 13-27.

Perroux, François, 1950, "Economic Space : Theory and Applications", *Quarterly Journal of Economics,* Vol. 64, No. 1, pp. 89-104.

Perroux, François, 1955, "Note on the Concept of Growth Poles", in Ian Livingston, (ed.), 1981, *Development Economics and Policy : Readings,* George Allen & Unwin, pp. 182-187.

Rich, David Z., 1994, *The Economic Theory of Growth and Development,* London : Praeger.

Richardson, Harry W. and Margaret Richardson, 1975, "The Relevance of Growth Center Strategies to Latin America", *Economic Geograpy,* Vol. 51, No. 2.

Richardson, Harry W., 1975, *Regional Development Policy and Planning in Spain,* Farnborough : Saxon House.

Richardson, Harry W. 1976, "Growth Pole Spillovers : the dynamics of backwash and spread", Regional Studies, Vol. 41, No. 1, pp. 1-9.

Richardson, H. W., 1978, *Regional Economics,* University of Illinois Press.

Romans, J. Thomas, 1965, *Capital exports and growth among U. S. regions,* Middletown : Wesley University Press.

Romer, P., 1986, "Increasing returns and long-run growth", *Journal of Political Economy,* Vol. 94, No. 5, pp. 1002-1037. *Journal of Economic Perspective,* Vol. 8, pp. 23-44.

Romer, P., 1989, "Human Capital and Growth : Theory and Evidence", Working Paper No. 3173, *National Bureau of Economic Research(NBER),* Cambridge, MA.

Romer, P., 1994, "The Origins of Endogenous Growth", *Journal of Economic Perspective,* Vol. 8, No. 1, pp. 3-22.

Santos, Milton, 1975, "Underdevelopment, Growth Poles and Social Justice", *Civilizations,* Vol. 25, No. 1 and 2.

Schumpeter, J. A., 1934, *The Theory of Economic Development,* Cambridge : Harvard University Press.

Severnini, Edson, 2022, "The Power of Hydroelectric Dams: Historical Evidence from the United States over the Twentieth Century", *ECONOMIC JOURNAL,* OXFORD UNIV PRESS, Vol. 133, pp. 420-459.

Siebert, H, 1969, *Regional Economic Growth : Theory and Policy,* Scaranton : International Textbook Company.

Soegiarto, Eddy, Yonathan Palinggi, Faizal Reza, Silviana Purwanti, 2022, "Human Capital, Difussion Model, And Endogenous Growth:Evidence From Arellano-Bond Specification", *Webology,* Vol. 19, No. 2, pp. 6265-6278.

Solow, R. M., 1956, "A Contribution to the Theory of Economic Growth", *Quarterly Journal of Economics,* Vol. 70, No. 1, pp. 65-94.

Solow, R. M., 1970, *Growth Theory : An Exposition,* Oxford University Press.

Stough, Roger and Peter Nijkamp, 2009, "Knowledge spillovers, entrepreneurship and economic development", *The Annuals of Regional science,* Vol. 43, pp. 835-838.

Swan, T., 1956, "Economic Growth and Capital Accumulation", *Economic Record,* Vol. 32, pp. 334-361.

Tiebout, Charles Mills, 1962, *The Community Economic Base Study,* Supplementary Paper No. 16, New York : Committee for Economic Development.

Weimer, M, Arthur and Homer Hoyt, 1939, *Principle of Urban Real Estate,* New York : Donald

Weiss, Steven J. and Edwin C. Gooding, 1968, "Estimation of Differential Employment Multiplier in a Small Economy", Vol. 14, Iss. 2, pp. 235-244.

제7장

지역경제 구조분석 I

지 역개발 담당자들은 지역의 경제를 되도록 빨리 발전시켜 지역의 소득과 고용을 증대시키는 것이 주요한 업무이며, 이를 위해 지역의 경제구조를 분석하고, 지역의 성장을 가져올 영향력이 큰 산업을 식별해 유치하려 할 것이다.

이때 지역경제구조를 분석하는 데 직접적으로 많이 쓰이는 기법들로 입지계수와 전문화 계수, 변이-할당 분석, 투입산출계수 등이 있는데 이러한 분석방법에 대해 이 장과 다음 장에 걸쳐 자세히 알아본다.

제1절 입지계수

입지계수(locational quotients)는 산업이나 다른 일부 경제활동의 지역특화 정도를 측정하는 기법이다. 그리고 그 특화 정도를 측정하기 위해 특정 지역의 산업구조를 국가 전체의 산업구조와 비교한다. 예를 들어, 어떤 지역의 건설부문이 그 지역 전체 고용에 14%를 차지한다고 가정하자. 이러한 정보는 어떤 목적에서는 유용하지만, 이 수치가 다른 지역보다 더 높은 비율인지 혹은 더 낮은 비율인지 알려 주지 않는다. 또한 이 비율이 다른 특정 지역보다 높다 하더라도 단지 그 지역보다 높다는 것이지, 국가 내에 다른 지역 전체와 비교해서 어떠한지는 말해 주지 않는다. 그래서 이러한 문제를 해결하기 위해 보통 국가 전체 해당 산업의 비율을 기준(benchmark)으로 하여 비교하는 방법이 개발되었는데 이를 입지계수라 한다.

보통 A 지역 i 산업의 입지계수(LQ)는 다음과 같이 표현된다.

$$LQ = \frac{\text{A 지역 } i \text{ 산업 구성비}}{\text{전국의 } i \text{ 산업 구성비}} = \frac{e_i/e}{E_i/E} \tag{7.1}$$

혹은

$$LQ = \frac{\text{전국 } i \text{ 산업 총고용자 수에 대한 A 지역 } i \text{ 산업 고용자 수 구성비}}{\text{전국 총고용자 수에 대한 A 지역 총고용자 수 구성비}} = \frac{e_i/E_i}{e/E} \tag{7.2}$$

여기서 E는 전국의 총고용자 수이며, E_i는 전국 i 산업의 고용자 수, e는 A 지역의 총고용자 수, e_i는 A 지역 i 산업의 고용자 수이다.

지역별로 소비와 생산이 차이가 나기 때문에 입지계수는 지역 간에 다를 수 있다.

한편 특정 지역의 특정 산업에 $LQ=1$의 값이 나왔다면 이는 그 특정 지역의 그 산업에 고용비율이 전국의 그 산업의 고용비율과 같다는 것을 의미한다. 그리고 $LQ<1$은 그 지역 특정 산업의 고용비율이 전국보다 작다는 것을 의미하며, $LQ>1$은 고용집중 비율이 더 크다는 것을 의미한다. 그래서 $LQ>1$이면 그 지역의 해당 산업이 전국에 비해 특화되었다 하고, $LQ<1$인 경우에는 해당 산업이 전국에 비해 특화되어 있지 못하다고 하며, $LQ=1$인 경우에는 해당 산업의 특화 정도가 전국과 동일하다고 한다.

이제 입지계수를 구하는 방법을 수치적 예를 통해 알아보자.

다음 〈표 7.1〉에는 A 지역과 국가 전체의 가상적인 산업별 고용인구 비율이 나타나 있다. A 지역은 국가 전체와 비교해 보면 농업부문에 종사자 비율이 낮은 반면, 서비스 부문은 전국 평균보다 높게 나타나 있다.

표 7.1 A 지역의 산업별 고용인구				(1,000명)
구분 / 산업	전 국		A 지역	
	고용인구	비 율	고용인구	비 율
농 업	5,000	0.156	140	0.070
제 조 업	11,000	0.344	700	0.352
서 비 스	10,000	0.313	900	0.452
정 부	6,000	0.187	250	0.126
합 계	32,000	1.000	1,990	1.000

$$\text{농업} \ LQ=\frac{0.07}{0.156}=0.449, \ \text{제조업} \ LQ=\frac{0.352}{0.344}=1.023$$

$$\text{서비스} \ LQ=\frac{0.452}{0.313}=1.444, \ \text{정부} \ LQ=\frac{0.126}{0.187}=0.674$$

각 산업별 LQ를 보면 제조업과 서비스 부문의 값이 1보다 크게 나타나, A 지역의 경우 제조업과 서비스 부문에 특화되어 있다고 할 수 있다.

이 입지계수는 여러 측면에서 사용이 가능한데, 먼저 지역에 불균형적 수준의 고용 비율을 가진 산업을 식별하는 데 유용한 도구가 될 수 있다. 그 지역사회가 특정 산업에 고용이 집중되어 있는 이유는 종종 역사적으로나 아니면 현재의 입지적 장점에서 찾을 수 있다. 마찬가지로, 산업의 입지계수가 낮게 나타난다면 지역개발 계획자는 왜 그 지역의 고용수준이 낮게 되었으며, 이를 개선하기 위해서는 무엇을 해야 하는가 하는 문제를 검토해야 한다. 또한 이러한 입지계수를 그 지역의 서비스 수준을 측정하는 데도 사용할 수 있다. 즉, 특정 지역의 영어 교사수의 입지계수를 구해 보면 그 지역의 영어 교사가 국가 전체와 비교했을 때 적정수준인지 아닌지 판단할 수 있어, 그 지역 학생들이 어느 정도 교육 서비스를 받는지 쉽게 알 수 있다. 카롤(Carroll) 등[1]은 입지계수를 미국 중서부 4개 주의 운송장비 산업의 잠재적 군집지역(cluster region)을 식별하는 데 사용하였고, 치앙(Chiang)[2]도 국제간 무역에서의 비교우위 법칙 분석에서 사용했는데, 이 입지계수는 현재까지도 국내외적으로 활용범위를 계속 확장해 나가고 있다.[3]

이런 입지계수를 추정할 때 고용인구가 가장 자주 사용되는 측정변수이지만, 고용변수 이외에도 부가가치액이나 판매액 그리고 다른 경제변수들이 사용되기도 한다. 이 장 마지막의 부록에는 우리나라 6대도시 제조업 부문을 생산액 기준으로 추정한 입지계수가 수록되어 있다.

1. 입지계수를 이용한 수출 종사자 추정

앞의 제6장에서 논의했던 수출기반이론(export-base theory)에 따르면, 다른 지역으로의 수출은 지역의 경제를 성장시키는 핵심요소였다. 그리고 이론에서는 지역의 노동자를 그러한 수출산업에 종사하는 기반부문 노동자와 지역 내수생산에 종사하는 비기반 노동자 두 집단으로 나누었다. 그러면 어떻게 지역의 산업을 수출산업과 비수출산업으로 나누는가? 가장 간단한 방법은 별도의 조사 없이 단순히 소매상 무역이나 (가스, 수도, 전기 같은) 공익사업, 지방정부 그리고 서비스 산업 등을 일괄적으로 비수출 산업으로 분류하고, 제조업 전체는 수출산업으로 분류하는 것이다. 이보다 좀 더 복잡한 방법은 지역의 모든 활동 대부분을 일부는 수출을 위해 그리고 일부는 지역시장을 위해 생산한다고 생각하고, 입지계수를 이용해 이론에서 논의되었던 기반노동자 수를 산출하는 것이다. 이 절에서는 후자의 방법에 대해 알아본다.

---

1) Carroll, Reid and Smith, 2008, "Location quotients versus spatial autocorrelation in identifying potential cluster regions", pp. 449-463.

2) Chiang, Shu-hen, 2009, "Location quotient and trade", pp. 399-414.

3) 구형모, 2020, "커널 가중 입지계수를 이용한 서울 상업 공간구조의 시·공간 변화 탐색", pp. 125~139, Liu, Ying et. al., 2020, "An empirical Study on Industrial Agglomeration in Guangdong-Hong Kong-Macao Greater Bay Area based on Location Quotient," pp. 1190-1193, 고봉현외 3인, 2021, "제주지역의 지속가능한 발전전략 탐색을 위한 산업구조 분석", pp. 539-545, Panagiotopoulos, George, Dimitris Kaliampakos, 2021, "Location quotient – based travel costs for determining accessibility changes", Article 102951. 김진백, 2021, "지역특성화를 이용한 수산가공품의 개발 프레임워크", 수산경영논집, 제52권 제3호, 통권 제122호, pp. 1-14.

특정한 산업에 있어 입지계수와 수출고용자 사이의 관계를 알기 위해서는 먼저 다음과 같은 가정이 필요하다. (1) 모든 지역에 있어 각 산업부문이 동일한 생산함수를 가지고 있다. 즉, 각 지역산업의 산출물-고용 비율이 동일하다. (2) 국가 전체적으로 모든 가계가 동일한 소비함수를 가지고 있다. (3) 각 산업별 생산품은 각 지역 내에서 동질적이다. (4) 노동생산성이 지역별로 동일하다. 이러한 가정하에 만일 특정 산업의 입지계수가 1보다 크다면($LQ > 1$) 그 지역이 평균보다 더 많은 사람을 그 산업에 고용시키고 있다는 의미이다. 그리고 특정 산업에 지역고용 비율이 평균보다 더 높다는 것은 그 부문 노동자 중 일부가 외부지역으로 팔려 나가는 산출물—즉, 수출품—을 생산하고 있다고 해석할 수 있다. 반대로 $LQ < 1$이면 생산품이 그 지역에서 적게 생산되어 외부지역으로부터 수입되어야 하고, $LQ = 1$이면 정확히 지역 내에서 자급자족(self-sufficiency)할 수 있는 수준으로 생산되고 있다고 해석할 수 있다. 따라서 이 경우에는 그 산업부문에서 생산되는 재화의 지역 간 거래는 없게 된다.

이렇게 $LQ = 1$을 정확히 지역 내 자급자족하는 수준이라고 판단한다면, 산업에 있어 수출고용자 수는 지역 내 소비를 만족시키는 데 필요한 숫자를 초과하는 고용자 수가 될 것이다. A 지역 i 산업의 자급자족 고용자 수를 s_i라고 하면, 이 s_i는 입지계수를 1로 만들어 주는 고용자 수가 될 것이다.

$$1 = \frac{s_i}{e} \div \frac{E_i}{E} \tag{7.3}$$

여기서 E는 전국의 총고용자 수이며, E_i는 전국의 i 산업의 고용자 수, e는 A 지역의 총고용자 수이다. 식 (7.3)을 자급자족 고용자 수로 나타내면 다음 식 (7.4)와 같이 된다.

$$s_i = \frac{E_i}{E} \times e \tag{7.4}$$

이제 식 (7.4)를 이용해 i 산업의 수출(에 종사하는) 고용자 수(x_i)를 추정하기 위해 수정하면 식 (7.5) 혹은 식 (7.6)과 같이 된다.

$$x_i = e_i - s_i \tag{7.5}$$

표 7.2 가상도시 제조업의 수출종사자 수

산 업	입지계수 (A)	초과분 (B)	취업자 수 (C)	총수출자수 (D)
식료품	1.65	0.65	181,300	71,421
담배	0.81	—	2,100	—
섬유	3.09	2.09	92,700	62,700
가죽, 가방 및 신발	0.96	—	19,700	—
목재 및 나무제품	1.41	0.41	18,100	5,263
인쇄 및 기록매체 복제업	0.38	—	28,200	—
화학물질	8.46	7.46	126,600	111,635
의료용 물질 및 의약품	1.66	0.66	32,200	12,802
고무 및 플라스틱 제품	0.16	—	216,400	—
비금속광물	0.47	—	84,500	—
금속가공	2.43	1.43	268,400	157,947
전기장비	0.47	—	177,000	—
자동차 및 트레일러	3.13	2.13	338,300	230,217
기타 운송장비	0.03	—	169,200	—
가구	2.74	1.74	38,400	24,385
합계			1,793,100	676,370

주 : D＝C×B÷A

혹은

$$x_i = e_i - \left(\frac{E_i}{E} \times e \right) = \left(\frac{e_i}{e} - \frac{E_i}{E} \right) \times e \tag{7.6}$$

만일 $\frac{e_i}{e}$와 $\frac{E_i}{E}$가 같다면 입지계수는 1이 되고 위의 식 (7.6)은 0이 되어 i 산업의 수출 고용자 수는 0이 된다. 어떤 특정 지역에 총지역고용자 수가 80,000명이고, 신발 산업에 $\frac{e_i}{e} = 0.025$이며, $\frac{E_i}{E} = 0.020$이라고 하면 특정 지역 신발산업에 총수출 고용자 수는 $x_i = (0.025 - 0.020) \times 80,000 = 400$명이 된다. 그리고 입지계수가 1이 넘는 산업을 대상으로 식 (7.6)을 사용하여 각 산업별 수출 종사자 수를 구해 모두 합하면 그 지역의 총수출 고용자 수(x)를 구할 수 있고, 이는 다음 식 (7.7)과 같이 표현할 수 있다.

$$x = \sum_{i=1}^{n} x_i \tag{7.7}$$

이제 가상의 도시를 설정하여 총수출종사자 수를 구해 보자.

〈표 7.2〉에는 특정 가상도시의 제조업 부문 자료가 나타나 있다. 총수출종사자 수를 구하기 위해서는 입지계수가 1보다 큰 산업만이 대상이 된다. 그리고 그런 산업들을 기준으로 식 (7.6)에 적용해 구해 보면, 가상의 도시 제조업 부문 총취업자 1,793,100명 중에서 676,370명이 수출에 종사해 약 38%를 차지한다.

2. 입지계수의 평가

입지계수는 여러 가지 변수를 사용하여 특정 지역산업의 상대적 중요성을 측정하는 분석방법이었으며, 추정방법이 간단하고, 자료도 쉽게 구할 수 있는 장점이 있다. 또한 입지계수를 이용하여 지역의 자원을 적절하게 배분하고, 잠재적인 수입대체 산업이나 잠재적 수출증가 산업을 식별할 수 있도록 해 준다.

그러나 모델 자체적으로 가지고 있는 단점도 존재하는데 주로 다음과 같은 내용이다.

첫째, 입지계수에서는 노동자들의 생산성을 고려하지 않고 있다. 실제로 한 지역의 노동자가 다른 지역노동자보다 노동생산성이 높다면, 특정 산업의 상품이 수출되더라도 $LQ < 1$로 나타날 수도 있다. 반대로 지역노동자의 노동생산성이 낮다면, 상품이 지역 내에서만 소비되기 위해 생산되더라도 $LQ > 1$로 나타날 수도 있다. 따라서 일부 분석가들은 이러한 문제를 회피하기 위해 입지계수를 추정할 때 노동자 수를 쓰지 않고, 부가가치 총액이나 산출물을 변수로 사용한다.

둘째, 입지계수는 지역 간에 수요의 차이를 고려하지 않는다. 하지만 지역마다 소비성향이나 취향 등 경제적 환경의 차이에 의해 상품수요의 크기가 다르게 나타난다. 즉, 지역의 환경에 따라 요구되는 상품의 종류와 수량에 차이가 생겨난다. 예를 들면, 우리나라 남해안이나 서해안 지역에는 어업에 종사하는 어민이 많아 어선이나 그물에 대한 수요가 많고, 그와 관련된 생산자 수도 전국 평균에 비해 많다. 또한 지역에 필요한 상품의 생산이 다른 지역보다 많지만, 그렇다고 해서 반드시 그 상품이 수출되는 것은 아니고 지역 내에서 자체적으로 소비되는 경우가 많다. 더운 지역의 에어컨이나 추운 지역의 전열기 생산비중이 높은 것도 같은 이치인데, 이것은 수출에 관련되었다기보다는 지역 내 수요가 큰 데서 기인한다. 따라서 비록 특정 산업의 고용비율이 높아

$LQ > 1$이 되더라도 생산된 상품이 수출되지 않고 지역 내에서 자체적으로 모두 소비될 수 있다.

셋째, 입지계수를 추정할 때 산업을 어떻게 분류하느냐에 따라 그 계수값이 달라진다. 즉, 산업을 대분류로 하느냐, 중분류로 하느냐, 세분류로 하느냐에 따라 각기 그 값이 다르게 나타난다. 따라서 어떤 분류를 기준으로 분석하느냐도 하나의 중요한 문제이다. 일반적으로 대분류로 산업을 분류해 추정했을 때의 계수값이 더 세분된 산업으로 분류해 추정한 값보다 1에 더 가까운 경향이 있다.

넷째, 입지계수가 1일 때 자급자족하는 것으로 가정하지만, 이것은 폐쇄경제에서만 가능할 것이다. 그러나 현실적으로 지역이 완전히 폐쇄되는 경우는 없다. 그리고 일부 지역이 수출을 하더라도, 다른 한편으론 수입도 하는 교차운송(cross-hauling)이 일어난다. 예를 들어, 미국의 디트로이트(Detroit)는 자동차 생산으로 유명한 도시지만, 한편으론 이 도시에서 생산하지 않는 다른 자동차 회사의 모델을 원하는 고객들로 인해 계속해서 자동차가 수입된다. 또한 대전지역에 출판산업의 LQ가 1이라고 해서 대전지역 사람들이 자급자족해 대전지역에서 출판된 책만 읽는 것은 아니다. 대전지역 사람들은 서울서 출판된 책이나 광주에서 출판된 책, 아니면 전국 어디에서 출판된 책이라도 필요하면 모두 구입해서 읽는다. 이러한 교차운송이 존재하므로, $LQ = 1$이라도 여전히 일부 상품은 수입되고, 따라서 LQ를 이용해 추정한 수출의 크기는 오차가 날 수 있다.

그러나 이러한 입지계수가 지역경제 분석에 계속해서 사용되고 있는 데는 몇 가지 장점을 가지고 있기 때문이다.

첫째, 앞에서도 언급했듯이 지역에서 쉽게 자료를 얻을 수 있고, 분석내용이 간결하고 쉽기 때문이다. 둘째, 입지계수를 사용하면 간접수출을 추정할 수 있기 때문이다. 예를 들면, 컴퓨터를 수출하는 지역은 플라스틱 부문에 높은 입지계수를 가지는데, 왜냐하면 플라스틱이 컴퓨터 본체나 키보드 등 주요 하드웨어를 만드는 데 사용되어 간접적으로 수출되기 때문이다. 만약 플라스틱 제조업자에게 직접 그들의 생산품을 수출하냐고 물어보면, 그들은 생산품을 지역 내 컴퓨터 회사에 납품할 뿐 수출하지는 않는다고 대답할 것이다. 그러나 사실 그들은 간접적으로 그들의 생산품을 수출하고 있는 것이다. 불행히도 LQ 기법이 플라스틱 하드웨어가 컴퓨터의 일부로 수출되는가 혹은 다른 형태로 수출되는가를 알려 주지는 않지만, 그 계수값을 비교해 봄으로써 간접적으로 수출을 추정할 수 있다. 셋째, LQ 기법은 제조업뿐 아니라 서비스 부문에도 동일하게 적용할 수 있다. 그러면 서비스가 어떻게 수출되는가? 서비스가 직접 수출되었다기보다는 그 지역에 거주하지 않는 사람이 서비스를 구입하기 위해 그 지역에 왔다면 서비스가 수출되었다고 간주한다. 이런 의미에서 유명한 관광명소들은 오락 서비스의 주요 수출지역이다. 우리나라에서는 부산의 해운대나 제주도 서귀포, 경주에 불국사, 보문단지 등이 이런 명소로 손꼽히며, 미국의 플로리다 디즈니 월드(Disney World), 프랑스 파리의 에펠탑, 중국 베이징의 만리장성, 캄보디아의 앙코르와트 등도 세계적인 오락산업의 수출지역이다.

3. 최소요구기법

앞의 절에서 모든 지역에 걸쳐 동일한 생산함수와 모든 가계의 동일한 소비함수라는 가정을 바탕으로 입지계수를 이용해 수출 종사자를 산정했지만, 현실적으로는 지역 간 수요조건이 차이가 나므로 공간상에서 산업 패턴의 차이를 가져오고, 이는 지역 간에 생산함수와 소비함수가 차이가 난다는 것을 의미한다. 따라서 입지계수를 사용한 수출 종사자 수 산정에 추가적인 오차가 발생하게 된다.

이러한 문제에 대해 울만(Ulman)과 디케이(Decey)[4]는 단순한 입지계수기법을 변형시킨 최소요구기법(The Minimum-Requirements Technique)을 제안했다. 이 접근법은 지역의 특정 산업부문이 수출(기반)부문에 속하는지 비수출(비기반)부문에 속하는지 판단함에 있어 국가 경제가 반드시 기준이 되어야 할 이유가 없다는 생각에서 출발했다. 즉, 특정 지역의 산업별 고용구조를 국가의 고용구조와 비교하는 것이 아니라 그 지역과 규모가 비슷한 다른 지역과 비교하는 것이다. 그리고 도시는 경우에 따라 1인당 소득수준 같은 다른 공통의 특성을 기준으로 선택할 수 있다. 이때 비슷한 규모를 가진 지역 중 산업별로 지역의 고용비중이 가장 낮은 지역의 고용비중이 그 산업에 대한 최소요구량이 된다. 이것은 자급자족 수준을 나타낸다. 어떤 지역의 특정 산업 고용비중이 이 최소요구량에 비해 높다면 그 산업은 그 지역의 수출산업이 되며, 이러한 산업들의 고용량을 합하면 지역 내 수출부문의 총고용자 수를 구할 수 있다.

이 최소요구 접근법은 국가 전체가 아니라 비슷한 규모나 특성을 가진 지역들끼리 비교한다는 장점을 가지고 있지만, 각 지역의 어떤 산업부문도 순수입 지역이 될 수 없다는 한계점이 있다. 이는 분석대상이 되는 비슷한 지역 집단 중에서 특정 산업의

---

4) Ulman and Decay, 1960, "The Minimum Requirements Approach to the Urban Economic Base", pp. 174-194.

비중이 가장 낮은 지역을 최소요구량 기준지역으로 설정했기 때문이다. 결과적으로 최
소요구 접근법은 보통의 입지계수 접근법보다 더 높은 수출량 수준을 가져온다. 이러
한 문제를 해결하기 위해 일부 학자들은 최소요구기법을 변형해 자급자족의 최소요구
량으로 세 번째로 작은 입지계수를 가진 지역 혹은 다섯 번째로 작은 입지계수를 가진
지역을 선정해 사용하기도 한다. 그러나 이 접근법 또한 최소요구량 지역선정에 있어
임의성이 문제점으로 지적된다.[5]

제2절 지역 전문화 계수

지역은 그 지역이 처한 자연환경이나 경제적 여건에 따라서 그 지역만의 특성을 가지
고 발전한다. 따라서 전국의 각 지역은 동일한 산업구조를 가지기보다는 각기 다른 산
업적 특성을 가지는 것이 일반적이다. 지역 전문화 계수(coefficient of specialization)는 지
역마다 다른 산업구조를 어떤 기준지역의 산업구조와 비교해 그 차이 크기를 측정하는
것이다. 이때도 입지계수와 같이 보통 국가가 기준지역 역할을 담당하는 경우가 많다.
따라서 전문화 계수를 구하는 원리는 입지상과 유사한데, 계산공식은 다음과 같다.

$$CS = \sum_{i=1}^{n} \left| \frac{e_i}{e} - \frac{E_i}{E} \right| / 2 \tag{7.8}$$

여기서 e_i, e, E_i, E는 앞의 입지 계수 때와 같은 의미를 가지고 있다.

전문화 계수는 전국 i 산업의 고용인구비와 A 지역 i 산업의 고용인구비의 차이를
지수화한 수치로 각 산업비율의 차이를 절댓값으로 환산해 더한 후 2로 나누어 준다.[6]
〈표 7.3〉에는 가상지역과 가상 국가의 주요 산업 고용인구가 나타나 있다. 3번째 열
과 5번째 열에는 각 산업의 고용비율이 나타나 있다. 그리고 마지막 열의 전문화 계수
는 3번째 열에서 5번째 열의 숫자를 뺀 것이다. 이렇게 마지막 열의 값을 구한 후 그
값에 절댓값을 취해 모두 더한 후 2로 나누어 주면 A 지역의 전문화 계수값을 얻을
수 있다. 이때 지역의 산업을 더욱 세분화하면 할수록 전문화 계수의 값은 커진다.
만일 전문화 계수가 0이면 이것은 그 지역의 산업 고용구조가 국가의 산업 고용구조

---

5) McCann, 2001, *Urban and Regional Economics*, pp. 144-149. Blair, 1991, pp. 120-126.
6) 지역전문화계수는 전국의 산업별 구성비에서 해당지역 산업별 구성비를 뺏기 때문에 전체합계는 ± 합계가 같아져 절대
   치를 취해 합하면 정확히 두 배가 된다. 따라서 계수값은 2로 나누어 구한다.

표 7.3 A 지역의 전문화 계수

구분\ 산업	A 지역		전 국		전문화 계 수
	고용인구	비율(%)	고용인구	비율(%)	
농업 및 어업 등	2,000	1.71	564,300	3.92	-2.21
제 조 업	22,400	19.16	3,534,100	24.57	-5.41
건 설 업	12,500	10.69	1,327,000	9.23	1.46
에 너 지	1,300	1.11	74,600	0.52	0.59
무 역	20,500	17.54	1,841,700	12.81	4.73
재 정	4,500	3.85	456,200	3.17	0.68
서 비 스	36,000	30.80	4,579,400	31.84	-1.04
정 부	16,300	13.94	1,648,600	11.46	2.48
기 타	1,400	1.20	356,900	2.48	-1.28
총 계	116,900	100.00	14,382,800	100.00	9.94

와 똑같다는 의미이며, 전문화 계수가 최댓값인 100이면 이때는 국가의 산업고용 구조와 완전히 다르다는 뜻이다.[7] 그리고 이 전문화 계수를 다른 지역의 전문화 계수와 비교해서 계수값이 더 크면 그 지역이 다른 지역보다 더 전문화되어 있다고 할 수 있다.

이 전문화 계수는 입지계수와 마찬가지로 쉽게 계산할 수 있어 지역산업의 다양한 정책 수립에 유용하게 활용할 수 있고, 고용변수뿐만 아니라 부가가치 판매액, 소득, 총생산액 같은 변수를 대신 사용해 측정할 수도 있다. 또한 특정 지역의 인구 특성 — 나이나 성별, 인종 — 이 국가 평균과 얼마나 차이가 나는지를 알아보는 데도 이용될 수 있다. 그러나 특정지역이 전문화 계수가 높아 전문화 되어있다고 판단하여도, 왜 계수가 높은지 그 원인을 알 수 없다는 한계가 있다.

[제3절] 변이-할당 분석

변이-할당 분석(the Shift-Share Analysis)은 특정 지역의 산업구성(industrial mix)이 그 지역의 생산이나 고용증가에 미치는 영향, 미래 고용자 수의 증감 예측, 지역정책이 그 지역에 미치는 영향 등을 추정하는 데 사용하는 기법으로, 1942년 크리머(Creamer)[8]

---

7) 특정지역의 고용이 모두 한 산업에만 집중되고, 다른 산업이 없다면 지역전문화 계수는 100이 된다.
8) Creamer, 1943, *Shifts and Manufacturing Industries in Industrial Location and National Resources*. 그러나 Armstrong과

가 창안한 이래 푹스(Fuchs),[9] 던(Dunn),[10] 펄로프(Perloff),[11] 애쉬비(Ashby)[12] 등이 모델을 더욱 구체적으로 발전시켜 현재는 입지계수나 투입-산출 분석(input-output analysis) 등과 함께 지역경제 구조분석에 가장 많이 사용되는 분석방법 중 하나가 되었다.

그러나 이 분석방법이 폭넓게 쓰이는 만큼 모델 자체에 내포된 문제점과 개념상의 정의 문제 등으로 많은 비판에 노출되어 있으며, 이러한 문제점들을 제거하여 좀 더 완전한 분석 모델로 만들기 위해 지금도 지역경제학자들에 의해 수정·보완되고 있다.

1. 변이-할당 분석 모델

기본적인 변이-할당 분석 모델은 다음 식 (7.9)와 같이 지역의 경제성장 요소를 크게 세 가지로 나눈다.

$$\Delta e_i = e_i \left(\frac{E^*}{E} - 1 \right) + e_i \left(\frac{E_i^*}{E_i} - \frac{E^*}{E} \right) + e_i \left(\frac{e_i^*}{e_i} - \frac{E_i^*}{E_i} \right) \tag{7.9}$$

여기서 Δe_i는 A 지역 i 산업 고용자 수의 조사기간 동안의 변화, e_i는 조사 초기 연도의 A 지역 i 산업 고용자 수, e_i^*는 조사 말기 연도의 A 지역 i 산업 고용자 수, E_i는 초기 연도 국가 i 산업 고용자 수, E_i^*는 말기 연도 국가 i 산업 고용자 수, E는 초기 연도 국가 총고용자 수, E^*는 말기 연도 국가 총고용자 수를 나타낸다.

첫 번째 항 $e_i(E^*/E-1)$은 지역의 i 산업이 국가의 성장률과 동일한 비율로 성장했을 때 생겨나는 고용자 수의 증가를 나타낸다. 이는 지역의 성장이 국가의 성장에 기인할 수 있다는 생각에서 비롯된 것으로, 이 항을 국가성장요인(national growth component)이라 한다. 이 요인은 조사기간 동안 A 지역의 i 산업이 전국의 i 산업과 동일한 비율로 성장했다면 얼마나 고용자 수가 증가(감소)했는가를 나타내 준다. 실제로 그 지역이 국가 평균과 같은 비율로 성장했다면, 국가 전체 고용에서 그 지역에 할

Taylor는 그의 저서 "Regional Economics and Policy(2nd eds)"에서 발로위원회(Barlow commission)가 변이-할당 분석을 최초로 사용했다고 주장한다.

9) Fuchs, 1959, "Changes in the location of U.S. manufacturing since 1929", pp. 2-17.
10) Dunn, 1960, "A statistical and analytical technique for regional analysis", pp. 97-112.
11) Perloff, 1960, *Resources and Economic Growth.*
12) Ashby, 1964, "The Geographical Redistribution of Employment : An Examination of the Elements of Change", pp. 12-30. Ashby, 965, *Growth Patterns in Employment by country 1940-1950 and 1950-1960.*

당(share)된 비율만큼은 유지할 수 있을 것이다. 따라서 변이-할당 중 할당(share) 부분에 해당한다.

두 번째 항 $e_i((E_i^*/E_i)-(E^*/E))$ 은 산업구성요인(industrial mix component)이라고 부르며, A 지역과 국가 간의 산업구조의 차이에 의해 야기되는 변화를 추정하는 값이다. 이때 A 지역에 있는 산업 중에서 조사기간 동안 전국 평균성장률보다 더 빠르게 성장하는 산업 수를 더 많이 가지고 있으면 양(+)의 값을 가질 것이고, 그러면 그 지역은 국가 평균성장률보다 더 빠르게 성장할 것이다. 반대로 A 지역이 전국 평균성장률보다 낮은 성장률을 가진 산업을 더 많이 가지고 있으면, 음(-)의 값을 가지고 지역은 국가 평균성장률보다 낮게 성장할 것이다.

세 번째 항 $e_i((e_i^*/e_i)-(E_i^*/E_i))$ 은 경쟁요인(competitive component)이라고 하는데, A 지역과 전국 간의 동일산업의 성장률 차이에 의해 야기되는 변화를 추정하는 값으로 앞의 두 요인에 의해 설명되지 않는 나머지 부분을 설명해 준다. 즉 A 지역이 전국 평균 고용성장률보다 빠른 성장률을 보이는 특정 산업을 가질 경우 이것은 지역의 총 성장에 기여할 것이며, 반대로 평균 이하의 성장을 보이는 산업을 가질 경우에는 반대의 효과를 가져올 것이다. 따라서 경쟁효과는 지역 간 경쟁력을 통한 지역성장에의 기여도를 보여 주며, 이것은 그 지역의 부존자원이나 기업가적 능력, 지역정책 등의 요인을 포함한다.[13]

산업구성요인과 경쟁요인을 합쳐서 변이(shift) 부분이라고 한다.

변이-할당 분석의 중요한 특징은 성장의 총합계를 제공해 주기 위해 개별 부문의 성장요소들을 합할 수 있다는 것이다.

이러한 변이-할당 분석을 가상의 지역경제 자료를 이용해 연습해 보자.

〈표 7.4〉에는 A 지역과 전국의 2012년과 2022년의 산업별 가상자료가 나타나 있다. 이 자료를 가지고 각 요인을 구해 보면, 국가성장요인의

농업은 $45 \times \left(\dfrac{74}{40}-1\right)=38$, 제조업은 $150 \times \left(\dfrac{74}{40}-1\right)=127.5$

---

13) 이러한 3개 요소는 학자에 따라 자주 다른 명칭으로 불리는데 국가성장요인(national growth component)은 National Component 혹은 Share Effect로, 산업구조요인(industrial mix component)은 Proportional Shift Effect, Structural Shift Effect 혹은 Structural Component로, 경쟁요인(competitive component)은 Differential Component, Regional Component, Differential Shift Effect, Performance Effect로 표기된다. 또한 간단히 줄여서 전국 성장요인을 변이(Share)로, 산업구조요인과 경쟁요인을 합쳐서 할당(Shift)으로 칭하기도 한다.

표 7.4   2012~2022년 산업별 고용자 수

구분 산업	A 지역 (1,000명)		전국 (100만 명)	
	2012년	2022년	2012년	2022년
농 업	45	68	7	12
제 조 업	150	225	13	21
서 비 스	230	540	16	33
정 부	30	50	4	8
합 계	455	883	40	74

서비스는 $230 \times \left(\frac{74}{40} - 1 \right) = 195.5$, 정부는 $30 \times \left(\frac{74}{40} - 1 \right) = 25.5$이다.

한편 산업구성요인의

농업은 $45 \times \left(\frac{12}{7} - \frac{74}{40} \right) = -6.1$, 제조업은 $150 \times \left(\frac{21}{13} - \frac{74}{40} \right) = -35.19$

서비스는 $230 \times \left(\frac{33}{16} - \frac{74}{40} \right) = 48.87$, 정부는 $30 \times \left(\frac{8}{4} - \frac{74}{40} \right) = 4.5$이다.

마지막으로 경쟁요인의

농업은 $45 \times \left(\frac{68}{45} - \frac{12}{7} \right) = -9.1$, 제조업은 $150 \times \left(\frac{225}{150} - \frac{21}{13} \right) = -17.3$

서비스는 $230 \times \left(\frac{540}{230} - \frac{33}{16} \right) = 65.6$, 정부는 $30 \times \left(\frac{50}{30} - \frac{8}{4} \right) = -10$이다.

이 결과를 정리하면 다음 〈표 7.5〉와 같다.

표 7.5   A 지역 변이-할당 분석 결과

요인 산업	할당	변이	
	국가성장요인	산업구성요인	경쟁요인
농 업	38	−6	−9
제 조 업	127.5	−35	−17
서 비 스	195.5	49	65.6
정 부	25.5	4.5	−10
합 계	386.5	12.5	29.6

국가성장요인이 387명으로 나온 것은 A 지역이 만일 조사기간 동안 국가의 고용성장률과 똑같은 비율로 성장한다면 총고용이 387명 증가해야 한다는 뜻이다.

산업구성요인을 보면 농업이나 제조업 부문이 국가 전체 성장률보다 낮게 성장하는 부문으로 음(−)의 부호로 나타나 있고, 국가 전체 성장률보다 서비스나 정부부문은 더 빨리 성장하여 양(+)의 부호로 나타나 있다. 그리고 A 지역 전체로 보면 국가 평균보다 더 빨리 성장하는 서비스 부문이나 정부부문에 고용비중이 높아 전체적으로 양(+)의 고용증가를 기록했다. 만일 이 A 지역이 조사기간 동안 농업이나 제조업 등 국가 평균보다 성장률이 낮은 산업에 고용비중이 높았다면, A 지역의 산업구성요인은 전체적으로 음(−)을 기록하였을 것이다.

한편 지역의 경쟁요인을 살펴보면 서비스 부문만 제외하고 나머지 부문은 모두 음(−)을 기록하고 있는데, 이것은 조사기간 동안 서비스 부문을 제외하고 A 지역의 나머지 산업들은 국가의 각 산업부문 성장률보다 낮았다는 것을 의미한다. 따라서 이러한 부문은 다른 지역에 비해 경쟁력이 떨어진다고 판단할 수 있다.

전체적으로 이 변이-할당 분석을 통해 A 지역의 성장을 분석해 보면, A 지역은 2012년부터 2022년 동안에 국가와 동일한 비율로 성장하였다면 387명 정도의 고용이 늘어났어야 하며, 지역의 산업구성 측면에서는 현재 국가적으로 성장하는 산업에 고용비중이 다소 높아 13명의 고용이 늘어났다. 그리고 지역의 경쟁력은 3개 산업부문에서 다른 지역보다 전반적으로 낮게 나타나지만, 그래도 서비스 부문 덕택에 30명 정도의 고용을 증가시킬 수 있어 전체적으로는 A 지역의 고용은 429명 증가하였다(〈표 7.5〉에서는 소수점 반올림 문제로 약간의 차이를 보임).

서비스 부문에서 양(+)의 경쟁요소는 이 부문이 지역의 미래성장을 위한 잠재적 기반임을 나타내 준다. 예를 들면, 지역개발 공무원은 서비스 부문의 고용이 전국의 다른 지역 증가율을 앞서는데 왜 A 지역의 서비스 부문 기업이 그들의 고용수준을 증가시킬 수 있었는지 정확히 파악하려는 노력을 해야 한다. 만약 A 지역 서비스 기업에서 특별히 유리한 점들을 식별할 수 있으면, 그러한 장점을 그 지역에 입지하려는 다른 서비스 기업이 이용할 수 있도록 도와주어야 한다. 변이-할당 접근법은 또한 개선이 필요한 경쟁환경의 약점을 찾을 때에도 사용될 수 있다.

비록 여기서는 변이-할당 분석을 고용자 수를 기준으로 하였지만, 매출액, 총생산액, 부가가치액, 소득이나 정부지출, 생산성의 변화 등 다양한 변수들을 사용해 적용할 수도 있다.

2. 변이-할당 모델의 평가

변이-할당 분석은 지역의 경제성장을 세 가지 요인으로 나누어 관찰해 볼 수 있도록 한다. 그리고 비교적 분석방법과 분석결과의 해석이 쉽고, 2개년도의 전국과 해당지역의 자료만 있으면 분석이 가능하고, 고용자수, 부가가치, 생산액 등 요구하는 자료도 쉽게 구할 수 있어 지역개발 계획자나 경제개발 관료들 사이에 널리 사용되고 있다. 그러나 이 접근법은 여러 측면에서 비판받고 있다.

첫째, 입지계수 접근법에서와 마찬가지로 변이-할당 분석에서도 국가가 비교대상이 된다는 점이다. 하지만 실제적으로는 지역의 고용성장률이 반드시 국가 성장률과 일치되어야 할 이론적 근거는 없다. 마찬가지로 산업구성요인이나 경쟁요인에서도 지역의 산업이 국가의 산업과 같은 비율로 확장되어야 할 이유는 없다.

둘째, 변이-할당 분석의 요인들도 산업을 분류하는 등급에 따라 추정값들이 달라진다. 리처드슨(Richardson, 1979)[14]은 이 점이 변이-할당 분석에서 가장 큰 단점이라고 지적하였는데, 그는 산업의 분류 등급에 따라 분석결과가 매우 민감하게 차이가 난다고 하였다. 실제로 산업을 세분류할수록 산업구성요소는 커지고 경쟁요소는 작아진다. 산업을 극단적으로 세분하면 각 개개의 기업이 국가의 그 산업 전체를 구성하는 유일한 기업이 되어, 그 기업의 성장률이 곧 국가의 성장률이 되고 경쟁요소는 0이 된다. 그러면 총변이(shift)에는 산업구성요소만 남게 되는 문제가 발생한다. 하지만 일부 경제학자들은 이러한 산업 분류 수준의 적절한 선택 문제는 단지 변이-할당 분석에서만 나타나는 문제가 아니라, 대부분의 산업구조를 분석하는 연구에서는 늘 직면하게 되는 공통적인 문제라고 생각한다. 또한 분류수준이 세분화될수록 선택된 산업이 더 동질적이라는 이점도 생긴다.

셋째, 경쟁요인은 지역의 장점과 단점을 어디에서 찾을 수 있는가의 지표(indicator)는 될 수 있지만, 왜 특정 산업부문이 양(+) 혹은 음(−)의 경쟁요소를 가지는지에 대해서는 말해 주지 않는다. 예를 들면, 특정 지역의 자동차산업이 국가 전체보다 더 빨리 성장했다고 가정하면, 그 부문은 양(+)의 경쟁요인 부호를 가질 것이다. 그러나 이러한 결과가 그 지역에 풍부한 저임금 노동자에서 기인한 것인지, 아니면 고위경영진이 이 지역에 자동차 고용을 확대하기로 잘못 결정한 것 때문인지는 분석을 통해 알 수가 없다. 두 가지 가능성 다 양(+)의 경쟁요인을 가져다줄 것이다. 따라서 경쟁요인

---

14) Richardson, 1979, *Regional Economics,* 1979, University of Illinois Press.

의 결과에 대한 설명에는 좀 더 깊은 연구가 요구된다. 또한 지역에 따라 다수의 산업이 전국 산업보다 빠르게 성장하더라도 전체적으로 경쟁요인이 음(−)의 값을 가질 수 있다. 이는 그 지역이 전국보다 성장률이 낮은 한두 개의 대규모 지배적 산업을 가졌을 때 나타나는 현상으로, 지역 규모가 작은 지역에서 더 흔하게 나타난다. 이는 단순히 규모가 큰 소수의 기업들 문제이지만 그 지역 전체가 문제가 있는 것으로 잘못 해석되기 쉽다.

넷째, 변이요인인 경쟁요인과 산업구조요인이 상호독립적이지 못하고 둘 다 지역의 산업구조에 의존해 있으므로, 지역의 순수한 산업경쟁력을 제대로 반영하지 못하는 문제가 있다. 이를 상호혼합 효과문제(problem of interwoven effects)[15]라고 하는데 몇 가지 예를 보면 먼저 A 지역과 B 지역이 비록 동일한 성장률을 기록하더라도 i 산업의 고용자 수가 다르다면 식 (7.9)에서 곱해지는 e_i가 지역별로 달라져 각 지역의 경쟁요인의 크기가 같지 않게 된다. 상호혼합 효과문제를 일으키는 또 다른 요인으로는 산업 간 연관관계와 2차 승수효과를 들 수 있다. 비록 두 지역의 i 산업 고용자 수가 같더라도, A 지역의 k라는 산업이 빠르게 성장하고 있고, 또 이 산업이 i 산업과 강력한 후방 연관관계를 가지고 있다면, A 지역이 i 산업에 특별한 비교우위를 갖고 있지 않더라도 A 지역의 i 산업성장률이 B 지역의 i 산업성장률보다 크게 될 확률이 높다.[16]

다섯째, 변이-할당 분석 모델에서는 총조사기간 중 오직 시작 연도와 마지막 연도만을 기준으로 계수값을 추정하는 비교정태방식을 채택하고 있다. 즉, 분석기간 동안 매년 계속해서 변화하는 지역의 산업구조(인구변화, 경기순환, 새로운 시장의 형성, 사회간접자본의 확충 등)와 고용자 수 변화를 동태적으로 반영하고 있지 못한다는 것이다.[17] 따라서 모델에서는 조사기간 중에 발생하는 어떤 경제적 변화도 반영되지 못하고, 오직 시작 연도 변수와 마지막 연도의 변수 변화 부분만 고려하게 된다.

이러한 문제점 때문에 변이-할당 분석을 지역의 경제구조나 예측, 정책 보조수단으로 사용하는 데 대한 많은 비판이 공존하며, 심지어 저명한 지역경제학자인 리처드슨

15) Rosenfeld, 1959, "Commentaire à l' exposé de M. Dunn", pp. 531-534. Houston, 1967, "The Shift and Share Analysis of Regional Growth : A Critique", pp. 577-81. Richardson, 1978, "The State of Regional Economics : A Survey Article", pp. 1-48.

16) MacKay, 1968, "Industrial Structure and Regional Growth : A Methodological Problem", pp. 129-143.

17) Dunn, 1960, "A Statistical and Analytical Technique for Regional Analysis", pp. 97-109. Herzog and Olsen, 1979, "Shift-Share Analysis Revisited : The Allocation Effect and the Stability of Regional Structure", pp. 441-454. Fothergill, Stephen, and Graham Gudigin, 1979, "In Defence of Shift-Share", pp. 309-319. Loveridge and Selting, 1998, "A Review and Comparison of Shift-Share Identities", pp. 37-58.

까지도 이러한 원시적인 기법이 더 이상 사용되어서는 안 된다고 혹평하기도 했다. 하지만 이러한 비판 속에서도 아직까지 국내·외 많은 연구 분야에서 끝임없이 활발히 이용되고 있다.[18]

3. 변이-할당 모델의 확장

변이-할당 모델은 크리머(Creamer)가 처음 제시한 후 많은 경제학자들이 모델의 단점을 교정하기 위해 수정·보완시켜 왔는데, 이들은 주로 앞의 변이-할당 모델 평가에서 지적한 네 번째와 다섯 번째 문제점에 초점을 맞추어 모델을 개선시키려 했다.

상호혼합 효과문제의 경우 위에서 언급한 경우 외에도 지역 간 소득탄력성의 차이에 의해 지역 간 산업성장률이 다르게 나타나기도 해서, 이러한 여러 문제점들로 인해 변이-할당 분석 모델의 경쟁요인이 각 지역의 경쟁력에 대한 올바른 정보를 전달해 주지 못하게 된다.[19] 따라서 이러한 문제를 극복하기 위해 에스테반(Esteban)과 마퀼라스(Marquillas)[20]는 동일비율고용(homothetic employment : e_i^*)[21]이라는 개념을 도입하여 경쟁요인을 순수한 경쟁변화효과(purged competitive shift effect)와 배분효과(allocation effect)로 나누어 지역의 산업구조효과를 제거하려 하였으며, 아셀러스(Arcelus)[22]도 에스테반과 마퀼라스가 사용한 동일비율고용(e_i^*)을 사용하여 경쟁요인을 지역성장효과와 지역산업 혼합효과(regional-industry mixed effect)로 나누어 분리시키려 노력했다. 또한 그는 모델을 더 확장시켜 총 여덟 가지 요인까지 늘렸다. 하지만 이러한 수정된 두 변이-할당 모델도 발표 후 많은 논쟁을 불러일으켰으며, 또 다른 수정 모델이 제시되기도 했는데 이에 대한 자세한 논의는 이 책의 범위를 넘어서므로 여기서는 더 자세히 설명하지 않는다.[23]

---

18) Mogila, Zbigniew et al. 2021, "The Baltic blue growth - A country-level shift-share analysis", Dembińska, Izabela et al. 2022, "The impact of space development structure on the level of ecological footprint - Shift share analysis for European Union countries", 류희진, 2022, "우리나라 전문디자인업의 특화도와 지역경쟁력 분석: 입지계수와 변이-할당 분석을 중심으로", pp. 45~681.

19) Keil, 1992, "On the Value of Homotheticity in the Shift-Share Framework", pp. 469-493. Herzog, and Olsen, 1979, "Shift-Share Analysis Revisited : The Allocation Effect and the Stability of Regional Structure", p. 444.

20) Esteban-Marquillas, 1972, "A reinterpretation of shift-share analysis", pp. 249-55.

21) $e_i^* = e_i \left(\dfrac{E_i}{E} \right) = \dfrac{e_i}{LQ_i}$. 여기에서 LQ는 i 산업의 입지계수를 의미함.

22) Arcelus, 1984, "An Extension of Shift-Share Analysis", pp. 3-8.

23) 이에 대한 자세한 논의는 김학훈, 1999, "변이할당모델과 경제기반모델", pp. 207-211. 정홍열, 2000, "동태적 변화-할당 분석", pp. 105-124 참조. Rigby, D.L., W.P. Anderson, 1994, "Employment change, growth and productivity in

한편 변이-할당 모델이 오직 기준 연도와 최종 연도의 산업구조 변화만 고려하여 매년의 산업구조 변화를 반영하지 못한다는 지적에 대해 푹스(Fuchs)[24]는 기준 연도와 최종 연도를 평균해서 사용하는 방법을 제시하였고, 설월(Thirlwall)[25]은 조사기간을 몇 개 기간으로 나누어 분석함으로써 산업구성의 변화에 따라 누적되는 가중치 편의(weighting-bias) 문제를 완화시키려 하였으며, 스틸웰(Stillwell)[26]은 기준 연도 대신 최종 연도를 기준으로 사용하는 방식을 제시하였다. 그러나 이러한 방식들도 결국은 가중성 문제를 완전히 해소해 주지 못하는 관계로 발프(Barff)와 나이트(Knight Ⅲ)[27]는 조사기간 동안 매년 세 가지 요인을 계산하여 모든 기간을 합산하는 방식을 제시하였고, 그 후 이 방식은 동태적 변이-할당 분석이라는 이름으로 많은 학자들에 의해 사용되었다.[28]

다음 〈표 7.6〉과 〈표 7.7〉은 정홍열[29]이 『광공업 통계조사보고서』 자료를 이용해 1991~1996년 동안 국내 주요 도시 및 도(道)의 고용자 성장률을 기본적 변이-할당 분석과 동태적 변이-할당 분석을 한 결과 중 서울과 부산지역을 발취한 것이다. 조사기간 동안에는 국가의 제조업 부문이 지속적인 성장기였기 때문에 기본적 변이-할당 분석을 통해 추정한 국가성장요인은 전 산업(全産業) 부문에서 양(+)의 부호로 나타나

Canadian manufacturing: an extension of shift-share analysis", pp. 69-88. Knudsen, Daniel C. 2000, "Shift-share analysis: further examination of models for the description of economic change," pp. 177-198, Dine and Haynes, 2005, "Productivity, International Trade and Reference Area Interactions in Shift-Share Analysis : Some Operational Notes", pp. 374-394. MÁrquez, JuliÁn Ramajo, and Hewings, 2009, "Incorporating Sectoral Structure into Shift-Share Analysis", pp. 594-618, Nazara, Suahasil et al., 2014, "Spatial Structure and Taxonomy of Decomposition in Shift-Share Analysis," pp. 476-490,

24) Fuchs, 1959, "Changes in the location of U.S. manufacturing since 1929", pp. 2-17.
25) Thirlwall, 1967, "A Measure of the proper distribution of Industry", pp. 46-58.
26) Stilwell, 1969, "Regional Growth and Structural Adaption", pp. 263-272. Stilwell, 1970, "Further thoughts on the shift and share approach", pp. 451-458.
27) Barff and Knight III, 1988, "Dynamic Shift-Share Analysis", pp. 1-10.
28) Kochanowski, Bartholomew and Joray, 1989, "The Shift-Share Methodology : Deficiencies and Proposed Remedies", pp. 65-88. Markusen, Noponen, and Driessen, 1991, "International Trade, Productivity, and U.S. Regional Job Growth : A Shift-Share Interpretation", pp. 15-39. Hoppes, 1991, "Regional Versus Industrial Shift-Share Analysis-with Help From the Lotus spread sheet", pp. 258-267. Selting and Loveridge, 1994, "Testing dynamic Shift-Share", pp. 23-41. Mayor, López and Pérez, 2007, "Forecasting Regional Employment with Shift-Share and ARIMA—Modeling", pp. 543-551. Lee, Hyun-kyung and Kim, Hong-bae, 2020, "Weighted spatial dynamic shift-share model as a forecasting tool for a regional economy: The case of South Korea", pp. 734-748. Yeboah, Osei, Saleem Shaik, and Jamal Musah, 2021, "Impact of AGOA on Agricultural Exports Growth of Member Countries: A Dynamic Shift-Share Analysis". *Journal of Applied Business & Economics*, pp. 101-112. Montanía, Claudia and Sandy Dall'erba, 2022, "Multi-dynamic interregional input-output shift-share: model, theory and application", pp. 234-251.
29) 정홍열, 2000, "동태적 변화-할당 분석", pp. 105-124 참조.

표 7.6 서울시 제조업 부문(중분류) 변이-할당 계수　　　　　　　　　　　　　　(연말 고용자 수 기준)

	기본적 모델			동태적 모델		
	국가	산업	경쟁	국가	산업	경쟁
음식료품	168.5	−123.1	−8684.4	162.4	135.1	−8936.5
담 배	0	0	0	0	0	0
섬유제품	367.1	−10184.8	−271.3	301.2	−10134.6	−255.6
의복 및 모피제품	1024.0	−16343.2	9844.2	1089.1	−17800.5	11236.4
가죽, 가방, 마구류 및 신발	136.6	−9062.6	6389.97	99.7	−12043.5	9407.9
목재 및 나무제품	18.6	−267.2	−646.4	0.2	−189.9	−705.4
펄프, 종이 및 종이제품	70.2	127.9	−1832.2	102.3	139.8	−1876.0
출판, 인쇄 및 기록매체 복제품	469.0	11114.7	130.3	941.5	10899.3	−126.8
코크스, 석유정제품 및 핵연료	0	0	0	0	0	0
화합물 및 화학제품	85.7	1273.1	−6953.9	45.8	840.5	−6481.3
고무 및 플라스틱	117.6	1725.2	−6301.8	122.7	1525.9	−6107.6
비금속 광물제품	47.3	−428.7	−2101.6	−5.3	−247.6	−2230.1
제1차 금속산업	34.2	−144.6	−1192.6	52.6	−131.2	−1224.5
조립금속제품	135.2	4360.9	−8111.0	85.3	3502.2	−7202.6
기타 기계 및 장비	279.6	3510.8	−13275.3	240.0	3011.0	−12736.0
사무, 계산, 회계용 기계	58.5	1596.0	−3034.54	97.1	1882.6	−3359.7
기타 전기기계 및 전기변환장치	167.3	5172.0	−7048.3	121.9	4286.3	−6117.2
영상, 음향 및 통신장비	404.9	3809.8	−20950.7	79.1	2398.0	−19213.1
의료, 정밀, 광학기기 및 시계	93.6	898.3	−2848.8	8.1	710.4	−2575.6
자동차, 트레일러	29.4	852.9	−1450.2	100.9	850.3	−1519.2
기타 운송장비	6.3	235.1	−557.4	4.4	165.1	−485.6
가구 및 기타	210.3	−4064.3	−5672.1	53.5	−3646.1	−5933.4
재생 재료 가공 처리업	0.3	43.9	−5.2	2.5	75.2	−38.6
계	3924.19	−5898.0	−74573.2	3705.2	−13771.7	−66480.5

자료 : 정홍열, 2000, "동태적 변화-할당 분석", p. 113.

표 7.7 부산시 제조업 부문(중분류) 변이-할당 계수   (연말 고용자 수 기준)

	기본적 모델			동태적 모델		
	국가	산업	경쟁	국가	산업	경쟁
음식료품	148.5	−108.5	−1366.0	135.5	−61.7	−1399.9
담배	0	0	0	0	0	0
섬유제품	255.3	−7082.2	1756.0	321.4	−7686.5	2294.1
의복 및 모피제품	294.8	−4704.7	−4319.1	340.7	−4207.4	−4862.2
가죽, 가방, 마구류 및 신발	1033.3	−68548.2	−14254.1	−674.1	−60517.9	−20576.9
목재 및 나무제품	47.6	−683.5	−577.1	42.0	−629.1	−625.9
펄프, 종이 및 종이제품	33.2	60.5	−573.7	24.0	65.0	−569.0
출판, 인쇄 및 기록매체 복제품	25.7	609.7	−478.5	45.9	589.2	−478.1
코크스, 석유정제품 및 핵연료	6.3	418.3	−629.6	9.9	312.4	−527.3
화합물 및 화학제품	66.4	986.5	12602.1	91.4	834.3	12729.2
고무 및 플라스틱	126.5	1856.4	−5318.0	120.3	1651.2	−5106.5
비금속 광물제품	29.9	−270.7	252.8	20.2	−263.6	255.3
제1차 금속산업	141.9	−599.6	−2716.3	105.7	−531.0	−2748.7
조립금속제품	141.7	4571.0	1765.3	233.1	4941.6	1303.3
기타 기계 및 장비	253.5	3183.9	−1968.4	407.95	3295.5	−2234.4
사무, 계산, 회계용 기계	0.8	21.2	245.0	21.4	171.5	74.1
기타 전기기계 및 전기변환장치	47.4	1466.5	1374.0	164.7	1697.8	1025.6
영상, 음향 및 통신장비	32.9	309.7	−549.6	36.6	279.1	−522.7
의료, 정밀, 광학기기 및 시계	15.9	152.8	407.2	7.3	139.1	429.6
자동차, 트레일러	67.1	1948.2	2986.7	35.3	1594.0	3372.7
기타 운송장비	99.0	3677.8	−6064.8	11.8	2704.8	−5004.7
가구 및 기타	81.3	−1570.8	819.5	89.2	−1655.1	895.9
재생 재료 가공 처리업	1.2	168.7	−114.8	3.96	171.4	−120.4
계	2950.1	−64136.8	−16721.3	1594.2	−57105.4	−22396.8

자료 : 정홍열, 2000, "동태적 변화-할당 분석", p. 114.

있다. 하지만 이 기간 동안 서울과 부산 두 지역 다 제조업 부문 고용자 수의 큰 감소를 경험한 까닭에 제조업 부문 산업구성요인은 음(−)으로 나타나 있는데, 특히 서울의 경우 섬유와, 의복 및 모피제품 부문, 부산은 대표적 산업인 신발부문의 쇠퇴영향이 타 부문의 양(+)의 산업구성요인을 압도하고 있다.

경쟁요인은 서울의 기타 기계 및 장비, 영상, 음향부문이 특히 취약하게 나타나며, 의복 및 모피부문과 가죽, 신발류, 출판부문을 제외하고는 전 산업의 경쟁요인이 음(−)으로 나타나 있다. 부산도 신발산업부문의 지역경쟁력이 크게 약화되어 두 지역다 타 지역에 비해 지역경쟁력이 뒤떨어지는 것으로 나타난다.

그러나 이러한 기본적 변이-할당 분석결과를 동태적 분석결과와 비교해 보면 많은 차이를 발견할 수 있다. 먼저 변이-할당 분석을 구성하는 3개 요인의 부호가 바뀌는 산업부문들이 생겨나는 것을 알 수 있는데, 서울지역의 경우 음ㆍ식료품 부문의 산업구조요인과 비금속 광물부문의 국가성장요인, 출판ㆍ인쇄부문의 경쟁요인, 부산은 가죽ㆍ신발류의 국가성장요인이 그에 해당한다. 또한 각 요인들의 성장에 대한 기여도를 말해 주며 지역정책의 수행평가나 미래 예측에 쓰이는 계수값들도 두 추정방식에서 차이가 크게 나는데, 가죽ㆍ가방ㆍ마구류 산업부문의 산업구성요인과 경쟁요인이 서울은 각각 3,000여 명씩, 부산은 8,030명, 6,322명씩 차이를 보이고 있다. 더구나 이러한 부호의 반전이나 계수값들의 차이는 분석기간이 길어지고 대상지역이 늘어날수록, 또 매년 산업구조의 변동이 심한 지역일수록 더 확대되며 그에 따른 오차의 폭도 커질 것이다.

그래서 산업구조의 변화와 그로 인한 고용자 수의 변동이 심한 지역일수록 이러한 변동요인을 모두 고려하여 정확한 기여도를 제공해 주는 동태적 변이-할당 분석방식을 사용하는 것이 바람직하며, 변이-할당 분석을 이용해 추정한 계수값의 해석도 신중해야 할 것이다.

제4절 요약

지역의 경제구조를 추정하는 데 사용되는 주요 분석기법은 여러 가지가 있으며, 입지계수는 그중에서도 가장 폭넓게 사용되는 기법이다. 고용자 입지계수는 동일 산업에 있어 국가고용자 비율과 특정 지역의 고용자 비율을 비교한다. $LQ=1$은 그 산업에 있어 지역고용자 수가 국가고용자 수와 비례한다는 것을 의미한다. $LQ > 1$일 때는 그 지역에서 그 산업이 특화되었다고 판단하고, $LQ < 1$인 경우에는 해당 산업이 전국에 비해 특화되어 있지 못하다고 판단한다. 고용자 수 이외에도 판매액, 부가가치, 급료총액 혹은 다른 지표들이 계수를 추정하는 데 사용될 수 있다. 입지계수는 지역의 수출활동을 추정하는 데도 유용하다. 입지계수는 모델 자체에 여러 가지 단점을 가지고 있지만, 한편으론 장점도 가지고 있어 티부(Tiebout)는 이 분석방법을 지역구조분석에 쓸 수밖에 없다고 결론 내렸다.

전문화 계수도 입지계수와 비슷한 원리로 지역경제 구조를 국가경제 구조와 비교하는 유용한 도구이다. 지역이 만일 국가의 경제구조와 똑같으면 전문화 계수는 최솟값인 0이 되고, 지역이 국가의 경제구조와 완전히 다르면 전문화 계수는 최댓값인 100이 된다.

변이-할당 분석은 지역의 성장을 세 가지 요인으로 나누는 기법이다. 첫 번째 요인은 할당요인(share component)으로 그 지역이 국가의 평균성장률과 같은 비율로 성장한다고 가정하고 추정한 것이다. 두 번째는 산업구성요인인데 그 지역의 산업이 어떻게 구성되었느냐에 따라 국가 평균성장률과 다르게 성장한다. 세 번째는 경쟁요인으로 그 지역이 처한 환경에 따라 다른 지역에 비해 더 나은 경쟁력을 가질 수 있다. 변이-할당 분석은 자료를 구하기 쉽고, 분석이 쉽다는 장점이 있어 오랫동안 지역경제 분석가들 사이에 인기를 끌어 왔지만, 이 기법을 지지하는 분석가들의 기대에 부응하지 못함에 따라 한편으론 심한 비판을 받기도 했다. 특히 산업구성요인과 경쟁요인 효과가 상호혼합되어 있는 점과 분석기간의 초기와 말기 상황만 고려해 분석한다는 문제점에 대해 많은 학자들이 관심을 두고 모델을 수정, 보완해 왔다.

부록 우리나라 주요 도시의 입지계수

표 7.8 1991년 제조업 부문(중분류) 입지계수(생산액 기준)

	서 울	부 산	대 구	인 천	광 주	대 전
음식료품	1.24	0.93	0.52	1.21	1.17	0.77
담 배	0	0	×	×	×	13.0
섬유제품	1.22	1.06	6.16	0.28	0.78	1.34
의복 및 모피제품	5.85	1.82	0.60	0.40	0.18	0.78
가죽, 가방, 마구류 및 신발	1.10	6.61	0.12	0.43	0.01	1.35
목재 및 나무제품	0.37	2.00	0.60	5.35	0.62	0.62
펄프, 종이 및 종이제품	0.66	0.49	0.87	0.22	0.19	1.79
출판, 인쇄 및 기록매체 복제품	7.93	0.53	0.79	0.087	0.71	0.74
코크스, 석유정제품 및 핵연료	0	0.23	0.01	1.08	0	×
화합물 및 화학제품	0.39	0.48	0.22	0.58	0.02	1.68
고무 및 플라스틱	0.90	1.25	0.47	0.61	3.57	2.99
비금속 광물제품	0.44	0.41	0.53	0.54	0.36	1.31
제1차 금속산업	0.18	1.64	0.58	1.55	0.04	0.43
조립금속제품	0.85	1.14	1.31	1.47	0.33	0.60
기타 기계 및 장비	0.77	1.05	1.48	1.59	1.85	0.60
사무, 계산, 회계용 기계	2.40	0.06	0.05	1.52	×	0.50
기타 전기기계 및 전기변환장치	1.49	0.47	0.84	0.56	1.00	0.71
영상, 음향 및 통신장비	1.27	0.10	0.07	0.45	0.46	0.09
의료, 정밀, 광학기기 및 시계	2.19	0.36	1.49	1.63	3.43	0.53
자동차, 트레일러	0.07	0.47	0.76	1.54	3.52	0.10
기타 운송장비	0.05	1.82	0.31	0.41	0	0.39
가구 및 기타	1.67	0.77	0.63	2.99	0.35	0.55
재생 재료 가공 처리업	0.31	2.26	2.18	1.05	1.32	1.86

자료 : 통계청, 1993, 『1991 광공업 통계조사보고서』, 지역편.
　　1) X는 사업체 수가 소수(1 혹은 2)여서 수치가 공개되지 않는 산업.

표 7.9 1995년 제조업 부문(중분류) 입지계수(생산액 기준)

	서 울	부 산	대 구	인 천	광 주	대 전
음식료품	0.89	1.07	0.64	1.11	1.03	1.15
담 배	0	0	×	×	×	×
섬유제품	1.36	1.72	6.39	0.27	0.71	1.36
의복 및 모피제품	8.28	1.67	0.54	0.32	0.17	0.55
가죽, 가방, 마구류 및 신발	2.14	5.88	0.05	0.58	0.01	2.60
목재 및 나무제품	0.26	2.41	1.01	4.92	0.55	0.81
펄프, 종이 및 종이제품	0.71	0.52	1.33	0.27	0.13	2.06
출판, 인쇄 및 기록매체 복제품	9.11	0.66	0.89	0.11	0.78	0.69
코크스, 석유정제품 및 핵연료	0	0.20	×	1.57	0	×
화합물 및 화학제품	0.22	0.47	0.23	0.52	0.03	1.35
고무 및 플라스틱	0.65	0.98	0.65	0.67	2.80	4.17
비금속 광물제품	0.37	0.55	0.60	0.52	0.37	1.16
제1차 금속산업	0.22	1.73	0.60	1.44	0.23	0.47
조립금속제품	0.60	1.85	1.29	1.23	0.64	0.63
기타 기계 및 장비	0.60	1.45	1.65	1.72	2.27	0.72
사무, 계산, 회계용 기계	1.53	0.04	0.04	0.93	×	0.05
기타 전기기계 및 전기변환장치	1.13	0.88	0.95	0.82	1.46	0.83
영상, 음향 및 통신장비	0.89	0.10	0.06	0.31	0.35	0.06
의료, 정밀, 광학기기 및 시계	2.00	0.60	1.56	0.92	0.17	0.68
자동차, 트레일러	0.07	0.46	1.20	1.72	3.26	0.29
기타 운송장비	0.04	1.91	0.21	0.32	0.02	0.38
가구 및 기타	1.58	1.12	0.44	3.76	0.34	0.88
재생 재료 가공 처리업	0.13	1.85	1.95	3.20	3.38	1.03

자료 : 통계청, 1997, 『1995 광공업 통계조사보고서』, 지역편.
　　　1) X는 사업체 수가 소수(1 혹은 2)여서 수치가 공개되지 않는 산업.

표 7.10 2008년 제조업 부문(중분류) 입지계수(생산액 기준)

	서 울	부 산	대 구	인 천	광 주	대 전
식료품	0.92	1.03	1.15	1.65	0.49	1.20
음 료	0.81	0.89	1.17	0.28	2.40	4.27
담 배	0.00	0.00	0.00	0.00	×	24.07
섬유제품	3.09	1.89	7.79	0.31	1.05	0.62
의복 및 모피제품	29.87	2.11	0.96	0.18	0.06	0.30
가죽, 가방, 마구류 및 신발	9.81	5.51	0.12	0.96	×	0.49
목재 및 나무제품	0.09	1.41	0.73	8.37	0.32	0.54
펄프, 종이 및 종이제품	1.17	0.23	2.66	0.38	0.36	8.83
출판, 인쇄 및 기록매체 복제품	15.54	0.59	1.45	0.37	0.84	0.76
코크스, 석유정제품 및 핵연료	×	0.11	0.01	0.91	×	×
화합물 및 화학제품	0.10	0.24	0.17	0.46	0.03	1.11
의료용 물질 및 의약품	0.47	0.16	0.39	0.31	×	1.66
고무 및 플라스틱	0.53	0.75	1.71	1.19	2.49	3.70
비금속 광물제품	0.55	0.47	0.60	0.63	0.25	0.44
제1차 금속산업	0.09	1.95	0.83	1.70	0.38	0.29
금속가공제품	0.65	2.61	2.59	1.21	1.06	0.87
전자부품, 컴퓨터, 영상, 음향 및 통신장비	0.93	0.19	0.43	0.33	0.48	0.54
의료, 정밀, 광학기기 및 시계	3.03	1.32	1.79	0.76	0.26	2.89
기타 전기기계 및 전기변환장치	0.99	0.95	0.94	1.10	5.35	1.08
기타 기계 및 장비	0.73	1.51	1.84	1.95	1.06	2.12
자동차, 트레일러	0.14	1.30	1.68	1.45	3.13	0.20
기타 운송장비	×	1.46	0.03	0.02	×	0.03
가 구	0.48	0.94	0.50	2.76	0.01	0.41
기타 제품	9.27	1.27	0.65	1.70	0.25	2.61

자료 : 통계청, 2008, 『2008 광공업 통계조사보고서』, 지역편.
  1) X는 사업체 수가 소수(1 혹은 2)여서 수치가 공개되지 않는 산업.
  2) 1995과 비교하여 음식료품 경우 음료와 식료품으로 나누어 졌고, [의료용 물질 및 의약품] 분야와 [전자부품, 컴퓨터, 영상, 음향 및 통신장비] 분야가 추가되었음. 그러나 [사무계산 회계용 기계] 분야와 [재생 재료 가공 처리업] 분야는 2008년도 자료에서 빠졌음.

표 7.11 2014년 제조업 부문(중분류) 입지계수(생산액 기준)

	서 울	부 산	대 구	인 천	광 주	대 전	울 산	세 종
식료품	0.77	1.31	1.02	1.66	0.39	1.21	0.09	2.56
음료	0.66	0.60	1.39	×	2.34	3.54	0.07	×
담배	—	—	—	×	×	31.00	×	×
섬유제품(의복제외)	3.03	2.30	8.19	0.35	0.91	0.50	0.17	1.05
의복 및 모피제품	37.09	1.87	0.98	0.30	0.04	0.39	0.01	0.00
가죽, 가방 및 신발	12.49	7.45	0.15	0.77	0.00	0.31	0.06	0.00
목재 및 나무제품	×	1.74	0.73	7.81	0.39	0.42	0.23	1.56
펄프, 종이 및 종이제품	1.02	0.32	2.57	0.45	0.41	5.13	0.41	5.03
인쇄 및 기록매체 복제업	15.80	0.83	2.26	0.74	0.68	0.99	×	1.46
코크스, 연탄 및 석유정제품	×	0.13	0.01	1.31	×	×	3.76	×
화학물질 및 화학제품	0.19	0.31	0.13	0.38	0.02	1.26	1.87	0.67
의료용 물질 및 의약품	0.51	0.29	0.19	1.19	×	1.78	0.01	3.82
고무제품 및 플라스틱제품	0.55	1.26	1.58	1.04	1.92	2.54	0.23	2.06
비금속 광물제품	0.51	0.53	0.70	0.66	0.26	0.83	0.13	6.58
1차 금속	0.07	1.79	0.56	1.36	0.44	0.24	0.85	0.19
금속가공제품	0.37	2.41	2.83	1.17	0.97	1.02	0.27	0.18
전자부품, 컴퓨터, 영상, 음향 및 통신장비	0.56	0.21	0.29	0.42	0.36	0.64	0.01	0.98
의료, 정밀, 광학기기 및 시계	3.63	1.15	2.16	0.97	0.26	2.89	0.04	5.53
전기장비	1.02	1.14	1.08	1.12	3.72	0.84	0.43	2.33
기타 기계 및 장비	0.71	1.84	2.02	2.00	1.22	2.10	0.31	0.13
자동차 및 트레일러	0.07	1.19	1.66	1.29	3.36	0.52	1.46	0.54
기타 운송장비	×	1.00	0.03	0.03	—	0.06	2.09	—
가구	0.59	1.11	0.53	2.21	1.75	0.24	0.45	×
기타 제품	11.51	1.16	0.39	1.27	0.39	2.19	0.05	×

자료 : 통계청, 2015.12, 『2014년 기준 광업·제조업 조사보고서』, 지역편.
　　1) X는 사업체 수가 소수(1 혹은 2)여서 수치가 공개되지 않는 산업.

표 7.12 2019년 제조업 부문(중분류) 입지계수(생산액 기준)

	서 울	부 산	대 구	인 천	광 주	대 전	울 산	세 종
식료품	0.00	1.32	0.86	1.47	0.45	1.16	0.08	2.33
음료	0.46	0.82	1.44	×	2.74	3.09	0.06	×
담배	-	-	-	-	×	×	-	-
섬유제품(의복 제외)	3.17	2.55	7.64	0.34	0.73	0.53	0.32	0.08
의복 및 모피제품	38.86	1.68	1.09	0.40	0.03	0.42	0.01	-
가죽, 가방 및 신발	17.29	6.55	×	1.00	×	0.41	×	×
목재 및 나무제품, 가구 제외	0.04	1.49	0.86	7.67	0.44	0.41	0.15	0.35
펄프, 종이 및 종이제품	1.42	0.37	2.61	0.42	0.36	5.03	0.42	5.69
인쇄 및 기록매체 복제업	17.59	0.62	2.42	0.97	0.56	0.87	×	3.16
코크스, 연탄 및 석유정제품	0.01	0.11	×	1.33	×	×	3.93	-
화학물질 및 화학제품	0.34	0.34	0.13	0.37	0.04	0.94	2.01	1.08
의료용 물질 및 의약품	0.57	0.35	0.21	2.21	0.03	1.74	0.01	2.98
고무 및 플라스틱제품	0.49	1.24	1.63	1.09	1.94	2.31	0.26	1.76
비금속 광물제품	0.52	0.66	0.53	0.87	0.22	0.73	0.12	5.00
1차 금속	0.02	1.72	0.60	1.20	0.35	0.13	1.00	0.32
금속가공제품	0.51	1.98	2.97	1.27	1.01	1.53	0.31	0.18
전자부품, 컴퓨터, 영상, 음향 및 통신장비	0.58	0.19	0.16	0.54	0.49	0.61	-	0.67
의료, 정밀, 광학기기 및 시계	3.07	1.82	2.11	0.82	0.39	3.58	0.06	3.90
전기장비	0.79	1.20	0.92	0.89	1.46	0.77	0.37	1.71
기타 기계 및 장비	0.74	1.64	2.24	1.86	1.96	1.64	0.34	0.11
자동차 및 트레일러	0.01	1.14	1.50	1.10	3.39	0.41	1.86	0.63
기타 운송장비	0.07	1.69	0.03	0.05	×	0.20	1.96	×
가구	0.59	0.74	0.64	2.21	0.17	0.51	×	-
기타 제품	10.45	1.00	0.76	1.44	0.12	1.84	0.04	0.75
산업용 기계 및 장비 수리업	0.60	5.26	0.27	×	-	0.26	0.22	×

표 7.13 주요도시의 지역전문화지수						(2014년 총부가가치액 기준)	
	서울	부산	대구	인천	광주	대전	울산
계							
농림어업	−0.156	−0.185	−0.190	0.000	−0.187	−0.189	0.081
광업	−23.797	−10.526	−7.781	−2.614	−1.310	−12.470	35.639
제조업	−1.260	−0.601	−0.526	0.008	−0.298	1.465	−1.022
전기, 가스, 증기 및 수도사업	1.716	0.408	2.020	−0.991	−1.088	−1.258	−1.195
건설업	−0.323	−0.432	0.022	0.439	−0.429	0.441	−0.035
도매 및 소매업	−4.398	−2.903	−2.769	−0.379	−1.965	−0.864	17.666
운수업	−5.264	0.555	−0.367	0.432	−2.067	−3.667	2.249
숙박 및 음식점업	−6.993	−5.918	−5.273	−4.449	−1.874	−4.929	−5.859
출판, 영상, 방송통신 및 정보서비스업	−7.276	−1.635	−0.888	2.327	6.412	−3.659	23.834
금융 및 보험업	−1.513	0.253	−1.493	4.801	−0.957	−0.977	1.067
부동산업 및 임대업	−2.056	0.333	0.120	0.468	−0.360	−1.228	−0.742
사업서비스업	8.771	3.041	1.911	−1.503	0.037	−0.246	−5.418
공공행정, 국방 및 사회보장행정	−0.508	3.450	−0.114	7.684	−0.726	−0.294	−1.130
교육서비스업	0.601	1.158	0.509	−0.043	0.322	0.609	−1.077
보건업 및 사회복지서비스업	6.364	−1.965	−1.664	−1.915	−1.872	−1.238	−3.140
문화 및 기타 서비스업	5.935	1.282	1.051	−1.430	0.807	0.011	−3.186
전문화 계수	38.47	17.32	13.35	14.74	10.36	16.77	51.67

참고문헌

권하나, 최성관, 2021, "고용 산출 가중입지계수(WLQ)를 이용한 지역투입산출표 추정", 『경제학연구』, 제69집 제2호, pp. 95-126.

고봉현, 김화년, 고성보, 김배성, 2021, "제주지역의 지속가능한 발전전략 탐색을 위한 산업구조 분석", 『한국산학기술학회논문지』, 제22권 제8호, pp.539-545.

구형모, 2020, "커널 가중 입지계수를 이용한 서울 상업 공간구조의 시·공간 변화 탐색", 『한국도시지리학회지』, 제23권 2호, pp. 125~139.

김진백, 2021, "지역특성화를 이용한 수산가공품의 개발 프레임워크", 수산경영논집, 제52권 제3호, 통권 제122호, pp. 1-14.

김학훈, 1999, "변이할당모델과 경제기반모델", 대한국토·도시계획학회 편저, 『지역경제론』, 보성각, pp. 207-211.

류희진, 2022, "우리나라 전문디자인업의 특화도와 지역경쟁력 분석: 입지계수와 변이-할당 분석을 중심으로", 『산업경제연구』, 제35권 제1호(통권 159호) pp.45~681.

정홍열, 2000, "동태적 변화-할당 분석", 『국제경제연구』, 한국국제경제학회, 제6권 제2호, pp. 105-124.

Arcelus, Francisco J., 1984, "An Extension of Shift-Share Analysis", *Growth and Change,* Vol. 15, No. 1, pp. 3-8.

통계청, 1997, 『1995 광공업 통계조사보고서』, 지역편.

통계청, 2008, 『2008 광공업 통계조사보고서』, 지역편.

통계청, 2015.12, 『2014년 기준 광업·제조업 조사보고서』, 지역편.

Armstrong, Harvey and Jim Taylor, 1993, *Regional Economics and Policy,* 2nd eds, Blackwell Publishers.

Artidge, Lionel. , L. van Neuss, 2014, "A new shift-share method", Growth Change Vol. 45, No. 4, pp. 667-683.

Ashby, Lowell D., 1964, "The Geographical Redistribution of Employment : An Examination of the Elements of Change", *Survey of Current Business,* Oct., pp. 12-30.

Ashby, Lowell D., 1965, *Growth Patterns in Employment by country 1940-1950 and 1950-1960,* U.S. Department of Commerce, Office of Business Economics, Washington.

Barlow Report, 1940, *Royal Commission on the Distribution of the Industrial Population : Report,* Command 6153, HMSO, London.

Barff, Richard A., and Prentice L. Knight III, 1988, "Dynamic Shift-Share Analysis", *Growth and Change,* Vol. 19, No. 2, pp. 1-10.

Blair, John P., 1991, *Urban and Regional Economics,* Boston : Irwin.

Carluer, Frédéric and Guillaume Gaulier, 2005, "The impact of convergence in the industrial mix on regional comparative growth : Empirical evidence from the French case", *The Annals of Regional Science,* Vol. 39, pp. 85-105.

Carroll, M. C., N. Reid and B. W. Smith, 2008, "Location quotients versus spatial autocorrelation in identifying potential cluster regions", *The Annals of Regional Science,* Vol. 42, pp. 449-463.

Chiang, Shu-hen, 2009, "Location quotient and trade", *The Annals of Regional science,* Vol. 43, No. pp. 399-414.

Creamer, David, 1943, *Shifts and Manufacturing Industries in Industrial Location and National Resources,* Washington : US National Resource Planning Board.

Dembińska, Izabela, Sabina Kauf, Agnieszka Tłuczak, Katarzyna Szopik-Depczyńska, Łukasz Marzantowicz, Giuseppe Ioppolo, 2022, "The impact of space development structure on the level of ecological footprint - Shift share analysis for European Union countries", *Science of the Total Environment,* Vol. 851, Part 2,

157936.

Dine, Musdafa and Kingsley Haynes, 2005, "Productivity, International Trade and Reference Area Interactions in Shift-Share Analysis : Some Operational Notes", *Growth and Change,* Vol. 36, No. 3, pp. 374-394.

Dunn, E. S., 1960, "A statistical and analytical technique for regional analysis", *Papers of the Regional Science Association,* Vol. 6, pp. 97-112.

Esteban-Marquillas, J. M., 1972, "A reinterpretation of shift-share analysis", *Regional and Urban Economics,* Vol. 2, No. 3, pp. 249-55.

Fothergill, Stephen, and Graham Gudigin, 1979, "In Defence of Shift-Share", *Urban Studies,* Vol. 17, pp. 309-319.

Fuchs, Victor, R., 1959, "Changes in the location of U.S. manufacturing since 1929", *Journal of Regional Science,* Vol. 1, No. 2, pp. 2-17.

Herzog, H. W., Jr. and R. J. Olsen, 1979, "Shift-Share Analysis Revisited : The Allocation Effect and the Stability of Regional Structure", *Journal of Regional Science,* Vol. *17*, No. 3, pp. 441-454.

Hoppes, R. B., 1991, "Regional Versus Industrial Shift-Share Analysis-with Help From the Lotus spread sheet", *Economic Development Quarterly,* Vol. 5, pp. 258-267.

Houston, D. B., 1967, "The Shift and Share Analysis of Regional Growth : A Critique", *Southern Economic Journal,* Vol. 33, pp. 577-81.

Keil, Stanley R., 1992, "On the Value of Homotheticity in the Shift-Share Framework", *Growth and Change,* Vol. 23, pp. 469-493.

Knudsen, Daniel C. 2000, "Shift-share analysis: further examination of models for the description of economic change", Socio-Economic Planning Sciences, Vol. 34, Issue 3, pp. 177-198.

Kochanowski, P., W. Bartholomew, and P. Joray, 1989, "The Shift-Share Methodology : Deficiencies and Proposed Remedies", *Regional Science Perspectives,* Vol. *19*, No. 1, pp. 65-88.

Lee, Hyun-kyung and Kim, Hong-bae, 2020, "Weighted spatial dynamic shift-share model as a forecasting tool for a regional economy: The case of South Korea", *Growth & Change.* Vol. 51, Issue 2, pp. 734-748.

Liu, Ying, Ma, Jian, Chen, Jianbiao, 2020, "An empirical Study on Industrial Agglomeration in Guangdong-Hong Kong-Macao Greater Bay Area based on Location Quotient", 2020 5th International Conference on Mechanical, Control and Computer Engineering (ICMCCE) ICMCCE Mechanical, Control and Computer Engineering (ICMCCE), 2020 5th International Conference on. pp. 1190-1193, Dec, 2020.

Loveridge, Scott, and Anne C. Selting, 1998, "A Review and Comparison of Shift-Share Identities", *International Regional Science Review,* Vol. 21, No. 1, pp. 37-58.

MacKay, D. I., 1968, "Industrial Structure and Regional Growth : A Methodological Problem", *Scottish Journal of Political Economy,* Vol. 15, pp. 129-143.

Markusen, Ann R., Helzi Noponen, and Karl Driessen, 1991, "International Trade, Productivity, and U.S. Regional Job Growth : A Shift-Share Interpretation", *International Regional Science Review,* Vol. 14, No.

1, pp. 15-39.

MÁrquez, M. A., JuliÁn Ramajo, and G. J. D. Hewings, 2009, "Incorporating Sectoral Structure into Shift-Share Analysis", *Growth and Change,* Vol. 40, No. 4, pp. 594-618.

Mayor, Matías, Ana Jesús López and Rigoberto Pérez, 2007, "Forecasting Regional Employment with Shift-Share and ARIMA—Modeling", *Regional Studies,* Vol. 41, No. 4, pp. 543-551.

McCann, Phillp, 2001, *Urban and Regional Economics,* Oxford University Press.

Mogila, Zbigniew, Dorota Ciolek, Jakub M. Kwiatkowski, Jacek Zaucha, 2021, "The Baltic blue growth – A country-level shift-share analysis", Marine Policy 134, 104799.

Montanía, Claudia and Sandy Dall'erba, 2022, "Multi-dynamic interregional input-output shift-share: model, theory and application." *Economic Systems Research.* Vol. 34, Issue 2, pp. 234-251.

Nazara, Suahasil, Geoffrey J.D. Hewings, 2014, "Spatial Structure and Taxonomy of Decomposition in Shift-Share Analysis", *Growth & Change.* Vol. 35, Issue 4, pp. 476-490.

Panagiotopoulos, George, Dimitris Kaliampakos, 2021, "Location quotient–based travel costs for determining accessibility changes", *Journal of Transport Geography*, Vol. 91, February 2021, Article 102951.

Perloff, H. S., E. S. Lampard and R. F. Muth, 1960, *Resources and Economic Growth,* Baltimore : John Hopkins University Press.

Richardson, Harry. W., 1978, "The State of Regional Economics : A Survey Article", *International Regional Science Review,* Vol. 3, pp. 1-48.

Richardson, Harry W., 1979, *Regional Economics,* 1979, University of Illinois Press.

Rigby, D.L., W.P. Anderson, 1994, "Employment change, growth and productivity in Canadian manufacturing: an extension of shift-share analysis", *The Canadian Journal of Regional Science*, Vol. 16 pp. 69–88.

Rosenfeld, F., 1959, "Commentaire à l' exposé de M. Dunn", *Economic Appliquée,* Vol. 4, No. 4, pp. 531-534.

Selting A. C., and Scott Loveridge, 1994, "Testing dynamic Shift-Share", *Regional Science Perspective,* Vol. 24, No. 1, pp. 23-41.

Thirlwall, A. P., 1967, "A Measure of the proper distribution of Industry", *Oxford Economic Paper,* Vol. 19, pp. 46-58.

Tiebout, Charles M., 1962, *The Community Economic Base Study,* New York : Committee for Economic Development.

Ulman, E., and M. Decay, 1960, "The Minimum Requirements Approach to the Urban Economic Base", *Papers and Proceedings of the Regional Science Association,* Vol. 6, pp. 174-194.

Yeboah, Osei, Saleem Shaik, and Jamal Musah, 2021, "Impact of AGOA on Agricultural Exports Growth of Member Countries: A Dynamic Shift-Share Analysis". *Journal of Applied Business & Economics,* Vol. 23, Issue 4, pp. 101-112.

제8장

지역경제 구조분석 Ⅱ

앞의 제7장에서 지역경제 구조를 분석하는 데 쓰이는 입지계수와 전문화 계수 그리고 변이-할당 분석에 대해 알아보았는데, 이 장에서도 계속해서 지역경제 구조분석에 많이 쓰이는 기법들을 살펴본다.

처음 절에서는 지역의 투입-산출 모델을 설명하고, 이 모델이 어떻게 경제성장 분석에 사용되며 활용되는지를 알아본다. 다음 절에서는 케인스의 국민소득 결정이론에 바탕을 둔 지역승수 모델을 살펴본다. 이를 위해 먼저 지역승수를 도출하고, 실증분석된 사례를 찾아본다. 그리고 마지막 절에서는 지역의 경제구조를 분석할 때 지역의 산업 구성 요소 이외에도 추가적으로 고려해야 할 요인들에 대해 논의한다. 즉, 경제적 요인 이외에 지역의 경제구조 분석에 필요한 정치적·사회적 요인으로는 어떠한 것이 있는 지에 대해 논의한다.

제1절 지역의 투입-산출 분석

투입-산출 분석(input-output analysis)은 수출 증대에 따른 지역의 경제적 파급효과를 설명하는 수출기반이론과 달리 경제 주체들 간에 상호관계를 규명해 주는 데 초점을 맞춘 분석기법이다.

산업이 발전함에 따라 경제구조는 점점 더 복잡해져서, 경제를 구성하고 있는 주체들 간 경제활동의 상호작용이나 상호의존관계 등을 파악하기는 더 어려워진다. 부문 간 상호경제관계에 대한 분석은 케네(Quesney)가 1758년 출간한 경제표(Tableaux d'economique)에서 농업과 비농업 부문 간의 상호연관성에 대해 연구한 것을 시초로 본다. 그 후 1870년에 왈라스(Walras)가 모든 재화의 가격 결정 모델을 설정해 경제체제 내에서 균형가격 결정에 관한 내용을 다룬 일반균형분석으로 진일보하였다. 그리고 러시아에서 태어나 미국으로 망명한 노벨 경제학상 수상자 레온티에프(Leontief)[1]가 처음으로 제시한 투입-산출 분석을 통해 그 기반을 다졌다. 레온티에프는 연구를 계속해 1919년과 1929년의 미국 경제에 관한 산업연관표[2]를 발표했고, 1939년 미국 경제에 대한 산업연관표[3]를 작성하여 2판으로 발간하였다. 이 투입-산출 분석은 산출물 생산에는 투입물

---

1) Leontief, 1936, "Quantitative Input-Output Relations in the Economic System of the united States", pp. 105-125.

2) Leontief, 1941, *The Structure of American Economy, 1919-1929 : An Empirical Application of Equilibrium Analysis*, Cambridge : Harvard University Press.

3) Leontief, 1951, *The Structure of American Economy, 1919-1939*, New York : Oxford University Press.

이 필요하다는 단순한 개념에 기초하여 경제 산업 간 연관관계를 한눈에 볼 수 있도록 해 주었는데, 우리나라에서는 산업연관분석이라고 불린다. 투입-산출 분석 기법은 그 후 아이사드(Isard)[4]와 모세스(Moses),[5] 티부(Tiebout),[6] 체느리(Chenery),[7] 리처드슨 (Richardson)[8] 등에 의해 더욱 발전하였다. 그리고 여러 학자들이 이 분석방법을 지역의 산업구조 분석에 적용함으로써 실증적 연구 논문들도 많이 발표되었다.[9]

공식적 측면에서 보면 미국 정부가 1947년 산업연관표를 작성하기 시작하였고, 1948년 영국, 그리고 일본이 1951년에 작성을 시작하였다. 1966년에는 UN통계국에서 「산업연관표와 분석의 제문제(Problems of Input Output Tables and Analysis)」라는 책자를 발간해 각 국가의 산업연관표 작성 지침을 제시함으로써 세계적으로 널리 활용되는 계기를 마련해 주었다. 우리나라는 1964년 한국은행이 체계적 내용과 형식을 갖춘 「1960년 산업연관표」를 처음으로 작성, 발표하였다. 그러나 자료수집의 문제로 5년마다 한 번씩 산업연관표 실측표를 발간하였고, 실측표 발표기간 사이에 부분조사를 통해 자료를 수정·보완하여 '연장표'를 추가로 발표했는데, 실측표의 경우 4,000여 개 업체, 연장표의 경우 350여 개 업체를 대상으로 조사해 작성했다. 그 후 2005년부터는 산업연관표를 매년 작성하여 공표하고 있으며, 전국이 아닌 지역차원의 산업연관표는 2007년 6개 광역권의 「2003년 지역산업연관표」를 처음 발간했다. 2009년에는 16개 시도로 확장한 「2005년 지역산업연관표」를 발간하였고, 정부기관과는 별도로 국내 많은 지역경제학자들이 나름대로 지역별 산업연관표들을 연구, 작성하여 발표해 왔다.

최근의 산업연관표는 한국은행의 경제통계시스템(https://ecos.bok.or.kr/)을 통해 발표하고 있어 인터넷을 통해 쉽게 찾을 수 있다.

이 절에서는 어떻게 투입-산출표가 구성되며, 어떻게 지역의 구조를 이해하는 데 도움을 주며, 어떻게 성장과정을 이해하는 데 활용되는지 알아본다.

---

4) Isard, 1951, "Interregional and Regional Input-Output Analysis : A Model of a Space-economy", pp. 318-328.
5) Moses, 1955, "The Stability of Interregional Trading Patterns and Input-Output Analysis", pp. 803-832.
6) Tiebout, 1957, "Regional and Interregional Input-Output Models : An Appraisal", pp. 140-147.
7) Chenery, 1960, "Patterns of Industrial Growth", *American Economic Review,* Vol. 50, No. 4, pp. 624-654.
8) Ricardson, 1972, *Input-Output and Regional Economics.*
9) Bills and Barr, 1968, *An Input-Output Analysis of the Upper South Branch Valley of West Virginia. Bradley,* 1970, *Utah Input-Output Study : Projections of Income, Employment, Output, and Revenue.* Bulmer-Thomas, 1982, *Input-Output Analysis in Developing Countries.* Trenchi and Flick, 1982, *An Input-Output Model of Alabama's Economy : Understanding Forestry's Role.* Abe, 1986, "Input-Output Tables in Japan and Application for Interregional Analysis". Bourque, 1987, *The Washington State Input-Output Study for 1982.* Blair and Wyckoff, 1989, "The Changing Structure of the U.S. Economy : An Input-Output Analysis", pp. 293-307.

투입-산출 분석은 첫째, 각 부문의 생산에 있어 생산요소 간의 대체가 없고, 둘째, 가격효과나 기술의 변화, 규모의 경제가 없이 각 산업부문에 구매되는 투입물의 양은 오직 산출물 수준에 의해 결정되며, 셋째, 자원의 공급에 제한이 없고(완전탄력적인 공급곡선), 넷째, 지역의 자원은 모두 효율적으로 활용된다는 가정하에 모델을 만들었다. 즉, 투입-산출 분석 모델은 시장구조나 기술상태, 상대가격, 경제적 상호작용의 공간적 분포 모두가 고정되어 있고, 투입물의 공급과 산출물의 수요는 탄력적이라 가정하고 시작한다.

1. 거래표

투입-산출 분석(산업연관분석)을 이해하기 위해서는 먼저 거래표(transactions table)를 이해하여야 한다. 이 거래표는 지역경제에 관한 모든 정보를 담고 있으며, 투입-산출 분석에 필요한 다른 표들은 모두 이 거래표로부터 도출된다. 여기서는 헤스팅스 (Hastings)와 브루커(Brucker)[10]가 사용한 거래표의 수치적 예를 화폐단위만 바꾸어 그 대로 사용한다.

거래표는 특정 연도에 특정 지역경제에서 발생한 각 부문별 연간 판매량과 구매량 의 모든 흐름을 보여 주는 표로서, 모든 거래를 일정한 원칙과 형식에 따라 기록한 종 합적인 통계표이다. 이 표를 이해하는 핵심은 한 기업의 구입은 다른 기업의 판매를 의미하며, 한 상품을 더 많이 생산한다는 것은 그 상품을 더 생산하기 위해 더 많은 투입물의 생산을 요구한다는 것을 기억하는 것이다. 표에는 산업부문 상호 간의 중간 재 거래를 나타내는 내생부문(endogenous sector)과 부가가치 부문 및 최종수요를 나 타내는 외생부문(exogenous sector)으로 구성된다.

〈표 8.1〉에는 특정 지역의 부문 간 거래를 기록한 거래표가 나타나 있는데, 세로방 향으로는 각 산업이 해당상품을 생산하여 어떤 산업에 얼마만큼 공급했는지 알려주고, 가로 방향으로는 각 산업이 생산을 위해 어떤 산업으로부터 얼마만큼 공급받았는지를 알려준다. 예를 들면, 농업부문 행을 보면 농업부문이 농산물을 생산해 자신의 부문에 20만 2천 원, 제조업부문 기업에 18만 2천 원, 무역부문에 1만 원, 서비스부문 기업에 4만 7천 원 그리고 그 지방의 가계부문(households)에 직접 10만 원, 그리고 기타 부문 에 20만 원을 판매한 것을 나타내고 있다. 두 번째 행에 제조업 부문은 자신이 생산한

---

10) Hastings and Brucker, 1993, "An Introduction to Regional Input-Output analysis", pp. 1-27.

표 8.1 거래표 (천 원)

구매 \ 판매	생산부문				최종 수요		총산출물
	농업	제조업	무역	서비스	가계	기타	
농업	202	182	10	47	100	200	741
제조업	34	68	2	26	39	298	467
무역	47	35	991	440	1,200	66	2,779
서비스	86	59	565	510	1,500	313	3,033
가계	200	40	205	1,250	200	1,494	3,389
수입	172	83	1,006	760	350	1,053	3,424
총계	741	467	2,779	3,033	3,389	3,424	13,833

자료 : Hastings and Brucker, 1993, "An Introduction to Regional Input-Output analysis", p. 18.

상품을 1년간 농업부문에 3만 4천 원, 제조업 부문에 6만 8천 원, 무역부문에 2천 원, 서비스 부문에 2만 6천 원, 가계에 3만 9천 원, 기타 부문에 29만 8천 원을 판매하였다.

한편 〈표 8.1〉의 위에서 아래로 내려오면서는 위쪽 행에 열거되어 있는 부문들이 첫째 열에 열거되어 있는 각각의 부문으로부터 얼마나 구입했는지를 보여 준다. 예를 들면, 그 지역 농업부문은 농업부문으로부터 20만 2천 원, 제조업부문으로부터 3만 4천 원, 무역부문으로부터 4만 7천 원, 서비스부문으로부터 8만 6천 원, 그 지역의 가계로부터 20만 원 그리고 외부 지역으로부터 수입 형태로 17만 2천 원을 구입했음을 나타낸다. 그리고 각 부문의 총판매액이나 총구입액은 표의 가장 마지막 열과 마지막 행에 표시되어 있다.

이 분석에서 모든 경제활동은 생산과 최종수요 두 형태의 부문으로 나누어졌다. 농업, 제조업, 무역, 서비스 등의 생산부문은 지역 내에서 특별한 상품이나 서비스를 생산하는 모든 기업이나 사업장을 대표한다. 그리고 생산부문의 산출물 수준은 모델 내에서 결정되기 때문에 내생변수(endogenous variables)라고 부른다. 최종수요를 대표하는 부문은 주로 가계나 기타(정부, 대외무역)를 포함한다. 이들 부문의 경제활동 수준은 지역 외부의 힘에 의해 결정되므로 외생변수(exogenous variables)라고 부른다. 이 투입-산출 분석 모델에서 내생부문의 변화는 결과적으로 외생부문의 변화에 의해 생겨나는데, 이 내생부문은 거래표 작성에 가장 어려운 부문이면서도 작성된 표를 분석하고 활용하는데 있어서는 가장 중요한 부분이다. 부문 간에 생산물의 흐름은 원화로 측정되며, 여러 부문 간의 거래를 말해 준다.

처음에 언급했듯이 이 투입-산출 분석의 부문 간 거래는 고정되어 있고, 생산되는 생산물 양의 비율은 항상 일정하다는 가정을 하고 있다. 예를 들어, 농업부문이 제조업 부문으로부터 구입하는 농기계 금액은 농업부문 생산물 가치에서 늘 일정한 비율로 고정되어 있다는 것이다. 그러나 중간재들은 팔릴 때마다 반복해서 계산되었기 때문에 거래표에는 심각한 이중합계(double counting) 문제가 있다. 따라서 총산출물은 지역 소득이나 지역총생산과는 다소 차이가 날 수 있다. 또한 〈표 8.1〉에는 설명을 단순화 시키기 위해 단지 4개의 생산부문 — 농업, 제조업, 무역업, 서비스업 — 만을 포함하고 있지만, 실제의 투입-산출표(산업연관분석표)에는 자세한 분석을 위해서 훨씬 많은 생 산부문을 가진다.

거래표에는 농업, 제조업, 서비스업 등이 산업 간에 서로 얼마나 팔았는가 하는 것뿐 만 아니라, 추가로 두 최종수요 부분이 나타나 있다. 가계 열(列)은 지역주민의 구입량 을 반영하며, 기타 열은 지역 외부에 팔린 상품과 서비스를 반영한다. 2개의 주요 공급 부문—가계와 수입(輸入)—도 보인다. 가계 행(行)은 투입물로서의 노동, 기업가 정신, 자본 그리고 토지를 제공하며, 가계 행의 각 금액은 이러한 투입물을 제공하고 그 대가 로 받은 보상액을 반영한다. 수입 행은 지역외부로부터 연간 수입된 모든 상품들의 금 액을 말한다. 산출물의 총가치는 중간공급자나 생산요소에게 지불되어야 하기 때문에, 총산출물은 생산에 쓰인 투입물의 가치와 동일하게 된다.

2. 직접계수표

기본적인 거래표는 지역경제 구조에 관한 자세한 정보를 제공해 준다. 그러나 이 거래 표를 부문 간의 연관관계를 좀 더 자세히 살펴보기 위해 비율로 표시하여 새롭게 작성 할 수 있다. 직접계수표(table of direct coefficients)는 각 부문이 다른 부문으로부터 구입 한 투입물 금액을 총산출물 금액으로 나누어서 작성하며, 투입계수표[11]라고도 한다.

〈표 8.2〉가 직접계수표이다. 각 계수는 각 부문이 경제의 각 구성요소 부문으로부터 구입한 총금액을 총생산액으로 나누어서 도출되었다. 예를 들면, 농업부문은 74만 1천 원의 총생산물을 산출하기 위해 서비스 부문으로부터 8만 6천 원을 구입했다. 따라서

---

[11] 직접계수표 혹은 투입계수표는 수식 $a_{ij} = X_{ij}/X_j$로 표기할 수 있으며, j재 1단위를 생산하기 위한 i재의 투입 단위를 의미한다. 즉 〈표 8.2〉의 제조업 열을 보면 제조업 1단위 생산을 위해 농업부문에서 0.39 단위, 제조업부문에서 0.15단 위, 무역부문에서 0.07단위…가 투입된 것을 알 수 있다.

표 8.2 직접계수표

	구매부문				
	농업	제조업	무역	서비스	가계
농업	.27	.39	.00	.02	.03
제조업	.05	.15	.00	.01	.01
무역	.06	.07	.36	.15	.35
서비스	.12	.13	.20	.17	.44
가계	.27	.08	.07	.41	.07
수입	.23	.18	.36	.24	.10
총계	1.00	1.00	1.00	1.00	1.00

자료 : Hastings and Brucker, 1993, "An Introduction to Regional Input-Output analysis", p. 18.

산출물 1원당 농업부문은 0.12원(86/741)어치를 서비스 부문으로부터 구입했다. 또한 농업부문은 가계로부터 20만 원어치를 구입함으로써 산출물 1원당 0.27원(200/741)어치를 가계부문으로부터 구입하였다. 〈표 8.2〉의 농업부문은 자신의 부문과 가계부문에 가장 강력한 연관관계를 가지고 있는 것으로 나타난다. 즉, 농업부문은 농업 산출물 1원당 0.27원씩을 농업부문과 가계부문으로부터 구입하였다.

이 직접계수표는 '고정된 투입생산함수'를 의미한다. 즉, 각 부문의 산출물을 생산하는 데 한 가지 방법만 있다는 것이다. 투입물은 대체될 수 없다. 만일 상품의 가격이 증가하거나 감소하더라도 상품의 산출물 1원당 지출되는 총량은 변하지 않는다는 것이다. 그러나 현실적으로는 노동자의 임금이 오르면 기업은 노동을 자본으로 대체한다.

직접계수표의 형식은 거래표와 비슷하다. 그러나 거래표는 실제 거래금액을 보여 주는 반면, 직접계수표는 제일 위쪽에 있는 산업부문이 총지출의 몇 퍼센트를 좌측에 있는 산업부문으로부터 투입물 구입에 지출하는가 하는 것을 보여 준다. 따라서 만일 농업부문의 최종수요(예 : 농산물의 수출)가 10만 원 증가하면 그만큼 더 생산하기 위해 농업부문으로부터 2만 7천 원, 제조업 부문으로부터 5천 원, 무역부문으로부터 6천 원, 서비스 부문으로부터 1만 2천 원 씩 추가적으로 구입해야 한다. 또한 노동이나 토지 같은 투입물 구입에 대한 대가로 가계에 2만 7천 원을 주어야 하고, 2만 3천 원만큼을 모든 형태의 수입된 투입물을 위해 지불해야 한다. 외부지역으로부터 구입한 모든 상품, 서비스, 농산물, 가계의 직접 투입물들이 수입 2만 3천 원에 포함되어 있다.

3. 직·간접계수표

지역승수(regional multipliers)는 직접계수표로부터 얻을 수 있다. 그러나 이 직접계수표는 단지 1차(first-round) 지출효과만을 고려하기 때문에 부분적 승수이다. 무슨 의미인지 자세히 알아보자. 앞의 단락에서와 같이 농업부문에 10만 원의 수출 계약이 성사되었다고 하자. 농부는 계약을 수행하기 위해 농업생산을 10만 원어치 늘릴 것이다. 그러면 농업부문에서 농부가 생산하는 10만 원어치 생산물을 위한 투입물로 농업제품을 2만 7천 원어치 공급할 것이다. 이는 가축 사료를 만드는 데 필요한 곡식이 될 수도 있다. 또한 비료나 트랙터 연료를 구입하기 위해 제조업 부문으로부터 5천 원, 씨앗이나 비료 등을 소매업자나 도매상으로부터 구입하기 위해 무역부문으로부터 6천 원, 은행이나 보험 등의 서비스를 받기 위해 1만 2천 원을 각각 지출한다. 여기까지는 앞의 직접계수표에서 언급했던 1차 지출효과 혹은 직접효과이다. 그러나 농업부문 수출효과는 여기서 끝이 나는 것이 아니다. 농부는 2만 7천 원어치의 농업제품을 추가로 만들기 위해 또다시 농업부문으로부터 7,290원(27,000×0.27=7290)어치를 구입해야 한다. 마찬가지로 제조업 기업은 비료를 생산하기 위해 농업부문으로부터 1,950원(5,000×0.39=1,950) 상당의 투입물을 구입해야 한다. 무역부문은 농업부문으로부터 구입이 없고, 서비스 부문은 농업부문으로부터 240원(12,000×0.02=240)어치 투입물을 더 구입해야 한다. 농업부문으로부터 간접적으로 요구되는 이들 투입물을 모두 합치면 총 9,480원(7,290+1,950+240) 상당의 추가적 생산물이 필요하다. 그러면 다시 추가적 생산물을 생산하기 위해 농업부문뿐 아니라 나머지 부문으로부터의 추가적 구입이 또 필요하다. 농업부문은 자신으로부터 2,560원(9,480×0.27), 제조업 부문으로부터 866원(2,220[12]×0.39), 서비스 부문으로부터 143원(7,130[13]×.02)어치를 구입한다. 그리고 이것을 합치면 3,569원으로 농업부문으로부터 다시 이만큼 추가적으로 요구된다는 의미이다. 그리고 처음의 변화와 직접효과 그리고 2차, 3차 등 여러 차례에 걸친 간접효과를 합치면 총요구되는 산출물은 140,049원(100,000+27,000+9,480+3,569)이다. 따라서 농업부문에 10만 원 상당의 수출이 늘어나면 지역 내 농업부문에서는 14만 원 이상의 농업부문 제품이 요구된다.

---

12) 〈표 8.2〉의 제조업 부문은 1차 지출효과로부터 {(27,000×0.05) + (5,000×0.15) + (6,000×0.00) + (12,000×0.01)}=2,200를 얻는다.

13) 〈표 8.2〉의 서비스 부문은 1차 지출효과로부터 {(27,000×0.12) + (5,000×0.13) + (6,000×0.2) + (12,000×0.17)}=7,130를 얻는다.

표 8.3 직·간접계수표

	구매 부문			
	농업	제조업	무역	서비스
농업	1.42	.66	.01	.04
제조업	.09	1.22	.01	.02
무역	.21	.28	1.66	.31
서비스	.27	.35	.40	1.29
총계	1.99	2.51	2.08	1.66

자료 : Hastings and Brucker, 1993, "An Introduction to Regional Input-Output analysis", p. 19.

　　이론적으로, 이런 파급효과는 영원히 계속된다. 그러나 이렇게 요구되는 금액은 횟수가 거듭될수록 계속 작아진다. 그러면 왜 이러한 효과가 현실에서는 영원히 계속되지 않는가? 그것은 지역경제로부터 누출(leakage)이 있기 때문이다. 생산부분 활동에 판매의 증가가 있을 때마다 추가적 수입 중 일부는 가계나 수입부문에 할당할 것이고, 가계나 수입부문에 지급된 금액 중 일부는 지역을 벗어나 외부지역으로 흘러들어 갈 것이다. 그리고 해당 지역의 수요를 더 이상 촉발시키지 않을 것이다. 비슷하게, 세금이나 감가상각 등도 지역 내 순환 흐름에서 빠져나가면서 흐름의 크기가 점점 줄어들어 나중에는 없어지면서 파급효과도 끝이 나게 된다.

　　구입액의 여러 횟수에 누적된 크기는 수학적으로 계산할 수 있고, 그 결과가 〈표 8.3〉에 나타난다. 이는 위쪽에 나열된 각 부문으로부터 1원어치의 산출물 증가에 맞추기 위해 왼쪽의 각 부분에 요구되는 총금액(원)을 나타낸다. 그리고 이 표를 직·간접계수표(table of direct and indirect coefficients) 혹은 생산유발계수표(生産誘發係數表), 레온티에프 승수(Leontief multiplier), 레온티에프 역행렬(Leontief Inverse Matrix) 등 다양한 이름으로 불리며, 산업연관분석에서 가장 중요한 부분이다.

　　〈표 8.3〉을 보면 표의 대각선 방향으로 나타난 항들은 각 산업부문의 최종수요 1단위를 생산하기 위하여 직·간접적으로 필요한 자기 부문으로부터의 산출효과로서, 반드시 1과 같거나 1보다 크게 나타난다.[14] 즉, 수출 증가가 일어난 부문이 자연적으로 가장 큰 영향을 받는 것으로 표의 대각항 계수값이 가장 큰 것을 알 수 있는데, 예를

---

14) 이때 1을 제외한 나머지 값이 바로 최종수요의 변화가 자신의 부문 생산에 미치는 간접효과를 나타낸다.

들어, 농업부문에 1,000원 어치의 수출이 증가하면 농업부문은 1,420원으로 판매증가가 가장 크게 일어나고, 제조업은 90원, 무역은 210원, 서비스는 270원의 판매증가가 일어난다. 제조업이나 무역, 서비스 부문의 수출이 증가할 때에도 해당 부분에 가장 큰 영향을 준다. 한편, 농업부문에 1,000원의 수출증가는 총산업부문에 직·간접으로 1,990원어치의 판매액을 증가시키므로 농업부문 승수는 1.99라 할 수 있다.

직·간접계수표의 계수를 구하는 방법을 위에서는 간단하게 예를 들었지만, 실제의 직·간접계수표에서는 다루는 산업부문 수가 수십 개가 넘기 때문에 현실적으로 이런 방식으로 구하긴 어렵고, 우리가 경영경제수학에서 배우는 행렬 및 역행렬의 지식을 사용해서 구해야 한다. 따라서 여기서는 간단히 그 원리만 설명하고 자세한 것은 관련 과목에서 배우도록 권한다.

직접계수표는 방정식 체계로 생각할 수 있다. 각 부문의 총생산량은 다른 부문으로 부터의 최종수요 요구량에 중간재 투입물의 요구량을 합한 것이다. 〈표 8.2〉의 직접계수표로 연립방정식 형태로 구성해 보면 다음과 같다.

$$A = .27A + .39M + .00T + .02S + .03HH + Ax$$
$$M = .05A + .15M + .00T + .01S + .01HH + Mx$$
$$T = .06A + .07M + .36T + .15S + .35HH + Tx \tag{8.1}$$
$$S = .12A + .13M + .20T + .17S + .44HH + Sx$$
$$HH = .27A + .08M + .07T + .41S + .07HH + HHx$$

위에서 A는 농업부문 총산출량, M은 제조업 부문 총산출량, T는 무역부문 총산출량, S는 서비스 부문 총산출량, HH는 가계의 총산출량을 뜻한다.

이 연립방정식을 일반화시켜 보면 다음 식 (8.2)와 같이 된다.

$$x_1 = a_{11}x_1 + a_{12}x_2 + a_{13}x_3 + \cdots + a_{1n}x_n + d_1$$
$$x_2 = a_{21}x_1 + a_{22}x_2 + a_{23}x_3 + \cdots + a_{2n}x_n + d_2$$
$$x_3 = a_{31}x_1 + a_{32}x_2 + a_{33}x_3 + \cdots + a_{3n}x_n + d_3 \tag{8.2}$$
$$\vdots$$
$$x_m = a_{m1}x_1 + a_{m2}x_2 + a_{m3}x_3 + \cdots + a_{mn}x_n + d_m$$

여기서 x_i는 i 산업의 산출물이며, d_i는 i 산업에 대한 외생적 부문의 최종수요를 나타낸 것이다.

표 8.4 직·간접계수표 의미

	1부문	2부문	3부문	행합계
1부문	r_{11} 1부문의 최종수요 한 단위를 충족하기 위하여 직·간접적으로 필요한 1부문의 산출단위	r_{12} 2부문의 최종수요 한 단위를 충족하기 위하여 간접적으로 필요한 1부문의 산출단위	r_{13} 3부문의 최종수요 한 단위를 충족하기 위하여 간접적으로 필요한 1부문의 산출단위	$r_{11} + r_{12} + r_{13} : S_1$ 각 부문의 최종수요가 한 단위씩 증가하였을 때 이를 충족하기 위하여 필요한 1부문의 산출단위
2부문	r_{21} 1부문의 최종수요 한 단위를 충족하기 위하여 간접적으로 필요한 2부문의 산출단위	r_{22} 2부문의 최종수요 한 단위를 충족하기 위하여 직·간접적으로 필요한 2부문의 산출단위	r_{23} 3부문의 최종수요 한 단위를 충족하기 위하여 간접적으로 필요한 2부문의 산출단위	$r_{21} + r_{22} + r_{23} : S_2$ 각 부문의 최종수요가 한 단위씩 증가하였을 때 이를 충족하기 위하여 필요한 2부문의 산출단위
3부문	r_{31} 1부문의 최종수요 한 단위를 충족하기 위하여 간접적으로 필요한 3부문의 산출단위	r_{32} 2부문의 최종수요 한 단위를 충족하기 위하여 간접적으로 필요한 3부문의 산출단위	r_{33} 3부문의 최종수요 한 단위를 충족하기 위하여 직·간접적으로 필요한 3부문의 산출단위	$r_{31} + r_{32} + r_{33} : S_3$ 각 부문의 최종수요가 한 단위씩 증가하였을 때 이를 충족하기 위하여 필요한 3부문의 산출단위
열합계	$r_{11} + r_{21} + r_{31} : R_2$ 1부문의 최종수요 한 단위를 충족하기 위하여 직·간접적으로 필요한 전부문의 산출단위	$r_{12} + r_{22} + r_{32} : R_2$ 2부문의 최종수요 한 단위를 충족하기 위하여 직·간접적으로 필요한 전부문의 산출단위	$r_{13} + r_{23} + r_{33} : R_3$ 3부문의 최종수요 한 단위를 충족하기 위하여 직·간접적으로 필요한 전부문의 산출단위	

자료 : 한국은행, 2014, 『산업연관분석 해설』, p.59.

이제 이 연립방정식을 행렬형태로 바꾸면 다음과 같다.

$$X = AX + d \tag{8.3}$$

이때

$$X = \begin{bmatrix} x_1 \\ x_2 \\ x_3 \\ . \\ x_m \end{bmatrix}, \quad A = \begin{bmatrix} a_{11} & a_{12} & a_{13} & . & a_{1n} \\ a_{21} & a_{22} & a_{23} & . & a_{2n} \\ a_{31} & a_{32} & a_{33} & . & a_{3n} \\ . & . & . & . & . \\ a_{m1} & a_{m2} & a_{m3} & . & a_{mn} \end{bmatrix}, \quad d = \begin{bmatrix} d_1 \\ d_2 \\ d_3 \\ . \\ d_m \end{bmatrix} \tag{8.4}$$

이다.

따라서 $(I-A)X=d$ 형태로 나타낼 수 있으며, 이때 I는 단위행렬, $(I-A)$는 기술행렬(technology matrix)이라 하는데, 이 기술행렬이 비특이행렬(non-singular matrix)이라면 그 역행렬을 구할 수 있다. 그래서 이 연립방정식의 해는 $X=(I-A)^{-1}d$로 나타나며 보통 일일이 손으로 계산하기가 힘들어 컴퓨터에 프로그램화하여 구한다.[15] 이때 $(I-A)^{-1}$를 레온티에프 역행렬계수(Leontief inverse)라고 부르는데, 그 값이 〈표 8.3〉의 직·간접계수표에 나와 있는 계수값들이다.

이 직·간접계수표의 의미는 이미 설명했는데, 위쪽 행(行)에 이름이 나열되어 있는 부문의 산업으로부터 1원의 산출물 증가를 요구하는 최종수요에 부응하기 위해 왼쪽 첫 열에 나열되어 있는 산업으로부터 얼마만큼의 산출물이 요구되는가 하는 것이다. 그리고 농업부문의 열을 모두 합친 합계는 1.99인데, 이것은 만일 농업부문에 수출이 10만 원 증가한다면 지역경제에 19만 9천 원어치의 생산을 증가시키며, 농업부문에만 14만 2천 원어치의 생산을 증가시킨다는 뜻이다.[16]

4. 총계수표

지금까지 산출물 증가요구는 주로 모델의 생산부문 내에서 처리되었다. 그러나 위에서 언급한 직·간접 산출물을 생산하면서 가계는 월급을 받고, 그 월급으로 상품을 구매함으로써 이러한 소비자의 구매에 맞추기 위해 지역 내에 추가적인 생산을 요구할 수 있다. 이러한 유인효과(induced effects)의 크기를 추정하기 위해서는 가계의 행과 열이 직접계수표에 포함되어 역행렬을 구할 때와 같이 계산되어야 한다. 이렇게 되면 가계는 더 이상 외생변수가 아니라 내생변수가 되어 모델 내에서 결정된다. 즉, 소비자의 수요는 지역 외부경제의 힘에 의해 결정되는 것이 아니라 지역의 총생산량에 의해 결정된다. 그리고 이러한 가계의 유인효과까지 포함하면 다음 〈표 8.5〉의 총계수표(total coefficent table)가 된다.

결국 총효과는

1. 직접효과(direct effects) : 직접계수표에 보여 준 1차 증가효과
2. 간접효과(indirect effects) : 지역산업들 간에 서로 구입을 통한 산업 간 효과

---

15) 좀 더 자세한 수치적 계산방법은 홍기용, 1997, 『지역경제론』, pp. 568-575. Leontief, 1986, *Input-Output Economics*. Mille and Blair, 2009. *Input-Output Analysis : Foundations and Extensions* 참조.

16) 직·간접계수표의 자세한 도출방법과 의미에 대해서는 박주환, 2016, 『신지역경제학』, pp. 283-288 참조.

	구매부문			
	농업	제조업	무 역	서비스
농업	1.49	.72	.05	.12
제조업	.11	1.24	.02	.04
무역	.87	.85	2.03	1.03
서비스	.93	.92	.77	2.01
총계	3.40	3.73	2.87	3.20

표 8.5 총계수표

자료 : Hastings and Brucker, 1993, "An Introduction to Regional Input-Output analysis", p. 19.

3. 유인효과(induced effects) : 가계의 지출과 가계의 재지출의 간접효과로 인한 산출물의 추가적 증가효과 세 가지로 구성되어 있다.

유인효과에 내재되어 있는 한 가지 가정은 임금노동자가 이전에 취득한 소득이나 이자, 이윤을 지출했던 형태와 마찬가지로 새로 취득한 소득도 같은 형태로 지출한다는 것이다. 그래서 〈표 8.5〉에서 농산물 10만 원 수출증가는 농업부문에 총생산을 34만 원 증가시키게 된다. 그러나 이러한 가정은 타당성이 부족하다는 이유로 대부분의 분석가들은 유인효과가 과대평가되는 경향이 있다고 생각한다.

위에서 가계의 지출을 내생변수로 취급하여 그 유인효과를 살펴보았지만 다른 투입-산출 분석에서는 가계의 지출을 외생적으로 취급하기도 한다. 실제로 가계는 전혀 소득이 없더라도 생존을 위해 소비를 하고, 이러한 소비는 과거의 저축으로부터 충당될 수도 있다. 따라서 어느 정도 가계의 소득은 외생적이라고 볼 수도 있다. 그러나 가계 소비를 외생적으로 간주하면 내생적이라고 고려할 때보다 승수의 크기는 작아진다.

정부의 지출이나 투자 또한 현실적으로 일부는 내생적이고 일부는 외생적으로 간주할 수 있다. 단기적으로 고려하면, 정부의 지출이 지역경제의 다른 부문과는 독립적일 것 같고, 장기적으로 고려하면 사회간접자본이나 다른 공공 서비스에 대한 많은 수요로 인하여 외부수출이 증가하면 정부지출도 증가하는 경향이 있다. 그러나 정부지출의 증가가 수출부문의 증가와 반드시 비례해서 증가하지는 않을 것이다. 마찬가지로 투자도 부분적으로는 외부의 힘에 의해 결정되고, 부분적으로는 경제 확장으로 인한 자본 수요의 증가에 의해 내부적으로도 형성될 것이다. 그래서 때론 무엇이 내생적이고 무엇이 외생적이냐 하는 것에 대한 구분이 애매모호할 때가 많다. 따라서 가계나 정부, 투자부문을 어느 쪽으로 분류할 것인가에 대해서는 아직도 경제학자들 사이에 논란이 되고 있다.

5. 투입-산출 분석의 활용

앞에서는 투입-산출 분석에서 쓰는 직접계수표와 직·간접계수표, 총계수표를 도출하고, 계수의 의미를 설명했다. 그러면 이러한 투입-산출 분석표들이 지역경제 분석에서 어떻게 쓰이는지 그 용도에 대해 알아보자.[17]

(1) 지역의 산업구조 평가

한 지역의 직·간접계수를 인근지역의 계수들과 비교해 보면 지역 간에 산업구조의 차이를 한눈에 알 수 있다. 일반적으로 저개발지역은 경제구조의 통합이 부족하기 때문에 지역 내 산업 간의 연관관계가 낮은 것으로 나타난다. 이렇게 지역 내 산업 간 연관관계가 낮다는 것은 표에서 계수값의 크기가 작게 나타난다는 뜻이며, 수출이 증가하거나 지역 기업이 산출물을 증가시키더라도 나머지 산업부문에 파급되는 영향은 별로 크지 않다는 뜻이다. 따라서 이러한 지역에서는 지역성장정책을 시행해도 정책효과가 크게 나타나지 않는다.

크기가 작은 지역은 일반적으로 지역 내에서 요구되는 투입물을 지역 외부에서 수입해 오는 경우가 많으므로, 크기가 큰 지역보다 내부 연관관계가 낮을 확률이 높다.

한편 지역의 크기가 비슷하고, 유사한 산출물을 생산하고 그리고 동일한 생산기술을 사용하는 두 지역이 있다고 하자. 하지만 한 지역은 다른 지역에 비해 산업 간 내부 연관관계가 잘 통합되어 있고, 다른 지역은 그렇지 못하다고 가정하자. 그러면 양 지역에 똑같이 산업이 팽창하더라도 내부 연관관계가 높은 지역은 그 파급효과가 다른 산업에 잘 퍼져 나가 지역성장에 크게 기여를 하겠지만, 내부 연관관계가 낮은 지역은 다른 산업으로의 파급효과도 미약하고 지역의 성장에 기여하는 바도 작다.

이렇게 다른 지역의 투입-산출 분석표를 비교해 봄으로써 각 지역의 산업구조를 쉽게 비교해 볼 수 있다.[18] 하지만 슐뤼터(Schluter)[19]는 자료의 정확성이나 가용성 문제

---

17) Blair, 1991, pp. 181-186.
18) Midmore, Munday and Roberts, 2006, "Assessing Industry Linkages Using Regional Input-Output Tables", pp. 329-343.

로 투입-산출 분석으로 국가의 산업구조를 파악하는 것이 지역의 산업구조를 파악하는 것보다 더 낫다고 주장한다.

(2) 지역의 수입추정

지역의 계수표를 국가의 계수표와 비교해 지역의 특정한 생산품 수입량을 추정할 수 있다. 예를 들어, 국가 전체적으로 플라스틱 산업이 컴퓨터 생산 1원당 평균 11전씩 플라스틱 원료를 컴퓨터 생산기업들에 판매한다고 하자. 아마 이 플라스틱은 컴퓨터 본체 외부 모형을 만드는 데 쓰이는 것으로 추정된다. 그러나 특정 지역에서는 플라스틱 산업이 컴퓨터 생산 1원당 5전씩 컴퓨터 생산기업에 납품하고 있다고 하자. 그러면 국가의 직접계수표에는 해당 산업의 계수가 0.11로 나타나는 반면, 지역의 해당 산업 직접계수표에는 0.05로 나타날 것이다. 만일 국가 간 무역이 없고, 생산기술이 국가나 지역이 동일다고 가정하면, 이러한 국가와 지역 간의 계수값 차이는 지역의 컴퓨터 산출물 1원당 컴퓨터 본체를 만들기 위한 플라스틱이 6전씩 외부지역에서 수입된다는 뜻으로 해석할 수 있다. 그리고 지역에서 이러한 컴퓨터 생산이 많다면 플라스틱의 수입액도 상당히 클 것이다. 컴퓨터 생산을 위해 수입된 플라스틱 총수입액은 (0.06×컴퓨터 총생산액)이 될 것이다.

지역개발 계획가들은 이러한 수입액 추정결과를 바탕으로 그 지역에 컴퓨터 생산에 필요한 플라스틱 제조업의 성장잠재력을 판단할 수 있다. 그리고 만일 그 성장잠재력이 크다고 판단된다면, 지역 내에 새로운 플라스틱 제조공장을 설립하여 수입을 대체할 수 있다. 물론 그 지역사회가 플라스틱 생산기업을 유인하려면 더 많은 입지적 요구를 만족시켜야 하지만, 국가와 지역의 직접계수표 비교를 통한 분석은 계획의 시작에 유용한 출발점을 제공해 준다.

(3) 지역의 전략산업 선정

도시나 지역계획자는 투입-산출 분석표를 통해 지역에 알맞은 산업이나 또는 그들이 유인하려고 하는 목표산업을 찾을 수 있다. 투입-산출표에는 지역 내 산업 간 연관관계에 대한 자세한 정보가 담겨 있기 때문에, 지역 내에 어떤 산업을 육성하면 타 산업에 파급효과가 크게 나타나며, 성장에 더 큰 영향력을 가진 산업이 무엇인지 하는 것을

---

19) Schluter, 1993, "Structural Analysis Using Input/Output Analysis : The Agriculture Sector and National and Regional Levels", pp. 118-125.

알 수 있게 해 준다. 따라서 어떤 산업을 지역으로 유치할지 혹은 어떤 산업을 지역의 전략산업으로 육성하는 것이 좋은지 식별할 수 있도록 해 준다. 또한 계수표에는 중간 판매 및 구매과정도 파악할 수 있는 정보를 담고 있으므로, 중간과정이 지역산업에 미치는 영향도 파악할 수 있도록 해 준다.

이러한 투입-산출 분석의 특성을 이용하여 아이사드(Isard)와 쿤네(Kunne)는[20] 뉴욕-필라델피아 도시 산업지역 철강산업의 영향을 분석한 논문에서 지역에 적정한 산업을 선정하고 고용 및 산출효과도 추정하였다.

(4) 기술변화의 영향분석

투입-산출 분석 모델은 기술의 변화가 지역사회에 미치는 영향도 분석할 수 있게 해준다. 만일 새로운 기술이 개발되어 제조업의 농업부문 의존도를 10% 감소시켰다고 하자. 그러면 이러한 변화의 경제적 영향은 다음과 같이 표현할 수 있다. 제조업 생산물 1원당, 제조업 기업은 농업부문으로부터 10전씩 적게 구입할 것이다. 그러나 제조업 산출물 1원당 농산물 부문에 지출이 줄어들면, 투입물의 총액과 산출물의 총액이 같아야 하기 때문에 제조업 부문에 대한 다른 부문의 판매는 증가할 것이다. 즉, 농산물에 대해 줄어든 요구는 서비스 부문에 대해 더 많은 구매로 이어질 수 있다. 혹은 농업부문의 대한 요구량 감소로부터 절약된 부분이 다른 산업부문에 골고루 분배될 수도 있다. 어떤 경우든 기술변화의 영향을 가장 잘 반영하는 새로운 산출물 조합이 생겨날 것이다.

기술변화의 영향을 분석하기 위해, 기존의 최종수요량을 새로운 산출물 조합에 적용시켜 기술변화 이전의 산출물 조합과 비교해 보면 어떤 산업부분에서 얼마만큼 변화가 일어났는지 알 수 있다.

실제로 투입-산출 분석을 통해 듀친(Duchin)[21]은 주로 컴퓨터에 기초한 자동화 기술이 미국의 미래 직종별 고용시장에 어떤 영향을 미치는지 분석했고, 카네미츠(Kanemitsu)와 오니시(Ohnishi)[22]는 1970년부터 1980년 사이의 일본 제조업 부문에 기술변화가 생산체제(production system)에 미친 영향을 조사했다.

---

20) Isard and Kuenne, 1953, "The Impact of Steel Upon the Greater New York-Philadelphia Industrial Region", pp. 289-301.

21) Duchin, 1989, "An Input-Output Approach to Analyzing the Future Economic Implications of Technological Change", pp. 281-292.

22) DKanemitsu and Ohnishi, 1989, "An Input-Output Analysis of Technological Changes in the Japanese Economy : 1970-1980", pp. 308-323.

(5) 변화에 대한 영향평가

투입-산출 분석에서 최종수요는 외생변수이기 때문에 모델의 외부에서 온다. 그리고 이러한 최종수요의 증가나 감소를 알면 투입-산출 분석접근법은 이러한 증·감이 지역 내 각 산업에 미치는 영향의 크기를 가장 손쉽게 계산할 수 있는 방법을 제공해준다.

그러나 이 접근법은 이러한 외생변수의 변화 그 이상의 경제적 영향평가를 할 수 있도록 해 준다. 예를 들어, 한 지역에 새로운 기업이 설립되었을 때 혹은 특정 산업이 성장했을 때, 지역에 지배적 기업이 시설을 확장했을 때, 지역에 공공투자를 유치하거나 중앙정부가 해당 지역에 지원금을 축소했을 때, 지역 내 군사기지를 폐쇄시켰을 때 그 지역의 각 산업부문에 미치는 영향을 투입-산출 분석기법을 사용해 시뮬레이션해 볼 수 있다. 이 경우 특정 산업은 다른 산업보다 더 영향을 받겠지만, 투입-산출 모델에 있는 모든 부문이 크고 작은 영향을 받는다.[23]

실제로 여러 경제학자들이 이 투입-산출 분석접근법을 여러 측면에 적용해 영향 분석을 했었는데, 초기에 밀러(Miller)[24]는 제2차 세계대전 기간 동안 워싱턴, 오리건, 아이다호 등 북서태평양 지역에 위치한 주(州)에 알루미늄 산업이 들어서면서 지역경제에 미친 영향을 분석했고, 애덤스(Adams)[25]는 텍사스의 리오그란데 지역(Rio Grande Valley)에 새로운 기업이나 기존의 기업이 확장되었을 때의 영향을, 구드라이(Guedry)와 스미스(Smith)[26]는 미국 루이지애나 주의 라 살 패리시(La Salle Parish)지역에 새로운 제조업 기업이 이전해 왔을 때의 영향을 분석했다. 한편 알몬(Almon)[27]은 특이하게도 균형재정을 위한 자동적 지출 감축 프로그램이나 달러의 평가절하, 통화공급 확대 같은 거시경제정책이 산업에 미치는 영향을 분석했고, 해리스(Harris)[28]는 포츠머스(Portsmouth)대학, 가리도-에설테(Garrido-Yserte)[29]는 스페인 마드리드의 알칼라(Alcala)대학 그리고 캔들(Candell)과 재퍼(Jaffer)[30]는 매사추세츠 지역의 연구기관들이

---

23) 대학의 지역경제에 대한 영향분석에 대한 자세한 정리는 Drucker and Goldstein, 2007, "Assessing the Regional Economic Development Impacts of Universities : A Review of Current Approaches", pp. 20-46 참조.

24) MIller, 1957, "The Impact of the Aluminum Industry on the Pacific Northwest : A Regional Input-Output Analysis", pp. 200-229.

25) Adams, 1974, *Economic Impact of New or Expanded Industries in the Lower Rio Grande Region of Texas.*

26) Guedry, and Smith, 1980, "Impact of Industry in Rural Economics : An Input-Output Approach", pp. 19-24.

27) Almon, 1989, "Industrial Impacts of Macroeconomic Policies in the INFORUM Model", pp. 12-21.

28) Harris,1997, "The impact of the University of Portsmouth on the local economy", pp. 605-26.

29) Garrido-Yserte and Gallo-Rivera, 2010, "The impacts of the university upon local economy : three methods to estimate demand-side effects", pp. 39-67.

30) Candel and Jaffe, 1999, "The regional economic impcat of public research funding : A case study of Massachusetts",

지역경제발전에 미치는 영향을 분석했다.

6. 투입–산출 분석 모델의 평가

우리가 가장 자주 접하는 경제자료 중에는 국민총생산(GNP)이나 국내총생산(GDP)이 있다. 이 국민소득지표들은 정해진 기간에 생산된 재화와 서비스의 부가가치 또는 최종재의 값을 화폐 단위로 합산한 것이다. 따라서 최종재 사용에 투입된 중간재들에 대한 자세한 정보는 없다. 즉, 우리나라가 올해 생산한 자동차의 총생산액은 알 수 있지만, 그 자동차를 생산하기 위해 어느 정도의 자동차 타이어나 엔진 등 자동차 부품이 투입되었는지는 알 수 없다. 컴퓨터도 마찬가지로 최종재 금액에 대한 정보만 있을 뿐 반도체나 모니터 등 어떤 부품이 얼마만큼 투입되었는지에 대한 정보는 없다. 따라서 올해 자동차와 컴퓨터의 총생산액이 같다면, 정부가 국가(혹은 지역)의 경제성장을 위해 어느 산업을 더 중점적으로 육성할지 판단하기가 어렵다. 이런 점에서 투입–산출 분석은 큰 장점을 가지고 있는데, 육성산업의 파급효과를 하나의 산업부문에 한정해 파악하는 것이 아니라 연관된 전체 산업부문에 걸쳐 살펴봄으로써, 분석 대상지역 경제 분석에 거시적인 틀을 제공해 준다. 또한 지역 내 산업 간의 자세한 상호작용 효과를 보여 주는 방식으로 수출기반이론을 적용할 수 있도록 한다. 예를 들어, 특정 지역의 농업부문 수출이 10만 원 증가하면 지역 내 각 산업부문에 이 수출 증가 효과가 얼마씩 돌아가는지를 세밀히 알 수 있게 해 준다. 이렇게 특정부문의 수출이 증가하면 어떤 산업 활동이 가장 많이 확장될 것인가 하는 것을 투입–산출 모델이 보여 주기 때문에, 국가 기획자뿐 아니라 지역개발공무원들도 지역성장계획을 수립할 때 매우 유용하게 이용할 수 있다. 만일 투입–산출 모델에 공공 서비스 부문까지 포함시켜 놓았다면 개발공무원은 특정한 부문의 수출이 늘어나면 어떤 공공 서비스 부문이 더 요구되는지도 미리 알 수 있다. 또한 투입–산출 분석은 그 지역사회에 경제효과를 극대화하기 위해 어떤 산업을 육성시켜야 하는지를 선별하는 것도 도와준다.

하지만 이러한 투입–산출 분석접근법은 거래표 작성을 위해 필요한 자료수집에 큰 어려움이 있어, 국가 차원에서나 지역차원에서 세밀하고 광범위한 작업을 요한다. 즉, 산업 간의 거래를 정확히 파악하기 위해서는 많은 조사가 필요한데, 산업의 수가 많고 지리적으로 넓게 분포되어 있어 많은 비용을 필요로 한다. 수집한 자료도 완벽한 정확

pp. 510–30.

성을 보장하기 어렵다.

일부 연구자들은 조사비용을 줄이기 위해, 거래표에 '행(行)'만 조사하는 접근법 (rows-only approach)을 사용하기도 한다. 행은 주로 해당 산업이 각 산업에 상품을 판매한 금액을 표시해 놓은 것인데, 기업은 그들에게 투입물을 공급한 공급자보다는 그들이 생산한 상품을 판 고객에 대한 기록을 더 잘 보유하고 있다. 따라서 이러한 정보를 바탕으로 거래표의 행만 채움으로써 거래표 작성에 드는 비용은 많이 절약할 수 있다.

투입-산출표 작성 시 비용을 낮출 수 있는 또 다른 방법은 국가의 직접계수표를 가지고 조절하는 것이다. 실제로 국가 차원에서 많은 비용과 시간을 투자해 표를 작성하는데, 모든 지역에서도 똑같은 작업을 반복하여 실행하기 어렵기 때문에 지역의 기업이 국가의 투입-산출표에 표시된 것과 같은 투입물 비율을 사용한다고 가정하고 지역의 직접계수표를 추정한다. 이때 지역기업들의 구입량은 지역산업의 상대적 크기(입지계수 같은 것)와 계량분석방법 등을 사용하여 조정한다.[31] 일부 학자들은 이러한 추정방법에 의해 도출된 계수와 실제 조사방법을 통해 도출된 계수를 비교해 보았을 때 그 차이는 크지 않다고 주장한다.[32] 따라서 추정된 지역계수의 정확성을 확신할 수만 있다면, 지역의 투입-산출분석법을 이용한 실증분석은 증가할 것이다.

그러나 이러한 투입-산출 분석접근법은 중요한 문제점을 내포하고 있는데, 이는 바로 직접계수표 계수값들이 정태성 가정하에 도출되었다는 점이다. 즉, 산출량이 증가해도 산업별 투입물 비율은 고정되어 있어, 시간이 지나도 계수값이 변하지 않는다고 가정하고 이 계수값을 이용했다. 그래서 이 투입-산출 분석법은 어느 정해진 순간에 최종수요의 변화가 지역의 산업활동과 소득에 미치는 단기적 영향을 분석하기에는 매우 효과적이다. 그러나 이러한 정태적 모델은 도시나 지역의 변화와 성장 같은 장기적 문제는 다루지 못하는 단점을 가지고 있다. 장기적으로는 투입물의 상대적 가격이 변하게 되고, 그에 대해 기업은 당연히 더 비싼 투입물의 사용을 줄이고 대신 상대적으로 싼 투입물로 대체하면서 대응할 것이다. 기술적 변화는 생산에 투입물 결합방식을 바꾸거나 새로운 상품을 개발해 옛 상품이나 그 생산방식을 못쓰게 만든다. 가벼운 방탄

---

31) Jensen, et al., 1988, "The study of regional economic structure using input-output tables", *Regional Studies,* Vol. 22, pp. 209-220. Hansen, 2000, *Sample splitting and threshold estimation,* pp. 575-603, Flegg et al., 1995, "On the appropriate use of location quotients in generation regional input-output tables", pp. 547-561, Flegg and Tohmo, 2013, "Regional Input-Output Tables and the FLQ Formula : A Case Study of Finland", pp. 703-721.

32) Dewhurst, 1992, "Using the RAS technique as a test of hybrid methods of regional input-output table updating", *Regional Studies,* Vol. 26, pp. 81-92.

플라스틱의 개발은 자동차 차체 생산부문에서 철강의 사용을 없애거나 혹은 대폭 감소시켰다. 또한 난방연료의 가격상승은 주택소유자나 건축가들이 단열재를 많이 사용하여 난방비가 적게 들도록 함으로써 난방연료의 가격이 떨어지게 한다. 이주에 따른 지역의 인구구성 변화도 장기적으로 중요한 영향을 가진다. 인구의 변화는 노동생산성 변화를 통해 공급환경에 영향을 주고, 소비의 형태를 변화시켜 수요환경에도 영향을 준다. 그리고 이러한 장기적 변화 속에서 투입물의 상대가격은 변화하고, 투입계수도 같이 변하게 된다.

이러한 투입-산출 분석 모델이 가진 정태적 특성의 문제점은 이미 오래전부터 많은 경제학자들에 의해 지적받았고, 또한 단점을 보안한 수정 모델들이 제시되었다. 이 모델들을 동태적 투입-산출 모델(dynamic input-output model)이라고 부르는데, 주로 지역의 총산출물의 장기적 변화를 예측하기 위해 산업 간 계수의 값을 조정하여 사용한다. 동태적 투입-산출 모델의 이론적 발전은 주로 레온티에프(Leontief)[33]에 의해 이루어졌고, 도프만(Dorfman)[34]에 의해 더욱 개량되었다. 그 후 알몬(Almon)[35]이 이 동태적 모델을 국가차원에서 실증적으로 사용하였고, 미얼닉(Miernyk)[36]과 바굴(Bargur),[37] 리우(Liew)[38]가 지역차원에서 모델을 사용하면서 널리 확산되었다.

한편 이 투입-산출 분석법은 공급 측면에서의 제약 측면을 고려하지 못한 또 다른 단점을 가지고 있다. 단기적으로 노동과 같은 필수 생산요소가 부족해 산출물 증가가 원활하지 못할 수가 있다. 이러한 부족은 중·장기적으로 지역 외부의 노동력을 유입해 해결할 수는 있으나, 단기에는 쉽게 해결하기 어렵다. 물론 노동 외에도 다른 중간재의 공급 부족으로 생산에 애로가 생겨 외부 공급자로 거래선을 확장해야 할 경우도 있을 것이다. 그러나 투입-산출분석에서는 외부 수요가 증가하면 이를 충족시키기 위한 산출물 공급은 원활히 이루어진다는 가정을 하고 있다.

---

33) Leontief, 1953, "Dynamic Analysis", pp. 53-90. Leontief, 1966, *Input-Output Analysis,* pp. 145-151. Leontief, 1970, "The Dynamic Inverse", pp. 17-43.

34) Dorfman, 1954, "The Nature and Significance of Input-Output", pp. 121-33. Dorfman, Samuelson and Solow, 1958, *Linear Programing and Economic Analysis.*

35) Almon, 1963, "Consistent Forecasting in a Dynamic Multi-Sectoral Model", pp. 148-162. Almon, 1963, *The American Economy to 1975.*

36) Miernyk, and Shellhammer, 1968, *Simulating Regional Economic Development with an Input-Output Model.* Miernyk, 1970, "The West Virginia Dynamic Model and Its Implication", pp. 27-32.

37) Bargur, 1969, *A Dynamic Interregional Input-Output Programming Model of the California and Western States Economy.*

38) Liew, 2005, "Dynamic Variable Input-Output (VIO) Model and Price-Sensitive Dynamic Multipliers", pp. 607-627.

메츠러(Meltzer),[39] 밀러(Miller),[40] 그레이텍(Greytack),[41] 휴잉(Hewings),[42] 슈웜(Schwarm),[43] 지앙(Jiang)[44] 등에 의해 투입-산출 분석 모델이 한 지역이 아닌 여러 지역으로 확장된 모델(interregional model)로 발전하였고, 나중에는 여러 국가 간의 분석 모델[45]로까지 확장되었다.

계수값의 변화에 있어 국가의 투입-산출표의 계수는 지역의 투입-산출표의 계수보다 훨씬 느리게 변하는 것으로 알려져 있다. 이는 지역계수가 국가계수에 영향을 주는 요소뿐만 아니라 지역의 교역 형태의 변화에 의해서도 영향을 받기 때문이다. 예를 들면, 컴퓨터 공장이 그 이전에는 없던 지역에 새로 입지했다고 하자. 그 이전에는 컴퓨터가 모두 수입되었던 그 지역에 새로운 기업이 컴퓨터를 판매할 것이다. 이러한 교역 형태의 변화는 지역의 산업 간 연관관계를 변화시키며, 직접계수표의 계수값들을 변화시킬 것이다. 그러나 국가차원에서 보면 이 새로운 컴퓨터 기업의 판매는 국가 내의 다른 지역의 판매를 대처한 것일 뿐, 새로운 판매 창출은 아니다. 따라서 국가의 계수값은 별로 변하지 않을 것이다. 마찬가지로 지역 내에서의 가격 변화는 지역 내 공급자의 판매 상황을 변화시킬 것이다. 따라서 지역 내 산업 간 교역은 변화시키지만, 국가의 연관관계는 크게 영향을 받지 않는다.

한편 투입-산출 분석 모델은 모델의 영향평가가 주로 성장의 수출기반이론을 기초로 하고 있기 때문에 수출기반 접근법에서 언급되는 대부분의 비판이 투입-산출 분석 모델에도 적용되는데, 특히 산출물의 변화가 보통 수출의 외부적 변화에 의해 도출되는 것, 생산성이나 기술의 내부적 향상, 성장의 다른 요인이 모델에서 무시하고 있는 수출기반이론의 문제점은 이 투입-산출 모델에도 그대로 적용되고 있다.

---

39) Metzler, 1950, "A Multiple-region theory of income and trade", pp. 329-54.

40) Miller, 1966, "Interregional feedback effects in input-output models : some preliminary results", pp. 105-25.

41) Greytack, 1970, "Regional Impact of interregional trade in input-output analysis", pp. 203-17.

42) Hewings and Jensen, 1986, "Regional, Interregional and Multiregional Input-Output Analysis", pp. 295-355.

43) Schwarm, Jackson and Okuyama, 2006, "An Evaluation of Method for Constructing Commodity by Industry Flow Matrices", pp. 84-93.

44) Jiang, Dietzenbacher and Lost, 2012, "Improved Estimation of Regional Input-output Tables Using Cross-regional Methods", pp. 621-637.

45) Duchin and Lange, 1994, *The Future of the Environment.* Van der Linden, and Oosterhaven, 1995, "European Community Intercountry Input-Output Relations : Constrution Method and Main Results for 1965-1985", pp. 249-269. Hoen, 2002, *An Input-Output Analysis of European Integration.* Inomate and Sato, 2007, "Introduction to 2000 Transnational Interregional Input-Output Table Between China and Japan", Development Studies Center, Institute of Developing Economies-Japan External Trade Organization, 2007, *Transnational Interregional Input-Output Table between China and Japan, 2000.*

제2절 지역승수 모델

지역승수 모델은 일반경제학에서 널리 쓰이는 케인스(Keynes)의 국민소득 승수 모델을 지역경제 차원에 맞도록 변형시킨 모델로서, 특정한 변수의 증·감이 그 몇 배의 타 변수의 증·감을 가져올 때 그 몇 배의 계수를 승수(multiplier)라고 한다.

〈그림 8.1〉에는 일반적으로 언급되는 케인스의 국민소득 모델이 그려져 있다.

이제 어떤 경제적 외부요인의 변화로 총수요가 AD_1에서 AD_2로 증가하면, 균형국민소득은 Y_1에서 Y_2로 증가하게 된다. 이때 그 변화를 $\triangle Y = k \triangle AD$로 표현할 수 있는데, 식에 나타낸 k가 위에서 언급한 승수이다. 그리고 이 승수는 AD_1에서 AD_2로의 수직적 변화에 대한 Y_1에서 Y_2로의 수평적 변화비율을 의미한다. 원래는 모델 자체 내에서 지출이 증가하면 그 지출증가가 소득을 증대시키고, 소득의 증대가 다시 지출을 증대시키는 과정을 반복하게 되는데, 승수의 값에 지출의 증가분을 곱함으로써 지출과 소득의 연속적 변화의 결과로 얻어지는 전체적인 소득 변화를 계산할 수 있다.

이제 이러한 국민소득 모델을 지역에 적용해 보자.

지역의 소득 모델은 다음 식 (8.1)과 같이 나타낼 수 있다.

$$Y_r = C_r + I_r + G_r + X_r - M_r \tag{8.5}$$

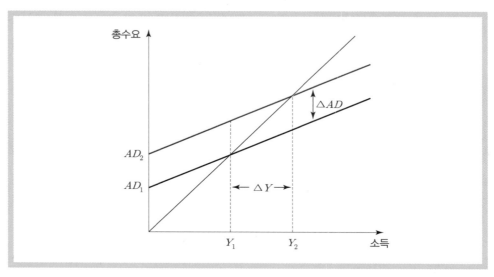

그림 8.1 케인스의 국민소득 모델

이때 Y_r은 지역의 소득, C_r은 지역의 소비, I_r은 지역의 투자, G_r은 지방정부의 지출, X_r은 지역의 수출, M_r은 지역의 수입을 각각 나타낸다.

식의 우변에 놓인 각 항목은 지역의 총수요를 구성하는 요소들인데 이 개별항목들을 좀 더 자세히 살펴보자.

$$C_r = a + b Y_r \tag{8.6}$$

식 (8.6)은 케인스의 절대소득가설을 바탕으로 도출된 소비함수로 지역의 소비가 지역소득에 영향을 받는다. a는 소득이 전혀 없어도 생존에 필요한 최소소비를 의미하며, b는 지역의 한계소비성향(regional marginal propensity to consume)을 나타낸다.

두 번째 항목은 지역의 수입으로 일반적으로 소득수준이 높은 지역은 수입수준도 높고, 소득수준이 낮은 지역은 수입수준도 낮다고 생각한다. 따라서 지역의 수입함수는 다음 식 (8.7)과 같이 나타난다.

$$M_r = c + m Y_r \tag{8.7}$$

여기서 c는 외생적인 지역의 수입을 그리고 m은 지역의 한계수입성향을 나타낸다. 지역의 수입은 해외는 물론 국내의 다른 지역으로부터 구입한 재화와 서비스에 대한 지출 모두를 포함하므로 지역의 수입이 국가의 수입보다 더 범위가 넓다.

식 (8.6)과 (8.7)에 있는 지역소득 Y_r은 일반적으로 가처분소득(disposable income)을 의미하기 때문에 국가에 납부한 세금을 빼 주어야 한다. 지역의 평균세율을 t라고 하면 조세로 인한 누출은 식 (8.8)과 같이 나타낼 수 있다.

$$T_r = t Y_r \tag{8.8}$$

그러면 납세 후 가처분소득은 $Y_r(1-t)$로 된다.

이제 분석을 단순화시키기 위해 지역의 투자 I_r와 지방정부의 지출 G_r, 지역의 수출 X_r을 모두 독립적으로 결정된다고 가정하고, 식 (8.6), (8.7), (8.8)을 차례로 식 (8.5)에 대입하면

$$Y_r = a + b Y_r(1-t) + I_r + G_r + X_r - c - m Y_r(1-t) \tag{8.9}$$

가 된다.

식 (8.9)를 다시 정리하면 다음과 같이 된다.

$$(1-b+bt+m-mt)\,Y_r = a-c+I_r+G_r+X_r \tag{8.10}$$

$$Y_r = \frac{1}{1-(b-m)(1-t)}(a-c+I_r+G_r+X_r) \tag{8.11}$$

이 식 (8.11)은 다시

$$Y_r = k_r \times (a-c+I_r+G_r+X_r) \tag{8.12}$$

로 나타낼 수 있으며, 이때 k_r은

$$k_r = \frac{1}{1-(b-m)(1-t)} \tag{8.13}$$

로서 지역승수를 나타낸다.

이 지역승수는 세금(t) 및 한계소비성향과 한계수입성향의 차이$(b-m)$의 크기에 따라 달라진다. $(b-m)$은 지역의 수입성향을 제외함으로써 지역 내에서 생산된 재화에 대한 한계소비성향을 나타낸다. 따라서 이 한계소비성향값이 커질수록 지역승수의 값이 커지면서 소득증가폭이 커진다. 반대로 한계소비성향값이 작을수록 지역승수의 값도 작아지고, 소득증가폭도 작아진다. 이러한 관계는 지역 내 투입물 공급자 간에 연관관계가 높은 지역은 외부지역의 수출증가가 있을 때 지역 내 산업부문에 산출물 파급효과가 크고, 반대로 지역 내 공급자 간에 연관관계가 낮은 지역은 한계수입성향이 커서 지역 내 산출물 파급효과가 적다는 투입-산출 분석의 결과와 동일한 내용을 말해준다.[46] 지역의 규모도 $(b-m)$에 영향을 주는데 일반적으로 규모가 작은 지역은 큰 지역에 비해 외부로부터 수입성향이 크기 때문이다. 그 외에도 지역의 산업구성이 고도로 특화된 지역은 그로 인해 외부로부터 수입에 크게 의존할 것이며, 다른 지역으로 통근하는 근로자가 많아도 현재 자신이 일하는 지역보다는 살고 있는 지역에 지출을 많이 할 것이므로 지역의 수입성향을 상승시켜 승수를 작게 만든다.[47] 평균세율도 지역승수의 크기에 영향을 주는데, 세율이 커질수록 지역승수는 작아진다.

아치볼드(Archibald)[48]는 식 (8.13)을 이용해 영국의 지역승수를 구해 보았는데 t는 0.2, $(b-m)$은 0.2∼0.5까지 변한다고 가정하여, 지역승수 k의 값이 1.19∼1.67 범위에

---

46) 식 (8.13)에서 저축과 조세 그리고 수입에 대한 소비성향이 높을수록 승수의 값은 낮아진다. 일반적으로 지역경제는 국가경제보다 수출과 수입에 좀 더 개방적이므로 결과적으로 지역승수가 보통 국가 승수보다 낮은 값을 갖게 된다.
47) Armstrong, 2000, *Regional Economics and Policy*, Blackwell Publishers Ltd. pp. 9-10.
48) Archibald, 1967, "Regional Multiplier effects in the UK", pp. 22-45.

표 8.6 영국의 지역승수

지 역	승수	피드백 효과 포함
북부(North)	1.37	1.42
요크셔와 험버사이드(Humberside)	1.19	1.26
동중부(East Midlands)	1.37	1.45
서중부(West Midlands)	1.20	1.33
동앵글리아(East Anglia)	1.22	1.33
남동부(South East)	1.41	1.57
남서부(South West)	1.37	1.42
웨일스(Wales)	1.33	1.38
북서부(North West)	1.27	1.38
스코틀랜드(Scotland)	1.70	1.77

자료 : Steele, 1969, "Regional Multipliers in Great Britain", p. 284.

있다는 것을 발견했다. 한편 스틸(Steele)[49]도 식 (8.13)을 약간 변형시켜서 영국의 지역승수를 구했는데, 승수값의 범위가 아치볼드(Archibald)가 얻은 값과 거의 일치했다. 〈표 8.6〉의 피드백 효과(feedback effect)는 인근 다른 지역의 소득증가가 원래 지역의 수출을 증가시키면서 촉진되는 수입누출(import leakage) 효과를 고려한 것이다.

식 (8.13)에 나타난 지역승수 모델의 식은 실제로 케인스의 국민소득 승수 모델과 별다른 차이가 없다. 하지만 실제로는 몇 가지 점에서 지역의 개별 구성요소 중 일부는 국가의 요소와 차이가 날 수 있다. 그런 요소로 먼저 투자항목을 꼽을 수 있는데, 케인스의 단순한 국민소득 모델에서는 투자가 이자율이나 기대수준, 인플레이션 등에 주로 영향을 받고 소득수준과는 무관한 것으로 본다. 그래서 일반적으로 독립투자로 간주했다.

그러나 지역에서의 투자는 다르게 생각할 수도 있다. 왜냐하면, 지역의 기업에 대한 금융기관들의 투자 의사는 국가의 인플레이션이나 이자율과 무관하게 지역의 현재 경제 상황을 더 많이 고려할 수 있기 때문이다. 이런 관점에서 지역의 투자수준은 한편으론 국가 경제 전체의 상황에 영향받음으로 부분적으로 지역에 외생적이지만, 다른 한편으론 지역의 소득수준에 영향을 받는 내생변수로 볼 수 있다. 그래서 지역의 투자

---

49) Steele, 1969, "Regional Multipliers in Great Britain", pp. 268-292.

함수는 기존의 독립적 투자가 아니라 식 (8.14)와 같이 지역소득의 함수로 본다.

$$I_r = d + i Y_r (1-t) \tag{8.14}$$

식 (8.14)의 i는 지역의 한계투자성향을 의미한다.

두 번째 국가요소와 차이가 날 수 있는 요소는 정부지출 항목이다. 국민소득 승수 모델에서 정부지출은 주로 정치적 측면에서 결정되며, 소득수준과는 관련 없는 지출이었다. 그러나 지역의 경우 지방정부의 지출은 대체로 지역의 소득과 역의 관계가 있는 것으로 간주된다. 즉, 소득이 낮은 지역은 대체로 실업수준도 높기 때문에 실업수당이나 기타 다른 여러 가지 복지혜택이 그 지역에 집중된다. 반대로 소득이 높은 지역은 정부의 공공지출 대상에서 자주 제외된다. 더구나 정부지출 속에 내재되어 있는 안정화 기능(stabilizer)이 이러한 역관계를 더욱 강화시켜 준다. 따라서 지역정부 지출은 지역소득에 감소함수가 된다.

$$G_r = e - g Y_r (1-t) \tag{8.15}$$

이때 g는 지방정부의 한계지출성향을 나타낸다.

식 (8.14)와 (8.15)를 식 (8.9)에 대입해 다시 정리하면 다음과 같다.

$$Y_r = a + b Y_r (1-t) + d + i Y_r (1-t) + e - g Y_r (1-t) + X_r - c - m Y_r (1-t) \tag{8.16}$$

$$(1 + b + bt - i + g - gt + m - mt) Y_t = a - c + d + e + X_r \tag{8.17}$$

$$Y_r = \frac{1}{1 - [(b-m) + (i-g)](1-t)} (a + d + e - c + X_r) \tag{8.18}$$

이때 승수 k는 $k = \dfrac{1}{1 - [(b-m) + (i-g)](1-t)}$ 로 나타난다.

이 식 (8.18)을 위의 식 (8.9)와 비교해 보면 $(i-g)$ 항목이 추가되어 있는데, 지역의 소득수준에 따라 결정되는 총투자에서 지역소득의 증가에 따른 지방정부의 지출 감소분을 뺀 값으로 지역의 한계투자성향이다.

이제 이 최종승수를 가지고 지역의 수출이 증가하면 지역의 소득이 얼마나 증가하는지 추정해 보자.

$$\frac{\triangle Y_r}{\triangle X_r} = \frac{1}{1 - [(b-m) + (i-g)](1-t)} \tag{8.19}$$

실제로 이 문제의 해답은 바로 지역승수 k의 크기와 같다. 그리고 b나 m, i, g, t 값을 알면 정확한 승수값을 알 수 있다. 지역승수 k는 지역의 소비자와 공급자 간의 지출연계 $(b-m)$과 지역의 투자연계 $(i-g)$ 모두를 포함하기 때문에 메컴비(McCombie)와 설월(Thirlwall)[50]은 초월승수(super multiplier)라고 불렀다.

이러한 지역승수 모델은 제6장의 수출기반이론 모델과 비슷한데, 이는 식 (8.19)와 식 (6.16)를 비교해 보면 명확해진다. 다만 이 절에서는 모델에 기업부문과 정부부문을 명시적으로 포함시켜서 모델이 좀 더 복잡해진 것 외에는 기저에 흐르는 기본적 원리는 동일하다.[51] 따라서 지역승수 모델의 단점은 수출기반이론에서 지적되는 단점과 비슷한 내용을 포함한다. 또한 지역승수 모델은 지역 간의 피드백효과를 포함시키지 못하고 있다. 실제로 특정 지역소득의 증가는 다른 지역에 대한 수입을 증가시키는데, 이 수입의 증가는 다른 지역의 소득을 증가시킬 것이고, 그러면 그 지역도 수입을 확대시켜 종국적으로 특정지역의 수출을 증가시켜 소득을 증가시킬 것이다. 다만 그 특정지역의 경제 규모가 작으면 이러한 피드백 효과는 무시할 수 있을 정도로 작을 수 있다. 그 외에도 지역승수 모델은 투자나 정부지출 간 주입이 지역경제 전체에 주는 영향만 보여 주고, 특정한 개별 산업에 주는 영향에 대해서는 자세히 보여 주지 않는다는 비판도 있다. 그러나 지역의 산업구조를 직접적으로 분석하지는 않더라도 지역승수 모델을 통해 지역의 승수 크기를 추정하고 타 지역의 승수와 비교하면 지역 간 소비성향이나 수입성향, 투자성향 등의 특성을 쉽게 파악할 수 있다는 장점을 가지고 있다.

제3절 기타 지역구조 분석요소

지금까지 우리는 주로 지역의 경제구조를 산업적 구성 관점에서 분석하고 그 영향을 평가하는 방법들을 살펴보았다. 이러한 분석기법은 지역경제학자들이 지역의 경제분석을 할 때 흔히 사용하는 방법으로 주로 그 지역산업의 장점과 단점을 조사하여 쇠퇴산업을 대체하고 지역경쟁을 재고시키는 새로운 산업을 선별하는 것에 초점을 맞추었다. 그래서 산업은 대부분의 지역경제 분석에 제일 중요한 요소로 간주되어 왔다. 하지만 지역경제 구조는 이러한 산업구성 요소 이외에 다른 여러 가지 요소를 포함한다.

---

50) McCombie and Thirlwall, 1994, *Economic Growth and the Balance of Payments Constraint*.
51) McCann, 2001, *Urban and Regional Economics*, pp. 149-155.

즉, 지역의 구조를 올바르게 이해하려면 전통적인 경제적 변수뿐 아니라 지역경제에 영향을 미치는 사회 및 정치적 요소까지도 살펴보아야 한다. 따라서 이 단락에서는 지역의 산업구성 이외에 블레어(Blair)가 추가적으로 예시한 지역의 구조적 특성분석요인들을 살펴본다.[52]

1. 직업구조

오늘날 지역의 발전을 연구하는 지역개발학자들은 지역의 산업과 마찬가지로 지역의 직업구조(occupational structure)에도 주목하고 있는데, 왜냐하면 지역의 경쟁력이 점점 더 지역의 지식기반이나 지역노동자의 질에 의존하는 정도가 커지기 때문이다. 실제로 자동차 산업과 화학산업은 완전히 다른 상품을 만들지만 두 산업의 소프트웨어 기술자는 비슷한 일을 하기 때문에 비교적 상호 교환도 가능하다. 따라서 최소한의 재훈련만 받으면 두 산업 간에 직업이동이 가능하기 때문에 오직 산업에만 초점을 맞춘 전략은 이러한 직업을 기초로 한 기회를 간과하기 쉽다. 그래서 지역의 정책결정자는 지역의 노동자들이 생산하는 산출물로서의 직업적 기능에 많은 주의를 기울여야 한다.[53]

이제 입지계수값이 비슷하게 나타나는 매우 유사한 산업구조를 가진 두 지역경제를 가정해 보자. 이러한 유사성은 중요한 직업적 차이를 말해 주지 않는 경우가 많다. 예를 들면, 두 지역 다 자동차 산업의 고용에 의해 지역경제가 좌우된다고 하자. 그러나 한 도시의 고용자는 주로 자동차를 생산하는 노동자인 반면, 다른 도시는 자동차 기업 본사로서 고용자가 주요 경영자, 회계원, 사무원, 자동차 설계자, 연구원, 비서 혹은 화이트칼라나 핑크칼라 노동자들로 구성될 수 있다. 실제로 본사가 있는 지역은 자동차를 직접 생산하지는 않지만, 자동차 산업의 고용자 비율은 비슷할 수 있다.

산업구조 변화에 주목하는 것만큼 이러한 지역의 직업구조 변화를 관측하는 것도 지역구조 분석에 중요하다. 일부 경제학자들은 경제발전과정의 일부는 상품의 직접생산으로부터 지식생산활동으로의 이동이라고 주장한다. 이러한 변동은 직업구조의 변화를 의미한다. 많은 대도시는 그들의 직업구조의 큰 변화 없이 상품생산으로부터 서비스 생산으로 변화하였다. 예를 들면, 미국 오하이오 주의 애크런(Akron)은 과거에 타이어를 직접 생산하는 지역이었지만, 현재는 타이어를 직접 생산하지 않고 본사와

52) Blair, 1991, pp. 128-130.
53) Feser, 2003, "What regions do rather than make : A Proposed set of Knowledge-based Occupational Clusters", pp. 1937-1958.

연구기관만 남아 있다. 따라서 지역의 주요기업 고용자들은 변하지 않았더라도 지역의 발전은 직업구조의 변화를 반영하고 있다.

최근에 쿠(Koo)[54]는 지역의 성장전략을 위해서는 직업구조 분석이 우선시되어야 한다는 점을 강조하며, 미국 클리블랜드(Cleveland) 지역 최고 10개 산업을 선정해 직업구조를 분석하였다.

2. 소유권 구조

지역의 주요 기업들이 주로 지역주민에 의해 소유되는가, 아니면 그 기업들이 큰 회사의 단순한 지방 지부(branch)인가? 하는 소유권 구조(ownership structure) 형태도 중요하다. 지역주민이 주요 기업의 소유자일 경우 그들은 그 지역사회에 중요한 지도자로서 역할을 하며, 그 지역사회의 발전에 관심도 많고 또한 많은 역할도 담당한다. 하지만 단순히 큰 기업의 지부일 경우 그 지부의 임원들은 지역발전에 큰 관심이 없고, 빨리 진급해 본사로 가거나 더 좋은 지역으로 승진해 가는 것에 관심을 가질 것이다. 따라서 그들은 그 지역사회에 오래 머물러 있기보다는 하루라도 빨리 떠나기를 희망할 것이며, 그러한 동기와 태도는 지역사회 발전에 아무런 도움도 되지 않는다.

소유권 구조는 지역의 성장전망에도 영향을 미친다. 지역에 거주하지 않는 소유주는 지역의 지점을 단순한 현금수입원(cash cow)으로 취급하여, 기업 확장에 필요한 투자를 하지 않을 수도 있다. 스미스(Smith)[55]는 영국 북부지역의 종업원 100명 이상 제조업 기업을 대상으로 외부기업에 인수되었을 때 인수된 기업의 고용 변화를 연구한 결과, 일반적으로 인수된 기업들의 고용에 부정적 영향을 미치는 것을 발견했다. 그리고 이러한 발견은 미국의 사례를 연구한 결과와도 일치한다.[56]

한편 지역에 기반을 둔 기업의 설립자가 그 지역과는 아무런 연관이 없는 다른 대기업에 기업을 처분한다면 지역의 경제기반은 더욱 취약해진다. 장기적으로 기업 설립자의 후손들도 결국 그 지역을 떠나므로 지역을 이끌 지도자 기반은 더욱 약화될 것이다.

---

54) Koo, Jun, 2005, "How to Analyze the Regional Economy with Occupation Data", pp. 356-372.
55) Smith, 1979, "The Effect of External Takeovers on Manufacturing Employment Change in the Northern Regional between 1963 and 1973", pp. 421-437.
56) Northern Regional Strategy Team, 1977, *Strategic Plan for the Northern region*, 2.

3. 시장구조

기업이 투입물을 사고, 생산한 상품을 팔고 하는 시장구조(market structure) 또한 지역의 성장에 영향을 줄 수 있다. 만일 지역사회의 기반이 주로 수직적으로 통합된 대기업으로 구성되어 있다면, 새로운 기업이 기존의 지역기업에 상품을 납부하기는 어렵다. 따라서 그런 지역에 새로운 기업이 생겨나기가 어렵고, 지역의 기업환경은 악화된다. 노동시장에서도 소수의 생산자가 독점자로 행동함으로써 경쟁적 시장구조와 비교해 임금이 낮게 유지된다. 만일 지배기업이 그들의 생산물을 과점적 상품시장에 판매한다면, 생산물 가격은 잘 변하지 않을 것이다. 왜냐하면 어떤 기업이 가격을 내리면 기업 간에 본격적으로 치열한 가격경쟁을 해야 하는데, 과점시장에서는 기업들이 서로 눈치를 보며 가격경쟁을 되도록 피하려 하기 때문이다. 이러한 시장구조하에서는 불경기 때 산출물의 수요가 줄어들면, 경쟁 산업구조를 가진 지역에 비해 지역의 실업이 더 크게 나타날 것이다. 결과적으로, 높은 비율의 과점기업을 가진 지역은 국가의 경기순환에 더 민감하게 반응한다.

4. 정치적 · 사회적 구조

지역사회를 정치적 관점에서 분류해 보면 의사결정이 여러 집단에 의해 폭넓게 공유되는 다원적 권력구조(pluralistic power structure) 지역사회와, 한 명 혹은 소수 집단에 의해 지배되거나 혹은 참여가 봉쇄된 엘리트적 권력구조(elite power structure)를 가진 지역사회로 구분할 수 있다. 이러한 지역의 정치적 구조(political structure) 형태도 지역의 경제성장과 발전전망 그리고 전략에 영향을 준다. 예를 들면, 지역의 성장전략을 수립하고 실행하는 데 다원적 권력구조 지역사회는 시간이 많이 드는 반면 소수 집단에 의해 지배되는 지역사회는 짧은 시간에 의사결정이 이루어지고 실행을 빨리 할 수가 있다. 그러나 경우에 따라 소수 집단에 의해 지배되는 사회는 다양한 사회 계층의 의견을 반영하지 못하는 단점이 있고, 몇 명의 엘리트에 의해 지역의 운명이 결정된다.

5. 인구구조

지역의 인구구성이 어떻게 이루어져 있는가? 하는 것도 그 지역의 경제발전 전망에 영향을 미친다. 어떤 지역사회에서는 인구구성이 주로 은퇴자들로 이루어질 수가 있는데, 미국의 플로리다에는 이러한 지역사회가 많이 존재한다. 이러한 지역 공동체는 지역경제가 주로 정부로부터 받는 이전소득이나, 이자지급 그리고 개인연금 등에 많이 의존한다. 따라서 지역의 경제활동도 은퇴자들에게 필요한 서비스를 제공해 주는 쪽으로 편향될 것이다. 하지만 다른 지역사회는 매우 높은 유동성을 가진 젊은이로 구성될 수 있는데, 이런 지역은 어린이들을 위한 교육시설이나 다른 공공간접자본에 대한 수요가 많이 생겨난다. 따라서 지역개발 공무원은 인구구조(demographic structure)가 지역사회의 필요와 전망에 어떻게 영향을 미치는지 확실히 깨달아야 한다.

전 세계적으로 전후 베이비붐 세대가 차츰 직장에서 은퇴할 나이가 됨에 따라 은퇴자를 위한 지역사회 개발에 관심을 갖는 지역개발 공무원이 많이 늘어나고 있다.

제4절 요약

지역의 경제구조를 분석하는 기법들에 대해 제7장에 이어 이 장에서도 계속 살펴보았다.

투입-산출 접근법은 지역 간이나 지역 내 경제현상이나 구조분석에 유용하고 생산적인 분석기법이다. 이것은 다른 일반모형에 비해 종합적인 모형이며, 개별 산업부문의 크기와 경제활동 그리고 다른 경제부문과의 상호작용과 변화의 영향에 대한 중요한 정보를 제공해 준다. 따라서 이 접근법은 경제성장이나 경제쇠퇴 그리고 대체적 경제개발 전략의 상대적 손익에 대한 적절한 정보도 제공해 준다. 그리고 지역성장의 예측과 지역의 수입추정, 지역에서 시행하는 각종 개발이나 투자 사업의 생산과 소득, 고용에 대한 파급효과를 포함해 다양한 영향력 분석이나 예측 등의 목적으로 사용할 수 있다. 이 접근법의 가장 명백한 어려움은 높은 자료수집 비용과 모델의 정태적 특성에 있다.

한편 특정지역 산출물에 대한 수요변화의 영향을 추정하는 방법으로 투입-산출 접근법뿐만 아니라 지역승수 모델도 있다. 이 지역승수 모델은 특정한 외생변수가 변화했을 때 지역의 소득이 몇 배나 증가하는지를 측정할 수 있게 해 주는 기법으로, 일반적으로 승수의 크기는 지역의 한계소비성향, 한계수입성향, 한계투자성향, 한계지출성향, 평균세율 등에 달려 있다. 승수모델은 수출기반이론과 동일한 원칙을 바탕으로 하는데, 투입-산출 접근법보다 요구되는 자료가 적고 단순하며 더 빠르고 쉽게 결과를 얻을 수 있다. 다만 모델이 단순해 투입-산출 접근법에서 제시해 주는 산업부문별 영향에 대한 세세한 정보는 알기 어렵다.

지역의 경제구조를 분석하는 데 있어 지역의 산업구조를 분석하는 것 외에도 지역의 직업구조나, 소유권 구조, 시장구조, 정치·사회적 구조, 인구구조 등도 동시에 살펴보아야 한다. 이러한 추가적 요소 또한 지역의 성장 전망에 중요한 영향을 미친다.

지역경제학에서는 지역의 산업구조를 분석하는 데 통계적 기법인 계량경제학모델을 많이 사용한다. 이 모델에 대한 이론적 근거와 계량경제학 모델은 많이 개발되어 있지만, 이 계량적 모델을 이해하기 위해서는 통계학과 회귀분석에 대한 사전적 지식이 절대적으로 필요하므로 이 책에서는 별도로 다루지 않는다.

참고문헌

김기흥, 장태구, 이재은, 조욱현 공저, 1996, 『도시 및 지역경제학』, 진영사.

김병욱, 2015, 『산업연관분석 방법』, 킴스정보전략연구소.

박상우, 이종열, 변세일 외, 2003, 『지역간 산업연관표 작성연구(III)』, 국토연 2003-13, 국토연구원.

박주환, 2016, 『신지역경제학』, 진샘미디어.

한국은행, 2014, 『산업연관분석해설』

홍기용, 1997, 『지역경제론』, 4판, 박영사.

Abe, K., 1986, "Input-Output Tables in Japan and Application for Interregional Analysis", Paper presented at the Eighth *International Conference on Input-Output Techniques,* Sapporo, Japen, July 28-Auguest 2.

Adams, John W. 1974, *Economic Impact of New or Expanded Industries in the Lower Rio Grande Region of Texas.* Office of Information Services, Austin, Texas, MP-1129.

Almon, Clopper, Jr., 1963, "Consistent Forecasting in a Dynamic Multi-Sectoral Model", *The Review and Economics and Statistics,* Vol. 45, No. 2, pp. 148-162.

Almon, Clopper, Jr., 1966, *The American Economy to 1975; an Interindustry Forecast,* New York : Harper & Row.

Almon, Clopper, Jr., 1989, "Industrial Impacts of Macroeconomic Policies in the INFORUM Model", in Miller, R. E. et al. ed., *Frontier of Input-Output Analysis,* Oxford University Press. pp. 12-21.

Archibald, G. C., 1967, "Regional Multiplier effects in the UK", *Oxford Economic Papers,* Vol. 19, No. 1, pp. 22-45.

Armstrong, Harvey, 2000, *Regional Economics and Policy,* Blackwell Publishers Ltd.

Bargur, J. 1969, *A Dynamic Interregional Input-Output Programming Model of the California and Western States Economy,* Contribution No. 128, California : Water Resource Centre.

Bills, Nelson L. and Alfred L. Barr, 1968, *An Input-Output Analysis of the Upper South Branch Valley of*

West Virginia, Bulletin 568T, West Virginia Agricultural Experiment Station.

Blair, John P., 1991, *Urban and Regional Economics,* Boston : Irwin.

Blair, Peter D. and Andrew W. Wyckoff, 1989, "The Changing Structure of the U.S. Economy : An Input-Output Analysis", in Miller, Ronald et al. ed., *Frontiers of Input-Output Analysis,* Oxford University Press. pp. 293-307.

Bourque, Phillip J. 1987, *The Washington State Input-Output Study for 1982,* Seattle : University of Washington, Graduate School of Business Adminstration.

Bradley, I. E., J. R. Kolb, 1970, *Utah Input-Output Study : Projections of Income, Employment, Output, and Revenue,* Salt Lake City : University of Utah, Bureau of Business and Economic Research.

Bulmer-Thomas, Victor, 1982, *Input-Output Analysis in Developing Countries,* New York : John Wiley.

Candel, A. B., and A. B. Jaffe, 1999, "The regional economic impact of public research funding : A case study of Massachusetts", in L. M. Branscomb, F. Kodama, and R. Florida ed. *Industrializing Knowledge, University-industry Linkages in Japan and the United States,* Cambridge, MA : MIT Press, pp. 510-30.

Chenery, Hollis, B., 1960, "Patterns of Industrial Growth", *American Economic Review,* Vol. 50, No. 4, pp. 624-654.

Development Studies Center, Institute of Developing Economies-Japan External Trade Organization, 2007, *Transnational Interregional Input-Output Table between China and Japan, 2000,* Asian International Input-Output Series, No. 68, Tokyo : Development Studies Center, IDE-JETRO.

Dewhurst, J., 1992, "Using the RAS technique as a test of hybrid methods of regional input-output table updating", *Regional Studies,* Vol. 26, pp. 81-92.

Dorfman, R., 1954, "The Nature and Significance of Input-Output", *The Review and Economics and Statistics,* Vol. 36, No. 2, pp. 121-33.

Dorfman, R., P. A. Samuelson and R. Solow, 1958, *Linear Programing and Economic Analysis,* McGraw-Hill.

Drucker, J and H. Goldstein, 2007, "Assessing the Regional Economic Development Impacts of Universities : A Review of Current Approaches", *International Regional Science Review,* Vol. 30, No. 1, pp. 20-46.

Duchin, Faye, 1989, "An Input-Output Approach to Analyzing the Future Economic Implications of Technological Change", in Miller, R. E. et al. ed., *Frontier of Input-Output Analysis,* Oxford University Press. pp. 281-292.

Duchin, Faye and Glenn-Marie Lange, 1994, *The Future of the Environment,* New York : Oxford University Press.

Feser, E. J., 2003, "What regions do rather than make : A Proposed set of Knowledge-based Occupational Clusters", *Urban Studies,* Vol. 40, No. 10, pp. 1937-1958.

Flegg, Anthony T., Webber C. D and Elliot M. V., 1995, "On the appropriate use of location quotients in generation regional input-output tables", *Regional Studies,* Vol. 29, pp. 547-561.

Flegg, Anthony T. and Timo Tohmo, 2013, "Regional Input-Output Tables and the FLQ Formula : A Case Study of Finland", *Regional Studies,* Vol. 47, No. 5, pp. 703-721.

Garrido-Yserte, R and M. T. Gallo-Rivera, 2010, "The impacts of the university upon local economy : three methods to estimate demand-side effects", *The Annals of Regional Science,* Vol. 44, pp. 39-67.

Greytack, D, 1970, "Regional Impact of interregional trade in input-output analysis", *Papers and Proceedings, Regional Science Association,* Vol. 25, pp. 203-17.

Guedry, Leo T. and David W. Smith, 1980, "Impact of Industry in Rural Economics : An Input-Output Approach", *Southern Journal of Agricultural Economics,* Vol. 12, No. 2, pp. 19-24.

Hansen, B. E., 2000, "Sample splitting and threshold estimation", *Econometrica,* Vol. 68, pp. 575-603.

Harris, R. I. D., 1997, "The impact of the University of Portsmouth on the local economy", *Urban Studies,* Vol. 34, pp. 605-26.

Hastings, Steven E. and Sharon M. Brucker, 1993, "An Introduction to Regional Input-Output analysis", in Otto, Daniel M. and Thomas G. Johnson, *Microcomputer-Based Input-Output Modeling : Applications to Economic Development,* Westview Press. Boulder, San Francisco, Oxford. pp. 1-27.

Hewings, Geoffrey J. D. and Rodney C. Jensen, 1986, "Regional, Interregional and Multiregional Input-Output Analysis", in Peter Nijkamp ed., *Handbook of Regional and Urban Economics,* Volume 1. Amsterdam : North-Holland, pp. 295-355.

Hoen, Alex R., 2002, *An Input-Output Analysis of European Integration,* Amsterdam : Elsevier Science.

Inomate, Satoshi and Hajime Sato, 2007, "Introduction to 2000 Transnational Interregional Input-Output Table Between China and Japan", Paper presented to the Sixteenth International Conference of the International Input-Output Association, Istanbul, Turkey.

Isard, W., 1951, "Interregional and Regional Input-Output Analysis : A Model of a Space-economy", *Review of Economics and Statistics,* Vol. 33, pp. 318-328.

Isard, W. and Robert E Kuenne, 1953, "The Impact of Steel Upon the Greater New York-Philadelphia Industrial Region", *Review of Economics and Statistics,* Vol. 35, No. 4, pp. 289-301.

Jensen, R.C. et al., 1988, "The study of regional economic structure using input-output tables", *Regional Studies,* Vol. 22, pp. 209-220.

Jiang, Xuemei, Erik Dietzenbacher and Bart Lost, 2012, "Improved Estimation of Regional Input-output Tables Using Cross-regional Methods", *Regional Studies,* Vol. 46, No. 5, pp. 621-637.

Kanemitsu, Hideo and Hiroshi Ohnishi, 1989, "An Input-Output Analysis of Technological Changes in the Japanese Economy : 1970-1980", in Miller, R. E. et al. ed., *Frontier of Input-Output Analysis,* Oxford University Press. pp. 308-323.

Koo, Jun, 2005, "How to Analyze the Regional Economy with Occupation Data", *Economic Development Quarterly,* Vol. 19, No. 4, pp. 356-372.

Leontief, W. W., 1936, "Quantitative Input-Output Relations in the Economic System of the united States", *Review of Economics and Statistics,* Vol. 18, pp. 105-125.

Leontief, W. W., 1941, *The Structure of American Economy, 1919-1929 : An Empirical Application of Equilibrium Analysis,* Cambridge : Harvard University Press.

Leontief, W. W., 1951, *The Structure of American Economy, 1919-1939,* New York : Oxford University Press.

Leontief, W. W., 1953, "Dynamic Analysis", in Leontief et al., *Studies in the Structure of the American Economy : theoretical and empirical explorations in input-output analysis,* Harvard Economic Research Project, New York, Oxford University Press, pp. 53-90.

Leontief, W. W., 1966, *Input-Output Analysis,* Oxford University Press.

Leontief, W. W., 1986, *Input-Output Economics,* 2nd Ed. Oxford University.

Leontief, W. W., 1970, "The Dynamic Inverse", in Anne P. Carter and Andrew Bródy eds. *Contributions to Input-Output Analysis,* Vol. 1 of *Proceedings of the Fourth International Conference on Input-Output Techniques,* Geneva, 1968, Amsterdam : North-Holland, pp. 17-43.

Liew, Chung J., 2005, "Dynamic Variable Input-Output (VIO) Model and Price-Sensitive Dynamic Multipliers", *The Annals of Regional Science,* Vol. 39, No. 3, pp. 607-627.

McCann, Philip, 2001, *Urban and Regional Economics,* New York : Oxford University Press.

McCombie J. S. L. and A. P. Thirlwall, 1994, *Economic Growth and the Balance of Payments Constraint,* New York : St. Martin's Press.

Metzler, L. A., 1950, "A Multiple-region theory of income and trade", *Econometrica,* Vol. 18, Iss.4, pp. 329-54.

Midmore, P., M. Munday and A. Roberts, 2006, "Assessing Industry Linkages Using Regional Input-Output Tables", *Regional Studies,* Vol. 40, No. 3, pp. 329-343.

Miernyk, W. H. and K.L. Shellhammer, 1968, *Simulating Regional Economic Development with an Input-Output Model,* Regional Research Institute, West Virginia.

Miernyk, W. H., 1970, "The West Virginia Dynamic Model and Its Implication", *Growth and Change,* Vol. 1, Iss. 2, pp. 27-32.

MIller, R. E. 1957, "The Impact of the Aluminum Industry on the Pacific Northwest : A Regional Input-Output Analysis", *Review of Economics and Statistics,* Vol. 39, No. 2, pp. 200-229.

Miller, R. E., 1966, "Interregional feedback effects in input-output models : some preliminary results", *Papers and Proceedings, Regional Science Association,* Vol. 17, pp. 105-25.

Miller, R. E. and Peter D. Blair, 2009, *Input-Output Analysis : Foundations and Extensions,* New York : Cambridge University Press.

Moses, L. N., 1955, "The Stability of Interregional Trading Patterns and Input-Output Analysis", *American Economic Review,* Vol. 45, pp. 803-832.

Northern Regional Strategy Team, 1977, *Strategic Plan for the Northern region,* 2. Economic development precesses, H.M.S.O. London.

Ricardson, Harry W., 1972, *Input-Output and Regional Economics,* New York : John Wiley and Sons, Halsted Press.

Schluter, Gerald, 1993, "Structural Analysis Using Input/Output Analysis : The Agriculture Sector and National and Regional Levels", in Otto, Daniel M. and Thomas G. Johnson, *Microcomputer-Based Input-Output Modeling : Applications to Economic Development,* Westview Press. Boulder, San Francisco, Oxford. pp. 118-125.

Schwarm, Walter R., Randall W. Jackson and Yasuhide Okuyama, 2006, "An Evaluation of Method for Constructing Commodity by Industry Flow Matrices", *Journal of Regional Analysis and Policy,* Vol. 36, pp. 84-93.

Smith, I. J, 1979, "The Effect of External Takeovers on Manufacturing Employment Change in the Northern Regional between 1963 and 1973", *Regional Studies,* Vol. 13, Iss. 5, pp. 421-437.

Steele, D. G., 1969, "Regional Multipliers in Great Britain", *Oxford Economic Papers,* Vol. 21, No. 2, pp. 268-292.

ten Raa, Thijs, 1986, "Dynamic Input-Output Analysis with Distributed Activities", *Review of Economics and Statistics,* Vol. 68, No. 2, pp. 300-310.

ten Raa, Thijs, 2005, "Dynamic Inverse", *The Economics of Input-Output Analysis,* Cambridge, UK : Cambridge University Press, pp. 166-175.

Tiebout, C. M., 1957, "Regional and Interregional Input-Output Models : An Appraisal", *The Southern Economic Journal,* Vol. 24, No. 1, pp. 140-147.

Trenchi, Peter III, and Warren A. Flick, 1982, *An Input-Output Model of Alabama's Economy : Understanding Forestry's Role.* Bulletin 534. Alabama Agricultural Experiment Station.

Van der Linden, Jan A. and Jan Oosterhaven, 1995, "European Community Intercountry Input-Output Relations : Constrution Method and Main Results for 1965-1985", *Economic Systems Research,* Vol. 7, pp. 249-269.

제9장

토지의 이용

일반적으로 토지는 자본, 노동과 함께 생산의 3대 요소로 꼽힌다. 하지만 토지는 다른 생산요소와는 다른 독특한 특징을 가지고 있는데, 이동시킬 수 없고, 이용 목적에 따라 주택지, 상업지, 농경지, 임야 등 그 용도가 달라지며, 시간이 지나도 소멸되지 않는 영속성과 매립 등으로 약간의 변화는 있더라도 절대량은 크게 증가시킬 수 없고, 동일한 특성을 가진 토지는 하나도 없다는 점을 꼽을 수 있다. 토지의 질은 토지의 지리적, 구조적, 광물적 특성에 더하여, 깨끗한 공기와 물의 가용성 여부 그리고 주변의 환경적 요인을 고려하여 결정된다.

토지는 농업과 같이 자연 그대로 토지를 이용하기도 하고, 노동의 공급과 서비스 같은 지역 투입물의 가용성, 시장 접근성 등을 함께 고려하여 특정한 장소를 특별한 목적으로 사용하기도 한다. 그러나 이 장에서는 순수하게 희소한 지역 투입물로서의 토지 그 자체에 초점을 맞춘다.

도시는 기업들의 활동이 공간적으로 집중되어 있는 장소이다. 이러한 공간적 집적지에는 매우 다양한 사람들이 거주하며, 다양한 형태의 경제활동이 발생한다. 그렇다면 특정 도시 내에서 다양한 사람들과 경제활동은 어떻게 분포되는가? 이 문제를 분석하기 위해서 도시 내의 토지이용 문제에 초점을 맞출 필요가 있다. 즉, 어떤 이유로 특정 집단의 개인이나 특정한 경제활동이 도시경제 내 특정 토지를 이용하게 되는가를 설명하고자 한다. 이를 위해 먼저 미시경제학의 가격이론에 기초한 토지의 지대(rent) 결정이론과 지대에 대한 조세부과에 대해 언급한다. 그 후 토지에 대한 지대호가곡선과 여러 토지사용 간의 경쟁이 도입되면서 나타나는 다양한 토지사용 형태에 대해 살펴보며, 네 번째 절에서는 토지사용 형태의 동태적 변화를 검토하고, 마지막으로 토지사용에 대한 규제와 정치적, 제도적 측면을 설명한다.

제1절 지대의 특성

임금이 노동 서비스의 가격인 것처럼 지대는 토지 서비스에 대한 가격이다. 그래서 노동시장이론의 많은 부분이 임금결정에 관련되어 있는 것과 마찬가지로, 토지시장이론의 많은 부분도 지대결정과 관련되어 있다.

토지는 자연적 생산요소이므로, 토지의 공급은 가격에 영향을 받지 않는다. 즉, 토지의 양은 높은 가격이나 낮은 가격에 반응하여 늘거나 줄지 않는다. 또한 토지의 질은 지형과 구조, 부지에 내재된 광물의 특성, 기후, 깨끗한 공기와 물 그리고 미적 외관 등 모든 환경적 특성을 포함한다. 경제학자들은 보통 토지와 자산(property)을 구분한다. 자산은 토지뿐 아니라 토지 위에 건축된 빌딩도 포함한다. 그래서 자산에 대한 지대는 토지와 자본향상에 대한 보상으로 간주한다.

1. 지대의 결정

지대는 토지에 대한 수요의 크기와 토지의 경쟁을 측정하는 가장 좋은 지표인데, 이 지대에 대한 이론은 19세기에 경제학 분야에서 가장 격렬하게 논의되었던 주제 중 하나였다.

토론의 불씨는 경제학이론이 부(富)와 소득의 분배와 관련된 사회적 문제와 밀접하게 관련되어 있다는 사실에 의해 시작되었다. 지대의 특성에 관련하여 조지(George) 같은 경제학자들이 갖는 하나의 시각은 경제적 진보(progress)의 모든 열매는 아무것도 생산하지 않는 지주에게 가는 반면, 노동자들은 단지 생존에 필요한 최소한의 임금만 벌 수 있다는 것이다. 이러한 주장에 대한 적절성을 판단하는 데는 오랜 시간이 필요하다.

이 절에서는 지대에 대해 19세기에 논의되었던 이론들을 크게 리카도(Ricardo)와 튀넨(Thünen) 그리고 신고전학파 이론으로 나누어 알아본다.

(1) 리카도의 지대이론

리카도(Ricardo)[1]는 지대이론의 창설자로 손꼽히는 경제학자이다. 리카도는 원래 농업의 지대를 설명하기 위해 이론을 창설했지만, 이 이론은 도시의 토지시장에도 적용할 수 있다. 그는 지대란 토지에서 생산된 상품을 팔아서 얻은 수익에서 생산에 사용된 비토지요소를 보상해 주고 남은 잔여치라고 정의했다.

그는 토지마다 비옥도가 각기 다르다고 가정하였다. 그리고 인구가 적을 때는 곡물에 대한 수요가 적어 가장 비옥한 토지만 경작되기 때문에 그 토지에 대한 지대는 없다고 했다. 하지만 인구가 늘어나면 곡물에 대한 수요가 증가하여 덜 비옥한 땅도 경작하게 되고, 그래서 이미 경작하고 있는 더 비옥한 땅에 대한 지대가 발생한다고 하였다.

---

1) Ricardo, 1919, *Principles of Political Economy and Taxation.*

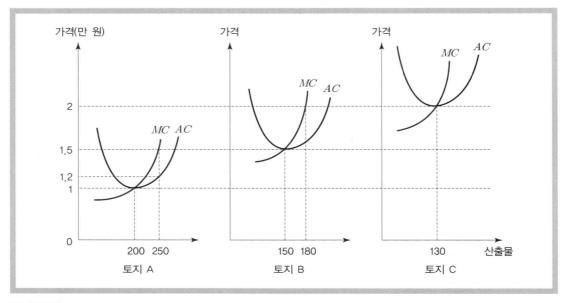

부지별 비용과 지대

이러한 그의 주장을 그림을 통해 살펴보자.

리카도의 주장대로 국민들에게 필요한 식량을 생산하기 위해 각기 다른 비옥도를 가진 토지가 있다고 가정한다. 또한 토지의 비옥도에 관계없이 토지의 에이커당 노동과 또 다른 비토지 투입물(nonland inputs)이 요구되며, 농업에 필요한 토지는 다른 용도로 쓰이지 않는다.

〈그림 9.1〉에는 각 등급별 토지의 한계비용(MC)곡선과 평균비용(AC)곡선이 나타나 있다. 이때 평균비용과 한계비용곡선은 지대를 제외한 운송과 경작비용, 노동비용 등 비토지 생산요소에 드는 비용을 나타낸다. 가장 비옥한 토지는 가장 낮은 비용곡선을 가지고 있는 A 토지이다. C 토지는 가장 비옥도가 낮은 척박한 토지이다.

리카도에 따르면 가장 비옥한 토지가 가장 먼저 개간된다. 그래서 필요한 모든 식량을 가장 비옥한 A 토지에서 다 생산할 수 있으면, 다른 토지는 사용되지 않는다고 하였다. 실제로 식량의 가격이 1만 원이면 비토지 생산요소의 평균비용만 지불할 정도여서 A 토지의 지대는 0이다. 식량의 가격이 1만 원을 넘으면 농부들은 A 토지를 개간하기 시작하며 지대를 벌어들이기 시작한다. 이제 식량의 가격이 1만 5천 원을 넘어서면, 두 번째로 비옥한 B 토지가 개간되기 시작한다. 그러나 1만 5천 원 가격에서 B 토지는 비토지 생산요소의 비용을 겨우 충당하는 정도여서 지대를 벌어들이지는 못한다. 대신이 가격에서 A 토지의 지대는 75만 원[(총수입(15,000×250)−비토지비용(12,000×250)]이 된다. C 토지는 낮은 비옥도 때문에 여전히 생산에 사용되지 않으며, 따라서 지대를 전혀 벌지 못한다. 그러다 가격이 2만 원 이상으로 올라간다면, C 토지도 경작되기 시작하며 지대를 얻을 것이다.

따라서 비옥도의 차이로 인해 여러 토지가 각기 다른 지대를 받게 되며, 가장 비옥한 토지는 가장 높은 잔여치를 가지고 있으므로 가장 높은 지대를 받고, 수확된 식량의 가치가 생산에 필요한 비토지 생산요소에 드는 비용과 정확히 똑같은 한계토지는 지대를 받지 못한다.

경제개발과 인구증가는 식량의 가격증가를 야기하고, 따라서 추가적으로 토지가 생산에 사용되도록 하며 현재 생산에 사용되는 토지의 지대를 증가시켜 농부들의 소득은 더 나아지지 않는다. 그리고 인구도 토지가 생존에 필요한 소득을 벌어들일 수 있는 만큼만 증가한다고 리카도는 믿었다.

생산가격이 증가함에 따라, 생산에 있어 토지의 산출물 또한 추가적인 노동 및 자본 단위가 (일정한) 토지에 결합됨으로써 증가할 것이다. 〈그림 9.1〉은 각 생산가격에서 좀 더 생산적인 토지가 더 많은 수준의 산출물을 생산하는 것을 보여 준다.

리카도의 이론에 있어서 토지의 지대는 수익에서 비토지 생산요소의 경쟁가격을 보상해 주고 남은 잔여치로서, 사용되는 최저비옥도 토지를 넘어서는 비옥도 비율과 같다.

리카도의 분석은 원래 농지의 사용을 설명하는 데 이용되었지만, 이것을 도시지역 토지사용에도 적용할 수 있다. A 토지가 도시중심지에 가까운 지역을 나타낸다고 가정하자. 도시중심지에서 생산되는 상품의 수요가 증가함에 따라 지역을 좀 더 집약적으로 사용하게 되고, 지대와 한계생산도 증가하게 된다. 그리고 그보다 더 멀리 떨어진 외곽지역도 개발될 것이다. 그러나 좀 더 멀리 떨어진 지역은 낮은 지대를 받는데, 왜 냐하면 도시중심지로부터 떨어져 사업을 하면 운송비용이 높아져 수익이 낮아지기 때문이다. 또한 중심지에서 더 멀리 떨어진 외곽지역일수록 노동과 자본의 사용도가 낮고 토지사용 집약도도 낮아지는데, 이는 리카도의 지대 모델에서 낮은 비옥도 농지가 덜 집약적으로 사용되는 것과 같은 이치이다.

(2) 튀넨의 지대이론

대도시지역의 토지가치를 높이는 원인이 무엇이든지, 리카도가 언급한 비옥도는 아닌

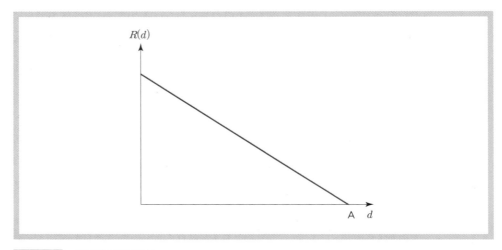

그림 9.2 튀넨의 지대곡선

것이 확실하다. 그러나 우리가 비옥도 대신 거리로 대체하면 리카도의 이론을 좀 더 도시경제학에 적절하게 만들 수 있다. 튀넨(Thünen)[2]은 도시가 모든 방향으로 동일한 비옥도를 가진 평원으로 둘러싸여 있고, 그 평원에는 도시에서 필요로 하는 식량이 생산된다고 가정했다. 평원에는 강이나 수로(canal), 산 같은 장애물도 없다.

도시의 식량을 생산하지 않는 일부 평원은 다른 목적으로도 사용되지 않는다. 에이커당 일정량의 비토지 투입물과 이들의 경쟁적 가격결정이라는 리카도의 가정은 여기서도 사용한다. 그리고 토지와 비토지 생산요소 간에 상호대체는 하지 않는다. 평원 어디에서나 생산된 식량은 바로 도시로 운송되며, 식량 1톤의 km당 운송비는 모든 방향에서 동일하다고 가정한다. 그러면 도시에서 가장 먼 거리에 있는 토지의 지대는 0이며, 도시 쪽으로 가까이 올수록 선형으로 지대는 증가한다. 이 직선의 기울기는 식량 1톤의 km당 운송비와 비례한다. 그래서 도시로부터 같은 거리에 떨어져 있는 모든 토지의 지대는 동일하다.

토지의 지대를 그래프로 그리면 〈그림 9.2〉와 같다.

P는 도시의 식량 1톤당 가격이고, Q는 연간 에이커당 생산되는 식량의 톤수이며, w는 연간 에이커당 요구되는 비토지 투입물의 비용, t는 식량 1톤을 km당 운송하는

2) Thünen, 1826, *Der isolierte Staat in Beziehung auf Landwirtschaft und Nationalekonomie*. Capello, 2016, Regional Economics, 2nd ed., pp. 47-49

데 드는 비용이라고 하자. 그러면 도시로부터 $d$km 떨어진 거리에 있는 토지의 지대 $R(d)$는 비토지비용을 초과하는 수익이다. 농부의 에이커당 이윤 $\pi(d)$은 에이커의 산출물을 판매한 것에서 토지와 비토지 생산비용과 산출물을 시장으로 운송하는 비용을 지불하고 남은 수익으로 정의할 수 있다. 그러면 거리 d에서의 지대 $R(d)$는 거리 d에서 이윤 $\pi(d)$를 0으로 만드는 값일 것이다.

$$\pi(d) = PQ - w - R(d) - tQd \tag{9.1}$$
$$R(d) = (PQ - w) - tQd \tag{9.2}$$

식 (9.2)는 〈그림 9.2〉의 직선의 방정식을 나타내는데, 절편이 $(PQ-w)$이며, 기울기는 tQ이다. 그리고 특정 거리 d에서의 지대가 방정식에 나타나 있는 것과 다르다면 농부는 다른 지역으로 이동할 것이다. 만일 거리 d에서의 지대가 방정식보다 낮게 나타나 있다면, 다른 지역에 있는 농부가 이익을 얻기 위해 그 지역으로 이동하려고 할 것이며, 이에 따라 지대는 올라갈 것이다. 반대로 지대가 방정식보다 높게 나타난다면, 농부들은 다른 곳으로 이동해 가거나 손실을 피하기 위해 농사를 포기할 것이고, 따라서 지대는 떨어질 것이다. 이러한 결과는 토지소유자가 그들의 자산을 가장 높은 보수를 가져오는 방식을 찾아 사용한다면 토지가 농부에게 소유되었거나, 부재지주(absentee landlord)에게 소유되었거나 특별한 차이는 없을 것이다. 그림에서 A점은 지대가 0이 되는 지점으로, 그 영지대(零地代) 지점을 넘어서 있는 토지는 경작되지 않는다.

이 튀넨의 모델은 해석을 약간 달리하면 도시의 지대결정에도 어느 정도의 통찰력을 제공해 준다. 도시 내에서 생산한 상품을 수출하기 위해 항구나 철도, 고속도로를 통해 도시 밖으로 실어 나른다고 하자. 도시를 둘러싼 토지는 수출상품을 생산하기 위해 이용된다고 하자. P는 수출되는 지점에서 수출상품의 가격이 되고, Q는 에이커당 생산량, w는 연간 에이커당 요구되는 비토지 투입물의 비용이고, t는 상품을 수출지점까지 상품 1톤을 km당 운송하는 데 드는 비용이라고 하자. 그러면 위의 식 (9.2)는 도시의 중심지로부터 거리가 멀어짐에 따라 도시의 지대는 어떻게 변하는지를 보여 준다.

위에서 설명한 리카도나 튀넨의 지대이론은 도시의 토지지대나 토지이용에 대한 현실적인 모델은 아니지만 100년, 200년 전에 도시중심지의 토지가 왜 그 가치가 높은지를 이해하는 데 도움을 줌으로써 아직도 각종 교과서에서 회자되고 있다.[3]

---

3) Mills, 1972, *Urban Economics,* pp. 40-43.

(3) 신고전학파의 지대이론

19세기 후반과 20세기 초에 경제학자들은 좀 더 정교하고 세련된 미시경제분석 기법을 사용하기 시작했다. 그 기법들 중 하나가 요소가격을 결정하는 데 있어 현대이론의 기반을 형성하는 한계생산성(marginal productivity) 이론이다.

이 이론에서는 이윤을 극대화하는 기업들이 각 투입물의 한계생산물가치(Value of the Marginal Product, VMP)가 투입물의 가격과 같아지는 점에서 투입물을 사용하고, 자산의 경우 그 지대율과 같아지는 점에서 사용한다. 왜냐하면 만일 한계생산물가치가 투입물의 가격보다 더 높다면, 그것은 투입물을 추가적으로 더 사용하면 비용보다 수입을 더 추가시켜 주어서 이윤이 증가한다는 것을 의미하기 때문이다. 반대로 한계생산물가치가 투입물의 가격보다 낮다면, 그때는 그 투입물의 사용을 줄이면 수입보다 비용을 더 줄여서 이윤을 증가시킨다는 의미이다. 결국 한계생산물가치와 투입물의 가격이 같아지도록 투입물의 양을 사용했을 때 이윤은 최대가 된다.

토지에 대해서도 같은 원리가 적용된다. 토지에 대한 수요는 수입에 대한 토지의 공헌도에 따라 달라진다. 토지의 한계생산(Marginal Product, MP)은 생산과정에서 토지를 한 단위 더 사용했을 때 생산되는 추가적 산출물의 양이다. 만일 기업이 이 산출물을 경쟁시장에서 판매한다면, 기업은 토지에 대한 지대를 그 토지에서 기인한 산출물 증가가치보다 더 지불하려 하지는 않는다. 그리고 생산자들 간의 경쟁이 있다면, 그들은 서로가 지대를 토지가 기업의 이익에 기여하는 것과 동일해질 때까지 비싸게 입찰할 것이다. 기업이 산출물을 경쟁시장에 판매할 때, 산출물의 가격은 기업의 산출물 양에 영향을 받지 않는다. 이 경우 토지에 대한 수요는 한계생산물가치(VMP)와 동일하다. 모든 비토지 투입물이 일정하다면, 한계생산물가치는 산출물 가격에다 토지의 한계생산을 곱한 것으로 나타난다.

$$VMP_i = P_o \times MP_i \tag{9.3}$$

식 (9.3)에서 VMP_i는 토지 i 단위의 한계생산물가치를 나타내며, P_o는 산출물의 가격, MP_i는 토지 i 단위의 한계생산을 의미한다.

토지의 수요를 나타내는 한계생산물가치(VMP)는 〈그림 9.3〉과 같이 우하향하는 모양인데, 왜냐하면 더 많은 토지를 사용할수록 토지의 한계생산(MP)이 작아지는 한계생산체감의 법칙이 작용하기 때문이다. 토지 한 단위의 한계생산물가치가 시장의 지대보다 크다면 기업은 더 많은 토지를 사용하려 할 것이며, 이는 한계생산과 한계생산물가

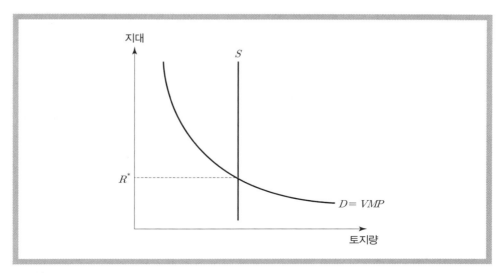

그림 9.3 토지의 수요와 공급

치를 동시에 감소시킨다. 한계생산물가치는 지대율과 같아질 때까지 하락한다. 만일 기업이 산출물시장에서 독점력이 있다면, 토지의 한계생산물가치는 경쟁시장 생산자 경우보다 더 빨리 떨어질 것이다. 왜냐하면, 경쟁시장에서는 산출물의 양에 관계없이 산출물의 가격이 일정하지만, 독점시장에서는 산출물이 증가함에 따라 산출물의 가격이 떨어지기 때문이다.

한편 토지는 생산이 가능한 투입물이 아니기 때문에 다른 생산요소와는 달리 총공급이 고정되어 있다.[4] 따라서 〈그림 9.3〉과 같이 토지의 공급곡선은 수직이고 완전 비탄력적이다. 그리고 토지의 수요와 공급곡선이 만나는 점에서 결정되는 R^*가 균형 지대이다.

그러면 이러한 신고전학파의 지대이론은 고전학파, 특히 리카도의 지대이론과 어느 정도 차이가 있는가? 비록 리카도는 한계생산성에 대해 명시적으로 언급하지는 않았지만, 만일 한 토지구역이 다른 요소에 대한 보상을 하고 남은 잔여수익이 다른 토지구역보다 더 크다면, 이것은 그 구역의 토지 비옥도가 더 높거나 아니면 어떤 입지적 우위로 인해 한계생산물가치가 더 큰 것이라고 상정하는 것이 합리적인 추론이 될 수 있다. 즉, 잔여치와 한계생산성 이론은 같은 내용일 수 있다. 실제로 윅스티드(Wicksteed)[5]

---

4) 토지는 일반적으로 용도규제 때문에 일정 시점, 일정 지역에서 고정되어 있다고 볼 수 있다. 그러나 장기적으로 일정 시점, 일정 지역에서 지대가 높아지면 토지공급자들이 민감하게 반응하여 토지공급곡선이 우상향하는 형태를 띠게 된다.

와 비셀(Wicksell)[6]은 규모수익불변과 투입물 및 산출물의 완전경쟁시장 가정하에서 많은 수학적 이론을 이용해 이 두 이론이 같다는 것을 증명했다.

2. 지대와 조세

19세기에 경제학자들 사이에는 지대에 대해 좋지 않은 감정들이 많이 팽배해 있었다. 그들은 지주가 주로 경제성장의 모든 열매를 가져가서 노동자들의 임금은 겨우 생존수준에 머물 수밖에 없다고 생각했다. 그리고 토지는 사람들의 노력에 의해 생겨날 수 있는 것이 아니므로, 그 소유자에게 아무런 보상도 하지 말아야 한다는 생각이 강했다. 이러한 생각을 가진 대표적 경제학자는 조지(George)[7]였다. 그는 토지의 공급이 완전히 비탄력적이기 때문에 토지소유자의 수입은 정당화될 수 없다고 믿었으며, 또한 토지소유자들이 유익한 경제활동을 하지 않기 때문에 그들이 수입을 얻는 것이 과연 적절한가에 대해서도 의문을 가졌었다. 그래서 그는 토지소유자들이 노력 없이 얻은 수입을 회수하기 위해 그들의 토지를 가장 효과적으로 사용하여 얻을 수 있는 최대의 지대만큼 세금을 부과할 것을 제안했다. 그는 이것을 단일세(single tax)[8]라고 불렀는데, 왜냐하면 그는 이 토지세 하나만으로도 모든 정부활동을 지원하기에 충분할 것으로 생각했기 때문이다. 또한 토지의 공급이 완전비탄력적이기 때문에 지대에 대해 완전히 다 세금을 부과하더라도 토지의 사용이나 공급에는 아무런 영향을 주지 않을 것이라고 주장했다. 이러한 그의 주장에 많은 경제학자들은 지지 의사를 표명했으며, 가능한 한 최대로 다른 세금을 대체해야 한다는 데도 동의했다.

이러한 조지(George)의 단일세가 가진 장점은 본인의 주장대로 다른 생산요소에 대한 세금과는 달리 토지에 대해 세금은 부과해도 가용한 토지의 공급이 줄지 않는다는 것이다. 만일 토지소유주가 토지를 더 이상 생산에 사용하지 않거나 혹은 준최적적(suboptimal)으로 토지를 사용하더라도 계속하여 조지 방식의 세금을 부과할 수 있다. 왜냐하면, 토지소유주가 세금을 피하려고 다른 방식으로 사용하면 결국은 손해를 입게 될 것이고, 따라서 토지소유주는 토지를 가장 최고의 수익을 가져오는 방식으로 사용할 수밖에 없기 때문이다.

---

5) Wicksteed, 1955, *Apphabet of Economic Science : elements of the theory of value or worth.*
6) Wicksell, 1934-1935, *Lectures on Political Economy.*
7) George, 1879, *Progress and Poverty.*
8) 그러나 실제로 단일세 주장은 17세기 존 로크(John Locke)를 비롯해 18세기 여러 중농주의 학자들도 주장해 그 역사가 훨씬 오래되었다. 조지의 토지세에 대한 자세한 내용은 이정전(1999) 『토지경제학』, 14장 참조.

그러나 실제로 미국이나 우리나라의 과거 추세를 되돌아보면 노동자의 임금이 최저생존수준에 머물렀다기보다는 지속적으로 그리고 상당히 빠르게 증가해 왔다는 것을 알 수 있다. 그리고 조지가 이러한 주장을 담은 저서를 쓰던 1850년대에는 지대가 미국 국가소득의 7.7% 정도 되었으나,[9] 1950년대 중반이 되면 그 비율이 6.4%로 떨어졌고, 이 비중은 1980년대에도 거의 변함이 없다.[10] 이렇게 국가소득에서 지대의 비중이 줄어든 까닭은 경제적 활동이 토지비중이 높은 농업으로부터 비중이 낮은 도시생산으로 대량으로 이동해 왔기 때문이다. 그래서 오늘날엔 정부가 지대로만 충분한 수입을 올리지 못하며, 지대에 대한 정부의 관심도 과거와 달리 많이 줄어들었다. 또한 토지가치에 대한 100% 세금은 몰수나 마찬가지이기 때문에 지금 같은 자본주의 체제에서는 상상하기가 어려우며, 몰수적 세금은 물론 법에도 위반된다. 더구나 세금산정자가 세금을 올바르게 거두기 위해서는 토지의 최적사용 방법과 그에 따른 지대 크기를 정확히 알고 있어야 하지만, 실제로 산정자가 최대지대가 얼마인지를 알기는 불가능하다. 예를 들어, 농부가 토지에 쌀을 경작하고 있다고 가정하자. 그리고 농부의 노동에 대한 기회비용을 포함한 비토지비용을 모두 빼고, 토지에 대한 잔여치(residual)가 40만 원이라고 하자. 이때 토지에 대한 세금은 더 큰 잔여치를 만드는 다른 이용방법이 없을 경우에만 40만 원이 될 것이다. 그러나 세금산정자는 쌀을 경작하는 것이 토지를 최고로 효율적으로 사용하는 것인지, 아니면 다른 농작물을 경작하는 것이 더 효율적인지 정확히 알 수 있는 방법이 없다. 이것은 상당히 심각한 문제인데, 왜냐하면 도시의 토지는 매우 귀중한 자원이어서 효율적으로 사용하는 것이 무엇보다도 중요하기 때문이다. 문제는 세금산정자는 세금을 산정하는 전문가이지 도시의 토지를 효율적으로 분배하는 전문가는 아니라는 것이다. 마지막으로 조지 식의 토지세에 대해 반대하는 학자들은 형평성 문제를 제기한다. 즉, 재능(농구에 마이클 조던, 골프에 타이거 우즈, 피겨에 김연아)과 같은 다른 형태의 지대에는 100% 과세를 하지 않으면서, 토지에 대한 지대에만 100% 과세하는 것은 공평하지 않다는 것이다.

조지의 지대에 대한 조세부과 주장은 여러 측면에서 실행에 옮기는 데 문제가 있지만, 대신에 다른 여러 가지 실제적 계획안들을 촉진시켰다. 그중 하나는 토지 전체가치에 대한 세금보다는 노력 없이 얻은 증가분에만 과세하자는 것이다. 이는 토지가치의

 9) Keiper, Joseph et al., 1961, *Theory and measurement of rent*.
10) Mills and Hamilton, 1989, *Urban Economics*.

상승분에 대한 전부 혹은 상당한 비율을 세금으로 회수하자는 제안인데, 토지가치의
상승은 보통 부지 주변의 환경변화—도로, 인구이동, 다른 발전 등—에 기인하며, 토지
소유자 자신들이 실제로 행한 것은 거의 없다는 이유에서이다.

　다른 경제학자들은 자산세의 구조를 개정해서 높은 비율의 세금을 토지에 부과하고,
동시에 낮은 비율의 세금을 토지개량(예 : 빌딩)에 부과해야 한다고 주장한다. 미국에
서는 부동산에 대한 세금은 거의 지방정부가 배타적으로 행사하고 있다. 이들 정부는
특히 도시지역에서 토지와 토지개량 둘 다에 높은 세금을 부과하고 있다. 그러나 조지
는 그의 연구를 통해 토지에 대한 세금은 자원분배결정에 아무런 영향이 없지만, 토지
를 개량하는 데 대한 세금은 개량을 저해한다고 믿고 있다. 따라서 만일 토지에 대해
서는 높은 세금을 매기고, 대신 토지개량에는 지금보다 낮은 세금을 매기면 자원분배
의 왜곡을 줄일 수 있다고 주장한다. 실제로 토지와 개량에 대한 차별적 세금비율은
피츠버그 같은 미국의 몇몇 도시에서 적용되고 있다.

3. 지대와 토지의 가치

어떤 자산의 가격이 그것이 산출하는 서비스의 가격과 관련되어 있듯이 토지의 가치와
지대도 같은 방식으로 연관되어 있다. 물리적 자산의 스톡(stock)은 가치가 높은데, 왜
냐하면 상당한 기간 동안 서비스 흐름을 만들어 내기 때문이다. 지대는 특정한 기간
(예 : 1년) 동안 산출한 서비스에 대한 가격이다. 따라서 지대는 토지가 측정되는 단위
뿐만 아니라 시간이라는 기간의 특성(dimension)도 가지고 있다. 즉 지대란 1년간 1에
이커당 몇 원이라고 이야기할 수 있다. 그래서 어떤 자산의 가격은 그 자산이 사용되
는 일생 동안 산출해 내는 지대의 현재가치라고 할 수 있다. 즉, 토지라는 자산의 경우
미래의 지대를 할인한 현재가치의 합이 토지가치와 같다.

　만일 토지가 매년 R만큼의 지대를 영원히 제공해 주고, 할인율이 매년 r이라면 토
지의 가치(V)를 결정하는 공식은 다음 식 (9.4)과 같다.

$$V = \frac{R}{(1+r)} + \frac{R}{(1+r)^2} + \frac{R}{(1+r)^3} + \cdots\cdots \tag{9.4}$$

　일반적으로 사람들이 만든 기계나 빌딩 같은 자산은 그것을 사용하면서 시간이 지
나면 필연적으로 감가상각되어 나중에는 가치가 없어지게 된다. 농업에 쓰이는 토지도
시간이 지나면서 토양의 질이 떨어진다. 그러나 대부분의 도시에서 이용되는 토지는

물리적인 가치저하는 일어나지 않고, 위의 식 (9.4)와 같이 영원히 서비스를 산출해 낸다.

위 식 (9.4)는 공비가 $\dfrac{1}{1+r}$인 무한등비급수이므로 그 합을 구하면 식 (9.5)와 같이 된다.

$$V = \frac{\dfrac{R}{1+r}}{1-\dfrac{1}{1+r}} = \frac{\dfrac{R}{1+r}}{\dfrac{r}{1+r}} = \frac{R}{r} \tag{9.5}$$

리카도에 따르면, R은 다른 생산요소들을 보상하고 난 후의 토지의 잔여치이다. 위의 공식은 토지를 보유하는 비용이 지대와 같다는 것을 말해 준다. 만일 토지보유에 대한 비용이 오직 포기한 할인율 r이고, r이 이자율 i와 같다면 경쟁시장에서 지대 R는 자산보유비용(iV)과 같다.

비록 미래의 지대를 현재가치로 전환시키는 공식은 쉽게 도출되지만 실제로 적용하기는 쉽지 않다. 적절한 할인율을 결정하는 것도 어렵고, 미래의 지대를 예측하는 것도 쉽지가 않다. 더구나 만일 토지에 노동과 자본을 투자해서 개량한다면, 토지로 인한 수익으로부터 자본과 노동으로 인한 수입을 분리하기는 쉽지 않다. 그러나 위의 식 (9.5)에서 표현된 가치개념은 어떻게 특정한 토지를 사용할 것인가를 결정하는 데 있어 중요한 역할을 한다.

제2절 토지에 대한 지대호가곡선

앞의 절에서는 지대에 대해 살펴보았다. 토지사용이 가격제도를 통해 결정되는 사회에서는 토지의 가격은 '지대'와 동일하며, 원칙적으로 각 토지는 가장 높은 가격을 부르는 경매자에게 돌아간다. 개인이나 기업 혹은 각종 기관들이 특정한 부지를 다른 부지보다 더 높게 가격을 부른다면, 아마 그 특정부지가 다른 부지보다 천연자원이나 토지의 질, 기후, 지형, 용수공급, 주변의 어메니티 환경,[11] 투입물이나 산출물에 접근성, 노동의 공급, 공공 서비스의 공급, 평판 등이 더 좋기 때문일 것이다.

---

11) Buettne and Ebertz, 2009, "Quality of life in the regions : results for German Counties", pp. 89-112.

이 절에서는 토지에 대한 수요가 공간상에서 어떻게 변화되는가를 검토하기 위해 먼저 지대호가곡선(rent-bid curve)에 대해 알아본다. 이를 위해 도시중심부에 위치한 중심상업지구(Central Business District, CBD)를 기업들이 가장 희망하는 입지지로 가정한다. 도시 중앙에 입지한 기업은 상품과 서비스에 최대의 접근성을 가지고 있으며, 중심지는 대도시에서 운송비 최소지점이다. 또한 대도시 중심부의 유인력을 더 강화시키기 위해서 상품이 어디서 생산되더라도 수출하기 위해서는 도시중심지로 이적되어야 한다고 가정하자. 그리고 분석을 더욱 단순화시키기 위해 시장 접근성만이 입지에 영향을 준다고 가정하고, 노동비용, 세금, 공공 서비스 등은 어느 지역에서나 동일하다고 하면, 이윤은 대도시 중심부로의 접근성과 토지비용에 달려 있게 된다.

이러한 가정에 의해 대도시 중심지의 중심상업지구(CBD)는 운송비 최저지점이 되며, 여기에 입지한 기업은 고객과 가까이 있기 때문에 그들의 상품을 높은 가격에서 팔 수 있다. 또한 투입물들과의 접근성도 제공하여 많은 경제활동, 특히 금융, 법, 상업 등 관련분야 종사자들끼리 서로 얼굴을 맞대고 회의도 할 수 있는 장점이 있다. 신속한 회의 및 토론은 수명이 짧은 아이디어나 정보판매자에게는 특히 중요하며, 그러한 활동은 도시중심지로 강력히 편향된다.

이러한 여러 가지 장점이 어우러져 중심상업지구에 입지한 기업은 다른 지역에 입지한 기업보다 유리한 조건에서 경제활동을 하게 되며, 그래서 높은 지대를 지불할 의사를 가진다. 그러나 중심상업지구에서 멀어질수록 이런 장점이 사라지므로 지대도 낮게 부르게 되고, 결국 지대호가곡선은 앞의 튀넨이 제시한 지대곡선인 〈그림 9.2〉와 유사한 형태를 띨 것이다.

하지만 지대호가곡선은 알론소(Alonso)[12]와 밀(Mill),[13] 이반(Evans)[14] 등에 의해 튀넨이 사용했던 분석틀보다 좀 더 미시경제학적인 내용을 포함한 형태로 확장되었다. 이들의 지대호가곡선 이론이 튀넨의 이론과 근본적으로 다른 점은 생산요소 간의 대체성 여부에 있다. 즉, 튀넨의 이론에서는 토지와 비토지 생산요소들이 서로 대체할 수 없다고 가정했지만, 알론소 등은 지대호가곡선을 도출할 때 모든 산출물에 있어 토지와 비토지 생산요소 간에 상호대체가 가능하다고 가정했다.

---

12) Alonso, 1964, *Location and Land Use : Toward a general theory of land rent.* Capello, 2016, *Regional Economics,* 2nd ed., pp. 49-53.

13) Mills, 1969, "The Value of Urban Land".

14) Evans, 1973, *The Economics of residential location.*

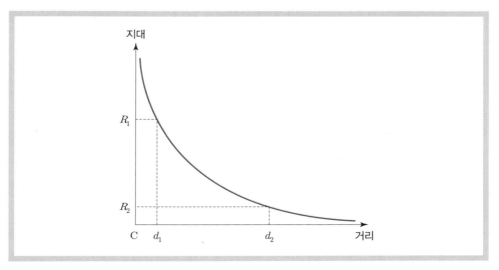

그림 9.4 개별기업의 지대호가곡선

그러면 이러한 차이점이 지대곡선에 어떤 변화를 가져오는가?

우선 모든 재화가 거래되는 시장은 〈그림 9.4〉의 C 점에 위치해 있다고 하자. 이 점은 도시의 한가운데 중심지로 앞에서 언급한 중심상업지구에 해당한다. 토지는 여전히 어디에 위치하든 모두 동질적이지만, 이제는 토지와 비토지 생산요소는 상호대체가 가능하다.

그러면 시장중심지 C 점으로부터 일정한 거리가 떨어진 지역에 위치한 토지에 대해 개별기업은 얼마나 지불할 용의가 있는지 알아보자. 생산된 재화를 일단 시장중심지인 C 점까지 운반해야 되는데, 이에 따른 운송비가 발생하니 기업은 C 점에서 멀어질수록 토지에 대해 부르는 가격, 즉 지불하려는 가격이 내려갈 것이다. 이런 이유로 앞의 〈그림 9.2〉에 튀넨의 지대곡선에서는 음(−)의 기울기를 가진 직선으로 나타났다. 하지만 지대호가곡선에서는 중심지에서 멀어짐에 따라 지대의 감소율이 일정한 것이 아니라 체감한다. 왜냐하면 이제는 토지와 비토지 생산요소 간의 상호대체가 가능하다고 가정했기 때문이다. 그래서 한 생산요소의 가격이 하락해서 상대적으로 다른 생산요소보다 싸게 되면, 기업은 상대적으로 싼 생산요소를 더 많이 사용하고 상대적으로 비싼 생산요소는 덜 사용하는 방식으로 생산요소의 결합방식을 바꾸게 된다. 중심지인 C 점에서 멀어질수록 지대는 하락하게 된다. 따라서 토지의 가격이 다른 생산요소 가격에 비해 상대적으로 싸게 되고, 기업은 그것을 반영하여 토지의 사용량을 늘리는 대신 상대적으로 비싼 비토지 생산요소의 사용량을 줄이게 된다. 반대로 시장중심지로 가까워질수록 토지의 가격은 상대적으로 비싸지므로 토지의 사용량을 줄이고, 다른 비토지 생산요소의 사용량을 늘린다. 이에 따라 기업이 중심지에서 멀어질수록 비토지 생산요소/토지 비율은 낮아지고, 시장중심지로 가까이 갈수록 비토지 생산요소/토지 비율은 높아지며 토지를 집약적으로 사용하게 된다. 개별기업의 지대호가곡선은 이러한 생산요소 간의 대체성을 반영하여 직선 형태가 아니라 〈그림 9.4〉에서와 같이 부드럽고 원점에 대해 볼록한 곡선 형태로 나타난다.

한편 운송에 있어 장거리 운송경제(long-haul economy)도 지대호가곡선의 모양에 영향을 미친다. 도시중심지에서 5km 떨어진 지점까지의 운송비는 10km 떨어진 지점까지의 운송비 절반보다는 더 비싼데, 왜냐하면 운송비가 고정비용과 연관되어 있기 때문이다. 따라서 기업이 지불하려는 지대는 중심지로부터 거리가 멀어짐에 따라 점점 더 천천히 하락한다. 결국 생산요소 간의 대체성과 장거리 운송경제에 의해 도시중심지로부터 멀어져 감에 따라 지대호가곡선은 매우 천천히 그리고 느린 비율로 떨어지게 된다. 〈그림 9.4〉에서 d_1 지역에 위치한 토지의 지불용의 지대는 R_1이며, d_2 지역에 위치한 토지의 지불용의 지대는 R_2이다.

한편 이러한 지대호가곡선에 대해 많은 경제학자들이 그 기울기를 추정하는 실증분석을 행했지만,[15] 시간이나 도시의 성장, 주변의 다른 경제여건이 변화하는 것 등을 고려하지 못한 정태적 모델이라는 비판도 있다. 이는 주로 알론소(Alonso)[16]에 의해 지적된 사항인데, 그는 이러한 지대호가곡선이 운송기술이 발전하거나, 인구가 증가했을 때 혹은 소득수준이 늘어났을 때 어떻게 변화하는가에 대해 연구했었다. 그러나 이러한 변화 내용은 이 장 뒷부분의 도시의 성장부분에서 다시 다루게 되므로 여기서는 더 이상 논의하지 않는다.

15) Lerman and Kern, 1983, "Hedonic theory, bid rents, and Willingness-to-pay : Some extensions of Ellickson's results", pp. 358-363. McMillen, 1997, "Multiple Regime Bid-Rent Function Estimation", pp. 301-319. Muto, 2006, "Estimation of the bid rent function with the usage decision model", pp. 33-49. Danton, Jayson, Himbert, Alexander, 2018, "Residential vertical rent curves", pp. 89-100.

16) Alonso, 1964, *Location and Land Use,* pp. 105-16.

제3절 │ 토지에 대한 경쟁과 토지사용 형태

앞 절에서는 개별기업의 지대호가곡선이 우하향하는 기울기를 가진다고 설명했다. 그러나 각기 다른 경제활동을 하는 다수의 기업들이 토지에 대한 경쟁을 한다면 특정지점에서는 가장 높은 지대를 지불하려는 기업이 토지를 사용하게 된다. 이 절에서는 이러한 여러 활동 간의 경쟁이 어떻게 토지사용 형태를 결정하는지 알아본다. 토지사용 형태의 기본 가정은 앞의 절과 같이 중심상업지구가 운송비용 최소점이며, 중심상업지구로부터 모든 방향으로 이동할 때 운송비가 일정하게 증가한다고 가정한다. 그 후 이 가정을 차츰 완화하면서 토지사용의 형태 변화를 살펴본다. 그러나 두 가지 핵심원칙은 언제나 명확히 준수된다. 이는 첫째, 모든 경제활동(산업)은 도시중심부로 접근성을 추구하며, 둘째, 기업은 그들이 사용하기로 결정한 부지에 최고로 높은 지대를 지불할 의사와 능력을 가지고 있다는 것이다.

1. 튀넨과 동심원 모델

북부 독일 메클렌부르크 지방의 부유한 지주 가문에서 태어난 튀넨(Johann Heinrich von Thünen)은 자신이 농장주가 되어서 직접 농장을 경영한 경험을 바탕으로 1826년 〈고립국(Der isolierte Staat)〉이라는 논문을 발표하였다. 그는 논문을 통해서 시장으로부터 멀어짐에 따라 첫째, 어떤 모습으로 농업의 토지 이용이 변하는가, 둘째, 농업 생산의 집약도는 어떻게 변하는가 하는 문제에 답을 찾고자 하였는데, 그의 이론은 토지이용과 지대와의 관계를 밝힌 최초의 입지론(location theory)으로, 그 후 베버의 공업입지론과 크리스탈러의 중심지 이론 등에 영향을 주었다.

그는 한 가상적 지역에 토지이용 형태의 모델을 처음으로 개발했는데, 강이나, 수로, 산 등이 없는 평원과 그 한가운데 큰 도시를 가정했다. 평원의 토양은 동질적으로 비옥해서 어디서나 경작이 가능하다. 교통은 육상에서만 이루어지며, 생산비용과 운송조건은 어디서나 동일하다. 그리고 마을 외부에서 생산되는 모든 상품은 마을 내부로 가져와 소비된다. 평원의 끝에는 경작이 불가능한 황무지가 펼쳐져 있어 도시는 외부세계와 고립되어 있다.

이러한 조건하에서 튀넨은 km당 높은 운송비를 가진 산출물은 마을 가까이에서 생산되고, 낮은 운송비를 가진 산출물은 마을로부터 멀리 떨어져서 생산된다고 하였다.

먼저 튀넨의 모델에서 토지에 대한 경쟁이 발생하는 경우를 고려해 보자. 3명의 농

표 9.1 각 경제활동에 드는 항목별 비용

경제활동 ＼ 비용	산출물 1톤당 가격(원)	산출물 1톤당 1km 운송비(원)	토지 외 생산요소에 지불하는 비용(원)
목재	200,000	2,000	100,000
밀	120,000	1,000	50,000
목초	80,000	400	40,000

부가 있어 각기 다른 경제활동을 하고 있는데, 각각의 경제활동에 지불되는 비용과 운송비는 〈표 9.1〉과 같다.

각 산출물을 1톤 생산하는 데 동일한 면적의 땅이 필요하다고 하자. 목재를 생산하는 경우 목재가격이 1톤당 20만 원이며, 비토지 생산요소에 10만 원을 지불하기 때문에 도시중심부 토지의 경우 최대지대는 10만 원이 된다. 그리고 도시중심부로부터 1km 멀어짐에 따라 운송비를 2,000원씩 지불하므로 중심지로부터 50km 떨어진 곳의 지대는 0이 된다. 한편 밀을 경작하는 농부의 경우 밀의 1톤당 가격은 12만 원이지만 비토지 생산요소에 5만 원을 지급하고 나면 중심지 토지에 최대 7만 원의 지대를 지불할 수 있다. 그리고 1km당 1,000원의 운송비를 지불하니 도시중심부에서 70km 떨어진 곳에 있는 토지의 지대는 0이 된다. 마지막으로 목초를 경작하는 농부의 경우 목초 1톤당 가격은 8만 원이고, 비토지 생산요소에 4만 원을 지불하면 중심지 토지에 최대한 지불할 수 있는 지대는 4만 원이다. 그리고 중심지에서 100km 떨어진 곳에 위치한 토지의 지대는 0이 된다.

이러한 세 가지 경제활동에 대한 튀넨의 지대곡선을 그려보면 〈그림 9.5〉와 같이 된다.

위의 모델에서 세 가지 경제활동이 이루어진다고 가정함에 따라 토지는 3등분되어 사용되며, 도시중심부에 가장 가까운 토지는 가장 높은 가격을 부른 목재생산에 그리고 그다음으로 가까운 토지는 밀의 생산에 그리고 가장 멀리 떨어져 있는 토지는 목초 생산에 쓰이게 된다. 만일 토지가 접근성을 제외하고 동질적이라고 가정한다면, 이러한 토지사용은 중심지 주변에 동심원을 만들 것이다. 그리고 각 지점에 있어 지대호가곡선은 가장 높은 점들을 연결한 선이 될 것이다. 튀넨은 자신이 살던 시대에는 마을에서 제일 가까운 토지가 목재생산에 이용된다고 하여 경제학자들을 혼란스럽게 만들

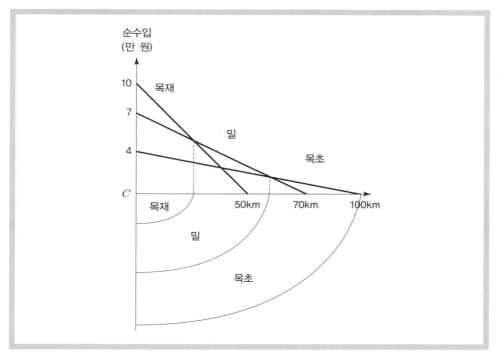

그림 9.5 튀넨 모델에서 토지의 이용

었는데, 그의 설명에 따르면 당시에 목재는 집을 짓는 데 필요할 뿐 아니라, 매일 난방과 요리하는 데 꼭 필요했기 때문이라는 것이다. 그 외곽에는 밀(wheat) 경작지가 위치하고 마을에서 더 멀리 떨어진 토지는 소를 방목하는 것과 같이 낮은 운송비를 가진 활동에 사용된다고 하였다.

튀넨은 지대이론을 구상할 당시 그 시대의 상황을 반영하여 농업지대를 대상으로 이론을 전개했지만, 그의 이론은 현재의 도시 토지사용 상황에도 그대로 적용할 수 있다.

즉, 현대의 도시중심지에는 중심상업지구(CBD)가 있고, 이 지역에는 주로 서비스업, 특히 금융업들이 입지하고 있다. 이들 서비스업에 종사하는 기업들은 다른 부문 기업에 비해 시장에 대한 접근성을 매우 선호하며, 또한 고객과 직접 면담을 통한 상담을 많이 필요로 한다. 소매 사업을 하는 기업도 소비자 근접성을 추구하므로 중심상업지구를 선호할 것으로 보인다. 그다음으로 제조업이 주로 입지하는데, 제조업 기업은 도시의 내부시장과 외부시장에 대한 접근성을 동시에 필요로 한다. 제조업 외곽에는 주

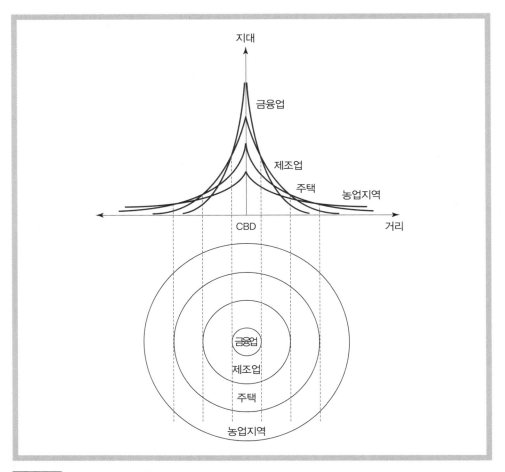

그림 9.6 도시의 토지이용

민들이 사는 주택지구가 형성되는데 주거지의 지대호가곡선은 대체로 제조업 기업이 호가하는 지대보다 낮다. 도시의 최고 외곽지역에는 수입이 높지 않는 농업지역이 자리한다. 그래서 전체적으로 도시의 지대호가곡선과 토지이용형태는 〈그림 9.6〉과 같이 나타난다.

그림 위쪽에는 네 가지 다른 토지사용 활동의 지대기울기가 나타나 있다. 그리고 아래쪽 그림은 이러한 지대기울기로부터 도출된 동심원 형태의 토지사용구역이 나타나 있는데, 언급했듯이 각 구역의 사용은 다른 활동보다도 더 높은 지대를 호가한 활동이 차지한다.

도시 내에서 토지이용에 대한 분석은 부분적으로 도시경제 내에서 특정위치와 토지를 임대하기 위해 상호경쟁하는 경제활동을 어떻게 구분하는가에 따라 달라진다. 도시 내에는 선호와 행위가 비슷한 활동이 많다. 그러나 이러한 활동을 모두 동질적이라고 가정함으로써 분석을 최대한 단순화시켜 〈그림 9.6〉과 같은 단순한 토지분배 형태를 얻었다.

　지대호가곡선의 기울기는 산업이나 경제활동별로 각기 다른데, 일반적으로 도시중심지로부터 멀어짐에 따라 비용이 급격히 증가하는 활동이나 중심지에 접근이 꼭 필요한 활동은 일반적으로 지대호가곡선이 가파른 기울기를 가진다. 또한 중심지가 제공하는 접근성을 대체할 투입물이 없는 활동도 가파른 지대곡선을 가질 것이다. 대신에 전화나 컴퓨터 화상통화를 통해 접근성을 대체할 다른 투입물이 있는 경제활동은 도심지에서 되도록 멀리 떨어져 입지하려 할 것이며, 이것은 지대호가곡선의 기울기를 완만하게 만든다. 그리고 미래에 지속적인 통신기술의 발달은 중심상업지구(CBD)의 매력을 점차 감소시킬 것이다.

　도시내부의 지역구조로서 이러한 패턴을 발견한 사람은 미국의 도시사회학자 버지스(Burgess)[17]이다. 그는 시카고 도시의 실증적 분석을 통해 동심원 형태 특유의 토지 사용 형태를 확인시켰으며, 그의 분석은 동심원 모델(concentric-zone model)의 이론적 주장을 뒷받침해 주었다.

　하지만 이러한 실증적 뒷받침이 있다 하더라도, 많은 경제학자들은 도시의 실제 토지사용 형태가 동심원 모델의 예측과 다르다고 믿고 있다. 동질적 평원과 모든 방향으로 동일한 운송비, 공간상으로 균등하게 분포된 자원, 토지사용의 무한적 분할성 등의 가정은 튀넨의 동심원 모델을 형성하는 데 결정적인 역할을 하였다. 그러나 이러한 가정들이 너무 비현실적인 측면이 많아 실제로 적용하기에는 무리가 따른다. 현실세계에서는 같은 지역 내에서도 토지가 이질적으로 이용되는 경우가 많다. 예를 들어, 주택과 사무실, 공장 등이 서로 같은 지역군(地域群) 내에 입지해 있는 경우도 종종 관찰된다. 토지의 비옥도가 각기 다르고 강과 수로, 산 등이 곳곳에 산재해 있다. 대부분의 도시나 지역은 고립되어 있는 것이 아니라 외부와 교류가 가능하고, 수송비의 차이에 의해서만 차액지대가 발생하는 것도 아니다. 따라서 다음 단락부터는 동심원 모델의 가정들을 하나씩 완화함으로써, 좀 더 현실적인 토지사용 형태를 찾아본다.

---

17) Burgess, 1925, "The Growth of the City". 신정엽, 2020, "현대 도시공간 관점에서 시카고 학파의 연구 재조명 : 생태적 접근과 동심원 모델을 중심으로", pp. 43-47 참조.

2. 도로의 발전과 부채형 모델

동심원 모델에서는 도시중심부에서 모든 방향으로 운송비가 동일하다고 가정하였다. 그러나 실제로는 모든 방향으로 운송비가 같지 않고, 기존의 주요 간선도로를 따라 운송비가 낮아진다. 따라서 이러한 운송비용의 차이를 고려하면 동심원 모델은 수정되어야 한다. 어떤 지역이 중심지로부터 더 멀리 떨어져 있더라도 주요 도로에 인접해 있다면 더 좋은 접근성(accessibility)을 가지고 있다. 이러한 접근성이 근접성(proximity)보다 지대지불의사에 더 많은 영향을 미치므로, 접근성이 좋은 토지에 대해 각 경제활동의 지대호가가격은 더 높아진다. 도로의 발전에 따라 동심원 모델의 '모든 방향으로 동일한 운송비' 가정을 기각시키면 도시적 토지이용의 배치는 도심으로부터 외곽으로 확장된 교통로를 따라 〈그림 9.7〉과 같은 토지사용 형태를 만들어 낸다.

운송비에 영향을 주는 것으로 강이나 산 등 다른 자연적 요인들이 추가될 수 있다. 만일 도시주변에 큰 순환도로가 건설되어 개통되면 도넛(donut) 같은 토지사용 형태가 생겨날 수도 있다.

호이트(Hoyt)[18]는 미국의 25개 도시를 분석하여 도시공간 구조는 동심원 형태가 아닌 위의 〈그림 9.7〉과 같은 부채꼴 형태가 더 일반적이라고 주장하였다.

그는 분석을 통해 서로 양립할 수 있는 부문은 근접해서 입지하고, 양립하지 못하는 부분은 서로 멀리 떨어져서 입지하는 것을 발견했다. 즉, 경공업과 보세창고지역 및 저소득층 주택은 서로 근접해 입지하지만, 고소득층과 보세창고, 경공업지역은 서로 떨어져 입지했다. 거주지역의 경우 소득과 사회적 지위에 따라 분리되는 경향을 보였고, 도시의 서로 다른 지역에 다른 방향으로 확대되었다. 그는 토지사용의 동태성에도 관심을 가져, 지역의 경제성장과 인구증가에 따라 동심원 모델과 같이 바깥쪽으로 방사선 형태로 성장해 나가는 모양을 관측했다. 고소득 가계가 도시 내부에서 떠나면 그 지역은 소득이 낮은 가계로 채워진다. 그러나 통근비용이 증가하면서, 도시의 내부지역은 고소득 가계를 다시 유인하고, 내부로의 침범과 고급화가 일어난다. 만일 중심상업지구도 동시에 외부로 팽창한다면, 저소득 주택지역은 양쪽에서 압박을 받게 된다.

3. 집적과 다핵도시

동심원 모델에서는 단 하나의 중심지역을 가정했다. 그러나 큰 도시에서는 꼭 하나만

---

18) Hoyt, 1939, *The Structure and Growth of Residential Neighbourhoods in American Cities*.

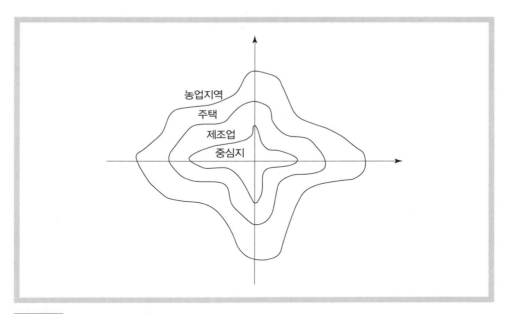

그림 9.7 도로의 발전과 토지의 사용

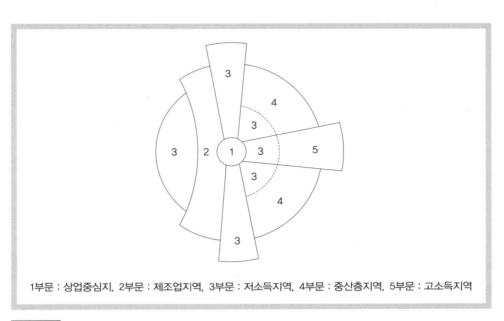

1부문 : 상업중심지, 2부문 : 제조업지역, 3부문 : 저소득지역, 4부문 : 중산층지역, 5부문 : 고소득지역

그림 9.8 부채꼴 형태의 토지사용

의 중심지역만 있는 것은 아니다. 우리나라 서울의 명동과 종로, 부산의 남포동과 서면 등이 그 좋은 예이다.

도시 내에 중심지가 여러 개 존재한다는 다핵(多核)이론은 1945년 지리학자 해리스 (Harris)와 울만(Ulman)[19]의 실증적 연구로 시작된 현대의 대도시에 있어 가장 복잡한 모델이다.

이들의 이론은 단일조직체 내 혹은 조직체 간의 집적경제에 의해 토지사용 군집이 나타나는 것을 인정하고 있다. 그리고 이러한 도시 내 집적경제는 중심지 이외 지역에 서 부심이 발전하도록 유도한다.

소매군집은 다핵도시(the Multiple-Nuclear City)의 중요한 요소이다. 도시가 성장함 에 따라, 도시 외곽에 사는 사람들은 중심지로의 접근이 점점 더 어려워진다. 소매점은 커지는 부심도시의 시장을 위해 발전하게 된다. 사무실이나 학원, 오락시설 그리고 주 거지 같은 경제활동은 특히 교통체계가 부심지역으로 편향되어 있을 경우에 지역의 쇼핑센터 주변에 생겨난다. 대도시지역이 확장됨에 따라 이전에는 분리되어 있던 지역 사회가 대도시와 연결되고, 그 지역사회 내에서는 토지사용이 변화되면서 대도시체계 내에서 부심으로 발전한다. 그러나 부심의 크기는 주변 경제권의 강약에 따라 도시중 심지와 경쟁이 될 만큼 큰 부심에서, 아주 작은 크기의 부심까지 다양하게 존재한다. 부심은 처음에는 장이 서는 소도시나, 인근 마을, 공장, 탄광, 기차 터미널, 강가의 포 구 등이었을 수 있다. 그리고 그들은 도시내부 교통에 의해 집적되면서 하나의 도시로 통합된다. 그 후 장이 서던 소도시는 도시의 중심상업지구(CBD)로, 마을은 외부상업지 구로, 공장지역은 도매상이나 경공업지역으로 발전하고, 탄광이나 강가의 포구는 중공 업지역으로 변한다.

〈그림 9.9〉는 다핵도시의 토지사용 형태를 보여 주는데, 그림에 나타나 있듯이 하나 의 커다란 중심도시와 몇 개의 부심(副心)이 존재하고 있다.

도시지역 내에는 양립하는 부문끼리 서로 유인하는데, 예를 들어 저소득 주거지역은 도매업과 경공업 그리고 중공업과 가까이 입지하고, 중산층 및 고소득 주거지역은 외 부의 상업지역을 둘러싼다. 그러나 중공업과 고소득 주거지역같이 서로 조화를 이루지 못하는 부문은 서로 멀리 떨어져 입지한다.

핵의 수(數)는 일반적으로 큰 도시지역이 작은 도시지역보다 더 많고, 각 중심지 내

---

19) Harris and Ullman, 1945, "The Nature of Cities". pp. 7-17.

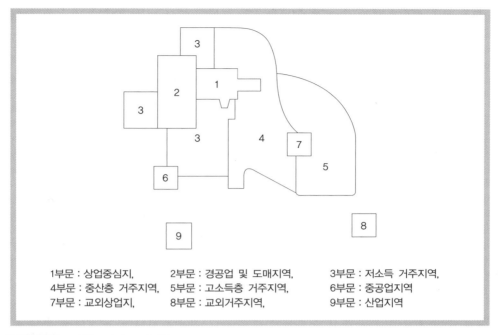

1부문 : 상업중심지, 2부문 : 경공업 및 도매지역, 3부문 : 저소득 거주지역,
4부문 : 중산층 거주지역, 5부문 : 고소득층 거주지역, 6부문 : 중공업지역
7부문 : 교외상업지, 8부문 : 교외거주지역, 9부문 : 산업지역

그림 9.9 다핵도시의 토지사용

에서는 고도의 전문화가 이루어진다.

이러한 다핵 모델은 주로 바둑판 같은 도로 형태가 토지사용을 기하학적으로 분리시키는 미국 내 도시들의 형태를 잘 설명해 주지만, 덜 규칙적인 도로 형태를 가진 다른 나라에서도 이론의 기본적 원리는 적용된다.

4. 인구밀도 기울기

일반적으로 도시의 중심지에서 멀어질수록 지대와 인구밀도, 건물의 높이 등은 낮아진다.

인구밀도 기울기(density gradients)는 도심지로부터 멀어지면서 나타나는 토지 단위당 인구의 밀도를 의미하는데, 여러 연구결과를 따르면 인구밀도는 지수 형태로 나타난다.

$$D(d) = D_o e^{-bd} \tag{9.6}$$

여기서 $D(d)$는 도시중심지에서 d만큼 거리가 떨어진 곳의 인구밀도이며, D_o는 도시중심지의 인구밀도, b는 인구밀도의 경사도이다.

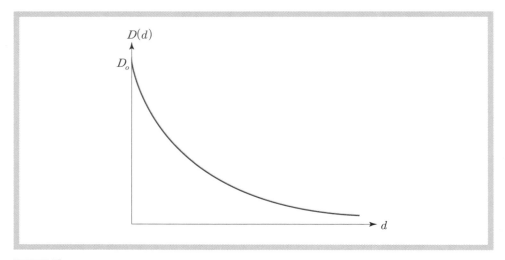

그림 9.10 인구밀도 기울기

식 (9.6)을 그래프로 그려보면 〈그림 9.10〉과 같은 형태를 갖는다. $d=0$일 때 인구밀도 D_o는 도시중심지역 인구밀도인데, 사실상 인위적으로 설정한 값이다. 왜냐하면 대도시의 중심지는 인구밀도가 매우 낮기 때문이다. 방정식에서 b 값이 작을수록 밀도곡선은 평평해진다. 이 b는 방정식 (9.6)을 d에 대해 미분하여 얻은 값으로, 거리(d)가 늘어남에 따라 $D(d)$가 b% 떨어진다는 의미이다. 예를 들어, 거리를 마일(mile)로 추정하고 b 값이 0.5이라면, 각각의 거리 d에서 1마일씩 멀어질 때마다 인구밀도가 50%씩 감소한다는 의미이다.[20]

밀(Mills)은 미국의 여러 도시를 대상으로 b 값을 추정해 보았는데, 볼티모어 밀워키, 필라델피아, 로체스터 4개 도시를 대상으로 1880~1963년까지 추정한 결과가 〈표 9.2〉에 나타나 있다.

물론 이 4개 도시가 미국 전체를 대표한다고 할 수는 없지만 〈표 9.2〉에서는 미국의 도시가 확대되어 가는 교외화(suburbanization) 추세 역사를 잘 보여 주고 있다. 1880년에 비해서 1963년에는 b의 값이 1/4 수준으로 떨어져, 83년 동안 4개 도시가 엄청나게 교외화된 것을 보여 준다. 이는 달리 표현하면 1880년에는 4개 도시의 인구 절반이 도시중심지에서 1.3마일 내에서 살았는데, 1963년에는 인구의 반이 도시중심지로부터

---

20) 식 (9.6)은 양변에 자연로그(Natural Log)를 취하면 $\ln D(d) = \ln Do - bd$가 된다. $\ln D(d) = Y$, $\ln Do = A$, $d = X$라고 하면 식 (9.6)은 $Y = A - bX$ 형태로 되어 최소자승법으로 쉽게 A 및 b값을 구할 수 있다.

표 9.2 4개 주요 도시 인구밀도 함수의 b 평균값

연 도	평 균 값	연 도	평 균 값
1880	1.22[1]	1930	0.63
1890	1.06	1940	0.59
1900	0.96	1948	0.50
1910	0.80	1958	0.35
1920	0.69	1963	0.31

자료 : Mills, 1972, *Urban Economics*, p. 101.
주 1) : b의 값이 1이라고 해도 도심에서 1마일 떨어지면 인구가 0으로 줄어든다는 의미는 아니다. 만일 밀
　　　도함수가 직선이라면 1마일 거리에서 인구가 0이 되겠지만, 인구밀도함수는 지수함수로서 선형이 아닌
　　　비선형함수이다.

5.5마일 내에서 살았다는 뜻이다. 물론 시대별로 이런 교외화 비율은 상당한 차이를
보이고 있다.

　지금까지 언급한 밀도 기울기는 완전한 동심원 모델에 적용되는 기울기이며, 다핵도
시의 경우 전반적으로 하향하는 기울기를 가지고 있지만, 국지적으로는 정점과 저점을
포함하므로 전체적으로는 〈그림 9.11〉과 같은 형태가 될 것이다.

　밀도 기울기는 보통 각 지역의 주거인구나 대낮의 활동인구를 기준으로 산정한다.

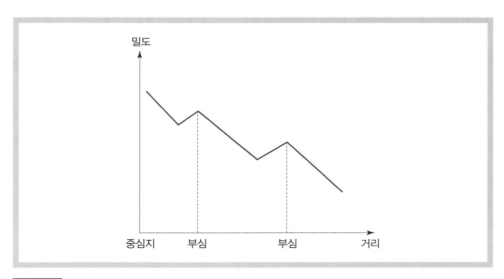

그림 9.11 다핵도시의 밀도 기울기

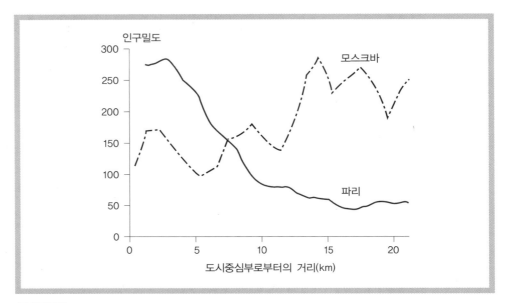

그림 9.12 모스크바와 파리의 인구밀도 기울기

자료 : Balchin, et al., 2000, *Urban Economics : A Global Perspective,* p. 111.

도시중심지에는 대낮 근무자나 쇼핑 인구에 비해 실제 거주자는 거의 없기 때문에 거주자 중심으로 밀도 기울기를 도출해 보면 중심지의 높이가 낮은 화산분화구 같은 모양을 갖게 된다. 그리고 가끔씩 통계조사를 하다 보면 도시중심지에 범죄율이 매우 높게 나타나는 것을 알 수 있는데, 그 이유는 범죄율을 계산할 때 대낮의 인구보다는 거주인구를 기초로 계산했기 때문이다.

〈그림 9.12〉는 모스크바(Moscow)와 파리(Paris)의 인구밀도 기울기 그래프인데, 자본주의 국가 도시인 파리의 경우 시장의 힘에 의해 거주민들의 인구밀도가 중심지에서 멀어질수록 떨어지고 있다. 하지만 공산주의 국가 도시인 모스크바의 경우 계획된 분배에 의해 인구밀도가 중심지에서 멀어질수록 증가하는 경향이 있어 자본주의 국가 도시와는 다른 성향을 보여 준다.

제4절 도시의 성장과 쇠퇴

도시를 정태적인 시각에서 살펴보면, 무엇이 도시를 변화시키는지 잘 이해하기 어렵다. 왜냐하면 토지를 사용하는 데 있어 관성(inertia)의 힘이 강력히 작용하고 있기 때문이다. 현재의 토지사용 방식을 다른 것으로 바꾸는 데는 많은 시간이 필요하다. 토지사용에 관성의 법칙이 작용하는 이유는 빌딩의 물리적 수명이 길다는 것과 토지사용의 상호의존성 때문이다. 대부분의 건물은 100년 이상 사용하며, 유럽의 어떤 도시 건물은 300년이 지나도 계속 리모델링해서 아직까지 관공서 건물로 쓰고 있는 것도 있다. 도시환경이 변화되는 것은 일반적으로 빌딩을 부수거나 아니면 다른 용도로 개조해서 쓰기 때문이지, 구조물 자체가 닳아 없어져서 변화되는 것은 거의 없다. 토지사용 간에도 입지적 상호의존성은 한 기업이 주변의 많은 활동들이 다른 곳으로 이동해 가지 않으면 자신도 다른 곳으로 이동해 가지 않는 상황을 만들어 낸다. 도로나 다리 같은 사회간접자본은 건물보다도 훨씬 더 수명이 길다.

앞의 절에서 설명한 토지사용 모델은 정태적 시각에서 묘사한 모델로서 시간과 변화를 무시하고, 도시가 주어진 조건하에서 일순간에 건설되면 균형의 형태가 어떻게 될 것인가 하는 것을 보여 준 것이다. 그러나 시간이 지나면서 인구, 소득수준, 기술수준 등이 변화되면서 토지의 사용 형태도 변하고 도시도 진화하게 된다. 이 절에서는 이러한 도시의 동태적 변화에 대해 살펴본다.

1. 도시의 성장

도시의 성장은 한 나라의 경제성장과 밀접한 관계를 가지고 있으며, 주로 거시경제적 관점에서 다루어져 왔다. 역사적으로는 도시의 성장이 고대에는 주로 정치적·군사적 요인에 의해, 중세에는 종교적 요인에, 근대 산업혁명 이후에는 산업 및 경제적인 요인에 주로 영향을 받았었다. 그러나 여기서는 주로 경제적 요인에 한정해 살펴본다.

토지사용은 앞에서 언급하였듯이 안정적임에도 불구하고, 도시는 시간이 지나면서 자연적인 인구증가와 인구유입, 경제성장 그리고 소득증대 등으로 도시 외곽으로 확장되어 가면서 성장을 한다. 도시가 확장됨에 따라 CBD의 중요성은 점차 감소한다. 그리고 부심(副心)의 출현과 탈도시화는 이러한 경향을 더욱 강화시키며, 이에 따라 인구밀도와 지대의 기울기도 평평해져 간다.

도시의 확장과 성장에 관한 여러 가지 이론[21]과 요인들에 대한 논의가 많지만, 여기

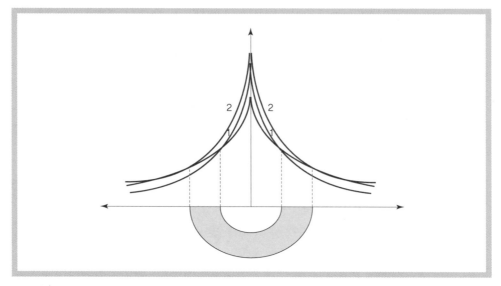

그림 9.13 지대곡선의 상승과 전이지역

서는 핵심적인 요인들만 간추려 살펴보자.[22]

첫째, 인구나 경제활동의 증가가 공간구조에 영향을 준다.

도시의 성장을 경제학적 측면에서 보면 도시 전체의 부(富)가 늘어났다는 의미이며, 이는 시민 1인당 소득과 인구가 증가했다는 것이다. 도시 내에서 인구가 증가하거나 경제활동이 증가하면 먼저 토지에 대한 수요를 증가시킨다. 그리고 이러한 토지수요의 증가는 지대호가곡선을 위로 상승시키며 동심원을 바깥쪽으로 밀어낸다.

〈그림 9.13〉에 이러한 과정이 잘 묘사되어 있다.

도시가 팽창하면 먼저 도시중심지의 금융/서비스 활동이 지대호가곡선을 상승시킨다(〈그림 9.13〉의 1번 선에서 2번 선으로). 그리고 이 산업의 활동이 이전의 제조업 기업이 활동하던 지역까지 침범하게 된다. 그래서 두 산업 간의 이전지역(음영 부분)이 생겨나며, 차츰 시간이 지나면 제조업 기업이 밀려나고, 새로운 금융/서비스 기업이 들어설 것이다. 이러한 확장은 금융, 서비스 산업에서만 그치는 것이 아니라 도시 전체

21) Burgess, 1972, "The Growth of the city", in M. Stewart(ed), *The City : Problems of Planning,* Harmond Sworth; Pengyin Books. Alonso and Medrich, 1973, *Spontaneous Growth Centers in 20th Century American Urbanization,* N.Y.; The Free Press. Wallace, 1980, *The Urban Environment,* N. Y; The Dorsey Press. Clark, 1982, *Urban Geography,* London : Croom Helm.

22) Blair, 1991, pp. 375-378.

의 모든 경제활동에서 일어날 것이고, 도시는 차츰 외곽지역으로 확장하게 된다.

가끔씩 도시의 성장은 교통문제로 인해 도시중심지와 교외지역을 분리하며, 부심의 발전을 촉진하기도 한다. 따라서 성장은 도시지역 전체의 토지수요를 증가시키는 경향이 있지만, 중심상업지구 가까운 곳보다는 부심 가까이 혹은 변두리 지역의 토지수요를 더 많이 확대시키고, 지대호가곡선과 밀도 기울기를 평평하게 만든다.

둘째, 운송비의 변화도 도시의 성장에 영향을 미친다. 역사적으로 운송기관의 발달은 운송비를 지속적으로 감소시켰는데, 이러한 변화는 교외지역에 거주하는 개인이나 기업들의 중심상업지구 접근비용을 감소시켰다. 따라서 중심상업지구에 가까운 지역을 선호하던 개인이나 기업도 중심지에서 멀리 떨어진 도시외곽에 입지하는 경우가 늘고 있다. 이에 도시는 확장되고, 밀도 기울기와 지대호가곡선의 기울기는 평평해진다.

셋째, 도시중심지에 접근성의 필요성을 줄이는 기술발달 역시 도시의 확장을 초래한다. 컴퓨터와 통신기술의 발달은 개인이 굳이 사무실에서 근무하지 않고도 자택에서 일을 처리할 수 있게 해 주었다. 과거 전화번호를 안내해 주던 '114 안내원'들은 KT 사무실에 한꺼번에 모여서 일을 했지만, 지금은 각자 개인의 집에서 컴퓨터를 연결해 전화번호를 안내해 주는 것이 좋은 예이다. 회사의 중요한 일에 대한 논의도 원격통신과 화상통화를 통해 출장 중에도 가능해졌고, 필요한 정보는 반드시 종이에 써서 전달할 필요가 없이 전자문서로도 대처가 가능해졌다. 이러한 새로운 기술의 발달은 사무실의 전통적인 일들이 모두 가까이 모여 있어야 할 필요성을 줄였다.[23] 따라서 비싼 임대료를 내고 도시중심지에 모든 사무실을 다 운영하지 않고, 공간을 많이 필요로 하는 보조사무실을 도시 외곽의 임대료가 싼 지역으로 옮겨 가는 기업이 늘고 있다. 이

---

23) IBM은 1980년대부터 일부 근로자를 재택근무 시키기 시작해, 1993년에 본격적으로 도입한 재택근무의 원조격 회사이다. 2009년에는 근로자 38만 6,000명 중에 40%가 재택 근무했었다. 2015년 5월 포비스 기사에 따르면 애트나(대형 건강보험사)도 총 4만 8,000명의 고용자 가운데 43%를 원격근무시켜 사무실 임대료를 15~25% 절감했고, 제록스도 미국 내 근로자 7만 명 중 11%를 원격근무시켜 연간 차량주행거리를 줄여 연료비를 약 112억 원 정도 절약했다. 그러나 2017년부터 IBM이 '사무실 U턴'을 결정했고, 뱅크오브 아메리카(BoA)와 에트넷도 재택근무자들을 사무실로 불러들이기 시작했다. 야후, 레빗, 베스트바이 등 인터넷기반 업체들도 재택근무자들을 줄이는 추세인데, 이런 결정을 하게 된 가장 큰 이유는 통근시간 절약 등 명분에 비해 업무 효율증대가 뚜렷하지 않기 때문이다. 그러나 일본에서는 반대로 재택근무를 확대하는 추세인데 전자제품 업체 후지쓰는 2017년 4월부터 정직원 3만 5,000명 모두를 대상으로 필요한 경우 재택근무를 하도록 허용했고, 마이크로소프트 일본지사도 기존의 1주일에 최대 사흘까지 허용했던 재택근무 기간을 5일로 확대했다. 식품업체 가루비(Galbee)는 기존 1주일에 이틀까지 가능했던 재택근무를 2017년 4월부터 무제한으로 허용했다. 일본은 지난 2007년 5월 29일 "재택근무 활성화를 위한 실행계획"을 발표하면서 재택근무를 안착시키기 위해 많은 노력을 해왔었는데, 주요 이유는 '노동력부족'과 '낮은 업무 생산성' 개선을 위한 것이다. (김성수 기자(뉴스핌), 2017년 4월 5일, 강혜란 기자(중앙일보), 2017년 5월 27일 기사 참조)

러한 추세는 도시 외곽지역의 발전을 촉진하며, 지대호가곡선과 밀도곡선의 기울기를 평평하게 만든다. 그러나 회사의 CEO들은 아직도 도시중심지에 근무하는데, 왜냐하면 회사 임직원들은 간부나 혹은 다른 회사의 CEO들과 수시로 면담이 필요하기 때문이다.

넷째, 가계의 소득변화도 도시의 변화를 초래한다. 소득이 증가하면, 가계는 주택에 대한 그들의 소득지출 비율을 증가시킨다. 그들은 토지사용이 집약적인 다가구주택(아파트)으로부터 토지사용이 넓은 단독주택으로 바꾸기를 원한다. 넓은 부지의 단독주택을 가장 좋게 구입할 수 있는 방법은 도시중심지로부터 멀리 떨어진 외곽에서 찾는 것이다. 또한 소득이 증가하면서 자동차의 구입이 늘고, 출퇴근이 쉬워지면서 도시중심지로부터 거리가 좀 떨어진 전원주택도 고려대상이 된다. 더구나 도심의 높은 주차비와 주차장소 확보의 어려움은 도시외곽으로의 이동을 더욱 촉진시킨다.

이러한 도시의 성장에 대해 도시구성원들이나 경제학자들 간에 많은 이견이 존재한다.

도시 확장에 대해 비판적 시각을 가진 반확장주의자들은 도시의 확장이 경제활동에 더 많은 거리의 이동을 요구하기 때문에 환경오염과 불필요한 에너지 사용을 늘린다고 주장한다. 또한 도시의 확장은 교외 인근의 농지를 침범하고, 새로운 도로와 사회자본의 건설을 요구하는 대신에 도시 내의 자산을 방치하는 비율은 높인다고 비판한다. 더구나 개인이나 기업의 토지사용 결정은 이와 관련된 모든 비용이나 이익에 대한 고려를 하지 않기 때문에 비효율적이라고 주장한다.

하지만 친확장주의자들은 입지는 어디까지나 개인의 선호와 시장경제의 문제라고 주장한다. 만일 개인이 전원주택을 선호하고, 거기에 합당한 비용을 지불한다면 그것이 바로 그 토지를 최적으로 사용하는 것이라고 믿고 있다. 그리고 시장이 토지를 가장 잘 분배하는 분배자이므로 정부가 굳이 관여할 필요가 없다는 것이다. 농업에 사용되는 공간이 모자라 식량이 부족하게 되면 얼마든지 개간이나, 산림 개조 등을 통해 새로운 농지를 확보할 수 있다는 입장이다.

이렇게 양측 간에 주장이 팽팽한 관계로 도시 확장에 대한 결정은 때론 경제적 분석결과에 의존하지 않고, 정치적 판단으로 결정될 때가 많다.

2. 도시의 쇠퇴

도시는 항상 성장과 확장만 하는 것이 아니라 때론 쇠퇴하기도 한다. 즉, 도시의 규모가 너무 커져서 주민들에게 쾌적한 생활환경을 제공해 주지 못하거나, 대도시에서의 생활보다 전원생활을 즐기는 형태로 삶의 패턴이 바뀌는 경우 사람들은 도시를 떠나게 되고 도시는 쇠락하게 된다.

이렇게 도시의 쇠퇴를 가져오는 원인은 도시성장의 원인처럼 다양하지만, 주요한 원인 몇 가지만 살펴보면,[24] 첫째, 도시 내 가용토지의 한정성이다. 도시는 도시 내 토지의 이용을 최적화시켜 필요한 토지를 적절한 가격에 공급할 수 있어야 지역성장에 도움이 되는 기업들을 계속 유치할 수 있다. 그러나 도시의 토지는 한정되어 있어 무한정 공급이 불가능하며, 이 때문에 도심의 건물은 고층화된다. 하지만 제조업 기업은 고층건물에 입지해 생산활동을 하기 어렵고, 지대가 지속적으로 상승함에 따라 다른 지역에서 더 나은 조건으로 토지를 이용할 수 있으면 이전해 가게 된다. 그리고 이러한 기업이 늘어날수록 도시의 쇠퇴속도는 빨라지게 된다. 첨단산업의 경우 주로 고급인력들을 채용하게 되는데, 고기능 기술자들은 대도시보다는 연구시설과 대학이 가까운 곳을 선호하게 되며, 좀 더 쾌적하고 인구밀도가 낮은 도시를 선호하는 경향이 있어 기존에 대도시에 입지했던 첨단산업도 대도시가 커지면서 주변환경이 악화되면 더 좋은 환경을 찾아 이동해 간다.

둘째, 도시 쇠퇴의 또 다른 원인으로 도시정책을 꼽을 수 있다. 전 세계적으로 대도시의 과밀현상을 완화시킬 목적으로 대도시 억제정책을 펴고 있다. 우리나라의 경우 서울뿐 아니라 경기도를 포함한 수도권 전체가 인구증가와 환경오염시설의 입지를 억제하고 있다. 이러한 정책은 기업들의 입지를 막기 때문에 장기적으로 인구가 감소하고, 도시는 쇠퇴하게 된다. 또한 도시의 교통 혼잡을 줄이기 위해 교통유발부담금을 부과하거나 교통 혼잡 유발시설을 교외로 이전시키는 정책 또한 도시의 쇠퇴를 앞당긴다.

셋째, 도시의 높은 세금도 고소득층을 교외로 이전해 나가도록 유도한다. 세금을 많이 부담하던 고소득층이 이전해 나가면 그다음 고소득층의 세금 부담을 높이고, 결국 그들도 도시를 떠나게 하는 악순환을 반복한다. 결과적으로 도시에는 세금을 부담할 능력이 떨어지는 저소득층이 많아지고, 이는 도시의 재정능력을 떨어뜨려 도시를 개선하기 위한 투자를 줄임으로써 도시의 쇠퇴를 가속화시킨다.

넷째, 운송기관의 발달과 운송체계의 개선은 도시를 성장시키기도 하지만, 쇠퇴시키기도 한다. 운송체계가 개선되어 대도시와 주변의 소도시들이 모두 같은 교통망으로

---

24) 홍기용, 1997, 『지역경제론』, pp. 247-249.

연결되고, 운송기관의 발달로 운송비가 낮아지면, 굳이 임대료가 비싸고 주차가 어려운 대도시에 입지하지 않고, 주변의 소도시에서 필요한 행정과 정보 서비스를 받으려할 것이다. 이러한 경향은 결국 대도시의 쇠퇴를 가져온다.

따라서 도시의 쇠퇴를 막기 위해 교외화 속도를 늦추고, 도시기반시설을 확충하며, 다양한 도시수요 창출을 위한 진흥정책들이 기획, 시행되고 있다.

제5절 토지의 규제정책과 개발

앞 절에서는 주로 토지사용에 영향을 주는 경제적 요인들을 묘사했다. 그러나 실제로 토지사용에 가장 큰 영향을 주는 것은 정부가 시행하는 규제정책들[25])이라고 할 수 있다.

정부가 토지를 규제하는 주요정책들을 살펴보면 먼저 안전이나 복지, 윤리 그리고 일반적 복지를 위해 건물을 신축할 때 통제를 하거나 지역을 사용목적에 따라 규제하는 정부의 공권력(police power)이 있다. 이는 주로 건물을 지을 때 화재 시 대피를 위한 비상구 설치규정이나, 건축의 높이 등을 규제하고, 도시를 상업지구와 주거지역, 그린벨트 지역 등으로 구분하여 각 지역에 들어설 수 있는 시설을 규제하는 구획제도(zoning) 등을 포함한다. 이러한 정부의 공권력 외에도 정부는 토지에 대한 다양한 세금을 통해 토지개발을 촉진하거나 저해한다. 또한 도로나 공원같이 공공의 목적을 위해 정부가 필요한 토지를 구입할 수 있는 토지 수용권(eminent domain)과 소유자가 없는 토지를 정부가 소유하는 토지의 국가귀속권(escheat)도 가지고 있다. 대부분의 자산 소유자들은 정부의 이러한 규제 속에서 자산을 사고, 팔며, 세놓고, 개발할 권한을 가지고 있다.

다양한 정부규제 중에서 토지구획제도가 토지사용에 가장 강력한 영향력을 가지고 있으며, 미국은 뉴욕 주가 1916년 처음으로 법률화하였다.[26]) 이 토지구획제도는 주택의 가격이나 도시의 성장에 큰 영향을 미치며, 뉴욕이나 시카고 같은 대도시의 토지사

---

25) Handerson, 1991, "Optimal Regulation of Land development through Price and Fisical Controls", pp. 64-82. McMillen and McDonald, 1993, "Could Zonning Have Increased Land Values in Chicago?", pp. 167-188. Cho, Wu and Alig, 2005, "Land Development under Regulation : Comparison between the East and West Sides of the Cascade Range in Oregon, Washing, and California", pp. 1-17. Glaeser and Ward, 2009, "The Cause and consequences of land use regulation : Evidence from Greater Boston", pp. 265-278.
26) Delafons, 1969, *Land Use Controls in the United States*, pp. 16-31.

용이나 스카이라인(skyline)을 결정하기도 한다.[27] 실제로 이러한 구획제도가 없으면 주택가 한가운데나 초등학교 바로 앞에 유흥업소가 들어서도 마땅히 규제할 방법이 없기 때문에 구획제도의 필요성에 대해서는 폭넓은 합의가 형성된다.

토지사용에 대한 구획제도는 외부적 이익(external benefit)이나 외부비용(external cost)을 발생시키는 주체에게 그 이익을 보상해 주거나 비용을 부과시켜 내부화시키는 방식이 아니라, 토지사용을 직접적으로 규제해 이러한 문제를 해결하려는 것이다. 예를 들어, 한 사람이 자기 집 앞에 아름다운 정원을 가꾸어 놓았다면 이는 이웃집이나 통행인들에게 미적 혜택을 무료로 제공하는 것이다. 하지만 마을에 직물공장이 들어섰다면 주민들은 하루 종일 소음과 환경오염으로 시달리게 된다. 이러한 효과는 특히 건물이 밀집되어 있는 도시지역에서 자주 발생한다. 그리고 한 지역에서의 활동이 다른 지역 거주자에게 이익이나 손해를 발생시키는데, 그에 대한 변상이나 보상이 이루어지지 않았다면 외부효과가 발생한다. 이때 구획제도는 서로 양립할 수 없는 토지사용은 서로 침범하지 못하게 분리시키거나, 규제를 통해 다른 이웃에 피해를 주는 과도한 개발을 막음으로써 이러한 외부효과를 최소화시킨다. 주택지역을 상업지역이나 산업단지와 분리시켜 개발하고, 개별적인 토지개발로 이웃의 조망권이나 햇빛을 가로막지 못하게 건물의 높이나 간격을 규제하는 것이 그 예이다.

하지만 이러한 구획제도에 대해 반대하는 경제학자들[28]도 많다. 시에간(Siegan)은 미국의 휴스톤(Houston) 도시를 연구한 후 휴스톤 시에서는 구획제도가 없어도 도시내에서 상업지역과 주거지역, 산업지역이 스스로 분리되어 형성되는 것을 발견했다.

구획제도 반대론자들이 주장하는 반대 이유는 다음과 같다.

첫째, 구획제도가 부정, 부패의 주요 원인이 된다. 그린벨트로 묶여 있는 토지가 상업지역으로 용도가 변경되는 순간 그린벨트 내 토지소유자들은 아무런 노력 없이도 엄청난 돈을 벌어들일 수 있다. 따라서 그린벨트에 토지를 가지고 있는 소유자는 지역의 각종 개발위원회 위원들에게 상업지구로의 변경을 위해 적극적으로 로비를 할 가치가 충분히 있으며, 직접 뇌물을 건네줄 수도 있다. 토지개발자들도 도시가 제공하는 서비스(전철, 버스 등)를 자기 소유지역까지 확장될 수 있도록 지방정부에 영향을 미쳐

---

27) Barr, Jason, 2018, "SKYSCRAPERS AND SKYLINES: NEW YORK AND CHICAGO, 1885 - 2007", pp. 369-391. Shertzer, Allison et al., 2018, "Zoning and the economic geography of cities, pp. 20-39, Shertzer, Allison et al, 2022, "Zoning and segregation in urban economic history", Article 103652.

28) American Society of Planning Officials, 1968, *Problems of Zoning and Land Use Regulation.* Siegan, 1970, "Non-Zoning in Houston", pp. 71-147.

상당한 횡재를 얻기도 한다. 또한 자신의 소유지가 좀 더 집약적으로 개발되기 위해 구획제도를 바꾸도록 로비도 한다. 이러한 토지개발자들의 활동은 결국 납세자의 희생을 바탕으로 한 것이다. 그리고 결국 사회적 비용을 크게 만들며, 그 비용이 구획제도를 통해 얻으려는 이익보다 더 크게 될 수도 있다. 밀(Mills)29)은 그의 연구를 통해 구획제도가 토지소유자들이 그들 자산을 사회적으로 비효율적인 방식으로 구획되도록 시도하며, 사회의 잠재적 이익을 줄인다고 주장한다. 부적절한 시도를 통해 큰 사회적 비용을 부과하기 때문에, 얻으려고 하는 구획제도의 이익은 잃게 될 것이다. 밀은 코즈 이론(Coase Theorem)에서 암시하는 것과 같이 토지구획권한의 판매를 옵션으로 제공함으로써, 구획제도의 비효율성 일부를 극복할 수 있다고 주장했다.

둘째, 토지 구획제도는 토지비용을 올린다. 왜냐하면 정부가 토지를 구획제도로 구역별로 사용목적을 정함으로써 토지의 가용량을 제한하기 때문이다. 정부는 산업용, 주거용으로 사용할 수 있는 토지의 범위를 규정함으로써 특정한 목적에 필요한 토지의 수요가 증가하면 지가가 상승하게 된다. 이는 주택의 밀도를 정부가 규제하면 주택의 가격이 상승하는 것과 같은 원리이다.

셋째, 정부 공무원들이 모든 일에 전지전능하지는 않다. 즉, 공무원도 실수를 할 때도 있다. 정부 개발공무원은 지역의 필요에 의해 토지를 구획하지만, 그가 내리는 결정이 항상 최상이 될 수 없으며, 오히려 개인 토지개발자들보다 더 토지를 잘못 분배할 수도 있다. 그 결과 지역의 토지사용이 비효율적으로 되고, 지역사회에 해를 끼칠 수 있다. 더구나 정부의 개발공무원은 민간인들보다 규모가 더 큰 사안에 대해 결정을 내리므로, 그가 실수를 했을 때는 피해 규모도 더 커지게 된다.

넷째, 가끔씩 배타적 구획제도가 발생한다. 많은 지역사회의 공무원들은 세금을 많이 거둘 목적으로 매우 비싼 주택을 제외하고 임대 아파트 같은 가난한 사람을 대상으로 하는 아파트의 건축허가는 잘 내어 주지 않으려 한다. 또한 어린이를 많이 가진 젊은 세대들은 교육시설과 관련된 지출을 많이 요구하기 때문에 비용이 많이 드는 주민으로 판단해 이들이 선호하는 방이 많은 다세대 건물의 건설을 꺼리기도 한다.

따라서 정부 개발공무원들은 어떻게 토지를 분리해 사용할지에 대해 좀 더 세심하게 연구해 볼 필요가 있다.

한편 토지의 효율적 개발을 위해 여러 가지 방법이 계획되어 실행되고 있다. 그 중

---

29) Mills, 1989, "Is Zoning a Negative Sum Game?", pp. 1-12.

한 가지 방법은 정부공무원이 개발자에게 원래의 프로그램을 개발하는 조건으로 그 프로젝트와는 관련이 없는 개발을 지원하도록 연결하는 것이다. 즉, 도시의 특정 지역을 개발하면 그 지역의 주민들은 혜택을 받지만 다른 지역의 주민들에게는 그 혜택이 돌아가지 않는다. 따라서 특정 지역의 개발을 허용해 주면서 다른 지역주민들에게도 이익을 주는 프로그램을 연결시켜 주는 것이다. 부산광역시가 남포동에 롯데의 100층 건물 신축을 허가해 주면서, 교통 혼잡으로 피해를 볼 것이 예상되는 주변지역주민들을 위해 영도다리를 6차선으로 확장시킬 것을 롯데 측에 요구한 것이 좋은 예가 될 것이다. 빠르게 성장하는 지역에서는 사무실 공간의 수요가 높다. 따라서 사무실 건설을 허용하기 전에 지방정부는 현재 고려 중인 프로젝트와는 관련 없는 고용보장이나 주택 프로젝트 혹은 그 외의 활동을 약속할 것을 개발자에게 요구할 수도 있다.

둘째, 토지를 개발함에 정부공무원이 민간토지개발자에게 좀 더 많은 유연성을 제공하는 방법이 있다. 전통적으로 토지사용 계획에는 지역의 밀도를 규제하기 위해 각각의 계획된 빌딩들이 가질 수 있는 최대 아파트 단위 숫자를 명시해 놓는다. 따라서 개발된 지역의 공간상 건축형태는 모두가 비슷비슷한 형태를 띠게 된다. 그러나 정부공무원이 토지를 개발할 때 유연성을 주어 특정구역 내에서 건설할 수 있는 단위 수(혹은 층의 수)를 총 50층 이상은 할 수 없다고 규정한다. 그러면 토지소유자는 그 지역 내에서 30층 빌딩 1개와 10층 빌딩 2개를 지을 수도 있고, 25층 빌딩 2개와 공원을 조성할 수도 있고, 아니면 또 다른 다양한 방법으로 지역을 개발할 수 있다. 이럴 경우 개발 후 지역 공간의 모습이 일률적으로 층수나 단위 수를 규제했을 때와 비교해 훨씬 다양한 모습의 스카이라인을 가질 것이다. 즉, 밀도는 통제되지만 개별개발자들은 같은 토지구획 제도하에서보다 훨씬 더 많은 유연성을 가질 수 있다.

제6절 요약

이 장은 토지사용에 대해 검토했다. 토지는 그 자체의 비옥도나 생산성, 도심으로 접근성 등에 따라 가격이 결정된다. 리카도는 지대를 다른 생산요소 비용을 지불한 후 남은 잔여치로 정의하였다. 토지의 공급은 고정되어 있으며, 사람의 노력에 의해 생겨나지는 않는다. 따라서 조지(George) 같은 경제학자는 토지소유자의 수입을 불로소득으로 여겨, 전액 세금으로 회수해야 한다고 주장한다.

　　도시의 토지는 각 경제활동들이 토지에 대해 기꺼이 지불하려는 가격을 제시하고, 그 중 가장 높은 가격을 부른 활동이 토지를 사용한다는 생각에 기초를 둔다. 지대호가곡선은 각 지점에서 최고로 호가된 가격을 연결한 곡선으로, 그 곡선의 형태는 토지와 비토지 생산요소의 대체성과 장거리 운송경제를 반영하여 결정된다. 이 지대호가곡선은 도시중심지에서 절정을 이루며, 도심에서 멀어질수록 높이가 낮아진다.

　　튀넨의 동심원 모델은 여러 활동 간의 경쟁이 어떻게 도시의 토지사용 형태를 결정하는지 잘 설명해 준다. 이 모델은 도시의 토지이용에 가장 간단한 모델로서 비현실적 가정에 의해 현실적 토지사용 행태와 많은 차이를 보이지만 그럼에도 불구하고 도심으로의 접근과 그 접근에 대한 지불능력의 중요성 강조는 현재에도 유효하다. 이 동심원 모델은 설정한 가정을 완화함으로써 좀 더 복잡하고 현실적인 모델로 접근할 수 있는 기초를 마련해 준다. 도시에 도로가 건설되면서 부채 형태의 도시발달이 생겨나기도 하고, 부심이 발달하면서 다핵도시로 발전하기도 한다.

　　도시는 인구나 경제활동의 증가, 운송비의 감소, 기술의 발달, 소득증가 등으로 인해 성장을 하고, 도시 내 토지공급의 제한성과 도시성장 억제정책, 높은 세금 등의 이유로 쇠퇴한다.

　　토지의 사용에는 경제적 요인뿐만 아니라 정치적 요인도 영향을 준다. 구획제도는 정부의 토지규제정책 중에서 토지사용에 가장 강력한 영향을 미치는 규제수단이다. 그러나 일부학자는 이러한 구획제도는 효과가 없고 부정, 부패와 토지비용의 증가 등을 야기해 비효율적이라고 비판한다.

　　현재의 토지개발 추세는 토지개발로 이익을 얻는 개발자에게 직접적으로 관련되지 않은 프로그램을 연결해 개발하도록 함으로써, 토지개발의 이익으로부터 소외된 계층에 개발이익을 나누어 주려고 한다. 또한 개발자들에게 규정제한 내에서 좀 더 높은 유연성을 허용함으로써 토지개발에 다양성을 부여하려고도 한다.

참고문헌

신정엽, 2020, "현대 도시공간 관점에서 시카고 학파의 연구 재조명 : 생태적 접근과 동심원 모델을 중심으로", 『지리교육논집』, pp. 35-58

이정전, 1999, 『토지경제학』, 박영사.

홍기용, 1997, 『지역경제론』, 제4판, 박영사.

Alonso, William, 1964, *Location and Land Use : Toward a general theory of land rent* Cambridge, Massachusetts : Harvard University Press.

Alonso, W. and E. Medrich, 1973, *Spontaneous Growth Centers in 20th Century American Urbanization,* N.Y.; The Free Press.

American Society of Planning Officials, 1968, *Problems of Zoning and Land Use Regulation,* Research Report, No. 2.

Balchin, Paul N., David Isaac and Jean Chen, 2000, *Urban Economics : A Global Perspective,* Palgrave.

Barr, Jason, 2018, "SKYSCRAPERS AND SKYLINES: NEW YORK AND CHICAGO, 1885-2007", *Journal of Regional Science,* Vol. 53, Issue 3, pp. 369-391.

Blair, John P., 1991, *Urban and Regional Economics,* Boston : Irwin.

Buettner, Thiss and Alexander Ebertz, 2009, "Quality of life in the regions : results for German Counties", *The Annals of Regional Science,* Vol. 43, pp. 89-112.

Buress, Ernest. W., 1925, "The Growth of the City : An Introduction to a Research Project", in Robert E. Park, E. W. Burgess and R. D. McKenzie ed., *The City,* Chicago : University of Chicago Press, pp. 47-62.

Burgess, E., 1972, "The Growth of the city", in M. Stewart(ed), *The City : Problems of Planning,* Harmond Sworth; Pengyin Books.

Capello, Roberta, 2016, *Regional Economics,* 2nd ed., Routledge : London and New York.

Cho, S. H., J. Wu and R. Alig, 2005, "Land Development under Regulation : Comparison between the East and West Sides of the Cascade Range in Oregon, Washing, and California", *Review of Urban and Regional Development Studies,* Vol. 17, No. 1, pp. 1-17.

Clark, D., 1982, *Urban Geography,* London : Croom Helm.

Danton, Jayson, Himbert, Alexander, 2018, "Residential vertical rent curves", *Journal of Urban Economics,* Vol. 107, pp. 89-100

Delafons, John, 1969, *Land-Use Controls in the United States,* Cambridge, Mass. : MIT Press.

Evans, Alan W., 1973, *The Economics of residential location,* New York : St. Martin's Press.

George, Henry, 1890, *Progress and Poverty,* London, Kegan Paul : Trench, Trübner & Co. Ltd.

Glaeser, Edward L. and Bryce A. Ward, 2009, "The Cause and consequences of land use regulation : Evidence from Greater Boston", *Journal of Urban Economics,* Vol. 65, Iss. 3, pp. 265-278.

Handerson, J. V., 1991, "Optimal Regulation of Land development through Price and Fisical Controls", *Journal of Urban Economics,* Vol. 30, Iss. 1, pp. 64-82.

Harris, Chauncy D. and Edward L. Ullman, 1945. "The Nature of Cities". *The Annals of the American Academy of Political and Social Science* 242 : pp. 7-17.

Harris C. D. and E. L. Ulman, 1951, "The Nature of Cities and Society", in Hatt, P. K. and A. Reiss, *Cities and Society,* New York : The Fress Press.

Hoyt, H., 1939, *The Structure and Growth of Residential Neighbourhoods in American Cities,* US Federal Housing Administration, Washington.

Ihlandfeldt, Keith R., "The effect of land use regulation on housing and land price", *Journal of Urban Economics,* Vol. 61, pp. 420-435.

Keiper, Joseph et al., 1961, *Theory and measurement of rent,* Philadelphia : Chilton Co., Book Division.

Lerman, S. R. and C. R. Kern, 1983, "Hedonic theory, bid rents, and Willingness-to-pay : Some extensions of Ellickson's results", *Journal of Urban Economics,* Vol. 13, Iss. 3, pp. 358-363.

McMillen, D. P., 1997, "Multiple Regime Bid-Rent Function Estimation", *Journal of Urban Economic,* Vol. 41, Iss. 2, pp. 301-319.

McMillen, D. P. and J. F. McDonald, 1993, "Could Zonning Have Increased Land Values in Chicago?", *Journal of Urban Economics,* Vol. 33, Iss. 2, pp. 167-188.

Mills, E. S., 1969, "The Value of Urban Land", in Harvey S. Perloff ed., *The Quality of the urban environment : Essays on new resources in an urban age,* Resources for the future, Washington D. C.

Mills, E. S., 1972, *Urban Economics,* Scott : Foresman and Company.

Mills, E. S., 1989, "Is Zoning a Negative Sum Game?", *Land Economics,* Vol. 65, Iss. 1, pp. 1-12.

Mills, E. S. and B. W. Hamilton, 1989, *Urban Economics,* 4th ed. Scott : Foresman and Company.

Muto, Sachio, 2006, "Estimation of the bid rent function with the usage decision model", *Journal of Urban Economics,* Vol. 60, Iss. 1, pp. 33-49.

Ricardo, David, 1919, *Principles of Political Economy and Taxation,* London : G. Bell and Son. LTD.

Shertzer, Allison, Twinam, Tate, Walsh, Randall P., 2018, "Zoning and the economic geography of cities", *Journal of Urban Economics,* Vol. 105, pp. 20-39.

Shertzer, Allison, Twinam, Tate, Walsh, Randall P., 2022, "Zoning and segregation in urban economic history", *Regional Science and Urban Economics,* Vol. 94, May 2022, Article 103652.

Siegan, Bernard, 1970, "Non-Zoning in Houston", *Journal of Law and Economics,* Vol. 13, No. 1, pp. 71-147.

Suntum, Ulrich van, ed., 2009, *The Isolate State in Relation to Agriculture and Political Economy,* Great Britain : Palgrave Macmillan.

Von Thünen, Johann Heinrich, 1826, *Der isolierte Staat in Beziehung auf Landwirtschaft und Nationalekonomie,* Hamburg 1966, *von Thünen's Isolated State,* translated by Carla M. Watenberg, New York, Oxford : Pergamon Press.

Wallace, E. Samuel, 1980, *The Urban Environment,* N. Y; The Dorsey Press.

Wicksell, K., 1934-1935, *Lectures on Political Economy,* London : G. Routlege and Sons, Ltd.

Wicksteed, P. H., 1955, *Apphabet of Economic Science : elements of the theory of value or worth,* New York : Kelley & Millman.

인터넷기사

강혜한 기자, 중앙일보, 2017년 5월 27일, "[세상 속으로] 재택근무 효율 낮아 도로 출퇴근 … 실패한 IBM의 실험", http://news.joins.com/article/21612591

김성수 기자, 뉴스핌(Newspim), 2017년 4월 5일, "일본 후지쓰 3만 5,000명 재택근무 허용 빛과 명암", http://www.newspim.com/news/view/20170405000239

제10장

주택경제

제 9장에서는 주로 도시의 토지사용을 결정하는 요인들에 대해 알아보았는데, 이 장에서는 가족의 복지에 가장 직접적으로 영향을 주는 주택(housing)에 초점을 맞춘다.

주택문제는 도시 및 지역경제학자들이 특별히 더 많은 관심을 가지는데, 왜냐하면 주택은 인간이 삶을 영위하는 데 있어 가장 기본적이면서 필수적인 상품이지만, 세계 어떤 국가도 국민이 원하는 만큼 충분히 주택을 공급해 주지 못하기 때문이다. 미국의 경우 전통적인 도시가구의 예산 중 주택에 대한 지출이 평균 34%를 차지해 단일 지출 항목 중 가장 큰 비중을 차지하고 있으며, 도시지역 토지의 35%가 택지(宅地)로 사용되고 있을 만큼 많은 비중을 차지하고 있다. 이러한 비중은 다른 선진국에서도 비슷하게 나타난다.

또한 주택은 단순한 주거지 이상의 의미를 가지고 있어 개개의 주택이 모여 그 사회 전체의 생태계(social ecology)를 구성하며, 각 가구들마다 각각의 삶의 방식은 다르지만 서로가 모여 하나의 큰 이웃을 형성하여 새로운 지역문화와 환경, 이미지를 만들고 있다.

이 장에서는 이러한 주택에 관련된 문제들을 자세히 살펴본다.

제1절 주택의 수요와 공급

주택은 경제재이지만 다른 경제재와 비교해서 특별한 성격을 지니고 있다. 주택은 모양과 넓이, 재료의 품질(목재, 시멘트 등), 내장이나 외장의 질, 내부구조, 건축방식(단독주택 혹은 아파트), 입지위치 등 나름대로 주택마다 다른 특징을 가지고 있어 이질적인 재화이다. 또한 주택시장에 관한 정보가 완전하지 못해 비슷한 위치에 동일한 크기의 주택이라도 가격이 각기 다르다. 그리고 주택은 소비재이면서 투자재 성격도 있어 부자뿐만 아니라 일반 국민들 사이에서도 부(富)의 축적수단으로 활용된다. 기존의 재고주택량이 신규주택 공급량보다 훨씬 더 큰 특징도 가지고 있으며, 재화 자체가 모든 사람이 동시에 사용하지 못하는 사적재화의 특성을 가지면서도 모든 사람에게 공평한 주거조건을 제공해 줘야 하는 공공재적 성격도 가지고 있어 정부가 규제도 하고 지원도 하는 특성을 가지고 있다. 더구나 주택시장에는 수많은 판매자와 구매자가 있지만, 특정시기에 특정주택에 대한 판매자와 수요자는 단지 몇 명에 지나지 않는다. 따라서

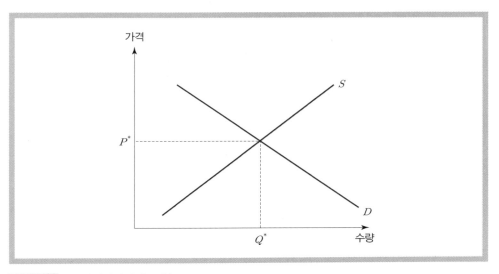

그림 10.1 주택시장에서의 균형

각각의 판매자와 수요자는 주택가격에 어느 정도 영향을 미칠 수 있으며, 실제로 거래가 성사되기 전까지는 정확한 주택거래 가격을 알 수가 없다. 그래서 주택의 거래에 협상력도 중요하며 미래에 대한 전망의 차이로 투기도 발생한다.

  그러나 이러한 독특한 성격에도 불구하고, 주택시장에 영향을 주는 요인을 이해하기 위해서는 여전히 주택에 대한 수요와 공급에 대한 분석이 유용하다.

  〈그림 10.1〉은 일반경제학에서 제시하는 주택의 수요 및 공급곡선이다. 먼저 주택의 수요와 공급에 대해 분석하기 전에 몇 가지 개념에 대해 명확히 정의하고 넘어가자. 수요와 공급 그래프의 수평축(X축)은 관습적으로 동질적인 재화의 수량을 나타낸다. 그러나 이미 언급했듯이 주택시장에서 주택들은 서로가 매우 이질적이다. 주택 한 채라고 해서 모두 같은 주택이 아니다. 그렇다면 이 수평축은 무엇을 나타내는 것인가? 분석가들은 이 수평축을 '주택 한 채'로 정의하지 않고, 주택의 면적(평방미터 혹은 평수)으로 정의해 문제를 해결하려 한다. 그러나 이 정의도 문제를 모두 해결해 주지 못한다. 같은 평수의 주택이라도 내장재를 무엇으로 했느냐? 내부 구조는 어떠한가? 어디에 위치하고 있는가? 주변의 환경은 어떤가? 등에 따라 가치가 달라진다. 따라서 경제학자들은 주택을 '주택 서비스의 단위' 항목으로 정의할 수 있다고 가정하고, 이 수평축을 주택 서비스 단위로 정의한다. 그래서 크고 호화로운 주택의 경우 10단위의 주택 서비스를 제공해 주고, 작고 낡은 아파트는 1단위의 주택 서비스를 제공해 주는 것

으로 생각한다. 주택에 포함되어 있는 서비스는 주택의 디자인이나, 위치, 이웃의 환경, 주민들이 받는 지역의 공공 서비스 등이며, 이것의 내용이 달라지면 주택 서비스도 달라진다. 이러한 주택 서비스는 측정하기가 복잡하고 여러 가지 비판에 직면해 있지만, 의외로 경제학자들 사이에서는 개념적으로 명확하다는 평가를 받는다.[1]

한편 수직축(Y축)에 나타나 있는 가격도 주택시장에서는 다소 복잡한 개념이다. 주택가격을 이해하기 위해서는 주택의 자산저량(貯量 : stock)과 그 자산저량으로부터 나오는 주택 서비스의 유량(流量 : flow) 개념을 구분해야 한다. 주택 저량의 가격은 주택을 판매할 때 받는 가격이다. 서비스 유량의 일정기간 동안의 가격은 임대료이다. 만일 분석의 초점을 임대주택에 둔다면 수직축의 가격은 임대료를 의미하며, 주택을 구입하는 데 초점을 맞추면 그때는 주택의 판매가격이 될 것이다. 그러나 주택시장이 잘 기능한다면 다음 식 (10.1)과 같이 개념적으로 집의 판매가격은 임대료를 현재가치로 변환한 값과 같은 것이다.

$$H_s = R_0 + \frac{R_1}{(1+r)} + \frac{R_2}{(1+r)^2} + \frac{R_3}{(1+r)^3} + \cdots\cdots + \frac{R_n}{(1+r)^n} \tag{10.1}$$

여기서 H_s는 주택의 판매가격이고, R_i는 i 연도의 임대료, r은 할인율, n은 임대기간을 의미한다.

위 식에서 임대료가 올라가면 주택의 판매가격이 올라가고, 반대로 주택의 가격이 올라가면 임대료도 올라간다. 따라서 임대료와 주택의 가격 사이에는 단순한 관계가 형성된다. 하지만 할인율의 경우 임대료가 일정한데 할인율이 증가하면 주택가치는 하락하고, 할인율이 감소하면 주택가치는 증가하게 된다. 이때 할인율은 보통 주택을 1년간 보유하면서 발생하는 자본비용으로 추정한다.

이제 이러한 개념적 정의를 바탕으로 주택시장의 수요와 공급에 대해 알아보자.

1. 주택의 수요

주택의 수요는 토지 수요와 비슷한데, 이는 주택이 토지 위에 정착물로 존재하기 때문이다. 주택의 수요에 영향을 미치는 요인으로는 주택의 가격과 크기, 교통비용, 가계의 소득과 지대, 정부의 주택지원정책, 핵가족화에 따른 가계의 구성원 수, 가장의 연령,

---

1) Bartik, 1988, "Measuring the Benefits of Amenity Improvement in Hedonic Price Model", pp. 172-83.

지역의 인구구성, 지역경제 상황, 인구증감 여부, 주택금융변화 등 여러 가지가 있다. 교대제 근무나 조기출근, 야간영업, 영세 자영업자 같은 직업군에 속하는 근로자들은 주택이 되도록 직장 가까이 있기를 원한다. 그리고 일반적으로 가격이 낮을수록, 소득수준이 높을수록, 주택 규모가 중간일수록 주택수요는 높아지는데, 주택의 수요에 가장 크게 영향을 주는 요인으로 보통 주택의 가격과 가계의 소득을 꼽는다.[2]

주택의 수요곡선은 주택가격에 대해 〈그림 10.1〉과 같이 우하향하는 곡선으로 나타나 주택의 가격이 오르면 수요가 줄어들고 가격이 내리면 수요가 늘어난다. 그러면 어느 정도 수요가 가격변화에 민감하게 반응하는가? 이것은 일반적으로 가격탄력성 공식을 이용해 추정한다.

$$\text{수요의 가격탄력성}(\epsilon_P) = \frac{\text{주택수요의 변화율}}{\text{주택가격의 변화율}} = \frac{\triangle H_D / H_D}{\triangle P_H / P_H} \qquad (10.2)$$

식 (10.2)에서 H_D는 주택에 대한 수요이며, P_H는 주택가격이다.

한편 가계의 소득이 증가하면 주택의 수요는 어느 정도 증가하는가? 이것은 주택수요에 대한 소득탄력성으로 추정할 수 있는데 소득탄력성의 공식은 식 (10.3)과 같다.

$$\text{수요의 소득탄력성}(\epsilon_Y) = \frac{\text{주택수요의 변화율}}{\text{소득의 변화율}} = \frac{\triangle H_D / H_D}{\triangle Y / Y} \qquad (10.3)$$

식에서 H_D는 주택에 대한 수요이며, Y는 가계의 소득을 나타낸다.

초기의 주택에 대한 가격탄력성은 듀젠베리(Duesenbery)와 커스틴(Kirstin)[3]에 의해 추정되었는데, 그들은 상당히 비탄력적인 −0.08의 탄력치를 얻었다. 그러나 말페지(Malpezzi)와 마요(Mayo)[4]는 1980년대 주택수요의 가격탄력성을 추정해 −0.2~−0.3의 다소 높은 탄력치를 제시했다. 소득탄력성의 경우 리(Lee)[5]의 연구에서 주택임대자는 0.6, 주택소유자는 0.8이 나왔고, 레이드(Reid)[6]의 연구에서 임대자는 1.2, 주택소유자는 2.1로 높은 탄력치가 나왔다.

---

2) Di Pasquale과 Wheaton(1994)은 주택의 수요함수를 $D_t = P(P_t^*, UC_t, R_t, X_t^D)$로 정의하였는데, 이때 D_t는 t기의 주택의 수요, P_t^*는 주택소유자의 시장 청산가격, UC_t는 연간 사용비용, R_t는 전세비용, X_t^D는 다른 수요변수(소득, 인구)이다.

3) Duesenberry and Kirstin, 1953, "The Role of Demand in the Economics Structure", pp. 451-482.

4) Malpezzi and Mayo. 1985, *A Comparative Analysis of Housing.*

5) Lee, Tong Hun, 1968, "Housing and Permanent Income : Tests Based on a Three-Year Reinterview Survey", pp. 480-490.

6) Reid, 1962, *Housing and Income.*

표 10.1 주택의 탄력성 추정치

탄력성 종류	무스(Muth)[1]와 레이드(Reid)[2]	리(Lee)[3]	레에우 (De Leeuw)[4]
수요의 가격탄력성	−1.0	−1.48	−1.0
수요의 소득탄력성	+1.0～+2.0	+0.81	+0.8～+1.15
공급의 가격탄력성	+14.0		+∞[5]

자료 : Segal, 1977, *Urban Economics,* p. 147.
  1. Muth, 1968, "Urban Residential Land and Housing Markets", p. 286.
  2. Reid, 1962, *Housing and Income.*
  3. Lee, Tong Hun, 1964, "The Stock Demand Elasticities of Non-Farm Housing", pp. 82-89.
  4. De Leeuw, 1971, "The Demand for Housing : A Review of Cross-Section Evidence", pp. 1-10.
  5. 특수 가정에 의해.

〈표 10.1〉에는 몇몇 학자들이 작은 집단을 대상으로 추정한 탄력성이 요약되어 있는데, 수요의 가격탄력성은 −1.0～−1.5 범위에서 움직이는데, 소득탄력성은 0.8~2.0까지 범위가 더 넓게 나타나 조사기간과 조사지역, 소득 계층별로 차이가 많다. 탄력치를 집단별로 살펴보면 또 다른 특성을 보여 주는데, 주택임대자들은 흔히 소득탄력성이 1.0보다 낮게 나오지만, 주택소유자들은 1.0보다 높고 많게는 2.0까지 올라간다.[7] 소득도 현재의 소득을 기준으로 추정했을 때와 항상소득(permanent income)을 기준으로 했을 때 달랐는데, 대체로 항상소득을 기준으로 했을 때 소득탄력성이 더 크게 나타났다. 시계열자료(time series data)[8]를 기준으로 소득탄력성을 추정했을 때는 횡단면자료(cross sections data)[9]를 사용했을 때 추정한 탄력치보다 낮게 나왔다. 하우대커(Houthakker)와 테일러(Taylor)는 횡단면자료를 이용해 소득의 장기탄력성을 추정했는데 임대자는 1.5, 주택소유자는 2.4로 시계열자료를 이용해 추정했던 무스(Muth)와 리(Lee)의 추정치보다 더 큰 탄력치를 얻었다.

바리오스(Barrios)와 로드리게스(Rodríguez)[10]는 스페인을 대상으로 횡단면자료를

---

7) Muth, 1968, "Urban Residential Land and Housing Markets", p. 286. De Leeuw, 1971, "The Demand for Housing : A Review of Cross-Section Evidence", pp. 1-10.
8) Muth, 1968, "Urban Residential Land and Housing Markets", Lee, Tong Hun, 1964, "The Stock Demand Elasticities of Non-Farm Housing", pp. 82-89.
9) Houthakker and Taylor, 1970, *Consumer Demand in the United States.*
10) Barrios, Javier and Hernández, 2008, "Housing demand in Spain according to dwelling type : Microeconometric evidence", pp. 363-377.

이용해 주택의 소득 및 가격탄력치를 추정했는데, 그 결과를 보면 주택임대자의 항상소득 기준 소득탄력성은 0.22~1.3까지, 주택소유자는 0.15~0.22까지의 범위에 있었고, 가격탄력성은 주택임대자는 −0.57~−0.92까지, 주택소유자는 −0.049~−0.36까지로 기존의 미국 지역을 대상으로 한 추정치보다 대체로 낮게 나왔고, 주택임대자와 소유자 간의 탄력성 크기도 다른 양상을 보인다.

2. 주택의 공급

주택시장에서의 공급[11]은 일정기간 동안 사람들이 주택을 매도하거나 임대하려는 의도라고 할 수 있다. 공급은 기존에 건축되어 있는 주택(중고주택)과 건설업자에 의해 새롭게 지어지는 신규주택 두 종류가 있지만, 이 중 기존의 주택은 소유자들이 수리해 판매하려고 내놓은 주택만 대상이 된다. 토지는 늘어나는 것은 아니지만 정부가 토지의 용도를 변경하거나 규제를 완화하면 주택의 공급이 증가한다. 또한 주택에 대한 세금(양도소득세, 부동산 재산세 등)의 인상 혹은 인하, 경제 성장, 인구의 증감, 인구구조의 변화 등도 주택의 공급에 영향을 미친다. 주택의 경우 다른 종류의 상품보다 공급하는 데 시간이 훨씬 많이 걸려 보통 주요 개발 프로젝트를 완성하는 데 2년 이상이 걸리며, 단일가족을 위한 단독주택도 건설하는 데 일반적으로 1년 이상 걸린다. 그리고 기존의 건축되어 있는 주택의 수가 너무 많기 때문에 신축되는 주택이 전체 공급에서 차지하는 비중은 매우 작아 국가 전체적으로 전체 주택량의 2~3%에 지나지 않는다. 따라서 단기적으로는 주택의 수요나 공급의 변화에 가격이 민감하게 반응하는 반면에 장기적으로는 이러한 반응이 상당히 완화된다.

주택은 공급하는 데 시간이 많이 걸리기 때문에 단기주택공급곡선은 〈그림 10.2〉의 S_1과 같이 급박한 기울기를 갖는다. D_1은 일정시점에서 주택에 대한 수요를 나타내며, 단기공급곡선 S_1과 만나는 P_1, Q_1이 주택의 균형가격과 균형공급량이 된다.

이제 주택에 대한 수요가 D_2로 증가하여 단기적으로 가격이 P_4로 상승하였다고 하자. 그러면 주택공급자들은 새 주택을 건설하는 데 시간이 걸릴 것이기 때문에 기존 주택을 리모델링하거나 수리해서 시장에 내어놓을 것이다. 따라서 단기적으로는 단기공급곡선을 따라 P_4, Q_2에서 균형을 이룬다. 하지만 이것은 조정의 일부에 지나지 않

---

11) Mayer와 Somervile(2000)은 주택의 공급함수를 다음과 같이 정의하였는데 S_t는 t기의 주택의 공급이다. $S_t = \beta_1 P_t + \beta_2 V_t + \beta_3 C_t + \beta_4 f_t + \beta_5 REG_t + \beta_6 x_t^s + \beta_7 P_{t-1}$. 함수식에서 P_t는 t기의 주택가격, V_t는 빈집률, C_t는 노동 및 자재 투입물, f_t는 재정비용, REG_t는 지역의 규제강도, x_t^s는 다른 공급 변화요인들을 나타낸다.

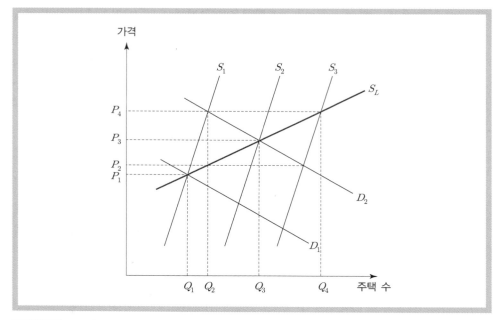

그림 10.2 주택의 장·단기공급곡선

는다. 주택공급자들은 장기적으로 P_3의 가격에서 Q_3만큼의 주택(서비스)을 공급할 것이며, 이들 대부분은 새로 지은 주택들로 그 양(量)은 $Q_3 - Q_1$이 될 것이다. 그리고 주택공급자가 새로운 주택을 공급한 후 주택의 단기공급곡선은 S_2로 나타난다. 한편 주택에 대한 장기공급곡선은 그림의 S_L선으로 나타나는데, 이 곡선은 주택공급자가 새로운 주택을 지을 수 있는 시간이 충분하고, 주택을 공급하려는 의사가 있으며, 실제로 공급할 수 있는 주택 수(주택 서비스량)를 나타낸다. 주택의 장기공급곡선은 단기공급곡선에 비해 훨씬 탄력적으로 된다.[12]

주택의 과잉공급도 〈그림 10.2〉를 통해 설명할 수 있다.

초기의 주택시장이 P_1, Q_1에서 균형을 이루고 있다고 하자. 이때는 단기뿐 아니라 장기적 균형도 이루고 있다. 그러나 어떤 경제적 여건 변화로 주택에 대한 수요가 D_1

---

12) 주택에 대한 장기수요곡선도 단기수요곡선보다 훨씬 더 탄력적으로 나타난다. 왜냐하면 갑자기 주택가격이 오르면 소비자는 바로 이사를 하거나 더 좁은 평수의 주거지를 찾기보다는 그냥 오른 가격을 지불하고 살기 때문이다. 그러나 장기적으로는 소비자 가격이 낮은 지역으로 옮겨 가거나 평수가 작은 주거지를 찾아 옮겨 갈 것이며, 이러한 장기적 조정은 수요의 감소를 가져오거나 수요의 증가를 늦출 것이다. 주택의 공급곡선도 마찬가지인데, 단기적으로는 토지의 공급곡선이 물리적으로 고정되어 있어 공급곡선이 비탄력적 형태를 띤다. 그러나 장기적으로는 토지이용 측면에서 주택에 대한 용도전환이 가능하기 때문에 공급량을 높일 수 있어 단기공급곡선에 비해 탄력적인 형태를 보인다.

에서 D_2로 증가했다고 하자. 그러면 주택에 대한 가격이 P_4까지 상승하게 되고, 주택개발업자들은 이 가격에서는 Q_4까지 주택(서비스) 수를 늘리는 것이 이익이라고 생각한다. 그래서 많은 개발업자가 택지를 건설하기로 결정하게 되면, 주택(서비스)의 수가 늘어나면서 단기공급곡선은 S_3로 이동하고, 주택의 가격은 P_2까지 떨어진다. 하지만 주택소유자들이 가격을 내리지 않고 계속 P_4를 고집하면, 빈집이 늘어나게 된다. 그림에서는 $Q_4 - Q_2$만큼의 주택이 새 주인을 만나지 못하고 빈집으로 남아 있게 되는 양이다. 그리고 새로운 주택건설은 이 빈집이 없어질 때까지 중단된다.

주택의 공급에 대한 가격탄력성과 소득탄력성은 앞의 주택의 수요에서 추정했던 탄력성 공식과 비슷하다.

$$공급의\ 가격탄력성(\epsilon_P) = \frac{주택공급의\ 변화율}{가격의\ 변화율} = \frac{\triangle H_S / H_S}{\triangle P_H / P_H} \tag{10.4}$$

$$공급의\ 소득탄력성(\epsilon_Y) = \frac{주택공급의\ 변화율}{소득의\ 변화율} = \frac{\triangle H_S / H_S}{\triangle Y / Y} \tag{10.5}$$

식에서 H_S는 주택에 대한 공급이며, P_H는 주택가격, Y는 소득이다.

이 주택공급의 가격탄력성을 추정한 결과는 앞의 〈표 10.1〉에 나와 있는데, 무스(Muth)는 미국의 주택시장을 조사해 +14라는 예상 외의 큰 추정치를 얻었다. 이것은 주택에 대한 공급곡선이 일반적으로 생각하는 형태보다 훨씬 더 가격에 민감해 탄력적이라는 의미이다. 한편 멜서(Melser)[13] 등은 오스트레일리아의 주택 공급 가격탄력성을 연구해 0.17~0.44의 추정치를 얻었다. 하지만 주택공급의 가격탄력성에 대한 실증분석은 수요의 가격탄력성만큼 많이 연구되어 있지 않아 이러한 소수의 연구결과만으로 확실한 결론을 내리기는 어렵다.[14]

한편 우리나라 주택공급의 가격탄력성은 연구결과에 따르면 0.1~0.4로 매우 낮게 나타났고, 소득탄력성은 1.5로 높게 나타난다.[15] 하지만 이 수치도 연구자마다 큰 차이를 보인다.[16]

---

13) Melser, Danie et al. 2022, "Exploring the many housing elasticities of supply: The case of Australia", Cities, Vol. 128, Article 103817.

14) Drieman and Follain, 2003, "Drawing Inferences about Housing Supply Elasticity from House Price Responses to Income Shock".

15) 홍기용, 1997, 『지역경제론』, p. 315.

16) 김형석, 2008, 『우리나라 신규 주택공급의 장기 가격탄력성 연구 : 1980년대 후반 이후의 신규주택공급을 중심으로』, p.46, 배영균, 2012, "주택공급의 가격탄력성과 주택가격 변동성", pp. 67-84.

제2절 주택의 입지

실제로 개발자가 원한다고 해서 아무 토지나 무한정 택지로 개발할 수는 없고, 정부의 규제에 의해 엄격히 통제받고 있다. 그리고 소비자들이 주택을 선택할 때도 고려하는 요인들이 일반소비재와는 많이 다르다.

이 절에서는 이러한 주택의 입지문제에 대해 살펴본다.

1. 가계의 지대호가곡선

가계(household)도 기업과 마찬가지로 직장에 가까이 있기 위해 중심상업지구(CBD)에 접근성이 좋은 지역을 선호한다고 가정하자. 그러나 가계는 기업같이 이윤극대화를 추구하는 것이 아니라 자신들의 효용을 극대화하려 한다. 가계가 입지를 결정할 때는 여러 가지 요인[17]에 영향을 받지만, 만일 다른 입지조건이 똑같다면 가계는 접근성이 좋은 주택을 선택할 것이다. 중심부로부터 멀어져 감에 따라 모든 방향으로 운송비가 동일하게 증가한다면, 가계는 중심상업지구에 가까운 부지에 더 높은 지대를 지불할 것이다. 따라서 도심으로부터 멀어지면서 가계의 지대호가곡선 기울기는 작아질 것이다.

〈그림 10.3〉은 운송비용과 가계가 지불할 의사가 있는 지대 간의 상관관계를 보여준다. 먼저 가계는 주택과 주택부지에 대한 지대 그리고 운송비에 대한 총지출이 고정되어 있다고 가정한다. 그리고 도시의 모든 생산과 분배는 도시중심부에서 일어나며, 주민은 동일한 크기의 가족 수와 기호, 소득을 가지고 있다고 가정한다. 또한 가계는 동일한 크기의 주택(서비스)을 이용하고, 도시 내에 주택건설비는 모두 같고, 가계는 주택비용으로 도시 내에서 모두 똑같이 한 달에 50만 원씩 지출한다고 가정한다. 운송비는 장거리 운송경제를 반영하여 도심에서 멀어질수록 체감하는 비율로 늘어난다. 이러한 사실은 실제로 출퇴근 시 지하철을 타거나, 버스를 타거나, 택시를 탈 경우 모두 확인되는 사실이다. 따라서 중심상업지구에 가까워질수록 가계의 운송비 혹은 출퇴근 교통비는 줄어들고, 멀어질수록 늘어난다. 이제 주택비와 출퇴근 교통비, 부지 지대에 대한 가계의 총지출이 160만 원으로 고정되어 있다면, 부지에 대한 지대는 중심상업지구에 가까워질수록 높아진다. 실제로 가계가 중심상업지구에서 멀리 떨어져 살면서 낮은 부지 지대와 높은 출퇴근 교통비를 지급하는 것과, 중심상업지구 가까이 살면서 높

---

17) Kim, Pagliara and Preston, 2005, "The Intention to Move and Residential Location Choice Behavior", pp. 1621-1636.

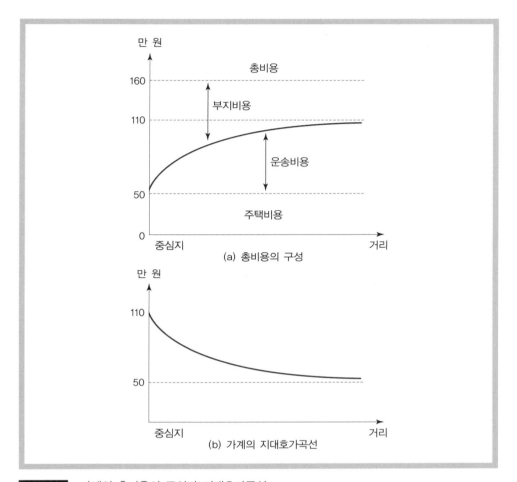

그림 10.3 가계의 총비용의 구성과 지대호가곡선

은 부지비용과 낮은 출퇴근비용을 지출하는 것 사이에 선호의 차이가 없다면, 〈그림 10.3〉을 이용해 부지의 지대호가곡선을 도출해 낼 수 있다. 그림에서 제시된 수치를 통해 독자들이 내용을 이해할 수 있을 것으로 생각해 추가적인 설명은 생략한다.

물론 위에서 상정한 비현실적 가정들을 하나씩 완화함으로써 지대곡선의 모양도 변하고, 좀 더 현실적인 형태의 주택부지에 대한 지대호가곡선을 얻을 수 있을 것이다. 그러나 이론의 바탕에 흐르는 기본적 원리는 〈그림 10.3〉에서 제시한 내용에서 크게 벗어나지 않는다.

2. 소득수준과 주택의 입지

가계가 주택의 입지지역을 선택할 때 중심지에 대한 접근성이 중요한 요소 중 하나이지만, 그것이 전부는 아니다. 주택은 개인에게는 단순히 먹고, 자는 거주지 이상의 의미를 가지고 있으며, 자녀의 교육환경이나, 이웃주민의 구성, 쇼핑몰과의 거리, 학군 등 여러 가지 고려하는 요인이 많다. 또한 주택의 입지에는 소득별로도 고려요인이 다르게 나타나기도 한다. 즉, 고소득 집단이 주택의 입지를 선택할 때와 저소득 집단이 주택의 입지를 선택할 때는 다소 다른 모습을 보여 준다.

〈그림 10.4〉에는 저소득층과 고소득층 간의 주택입지 형태가 나타나 있다.

그림에서 LL 선은 저소득층의 주택에 대한 예산선이며, HH는 고소득층의 예산선을 나타낸다. 그리고 I_{L1}과 I_{L2}는 저소득층의 무차별곡선이며, I_H는 고소득층의 무차별곡선이다. 수직축은 주택의 질을 그리고 수평축은 주택(서비스)의 크기를 나타낸다. 저소득층은 두 집단으로 나누어져 있는데 A 집단은 주택(서비스)의 크기는 좀 작더라도 좋은 질(접근성이나 고급)의 주택을 선호하는 반면, B 집단은 주택의 질은 좀 떨어지더라도 주택(서비스)의 크기가 큰 것을 선호하고 있다. 물론 고소득층도 여러 집단으로 나눠 분석해 볼 수 있지만, 중요한 것은 그림에서 보여 주듯이 고소득층은 저소득층에 비해 더 높은 주택의 질에 크기가 더 큰 주택(서비스) 둘 다를 한꺼번에 선택할 수 있

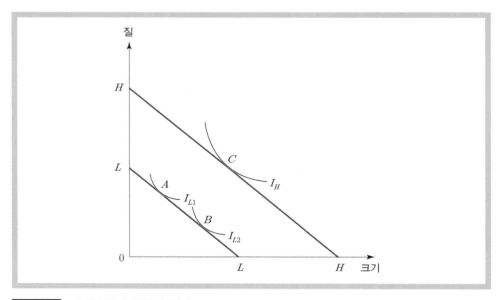

그림 10.4 소득수준과 주택의 입지

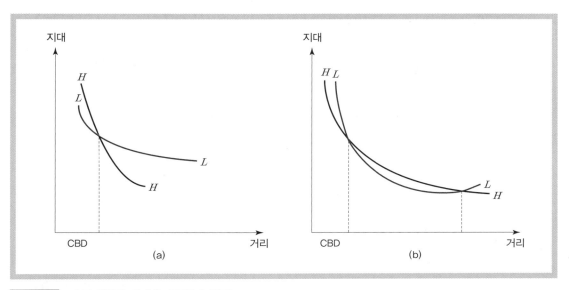

그림 10.5 소득계층별 지대호가곡선과 입지

다는 것이다. 이것은 고소득층이 더 많은 소득을 벌어들임으로써 *HH* 선과 *LL* 선 간격 크기만큼 그들의 선택의 폭이 더 확대되었기 때문이다.

한편 지대호가곡선의 기울기를 중심으로 고소득층과 저소득층의 주거입지 형태를 구분할 수도 있다. 〈그림 10.5〉에는 소득 집단별로 각기 다른 지대호가곡선이 그려져 있다. 그림에서 *LL*은 저소득층의 지대호가곡선이고, *HH*는 고소득층의 지대호가곡선이다. (a)의 그림에서는 고소득층이 중심상업구역 주변에 입지하고, 저소득층은 중심부에서 멀리 떨어진 외곽에 입지하고 있다. 이러한 형태는 주로 개발도상국이나, 등급이 낮은 소도시의 주거입지 형태이다. 고소득층은 중심부 접근에 걸리는 시간에 높은 가치를 부여함으로써 지대호가곡선의 기울기가 저소득층에 비해 훨씬 가파르게 나타난다. 반면 (b)의 그림에서는 저소득층의 지대호가곡선이 오목한 형태여서 고소득층은 도시의 중심부에서 어느 정도 떨어진 도시의 중간 부분에 거주하고, 저소득층은 통근 비용이 적게 드는 도시중심부나 아니면 지대가 저렴한 도시 외곽에 입지하고 있는데, 이런 형태는 주로 선진국에서 많이 나타난다.

외국의 소득계층별 주택입지 형태에서 우리나라의 주택입지 형태와 다른 양상을 보이는 경우가 있는데, 대표적 예로 우리나라는 산 위에 위치한 동네를 산동네라 부르며 저소득층들이 주로 밀집해 산다. 하지만 미국의 경우 산 위에까지 도로가 잘 정비되어 있고, 공기도 맑고 도시의 전경이 한눈에 내려다보여 주로 고소득층들이 거주하는 경우가 많다.

버지스(Burges)[18]는 미국의 대도시 시카고를 대상으로 어떻게 각기 다른 사회·경제적 집단들이 특정 지역을 차지하는지를 연구한 후 여과이론(filtering-down theory)을 발표했다. 그는 고소득층 집단의 소득이 증가하면 주택에 대한 수요가 증가하고, 새로운 주택은 주로 택지가 가용한 도시 외곽지역에 건설되는 것을 발견했다. 이러한 교외의 신축주택은 도심 내 주택보다 가격이 싼데, 왜냐하면 도시 내에 새로 주택을 지으려면 기존의 주택을 허물고 새로 짓는 기회비용이 비싸고, 부지가 너무 작아 고소득층의 선호를 만족시키기 어렵기 때문이다. 따라서 고소득층 집단이 교외의 신축주택으로 이전해 나가면 도심의 주택은 비게 되고, 주인은 그다음 소득계층을 유인하기 위해 주택가격을 기존 가격보다 약간 낮게 책정하게 된다. 그러면 이 빈집으로 원래 거주자보다 소득이 낮은 집단이 이동해 오게 된다는 것이다. 이에 따라 주택가격이 하락하고 연쇄적인 이주가 일어나게 되고, 이러한 여과과정(filtering-down process)을 통해 저소득층은 이익을 보게 된다. 최종적으로는 가장 가난한 가계가 가장 나쁜 주택에서 나와 그보다 조금 나은 주택으로 이주할 수 있게 되고, 가장 나쁜 주택은 빈집으로 남아 있거나 철거된다.

그러나 여과과정을 통해 중산계층이 거주하는 주택 대부분이 저소득층에 점유되고, 그 후 새로운 투자가 충분히 이루어지지 못한다면 주택의 노후화가 급속히 진행되어 결국에는 불량주택이 밀집하는 슬럼지역으로 변하기도 한다.[19]

소득별 입지 형태나 여과과정 이외에도 태우버(Taeuber),[20] 베일리(Bailley),[21] 카인(Kain),[22] 샤퍼(Schafer),[23] 잉거(Yinger),[24] 팔리(Farley),[25] 크룹카(Krupka),[26] 보우스톤(Boustan),[27] 아크바(Akbar),[28] 칼드웰 2세(Caldwell II)[29] 등 많은 경제학자들은 미국의

18) Burgess, 1952, "The Growth of the City".
19) Lowry, 1960, "Filtering and Housing standards : A Conceptual Analysis", pp. 362-370.
20) Taeuber and Taeuber, 1965, *Negro in cities : Residential Segregation and Neighborhood Change*.
21) Bailley, 1966, "Effects of race and Other Demographic Factors on the Value of Single Family Homes", pp. 215-220.
22) Kain, 1968, "Housing Segregation, Negro Employment, and Metropolitan Development", pp. 175-197.
23) Schafer, 1979, "Radical Discrimination in the Boston Housing Market", pp. 176-196.
24) Yinger, 1986, "Measuring Racial Discrimination with Fair Housing Audits : Caught in the Act", pp. 881-93.
25) Farley,1991, "Residential segregation of social and economic groups among Blacks, 1970-1980", pp. 274-298.
26) Krupka, 2007, "Are Big Cities More Segregated? Neighborhood Scale and the Measurement of Segregation", pp. 187-197.
27) Boustan, Leah Platt, 2013, "RACIAL RESIDENTIAL SEGREGATION IN AMERICAN CITIES", *NBER Working Paper 19045*.
28) Akbar, Prottoy A. et, al., 2019, "RACIAL SEGREGATION IN HOUSING MARKETS AND THE EROSION OF BLACK WEALTH", *NBER Working Paper 25805*.

도시 내에서 인종 간, 특히 백인과 흑인 간의 거주지 분리현상에 대해 관심을 두고 연구를 했다. 우리나라에서도 이러한 주제에 관심이 있는 연구자들[30]이 있지만, 국내에서는 이러한 인종 간 분리문제가 큰 이슈가 되지 않아 여기서는 더 이상 깊이 다루지 않는다.

제3절 주택정책

주택은 개인의 후생에 직접적으로 영향을 미치며, 지역의 사회 및 문화적 환경뿐 아니라 경제적 여건을 조성하는 데 중요한 영향을 미친다.

주택시장은 교통시설의 개선[31]이나 주변 환경에 영향을 받으며, 외부성(externality)이 존재하고, 신규주택에 대한 수요가 매우 높다. 주택소비의 소득재분배 문제와 연관해서는 자유시장원리가 적용되지 않는 까닭에 중앙정부나 지방정부가 주택에 대한 세금혜택이나 주택융자 보조금, 공공주택 공급 등 다양한 지원 프로그램을 마련하여 시행하고 있다.

이 절에서는 이러한 정부의 주택정책과 그 영향에 대해 자세히 살펴본다.

1. 수요 및 공급측면의 지원정책

주택에 대한 정부지원은 수혜자뿐만 아니라 주변지역에도 상당한 외부효과를 가지고 있는 것으로 나타난다.[32] 그러나 정부가 저소득층에 주택지원정책을 시행할 때 가난한 사람에게 가용한 주택의 공급을 늘리도록 하는 데 초점을 맞추느냐? 아니면 가난한 사람이 주택(서비스)을 구입할 수 있는 능력을 향상시키는 데 초점을 맞추어야 하는가? 하는 문제에 직면하게 된다.

전자는 공급측면의 보조로서 주택을 신축하거나 기존주택을 개조할 때 정부에서 지원을 해 주는 것을 의미하며, 후자는 수요측면의 지원으로서 저소득층의 주택구입비용이나 임대료 일부를 정부가 지원해 주는 것을 의미한다. 그러나 이러한 수요 및 공급

---

29) Caldwell II, Phillip et al., 2022, "The Intersectionality of Educating Black Students in Michigan: Public School Finance, Racial Segregation, an Housing Policy", *Journal of Education Human Resources*, pp. 524-563.
30) 박치형, 안경섭, 2017, "텍사스의 댈러스-알링턴-포트워스 메트로폴리탄 지역 안에서 인종 간의 주거차별이 주택 특성에 미치는 영향 2000-2010", pp. 147-177.
31) Wong and Yiu. 2005, "The Effects of Expected Transportation Improvements on Housing Prices", pp. 113-125.
32) Schwartz, Ellen, Voicu and Schill, 2006, "The External effects of place-based subsidized housing", pp. 679-707.

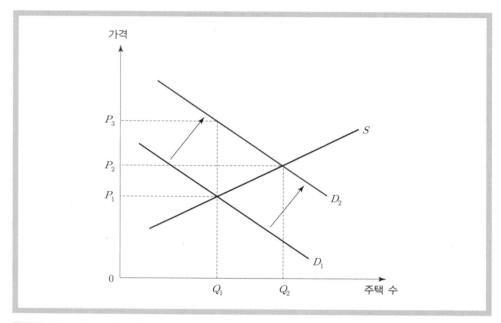

그림 10.6 정부의 수요측면 지원효과

측면의 지원프로그램은 항상 충분하지 않아 지원을 기다리는 대기자들이 긴 줄을 만들고 있다.

(1) 수요측면의 지원

수요측면의 지원은 미국의 레이건 대통령 시절에 많이 시행했던 제도로, 저소득층 가족들이 임대주택을 선택하고 정부는 임대료의 일부를 주인에게 대신 지불할 것을 보장하는 제도이다.

〈그림 10.6〉에 그려져 있는 수요와 공급곡선은 전체 주택시장의 수요와 공급곡선이 아니라 정부의 지원을 받는 주택시장의 수요와 공급곡선을 나타낸다.

정부가 수요측면에 지원을 시작하면 수요가 증가해서 수요곡선이 D_1에서 D_2로 증가한다. 만일 조정과정이 신속하게 일어난다면, 주택의 가격은 P_2만큼 상승할 것이다. 그러나 이러한 지원에 대해 주택공급업자의 반응에 시차가 존재한다면, 가격은 단기적으로 P_3까지 치솟을 수가 있다. 초기에 주택가격이 얼마나 오르고, 새로운 균형점 P_2에 도달하기까지 얼마나 걸리는가 하는 것은 반응속도에 달려 있다. 무스(Muth)[33]는 주택에 대한 초과수요 Q_2Q_1 중에서 약 30%는 첫해에 충족되고, 나머지 초과수요의 30%는 그다음 해에 충족되고, 나머지 총초과수요 중 90%가 충족되는 데에는 9년이 걸린다고 주장했다.

(2) 공급측면의 지원

공급측면의 지원은 주택의 공급을 늘려 주택의 가격을 낮춤으로써 소비자를 도와주는 것이다. 이런 보조는 정부가 직접 저소득층을 위해 공공주택을 건설하거나, 민간기업이 저소득층을 위해 주택을 짓고 정부가 건축비를 보조해 주거나 또는 정부가 시장가격으로 구입해서 낮은 가격으로 재판매하거나 하는 방법 등이다.

정부의 공급측면 지원정책의 효과는 〈그림 10.7〉에 나타나 있는데, 주택(서비스) 한 단위당 지원의 크기는 공급곡선 S_1과 S_2 사이의 수직거리만큼 된다.

〈그림 10.7〉에 그려져 있는 수요와 공급곡선은 〈그림 10.6〉과 마찬가지로 전체 주택시장의 수요와 공급곡선이 아니라 정부의 지원을 받는 주택시장의 수요와 공급곡선을

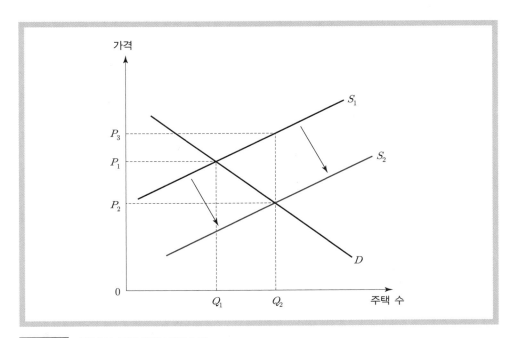

그림 10.7 정부의 공급측면 지원효과

---

33) Muth, 1960, "The Demand for Non-Farm Housing", p. 52.

나타낸다. 정부가 정책을 통해 주택의 공급을 늘리면 주택의 소비자 가격은 P_2로 떨어질 것이며, 이때 주택판매자가 받는 금액은 정부지원금을 합쳐 P_3가 될 것이다. 만일 공급곡선의 탄력성이 무한대(∞)일 경우, 정부지원으로부터 발생하는 모든 이익은 소비자에게 돌아갈 것이다. 그리고 정부가 공공주택을 건설해 시장가격 이하로 공급하기로 결정한다면, S_1과 S_2 사이의 간격은 정부가 주택(서비스)을 한 단위 공급하는 데 드는 비용과 그 주택을 시장에 공급하는 가격과의 차이를 나타낸다.

정부가 공공주택을 제공하는 프로젝트는 대부분 성공을 하지만, 한편으론 다른 사회적 문제를 야기하기도 한다. 정부가 공급하는 주택이 주로 저소득층을 위한 아파트이고, 대단위로 건설되다 보니 빈곤층이 모여 살면서 가난의 상징이 되기도 하고, 범죄의 온상이 되기도 하며, 시간이 지나면서 슬럼화되기도 한다. 미국의 경우 이러한 공공주택들이 주로 흑인거주지역에 집중적으로 건설되어 대부분의 주민이 흑인들로 구성되므로 인종 간 차별 문제로 비화되기도 한다. 또한 이러한 공공 아파트는 지속적으로 관리하기 위해 계속적인 정부의 재정지원이 필요하게 된다. 그래서 오늘날에는 저소득층 주택을 위한 대규모 프로젝트는 차츰 줄어들고, 대신 소규모로 도시 내 여러 지역에 분산시켜 건설함으로써 경제적, 인종적으로 통합을 추구하는 방식으로 지원방식을 바꾸는 지방정부가 늘고 있다.

요약하면, 정부의 주택에 대한 수요측면 지원은 주택의 가격을 올리면서, 공급되는 주택(서비스)의 양도 증가시킨다. 반면에 공급측면 지원정책은 가격을 낮추면서 주택(서비스)의 공급량도 증가시킨다. 그래서 많은 경제학자들이 주택의 가격이 오르는 것을 피할 수 있는 공급측면의 지원을 선호한다. 하지만 여러 연구결과에 따르면 저소득층에 대한 수요측면의 지원이 주택가격에 미치는 영향은 그리 크지 않는 것으로 나타난다.

직접적으로 주택의 저량(stock)을 증가시키는 정책은 주택의 가격을 낮추는 효과가 있다. 그러면 미래의 민간주택의 공급에는 어떤 영향을 미칠까? 지원을 받아 건설된 주택은 지원받지 않고 건설되는 주택을 대체하므로 전체적인 재고는 변하지 않게 된다.

많은 주택전문가들은 여과과정(filtering-down process)을 원활히 하기 위해 중산층의 주택수요를 촉진할 수 있는 주택정책을 옹호한다. 즉, 중산층 가족이 신축된 주택으로 이동함에 따라 추가적으로 가난한 사람들에게 가용한 주택이 늘어나 저소득층의 주택공급은 늘어나게 된다는 것이다.

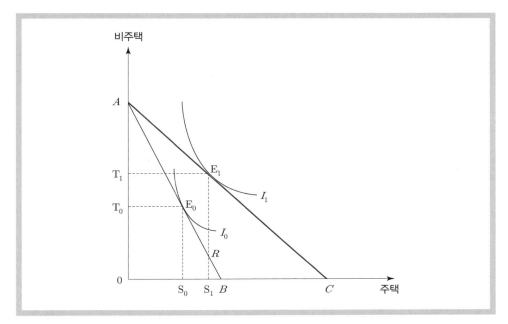

그림 10.8 임대료 지원정책

2. 소득지원과 임대료지원

앞 단락에서 주택지원정책을 수요측면과 공급측면으로 나누어 살펴보았는데, 수요측면의 지원을 다시 세분하면 소득지원과 임대료지원으로 나눌 수 있다.

이것은 후생경제학의 유명한 고전적 토론으로 개인이 현금보조(cash grants)를 받는 것이 좋은가? 아니면 현물(in-kind)로 보조받는 것이 좋은가? 하는 문제와 일맥상통하는데, 이 단락에서는 이러한 문제에 대해 살펴본다.

〈그림 10.8〉에는 정부가 저소득층 가계에 임대료 보조금을 지원해 주었을 때 어떠한 변화가 일어나는지가 나타나 있다. 수평축은 주택에 대한 소비, 수직축은 주택 이외의 재화에 대한 소비가 나타나 있다. 그리고 정부의 지원 전 초기균형은 당시의 예산선 AB와 무차별곡선 I_0가 접하는 점 E_0이다.

이제 정부가 저소득층에 임대료를 지원하면 주택의 가격이 하락한 것과 동일한 효과를 가져 가격선은 AB에서 AC로 이동하게 되고, 이 새로운 가격선 AC와 새로운 무차별곡선 I_1이 접하는 점 E_1에서 새로운 균형이 형성된다. 이 새로운 균형점은 원래의 균형점 E_0보다 주택의 소비는 S_0에서 S_1으로, 비주택의 소비는 T_0에서 T_1로 늘리

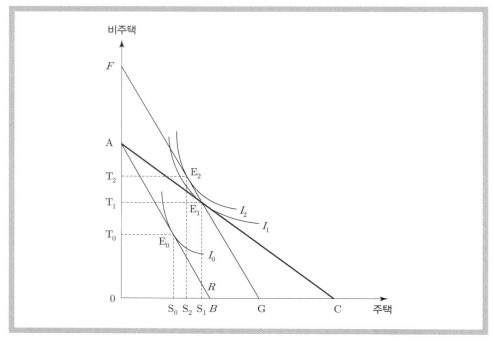

그림 10.9 소득지원정책

고, 효용수준은 I_0에서 I_1으로 증가시킨다.

　그러면 정부가 직접적으로 소득을 보조하면 어떻게 되는가? 정부가 소득(현금)을 $FA(=E_1R)$만큼 지원하면 〈그림 10.9〉와 같이 예산선이 AB에서 수평 이동한 FG 선이 되고, 새로운 균형점은 E_2에서 이루어진다. 그래서 주택 및 비주택의 소비점이 T_2, S_2가 되어 소득지원 전의 소비점 T_0, S_0보다 더 크게 된다. 이 균형점을 임대료에 보조금을 지원했던 앞의 경우와 비교해 보면 주택의 소비는 적지만 $(S_1 > S_2)$ 효용수준은 더 높다$(I_1 > I_2)$. 따라서 후생측면에서 소득(현금)보조가 임대료(현물)보조보다 후생을 더 증가시키는 것을 알 수 있다.

　최소한 현금을 받으면, 가계는 그 현금을 계속해서 주택에 지출할 수 있으니 후생수준이 나빠지지는 않을 것이다. 그리고 가계가 그 돈으로 주택보다도 더 필요한 다른 재화를 구입한다면, 후생수준은 더 증가할 것이다. 따라서 주택지원 프로그램의 목적이 가계의 후생을 증가시키는 것이라면 여러 가지 주택지원정책보다는 소득(현금)으로 보조해 주는 것이 더 나을 것이다. 그러나 이러한 주장에 대해 반대하는 측에서는 개

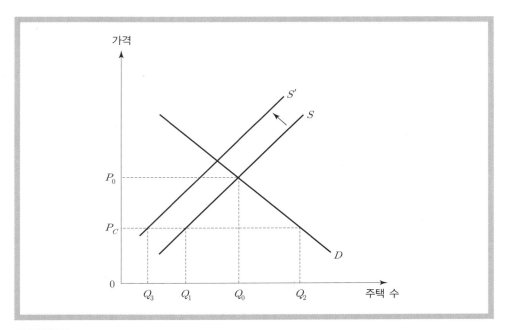

그림 10.10 임대료 규제

인들은 자신들에게 필요한 것이 무엇인지는 잘 알지만, 사회적 측면에서 무엇이 최선인지는 모른다고 주장한다. 연구결과에 따르면 저소득층의 주택에 대한 소득탄력성은 낮게 나오고 있다. 따라서 직접 현금을 보조해 주면 그 지원금 중 작은 부분이 수혜자 주택 개량에 쓰일 것으로 보인다. 그리고 현금을 이미 보조해 준 상태에서 수혜자가 주택 대신 다른 재화를 구입하는 것을 막기도 어렵다. 그래서 주택에 대한 지원정책이 주택 선택에 더 많은 선택권을 주는 방향으로 나아가고는 있지만, 현금이 임대료지원보다 낮다는 경제적 분석결과는 잘 받아들여지지 않고 있다.

3. 임대료 규제정책

임대료 규제는 세입자들을 높은 임대료로부터 보호하기 위해 선진국에서 주로 시행해 온 주택정책으로, 정부가 임대료를 적정수준으로 규제하거나, 임대료 상승률을 규제하는 일종의 가격규제정책이다. 그러나 이러한 주택임대료 규제는 정부가 시장의 균형을 무시하고 강제로 시행하는 정책이므로 부작용도 많이 발생한다.

〈그림 10.10〉에는 주택의 임대시장에서 수요곡선과 공급곡선이 나타나 있으며, 주택시장은 P_0, Q_0에서 초기균형을 이루고 있다.

이때 정부에서 주택의 임대료를 P_C 이상으로 올리지 못하도록 규제했을 때, 주택시장에 미치는 영향을 살펴보자. 임대료 규제정책은 일반경제학에서 분석하는 최고가격제(price ceiling) 정책과 비슷한 효과를 가지고 있는데, 정부가 시장균형가격보다 낮은 가격에서 임대료를 통제함으로써 Q_2Q_1만큼의 초과수요가 발생하게 된다. 장기적으로 싼 임대료 때문에 주택공급자들이 새 주택의 공급을 꺼리고, 유지·보수에도 신경을 쓰지 않게 되어 주택의 질도 떨어진다. 따라서 주택의 공급이 줄어들어 장기적으로 공급곡선이 S'로 이동해 가면서, 주택시장에서 초과수요는 Q_3Q_2로 더욱 확대된다. 결국 이러한 임대료 규제는 단기적으로는 임대료를 낮추는 효과는 있겠지만, 장기적으로는 오히려 주택부족을 심화시키는 부정적 효과를 가져온다.

임대료 규제정책에 대한 논쟁은 주로 공평성(equity)에 초점이 맞추어져 있다. 임대료 규제를 찬성하는 측은 주택소유자가 임대료를 계속 올리면 세입자는 착취당한다고 주장한다. 임대료가 오르는 것은 이웃 환경이 좋아지거나 지역공동체 전체 요인 때문이지 주택소유자들로 인한 것은 아니라는 것이다. 즉, 임대료가 오르는데 주택소유자가 공헌한 것은 아무것도 없다는 것이다. 따라서 임대료 증가로 주택소유자가 이익을 얻는 것은 횡재에 가까우며, 원래는 그 지역사회의 장점으로 인해 증가하는 이익은 주택소유자뿐 아니라 그 지역사회 구성원의 일부인 세입자에게도 돌아가야 한다는 주장이다.

이에 대해 임대료 규제를 반대하는 측에서는 임대료 규제가 경제적으로 비효율적이라고 주장한다. 그들은 임대료를 증가하지 못하게 통제하면, 주택소유자들이 주택(서비스)의 저량(stock)을 줄일 것이라고 지적한다. 또한 주택관리를 소홀히 하여 세입자를 의도적으로 쫓아내거나 혹은 주택소유자가 임대료가 균형가격 이하에서는 특정 인종이나 자신에게 뒷돈을 주는 세입자를 선택하며, 일부 주택소유자는 주택을 허물고 임대료 규제를 받지 않거나 덜 받는 건물로 개조하는 등 여러 부작용이 발생한다고 주장한다. 이러한 반대론자의 주장에 규제를 찬성하는 측에서는 임대료 규제법을 잘 규정하고 시행하면 이러한 문제점을 피할 수 있다고 설득한다. 하지만 많은 경제학자들은 임대료 규제에 내재해 있는 비효율성과, 그 비효율성을 막기 위한 행정비용이 너무 높다는 이유로 반대한다. 이 임대료 규제문제는 가끔씩 선거에 주요한 쟁점으로 등장해 유권자의 환심을 사기 위한 정치적 문제로 변질되기도 한다.

주택에 대한 정책은 위에서 다루었던 쟁점 이외에도 주택을 강조한 저소득층 지원

프로그램이 정부에 의해 주도되어야 하는가? 아니면 정부의 지원하에 민간부문에서 주도하여야 하는가? 하는 쟁점과 공공주택 건설에서 비용절감과 규모의 경제를 위해 한꺼번에 대단위로 건설해야 하는가? 아니면 소규모로 여러 지역에 분산해 건축해야 하는가? 하는 쟁점들도 포함한다. 또한 정책의 초점을 주택을 개량하는 데 맞출 것인 가? 아니면 저소득층이 모여 사는 지역의 환경을 개선하는 데 초점을 맞출 것인가? 하 는 쟁점도 있다.

4. 주택 보조에 대한 이론적 근거

주택정책은 토지나 주택시장에 대한 정부의 많은 간섭이 대세를 이루는데, 일부는 반 차별법이나 구획조례(zoning ordinances) 같은 규제성격을 띠고 있고, 일부는 주택이나 토지시장의 불완전한 특성을 극복하려는 의도가 담겨 있다. 그러나 대부분의 주택정책 은 공공주택 공급이나 시장이자율보다 낮은 이자로 융자(loan) 혹은 임대료 보조금같 이 본질적으로 주택의 공급을 늘리거나 소비자에게 직접 가격부담을 줄여 주는 프로그 램들이다. 이러한 보조금들은 일반적으로 국민의 세금으로 대부분 지원되는데, 왜 이 러한 주택의 건설이나 소비 등은 다른 상품같이 시장의 원칙에 따르지 않고 정부의 지원이 정당화되는 것일까?

오래전부터 이 의문에 대해 많은 학자들이 여러 이론적 근거들을 제시하였는데, 그 것을 요약해 보면 다음 네 가지 정도가 된다.

첫째, 머스그레이브(Musgrave)[34]가 처음 정의했듯이 주택은 가치재(merit good)이기 때문이다. 가치재란 사람들이 생각하고 있는 것보다 더 가치 있는 상품들을 의미한다. 그래서 결과적으로 개인 소비자들이 그런 상품을 자신의 소득제약하에서 후생수준을 극대화시켜 주는 양만큼 소비하지 못하고 그보다 적게 소비한다. 비가치재(demerit good)는 그 반대인데, 담배의 니코틴 같은 비가치재의 경우 많은 사람들이 자신에게 얼마나 해로운지를 잘 인식하지 못해 후생수준을 극대화시켜 주는 양 이상으로 사용하 고 있다. 교육이나 의료 서비스, 주택 같은 가치재의 경우 지원을 해 주지 않으면 사람 들이 소비해야 되는 양보다 적게 소비할 것이기 때문에 지원을 해 주어야 한다는 주장 이다.

---

34) Musgrave, 1959, *The Theory of Public Finance*. Richard, 1976, "Policies for Housing Support : Rationale and Instruments", pp. 218-22.

둘째, 가난이나 소득의 불평등 분배는 일부 가족들이 사회적으로 최저수준의 주택도 소비하기 어렵게 만든다. 그래서 가난한 사람들이 사회적으로 바람직한 최저수준까지 향상시키기 위해, 정부가 그들이 할 수 있는 것보다 더 높은 수준의 주택을 제공하거나 소득보조를 해 주어야 한다는 것이다. 여기에는 경제학자들 간에 약간의 논란이 있는데, 이는 현물보조가 나은가, 현금보조가 나은가 하는 문제로 이미 앞에서 논의했으므로 여기서는 더 이상 언급하지 않는다.

셋째, 더 좋은 주택은 화재나 전염병, 범죄 그리고 다른 사회적 소요의 발생 건수를 줄임으로써 사회 서비스 제공비용을 감소시킨다. 이것은 '외부적 사회편익(external social benefits)과 관련되어 있는데 만일 더 나은 주택이 이러한 바람직한 사회효과를 가지고 있다면, 개인들의 소비결정은 원칙적으로 너무 적은 주택 서비스를 소비하는 결과를 가져올 것이다. 한계효용체감의 법칙에 따라 우리는 개인이 주택에 대한 소비를 늘리면 개인의 한계편익은 줄어드는 것을 알고 있다. 각 개인은 주택 (서비스) 한 단위를 추가적으로 소비함으로써 얻는 개인의 한계편익이 추가적으로 지불하는 한계비용과 같을 때 최적수준에 도달한다. 하지만 이 수준은 사회적으로 최적의 소비수준보다는 적은데, 왜냐하면 개인이 소비로부터 발생하는 외부적 사회한계편익을 의식하지 못하기 때문이다. 그래서 개인의 한계편익에 사회적 한계편익을 더한 것이 한계비용과 같아지는 점까지 개인의 소비가 도달할 수 있도록 주택에 대한 지원을 해 주는 것이 사회적으로 정당화된다. 사회적 한계비용이 양(+)이기 때문에, 균형점은 개인이 정부의 보조를 받지 않는 상태에서 선택한 수준보다는 더 높은 수준에서 일어난다.

넷째, 주택에 대한 보조는 가난한 사람에서 소득을 재분배하는 적절한 수단이 된다. 이미 언급했듯이 경제학자들은 소득을 재분배하는 데 있어 일반적으로 현물을 지급하는 방법보다 현금을 지급하는 것이 훨씬 더 효율적이라고 생각한다. 왜냐하면 현금을 지원하면 수령자가 자신이 가장 원하는 상품을 마음대로 선택할 수 있기 때문이다. 그러나 소득을 재분배하는 실제 담당자들은 적절한 현물분배를 입법화하는 것이 현금을 지급하는 것보다 정치적으로 쉽다고 생각하고 있으며, 현재 이런 생각은 경제적 효율성에 근거한 반대 주장을 압도하고 있다.[35]

선진국 정부는 주택의 특성을 잘 이해하고 오래전부터 주택공급정책에 중점을 두고 시행해, 서독은 1977년 주택 보급률이 101%, 대만과 미국은 1980년에 각 각 99.1%,

---

35) Heilbrun, 1981, *Urban Economics and Public Policy,* pp. 359-361.

111.3%, 일본은 1983년에 109.8%에 도달했다. 우리나라는 주택보급이 늦어 보급률이 1970년 79.5%, 1990년 72.4%, 1995년 86%를 기록했다. 그 후 노태우 대통령의 주택 200만 호 건설계획 완성 등을 통해 2008년 주택보급률이 100.7%에 도달했고, 2014년에는 103.5%를 기록했다. 정부는 앞으로도 공급을 계속 늘려 116.7%까지 주택보급률을 높인다는 목표를 세우고 있다. 그러나 정작 국민들이 자기 집에 사는 비율인 자가점유율은 1970년 71.7%, 1990년 49.9%, 1995년 53.3%, 2000년 54.2%를 거쳐 2014년 53.6%를 기록해 우리나라 국민들의 내 집 마련 소망 성취는 아직도 요원하다 할 수 있다.

제4절 요약

주택시장은 전통적인 수요와 공급 개념을 이용해 분석할 수 있다. 그러나 주택시장은 일반경제재의 시장과 다른 독특한 특성을 가지고 있다. 주택시장의 수량축은 주택의 수(數)라기보다는 '주택 서비스의 수'로 이해하는 것이 더 유용하다. 가격 또한 주택의 판매가격이나 주택 서비스의 기간별 흐름인 지대를 표현한다.

주택의 공급은 새로운 주택을 건설하거나, 기존의 주택을 개조함으로써 늘어난다. 공급곡선의 탄력성은 새로운 주택건설의 잠재력 때문에 단기보다는 장기에 더 크게 나타난다. 단기에 공급 변화는 주로 기존주택의 개조에 의존한다. 그러나 조정과정의 장기적 시차 때문에 주택개발자들이 미래 시장조건을 잘못 계산해 초과공급하므로 때론 평균보다 빈집 비율이 높아지기도 한다.

주택은 국민들의 복지와 후생수준에 직접적으로 영향을 미치기 때문에 정부는 직접적으로 주택시장에 개입해 다양한 주택정책을 수립하여 시행하는데, 크게 공급측면의 지원과 수요측면의 지원으로 나눌 수 있다. 수요측면 정책은 다시 소득(현금)지원과 임대료(현물)지원으로 나눌 수 있는데, 경제적 측면에서 소득(현금)지원이 임대료(현물)지원보다 소비자들의 후생을 더 많이 증가시킴에도 불구하고 주택정책에서는 잘 채택되지 않고 있다. 임대료 규제문제는 세입자와 주택소유자 사이에 공평성 측면에서 찬·반이 나누어진다. 그리고 경제학자 사이에는 임대료 규제에 대한 반대 주장이 더 설득력을 얻고 있다.

주택에 대한 정부의 지원은 먼저 주택이 가치재로서 정부의 보조가 없으면 최적의 소비수준에서 소비되지 못하고, 가난이나 소득불평등으로 일부 가족이 사회적으로 누려야 할 최저수준의 주택 서비스를 받지 못하기 때문에 사회적으로 용인되고 있다. 더구나 더 좋은 주택은 화재나 전염병, 범죄, 사회적 혼란을 감소시켜 사회적 비용을 줄여 주고, 가난한 사람들에게 소득을 재분배해 주는 좋은 수단으로 인식되고 있다.

참고문헌

김형석, 2008, 『우리나라 신규 주택공급의 장기 가격탄력성 연구 : 1980년대 후반 이후의 신규주택공급을 중심으로』, 서울대학교 대학원 환경계획학과 석사논문, p.46

박치형, 안경섭, 2017, "텍사스의 댈러스-알링턴-포트워스 메트로폴리탄 지역 안에서 인종 간의 주거차별이 주택 특성에 미치는 영향 2000-2010," 정책개발연구, 제17권 제2호, pp. 147-177.

배영균, 2012, "주택공급의 가격탄력성과 주택가격 변동성," 『대한부동산학회지』 34권, pp. 67-84.

홍기용, 1997, 『지역경제론』, 제4판, 박영사.

Akbar, Prottoy A., Li, Sijieb, Shertzer, Allison, Walsh, Randall P., 2019, "RACIAL SEGREGATION IN HOUSING MARKETS AND THE EROSION OF BLACK WEALTH", *NBER Working Paper 25805*.

Bailley, Martin, 1966, "Effects of race and Other Demographic Factors on the Value of Single Family Homes", Land Economics, Vol. 42, No. 2, pp. 215-220.

Barrios García, Javier A. and José E. Rodríguez Hernández, 2008, "Housing demand in Spain according to dwelling type : Microeconometric evidence", *Regional Science and Urban Economics,* Vol. 38, pp. 363-377.

Bartik, Timothy, 1988, "Measuring the Benefits of Amenity Improvement in Hedonic Price Model", *Land Economics,* Vol. 64, Iss. 2, pp. 172-83.

Boustan, Leah Platt, 2013, "RACIAL RESIDENTIAL SEGREGATION IN AMERICAN CITIES", *NBER Working Paper 19045*.

Burgess, Ernest W., 1925, "The Growth of the City : An Introduction to a Research Project", in R. Parks, E. Burgess and C. McKenzie ed., *The City,* Chicago : University of Chicago Press, pp. 47-62.

Caldwell II, Phillip, Jed T. Richardson, Rajah E. Smart, Meaghan Polega, 2022, "The Intersectionality of Educating Black Students in Michigan: Public School Finance, Racial Segregation, an Housing Policy", *Journal of Education Human Resources*, Vol. 40 No.4 pp. 524-563.

De Leeuw, Frank, 1971, "The Demand for Housing : A Review of Cross-Section Evidence", *Review of Economics and Statistics,* Vol. 53, No. 1, pp. 1-10.

Di Pasquale, Denise and William Wheaton, 1994, "Housing Market Dynamics and the Future of Housing Prices", *Journal of Urban Economics,* Vol. 35, pp. 1-27.

Drieman, Michelle and Robert Follain, 2003, "Drawing Inferences about Housing Supply Elasticity from

House Price Responses to Income Shocks", *OFHEO Working Paper* 03-02.

Duesenberry, James S. and Helen Kirstin, 1953, "The Role of Demand in the Economics Structure", in Wassily W. Leontief, ed. *Studies in the Structure of the American Economy,* New York : Oxford University, pp. 451-482.

Farley, R. 1991, "Residential segregation of social and economic groups among Blacks, 1970-1980", in C. Jencks and P. E. Peterson eds. *The Urban Underclass,* Washington, DC : Brookings Institution. pp. 274-298.

Heilbrun, James, 1981, *Urban Economics and Public Policy,* 2nd ed. New York : St. Martin's Press.

Houthakker, H. S. and L. D. Taylor, 1970, *Consumer Demand in the United States,* Cambridge, Mass. : Harvard University Press.

Kain, John, 1968, "Housing Segregation, Negro Employment, and Metropolitan Development", Quarterly Journal of Economics, Vol. 82, No. 2, pp. 175-197.

Kim, J. H, F. Pagliara and J. Preston, 2005, "The Intention to Move and Residential Location Choice Behavior", *Urban Studies,* Vol. 42, No. 9, pp. 1621-1636.

Krupka, Douglas J., 2007, "Are Big Cities More Segregated? Neighborhood Scale and the Measurement of Segregation", *Urban Studies,* Vol. 44, No. 1, pp. 187-197.

Lee, Tong Hun, 1964, "The Stock Demand Elasticities of Non-Farm Housing", *Review of Economics and Statistics,* Vol. 46, No. 1, pp. 82-89.

Lee, Tong Hun, 1968, "Housing and Permanent Income : Tests Based on a Three-Year Reinterview Survey", *Review of Economics and Statistics,* Vol. 50, Iss. 4, pp. 480-490.

Lowry, Ira. S, 1960, "Filtering and Housing standards : A Conceptual Analysis", Land Economics, Vol. 36, No. 4, 1960. pp. 362-370.

Lui, Hon-Kwong, 2007, "The Redistributive Effect of Public Housing in Hong Kong", *Urban Studies,* Vol. 44, No. 10, pp. 1937-1952.

Malpezzi, S. and S. K. Mayo. 1985, *A Comparative Analysis of Housing,* The World Bank.

Mayer, Christopher and Tsur Somerville, 2000, "Land Use Regulation and New Construction", *Regional Science and Urban Economics,* Vol. 30, pp. 639-662.

Melser, Danie,, Rachel Ong ViforJ, Gavin Wood, 2022, "Exploring the many housing elasticities of supply: The case of Australia", *Cities*, Vol. 128, 103817

Musgrave, Richard A., 1959, *The Theory of Public Finance,* New York : McGraw Hill. Musgrave, Richard A., 1976, "Policies for Housing Support : Rationale and Instruments", in U.S. Department of Housing and Urban Development, *Housing in the Seventies* Working Papers, Vol. 1, pp. 218-22.

Muth, Richard F., 1960, "The Demand for Non-Farm Housing", in Amold C. Harberger, ed. *The Demand for Durable Goods,* Chicago : University of Chicago Press, p. 27-96.

Muth, Richard F., 1968, "Urban Residential Land and Housing Markets", in Perloff, Harvey and Lowdon Wingo, Jr. eds., *Issues in Urban Economics,* Baltimore : Johns Hopkins Press, pp. 285-333.

Reid, Margaret, 1968, Housing and Income, Chicago : University of Chicago Press.

Schafer, Robert, 1979, "Radical Discrimination in the Boston Housing Market", *Journal of Urban Economics,* Vol. 6, pp. 176-196.

Schwartz, A. E., I. G. Ellen, I. Voicu and M. H. Schill, 2006, "The External effects of place-based subsidized housing", *Regional Science and Urban Economics,* Vol. 36, pp. 679-707.

Segal, David, 1977, *Urban Economics,* Homewood : Richard D. Irwin. Inc.

Straszheim, Mahlon R., 1975, *An Econometric Analysis of the Urban Housing Market,* Urban and Regional Studies No. 2, National Bureau of Economic Research, New York and London, Columbia University Press.

Taeuber, Karl and Alma Taeuber, 1965, *Negro in cities : Residential Segregation and Neighborhood Change,* Chicago : Aldine.

Wong, S. K. and C. Y. Yiu. 2005, "The Effects of Expected Transportation Improvements on Housing Prices", *Urban Studies,* Vol. 42, No. 1, pp. 113-125.

Yinger, John, 1986, "Measuring Racial Discrimination with Fair Housing Audits : Caught in the Act". *The American Economic Review,* Vol. 76, No. 5, pp. 881-93.

제11장

교통경제

도시의 중요한 기능 중 하나는 다양한 경제활동을 가까이 입지시켜 상품과 서비스의 교환을 촉진하는 것이다. 만일 이러한 교환이 순식간에 이루어지고 아무런 비용이 들지 않는다면, 도시가 따로 존재할 이유가 없을 것이다. 그러나 공간상의 마찰은 필연적으로 비용을 발생시킨다. 우리는 상당히 많은 시간과 자원을 상품과 사람을 이동시키는 데 소비한다. 그리고 도시의 효율성과 크기, 구조를 결정하는 데 상품과 서비스를 이동시키는 교통체계가 큰 역할을 담당한다.

노동의 서비스를 교환하기 위한 사람의 운송, 즉 통근은 도시운송의 가장 중요한 기능 중 하나이다. 가계는 이러한 통근 외에도 여가나 쇼핑 혹은 사회적 활동을 위해 다양한 도시 운송체계를 이용한다. 기업도 마찬가지로 자신들의 상품을 지역뿐만 아니라 외부로 수출하기 위해 항구나 철도, 고속도로 터미널 가까이 입지하려 한다. 이러한 이유로 기업의 입지나 가계의 주택입지 선정에서 교통이 중요한 역할을 하는 것을 이미 앞의 장들에서 알아보았다.

교통은 인류가 처음 지구상에 출현해 한 지역에서 다른 지역으로 확산해 나가는 데 깊이 관여한 수단이었고, 오늘날에도 국내·외 지역들을 연결하여 경제적 활동을 돕고, 효율적 교통체계 구축을 통해 재화와 용역을 원활하게 공급하여 도시와 지역의 성장을 지원하고, 종국적으로는 국가 경제발전에 기여하는 공적인 기능을 가지고 있다. 그래서 각 국가의 정부는 교통망을 설계하고 구축하는 데 많은 인력과 자금을 투자하고 있다.

이 장에서는 이러한 교통에 관련된 쟁점을 직접적으로 다룬다.

제1절 교통의 수요와 공급

교통의 수요와 공급을 정확히 파악하지 못하면 교통 혼잡을 불러오고, 시간과 연료의 낭비, 대기오염, 소음 등 여러 문제를 야기하며, 사회적 비용도 발생시킨다. 따라서 교통문제를 해결하는 지름길은 바로 교통의 적절한 수요와 공급을 파악하는 것이다.

공공교통기관에 대한 정부의 투자는 먼저 여러 운송기관 간에 수요에 대한 분석을 통해 이루어져야 한다. 하지만 최근까지 교통의 수요측면은 거의 무시되어 왔다. 대부분의 교통문제는 대체운송기관 간의 비용을 비교분석하는 공학전문가들이 주로 했으며, 그들은 대체로 토지를 적게 사용하면서 대량의 승객을 실어 나를 수 있는 대중교통수단을 가장 경제적인 교통체계로 결론 내렸다. 그리고 이러한 대중교통을 이용하지 않고 자신의 승용차를 이용하는 사람은 상당히 반사회적, 비합리적 사람으로 간주했다. 그러나 최근 들어 새로운 연구들은 소비자들이 운송기관을 선택하는 데 가장 합리적인 주체라는 데 주목하고 있다. 즉, 연구자들은 사람들이 구입하는 많은 상품과 서비스 중에서 교통 서비스를 가장 합리적으로 선택한다고 전제한다. 왜냐하면 사람들은 한 달에 20회 이상 출퇴근하면서 여러 운송기관 중 어느 것이 가장 좋은지에 대한 경험을 축적하고 있기 때문이다. 또한 그 여행시간의 가치를 생각해 보면, 운송 서비스는 매우 비싸 사람들이 특별히 신경을 써서 선택할 동기가 있다. 그리고 운송 서비스는 의료 서비스나 다른 내구성 소비재 같이 복잡하지 않고, 소비하면서 드는 비용과 시간, 쾌적성, 편리함 등을 소비자가 직접 관찰할 수 있기 때문에 평가하기가 상대적으로 쉽다.

대부분의 교통에 대한 수요는 중력법칙과 비슷하기 때문에 수요 모델은 다음 식 (11.1)과 같이 '중력 모델'을 기반으로 하고 있다.

$$T_{ij} = k \frac{N_i N_j}{d_{ij}^2} \tag{11.1}$$

여기서 T_{ij}는 i 지역과 j 지역 사이의 이동 횟수, N_i와 N_j는 i 지역과 j 지역의 주민 수 그리고 d_{ij}는 i 지역과 j 지역 사이의 거리를 나타낸다.

식 (11.1)은 두 지역 사이의 이동횟수는 두 지역의 주민 수에 비례하고, 두 지역 사이의 거리의 제곱에 반비례한다는 것을 의미한다.[1]

이 모델은 통근자들이 운송기관을 선택하는 것을 분석하는 데 사용할 수 있도록 변형시킬 수 있는데, 그런 목적에 가장 적합한 것이 퀸트(Quandt)[2]의 '관념적 운송수단 접근법(abstract-mode approach)'이다. 이 접근법에서는 운송수단에 대한 수요를 여행자가 관심을 가지고 있는 특성들로 규정짓는다. 만일 근무지와 거주지가 정해져 있고, N명의 근로자가 두 지역을 왕복해야 한다고 가정하자. '관념적 운송수단 접근법'의 기본 가정은 각 운송수단을 선택하는 근로자의 수는 가용한 운송수단에서 측정할 수 있는 특성에 달려 있다는 것이다. 이때 그 특성은 소비자들이 가장 관심을 가지고 있는

---

1) 이 모델을 통근 이동에 적용하려는 시도는 있었지만, 통근의 경우 거주지와 직장이 정해져 있기 때문에 적절하지 않다. (Mills, 1972, p. 199)

2) Quandt, ed., 1970, *The Demand for Travel : Theory and Measurement.*

비용과 시간, 안락함, 편리함 같은 것을 포함한다.

운송수단 1의 수요함수는 식 (11.2)와 같이 표현할 수 있다.

$$\frac{N_1}{N} = f(p_1, p_2, t_1, t_2, C_1, C_2, S_1, S_2) \tag{11.2}$$

여기서 통근 근로자가 선택할 수 있는 운송수단은 두 가지 있다고 가정했다. 그래서 운송수단 2의 수요는 $1 - N_1/N$이 된다. 이 식은 여러 개의 운송기관으로 쉽게 확장시킬 수 있다. p_i는 운송기관 i의 가격이며, t_i는 통근에 요구되는 시간, C_i는 안락함, S_i는 편리함이다.

대중교통수단을 이용할 때는 p_i가 요금을 의미한다. 만일 대중교통수단을 이용한 후 또 다른 수단도 이용해야 한다면 그 요금도 여기에 포함시켜야 한다. 그리고 만일 자가용을 이용한다면 자동차 등록세, 취득세, 감가상각비, 근무시간 동안의 주차비 등 자가용을 사용하면서 드는 모든 유지·관리비를 포함한다.

t_i는 이동에 요구되는 전체 시간인데, 대중교통을 이용하는 경우 대중교통을 타러 가는 시간, 필요시 다른 대중교통수단으로 갈아타는 시간, 기다리는 시간, 대중교통수단 하차 후 직장까지 걸어가는 시간 등 모두를 포함한다. 자가용을 이용하면 자가용 주차시간도 포함한다.

C_i는 이용하는 운송수단의 안락성인데, 개념적인 단순함에 비해 실제로는 측정하기가 어렵다. 대중교통수단의 쾌적성은 소음이나 냉난방, 혼잡, 운송수단의 상태, 악천후 때 기다리는 시간과 걷는 시간 등에 영향을 받으며, 자가용은 기후와 교통상태에 영향을 받는다.

마지막으로 S_i는 편리함을 나타내는데, 주로 대중교통수단의 운행시간표에 영향 받는다. 즉, 목적지까지 얼마나 자주 운행되는가에 따라 그 편리함이 결정된다. 만일 운행시간표대로 운행이 되지 않고 제때 차가 도착하지 않으면 그 불편함이 커진다. 마찬가지로 통근자가 원하는 여러 목적지까지 가는 대중교통수단이 없거나, 중간에서 항상 갈아타야 된다면 대중교통수단으로서는 단점이 된다. 거기에 비해 자가용은 언제나 스스로 시간표를 조정해 이용할 수 있고, 통근자가 원하는 곳이면 어느 곳이라도 갈 수 있는 장점이 있다.

이러한 여러 가지 요인 중에서 시간비용이 실제로 운송수단을 선택하는 데 가장 큰 영향을 주는 것으로 나타났으며, 통근자는 이 요인들에 대한 상대적 평가를 하여 운송

수단을 결정하는 것으로 나타났다.[3]

한편 블레어(Blair)[4]는 통근자가 대상이 아닌 일반적인 운송수단에 대한 수요함수를 제시하였는데, 퀀트(Quandt)의 수요함수와는 약간 다른 요인들을 포함하고 있다.

$$T_d = f(MC, TC, Y, P_s) \tag{11.3}$$

여기서 T_d는 이동 수요량, MC는 화폐비용(money cost), TC는 시간비용(time cost), Y는 소득, P_s는 대체운송기관의 가격을 나타낸다.

이 수요방정식은 개인들의 자가용이나 대중교통 둘 다에 적용할 수 있다. 그리고 수요방정식의 독립변수들 각각의 이동수요에 대한 반응을 평가하기 위해 탄력성을 추정해 보았다. 사전적으로 시간과 화폐비용이 증가하면 이동에 대한 수요가 감소될 것으로 예상된다. 또한 대체재의 가격이 감소함에 따라, 해당 운송수단에 대한 수요도 감소할 것이다. 따라서 교차탄력성은 양(+)이 될 것이다.

수요의 소득탄력성은 결정하기가 어려운데, 특히 대중교통수단의 경우 더욱 그렇다. 소득이 증가하면 개인들은 걷지 않고 운송수단을 더 많이 이용할 것이므로 양의 탄력성을 가진다. 그러나 소득이 특정수준을 넘어서면 가족은 대중교통에서 자가용으로 대체하며, 그 경우 대중교통의 소득탄력성은 음(−)이 된다.

운송수단에 대한 수요의 가격탄력성은 비탄력적으로 되는 경향이 있다. 왜냐하면 운송수요는 다른 상품이나 서비스로부터 파생되는 수요이기 때문에 가격에 직접적으로 영향을 크게 받지 않으며 또한 직장으로 출퇴근도 교통비 변동에 크게 영향을 받지 않기 때문이다. 즉, 교통비용은 전체 소비에서 차지하는 부분이 작으므로 교통비가 많이 증가해도 대부분 상품의 운송비용에 미치는 영향은 작다. 마찬가지로 통근자의 직장으로 출퇴근 교통비용이 50% 증가한다고 하더라도 전체 월급은 10% 미만으로 줄어든다.

탄력성은 사업의 정책수립에 중요한 지침이 되는데, 왜냐하면 탄력성은 가격의 효율적 변화가 어떻게 기업의 활동에 영향을 주는지 잘 나타내 주기 때문이다.

〈표 11.1〉에는 운송에 대한 대중교통 및 개인운송 수요의 화폐비용, 시간비용 그리고 소득에 대한 탄력성이 나타나 있는데, 각 연구들은 시간과 장소, 이동 목적 등에

---

3) Mills, 1972, *Urban Economics,* pp. 198-201.
4) Blair, 1991, p. 466.

표 11.1 개인 및 대중교통수단에 대한 수요탄력성

종 류	화폐비용	시간비용	소득탄력성	교차탄력성
개인운송수단	$-.49^{1)}$ $-.35^{2)}$ $-.87^{3)}$	$-.82^{1)}$ $-.27^{2)}$ $-1.02^{3)}$	.27	무반응-비유의적
대중교통수단	$-.55^{2)}$ $-.33^{5)}$	$-1.85^{2)}$ $-.593^{6)}$	$-.03^{4)}$	무반응-비유의적 $.07^{2)}$

자료 : Blair, 1991, p. 468.

주 : 1) Domenchich, et. al., 1972, 근무지 통근.
     2) Burright, 1984.
     3) Domenchich, et. al., 1972, 쇼핑.
     4) U.S. Department of Transportation, 1977, 중간소득가족 대상.
     5) U.S. Department of Transportation, 1977, 263 도시 대상 현재 승차기준.
     6) Domenchich, et. al., 1972, 대기시간 포함.

따라 상당한 차이를 보이고 있다.

앞에서 언급했듯이 대중교통수단이나 자가용 둘 다 화폐비용에 대해서는 민감하게 반응하지 않는다. 그래서 화폐비용의 1% 감소는 이동을 1% 미만으로 증가시키는 결과를 가져온다. 그러나 시간비용의 변화에 대한 수요는 화폐비용의 변화 때보다 더 민감하게 반응한다.

〈표 11.1〉의 화폐 및 시간비용 탄력성은 대부분 단기반응을 나타내는데, 장기적으로는 개인들이 조정할 수 있는 시간이 더 많기 때문에 더 탄력적으로 반응한다. 예를 들면, 버스의 요금이 내렸다고 당장 자가용으로 통근하는 사람이 자기 차를 놔두고 버스로 통근하지는 않을 것이다. 그러나 장기적으로 기존의 차를 바꿀 때가 되면 새 차의 구매를 포기하고 버스를 탈 것이다. 더구나 소득이 변함에 따라 수요에 대한 반응도 달라진다. 시장에서 도출된 탄력성은 평균적으로 맞지만 특정한 소득계층으로 세분해서 보면 다른 결과를 보여 주기도 한다. 따라서 정책입안자들이 모든 소득집단을 평균해서 측정한 소득탄력성에 기초해서 도시 내 가난한 주민의 수요반응에 대한 의미를 도출하는 것은 피해야 한다.

여러 탄력성을 연구한 결과를 가지고 몇 가지 정책적 의미를 도출해 낼 수 있다. 첫째, 개별운송수단의 양(+)의 소득탄력성과 대중교통수단의 음(−)의 소득탄력성은 소득이 계속 증가하면 개별운송수단의 의존도가 지속적으로 증가할 것이라는 것을 의미한다. 둘째, 운임가격을 감소시켜 대중교통체계의 사용을 증가시키려는 노력은 거의 성공하지 못할 것으로 예상된다. 만일 가격을 내렸는 데도 승객이 증가하지 않거나 조금만 증가한다면 운송회사의 수입은 떨어질 것이고, 따라서 더 많은 공적 보조금을 요구할 것이다. 셋째, 대중교통운송 이용은 시간비용 감소에 더 민감하게 반응하기 때문에, 같은 비율의 화폐비용 감소정책보다 이동시간을 줄이는 정책이 더 효과적일 것이라는 것을 암시한다. 주거지를 집합시킴으로써 시간을 절약하는 것이 실제적으로 효율적일 수 있는데, 왜냐하면 일부 연구는 시간 소모적인 기다림이 시간 소모적인 이동보다 더 비용이 높다는 것을 보여 주기 때문이다.[5]

한편 교통에 대한 공급측면은 학자들 간에 별로 연구되지 않고 있는데 왜냐하면 이런 공급측면은 분명히 공공부문에 책임을 두기 때문이다. 미국에서는 종종 민간이 도로를 건설해 요금을 받는 유료고속도로(turnpike)가 있기는 하지만 이는 극히 일부에 지나지 않고, 대부분의 차로나 고속도로의 건설과 유지, 소유는 정부가 주도하고 있다. 버스나 지하철, 통근열차 등 대중교통수단들도 정부가 소유하거나 통제하고 있는 국가가 많다.

제2절 교통 가격정책

생산자원을 효율적으로 사용하는 것은 어느 사회에서나 중요한 목표 중 하나이다. 일반경제학의 기초이론에서는 '최적' 혹은 '효율적' 자원배분이 되기 위해서는 모든 상품이 완전경쟁하에서 생산되고 판매되며, 생산이나 소비에 외부성이 없어야 한다고 말한다. 완전경쟁하에서 모든 상품의 가격은 그것을 생산할 때의 사적 한계비용과 같고, 외부성이 없다면 사회적 한계비용은 사적 한계비용을 초과할 수 없다. 누구도 사회비용을 모두 지불하지 않고는 어떤 상품도 소비할 수 없고, 생산자들도 서로 간의 경쟁으로 인해 상품의 판매가격이 한계비용을 초과할 수 없다. 따라서 완전경쟁하에서 교통서비스를 한 단위 더 추가적으로 제공하면서 발생하는 비용은 서비스를 받는 사람이 얻는 이익과 같은 점에서 결정되어야 한다. 그리고 교통부문에 외부파급효과가 없다면 사회적 한계비용(marginal social cost)이 사회적 한계이익(marginal social benefit)과 같아지는 점에서 자동으로 균형이 이루어져야 한다. 그러나 현실적으로 교통이라는 재화

---

5) Blair, 1991, pp. 466-469.

는 일반재화와는 다른 성격을 가지고 있기 때문에 이러한 자동적인 최적화 과정을 기대하기 어렵다. 교통부문은 많은 판매자가 있는 완전경쟁시장과 달리, 사적이나 공적 독점자들에 의해 운영되는 소수의 운송수단만 존재한다. 생산에 있어서도 '비용감소' 특성으로 인해 한계비용과 가격이 같아지는 일반적인 균형점을 얻기 어려우며, 혼잡이나, 환경오염, 소음 등 외부성이 존재하므로 1km 이동할 때마다 발생하는 사적 비용이 사회비용보다 더 낮아지게 된다. 이런 교통부문의 특성으로 인해 일반경제학에서 언급되는 최적 균형점을 얻기란 무척 어렵다.

우리나라에서도 대표적인 대중교통수단인 버스나 지하철 요금을 시장경제에 의해 결정되도록 맡겨 두지 않고 정부가 직접 주도하여 정책적으로 결정한다. 지하철의 경우 막대한 초기 시설투자비용으로 인해 지하철을 운영하는 대부분의 도시가 만성적인 적자에 시달리고 있지만, 가격은 여전히 정부의 통제하에 있다.

그렇다면 이러한 교통수단의 가격은 어떤 원칙하에서 결정되는가?

〈그림 11.1〉에는 교통가격결정에 필요한 비용과 수익곡선들이 나타나 있다.

대중교통이나 개별운송수단 둘 다 가격 책정에 문제가 있는 것은 도로에 추가적으로 차가 한 대 더 진입하거나 버스에 승객이 한 명이 더 승차했을 때 한계비용이 거의 0에 가깝기 때문이다. 버스에 승객이 한 명 더 늘어나도 버스 회사에 비용이 거의 증가하지 않는 이유는 버스에 승객이 한 명 더 타거나 타지 않거나 운행을 계속하기 때문이다. 만일 운임을 올리면 승차인원이 줄어들어 사회적 비용감소는 보상되지 않으면서 사회적 이익은 줄어드는 결과를 초래하게 된다.

승차에 대한 시간비용을 0이라고 가정하자. 교통시설은 초기에 설비투자가 많이 들어 고정비용은 크고, 그 후로 한계비용은 거의 들지 않는다. 버스 승차의 경우, 한 명이 추가적으로 승차하면서 발생하는 한계비용은 추가된 한 명으로 인한 늘어난 무게에 대한 연료비와 추가적 감가상각 그리고 혼잡비용 정도일 것이다. 그리고 한계비용이 평균비용보다 낮으므로 평균비용은 계속 감소하게 된다. 이러한 평균비용의 감소는 추가적으로 승차인원이 늘어남에 따라 그 늘어난 인원수를 계속 고정비용에 나누어 주기 때문에 발생하는 현상이다. 한편 교통의 수요곡선(D)은 교통이용에 대한 편익곡선인 평균수익(Average Revenue, AR)곡선을 나타내면서, 동시에 사회적 한계이익 곡선을 뜻한다.

그러면 교통에 대한 가격과 서비스 수준(이용자 수)은 어떤 점에서 결정될까? 일단 가격이 결정되면 서비스 수준(이용자 수)은 수요곡선에 의해 결정될 것이므로 균형점

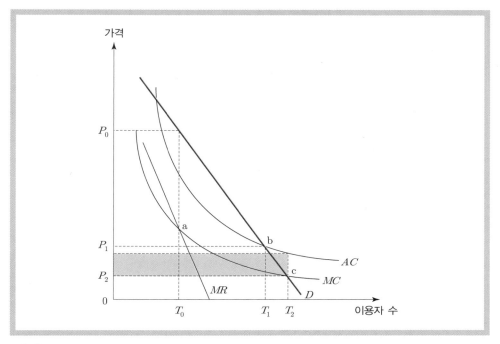

그림 11.1 교통 가격결정

은 수요곡선상의 한 점이 될 것이다.

일반적인 경제이론에 의하면 교통공급자의 이윤극대화점은 한계수입(MR)과 한계비용(MC)이 같아지는 a 점이며, 그때의 가격은 P_0이다. 그러나 교통의 공공재적 성격으로 인해 정부가 주요 공급자가 되므로 국민을 상대로 이윤극대화점을 취해 초과이윤을 거두지는 않을 것이다.

그림에서 b 점은 가격이 평균비용과 같아지는 점으로 이 가격에서는 초과이윤이 없다. 그리고 a 점과 비교해 보면 가격은 낮아지고, 교통 서비스(이용자 수)는 T_1으로 늘어난다. 순 사회적 이익도 a 점보다 큰데, 이것은 비교적 낮은 사회적 비용에서 이용자 수가 늘어난 것을 반영한다. 정부는 교통 서비스를 제공하면서 든 비용을 전부 회수하면서, 대신 국민을 상대로 이윤을 취하지는 않는다. 그러나 이 점에서는 사회적 한계비용(MSC)보다 사회적 한계이익(MSB)이 더 크기 때문에 더 많은 교통 서비스(이용자 수)를 늘림으로써 사회적으로 더 많은 이익을 가져올 수 있다. 실제로 경제학자들은 평균비용선 위에 있는 b 점이 균형점으로서는 비효율적이라고 보는데, 왜냐하면

$T_2 - T_1$만큼은 그들의 한계비용보다 더 높은 가격을 지불할 의사가 있다고 수요곡선 D를 통해 표시했음에도 거부당했기 때문이다.

이제 가격을 평균비용(AC)이 아닌 한계비용(MC)을 기준으로 결정한다고 하자. 그러면 균형점은 c 점이고, 그때 가격은 P_2가 될 것이며, 교통 서비스(이용자 수) 수준은 T_2가 된다. 이때는 수요곡선(사회적 한계이익)과 사회적 한계비용이 같아져서 사회적으로 최적의 상태가 되며, 순 사회적 이익(net social benefit)도 최대가 된다. 그러나 이 사회적 최적균형의 문제점은 이 균형점에서 평균비용이 한계비용 곡선보다 더 높아 공급자가 손해를 본다는 것이다. 그 손실의 크기는 〈그림 11.1〉의 음영으로 표시된 부분이다.

그러면 이러한 손실은 어떻게 충당되어야 하는가? 이 질문은 이미 오래전부터 경제학자들 사이에 많이 논의되어 온 쟁점이다. 보통 음영으로 표시된 손실부분은 정부에서 보조금 형태로 지급한다. 그러나 이러한 보조금은 주로 국민들의 세금으로 충당하기 때문에, 경제의 다른 부분에 왜곡을 가져온다. 그래서 제안된 다른 방법은 먼저 서비스를 받을 때마다 사용자들에게 한계비용만큼 부과해서 도로사용료를 받자는 것이다. 그리고 자주 이용하는 사람들을 회원으로 등록해 각 회원들에게 모자라는 금액만큼을 회원권 이용료 형태로 연간 회비를 받자는 것이다. 이렇게 하면 완전하지는 않지만, 자원사용의 비효율성을 줄일 수 있고, 일반인에게 세금부담을 지우지 않고 서비스를 받는 사용자가 전부 부담하게 하는 장점이 있다.[6] 하지만 도로사용의 공공성으로 인해 누구를 회원으로 선정할 것인가? 하는 어려움이 있어 대부분의 국가에서는 정부가 그 손실을 지원해 주고 있다.

위에서 a, b, c 3개의 균형점 모두 이용객들이 차별 없이 동일한 가격을 지불하며, 어느 균형점도 비용을 충당하면서 최적의 서비스를 제공하지는 못했다. 그러나 만일 가격차별이 가능해 이용객들 간에 다른 가격을 부과할 수 있다면 비용을 충분히 충당하면서, 사회적으로 최적의 서비스를 제공할 수 있다. 예를 들어, 비교적 높은 가격을 지불할 의사가 있는 승객들에게는 높은 가격을 부과하고, 한계비용 이상이면 서비스를 이용하지 않겠다는 승객들에게는 P_2의 가격을 부여하는 것이다. 대중교통수단에 대한 가격차별 형태는 여러 가지가 있는데 지하철 한 달 사용권을 사면 원래 가격보다 싸게 해 주는 것이나, 노인이나 어린이에게 할인요금을 적용해 주는 것 등이 그 예이다. 이

---

6) 좀 더 자세한 내용은 Murgrave and Murgrave, 1980, *Public Finance in Theory and Practice*, pp. 745-46 참조.

러한 가격차별 방법도 완전하지는 못한데, 왜냐하면 운임 전부를 낼 의사는 없고 대신 한계비용은 낼 의사가 있는 잠재적 이용객 일부를 배제하는 결과를 초래하기 때문이다.

제3절 정부의 교통정책

교통과 관련된 문제는 경제학자뿐만 아니라 사회학자들도 관심을 가질 만큼 지역사회에 큰 영향을 가지고 있다. 또한 교통이라고 하는 것은 개인뿐만 아니라 공공의 관심도 관련되어 있다. 즉, 자동차의 경우 그 소유는 개인이 하지만, 그들이 자동차를 운전하면서 이용하는 도로는 공공의 소유이다. 그리고 모든 교통수단들은 정부의 결정에 영향을 받게 된다.

이 절에서 정부가 국가의 적절한 교통망 체계를 구축하고, 원활한 교통운영을 위해 실행하고 있는 교통정책들과 그 효과에 대해 살펴본다.[7]

1. 혼잡과 혼잡세

앞에서 교통의 수요함수를 언급할 때 누락된 것이 하나 있는데 그것은 혼잡이다. 시간비용과 이동의 안락성은 이용자 수에 달려 있으므로, 혼잡을 수요함수의 변수로 추가하여야 한다.

도로에 다니는 차가 없이 한적하다면 규정속도 내에서 운전자는 자신이 원하는 만큼 속도를 내며 달릴 수 있다. 그러나 도로에 달리는 차가 하나둘씩 늘어나기 시작하면 운전자는 속도를 늦추어야 하며, 어느 시점을 지나 자동차들이 꼬리에 꼬리를 물고 늘어서게 되면 차들의 속도는 현저하게 떨어지고 혼잡(congestion)이 시작된다. 물론 혼잡이 시작되는 시점은 도로의 너비나 경사도, 곡선, 표면상태 등에 따라 달라진다. 이러한 혼잡은 비용을 발생시키는데, 주로 교통체증으로 인한 운전시간의 연장, 매연가스 발생, 도로 파손, 짜증 등이며, 최근 하멜(Hymel)[8]의 연구결과에 따르면 지역의 고용성장도 감소시키는 것으로 나타난다. 한편 혼잡이 발생하면 이동에 한계비용이 평균비용을 초과한다. 즉, 추가적인 진입자는 평균비용만 지불하지만 지연과 혼잡에 따른 불쾌 등으로 인해 한계비용은 평균비용보다 더 높게 된다.

---

7) Segal, 1977, *Urban Economics,* pp. 172-199. Blair, 1991, pp. 477-482.
8) Hymel, 2009, "Does traffic congestion reduce employment growth?", pp. 127-135.

이러한 혼잡문제는 세계의 많은 대도시지역에서 심각하게 대두되고 있는데, 미국은 지난 20여 년간 도로혼잡이 크게 늘어났으며,[9] 유럽도 런던이나 암스테르담, 브뤼셀을 중심으로 지난 10여 년간 운송수단들의 평균속도가 극적으로 감소하고 있다.[10]

혼잡의 비용은 현재까지도 많은 경제학자들에 의해 추정[11]되고 있지만, 보통 오래 전엔 보몰(Baumol)[12]이 추정한 지수 형태를 아직도 많이 사용한다. 또한 혼잡함수(congestion function)의 형태는 라베(Lave),[13] 스메드(Smeed),[14] 빅레이(Vickrey),[15] 크라프트(Kraft)와 호울(Whol),[16] 브뤼크너(Brueckner)와 베르호프(Verhoef)[17] 등에 의해 논의되었다.[18]

윈스톤(Winston)과 랑거(Langer)[19]는 미국정부가 교통 혼잡을 없애기 위해 연간 지출하는 정부지출의 효율성을 평가하는 연구에서 미국정부가 1달러 지출할 때마다 고속도로 사용자의 혼잡비용은 11센트 정도 줄어드는 것으로 평가했다. 비아우록스(Viaurox)[20]는 다른 측면에서 혼잡비용을 측정했는데, 프랑스 지역을 대상으로 조사한 결과 운전자들이 피크타임에는 1분 절약을 위해 약 0.73유로를 그리고 피크타임이 아닐 때는 0.25유로를 낼 의사가 있는 것을 발견했다.

〈그림 11.2〉에는 혼잡의 비용과 이것을 제거함으로써 생겨나는 후생의 증가에 대한 정보가 요약되어 있다.

수평축은 교통량으로서 시간당 진입하는 차량수로 볼 수 있다. *D*는 교통에 대한 수요곡선인데 도로사용에 따른 비용을 나타내며, 만일 그 비용이 높다면 사람들은 다른

---

9) Schrank and Lomax, 2002, *The 2002 Annual Mobility Report*.

10) De Borger, 2009, "Commuting, congestion tolls and the structure of the labour market : Optimal congestion pricing in a wage bargaining model", pp. 434.

11) Lahja, Rydberg Forssbeck et al., 2007, "Congestion taxes: a way of financing new infrastructure", Tarduno, Matthew, 2021, "The congestion costs of Uber and Lyft", Article 103318, Yuan Liang et al., 2022, "The Short-term Impact of Congestion Taxes on Ridesourcing Demand and Traffic Congestion: Evidence from Chicago, Hirte, Georg et al., 2022, "Regulation versus taxation: Efficiency of zoning and tax instruments as anti-congestion policies", Article 101837.

12) Baumol, 1967, "The Macroeconomics of Unbalanced Growth : The Anatomy of Urban Crisis", pp. 415-26.

13) Lave, 1969, "Transportation, City Size and Congestion Tolls", pp. 24-30.

14) Smeed, 1968, "Traffic Studies and Urban Congestion", pp. 33-70.

15) Vickrey, 1967, "Optimization of Traffic and Facilities", pp. 123-136.

16) Kraft and Wohl, 1967, "New Directions for Passenger Demand Analysis and Forecasting", pp. 205-230.

17) Brueckner and Verhoef, 2010, "Manipulable congestion tolls", pp. 315-321.

18) 자세한 혼잡함수와 혼잡세 형태는 Segal, David, 1977, *Urban Economics*, p. 174 참조.

19) Winston and Langer, 2006, "The effect of government highway spending on road user's congestion costs", pp. 463-483.

20) Viaurox, 2007, "Structural estimation of congestion costs", pp. 1-25.

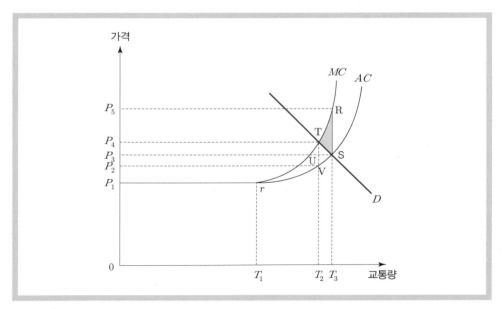

그림 11.2 혼잡비용과 혼잡세

도로를 사용하거나, 다른 운송수단을 이용할 것이다. AC 곡선은 진입차량들의 평균비용을 나타내며 MC 곡선은 한계비용을 나타내는데, 평균비용은 운전자가 야기한 사적 한계비용이다. 한계비용은 운전자들이 야기한 사적 한계비용뿐 아니라 다른 운전자에게 미친 외부불경제(지연, 짜증, 대기오염)까지 포함한 사회적 한계비용으로 해석할 수 있다. 혼잡이 없을 경우에 운전자는 도로를 따라 목적지로 가면서 평균비용을 지불할 것이며, 그림에서는 T_1까지이다. 이 T_1까지는 혼잡비용이 없으므로 한계비용과 평균비용이 같다. 그러나 혼잡이 시작되면 차의 속도는 떨어질 것이며, 차 한 대당 비용은 급격히 증가하여 항상 사회적 한계비용(MC)이 사적 한계비용(AC)보다 높게 된다. 이는 운전자 한 명이 추가적으로 도로에 진입함으로써 기존에 운전 중인 운전자 모두에게 지연비용을 부과하기 때문이다. 이제 교통이 혼잡하지 않은 T_1 수준에 있고, 이때 운전자 A가 차를 몰고 도로에 진입했다고 가정하자. 총교통량은 T_1 수준을 넘어서면서 혼잡이 시작된다. 그러면 운전자 A씨뿐 아니라 이미 운전 중이던 다른 모든 운전자들도 자동차의 속도가 떨어지는 것을 느낄 것이다. A씨 자신은 자신의 목적지 도착시간이 지연된 만큼의 혼잡비용만 지불하지만, 실제로는 그가 도로에 진입함으로써 다른 모든 운전자들을 지연시킨 혼잡비용을 다른 사람에게 동시에 부과시킨 것이다. 따라서 혼잡비용은 일종의 외부효과를 가지고 있으며, 혼잡의 외부비용은 〈그림 11.2〉에서 MC와 AC 사이의 수직거리로 측정할 수 있다.

〈그림 11.2〉의 교통수요 D는 러시아워 때의 수요곡선인데, AC 곡선과 만나는 점 S에서 균형교통량은 T_3가 되고, 운전자가 부담하는 비용은 P_3가 된다. 그러나 운전자가 실제로 발생시킨 총비용은 균형교통량 T_3에서 MC 곡선과 만나는 점 R($= P_5$)이 되어 운전자가 부담하는 비용보다 훨씬 많게 된다. 그리고 그 차이인 $P_5 - P_3$은 다른 운전자가 부담하게 된다.

앞의 교통량 T_3는 사회적으로 바람직한 교통량을 초과한 상태이며, 외부불경제가 없고 사회적으로 바람직한 최적 교통량은 사회적 한계비용(MC)곡선과 사적 한계비용(AC)곡선이 만나는 점 T가 되고, 적정 교통량은 T_2가 된다. 그러나 이 최적 교통량에도 혼잡은 없어지지 않으며, 부담비용은 증가해 P_4가 된다. 결국 적정 통행량을 유지하기 위해서 사회적 한계비용(MC)과 사적 한계비용(AC) 차이인 $P_4 - P_2$만큼 혼잡세를 부과해야 한다.

월터(Walters)[21]는 오래전인 1959년에 미국의 큰 대도시지역의 적절한 혼잡세가 차 한 대 1마일당 2.2센트 정도인 것으로 추정했다. 이는 그 당시 대도시지역의 자동차 운행비용을 약 20% 정도 증가시키는 것이니 오늘날 물가로 계산하면 상당한 액수가 될 것이다.

한편 킬러(Keeler)과 스몰(Small)[22]은 1970년대에 이자율을 6%로 가정하고, 도심에서 벗어난 외부지역의 피크타임 혼잡세는 차 한 대 1마일당 3센트, 캘리포니아의 오클랜드(Oakland)와 샌프란시스코(San Francisco)지역은 15센트 정도 되는 것으로 추정했다. 그리고 시장이자율이 12%로 올라간다면, 피크타임에 혼잡세도 두 배로 증가할 것으로 예측했다. 그러나 피크타임이 아닌 대낮에는 모든 지역 혼잡세를 1센트 정도로 생각했다.

1980년 후반에는 포즈데나(Pozdena)[23]가 샌프란시스코 베이 지역(Bay area)에 최적 통행량(〈그림 11.2〉에서 점 T)을 얻기 위해서 주요 도시지역은 1마일당 65센트의 혼잡세가 필요하다고 추정했다. 그러나 교외지역이나 고속도로 변두리 지역에서는 혼잡세

21) Walters, 1961, "The Theory and Measurement of Private and Social Cost of Highway Congestion", pp. 676-699.
22) Keeler and Small, 1977, "Optimal Peak-Load Pricing, Investment and Service Levels on Urban Expressways", pp. 1-25.
23) Pozdena, 1988, "Unlocking Gridlock", pp. 1-5.

가 낮고, 출퇴근 시간 이외에는 모든 지역에 마일당 2~3센트 정도의 혼잡세가 요구되었다. 따라서 샌프란시스코 지역보다 혼잡이 덜한 대부분의 미국 내 대도시지역 혼잡세는 이보다 훨씬 낮아질 것으로 예상된다.

2000년에 드 보르거(De Borger)와 프로스트(Proost)[24]는 유럽의 대부분 혼잡 도시의 한계혼잡비용을 1km당 1유로(Euro)를 초과하는 것으로 추정했다.

한국은 한국교통연구원에서 1992년에 수행한 『교통혼잡비용 예측 연구』 이후 전국의 교통혼잡비용을 매년 추정해 발표하고 있는데, 이 연구에서는 국가 전체의 혼잡비용을 추정해 발표한다. 연구원 자료에 따르면 교통혼잡비용이 1992년 4조 5,650억원(GDP 대비 2.11%)에서 2011년 29조 970억원(GDP 대비 2.18%), 2019년 70조 6,200억원(GDP 대비 3.67%)로 급격히 늘어나고 있다.[25]

뉴욕의 경우 런던이나 스톡홀름, 싱가포르와 같이 주요 혼잡지역인 맨허튼 중심업무지구에 진입하는 차량에 대해 혼잡통행료를 부과할 계획이다. 미국 최초인 이 혼잡료는 2019년 주의회를 통해 승인되었지만, 일부 뉴욕주 의원 뿐만 아니라 인근 뉴저지주 의원까지 반대하고 있어 실제로 언제부터 시행될지는 불투명하다.[26]

한편 교통량이 최적 교통량을 벗어나 균형교통량인 T_3로 이동하면 사회적 이익은 TST_3T_2로 늘어나는 반면, 사회적 비용은 TRT_3T_2로 늘어나 결국 음영 부분만큼 사회적으로 손실이 발생하게 된다.

교통 혼잡으로 인한 사회적 손실을 줄이기 위해 혼잡세 이외에는 다른 대안은 없을까?

도로를 확장하는 것이나 출·퇴근 시간에 통행료를 높이 부과한 것 등 여러 가지 대안이 있지만 그중 한 가지 방법은 최적 통행량만큼 통행량을 제한하기 위해 정액통행세(uniform tax)를 부과하는 것이다.

이제 평균비용곡선 AC에 사회적 혼잡비용(= TV)만큼을 도로에 진입하는 차량에 통행세(tx)로 똑같이 부과한다고 하자. 그러면 새로운 통행료곡선은 $AC+tx$가 되어 〈그림 11.3〉에서 P_2AC_1으로 이동하게 된다. 그림에서 D_1은 출퇴근 시간의 수요곡선이며, D_2는 출퇴근 시간이 아닐 때 수요곡선을 나타낸다. 정액통행세가 부과됨으로 인해

24) De Borger and Proost, eds, 2001, *Reforming Transport Pricing in the European Union*.
25) 김동효 외 2인, 1999, 『98 전국 교통혼잡비용 산출과 추이 분석』, p. 49, 조한선 외 2인, 2014, 『2011, 2012년 전국 교통혼잡비용 추정과 추이 분석』, p. 62, 한국교통연구원, 2022, 『2021 교통정책 평가지표 조사사업』, p. 7
26) Keleshian, Kristie and Elijah Westbrook, Aug., 11st, 2022. "New York pushes ahead on congestion pricing. Now comes the hard part.", CBS NEW YORK, Keleshian, Kristie and Elijah Westbrook, Jan., 19th, 2023. "New York, New Jersey lawmakers teaming up in fight against congestion pricing", CBS NEW YORK.

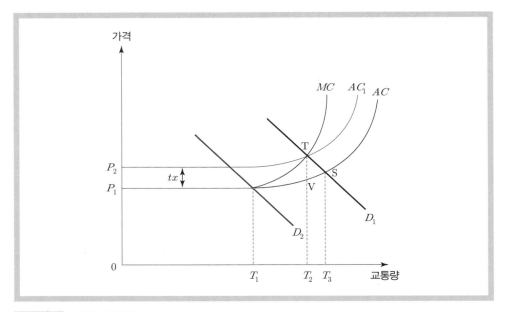

그림 11.3 정액 통행세 효과

통행료곡선이 상방으로 이동하므로 모든 운전자가 기존에 지불하던 비용 이상으로 도로 사용료를 지불하게 되어 교통량이 줄어들고 그래서 출퇴근시간에 혼잡의 일부가 해소되게 된다. 하지만 출퇴근시간이 아닐 때(D_2)에도 운전자는 평균비용이상으로 도로 사용료를 지불해야 하는 관계로 도로사용을 줄이게 된다. 따라서 순후생 이익의 크기는 정확히 알 수가 없다.

이제 정부가 도로혼잡을 줄이기 위해 이러한 일정한 통행세 부과를 하지 않고, 다른 대체 운송수단을 지원해 승객을 그쪽으로 유도하는 방법을 쓴다고 하자. 즉, 출퇴근시간에 도로의 혼잡을 줄이기 위해, 지하철 요금을 낮추었다고 하자. 그러면 〈그림 11.4〉에서와 같이 도로를 이용하는 차량은 줄어 수요곡선이 D_1에서 D_2로 줄어들 것이다.

이렇게 수요곡선이 하방으로 이동하면서 혼잡으로부터의 후생손실은 큰 음영 부분 w_1에서 작은 음영 부분 w_2만큼 줄어든다. 따라서 도로의 혼잡이 줄어들어 늘어난 후생 수준은 $w_1 - w_2$만큼 될 것이다. 그러나 정부가 대체운송수단을 보조하면서 입은 후생손실이 있는데 이것을 w_3라고 한다면, 정부의 교통정책은 순후생 이익 $w_1 - w_2 - w_3$가 최대가 되도록 보조수준을 결정하는 것이 될 것이다. w_1, w_2, w_3의 크기는 도로사용의 수요탄력성, 대체운송수단과의 교차탄력성(cross-elasticity) 그리고 수요곡선과 만나는 부분의

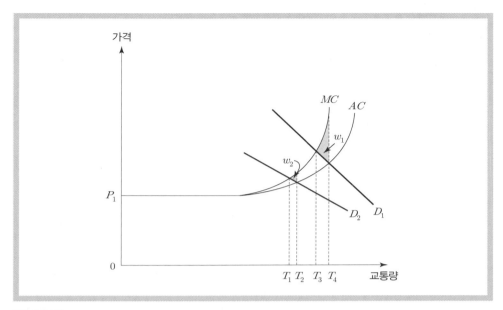

그림 11.4 다른 대체운송수단에 대한 지원효과

AC 곡선의 탄력성 등에 달려 있다.

정부가 혼잡에 대한 정책을 다루면서 한 가지 주의해야 할 점은 이러한 혼잡을 완화하기 위해 대체수단의 요금을 내리거나 하는 가격측면의 접근은 어느 정도 신중해야 한다는 것이다. 왜냐하면 대중교통수단의 가격탄력성은 단기적으로 낮으며, 경우에 따라서는 자가용보다도 더 낮은 경우도 있다. 더구나 정부가 대중교통수단의 요금에 막대한 보조를 하여 낮추었음에도 불구하고 버스나 통근열차 사용자가 오히려 감소하는 경우도 발견된다.[27] 1964년부터 1974년 사이에 영국은 대중교통의 운임에 많은 지원을 하고 시설들을 개선했지만, 버스 사용은 15%, 통근열차는 2% 감소한 반면, 같은 기간 동안 자동차 이용자는 66%가 증가한 것으로 나타났다. 이는 교통수단에 대한 소비자들의 선택이 단순한 운송수단의 가격에만 영향을 받는 것이 아니라 소득에도 영향을 받아서, 소득수준이 올라가면 대중교통의 요금이 내려가더라도 대중교통을 이용하기보다는 자가용 이용이 더 늘어나는 소득효과가 커지기 때문이다.

---

27) Goldstein and Moses, 1975, "Transport controls, Travel Costs and Urban Spatial Structure" p. 361. Dewees, 1976, "Travel Cost, Transit, and Control of Urban Motoring" pp. 59-79.

(1) 혼잡과 관련된 쟁점

혼잡에 관련한 일반적 인식은 혼잡은 외부불경제로 소음과 대기오염 등 사회적 비용을 발생시키며, 무조건 제거해야 되는 대상으로 보는 것이다.

그러나 스몰렌스키(Smolensky)[28] 등 일부 경제학자는 혼잡을 좀 더 다른 측면에서 생각하고 있다. 혼잡과 관련해 민간부문이나 공공부문에서 흔히 볼 수 있는 길게 늘어선 대기선(queuing)은 때때로 훌륭한 경제적 기능을 수행한다는 것이다. 이것은 소비자들에 의해 가격이 아니라 시간으로 측정되어 생산 및 분배과정에 들어가는 하나의 투입물로, 종종 소비자가 기다리는 시간이 비용의 일부가 되어 투입물의 이윤극대화 결합이 된다는 것이다. 기다리지 않고 바로 지불할 수 있도록 해 놓은 작은 가게보다 긴 줄을 서서 기다리며 지불하는 대형 슈퍼마켓의 식료품 가격이 일반적으로 싸다. 그리고 깨끗하고 환자가 별로 없이 친절한 간호원들의 안내를 받으며 금방 진료를 받는 병원보다는, 약간 지저분하면서 긴 줄을 서서 기다리는 보건소가 진료비가 싸다. 학생들도 새 책을 사지 않고 1, 2주 기다렸다가 대출된 책이 반납되면 빌려 보는 것도 돈을 절약하는 방법이다.

이러한 예에서 보는 바와 같이 소비자들이 기꺼이 시간을 할당해 기다리려는 의도는 어떤 의미에서 사회적으로 특정한 상품이나 서비스를 싸게 사용할 수 있도록 해 주기 때문에, 실제로 중요한 자원을 절약할 수 있게 해 준다. 운전자들이 통행료를 내고 혼잡하지 않은 도로를 선택해 가든지, 아니면 무료도로를 이용하면서 대신 혼잡한 길을 택하든지 그것은 자신이 선택하는 것이다. 즉, 우리가 어떤 목적지를 갈 때 고속도로를 이용해서 빨리 가면서 고속도로 요금을 지불하든지, 아니면 국도를 선택해 늦게 가면서 요금을 절약하든지 그것은 우리 개개인이 선택하는 것이다. 모든 도로의 혼잡을 없애기 위해 톨게이트를 만들고, 요금을 징수하기 위해 직원을 배치할 필요는 없다는 것이다.

이러한 대기선에 대한 또 다른 관점은 공공부문과 민간부문 활동의 차이점과 관련되어 있다. 전자는 종종 명시적으로 공평성과 관련되어 있지만, 후자는 그렇지 않다. 길게 늘어선 줄은 시간으로 측정한 가격이며, 구매자가 소비할 의도가 있는 시간에 따라 할당한다. 시간은 개인의 소득에 비해 더 공평하게 분배되기 때문에, 시간과 기다리려는 의도에 대한 기회비용은 저임금 노동자나 젊은 사람, 노인층이 싸다. 그래서 시간에 대한 가격은 개인의 임금에 비례해 매기는 세금과 비슷한 결과를 초래한다. 공공재

---

28) Smolensky, Tideman, and Nichols, 1972, "Ch. 5, Waiting Time as a Congestion Charge", pp. 95-108.

나 공공 서비스를 생산해 소득수준에 따라 다르게 제공한다면 사회적으로 문제가 될 수 있다. 그런 측면에서 줄을 서서 기다리는 것은 그런 문제를 야기하지 않고 공평성 목적을 충족시키는 효율적 방법이 될 수 있다. 고소득층들은 오래 대기하지 않는 대신 기꺼이 높은 가격을 지불할 것이다. 따라서 혼잡은 화폐보다는 시간에 대한 세금으로서 기능을 하며, 혼잡세는 화폐세금을 시간세금으로 바꾸어 놓은 기능을 한다.

그렇다면 혼잡이 도시와 소득계층 간에 어떠한 영향을 미칠까? 단기적으로 외부적 요인으로 인해 교통시설은 증가하지 않았는데 통행하는 차량은 늘어났다고 하자. 단기에 가계나 기업이 그들의 현재 입지 위치를 바꾸지 않을 것이므로, 더 많은 차량이 추가됨으로써 도로 위의 모든 차량의 속도는 떨어질 것이다. 이것은 노동자들이 통근비용을 빼고 집으로 가져가는 순소득이 줄어드는 것을 의미하며, 자동차에 대한 수요도 줄어들 것이다. 직장이 주요 도시중심부에 위치하고 있다면, 중심부의 토지가치는 올라갈 것이고, 주변부 지역 토지가치는 하락할 것이다. 따라서 교외지역에서 자동차로 통근하는 사람은 혼잡으로 인해 단기적으로 손실을 입는다. 그래서 지방정부에 도로를 확장하든가, 다른 대중교통수단을 더 늘리라고 압력을 가한다. 만일 혼잡세가 부과된다면, 각 개별가계는 혼잡세를 분배할 때 어느 정도 할당받느냐에 따라 이익을 얻든가, 손해를 입든가 할 것이다. 혼잡세를 낸 만큼 현금으로 돌려받는다면, 빠른 도로를 무료로 이용하는 것이 되니 순 수혜자가 된다. 장기적으로는 가계나 기업이 이러한 혼잡에 대응해 자신들의 입지를 바꿀 것이다. 그리고 혼잡세가 장기적으로 징수된다면, 도심의 쇼핑센터나 여가시설들이 교외로 이전해 갈 것이며, 토지의 가치도 거기에 맞춰 재설정될 것이다.[29]

혼잡과 관련된 마지막 쟁점은 혼잡세에 관련된 것이다. 앞에서 혼잡세의 부과원칙이나 완화정책 등 전반적인 경제적 의미는 살펴보았다. 실제로 혼잡세는 일반경제학에서 간접비용(overhead cost)이 높은 전력 같은 부문에 적용되는 개념을 확대시킨 것이다. 만일 전력을 생산하는 발전소의 용량이 그 지역주민들의 전력수요를 모두 만족시켜 줄 만큼 충분치 않다고 하자. 그러나 여름에 날씨가 무더워져 에어컨 사용에 대한 수요가 갑자기 높아지면 이 기간 동안 가장 에어컨을 사용하고 싶어 하는 사람은 추가적인 설비확장 비용을 부담하든가, 아니면 그 기간 동안 에어컨을 덜 사용하는 사람에게 보상을 해 주든가 해야 할 것이다.

---

29) Segal, 1977, *Urban Economics*, pp. 183-187.

이것과 동일한 원칙이 도로에도 적용된다. 만일 출퇴근시간에 자가용이 늘어 기존의 도로체계를 위협하거나 추가적 도로확장을 요구한다면, 자가용 이용자는 차별된 비용을 부담해야 하는 반면 혼잡시간을 피해 나온 쇼핑객들에게는 도로세를 적게 부과해야 한다. 그러나 실제로는 모든 시간대에 운전자에게 동일한 세금이 부과되고 있고, 이것은 결국 운전자들에게 잘못된 신호를 준다. 비크리(Vickrey)는 1960년대에 공기오염 비용을 제외하고, 러시아워 시간에 혼잡세를 11~12센트로 추정했다. 그리고 러시아워가 아닌 시간대에는 다른 운영가변비용을 포함해 동일세로 부과할 경우 3~4센트로 러시아워 시간에 비해 1/3 정도밖에 되지 않는다.

중요한 점은 러시아워 시간대에 자가용 운전자의 도로 수요가격탄력성은 쇼핑이나 여가를 위한 비러시아워 시간대 가격탄력성에 비해 1/3 혹은 1/4밖에 안 될 정도로 비탄력적이기 때문에, 피크 시간대 사용자에게 세금을 거두어 그 세금수입으로 한가한 시간대에 도로를 이용하는 운전자들을 위해 사용하면 사회 전체적으로 후생이 증가한다는 것이다.

몇몇 교통 경제학 문헌에는 혼잡세 수입은 도로를 확장하거나, 아니면 다른 교통체계를 개선하는 데 사용되어야 한다고 주장한다. 일단 혼잡세 수입이 도시나 지방정부의 일반수입재원으로는 들어가는 것은 맞지만, 그것을 도로를 개선하는 데 쓸 것인가, 아니면 다른 목적으로 쓸 것인가 하는 것은 각 지방정부가 결정하는 것이지 반드시 교통과 관련된 곳에 그 수입을 지출해야 된다는 경제적 논리는 없다.

(2) 다운의 혼잡법칙

도로의 혼잡과 관련하여 우리는 일반적으로 새로운 도로가 개통되면 한동안은 도로 사정이 나아질 것으로 기대한다. 하지만 이러한 기대와는 달리 새 도로가 개통되자마자 금방 혼잡해지는 것을 관찰하기도 한다. 이러한 상황을 '다운의 혼잡법칙'이라고 하는데, 왜냐하면 다운(Down)[30]이 이러한 현상을 관찰하고 "통근고속도로의 통행량은 도로설비에 맞추어 증가하는 경향이 있다."라는 법칙을 주장했기 때문이다.

왜 새로 개통된 도로나 확장된 통근도로의 통행이 금방 증가하는지에 대해서 네 가지 이유가 언급된다.

첫째, 옛 도로를 이용하던 통근자가 새 도로가 개통되거나 확장·개선된 도로가 있으면 이들 도로로 전환하기 때문이다. 따라서 특정 도로가 기존수준의 통행을 조정하

---

30) Down, 1962, "The Law of Peak-Hour Expressway Congestion", pp. 397-409.

기 위해 확장·개선되었다면, 다른 도로를 사용하는 통근자들도 이 특정 도로로 몰려들면서 혼잡을 일으킨다. 둘째, 개인도 이용하던 교통수단을 바꾼다. 일부 통근자들은 그동안 도로가 정체되어 지하철 같은 빠른 공공운송을 이용했지만 새 도로나 혹은 개선된 도로로 인해 통행이 원활하게 되면 그들이 개별 자동차를 이용한다. 셋째, 이전에 통행량이 제일 많은 피크 시간에 통근을 단념했던 개인들도 마음을 바꾸어 나오게 된다. 그들은 그동안 일찍 직장으로 출근하거나 혹은 늦게 퇴근했었다. 그러나 교통체계의 개선으로 혼잡이 덜하게 되면, 통행량이 피크인 시간대에 추가적 통근이 발생한다. 한편 네 번째 요인은 장기적 요인이다. 새로운 도로는 새로운 주택지를 개발하도록 하고, 새로운 행선지나 새로운 출발점을 만든다. 이러한 요인들은 혼잡을 더욱 가중시킨다.

이러한 다운(Down)의 법칙은 정책적으로 중요한 의미를 가지고 있다. 첫째, 교통 수용능력의 개선은 그런 개선이 통행수준의 증가를 초래할 가능성까지 고려하여 계획되어야 한다는 것이다. 현재 사용량을 충족시키는 것만 고려해 새 도로를 개선하면, 다운이 언급한 것과 같이 금방 도로가 혼잡해질 것이다. 둘째, 출퇴근시간대로 통근을 바꾸려는 사람들이 많기 때문에 피크 시간대에 혼잡을 피하기 위한 정책을 시행하는 데 많은 비용이 든다. 만일 통근시간을 회사마다 다르게 하는 정책이나 혼잡비용 자체가 도로 건설비용보다 작다면 출퇴근시간에 혼잡을 허용하는 것도 하나의 현명한 공공정책이다. 셋째, 만일 혼잡한 도로가 확장·개선되면 혼잡지점은 노선의 다른 입구와 출구 혹은 다른 노선으로 이동할 것이다. 따라서 교통기획자는 도로를 확장·개선할 때 다른 노선이나 다른 지역에 새롭게 나타날 병목현상도 자세히 검토해야 한다.

2. 자동차량 식별장치

일찍이 경제학자 비크리(Vickrey)[31]는 효율적인 도로가격 책정을 가능하게 만드는 기술적 해법으로 자동차량 식별장치(Automatic Vehicle Identification, AVI)의 도입을 주장했다. 그리고 이를 위해 각 자동차의 중요한 교차로에 있는 센서에 신호를 보내는 전자적 장치를 갖추도록 제안했다. 그러면 컴퓨터가 특정 지점에 통과한 차들을 자동으로 기록하고, 교통기획자는 적절한 가격을 선정하여 혼잡한 도로를 사용한 운전자가 더 비싼 가격을 지불하도록 한다는 것이다. 따라서 자동차 운전자들은 언제, 어디서 운전했는지에 따라 매달 달라진 금액의 청구서를 받게 된다.

---

31) Vickrey, 1963, "Pricing in Urban and Suburban Transport", pp. 452-65.

하루 중 운행한 시간과 장소를 기초로 하여 도로 사용료를 부과하는 이 계획안은 현재 체제와는 많이 다른 것이다. 그러나 그런 제도는 기술적으로 가능하다. 실제로 미국에서는 샌디에이고-콜로라도 해안 다리를 건너는 운전자들에게 이런 방식으로 요금을 부과했다. 우리나라도 똑같지는 않지만 고속도로에서 하이패스(hipass) 제도가 실시되어 하이패스 단말기를 장착한 차량은 고속도로 톨게이트에서 요금지불을 위해 정차하지 않고 바로 통과하고 있다. 따라서 정부에서 의지를 가지고 이 제도를 시행하려고 하면 기술적으로 큰 문제는 없을 것이다.

하지만 이러한 자동차량 식별장치를 개인의 차에 장착하는 데는 어려움이 따른다. 일부 운전자들은 자신이 다녔던 행적이 정부의 컴퓨터에 일일이 빠짐없이 모두 기록되는 데 대해 대체로 거부반응을 보일 것이다. 즉, 이 제도 자체를 일종의 정부가 국민들의 사생활을 침해하는 것으로 보는 것이다. 그래서 정부가 국민들에게 충분한 동의를 얻기 전까지는 전면적으로 시행하기가 어려울 것이다.

3. 주차정책

주차정책은 주차비를 높게 부과하거나, 주차시설을 부족하게 하여 공간의 가용성을 제한하는 정책이다. 그러나 현재 시행되고 있는 여러 규제정책이나 빌딩 규제(building code) 등은 오히려 그 반대 영향을 가지고 있다. 대도시의 빌딩 규제는 빌딩의 크기에 따라 최소한의 주차공간을 확보하도록 하고 있다. 따라서 이러한 규정을 잘 준수함으로써 대형 빌딩은 주차공간을 많이 확보하게 되고, 결국 주차의 시장가격이 사회적 기회비용보다 더 낮아지게 만든다.

재산세(property tax)도 비슷한 종류의 왜곡을 야기한다. 토지개발자가 새로운 건물을 지으려고 허가를 기다리면서 종종 재산세로 인해 새 건물을 짓기 전까지 기존에 있는 건물을 허물고 주차장으로 사용하는 것이 유리하다는 것을 발견한다. 왜냐하면, 주차장에 대한 세금이 빌딩에 대한 세금보다 훨씬 낮기 때문이다.

한편 회사의 고용주가 직원들에게 무료로 주차공간을 제공하는 것도 혼잡에 기여한다. 따라서 혼잡지역에 주차요금을 높이고, 주차공간을 없앰으로써 되도록 자동차를 가져오지 못하게 유도해야 하지만 이러한 주차정책만으로는 혼잡문제를 풀지 못한다.

첫째, 적절한 주차공간을 제공하지 못한다면 개인이 주차공간을 찾기 위해 배회하는 시간이 늘어날 것이고, 이는 실제로 도심에 혼잡을 증가시킬 것이다. 둘째, 주차요금은 이동거리를 고려하지 않는다. 장거리 통근자가 단거리 통근자보다 훨씬 더 많은 외부

불경제를 야기하지만 주차비는 양측에 똑같이 부과한다. 셋째, 도심의 상인들은 자기의 고객들을 위해 주차공간을 싼 값으로 제공하고 싶어 한다. 쇼핑객들은 주차요금이 높으면 쇼핑을 자제하기 때문에 상인들은 주차비 상승에 자연히 거부반응을 보인다. 그러나 주차비가 무료거나 너무 싸면, 상인이나 쇼핑센터 직원들이 차를 다 가지고 와서 쇼핑객들이 주차장을 사용하기 힘들어진다. 넷째, 주차요금은 주요한 통근도로에서 러시아워 기간의 혼잡문제를 직접적으로 다루지 못한다. 쇼핑객들은 종종 러시아워가 아닌 다른 시간에 중심상업지역에 나온다. 더구나 주차요금 부과만으로 도심지역을 통과하는 교통량을 줄이지는 못한다.

일부 학자들은 자동차량 식별제도를 주차공간과 통합해서 운영하여 장소와 주차시간에 따라 도로사용 요금과 주차비에 달리 반영하자고 주장한다. 실제로 미국 위스콘신 주의 메디슨에서는 아침 출근시간에 주차하는 차량에 추가요금을 부여함으로써 러시아워에 통행량을 감소시키는 데 성공했다.

4. 유류세

자동차가 운행을 많이 할수록 연료 소모가 더 늘어난다. 따라서 때때로 연료에 대한 세금은 도로를 많이 사용하는 개인에게 세금을 더 내도록 하는 적절하고 간접적인 수단으로 간주된다.

그러나 이러한 연료에 대한 세금도 사용자 간에 시간대별로 차별해 부과하지 못하기 때문에 효과적으로 혼잡을 완화하거나 러시아워 시간에 사용을 줄이지 못한다. 또한 혼잡도로와 비혼잡도로 사용자 간에도 차별을 두지 못한다. 만일 혼잡지역의 주유소에 높은 세금을 부과한다면 혼잡지역에 사는 개인들은 다른 비혼잡 지역에 가서 주유를 하고 올 것이므로 오히려 통행량을 늘일 수도 있다.

5. 대중교통요금의 보조

만일 더 많은 사람들이 대중교통을 사용하면 자동차 혼잡을 피할 수 있다. 그래서 일부 경제학자는 자동차 혼잡을 줄이는 방법으로 대중교통요금을 보조해서 낮추어야 한다고 주장한다. 특히, 자가용 사용을 억제하기 위해 러시아워 때 요금을 특별히 더 낮추어야 한다고 한다.

그러나 대부분의 국가에 있어서 대중교통은 열등재이다. 따라서 소득이 증가하면 대중교통에 대한 수요는 줄어든다.[32] 또한 대중교통에 대한 지원정책을 쓰는 이유는 가난한 사람이나 노동자 계층이 주로 대중교통을 많이 이용하므로 이들 저소득층을 도와준다는 전통적 시각을 기반으로 하고 있다. 하지만 실증적 분석결과에 따르면 오히려 그 반대 사례도 발견된다.[33] 그 외에도 다음의 두 가지 추가적 이유로 대중교통 요금을 보조해 낮추어도 혼잡은 크게 줄어들지 않는다. 첫째, 앞의 〈표 11.1〉에 나타나 있듯이 대중교통 이용수요는 가격변화에 크게 탄력적이지 않다. 특히 켐프(Kemp)[34]의 연구결과에 따르면 통근시간 운임에 대한 수요탄력성은 −0.1 정도밖에 되지 않는다. 반면 시간이나 개선된 서비스에 대한 수요탄력성은 훨씬 더 크게 나타난다. 둘째, 미국의 경우 우리나라와 같이 대중교통체계가 잘 발달되어 있지 않기 때문에, 주요 도시 몇 곳을 제외하고는 전반적으로 출퇴근시간에 자가용 이용비율이 대중교통수단 이용 비율보다 압도적으로 더 많다. 따라서 대중교통요금에 많은 보조를 하더라도 자가용 이용비율이 크게 줄어들지 않는다. 수(Su)와 드살보(De Salvo)[35]는 미국의 교통수단에 대한 보조금을 연구한 결과 대중교통에 대한 지원은 도시의 크기를 줄이고, 자가용에 대한 지원은 도시를 확장시키는 것을 발견했다.

6. 택시와 소형버스

국가나 도시마다 다른 교통정책을 가지고 있는데, 어떤 도시는 택시의 수를 규제하지 않지만 우리나라 대부분의 도시는 시 정부가 택시 수를 규제하고 있다. 택시는 하루에 많은 승객들을 실어 나르기 때문에 혼잡을 줄일 수 있는 잠재력을 가지고 있다. 따라서 정부가 허가증 제도를 통해 택시 수를 통제하는 것은 경제적으로 논리에 맞지 않다.

　외국의 경우 일부 도시는 합승을 허용하고, 각기 다른 곳에서 승객을 태워 각기 다른 목적지에 내려 줄 수 있도록 4번까지 요금을 달리 계산할 수 있는 개량된 미터기를 달고 다니기도 한다.

　한편, 일부 국가에서는 오래전부터 소형 버스가 특별히 정해진 노선을 따라 운행되고 있다. 이러한 종류의 대체운송수단은 피크타임 운행에 장점이 많다. 우리나라의 경

---

32) 대중교통 지원의 소득분배효과에 대해서는 HeilBrun, 1981, *Urban Economics and Public Policy,* pp. 239-242.

33) 호취랜더(Hoachlander, 1976)는 샌프란시스코 베이 지역(Bay Area)에서 출퇴근 시 자동차 통근 의존도를 줄이기 위해 도심과 교외를 연결하는 대중교통철도 BART(Bay Area Rapid Transit)를 조사해 본 결과 오히려 고소득, 백인층에서 더 많이 이용하는 것을 발견했다. 1975년 기준으로 BART 이용객 중 77%가 백인이었고, 흑인과 스페인계 소수인종은 12.5% 정도였다.

34) Kemp, 1973, "Some Evidence of Transit Demand Elasticities", pp. 25-52.

35) Su, Qing and De Salvo, 2008, "The Effect of Transportation Subsidies on Urban Sprawl", pp. 567-594.

우 마을버스들이 큰 대형버스가 다니지 못하는 좁은 골목길에서 운행되는 것을 흔히 볼 수 있다. 시 정부에서는 경우에 따라 교통량이 많은 노선에 기존의 버스를 집중적으로 배치하고, 좀 한가한 노선에는 택시나 소형버스를 배치해 운행하는 것도 효율적 교통체계 운영을 위해 고려해 볼 수 있는 방안이다.

요약

교통에 관련된 쟁점들은 도시 및 지역경제학에서 매우 중요하다. 교통체계가 변화하면 도시 및 지역의 경제적 성과와 지역 내 분배활동, 토지사용 그리고 도시활동에 많은 영향을 준다.

교통체계는 일반경제재와는 다른 중요한 특징이 있다. 초기에 투입되는 높은 고정비용은 왜 소수의 운송수단만이 존재하는지를 말해 준다. 또한 여러 가지 환경오염, 소음 등 외부성이 존재하므로, 교통시장의 가격결정은 완전경쟁시장에서의 가격결정 원리에서 벗어나게 된다.

통행량이 늘어나면 혼잡은 지수적으로 확대되는 경향이 있는데, 다운의 혼잡법칙은 도로를 개선하면 더 많은 이용객을 유인하기 때문에 혼잡을 없애기 어렵다는 것을 잘 설명해 준다.

가격, 시간 그리고 소득 변화에 대한 교통량의 반응은 탄력성으로 나타낼 수 있다. 대중교통수단과 개인운송수단 둘 다 화폐와 가격탄력성은 비탄력적이다. 운송에 대한 수요가 다른 상품이나 서비스 수요로부터 도출된다는 사실은 수요탄력성이 낮게 나타나는 한 가지 이유가 된다.

초과설비와 관련된 가격책정 쟁점은 어떻게 추가적으로 승객을 유인하느냐 하는 것이다. 추가적 승객은 거의 0에 가까운 한계비용을 가지고 있기 때문에, 추가적 승객을 유인하는 것은 효과적 전략이다. 그러나 만일 가격이 한계비용을 반영하여 낮게 책정된다면 수입은 평균비용을 충당하지 못해 손실을 입게 되고, 정부에 보조금을 요청하게 된다.

교통이 혼잡하다면 가격책정을 통해 혼잡을 줄일 수 있다. 이때 가격은 최적 사용을 보장하기 위해 한계사회비용과 동일해야 한다. 가격책정은 또한 추가적 운송체계 시설을 배분하는 데 사용할 수 있다. 최적 규모를 결정하는 원칙은 추가적 시설비용이 이익을 초과하는 점까지 시설이 더해져야 한다는 것이다.

경제이론으로부터 도출되는 가격책정 방법들은 정치적으로 수용되기 위해 늘 수정되어 왔다. 비록 자동차량 식별제도를 통해 도로의 가격을 책정하는 것은 가능하지만, 개인의 사생활 침해문제를 먼저 해결하지 않고는 완전히 시행되기가 어렵다.

통행료, 주차정책, 유류세, 대중교통요금의 보조, 택시와 소형 버스 등도 좀 더 효율적인 교통체계를 얻기 위한 또 다른 접근방법이 있음을 알려 준다.

참고문헌

김동효, 안강기, 정광복, 1999, 『'98 전국 교통혼잡비용 산출과 추이 분석』, 교통개발연구원, 정책연구 99-11.

이번송, 손의영, 홍성효 역, 2013, 『교통경제학 : 이론응용 그리고 정책』, Graham Mallard and Stephen Glaister, *Transport Economics : Theory, Application and Policy* 번역본, 박영사.

조한선, 이 호, 김영춘, 2014, 『2011, 2012년 전국 교통혼잡비용 추정과 추이 분석』, 한국교통연구원, 수시연구 2014-01.

한국교통연구원, 2022, 『2021 교통정책 평가지표 조사사업』, Brief KOTI.

Baumol, William J., 1967, "The Macroeconomics of Unbalanced Growth : The Anatomy of Urban Crisis", *American Economic Review,* Vol. 57, No. 3, pp. 415-26.

Blair, John P., 1991, *Urban and Regional Economics,* Boston : Irwin.

Borck, Rainald and Matthias Wrede, 2005, "Political economy of Commuting subsidies", *Journal of Urban Economics,* Vol. 57, pp. 478-499.

Borck, Rainald and Matthias Wrede, 2008, "Commuting subsidies with two transport modes", *Journal of Urban Economics,* Vol. 63, pp. 841-848.

Brueckner, Jan K. and Erik T. Verhoef, 2010, "Manipulable congestion tolls", *Journal of Urban Economics,* Vol. 67, pp. 315-321.

Burright, Burke K., 1984, *Cities and Travel,* NY : Garland.

De Borger, Bruno, 2009, "Commuting, congestion tolls and the structure of the labour market : Optimal congestion pricing in a wage bargaining model", *Regional Science and Urban Economics,* Vol. 39, pp. 434-448.

Dewees, Donald N., 1976, "Travel Cost, Transit, and Control of Urban Motoring", *Public Policy,* Vol. 24, pp. 59-79.

Domenchich, Thomas, Gerald Kraft and S. P. Vallete, 1972, "Estimation of Urban Passenger Travel Behavior : An Econometric Demand Model", in M. Edel and J. Rothenberg, eds, Readings in Urban Economics, New York : Macmillan, pp. 464-65.

Down, Anthony, 1962, "The Law of Peak-Hour Expressway Congestion", *Traffic Quarterly,* Vol. 16, pp.

397-409.

Goldstein, Gerald S. and Leon N. Moses, 1975, "Transport controls, Travel Costs and Urban Spatial Structure", *Public Policy,* Vol. 23.

HeilBrun, James, 1981, *Urban Economics and Public Policy,* 2nd Ed. New York : St. Martin's Press.

Hirte, Georg, Hyuk-Ki Min, Hyok-Joo Rhee, 2022, "Regulation versus taxation: Efficiency of zoning and tax instruments as anti-congestion policies", *Journal of Housing Economics,* Vol. 56, 101837.

Hoachlander, E. Garreth, 1976, "Bay Area Rapid Transit : Who Pays and Who Benifits?", Working Paper No. 267, Berkeley : Institute of Urban and Regional Development, University of California.

Hymel, Kent, 2009, "Does traffic congestion reduce employment growth?", *Journal of Urban Economics,* Vol. 65, Iss. 2, pp. 127-135.

Keeler, E., and Kenneth A. Small, 1977, "Optimal Peak-Load Pricing, Investment and Service Levels on Urban Expressways", *Journal of Political Economy,* Vol. 85, No. 1, pp. 1-25.

Kemp, Michael A., 1973, "Some Evidence of Transit Demand Elasticities", *Transportation,* Vol. 2, No. 1, pp. 25-52.

Kraft, Gerald and Martin Wohl, 1967, "New Directions for Passenger Demand Analysis and Forecasting", *Transportation Research,* Vol. 1, Iss. 3, pp. 205-230.

Lahja, Rydberg Forssbeck, Mats Karlsson, Birger HööK, 2007, "Congestion taxes: a way of financing new infrastructure", Vol. 93, IABSE SYMPOSIUM WEIMAR 2007.

Lave, Lester B., 1969, "Transportation, City Size and Congestion Tolls", Memorandum RM-5874-DOT, Rand Corp. Santa Monica, California, pp. 24-30.

Meyer, John R., J. F. Kain, and Martin Wohl, 1966, *The Urban Transportation Problem, Cambridge,* Mass : Harvard University Press.

Mills, Edwin S. 1972, *Urban Economics,* Illinois, Scott, Foresman and Company.

Murgrave, Richard A., and Piggy B. Murgrave, 1980, *Public Finance in Theory and Practice,* 3rd ed. New York : McGraw Hill.

Pozdena, Randall J., 1988, "Unlocking Gridlock", Federal Reserve Bank of San Francisco *Weekly Letter,* pp. 1-5.

Quandt, Richard E., ed., 1970, *The Demand for Travel : Theory and Measurement.* Lexington : Mas : Health Lexington Books.

Schrank, D., T. Lomax, 2002, *The 2002 Annual Mobility Report,* Texas Transportation Institution, Texas A & M University.

Segal, David, 1977, *Urban Economics,* Richard D. Irwin, INC.

Small, Kenneth A., 1992, Urban Transportation Economics, Harwood Academic Publisher.

Small, Kenneth A. and Erik T. Verhoef, 2007, The Economics of Urban Transportation, London and New York, Routledge.

Smeed, R., 1968, "Traffic Studies and Urban Congestion", *Journal of Transport Economics and Policy,* Vol. 2,

No. 1, pp. 33-70.

Smolensky, Eugene, T. Nicolaus Tideman, and Donald Nichols, 1972, "Ch. 5, Waiting Time as a Congestion Charge", in Selma Mushkin, ed., *Public Prices for Public Products,* Washington, D.C. : Urban Institute, pp. 95-108.

Su, Qing and J. S. De Salvo, 2008, "The Effect of Transportation Subsidies on Urban Sprawl", *Journal of Regional Science,* Vol. 48, No. 3, pp. 567-594.

Tarduno, Matthew, 2021, "The congestion costs of Uber and Lyft", *Journal of Urban Economics*, Vol. 122, 103318.

U. S. Department of Transportation, Office of the Secretary, 1977, *Public Transportation Fare Pricing,* NITIS, Springfield, Virginia.

Viaurox, Christelle, 2007, "Structural estimation of congestion costs", *European Economic Review,* Vol. 51, Iss. 1, pp. 1-25.

Vickrey, William S., 1963, "Pricing in Urban and Suburban Transport", *American Economic Review,* Papers and Proceedings of the Seventy-Fifth Annual Meeting of the American Economic Association, Vol. 53, No. 2, pp. 452-65.

Vickrey, William S., 1967, "Optimization of Traffic and Facilities", *Journal of Transportation Economics and Policy,* Vol. 1, No. 2, pp. 123-136.

Walters, Alan, 1961, "The Theory and Measurement of Private and Social Cost of Highway Congestion", *Econometrica,* Vol. 29, No. 4, pp. 676-699.

Winston, Clifford and Ashley Langer, 2006, "The effect of government highway spending on road user's congestion costs", *Journal of Urban Economics,* Vol. 60, pp. 463-483.

Yuan Liang, Bingjie Yu Xiaojian Zhang Yi Lu, Linchuan Yang, 2022, "The Short-term Impact of Congestion Taxes on Ridesourcing Demand and Traffic Congestion: Evidence from Chicago, Cornell University, https://arxiv.org/pdf/2207.01793.pdf

인터넷 자료

Keleshian, Kristie and Elijah Westbrook, Aug., 11st, 2022, "New York pushes ahead on congestion pricing. Now comes the hard part". CBS NEW YORK
https://www.politico.com/news/2022/08/11/new-york-new-jersey-congestion-pricing-00050929

Keleshian, Kristie and Elijah Westbrook, Jan., 19th, 2023, "New York, New Jersey lawmakers teaming up in fight against congestion pricing", CBS NEW YORK
https://www.cbsnews.com/newyork/news/new-york-new-jersey-lawmakers-teaming-up-in-fight-against-congestion-pricing/

제12장

한국의 지역정책

국가가 경제성장을 추구하는 과정에서 나타나는 지역 간 소득격차나 실업, 저개발지역, 과소·과밀지역, 지역수지 불균형 같은 문제들은 시장의 힘에 맡겨 두면 더욱더 확대될 여지가 많다. 따라서 대부분의 국가에서는 중앙정부와 지방정부가 직접 지역정책을 통해 이러한 문제를 해소하려 노력한다.

이 절에서는 먼저 지역정책과 관련된 전반적인 내용을 알아보고, 우리나라가 제2차 세계대전과 6.25를 겪은 후 황폐해진 국토를 재건해 가는 과정에서 시행했던 지역개발 정책들의 내용을 시대별로 나누어 살펴본다.

제1절 지역정책이란?

지역정책은 개인의 후생과 기회 그리고 사회적인 조화를 개선시키려는 목적을 가지고 있다. 그래서 정부는 지역의 1인당 실질소득을 향상시키거나 지역의 완전고용 달성, 개인의 삶의 방식 개선, 직업선택의 폭 확대, 소득불평등의 감소, 지속가능한 지역경제 성장, 지역수지의 균형달성 등을 위한 다양한 정책을 수립해 시행하고 있다. 하지만 이러한 정책들의 상대적 중요성은 개인의 가치판단 기준이나 지역사회의 여건 등에 따라 달라진다.

이 절에서는 지역정책을 이해하는 데 기초가 되는 지역정책의 필요성과 지역정책의 목표 그리고 지역정책에서 자주 쟁점이 되는 내용들에 대해 먼저 알아본다.

1. 지역정책의 필요성

자본주의 경제는 지난 150여 년 동안 대체로 정부의 간섭에서 벗어나 자유방임주의(laissez-faire principle)를 허용하는 추세로 전환되어 왔지만, 다른 한편으론 특정부분에 정부의 간섭을 어느 정도 허용하는 쪽으로도 발전되어 왔다. 이러한 성향이 나타나는 이유는 시간이 지날수록 사적 부문의 활동이나 시장의 힘이 종종 국가가 인내하기 힘든 정도의 경제적 불균형 상태를 초래하고, 정부의 통제수단에 의해서만 그 상황이 개선될 수 있게 만들기 때문이다.

자유방임주의 접근법이 야기하는 주요문제 중 하나는 집단 간, 지역 간에 나타나는 소득불평등 문제이다. 또한 이 접근법은 사회적 이익과 손실이 개인적 이익과 손실로부터 괴리되는 것, 공원 같은 공적 공간이나 신선한 공기 같은 공공재의 공급이 부족해진다는 것 그리고 실업 같은 경제적 불안정 문제 등도 야기한다.

이러한 문제들을 개선하기 위해 시행하는 지역정책은 정부가 계획한 일련의 경제적 활동들을 포함하며, 다루는 정책내용도 상황에 따라 또 계획기간과 계획수준에 따라 각각 달라진다.

지역정책을 수립하는 절차는 보통 연속적 단계를 거쳐서 수립되는데, 첫 번째 단계는 지역의 문제가 무엇인지를 식별하는 것부터 시작한다. 그리고 두 번째 단계에서는 그 식별된 문제와 관련하여 개선을 위한 일반적 목표와 세부적 목표를 수립한다. 이를 위해 지역문제에 대한 정확한 진단과 분석이 필요하다. 세 번째 단계에서는 계획 실현에 장애가 되는 제약을 찾아내고, 네 번째 단계에서는 미래 상황을 설정하고, 마지막 단계에서는 앞에서 찾아낸 제약을 극복하고 목표를 달성할 수 있는 전략적 대안을 마련하며, 여러 대안들을 비교평가한 후 최종적인 계획안을 선정한다. 계획 수립과정에 있어 과거와 달리 현재에는 지역 내 전문가와 일반 시민들까지 폭넓게 참여시켜 협의와 조정과정을 거치는 추세이다. 그리고 지역정책의 계획이 결정되었다고 하여 경직적으로 단순히 집행만 하는 것이 아니라, 정기적으로 변화된 경제여건을 검토하고, 변화된 상황에 맞추어 기존의 계획을 수정·보완해 유동적으로 시행해야만 계획했던 목표를 성공적으로 성취할 수 있다.

그러면 이러한 지역정책이 왜 필요한가?

일반경제학에서는 시장에 자유롭게 맡겨 두는 것이 사회의 자원배분에 있어 가장 효율적인 방법이라고 말한다. 하지만 이미 언급했듯이 지역 간에 나타난 경제적 불균형은 이러한 시장의 힘에 맡겨 두면 치유되는 것이 아니라 더욱더 확대된 형태로 나타난다. 경제적 불균형은 지역 간의 소득차이를 의미할 수도 있고, 노동공급의 불균형을 의미할 수도 있고, 공공재의 공급 불균형을 의미할 수도 있다. 이러한 경제적 불균형이 심화되면, 일부 지역에서는 자원이 필요 이상으로 초과 사용되어 외부불경제가 발생하는 반면, 일부 지역에서는 자원이 적절히 활용되지 않고 방치되는 상황이 발생한다. 결국 지역 간의 불균형을 완화시키고 자원의 과잉 및 과소이용 문제를 해소함으로써 국토의 균형 있는 발전을 도모하기 위해서는 지역별 경제활동을 진작시키는 것이 필요하다. 따라서 지역 간 균형성장을 위해 정부개입이 필요해지고, 그것이 지역정책 형태로 나타나는 것이다.

하지만 지역정책이 반드시 경제적 이유로만 그 필요성이 인정되는 것은 아니다. 지역 간에 경제적 격차가 심해지면 국가의 정치적, 사회적 안정도 동시에 해치게 된다.

즉, 지역 간 불균형으로 일부 지역에선 차별에 대한 불만이 쌓이고, 지역 간 알력이 확대되면서 사회적 불안과 정치적 긴장이 고조된다. 이러한 갈등은 결국 사회적 안정을 위협하고, 국민의 단합과 국가경제성장을 저해하기 때문에 이런 측면에서도 지역정책이 필요하게 된다. 지역주민 다수의 생활여건이 개선되고, 복지수준이 향상되며 지역 간 및 주민 간의 경제적 격차가 완화될 때 비로소 지역주민 간의 친밀관계가 형성되고 국가 전체의 화합이 이루어진다.

지역정책은 정치적으로도 그 중요성이 크다. 물론 모든 경제정책이나 사회정책이 정치적 의미를 가지고 있지만, 지역정책에서는 그 의미가 각별하다. 지구상 대부분의 민주주의 국가에서 입법부를 구성하는 국회의원은 지역의 투표에 의해 선출된다. 그리고 저개발지역을 돕는 정책을 주장하면 그 지역의 의석수를 늘리는 데 도움을 준다. 그래서 어느 정당이든 지역정책을 시행하는 것을 반대하기 쉽지 않으며, 가난한 지역에 대규모 공적자금을 투자하는 것도 합의가 어렵지 않다. 지역도 경제적 기능을 중심으로 나누었다기보다는 정치적, 행정적 기준으로 나누어진 경우가 더 많다. 그리고 공적자금의 투자나 사회간접자본 투자의 지역 간 분배도 정치적 고려에 의해 더 영향을 받으며, 지역의 이러한 정치적 특성은 경제활동의 공간적 활동에 중요한 영향을 미친다. 따라서 종종 정치적 필요에 의해 지역정책의 수준과 지원규모가 결정되기도 한다.

한편 국가가 경제성장을 추구하는 과정에서 환경에 반하는 성장 상황을 연출하는 경우가 발생한다. 하지만 국가의 경제성장이 반드시 국민들의 물질적 부(富)만을 추구하는 것이 아니라 정신적 · 문화적 부도 같이 추구하는 것이기 때문에, 쾌적한 환경과 조화를 이루지 못하는 성장과 개발은 문제를 야기한다. 전 세계적으로 1970년대 초반부터 경제가 기본적인 생태계 지원체계와 균형을 이룬다는 의미의 '지속 가능성(sustainability)'이란 용어가 사용되기 시작했다. 그리고 1987년에 환경과 조화를 이루는 경제개발을 뜻하는 '지속 가능한 개발(sustainable development)'이란 용어가 정의된 UN의 브룬틀란 보고서(Brundtland Report)[1]가 발간된 후, 세계 각국은 경제개발정책을 입안할 때마다 환경도 같이 보존하는 개발계획을 수립하고 있다. 이는 각국이 경제개발을 추진함에 있어 '양(量)'뿐만 아니라 '질(質)'도 똑같이 중요하게 고려한다는 의미이다. 그래서 1인당 소득수준 같은 경제지표가 '삶의 질' 같은 중요한 비화폐적 요인들을 고려하지 못한다는 이유로 개인의 후생지표로서 중요성을 잃어 가고 있다. 지역정

---

1) United Nations, 1987, *Report of the World Commission on Environment and Development.*

책계획자도 1인당 소득을 증가시키는 지역정책이 환경을 악화시키는 위험이 있고 지역사회나 지역의 단결을 해친다면, 그런 소득증가를 정책목표로 선택하기를 꺼린다. 이러한 지역정책에서의 환경요인 고려는 다른 모든 분야에도 영향을 주어 도시의 집적경제를 확대하는 정책이 혼잡과 관련된 외부불경제를 먼저 고려하고, 새로운 산업단지를 설립하는 경우에도 오염물질 발생과 주민들 거주지와의 근접성 등을 고려하며, 이주 촉진정책도 유출 및 유입 이주가 그 지역사회 및 문화에 미치는 영향을 먼저 고려하게 한다. 이렇게 국가나 지역의 성장전략이나 기타 개발전략들이 환경을 우선적으로 고려해야 한다면, 이것은 단순히 시장의 힘에 의해 성취될 수 없으므로 철저히 사전에 계획된 지역정책이 필요하게 된다.

2. 지역정책의 목표

지역의 개념 자체가 복합적인 내용을 포함하고 있기 때문에 지역정책의 목표를 정하는 것이 간단하지는 않다. 실제로 세계 각국은 국가의 발전단계, 지역문제의 성격, 국민들의 여망 등 각자가 처한 상황에 따라 지역정책을 통해 추구하는 내용이 달라진다. 그러나 일반적으로 지역정책은 앞에서 언급한 지역문제들을 해결하여 지역을 성장시키고, 지역의 환경을 개선하려는 목적을 가지고 있다.

경제의 발전은 독립된 것이 아니라 지역의 사회와 문화, 정치적 발전과 서로 밀접한 관계를 가지고 있기 때문에 지역정책이라고 하는 것도 이러한 지역의 경제·사회·문화·정치적 조건을 개선하기 위한 일체의 공적 지원활동 모두를 뜻한다. 따라서 여러 가지 지역문제를 해소하기 위해 국가가 시행하는 많은 정책들 모두 여기에 포함된다. 그러나 그중에서도 특히 국가가 지역정책에서 중점을 두는 몇 가지 주요 목표를 꼽아 보면 다음과 같다.

첫째, 지역의 완전고용 달성과 낙후지역 실업문제 해소이다. 이것은 근대 들어 산업화되는 과정에서 도시로의 인구집중과 낙후지역의 경제적 침체 그리고 실업의 증대라는 세계적 공통현상 때문에 중점을 두게 된 분야이다. 우리나라도 1960년대 20%대에 머물던 도시화율이 2015년에는 82.5%대를 기록하고 있는데,[2] 이 과정에서 많은 지역이 인구유출과 실업률 증가현상을 겪었다. 따라서 지역 내 고용창출과 지역주민들의 소득보장을 위한 지역정책은 국가를 불문하고 중요한 정책 목표로 손꼽는다.

---

2) 세계 최대의 도시화율을 자랑하는 국가는 싱가포르와 홍콩인데 도시화율이 100%다. 3위 카타르는 99.2%를 기록 중이다.

둘째, 지역의 경제성장이다. 이 목표는 앞의 완전고용 달성이나 낙후지역 문제 해소 정책과도 밀접한 관계를 갖지만, 그와 더불어 지역경제를 가속화하기 위한 지역 간 생산요소의 효율적 재배치, 산업의 재배치, 도로·통신 등 사회간접자본의 개선, 지역 내 산업발전을 위한 투자유치 등도 포함된다. 또한 이 정책은 인구의 지방정착 목표와도 밀접한 관계가 있다. 지방에 인구정착을 가능하게 하는 가장 중요한 요인은 경제활동이다. 취업기회와 소득을 제공하는 산업기반을 강화하지 않고는 지방의 인구정착을 기대할 수 없다. 현재 우리나라는 서울을 포함한 수도권에 전국 인구의 절반이 모여 살고 있으며, 이러한 인구 집중현상은 주택난이나 교통난, 환경오염 등 많은 문제를 야기하고 있다. 따라서 이러한 집중문제를 해소하기 위해서도 인구의 지방정착기반을 강화해야 할 것이며, 이는 지역경제 특히 지방경제의 성장을 통해서만 가능해질 것이다.

셋째, 지역의 개발잠재력 확대와 기술혁신이다. 현재는 경제의 세계화(globalization) 추세가 급격히 진행되고 있어 국가뿐 아니라 지역도 타국과 무한경쟁시대에 직면하고 있다. 따라서 지역의 경제가 이러한 무한경쟁 속에서 지속적으로 성장하기 위해서는 그 지역이 가지고 있는 개발 잠재력을 발견하여 확대시켜 나가면서, 다른 한편으론 그 지역만이 가지고 있는 특유의 기술과 혁신을 발전시켜 나가야 한다. 그리고 이를 위해 지역 내 좋은 인재를 유치하고 교육시킬 환경과 시설을 확보하는 지역정책이 중요하다.

넷째, 지역 내 자원과 자연환경의 충분한 활용이다. 비록 그 지역에 풍부한 천연자원이 있더라도 잘 활용하지 못하거나 지역재원이 모자라 개발하지 못하는 경우가 많다. 똑같이 바다에 인접한 항구로서 천연의 환경을 가졌더라도, 그것을 어떻게 활용하는가에 따라 각기 발전되는 모습이 다르다. 따라서 이러한 자원과 자연환경을 잘 활용할 수 있도록 지역정책을 수립하고, 실행하는 것도 중요한 정책 목표가 된다.

다섯째, 지역 내 산업의 구조조정이다. 지역에 따라 과거 크게 발전하던 지역의 주요산업이 경제여건의 변화에 따라 쇠퇴산업으로 바뀌는 경우가 흔하다. 이때는 그 지역의 쇠퇴산업을 과감히 정리하고, 새로운 성장산업으로 지역산업의 구조조정을 단행하는 것이 중요하다. 이러한 개혁과정은 쉽지 않아 저항이 따르고, 또 구조조정기간 동안에 많은 재원과 희생, 노력이 필요하다. 그러나 시기적절한 구조조정은 그만큼 미래에 큰 혜택으로 돌아오므로 지역의 경제성장을 위해서는 꼭 필요하다.

여섯째, 최근 들어 주요하게 언급되는 목표로 지속 가능한 지역개발이다. 실제적으로 지역의 경제정책들이 그 지역주민, 나아가 국민들의 삶의 질을 개선하는 데 기여해야 한다. 그런데 중앙정부나 지역정부가 시행한 정책들이 자원을 남용하고, 환경을 오염하고 파괴시키는 정책이 되면 장기적으로는 주민과 국민들의 삶의 질을 떨어뜨리는 결과를 초래한다. 따라서 전 세계적으로 친환경적 개발과 발전의 지속가능성 확보가 새로운 지역정책 목표가 되고 있다.

3. 지역정책의 쟁점

지역정책이 개인의 후생수준을 향상하는 것이 목표인가, 아니면 지역의 후생수준을 향상하는 것이 목표인가로부터 시작하여, 환경부문에 대한 고려, 삶의 질, 인플레이션의 통제 등 상당히 복잡한 쟁점들을 다루다 보면 다양한 문제에 직면하게 된다. 이 단락에서는 지역정책을 시행하면서 자주 논쟁이 되고 있는 쟁점들에 대해 살펴본다.[3]

(1) 효율성과 공평성 쟁점

지역정책의 목표는 다양하며, 각 지역이 처한 상황에 따라 다른 목표가 설정되지만 가장 단순하게 압축시켜 보면 크게 효율성(efficiency)과 공평성(equity) 두 가지로 나누어 볼 수 있다.[4] 이때 효율성 목표란 자원을 최적으로 분배해서 지역의 경제성장을 극대화하는 것이고, 공평성 목표란 소득이나 복지, 임금, 성장지표들의 지역 간 격차를 줄이는 것이다. 전통적으로 지역정책은 지역 간 균형개발을 추구하는 공평성에 더 많은 중점을 두어 왔다. 이러한 정책 중점의 이면에는 공간적 경제활동의 적절한 지역 간 분배는 시장의 힘을 통해 자동으로 조절된다는 것을 전제로 한 것이었다. 하지만 집적경제와 시장기회, 경제활동의 다양성 및 심리적 선호도 등은 모두 공간적 경제활동을 지역 간에 골고루 분포시키지 않고 좀 더 개발된 지역에 집중되게 한다. 현실적으로도 개인들이 새로운 사업을 구상할 경우 기존에 넓은 도로와 생산에 필요한 여러 사회간접자본들이 잘 정비되어 있고, 소득수준이 높아 구매력이 높은 발전된 지역에 기업을 입지시키기를 원하지, 변변한 도로 하나 없고 구매력이 낮은 저개발지역에 기업을 입지시키려 하지는 않을 것이다. 따라서 정부가 개입하지 않고 모든 것을 시장의 힘에 맡겨 두면, 발전된 지역은 계속 더 발전하게 되고, 저개발지역은 더욱더 낙후될 확률이 높다.

저개발지역이 스스로 성장할 수 있도록 좋은 여건을 갖추기 위해서는 정책결정자의 강력한 의지와 막대한 재원이 필요하다. 하지만 저개발지역을 성장시키기 위해 국가가

---

3) Richardson, 1978, *Regional Economics,* pp. 226-237.
4) Fratesi, 2008, "Regional policy from a supra-regional perspective", pp. 681-703.

가진 재원을 그 지역에 집중 투자한다는 것은 결국 다른 지역에 투자할 재원이 그만큼 줄어든다는 의미이다. 그래서 지역정책에서 효율성과 공평성 간에 적절한 조정을 얻어 내기란 쉬운 일이 아니다. 그리고 둘 중 어느 하나를 선택할 것이냐 하는 문제는 옳고 그른 개념이 아니라 지역정책을 구상하고 추진하는 계획자들의 철학에 달려 있는 문제이다. 따라서 지역정책을 수립할 때는 언제나 이 두 가지 상충된 목표 사이에서 어느 쪽을 택할지 늘 고민하게 된다. 지금까지 각 국가들이 시행했던 지역개발정책의 일반적 패턴을 보면 개발 초기에는 효율성 중심의 정책을 선택하고, 어느 정도 경제가 성장하면 형평성 중심으로 옮겨가는 형태를 보인다.

(2) 지역정책 목표 간의 상충 쟁점

앞에서 살펴본 바와 같이 지역정책의 목표는 다양하며, 이러한 목표들은 정부조직의 여러 계층에서 결정할 수 있다. 정부의 가장 상위층에서 결정하는 목표들은 일반적으로 국가정책 목표로서 성장이나 효율성, 공평성, 안정성, 국민들의 삶의 질 같은 목표들이다. 이런 목표들은 지역정책을 기획하는 지침이 되기는 하지만, 너무 범위가 넓고 포괄적이다. 따라서 공간정책과 좀 더 직접적으로 연관될 수 있는 많은 하부 목표(sub-objective)들을 재설정하는 것이 바람직하다. 입지적 효율성, 지역 간 1인당 소득 수준 수렴, 거주지역에 관계없이 모든 주민들에게 최저수준의 공공 서비스 제공, 쾌적한 환경 보장, 좀 더 균등하게 분포된 노동의 수요와 공급 같은 것들이 이러한 하부 목표가 될 수 있다. 때론 하부 목표를 '1년간 지역 간 소득격차를 5% 줄이기'나 '실업률을 2% 감소시키기'와 같이 명확한 확정 형태의 고정적 목표(fixed target)로 설정할 수도 있고, '고용이나 GNI 극대화하기' 같이 유동적 목표(flexible target)로 설정할 수도 있다.

목표를 어떻게 정의하든지 주요한 문제는 '목표들 간에 상충(相衝)이 일어났을 경우 어떻게 하는가?' 하는 것이다. 이 문제는 정책계획가들에게 영원한 골칫거리인데, 특히 다른 경제정책영역보다 지역정책분야에서 더 심하다. 예를 들면, 경제성장이나 효율성 같은 국가정책의 목표와 공평성 같은 지역의 정책 목표 사이에 상충현상은 자주 발생한다. 각 지역의 최대소득을 모두 합친 것이 국가의 최대소득과 같게 될 때는 오직 시장이 완전경쟁일 때뿐이다. 그러나 공간상에서 집적경제의 외부성과 운송비용 등이 존재하면서 완전경쟁이라는 조건은 성취하기가 불가능하다. 또한 안정화 정책이나 인플레이션 통제 같은 것도 지역수준에서 다루기 힘들다. 그리고 지역정책입안자는 지역의 장기적 경제성장과 인구 및 경제활동의 지역 간 분포, 효율성 같은 목표에 우선순위를 두고 있다. 유출이주의 최소화 같은 지역정책의 목표는 국가의 상위 정책 목표와 자주 상충된다.

목표 간에 상호충돌이 발생했을 때 그 상충을 해소하기 어려운 이유는 특정한 전략을 기획하고 실행하는 계획자나 정책입안자들이 같은 시각이나 전망을 공유하고 있지 않다는 데서 생겨난다. 이러한 시각 차이는 종종 개인의 가치판단의 차이를 반영하는 것이지만, 근본적으로는 국가의 정책을 결정하는 실무자와 지역의 정책결정을 결정하는 실무자 사이의 시각차이라고도 볼 수 있다. 국가정책결정자는 전체적인 국가경제에 더 관심을 가지고, 보통 효율성에 목표를 두고 추구하려고 한다. 반면 지역정책결정자는 공평성 목표에 더 많은 비중을 두고, 경우에 따라서는 자신의 지역이익에만 집중하여 목표를 수립하고 추진한다. 그래서 각 지역의 계획자들은 자신의 지역에 순이익을 가져오는 전략들을 정당화하지만, 국가의 계획자는 모든 지역 자원의 기회비용에 더 많은 관심을 둔다. 그래서 지역 간에 산업을 유치하기 위해 서로 많은 자원과 돈을 낭비해 경쟁하는 것을 줄이기 위해 국가계획자에게 지역정책을 통제하는 권한을 주면 문제는 어느 정도 해소할 수 있다. 그러나 지금은 세계적으로 각종 정책의 결정을 각 지역의 책임자에게 맡기는 분권화 정책이 대세를 이루고 있다. 따라서 각 지역이 정책결정에 더 많은 권한을 갖고 있지만 이로 인해 얻는 이익보다 경제적 효율성을 잃는 것이 더 많다고 걱정하는 학자들도 많다.

(3) 지역 간 노동이동의 쟁점

지역 간 소득불균형 축소를 위해 저개발지역에 주요산업을 유치하여 입지시키는 것이 가장 최선의 방법이냐, 아니냐? 하는 것도 지역정책에서 자주 논의되는 쟁점 중 하나이다. 이것은 앞의 제5장에서 언급했던 '사람이 있는 곳에 직업을(jobs-to-people)'과 '직업이 있는 곳에 사람을(people to jobs)' 접근법을 설명하면서 언급했던 내용과 비슷한 의미를 가지고 있다.

만일 번성하는 지역에 소득과 직업기회가 더 풍부하다면, 저개발지역의 가난한 사람을 돕는 최선의 방법은 그들을 번성하는 지역으로 이주하도록 도와주는 것이다. 이것이 가장 확실하고, 빠르며, 비용 면에서도 가장 효과적인 방법이다. 하지만 이러한 이주정책은 여러 가지 부작용을 만들어 내는데, 이러한 부작용은 지역 간에 주민들의 이주가 일어난 후 발생하는 장기적 결과와 관련되어 있다. 지역 간 이주는 단기적으로 가난한 사람과 실업자의 소득을 증가시키고, 국가의 경제를 빠르게 성장시켜 공평성과 효율성 둘 다를 개선한다. 그러나 장기적으로는 이러한 단기적 이익을 상쇄시키는 여러 가지 문제가 발생한다. 이주는 자기선택적이며, 저개발지역의 잘 교육받고, 전문기술을 가지고 있으며, 젊은 사람들을 발전된 지역으로 이동해 나가도록 한다. 그리고 이러한 이주는 낙후지역의 인적자본과 발전 잠재력을 감소시켜 외부 기업들에게 더욱 매력 없는 지역으로 만들고, 결과적으로 외부로의 이주를 더욱 강화시키게 된다. 그리고 그 지역에는 나이 많은 사람과 여자 그리고 다른 지역으로 나가지 못하는 사람들만 남게 된다.

지역 간 이주에서 주목하는 또 다른 문제는 외부성(externality)과 관련 있다. 이미 번성한 지역으로 계속되는 이주는 혼잡을 가중시키고, 자산가치와 임대료를 올리며, 이주자가 공공재 공급의 한계비용이 아닌 평균비용만 지불함으로써 이주자들이 몰리는 지역은 재정적 안정성을 위협받는다. 한편, 유출지역의 사회적 서비스와 사회간접자본시설은 충분히 활용되지 못하고, 남아 있는 사람들도 점점 줄어들어 세금기반이 약화되면서 재정적 어려움은 가중된다.

그러나 이러한 주장이 모두 맞는 것은 아니다. 혼잡은 주로 대도시지역 현상이지 모든 지역의 현상은 아니다. 번화한 지역이라도 빈 공간이 있고, 저개발지역에도 혼잡한 지역이 있다. 중심지역으로 이주한다고 해서 모두 혼잡한 지역으로만 이동해 가는 것도 아니다. 종종 대도시지역으로의 이주가 기존의 주민들이 교외로 이주해 나가는 이주를 대체하기도 한다. 따라서 도시로 들어오는 이주뿐만 아니라 외부로 나가는 이주도 대도시의 재정문제를 발생시켜, 내부로 들어오는 이주자 수가 줄어드는 것이 도시의 재정문제를 악화시키는 것인지 개선하는 것인지 확실치 않다. 만일 이주자의 이주 결정이 실질소득기회에 민감하게 반응한다면, 이주예정지의 높은 물가와 임금하락은 이주의 유입을 감소시킬 것이다.

사회적 간접자본의 낭비에 대한 주장도 거의 근거가 없는데, 왜냐하면 이 주장이 근거가 있으려면 유출이주 비율이 매우 높아야 하기 때문이다. 도시의 간접자본들은 물리적 수명이 길어서 연간 대체율(replacement rate)이 2% 정도로 매우 낮다.[5] 그래서 이 대체율을 유연하게 조정하면 낭비를 줄일 수 있다. 더구나 낙후된 산업지역에서는 도시의 사회간접자본들이 낡아서 쓰지 못하고 폐기해야 되는 것도 많다. 오히려 유출

---

5) Cameron, 1974, "Regional economic policy in the United Kingdom", pp. 65-102.

이주로 인해 발생하는 재정문제가 더 심각하다. 이주는 근로자의 지위나, 소득, 나이 집단 측면에서 보면 선택적이기 때문에, 공공 서비스에 드는 비용에 비해 재산세 세금 수입이 상대적으로 더 떨어진다. 그러나 이러한 효과는 자산가치의 변화를 통해 매우 천천히 일어나기 때문에, 정부의 보조금이나 수입의 분배, 재정 균등화 등 다른 수단을 통해 개선할 수 있다.

이주를 지원하는 정책에 대해서도 논쟁이 있다. 일련의 학자들은 좀 더 균등하게 분포된 수요압력이 번성지역에서 임금 인플레이션을 가져오는 힘을 완화한다고 주장한다. 하지만 다른 학자들은 이주를 지원함으로써 번성지역에 노동공급을 늘려 인플레이션을 완화할 수 있다고 주장한다. 이 두 가지 상반되는 주장 중 한쪽을 일방적으로 지지하기란 쉽지 않다. 이것은 인플레이션이 수요측면에서 야기되느냐, 비용측면에서 야기되느냐 하는 논쟁과 연관되어 있다. 물론 이주는 노동의 공급을 늘리지만 이에 따라 상품과 서비스의 수요도 같이 늘려 종국적으로 노동의 수요도 늘리게 된다. 결과가 어떻게 나타날 것인가 하는 것은 이러한 증가가 어느 정도 이루어질 것인가? 그리고 그 시간은 얼마나 걸릴 것인가? 등에 달려 있다. 더구나 일부 경제학자는 이주를 지원하더라도 낙후지역의 수요와 공급을 균등화시키지 못한다고 주장한다. 이주가 실업률 차이를 없애고, 경제활동 수준을 국가 평균수준으로 올리겠지만, 이를 위해서는 시장의 힘에 의해 얻을 수 있는 것보다 훨씬 높은 이주비율을 요구하거나 혹은 이주지원에 엄청난 돈을 쓸 것을 요구한다. 번성지역에 있어서도 설월(Thirlwall)[6]은 이주가 임금을 낮추는 효과가 있다는 증거가 없다고 주장한다. 물론 요소의 이동은 요소가격을 균등화(Factor Price Equalization, FPE)시킨다는 헥셔-오린(Heckscher-Ohlin)의 제2법칙에서 유래된 것이기는 하지만, 이것은 정태균형적 접근법이다. 실제로 계속해서 낙후지역에서 번성지역으로 노동이 이동한다면 지역 간 격차가 줄어들기보다는 더 확대될 확률이 클 것이다.

(4) 경제지표선택 쟁점

이미 1960년대부터 경제학자들 사이에는 국가의 경제적 후생수준을 판단하는 지표로 GNP나 GDP 같은 통계치를 쓰는 것에 대한 비판이 있었다. 실제로 후생수준을 판단하는 좋은 자료가 많지 않고, 후생이라는 개념도 우리가 생각하는 것보다 훨씬 의미가

---

6) Thirlwall, 1974, "Regional economic disparities and regional policy in the Common Market", pp. 1-12.

넓고 피상적이다. 그러나 분명한 것은 후생이라고 하는 것은 물질적인 풍요뿐만 아니라 깨끗한 환경이나 삶의 질 같은 비물질적 요인도 포함된다. 그래서 개발수준이 높다는 것은 높은 수준의 환경파괴와 연관되어 있기 때문에, 개발된 지역의 실제 후생은 환경오염이나 다른 부정적 요인들을 고려하면 사실은 드러난 소득통계치보다 훨씬 낮다는 주장이 있다. 파이어스톤(Firestone)[7]은 일찍이 캐나다의 자료를 분석해 보건이나 교육수준, 사회복지시설 같은 사회적 지표들이 1인당 국민소득 같은 경제변수보다 지역 간 격차가 작고, 수렴도 빨리 된다는 것을 발견했다. 만일 이러한 사회적 지표들이 개인이나 지역사회의 후생에 기여를 한다면, 경제적 차이에만 관심을 집중시키는 그러한 지역정책은 불완전한 정책이 될 것이다. 그리고 지역 간 격차를 줄이는 정책의 목표를 선정할 때에도 경제적 격차보다도 교육이나 보건 같은 공공부문 지출의 격차를 줄이는 것을 목표로 삼는 것이 더 강력하고 효과적인 정책이 될 수 있다.

지역정책의 목표 설정 시 소득지표를 기준으로 하는 것은 또 다른 문제점을 야기한다. 소득 한 단위에 대한 실질가치는 지역마다 생활비가 다르기 때문에 달라진다. 또한 소득이 높은 대도시지역에서는 주변에 부자가 많고 전반적인 지출수준이 높아 다른 지역보다 소득이 크게 높지 않다면 개인적으로는 오히려 후생이 더 나빠진 것같이 느낄 것이다. 그리고 같은 금액이라도 지역의 병원에 지출을 늘리는 것이 지역의 공산품에 지출을 늘리는 것보다 그 지역사회의 후생을 더 늘릴 것이다. 따라서 정책에 있어 모든 지역에 공통의 화폐기준을 사용하는 것은 문제가 있다고 여러 학자들이 지적하고 있다.

이러한 문제를 개선하기 위해 오래전부터 경제학자들은 여러 가지 개량된 지표를 개발했다. 그 예로 리우(Liu)[8]는 개인적 지위나 생활 여건, 교육, 보건 등 9개 범주에 100여 변수를 사용하여 사회지표와 삶의 질 지표를 개발하여 여러 국가들의 사회적 격차를 비교했다. 또한 미국의 노드하우스(Nordhaus)와 토빈(Tobin)은 가정주부의 가사 서비스와 여가 등을 후생을 증가시키는 요인으로 추가하고, 대신 환경오염이나 혼잡, 도시화·공업화에 따른 공해 등은 감소요인으로 고려하여 계산한 경제후생지표(Measure of Economic Welfare, MEW)를 발표했다. 그 외에도 사무엘슨(Samuelson)의 순경제후생지표(Net Economic Welfare, NEW)나 오쿤(Okun)의 경제고통지수(Misery

---

7) Firestone, 1974, "Regional economic and social disparity".

8) Lie, 1975a, "Differential net migration and the quality of life", pp. 329-37. Lie, 1975b, "Quality of Life : concept, Measure and results", pp. 1-13.

Index, MI), 인적개발지표(Human Development Index, HDI), 녹색 GNP(Green GNP) 등 다양한 지표들이 발표되었다. 그러나 이러한 새로운 후생지표들도 고려요인 중 일부가 정확히 산술적으로 추정할 수 없어 또 다른 단점으로 지적받고 있다.

제2절 지역정책의 실행과 평가

지방정부나 중앙정부가 지역정책을 실행함에 있어 때로는 어려움에 직면하기도 하고, 때로는 긍정적 효과를 거두기도 한다. 이 절에서는 지역정책을 실행하면서 직면하는 여러 제약의 내용과 이익 및 손실 그리고 지역정책을 평가하는 데 나타나는 문제점에 대해 알아본다.

1. 지역정책 실행에서의 제약

지역정책을 실행하는 동안에는 다른 분야의 경제정책과 유사하게 여러 가지 어려운 점과 제약에 직면하게 된다. 이때 주요 제약은 시차(time lags) 문제와 불확실성 그리고 정치적 여건들이다.

(1) 시차

시차는 여러 경제정책을 실행하면서 나타나지만 예측하기가 어려운 부분인데, 지역정책에서도 마찬가지이다. 이러한 시차가 존재하면 지역정책을 효율적으로 집행하는데 문제가 발생한다. 시차는 다음과 같이 정책을 실행하는 과정에서 발생한다.

첫째, 정책이 다루어야 할 문제가 무엇인지 식별한다.
둘째, 문제에 대한 적정한 정책을 기획하고 실행한다.
셋째, 정책 실행 후 지역경제에 초기 효과가 나타난다.
넷째, 그 후 2차 승수효과가 지역경제에 나타난다.

지역정책 실행에 나타나는 시차효과의 예를 보자. 먼저 특정 지역에서 필요로 하는 컴퓨터 전문기술 인력이 모자란다고 하자. 이러한 문제가 식별되면, 지역의 정책결정자는 컴퓨터 전문가를 훈련하고 양성시키는 정책을 수립하고 시행할 것이다. 그러나 컴퓨터를 교육시킬 컴퓨터 교사를 채용하고, 교육받을 학생을 선발하는 데에는 시간이 걸린다. 그리고 교육하는 과정도 역시 시간이 걸린다.

그 후 교육의 초기효과는 교육생들이 배출되어 지역경제에 컴퓨터 전문가들이 투입되면서 나타난다. 그리고 더 많은 시간이 흐른 뒤에 2차 승수효과가 나타난다.

이러한 정책결정과정에 대한 비판적 견해는 새로운 컴퓨터 교육생이 훈련을 마쳤을 때, 지역과 국가의 경제환경이 변하여 지역의 노동시장에서 더 이상 컴퓨터 전문가에 대한 수요가 없을 수 있다는 것이다.

(2) 불확실성

미래에 대한 불확실성이 만들어 내는 어려움은 위의 예에서 이미 보았다. 우리는 3년 뒤에 컴퓨터 전문가에 대한 수요가 어떻게 될지 잘 모른다. 그리고 그러한 불확실성은 공공정책을 수행하는 과정 속에 반영된다. 정책결정자는 미래에 대해 불확실한 지식을 가지고 있으며, 경제의 미래경로에 대해서도 예측 능력이 불완전하므로 결국 정책대응도 불완전하게 된다.

그러나 이러한 공공정책에 불확실성이 야기하는 어려움이 있음에도 불구하고, 지역정책을 포함해 적극적인 일부 정책적 대응들은 경제문제에 대해 완전히 자유방임적 접근법을 택하는 것보다 더 선호된다.

(3) 정치적 여건

지역정책의 경우 지역의 정치적 여건에 따라 또 다른 영향을 받는다. 세계 대부분의 민주주의 국가에서는 지역대표자들을 선거로 선출하는 것이 일반적인 추세이다. 그러나 지역에 따라 뽑힌 대표자가 여당소속일 수도 있고, 야당소속일 수도 있다. 그리고 여당이 아닌 야당의원이 지역대표자로 뽑힌 경우 집권당이 그 지역에 막대한 재정지원을 해 줄 인센티브가 거의 없다. 따라서 번성된 지역에 오히려 더 많은 지역 보조금을 배정하는 경우도 있다. 이것은 그 지역주민의 여당에 대한 충성도에 대한 보상일 수도 있다. 그리고 이러한 선거에 기초한 지역정책의 영향은 생각보다도 자주 발생한다.

2. 지역정책의 손익과 평가

지역정책을 실행하면 여러 가지 이익과 손실이 발생하는데 다음 〈표 12.1〉은 암스트롱(Armstrong)과 테일러(Taylor)가 정리한 지역정책의 손익평가 내용이다.

지역정책을 실행하면서 얻을 수 있는 첫 번째 이익은 정책지출의 결과로 생겨나는 지역의 산출물과 소득 그리고 고용의 증가이다. 정책지출의 결과로 나타나는 즉각적인

표 12.1 지역정책의 주요 이익과 손실

이 익	손 실
• 경제활동 증가로 인한 추가적인 산출물 증가 • 낮은 이주로 사회간접자본 공급에 비용 감소 • 직업을 얻기 위해 지원지역으로 이동하는 이주자 수가 줄어듦으로써 이주비용 감소 • 낮은 실업률 지역의 과도한 성장으로 인한 혼잡비용 감소 • 직업기회의 좀 더 공간상 균등한 분포에 따른 이익 • (정치, 사회, 환경적) 비경제적 이익	• 초기의 생산적 자원의 전환에 따른 산출물 감소 • 새로운 지역으로의 재입지 비용 • 새로운 공장 건설에 따른 자원비용 • 새로운 공장 건설에 따른 환경비용 • 지역정책의 사회간접자본 비용 • 지역정책의 행정적 비용

자료 : Armstrong and Taylor, 2000, *Regional Economics and Policy*, 표 13.8, p. 389.

직접효과는 경제활동수준의 증가이다. 이러한 초기지출은 지역의 경제활동수준에 2차적이고, 간접적이며, 승수적인 이익효과를 발생시킨다. 여기서 지역경제의 승수 크기는 정책지출의 비용 효율성을 결정하는 결정적 요인이다. 승수의 크기가 클수록, 지역정책 지출의 지역경제에 대한 총긍정적 효과는 커진다.

만일 지역정책 지출이 고용기회나 소득수준의 지역 간 불균형 크기를 줄이는 데 성공한다면, 지역 간의 이주자 수를 줄일 확률이 커진다. 또한 한 지역의 소득 및 고용기회가 다른 지역보다 훨씬 높다면, 더 많은 이주자가 그 지역으로 몰려들 것이다. 이주는 이주자와 사회 모두에 비용을 부과한다. 따라서 지역 간 이주의 흐름을 줄이면 이주의 개인비용 및 사회비용이 모두 줄어 경제에 이익이 된다. 이주의 개인비용은 주로 이사비용과 가족이나 친구 같은 사회적으로 친밀한 관계가 있는 사람들과 멀어지는 비용이다. 그리고 이주의 사회비용은 유입지역에는 더 많은 주택과 학교, 병원을 건설하는 비용이고, 유출지역에는 충분히 사용하지 않는 유휴시설들을 유지하는 비용이다.

또 다른 지역정책의 이익은 오염 같은 외부불경제를 공간적으로 좀 더 공평하게 분산시키는 것이다. 만일 오염이 환경에 누진적 효과를 가지고 있다면, 오염물질을 공간적으로 넓게 분산시키는 것이 오염원이 한군데 집중되는 것을 막아 이익을 발생시킨다.

공평성의 이익도 있는데, 적극적인 지역정책은 지역 간의 소득불평등 수준을 줄이고 소득분포에 공간적 공평성을 크게 향상시키는 것을 도와준다. 공간적으로 몇몇 지역에 경제적 소득이 집중되면 경제적으로 불평등이 발생한다. 누진적 소득세 같은 정책은 소득의 지역 간 불균형을 줄여 주지만, 그것만으로는 문제를 해결할 수 없다. 소득의 지역 간 불균형은 또한 고소득의 직업이나, 교육, 보건 같은 다른 요인들의 공간적 불평등도 반영한다.

마지막으로 적극적인 지역정책은 정치적 이익을 만들어 낸다. 지역 간의 불균형은 국가의 정치적 단결을 저해한다. 예를 들면, 1990년대에 이탈리아의 발전된 북부지역 일부 주민은 정부에 상당한 불만을 표시했는데, 왜냐하면 자신들의 세금으로 가난한 남쪽 지역을 돕는다는 이유였다. 미국의 텍사스 북부지역도 유전지역이 있어 부유한데, 이 지역주민 일부가 독립을 주장하는 이유도 자신의 지역에서 나오는 석유로 가난한 남부 텍사스 지역을 돕는다고 생각하기 때문이다. 국가 전체에 경제적 단결은 정치적 화합에 기여하는데, 낙후된 지역을 개발하는 지역정책은 이런 측면에서 경제적, 사회적 이익뿐 아니라 정치적 이익도 만들어 낸다.

하지만 지역정책은 이러한 이익만 만들어 내는 것이 아니고 손실도 발생시킨다.

종종 지역정책은 사용하지 않아도 되는 자원을 이용하도록 한다. 이 경우 지역정책이 없었으면 발생하지 않았을 추가적인 경제활동이 일어나게 되며, 이러한 추가적 경제활동은 매우 낮은 비용으로 경제 및 사회적 이익을 가져온다. 그러나 자원이 하나의 경제활동에서 다른 경제활동으로 전환되면서, 지역정책은 기회비용을 포함하게 된다. 만일 지역정책이 자원을 더 생산적인 사용에서 덜 생산적인 사용으로 전환한다면, 정책은 실제로 사회에 이익보다는 순손실을 더 가져올 것이다.

두 번째 손실은 사회간접자본의 공급과 관련이 있다. 시골지역의 경우 도로 같은 사회간접자본이 충분치 않으며, 일부 발전된 산업지역에도 대체가 필요한 오래된 간접자본들이 많다. 지역정책을 통해 이런 사회간접자본을 개선하기 위해 정부는 많은 자금을 투자하지만, 사후적으로 별로 필요 없거나 적절하지 못한 시설에 투자해 돈을 낭비하는 경우가 많다. 우리나라의 경우 여러 지역에 건설되어 방치되고 있는 국제공항 등이 그 좋은 예이다.

지역정책의 일부로서 제공되는 재정적 인센티브에 따라 조직이 다른 지역으로 이동할 때 재입지비용이 발생한다. 핵심인력을 새 지역으로 이주시키는 비용이 지역정책의 인센티브에 포함되어 있지 않으면, 재입지비용에 포함해야 한다. 그리고 새로운 지역으로 일부 직원이 이주하기를 거부한다면 새로운 지역에서 새 직원을 뽑고 훈련하는 비용도 포함해야 한다. 그 외 건물을 새로 짓거나, 기존의 건물을 새로 단장하는 비용 그리고 여기에 수반하는 행정비용 등도 고려해야 한다. 이러한 비용은 지역정책이 실행되지 않아 재정적 인센티브가 없었다면 발생하지 않았을 비용들이다.

또한 지역정책은 수혜지역 환경에도 잠재적 영향을 가지고 있다. 만일 재입지가 현재 충분히 쓰이지 않거나 방치된 기존의 산업단지를 재활용하는 것이라면 비용은 매우 낮을 것이다. 그러나 전원지역을 새로 개발하는 것이 포함된다면, 지역환경에 피해를 주고 시골지역 토지사용을 압박할 것이다.

또 다른 지역정책의 비용은 지역정책을 실행하는 것과 관련된 행정비용이다. 이 비용도 지역정책을 시행하지 않았다면 발생하지 않을 비용이다.

마지막 비용은 적극적인 지역정책 실행과 관련된 정치적 비용이다. 지역정책의 지출로 혜택받는 지역유권자들로부터 선거에서 표를 받기는 쉽다. 그러나 지역정책에 더 많은 지출은 정부의 다른 정책부분에 지출 재원이 줄어드는 것을 의미한다. 그리고 다른 부분의 적은 재원은 다른 유권자들이 정부로부터 역차별을 받았다고 믿게 만든다.

이렇게 지역정책은 실행과정에서 다양한 이익과 손실을 발생시키는데, 지역정책의 영향을 측정하는 데 이러한 손익분석(損益分析) 방법을 쓰면서 얻을 수 있는 장점은 이 방법이 직접적으로 이익과 손실을 금액으로 표시할 수 있게 해 준다는 것이다. 즉 우리는 "지역정책을 실행하는 데 총 2억 원의 비용을 지출했고, 이러한 지출을 통해 지역경제에 총 3억 원의 이익을 발생시켰다."라고 정책의 효과를 화폐단위로 명시할 수가 있다.

그러나 이러한 직접적인 금액비교는 개별시장에서 결과한 가격으로 측정한 것으로, 공평성이나 효율성을 기초로 한 경제적 후생개선을 반영하지는 못한다. 또한 시장가격은 생산시장에서의 독점이나 생산요소시장에서의 수요독점이 존재하는 경우 왜곡된다. 경제적 효율성을 반영하는 가격구조는 모든 가격이 한계비용을 반영할 때이다. 그러나 이러한 가격구조는 모든 시장이 완전경쟁일 때만 결과되는 것으로, 현실적으로는 존재하지 않는다.

시장가격을 측정에 사용하면서 나타나는 또 다른 제약은 이 시장가격이 경제활동과 관련해 개인의 이익과 손실을 반영할 뿐, 사회적 이익과 사회적 손실을 고려한 외부효과를 포함하지 못한다는 것이다. 위에서 지역정책의 이익과 손실을 논의할 때 사회적 비용과 이익의 중요성을 언급했다. 지역정책으로 실업이 줄어들고, 새로운 직업이 창출되는 것으로 그 효과를 측정하는 것은 효과의 범위를 과도하게 축소시킨 것이다. 지역정책은 지역 간 소득과 산출물, 고용의 격차를 줄임으로써 지역의 '삶의 질'을 개선하는 데 큰 기여를 한다. 그리고 이러한 사회적 이익과 비용을 고려하지 못하는 시장가격을 기준으로 그 효과를 추정하는 것은 그 유용성에 의문을 제기하도록 한다.

한편 지역정책은 정책의 목표와 특성에 따라 그 효과가 나타나는데 10년이나 20년이 더 걸리는 프로그램들이 많다. 그런 프로그램의 경우 초기 실행단계에서 측정한 손익분석 추정치가 그 효과가 나타날 때쯤에는 차이가 많이 날 수가 있으며, 정확히 그 가치를 측정하기란 불가능하다.

이외에도 지역정책의 효과 추정에 나타나는 또 다른 문제는 과연 지역정책을 실행하지 않았으면 어떻게 되었을까? 하는 것이다. 즉, 지역정책의 효과를 정확히 측정하려면 지역정책을 실행했을 때와 실행하지 않았을 때의 상황을 비교해야 되는데, 과연 경제분석자들이 지역정책이 특정 지역의 경제를 어느 정도 변화시켰는지 정확히 평가할 수 있는가? 하는 문제이다. 지역정책이 실행되는 동안 주변의 경제여건도 같이 변한다. 예를 들어, 특정 지역에 지역정책을 통해 5%의 투자를 늘린 후 2년 동안 그 지역의 총투자가 10% 더 늘어났다고 하자. 그리고 그 2년 동안 국가의 경제도 후퇴국면을 벗어나 팽창국면에 진입했다고 하자. 그러면 늘어난 10%의 투자 중 일부분은 국가의 경제팽창에서 기인한 것으로 생각할 수 있는데, 어느 정도가 초기 5%의 투자에 기인하고 어느 정도가 국가의 경제팽창에서 기인한 것인지 그 효과를 정확히 분리한다는 것은 불가능하다. 특히 지역은 다른 지역뿐만 아니라 국가나 다른 국가에 대한 개방도가 높기 때문에 지역정책의 영향은 이러한 지역 외부 경제에도 크게 의존해 그 효과를 분리해 내기란 무척 어렵다. 더구나 대부분의 국가에서 일부 지역정책은 중앙정부의 주도하에 실행되고, 일부 정책은 지방정부의 주도하에 실행되고 있는데, 같은 시기에 동시에 실행되는 두 지역정책에서 정부주도의 지역정책 효과를 지방주도 지역정책 효과로부터 분리하는 것은 더욱 복잡하고 어려운 일이다.[9]

제3절 | 한국의 지역정책

우리나라는 근대 열강의 세력다툼 속에 일제 식민지 시대와 6·25사변을 겪었고, 그런 어려움 속에서 국민들이 겪었던 정치·경제·사회적 애환과 빈곤의 역사 모두가 우리

---

9) Temple, 1994, *Regional Economics*, pp. 264-272.

국토 속에 고스란히 담겨 있다. 그러나 이러한 고난의 역사 속에서도 국가의 경제성장
을 최우선으로 하는 개발전략이 1960년대부터 본격화되면서 정부주도형 공업화 전략
에 따라 농업중심이었던 국토의 경제구조 역시 많은 변화를 겪게 되었다. 특히 고도의
경제성장을 위해 각종 생산요소가 풍부했던 수도권과 영남권에 대규모 산업단지를 건
설해 집중 투자하는 거점전략을 추진함으로써 지역 간 불균형문제가 대두되었고, 정부
는 이를 해소하기 위해 국토에 대한 종합적인 장기개발계획을 수립하여 1972년부터
1990년대 말까지 3차례의 국토종합개발계획을 시행하였고, 현재에는 2020년까지 국토
의 장기개발계획인 「제4차 국토종합계획」이 시행되고 있다.

　1960년대에는 국가 개발에 대한 민간부문 자본이 부족한 관계로 정부가 경제의 주
요부문을 직접 통제하거나 생산을 담당하는 강력한 시장개입 정책을 시행하였다. 그
후 1970년대에는 국가 경제정책을 수출주도형 대외지향적 경제체제 구축에 초점을 맞
추었고, 수출에 유리한 제조업 육성을 중심으로 한 선별적 산업화 전략을 선택했다.
이에 국가 주도의 중화학공업 중심 산업단지 조성이 수도권과 동남권에 집중적으로
배치됨으로써 제조업 종사자 수나 부가가치 기준으로 이 지역이 차지하는 비중이 한때
80% 가까이 육박했었다. 1980년대에는 이전에 시행한 대외지향적정책의 후유증으로
나타난 만성적 인플레이션과 외채문제를 해소하기 위해 정부는 경제안정화 정책으로
기조를 전환했다. 또한 중화학공업 부문의 과잉투자를 해소하기 위한 구조조정이 진행
되면서 산업단지 배치에 있어 정부의 역할이 크게 감소하였고, 1990년대 들어 영남권
산업이 정체하면서 수도권 집중현상이 더욱 심화되었다. 특히 2003년 참여정부의 출범
과 함께 '국가균형발전정책'이 시행되고, 이명박 정부에서는 광역자치단체의 지역정책
참여 확대정책에 따라 과거 지역산업육성정책을 중앙정부가 처음부터 기획·수립하여
실행하던 형태에서 차츰 광역자치단체의 참여도를 높이는 방향으로 전환하였고, 지역
산업의 육성 주체로서 지방정부의 역할도 점차 커졌다.[10]

　이 절에서는 과거 고도의 경제성장정책과 더불어 국토를 균형적, 효율적으로 개발하
기 위해 시행되었던 각종 국토개발정책들의 내용과 전략이 시대별로 어떻게 변화되었
으며, 현재 시행되고 있는 「제4차 국토종합계획」에는 어떠한 내용과 전략이 담겨 있는
지를 자세히 살펴본다.

---

10) 이성근, 이춘근, 나주몽, 2014, 「최신지역경제학」, 법문사, pp. 371-372.

1. 해방 후의 국토개발정책

우리나라는 동북아시아 대륙 진출의 관문이라는 지정학적 위치로 인해 19세기 말 세계 열강의 쟁탈대상이 되었으며, 그 결과로 1910년부터 일본의 지배하에 들어갔다. 그 후 36년간의 식민지기간을 거치면서 한반도는 일본의 대륙침략 전진기지로서의 목표달성을 위해 남농북공(南農北工) 형태로 재단되었다. 1945년 일제의 식민지로부터 해방된 우리나라는 1950년에 또다시 민족 간의 전쟁에 휘말리게 됨으로써, 도로, 가옥, 공장 등 제반시설들이 파괴되어 국토는 황폐화되었고, 휴전 후 국토가 남과 북으로 분단되면서 더욱더 기형적인 형태가 되었다. 그 후 3년간 미국의 지원하에 전쟁복구사업이 진행되었고, 1958년에는 산업개발위원회가 설치되어 처음으로 자체적인 경제개발계획[11]이 작성되었다. 그러나 이 계획은 4.19혁명으로 중단되었고, 새로이 정권을 잡은 민주당에 의해 「국토건설사업」이라는 이름으로 1961년 3월 착공되어 영세민 취로사업 등 단순사업에 활용되다가, 그해 5월 발발한 5.16 혁명으로 결국 실행에 옮기지 못하였다.

5·16 혁명 후 새로 탄생한 군사정부는 1960년대 초부터 본격적인 경제개발정책을 수립·시행하였는데, 이때는 또한 국토를 생산 및 생활공간으로 인식하고 제도적·계획적 노력을 시도하여 국토개발정책의 기초가 처음으로 마련된 시기이기도 하다. 이 시기에 국토 및 지역개발을 담당할 국토건설청의 설치(1961), 현대적인 도시계획법의 제정(1963년), 국토건설종합계획법의 제정(1963년),[12] 대도시 인구집중 방지책(1964), 수자원종합개발 10개년 계획(1965), 수도권 인구분산책(1969), 지방공업개발법(1969) 등이 마련되었다. 특히 1967년에는 당시 민주공화당 후보였던 박정희 대통령이 선거유세 동안 「대국토 건설계획」[13]을 수립, 추진할 것을 공약했는데, 그의 공약내용은 1968년 건설부가 마련한 「국토계획기본구상」으로 나타났으며 이는 전국적 차원에서 마련

---

11) 이 계획은 1960~1962년까지의 경제개발계획이었으며, 이 기간 동안 경제성장률은 5.6%로 책정되었고 사회간접자본시설의 확충이 강조되었다.

12) 이 법에는 「국토건설종합계획」을 「전국건설종합계획」, 「특정 지역건설종합계획」, 「도건설종합계획」, 「군건설종합계획」 등 4종으로 구분하고, 국토계획의 수립지침, 종합조정 등을 심의하기 위해 대통령 직속하에 국토건설종합계획 심의회를 두도록 하였다(국토개발연구원, 1982, pp. 18-19).

13) 이 계획은 「제1차 경제개발 5개년 계획」이 1966년 완수됨에 따라 경제의 지속적인 성장을 위해 수출문제와 수자원개발이 시급했던 당시 시대적 배경을 반영한 것으로, 「대국토건설계획」의 주요내용은 (1) 제2차 5개년 경제개발계획 기간 중 100만 호의 주택 건설, (2) 한강, 낙동강, 금강, 영산강 등 4대강 종합개발, (3) 인천, 부산 등 동서, 서남해에 주요 10대 항만 개발, (4) 서울을 기점으로 하여 인천, 강릉, 부산, 목포를 연결하는 고속도로와 동해안, 남해안 및 서해안을 연결하는 철도 건설 등이다(건설부, 1967, pp. 7-8).

된 첫 국토개발 구상으로 평가받고 있다.

그 외에도 1960년대에는 「특정지역개발계획」도 시행되어 서울-인천 특정 지역(1965년), 울산공업 특정 지역(1966년), 제주도 특정 지역(1966년), 태백산 특정 지역(1967년), 영산강 특정 지역(1967년), 아산-서산 특정 지역(1967년) 등 6개 특정 지역이 지정되었다.[14]

따라서 1960년대에는 「국토건설종합계획법」 제정으로 국토개발정책의 법적 토대를 마련하였고, 「국토계획 기본구상」에서 제시한 권역설정은 그 후 시행된 제1차 국토종합개발계획의 권역개발정책에 기초를 마련해 주었다. 또한 경인고속도로(1967년)와 경부고속도로(1968년)가 착공됨으로써 본격적인 고속도로 시대를 열게 되었다. 그러나 이러한 1960년대의 국토개발정책은 지역개발 측면보다는 자립경제와 산업구조 근대화 등 경제발전이 중시되어 공단입지의 선정과 사회간접자본 확충 등 생산기반 조성을 위한 개발에 초점을 맞춤으로써, 종합적이고 체계적인 국토개발정책이라고 하기에는 아직까지 거리가 있었다. 그리고 경제개발과정에서 수도권을 비롯한 대도시에 인구집중이 심화되어 인구집중 문제가 국토 및 지역개발정책의 변수로 등장하였다.

2. 1970년대의 국토개발정책

경제개발계획 또는 특정 지역계획 등에 의존하여 개별적이고 단기적인 국토개발사업을 추진하였던 1960년대와는 달리, 1970년대 들어서는 좀 더 체계적으로 국토개발계획들이 수립되었다. 당시 정부는 1968년 확정된 「국토계획기본구상」을 토대로 하여 1971년 「제1차 국토종합개발계획(1972~1981년)」을 발표하였다. 이 종합개발계획은 국토 전역을 대상으로 국토의 장기적인 발전방향을 제시하는 종합계획이자 법적으로 최상위계획이다. 특히 1차 종합개발계획은 전후(戰後) 처음으로 전 국토를 대상으로 기획된 10년 장기개발계획으로서, (1) 국토이용관리의 효율화, (2) 개발기반의 확충, (3) 국토포장자원개발과 자연의 보호보전, (4) 국민생활환경의 개선 등 네 가지를 기본목표로 정하고, 목표달성을 위해 (1) 대규모 공업기지 구축 정비, (2) 교통, 통신, 수자원 및 에너지 공급망 확충, (3) 부진지역 개발을 위한 지역 기능 강화 등을 주요 전략으로 채택하여 도시와 농촌지역의 균형발전을 도모하고, 농공병진을 위해 모든 산업을 조화

---

14) 각 특정 지역의 지정 목적을 보면 서울-인천 특정 지역은 대도시권의 정비적 차원에서 서울의 확대를 막기 위한 것이었고, 울산공업 특정 지역은 제철, 정유, 비료공장 등을 건설하기 위한 것이었다. 제주도 특정 지역은 관광자원개발을, 태백산 특정 지역은 지하자원개발을, 영산강 특정 지역은 수자원 공업개발을 목표로 하고 있다(유응교, 1997, p. 67).

롭게 배치하여 국민생활수준 향상을 도모하려 하였다.

「제1차 국토종합개발계획」의 세부내용을 보면 먼저 공업개발기반 확충을 위해 포항, 마산, 울산, 여수, 삼천포 등에 동남해안 중화학공업 벨트를, 인천에서 아산만에 이르는 지역에는 경기도 임해공업지를, 군산, 장항, 비인 등에는 서해안 임해공업지를 조성하기로 하였다. 그 외 목포에는 화학, 토석, 기계, 섬유, 제재 등의 공업을, 삼척지구에는 석회석, 무연탄 등을 기반으로 하는 화학, 시멘트 공업을 적극 개발토록 하였다. 경제성장에 따른 에너지 수요 증가도 예상되어 원자력발전을 추진하기로 하였으며, 현재의 석탄주도형 구조를 석유주도형 구조로 전환하기로 하였다. 4대강 유역에는 안동, 소양강, 팔당, 대청 등 9개 댐을 건설하여 총 747,000kW의 수력을 확보하기로 하였다. 또한 계획기간 중 총 203만 호의 주택을 건설하여 1970년 22.2%의 주택부족률을 1981년에는 15%로 줄이고, 상수도 보급률도 1970년 35.5%에서 1981년 60% 수준으로 향상시키도록 하였다.

한편 서울과 부산 양대 도시에 집중되어 있는 인구와 산업을 완화시켜 국토를 균형적으로 개발하기 위해 당시 세계 각국의 지역개발에서 각광을 받던 성장거점 개발방식의 권역개발정책이 채택되었다. 이 정책은 전국을 4대권, 8중권, 17소권으로 구분하고, 이 중에서 8중권을 개발단위로 사업을 추진하는 것을 의미한다. 이때 4대권은 한강, 금강, 영산강, 낙동강 등 주로 수자원을 중심으로 확정된 권역을 의미하며, 8중권은 도(道)단위 행정구역을 중심으로 수도권, 태백권, 충청권, 전주권, 광주권, 대구권, 부산권, 제주권 등으로 구분하고 각각 1개의 거점도시를 갖도록 하였다. 17개 소권은 경제적 결절성, 자치성, 면적 등을 중심으로 서울, 춘천 원주, 강릉 등으로 구분되어 있다 (〈표 12.2〉 참조).

그 외 교통망 확충을 위해 호남고속도로, 남해고속도로, 영동고속도로 등 총 1,944km의 고속도로와 일반도로 12,369km, 산업도로 357km를 건설하고, 철도도 중앙선, 태백선, 영동선, 동해남부선 등 총 774.8km의 산업철도와 107.9km의 일반철도, 서울-대전 간 160km의 여객전용 고속전철건설 등이 계획되었다.

수도권 정비개발에 대한 기본구상도 포함되었는데, 1970년 891만 명(서울 553만 명)인 수도권 내 인구를 계획기간 내 1천 69만 명(서울 약 630만 명) 정도로 억제하고, 수도권 내 지역은 기능분담체제를 확립하여 기존의 시가지 중심부는 중추관리기능으로, 서울-인천, 수원은 공업기능으로, 서울-춘천은 위락기능으로, 한강연안은 주택, 휴양지 기능으로, 기타지역은 근교농업개발지역으로 지역특성에 맞게 적당히 배분하여

표 12.2 제1차 국토종합개발계획상의 권역 구분

4대권	8중권			17소권
	권 명	범위	중심도시	
한강권	수도권	서울, 경기, 강원(철원)	서울	서울권
	태백권	강원(철원 제외) 충북(충주, 중원, 단양, 제천)	강릉	춘천권 원주권 강릉권
금강권	충청권	충남(서천 제외) 충북(충주, 중원, 단양, 제천 제외)	대전	대전권 천안권 청주권
	전주권	전북(남원, 순창 제외), 충남(서천)	전주	전주권
낙동강권	대구권	경북	대구	대구권 포항권 안동권
	부산권	부산, 경남	부산	부산권 진주권
영산강권	광주권	전남, 전북(남원, 순창)	광주	광주권 목포권 순천권
	제주권	제주	제주	제주권

자료 : 대한민국정부, 1971, pp. 112-115.

개발하기로 하였다.[15]

　이러한 「제1차 국토종합개발계획」이 발표된 전후 공업의 적절한 지방 분산을 촉진하기 위해 「지방공업개발법」[16](1970년)과 「공업배치법」(1977년)이 제정되었으며, 이를 근거로 중앙정부와 지방자치단체가 개발지구 조성을 지원해 주고 지방의 공업개발단지 내에 입주하는 공장에 대해서는 취득세, 재산세, 등록세 등의 조세감면 등을 해 주기로 하였다. 또한 수도권 정비계획을 실행하기 위해 「대도시 인구분산 시책안」

---

15) 대한민국정부, 1971.
16) 이 개발법에 따라 지방공업개발 장려지구가 지정되어 26개 공업단지가 조성되었으나, 농촌지역에 맞지 않는 입지조건과 경영관리 미숙으로 결국 그 목적을 달성하지는 못했다(이규훈, 1997, p. 56).

(1973), 「반월 신도시건설계획」(1976), 「창원 신도시건설계획」(1977), 「임시행정수도 건설구상」(1977), 「도시재개발법」(1977) 등이 마련되었고, 1978년에는 「수도권 인구재배치계획 1977~1986년」[17]도 채택하였다.

한편 농촌지역에서는 근대화를 위한 사회운동으로서 정부주도의 새마을 운동이 1971년부터 시작되어 근면, 자조, 협동 등을 기본이념으로 주민의 생활수준과 생활환경개선, 정신개발 등을 향상시키기 위한 대중운동으로 시행되었다.

이러한 계획에 따라 1970년대에는 울산, 포항, 구미, 온산, 여천, 창원, 거제 등에 대규모 지방공단이 건설되어 제철, 정유, 석유화학, 기계, 조선 등 국가의 기간산업기반이 마련되었고, 경부, 호남(전주-순천), 남해, 영동(새말-강릉선)고속도로 등 총 1,225km의 고속도로 건설과 동해안과 중부내륙 종단고속화(서울-김천-김해) 도로, 주요간선도로 3,250km가 확장 포장됨으로써 국가의 산업동맥이 형성되었다. 한편 한강유역의 소양강댐과 낙동강유역의 안동댐, 금강유역에 대청댐 등 다목적댐이 건설되고, 영천댐, 장성댐, 담양댐, 광주댐, 나주댐 등도 완성되어 수자원도 체계적으로 개발되었다. 에너지 부문에서는 고리원자력발전소 1호기가 준공되는 성과를 거두었으며, 반월, 과천, 여천, 창원 등지에 신도시도 개발되었다. 그러나 당시의 국토개발정책들은 국가의 지속적 경제성장을 위한 생산기반시설 확충이 주요 관심사였고, 개발방식도 총량적 경제성장을 주도하기 위한 개발논리가 지배적이어서, 성장거점지역을 먼저 구축하고 그 기능과 효과를 전국적으로 파급시키려 한 지역적 불균형 개발전략을 추구하였다.

하지만 중앙정부 주도의 하향적 성장거점개발정책은 많은 문제점을 발생시켰는데, 특히 권역개발정책은 각 지역의 특수성, 여건, 행정조정, 기능통합 등이 고려되지 않은 개발정책으로, 1974년 이후 1981년까지 광주권 종합개발계획, 태백권 종합개발계획, 전주권 종합개발계획, 수도권 정비기본계획 등이 수립되었을 뿐이었다. 이에 따라 서울의 인구가 1980년에는 8백 50만 명으로 늘어나 제1차 국토종합개발계획에서 목표한 1981년 6백 30만 명을 훨씬 초과하였으며, 도시인구도 1천만 명 이상 늘어나 도·농

---

17) 이 재배치계획의 골자는 1976년에 약 700만 명 수준인 서울의 인구를 1981년에 800만 명, 1986년에 다시 700만 명 수준으로 끌어내리고 기간 중 증가가 예상되는 430만 명을 행정수도에 50만 명, 반월에 20만 명, 5대 거점도시에 260만 명, 중화학 기지 등에 100만 명씩 분산 수용케 한다는 내용이다. 이를 위해 (1) 수도권 내 공장의 신·증설 규제와 이전을 위한 건축허가의 제한, 이전 명령제, (2) 남부지역 인구수용 여건의 조성을 위한 공단 및 도시개발, (3) 수도권 내 교육시설의 확장억제, 지방학생의 서울 전입규제, 지방교육기관의 육성 등 교육시책, (4) 강북의 공장 및 인구의 집중억제와 강북 이전의 촉진을 위한 건축제한 등 정비시책, (5) 지방이전 업체에 대한 여러 가지 세제·금융사의 지원 등을 시행하기로 하였다(수도권 인구 재배치계획 1977~1986, 서울 : 제1무임소 장관실, 1978, p. 23.).

간의 불균형 성장이 심화되었다. 또한 포항-울산-부산-마산-광양을 연결하는 거대한
동남해안 공업 벨트가 형성되어 결국 서울과 부산 간을 연결하는 국토의 22% 면적에
1980년 기준 전국 인구의 59.5%, 공업생산액 81.6%가 집중함으로써 국토의 양극화 현
상은 더욱 심화되었다. 주택부문에 있어서도 건설목표인 203만 호의 92.5%인 187.8만
호가 건설되어 주택부족이 지속되었으며, 경제성장에 따른 자원(토지, 에너지, 물 등)
의 부족, 토지이용의 무질서와 부동산 투기, 도시 시가지의 평면적 확산, 공업화에 따
른 하천의 수질오염과 도시화에 따른 생활환경의 오염 등 여러 가지 문제점이 드러났
다.[18] 새마을운동도 농촌의 생활환경 개선에는 어느 정도 기여했지만 관(官) 주도의
정치적 이용, 이론적 근거의 결여 등으로 인해 도시와 농촌 간의 지역격차를 줄이는
데는 크게 기여하지 못한 것으로 평가되었다.

3. 1980년대의 국토개발정책

1960년대와 1970년대를 통해 정부가 추진한 경제개발정책들이 성공적으로 수행됨으로
써, 이 기간 동안 한국은 연평균 8% 이상 사상 유례없는 고도의 경제성장률을 기록하
였다. 그러나 양적 성장위주의 경제개발 추진으로 도·농 간의 불균형이 심화되었으
며, 국토 전반에 걸쳐 과소·과밀지역이 형성되었다. 또한 국민생활수준 향상에 따른
기본욕구의 증대와 환경보존에 대한 중요성 자각, 기술발달에 의한 교통·통신수단의
발전 등 다양한 측면에서 변화가 일어남으로써 국토개발에 대한 인식도 많이 변화되
었다.

　따라서 1981년에 발표된 「제2차 국토종합개발계획(1982~1991)」에서는 이러한 환
경 변화를 고려하여, (1) 인구의 지방정착 유도, (2) 개발가능성의 전국적 확대, (3) 국
민복지수준의 제고, (4) 국토자연환경의 보전 등을 4대 기본 목표로 설정하고, 목표달
성을 위해, (1) 국토의 다핵구조 형성과 지역생활권 조성, (2) 서울, 부산 양대 도시의
성장억제 및 관리, (3) 지역기능 강화를 위한 교통·통신 등 사회간접자본 확충, (4)
후진지역의 개발촉진 등을 주요 개발전략으로 채택하였다.

　제2차 국토종합개발계획에 나타난 특징 중 하나는 지역개발권 구상인데, 이는 기존
의 거점개발정책이 대도시와 입지조건이 유리한 지역에 인구와 산업을 집중시켜 지역
적으로 과소, 과밀현상을 초래하였다는 반성하에 전 국토를 5개 대도시생활권과 17개

---

18) 국토개발연구원, 1983.

표 12.3 지역생활권의 구분

	중심도시	지 역 범 위
대도시생활권		1특별시, 3직할시, 20시 54군
1. 서울생활권	서울	서울, 인천, 수원, 성남, 의정부, 동두천, 광명, 송탄, 안양, 부천(10市) 양주, 남양주, 여주, 평택 외 19군
2. 부산생활권	부산	부산, 마산, 진해, 충무, 울산, 창원, 김해(7市), 의령, 창녕, 밀양, 울주 등 10군
3. 대전생활권	대전	대전(1市) 대덕 등 7군
4. 광주생활권	광주	광주, 나주 (2市) 광양군 등 8군
5. 대구생활권	대구	대구, 김천, 구미, 영천(4市) 군위, 달성군 등 10군
지방도시생활권	**중심도시**	26시, 68군
1. 춘천생활권	춘천	춘천(1시) 철원 등 6군
2. 원주생활권	원주	원주(1시) 원성, 횡성 등 2군
3. 강릉생활권	강릉	강릉, 동해, 속초, 태백(4시) 고성, 양양 등 4군
4. 청주생활권	청주	청주(1시) 청원, 보은 등 6군
5. 충주생활권	충주	충주(1시) 음성, 중원 등 2군
6. 제천생활권	제천	제천(1시) 제원, 단양 등 2군
7. 천안생활권	천안	천안(1시) 천원, 아산 등 3군
8. 전주생활권	전주	전주, 군산, 이리(3시) 옥구, 익산 등 7군
9. 정주생활권	정주	정주(1시) 정읍, 고창, 부안 등 3군
10. 남원생활권	남원	남원(1시) 장수, 순창, 남원 등 3군
11. 순천생활권	순천	순천, 여수(2시) 구례, 광양, 여천 등 6군
12. 목포생활권	목포	목포(1시) 남해, 영암 등 5군
13. 안동생활권	안동	안동(1시) 의성, 안동 등 5군
14. 포항생활권	포항	포항, 경주(2시) 영일 등 5군
15. 영주생활권	영주	영주(1시) 영풍, 봉화 등 2군
16. 진주생활권	진주	진주, 삼천포(2시) 진양 등 5군
17. 제주생활권	제주	제주, 서귀포(2시) 북제주, 남제주 등 2군
농촌도시생활권	**중심도시**	17군
1. 영월생활권	영월	영월, 평창, 정선 등 3군
2. 서산생활권	서산	서산, 강진 등 2군
3. 홍성생활권	홍성	홍성, 청양, 보령 등 3군
4. 강진생활권	강진	강진, 장흥, 완동 등 3군
5. 점촌생활권	점촌	문경, 상주 등 2군
6. 거창생활권	거창	거창, 합천, 함양, 산청 등 4군

자료 : 국토개발연구원, 1992b, p. 208.

지방도시생활권, 6개 농촌도시생활권 등 총 28개 지역생활권으로 설정하여 이를 해소하려 한 것을 꼽을 수 있다. 특히 28개 생활권 중 15개를 성장거점도시로 선정한 후 다시 1차 성장거점도시와 2차 성장거점도시로 나누었는데, 1차 성장거점도시는 당시 인구가 100만 명 이상이거나 목표 연도에 인구 100만 명에 도달할 것으로 예상되는 대구, 대전, 광주로서 이 도시들을 적극 육성하여 서울과 부산의 기능을 분담토록 하였다. 제2차 성장거점도시는 성장필요성과 잠재력이 높은 춘천, 원주, 강릉 등 12개 도시로 선정하고, 생산기반 및 생활 서비스 시설의 대폭적 확충과 주변지역과의 연결 강화, 취업기회 확대 등을 통해 지역주민들이 자신의 지역 내에 정착할 수 있도록 하였다.[19] 농촌도시생활권은 노동력 감소에 대비하여 기계화 영농시설 확충과 지역 적정공업 배치, 농산물 가공공장의 유통기능 배치 등을 통해 농촌중심도시의 기능을 강화하고, 중심도읍에의 접근성 향상을 위해 정기노선 '버스' 운행, 도로포장 등 교통시설도 확충하기로 하였다.

수도권도 인구 및 산업의 과도한 집중을 억제하고, 기능을 선별적으로 분산시킴으로써 국토의 균형적 개발을 유도하기 위해 수도권 전역을 크게 이전촉진권역, 제한정비권역, 개발유도권역, 자연보존권역, 개발유보권역 등 5개 권역으로 구분하여 권역별로 차등적으로 각종 개발행위를 제한하고, 수도권 정비의 효율적 집행을 도모할 수 있도록 「수도권정비법」을 제정, 시행하기로 하였다. 한편 서울은 국제도시로, 기타도시는 서울을 중심으로 광역도시체제를 설정하여 성장유발도시, 공업도시 등 각각의 특성에 맞추어 정비하기로 하였다.

국민생활환경 정비부문에서는 전반기(1982~86)에 146만 호, 후반기(1989~1991)에 176만 호, 총 322만 호의 주택을 건설·공급하고, 수자원개발과 용수공급을 위해 4대강에 8개의 다목적댐과 2개의 하구언을 건설하기로 하였다. 상수도는 9군데의 광역상수도 시설을 확충하여 1980년 55%인 상수도 보급률을 1991년에는 80%로 끌어올리고, 하수도도 하수처리 시설용량을 늘려 1980년 6% 수준인 보급률을 1991년에는 35% 수준으로 올리기로 하였다. 에너지는 1980년 60.3%의 석유의존 비율을 1991년에는 39.5%로 낮추는 대신, 원자력, 태양열, 천연가스 등 대체 에너지 개발을 적극 추진하고, 원자력이 차지하는 비중을 1980년 2.0%에서 1991년 16.3%로 대폭 증가시킨다는 계획을 세웠

---

19) 이 계획은 제1차 국토종합개발계획에 의해 서울-부산 축에 집중한 인구와 산업을 분산시킬 목적으로 그와 대칭적 관계에서 목표-강릉 축을 개발하려는 전략으로, 성장거점도시 총 15개 중 11개를 이 축에 집중시켜 국토를 X자형으로 발전시키려는 것이다.

다. 그 외 대구-광주 간 고속도로와 인천-온양 간 서해안 고속도로 건설계획 등이 포함되었고, 철도는 1988년 올림픽에 대비 서울-대전 간 고속전철이 재추진되었다.

공업배치부문에서는 과거의 대규모 공업단지 개발을 지향하여 지역별로 적정규모의 중소공업단지를 분산·배치하여 국토의 균형개발과 인구의 지방정착을 촉진하기로 하였다. 이를 위해 서울 및 부산에는 신규입지를 규제하고 부적격한 공장은 인근 도시로 재배치시키는 대신, 동남해안 공업 벨트의 확충과 지방의 대구-구미, 광주-목포, 전주-군산, 대전-청주, 원주-충주, 동해-삼천 등의 공업지대를 인근지역과 연결하여 각각 특성에 맞는 공업을 육성하기로 하였다.[20]

이러한 「제2차 국토종합개발계획」이 발표된 후 1982년에는 「수도권정비계획법」이 제정·공포되었고, 1984년에는 「수도권정비기본계획」, 1986년에는 「수도권정비시행계획」 등이 수립되었다. 또한 지역생활권 계획을 구체화하기 위해 내무부를 중심으로 군(郡)단위 행정구역을 대상으로 하는 「지방생활정주권 시범계획」이 1981년 수립되었고, 1985년에는 「농어촌 종합개발계획」이 작성되었다.[21]

그러나 제2차 국토종합개발계획은 1986년까지 전반기 5개년 계획을 집행한 결과 15개 성장거점도시의 인구증가는 1%에 그친 반면, 인구와 산업은 물론 각종 중추관리기능은 계속하여 수도권에 집중된 것으로 나타났다. 이는 성장거점도시 중 이미 자생력을 갖추고 있어 사실상 성장관리가 필요없는 도시도 포함되어 있고, 선정에 있어 도시규모가 일관성이 없고 공간상 연계성도 제대로 고려하지 않았기 때문으로 평가된다.[22] 또한 당시 3저 현상에 따른 경제여건의 호전과 88올림픽을 위한 서울지역 추가 투자가 필요해짐에 따라 전략의 일부 수정이 불가피해졌다. 이에 정부는 1986년 「제2차 국토종합개발계획의 수정계획(1987~1991년)」[23]을 수립하였는데, 이 수정계획에서는 당초 전국을 28개 지역생활권으로 편성하였던 것을 수도권, 중부권, 동남권 및 서남권 등 4개 광역지역생활권으로 축소시켰다. 그리고 수도권의 경우 인구증가를 초래할 산업

---

20) 대한민국정부, 1982.
21) 국토개발연구원, 1996, p. 19.
22) 국토개발연구원, 1992, p. 239.
23) 이 수정계획에서는 국토개발의 기본 목표를 기존의 제2차 국토종합개발계획과 동일하게 설정하였다. 그러나 신공업도시 건설과 같은 거점개발방식을 지향하고 계층별 지방중심도시를 핵으로 한 광역개발에 주안을 두면서 (1) 성장잠재력이 큰 지방대도시를 중심으로 다핵구조를 형성하고, (2) 중심도시와 배후도시를 농촌지역과 엮어서 지방생활권을 조성하는 광역통합개발방식을 도입하며, (3) 국민기본수요에 관련된 공공투자를 지역 간 적정배분하고, (4) 도시, 산간오지 등 낙후된 지역의 개발을 촉진하며, (5) 지방자치제의 실시에 따라 각종 국토개발사업의 입안과 집행에 있어서 지방정부와 주민참여를 확대시킨다는 개발전략을 채택하였다.

시설 등의 입지를 국가안전보장 및 방위전략차원으로 제한하고, 수도권 이외 지역에 보다 많은 수용기반을 확충하기로 하였다. 또한 지금까지의 공장 신·증설억제 등 직접규제방식을 통한 집중방지계획이 민간기업 활동을 위축시키는 부작용을 초래하고 집행에도 한계가 있다고 보고, 지방에 대한 우선적 개발과 지원시책의 추진으로 수도권 문제에 적극 대처하기로 하였다. 한편 중부권은 대전을 중심으로 행정, 연구, 교육 등의 기능을 분담·수용할 수 있도록 하고, 동남권은 부산과 대구를 중심으로 무역, 금융, 정보 등의 기능을 보강하여 수도권에 대응한 지역경제개발을 추진하며, 서남권은 광주를 중심으로 교육, 유통, 금융, 문화 등의 기능을 강화하기로 하였다. 결국 15개 성장거점도시와 28개 지역생활권 계획은 제1차 국토종합개발계획에서 설정했던 한강유역권, 낙동강유역권, 금강유역권 및 영산강유역권 개발계획으로 되돌아간 셈이 되었으며, 성장거점도시 육성계획은 5년 만에 폐지되고 말았다.

자원개발에 있어서는 당초 계획된 한강, 낙동강, 금강, 영산강 등 4대 유역권에 섬진강, 안성천, 삽교천, 만경강, 동진강, 형산강을 추가하여 10대 유역권으로 확대했고, 댐도 대규모댐 위주에서 중규모댐 위주의 건설로 전환하여 중소유역의 용수원 확보와 한해 및 홍수조절 기능을 강화하여 수자원의 지역 간 편재를 해소키로 하였다. 그 외 후반기 동안 주택 173만 호를 건설하고, 상수도 보급률도 80%로 끌어올리기 위해 광역상수도는 당초 7개 지역을 13개 지역으로 확대하기로 했다.[24]

이렇게 「제2차 국토종합개발계획」과 「수정계획」이 시행되었던 1982~1991년 동안 총 137조 8천억 원이 투자되었으며, 주택 354만 호가 건설되어 계획치를 초과하는 실적을 거두었다. 또한 88고속도로와 중부고속도로가 건설되고, 대구-춘천 간 중앙고속도로와 서해안 고속도로가 착공되었으며, 수자원부문에 있어서는 낙동강 하구둑, 금강하구둑, 합천댐, 주안댐, 임하댐이 완공되어 총용수공급량도 309억 톤으로 증가하였다.

한편 동·서양 진영의 이념적 대립이 종식되고 협조적인 분위기로 전환됨으로써 한편으론 북방정책의 본격화에 대비하고, 다른 한편으론 수도권의 공장이전을 위해 1989년 '서해안 개발사업'이 확정되어 서해안 고속도로의 건설, 대전, 군산, 장항, 대불 등지에 공단개발, 아산만권의 항만·공단개발사업 등이 추진되어 L자형 국토개발 골격을 추구할 수 있게 되었다. 부동산 투기를 방지하기 위해 1989년 토지초과이득세, 택지소유상한법, 개발이익환수법 등을 주요내용으로 하는 토지공개념 관련법도 입법예고하

---

24) 대한민국정부, 1987.

였다.

그러나 사회후생부문의 투자증가와 고도성장에 따른 인플레이션 억제정책 등으로 상대적으로 도로, 항만과 같은 사회간접자본에의 투자 축소로 1980년 후반부터 교통시설부족현상이 나타나게 되었고, 이로 인한 교통 혼잡, 물류비 상승 등의 문제점이 국가적 과제로 등장하게 되었다. 지방 대도시 중심의 지역생활권 개발정책도 중부권과 동남권 개발계획이 1987년에, 서남권 개발계획이 1988~1989년에 수립되어 추진되었으나 현실적인 재정지원이 뒷받침되지 못하였고, 지역계획 간의 협조체제와 제도적 장치의 미흡, 비합리적인 권역설정 등으로 인해 그 목적을 달성하지 못했다.[25] 이 외「수도권정비계획법」도 그 시행세부계획이 일부 마련되었으나 후반기에 1986년 아시안 게임과 1988년 서울 올림픽이 개최됨으로써 수도권에 많은 관련투자가 이루어져, 1985~1990년간 수도권에 인구가 2,772천 명 증가함으로 인구집중문제는 더 심화되었다.[26]

이 시기에는 낙후지역의 개발을 위한 제도화도 본격적으로 이루어졌는데 지역경제권에서 제외된 지방 중·소도시의 개발, 농어촌개발, 특수지역(낙도지역, 광산도읍, 휴전선 인접지역 등) 개발 등이 그것이다. 기존의 특정 지역도 대폭 재조정되어 지역적으로 인구유출이 심하거나 생활환경이 상대적으로 낙후된 전남 서·남부해안의 다도해 특정 지역(1982~1991), 태백산 특정 지역(1982~1991), 제주도 특정 지역(1982~1991), 88고속도로 주변 특정 지역(1985~1991), 통일동산 특정 지역(1990~2002)이 지정되었다.

4. 1990년대의 국토개발정책

그동안 두 차례의 10개년 국토종합개발계획 시행을 통해 지속적으로 지역 간 균형발전을 꾀했음에도 불구하고 인구와 산업의 수도권 집중은 계속되었고, 지가상승과 도로, 항만 등 국가기반시설의 부족은 국가발전에 큰 걸림돌로 작용하였다. 또한 산업화, 도시화, 민주화의 진전과 지방자치제의 본격적 실시, 동서 간의 이데올로기 대립의 종식, 우루과이라운드(UR) 등 국내 외 여건도 크게 변하였다. 이에 따라 1992년에 발표된 「제3차 국토종합개발계획(1992~2001년)」에서는 국토개발정책의 기본 목표를 (1) 지방

---

25) 동부권(강원도 및 경북북부지역)도 해당 지역주민들의 개발요구가 강력히 대두됨에 따라 계발계획이 수립(1990년)되었으나, 토지투기 발생에 대한 우려로 잠정적으로 보류되었다가 계획의 중요내용은 제3차 국토종합개발계획(1992~2001년)에 흡수·반영되었다.

26) 국토개발연구원, 1992b, pp. 78-79.

분권화와 자율화 추세에 부응한 지방분산형 국토골격 형성, (2) 국가경제의 안정성장을 뒷받침할 수 있는 생산적, 자원절약적 국토이용체계의 구축, (3) 국민복지 향상과 국가환경의 보전, (4) 남북통일에 대비한 국토기반의 조성에 두고, 이의 달성을 위해 (1) 인구와 산업의 지방정착 유도와 수도권 집중의 지속적인 억제, (2) 국토개발에서 그동안 소외되었던 중부·서남부 지역에의 신산업지대 조성과 산업구조의 고도화, (3) 세계화, 국제화, 개방화에 대처할 수 있는 통합적 간선도로망의 구축, (4) 국민생활과 환경부문의 투자확대, (5) 국토계획의 집행력 강화 및 국토이용 관련제도의 합리적인 정비, (6) 남북통일에 대비한 남북교류지역의 개발과 관리 등을 6대 전략으로 채택하였다.

부문별 계획내용을 보면 인구 및 산업의 지방정착과 수도권 집중억제를 위해 수도권에는 공장, 업무시설, 판매시설, 위락시설 등 대규모 시설 건설 시 경제적 부담을 과하고, 대신 지방이전 시에는 세제, 금융지원을 확대하기로 하였으며, 공공기관의 지방이전도 추진키로 하였다. 대신 수도권은 국제공항, 금융, 국제회의 등 국제적 기능을 강조하고, 부산은 국제무역, 대구는 섬유, 패션 산업, 광주는 첨단산업과 문화, 예술, 대전은 과학기술과 행정, 연구 등에 특화 육성하며, 기타 도별 중심도시인 전주는 산업, 문화예술, 청주는 산업, 교육, 문화, 제주는 관광, 문화, 춘천은 산업, 관광, 교육도시로 중추기능을 강화하기로 하였다. 또한 대도시와 주변 영향권을 대도시권으로 설정하여 광역적으로 관리하고, 중소도시는 기능 전문화를 통한 성장을 촉진하며, 도시와 농어촌은 통합하여 개발함으로써 지방분산형 국토골격을 형성해 나가기로 하였다.

한편 산업의 균형배치와 산업구조의 고도화를 위해 아산, 군장, 대불, 광양 등 중부와 서남부지역에 첨단산업단지를 조성해 신산업거점으로 육성하기로 하고, 이를 위해 계획기간 중 조성될 공업지 114km²의 약 60%를 이 지역에 집중배치키로 하였다. 또 동남해안 공업 벨트에는 기술집약적인 산업을 육성해 산업구조를 고도화시키고, 강원지역이나 경북북부, 서부지역 등 낙후지역은 개발촉진을 위한 중소공단을 개발하기로 하였다.

이외에 2001년까지 약 1,500km의 고속도로 신설과 기존의 고속도로 700km, 국도 5,500km를 확장하여 전국을 동서 9개 축, 남북 7개 축의 격자형 간선도로망 체계로 구축[27]하고, 서울-부산 간 고속전철 건설과 국제공항 및 항만의 확충으로 세계화의 진전

---

27) 남북 7개 축은 강화-목포, 문산-목포, 동두천-충무, 포천-마산, 철원-김해, 양구-부산, 간성-부산이며, 동서 9개축은

에 효율적으로 대처키로 하였다. 주택, 상하수도, 환경부문에 대한 공공투자도 대폭 확대하여 계획기간 동안 주택 540만 호를 건설하여 1990년 72.1%인 주택보급률을 2001년에 92.8%로 올리고, 광역상수도도 현재 추진 중인 수도권, 금호강, 섬진강, 주암댐 이외에 14개소와 지방상수도를 개발하여 상수도 보급률도 2001년 90%로 높이며(1990년 72.1%), 하수도 처리장을 단계적으로 건설하여 하수도 처리율도 2001년 70%(1990년 31%)로 높인다는 것이다.

남북접경지역에는 남북교류공간을 조성하고 교육, 의료, 교통시설 등 기반시설과 주민생활환경을 개선하며, 국도와 경의선, 경원선 철도 등 단절된 남북교통망 복원과 동해항 등 남북교류를 위한 중점항만을 확충하여 남북통일에 대비한 국토기반 조성에 다각적 대책을 강구하기로 하였다.[28]

이러한 「제3차 국토종합개발계획」을 실행에 옮기기 위해 1990년 「수도권정비계획」 개정안이 작성되었고, 1994년 1월 동시행령이 공표되어, 기존의 대형 건축물의 신·증축을 물리적으로 억제하는 직접규제방법에서 경제적 규제방식으로 전환하였다.[29] 또한 수도권의 권역을 종전의 5개 권역에서 3개 권역(과밀억제권역, 성장관리권역, 자연보존권역)으로 축소지정하고, 수도권 내 입지가 불가피한 중소규모 공장의 신·증설에 대한 규제를 대폭 완화하는 대신, 신규공장이 수도권에 과다하게 집중되지 않도록 동시설(同施設)을 신설·증축할 수 있는 총면적의 한도를 정하는 총량규제방식을 도입하였다. 이러한 수도권 집중억제정책은 1996년 다시 제2기 수도권 정비계획이 수립되어 1997년에 고시되었는데, 제2기 수도권 정비계획에는 세계화에 부응한 수도권 기능 제고와 지역균형발전을 위해 국제수도 기능이 미약한 시설의 입지 억제 및 이전 등에 중점을 두었다.[30]

이 외에도 정부는 1994년 「지역균형개발 및 지방 중소기업 육성에 관한 법률」을 제정함으로써 국토종합개발계획에서 명시되었던 지방광역권의 개발을 추진하여, 1994년 9월 아산만권, 부산권, 군산·장항권, 대구·포항권, 광주·목포권, 광양만권, 대전권

인천-간성, 인천-속초, 안산-강릉, 안중-삼척, 서산-울진, 대천-영덕, 군산-포항, 영광-대구, 목포-부산이다.

28) 대한민국정부, 1992.

29) 즉 종전에는 수도권 내의 업무시설·판매시설 등의 인구집중 유발시설의 신·증축 시 허가를 위해 수도권 정비심의위원회의 심의과정을 폐지하고, 앞으로는 인구집중유발시설을 신·증축하는 자에 대해서는 과밀부담금을 부과하도록 하는 시장 경제적·간접적인 규제방법으로 전환하며, 징수된 과밀부담금은 지역의 발전과 지방육성을 위한 재원으로 활용하도록 하였다.

30) 노기성 외 2인, 1998, pp. 58.

표 12.4 권역별 광역개발계획

아산만권	• 환황해경제권 형성에 대비한 체계적 공업 벨트 형성 • 인천항을 대체하는 국제규모의 아산항 개발 • 천안, 평택, 당진, 아산군 지역에 신시가지 및 신도시 조성 • 서해안 고속도로와 연계되는 당진-대전 간 고속도로 건설
부산·경남권	• 국제항 확충 및 국제교역 증대를 통한 국제기능 강화 • 신항만, 세계무역센터, 정보·업무 복합단지 • 서부산 산업 벨트 • 양산, 물금 등 신도시 개발 및 부산 도시기능 확대 • 부산 도시외곽도로망 구축
군산·장항권	• 신산업지대와 국제항만을 통한 대중국 교역 전진기지 구축 • 군산항 확충, 군산-전주 연결 고속도로 건설 • 용담댐 건설, 군산-장항지역을 중국진출 교두보로 육성
대구·포항권	• 환동해경제권에 대비한 국제경제거점 육성 • 대구에 유통단지, 복합업무단지 등 조성 • 포항(영일)권에 신항만 건설 • 경주의 경부고속철도역 인근에 신시가지 조성 • 대구-포항 간 고속도로 건설, 대구-김해 간 고속도로 건설
광주·목포권	• 중화경제권을 겨냥한 국제교역거점 확보 • 광주 첨단과학 산업기지중심으로 대학 및 정보연구기능 확충 • 상무대 신도시 중심으로 업무, 상업주거시설 배치 • 무안지역에 공항 건설, 남해안 국제해양관광 벨트 조성
광양만권	• 컨테이너항 확충과 연계한 환태평양 교역전진기지 육성 • 광양에 국제규모의 항만시설 • 광양-남원-전주 간 교통망 건설
대전·청주권	• 국가 중추행정기능 분산 유치 • 엑스포 시설을 활용한 과학 레저 단지 조성 • 유성 국제관광단지 조성

자료 : 김용웅, 1997, p. 16. 국토개발연구원, 1997, p. 54.

등 7대 광역권을 제시하고, 국제공항, 항만, 산업단지, 유통단지 등 생산지원형 SOC 투자를 우선적으로 추진하고 각종 지원조치들을 제공하기로 하였다.[31]

---

31) 광역권 개발계획은 1994년 아산만권과 부산·경남권 개발계획을 시작으로, 1998년 광주·목포권과 대전·청주권, 1999

한편 사회간접자본시설 투자의 원활한 추진과 재원확보를 위해 1994년에는 「민자자본유치촉진법」을 제정하여 민자유치에 대한 제도적 기반을 확립하였다. 또 낙후지역 개발을 위해 1996년에 11개 개발촉진지구, 1997년에 7개 개발촉진지구 등 18개 개발촉진지구를 지정하고 정부가 개발촉진지구 내 개발사업에 대해서 각종 재정지원과 조세감면 그리고 민자사업유치를 촉진하기 위한 지원 등을 제공키로 하였다.[32]

이러한 「제3차 국토종합개발계획」에 따라 전반기(1992~1996) 동안 총예상투자규모의 49.2%인 230.6조 원이 투자되었으며, 중부 및 서남부지역 신산업단지조성계획의 일환으로 아산(2.5km²), 시화(2.4km²), 군장(3.7km²), 광주첨단단지(5.0km²) 등에 국가공단이 조성되었다. 또한 고속도로는 제2경인고속도로 서창-석수 간, 서해안 고속도로 인천-안산, 안산-안중 간, 대구-춘천 고속도로 대구-안동 간, 춘천-홍천 간 등 총 288km가 건설되었으며, 국도, 지방도, 특별시도, 시군도를 합한 도로연장도 1990년 56,715km에서 1996년 82,432km로 확충되었다. 주택부문에서는 전반기에 총 310만 호의 주택이 건설되어 건설목표치 540만 호의 57.5%를 달성함으로써 주택보급률이 1990년 70.4%에서 1996년 89.2%로 대폭 개선되었다. 상수도 시설용량도 1990년 16,585천 톤/일에서 1996년 21,844천 톤/일로 늘어나 보급률은 동 기간 중 79%에서 83%로 늘어났고, 하수처리장은 1996년 말 현재 전국에 79개소가 완공되어 하수처리율도 1990년 25%에서 1996년 71.7%로 대폭 증가하였다. 또한 계획된 12개 댐 중 1996년 말 주암, 임하댐이 완공되고, 밀양, 횡성, 부안, 용암, 남강 등 6개 댐이 공사 중으로 댐 용수공급량은 1990년 96억 톤에서 1996년 103억 톤으로 증대되었다. 따라서 전반기 동안에 주택, 상수도, 하수도 등 국민생활 환경부문의 달성도가 비교적 높게 나타났다고 할 수 있다.

그러나 고속도로, 전철화 사업, 댐 용수 등 사회간접자본 투자부문은 상대적으로 목표에 미달[33]한 것으로 나타났는데, 이들 부진사업은 일반적으로 사업추진에 있어 지역주민의 갈등이나 토지보상에 따른 지체에 따라서 사업이 지연된 때문으로 평가된다. 또한 계획수립의 지연과 추진력 부족, 지원제도 및 여건의 미비 등으로 중소도시 주력산업의 육성, 신산업지대의 종합개발, 첨단산업단지의 조성, 국민여가지대의 조성, 남

년 광양만 · 진주권, 대구 · 포항권, 군산 · 장항권, 강원 · 동해안권 등 4개권 개발계획이 확정되었으며, 이 8개 광역권 개발에 약 144조 5천억 원이 소요될 것으로 예상된다.

32) 유웅교, 1999, p. 41.

33) 고속도로 건설 32.3%, 전철화 사업 15.5%, 다목적 용수공급 19.6%(서창원, 양진홍, 1997, p. 193).

북접경지대의 개발관리 등도 활성화되지 못하였다.[34]

한편 계획 후반기에 들어 정치적 혼란과 외환시장의 불안정으로 인해 국내경제가 큰 위기를 맞이하였고, 결국 1997년 말 IMF에 구제금융을 신청하는 지경에 이르게 되었다. 이로 인해 국토개발계획의 일환으로 추진 중이던 서울-부산 간 고속전철, 인천 신국제공항, 가덕도 신항만 건설 등 대형 건설사업들이 재원조달에 어려움을 겪게 되었고, 결국 사업이 축소되거나 계획기간이 연장되는 등 추진력을 잃고 많은 부분이 제 4차 국토종합계획에 흡수되었다. 수도권 집중의 국토 불균형 문제도 지속되어 국토면적의 11.8%에 불과한 수도권에 전국 인구의 46.3%, 국가공공기관의 84%, 100대 기업 본사의 91%가 집중되었다.

5. 21세기를 위한 제4차 국토종합계획

1990년대 후반 우리나라가 IMF 관리체제하에서 경제적 어려움을 겪고 있는 동안 세계는 냉전체제가 완전히 종식되면서 정치적 이데올로기의 갈등이 막을 내리고 WTO 체제중심의 경제적 무한경쟁시대가 도래하였다. 또한 중국의 개방정책과 급속한 경제성장에 힘입어 세계경제가 태평양을 중심으로 이동하고, 국내적으로는 지방자치·분권화의 정착과 남·북한 간의 협력분위기 조성 가능성에 따라, 정부는 이러한 시대적 변화에 능동적으로 대처하기 위해 2000년 1월 「제4차 국토종합계획(2000~2020)」을 발표하였다. 이 계획에서는 국토발전의 기본방향을 포괄하는 이념이자 계획기조를 '21세기 통합국토의 실현'으로 하고 (1) 더불어 잘사는 균형국토, (2) 자연과 어우러진 녹색국토, (3) 지구촌으로 열린 개방국토, (4) 민족이 화합하는 통일국토 등을 네 가지 기본목표로 설정하였다. 또한 4대 목표를 달성하기 위해서 (1) 개방형 통합국토축 형성, (2) 지역별 경쟁력 고도화, (3) 건강하고 쾌적한 국토환경 조성, (4) 고속교통·정보망 구축, (5) 남북한 교류협력기반 조성 등 5개 전략을 설정하여 추진하기로 하였다.

부문별 개발전략을 보면 먼저 '개방형 통합국토축'을 형성하여 한반도를 동북아의 전략적 관문으로 육성하기 위해 환남해축(부산-광양, 진주-목포-제주)과 환황해축(목포, 광주-군산, 전주-인천-(신의주)), 환동해축(부산-울산-포항-강릉, 속초-(나진, 선봉))으로 구성된 '연안국토축'과 남해내륙축(군산, 전주-대구-포항), 중부내륙축(인천-원주-강릉, 속초), 북부내륙축(평양-원산 간)으로 구성된 '동서내륙축' 등 두 가지 유형

---

34) 서창원, 양진홍, 1997.

의 차세대 국토축을 구축하기로 하였다.[35] 또한 지역발전에 선도적 역할을 수행할 10대 광역권을 설정하여 지역균형개발의 거점을 형성토록 하고, 국제적 생산 및 물류기능 강화와 국제공항, 항만 건설, 고속정보 통신망 확보 등 국제 직교류기반을 확충하여 세계화 전진기지로 육성하기로 하였다.

'지역별 경쟁력 고도화'를 위한 전략으로는 우선 수도권 내 과밀 집중된 기능을 지방에 분산시키고, 수도권 내 동부지역은 전원도시지역으로, 서부는 인천국제공항, 영종국제업무도시, 국제항만, 송도 미디어밸리 건설 등을 통해 국제교류지역으로, 남부는 아산만 광역권과 연계한 산업·물류유통지역으로, 북부는 경제협력단지 조성과 접경지역 개발·관리를 통해 남북교류지역으로 육성키로 하였다. 한편 지방대도시는 10대 광역권 개발전략과 연계하여 광역별로 특화된 발전 거점으로서의 역할을 하도록 육성하고, 중소도시들은 대학도시, 첨단기술도시, 문화, 예술도시 등 전문기능도시로 특화 육성시키기로 하였다. 또한 농산어촌 등 낙후지역은 도·농 통합적 농산어촌 정주기반의 조성과 자연경관, 역사 문헌 자원 등의 신자원을 활용하여 전반적인 새로운 활력을 도모하기로 하였다.

'건강하고 쾌적한 국토환경조성 전략' 부문에서는 먼저 친환경적 국토관리를 강화하는 데 초점을 맞추고 있다. 이를 위해 환경과 개발의 통합관리와 제도적 장치 마련, 지구 및 동북아 환경협력강화 등을 통해 환경과 개발이 조화되는 전방위 국토환경관리 체제를 구축하고, 주요산맥, 10대강, 3대 연안지역을 연계한 생태계 관리와 환경오염의 사전 예방 및 적극적 치유, 토지이용체제의 확립 및 난개발 방지 등을 주요내용으로 하고 있다. 주택정책도 그동안의 내 집 마련 기조에서 '살기 좋은 우리 동네' 정책으로 전환하고, 공동체 단위의 주거단지와 공공시설을 확충하기로 하였다. 또한 2000~2020년간 총 770만 호의 주택을 공급하여 주택보급률을 2002년에 100%, 2020년에 106% 이

---

35) 이 중 환동해축은 북으로는 극동러시아, 중국, 유럽대륙을 향하고 남으로는 일본을 향하는 축으로서, 설악산-금강산의 국제관광 루트 활성화와 포항(제철), 울산(자동차, 중공업), 동해(자원가공) 등 기간산업의 고도화를 촉진시키는 발전전략을 가지고 있다. 환남해축은 환동해안과 환황해안 경제권을 남쪽으로 연계하는 동시에 중국, 동남아시아, 일본, 나아가 환태평양으로 향하는 축으로, 부산항, 광양항 등에는 국제물류센터를 조성하고, 남해안에는 관광 벨트 조성, 마산, 창원, 진주, 사천, 광양, 순천, 목포 등은 산업특화지대로 육성한다는 계획이다. 환황해축은 북으로는 중국, 유럽대륙을 향하고 남으로는 중국과 동남아시아로 향하는 축으로 중국의 성장에 대응하여 인천-아산만-군산, 장한-목포지역으로 이어지는 신산업지대망을 조성할 계획이다. 3개 내륙축 개발전략을 보면 남부내륙축은 영호남의 균형개발을 위해 군산, 전주와 무주-김천-대구-포항을 잇는 고속망 구축과 지역 간 공동의 문화관광사업을 추진하고, 중부내륙축은 수도권 기능을 분산수용하고 수도권과 강원도를 잇는 산악·연안지역으로 관광특성화하며, 북부내륙축은 장기적으로 통일에 대비하여 북한지역의 발전과 남북한의 균형발전을 유도하기로 하였다.

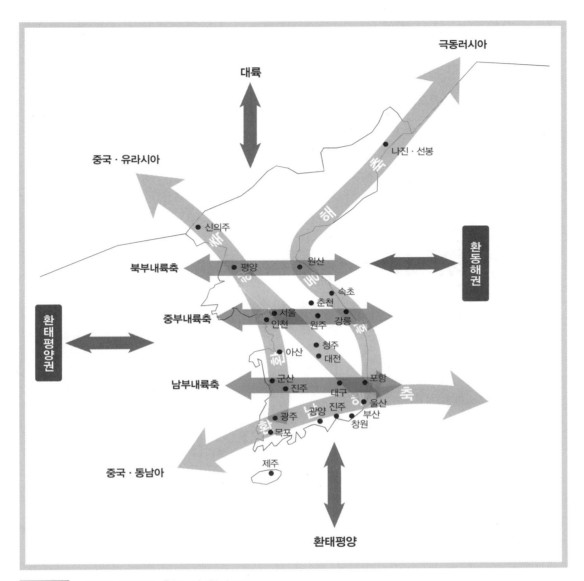

그림 12.1 개방형 통합국토축(3×3) 형성구도

상으로 높이고, 총주택 중 임대주택 비율을 10% 수준 이상으로 확대시키기로 하였다.
전국 상수도 보급률은 현재 건설 중인 수도권 6단계 등 광역상수도와 아산 2단계 등의
공업용수도를 연차적으로 완공하여 2020년까지 97% 선으로 향상시키고, 맑은 물의 안
정적 공급을 위해 4대강 유역은 중규모댐, 중소하천은 소규모댐 위주로 유역권별 특성

표 12.5 10대 광역권별 개발방향

권 역	주요 개발방향
아산만권	• 대중국 교류증대에 대비한 물류기능 분담거점 • 수도권의 산업분산과 서해안 개발의 교두보 확보
전주 · 군장권	• 환황해경제권의 구제적 생산거점 형성 • 복합산업지대 조성과 영상산업의 육성
광주 · 목포권	• 중국 및 동남아 경제권과의 국제교류거점 육성 • 광소자, 레이저, 광통신 등 첨단 광산업 및 지식산업 유치
광양만 · 진주권	• 동북아 중추 항만도시 및 항공산업도시 육성 • 영호남 협력개발의 시범지역으로 발전
부산 · 울산 · 경남권	• 동북아 항만, 물류 및 국제교역 중추도시 육성 • 기존산업의 지식기반화 및 고도화를 통한 재활성화
대구 · 포항권	• 환동해경제권의 국제교류거점 강화 • 섬유산업의 고부가가치화 및 지식기반산업 육성
강원 · 동해안권	• 국제적 휴양 · 관광거점으로 육성 • 통일에 대비한 대북 경제 · 문화 교류거점 조성
중부내륙권	• 관광문화자원을 활용한 내륙낙후지역의 새로운 활로개척 • 내륙물류기반 구축 및 친환경적인 첨단산업 발전거점 육성
대전 · 청주권	• 국가행정중추기능 분담 및 내륙국제교류거점 기능 • 과학기술 · 첨단산업이 특화된 지역으로 육성
제주도	• 국제자유도시 기반조성으로 아 · 태지역 관광 · 물류 · 금융 · 교역 중심화 • 친환경적 농축산업 및 첨단 생명공학산업 육성

자료 : 대한민국정부, 2000, pp. 23-24.

에 맞게 수자원을 개발하기로 하였다.

'고속교통 · 정보망 구축' 부문에서는 여객 및 화물 교통수요와 수송수단별 특성을 고려해 합리적 수송분담과 연계를 통한 통합교통체계 형성에 중점을 두고 있다. 즉 남북 7×9 격자형 국토간선 도로망을 단계적으로 구축하여 국토공간의 균형발전을 도모하고 전국 어디에서나 30분 이내에 접근할 수 있는 교통망을 구축키로 하였으며, 이를 위해 고속도로는 2020년까지 약 6,000km로 확충하고 지방도로를 포함한 전체 도로 연

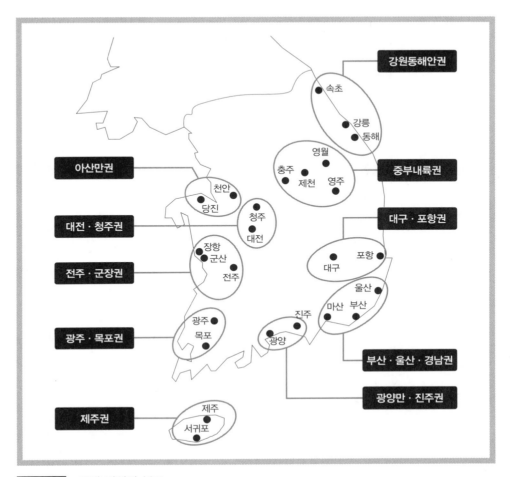

그림 12.2 10대 광역권 분포

장은 약 20만km로 확충하기로 하였다. 철도부문에 있어서도 경부고속철도를 2004년까지 서울-대구 구간 건설 및 대구-부산 기존선 전철화로 개통하고, 인천국제공항은 2001년 상반기에 1단계로 개항한 후 2020년까지 시설을 확충하여 동북아의 허브 공항으로 육성하기로 하였다. 선진국에 비해 상당히 낙후된 정보화 산업부문에 있어서는 지능화된 디지털 국토를 형성하기 위해 전 국토를 거미줄처럼 연결하는 초고속 정보통신기반을 조성하기로 하고, 이를 위해 전 국토의 정보통신망을 하나로 연결하는 첨단 국가정보기반(National Information Infra-structure)을 구축토록 하였다. 또한 광역도시권, 지방 대 도시 간, 중소도시 간 정보 네트워크를 중추적으로 형성하고, 도시기능 유형에 따른 도시 간 정보 네트워크를 구축하는 등 지역차원에서도 다양한 지역정보 네트워크를 구축키로 하였다.

마지막으로 '남북한 교류협력기반 조성' 부문에서는 접경지역을 보존지역, 준보존지역, 정비지역으로 구분하여 종합적으로 관리하고, 중장기적으로 금강산 관광과 평화생태공원, 임진강 수자원 공동관리 등 교류협력사업의 연계를 통해 한반도에 '평화 벨트'를 조성하기로 하였다. 또한 단절된 국도 6개 노선과 철도 4개 노선[36]의 단계적 복원을 추진하고, 범정부 차원에서 '통합지원센터'를 설립하여 교류협력 사업이 효율적으로 상호연계되어 추진될 수 있는 체계를 마련하며, 남북한 전문가가 공동으로 통일국토를 구상하는 방안도 모색하기로 하였다.[37]

이러한 내용을 담은 「제4차 국토종합계획(2000~2020)」은 새로운 천 년을 시작하는 시점에서 과거 국토개발계획들이 해결하지 못한 과제들을 수행하고, 향후 국토관리 및 개발의 방향을 제시하고 있다는 점에서 큰 의미를 가지고 있다. 그런 점에서 이 계획은 기존의 국토종합개발계획들과 다른 몇 가지 특징을 가지고 있는데, 먼저 과거 3차례에 걸쳐 시행된 국토종합개발계획들이 주로 대내적인 관점에서 기획되었다고 한다면, 제4차 국토종합계획은 이러한 시각에서 벗어나 대외적인 관점에서 계획을 수립한 점을 꼽을 수 있다. 즉, 국가 간의 경제적 경쟁이 심화될 21세기에 우리나라가 동북아시아의 교류중심국으로 부상할 수 있도록 하는 개방형 통합국토축 구축을 제시하였다는 것이다. 이러한 의도는 3개의 연안국토축 구상, 영종도 국제공항, 고속철도의 동북아 철도망과 연계운항 같은 정책들에 잘 나타나 있는데, 이러한 기간시설이 완성되는 데 대략 20여 년이 걸린다는 점에서 제4차 국토종합계획의 계획기간을 과거와는 달리 20년으로 연장한 것과 무관하지 않다. 둘째, 과거의 국토개발계획은 경제 후진국을 벗어나기 위한 국가의 성장정책과 그를 뒷받침하기 위한 '개발'정책이 기조를 이루었다. 그러나 제4차 국토종합계획은 '개발'보다는 '관리'라는 점에 중점을 두었으며, 특히 개발과 환경이 조화를 이루는 전방위 국토환경관리체제 구축을 강조하였다. 따라서 그동안 개발과정에서 파손되었던 부분을 복원하고, 전국토에 있어 반드시 보전해야 할 곳과 개발이 가능한 곳을 과학적인 방법으로 구분하여 철저한 계획을 수립한 후 개발하는 '선계획·후개발' 체제를 제시하였다. 이런 관점에서 제4차 국토종합계획에서는 그

---

36) 여기서 국도 6개 노선은 1번 국도 : 목포~신의주(자유의 다리~판문점), 3번 국도 : 남해~초산(신탄리~월정리), 5번 국도 : 마산~중강진(화천~평강), 7번 국도 : 부산~온성(고성~휴전선), 31번 국도 : 울산~신고산(양구~휴전선), 43번 국도 : 발안~고성(철원~김화)를 말하며, 철도 4개 노선은 경의선(문산~판문점), 경원선(신탄리~휴전선), 금강산선(철원~휴전선), 동해북부선(양양~휴전선)을 뜻한다.
37) 대한민국정부, 2000.

동안 사용해 왔던 '국토종합개발계획'이라는 명칭을 버리고, 국토환경관리를 중요시한다는 측면에서 "국토종합계획"으로 이름을 바꾸었다. 셋째, 국민들의 생활수준 향상에 따라 주택부문에 있어서도 과거의 '내 집 마련'이라는 목표에서 벗어나 '살기 좋은 우리 동네 만들기'라는 목표로 전환하였다. 즉, 그동안의 획일적인 아파트 건설이나 택지개발 등을 지양하여 다양한 주거공간을 창출하기로 하였으며, 국민들의 여가활동을 수용하기 위한 문화 및 예술공간과 관광시설도 확충하기로 하였다. 넷째, 과거의 국토종합개발계획이 중앙정부 주도의 하향식(top-down) 개발전략이라고 하면, 이번 계획은 각계각층의 의견, 특히 지방의 의견을 수렴하는 상향식(bottom-up) 개발계획이라 할 수 있다. 1997년 7월 건설교통부의 의뢰에 의해 1998년 9월 국토연구원이 「21세기 국토구상」 심포지엄을 개최한 이후, 각종 연구기관, 중앙정부, 지자체 등에서 160여 명에 달하는 연구진이 참여한 「제4차 국토계획연구단」이 1999년 1월에 만들어졌고, 분과별로 계획시안을 수립하면서 100여 차례에 걸친 자문회의, 정책토론회, 협의회 등을 거쳤다. 아울러 관련분야 학회 회원들의 아이디어도 공모하여 반영하였으며, 특히 상향식 국토계획을 만들기 위해 지자체의 참여가 일찍부터 이루어졌다.[38]

이후 2003년 참여정부가 들어서고, 국가균형발전을 위한 행정중심복합도시 건설 등 국가 중추기능의 지방분산 및 지역혁신체제(Regional Innovation System) 구축에 따라 예상되는 국토공간구조의 변화로 기존의 국토종합계획의 수정이 불가피해졌다. 대외적으로도 중국의 급성장과 국가 간 자유무역협정(FTA)에 따른 국제사회의 개방화 요구, 도하개발아젠다(DDA) 협상, 2000년 6·15 공동선언 이후 양적, 질적으로 확대되고 있는 남북한 교류협력도 영향을 미쳤다. 이에 정부는 2004년 3월 국토종합계획 수정계획 연구단을 출범시키고, 여러 차례 공청회 및 실무작업단 회의를 거쳐 2005년 12월 말 「제4차 국토종합계획 수정계획(2006~2020)」을 발표했다(대한민국 정부, 2005).

수정된 계획에서는 기존의 4대 목표에 주 40시간 근무제, 여가시간 확대, 경부고속철도 제1단계 개통 등에 따른 국민의 '삶의 질' 중시정책을 반영해 '복지 국토'를 추가하였고, 기존의 수도권과 동남권을 중심축으로 해 온 불균형 개발전략도 동서남 해안축과 7개 광역권 및 제주도를 거점으로 하는 다핵연계형 체제로 바꾸어 전국균형발전 전략으로 전환하였다.[39] 기존의 5대 추진전략도 6대 추진전략으로 수정하였다.

---

38) 박양호, 주성재, 1999, p. 8. 국토연구원, 1999a, pp. 34-35.
39) 다핵연계형 국토구조 구축의 기본단위로는 수도권, 강원권, 충청권, 전북권, 광주권, 대구권, 부산권, 제주권 등 7＋1의 경제권역을 설정했다.

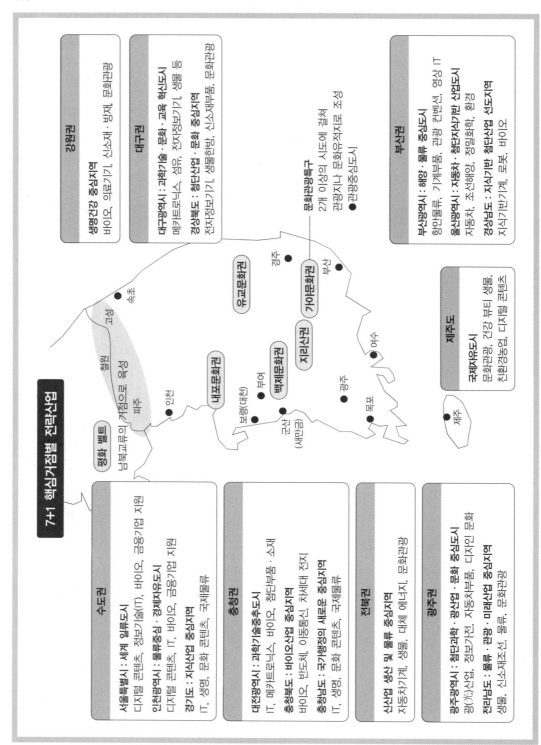

7+1 핵심거점별 전략산업

강원권
생명건강 중심지역
바이오, 의료기기, 신소재·방재, 문화관광

대구권
대구광역시 : 과학기술·문화·교육 혁신도시
메카트로닉스, 섬유, 전자정보기기, 생물 등
경상북도 : 첨단신업·문화 중심지역
전자정보기기, 생물한방, 신소재부품, 문화관광

부산권
부산광역시 : 해양·물류 중심도시
항만물류, 기계부품, 관광 컨벤션, 영상 IT
울산광역시 : 자동차·첨단지식기반 산업도시
자동차, 조선해양, 정밀화학, 환경
경상남도 : 지식기반 첨단산업 선도지역
지식기반기계, 로봇, 바이오

문화관광특구
2개 이상의 시도에 걸쳐
관광지나 문화유적지로 조성
● 관광중심도시

고성
속초
철원 옥성
파주
인천
보령(대천)
군산(새만금)
부여
광주
목포
경주
부산
여수
제주

평화 벨트
남북교류의 거점으로 육성

유교문화권
백제문화권
내포문화권
지리산권
가야문화권

제주도
국제자유도시
문화관광, 건강 뷰티 생물,
친환경농업, 디지털 콘텐츠

수도권
서울특별시 : 세계 일류도시
디지털 콘텐츠, 정보기술(IT), 바이오, 금융기업 지원
인천광역시 : 물류중심·경제자유도시
디지털 콘텐츠, IT, 바이오, 금융기업 지원
경기도 : 지식산업 중심지역
IT, 생명, 문화 콘텐츠, 국제물류

충청권
대전광역시 : 과학기술중심도시
IT, 메카트로닉스, 바이오, 첨단부품·소재
충청북도 : 바이오산업 중심지역
바이오, 반도체, 이동통신, 차세대 전지
충청남도 : 국가행정의 새로운 중심지역
IT, 생명, 문화 콘텐츠, 국제물류

전북권
신산업 생산 및 물류 중심지역
자동차기계, 생물, 대체 에너지, 문화관광

광주권
광주광역시 : 첨단과학·광산업·문화 중심도시
광(光)산업, 정보가전, 자동차부품, 디자인 문화
전라남도 : 물류·관광·미래산업 중심지역
생물, 신소재조선, 물류, 문화관광

그림 12.3 다핵연계형 국토구조

또한 인천, 행정중심복합도시, 광주, 제주, 경주, 부산, 여수, 목포, 군산(새만금), 보령(대천), 속초, 철원, 안동, 부여, 공주 등 14곳은 관광중심도시로 육성하기로 하였다.

남북한 접경지역인 경기 파주시, 강원 철원 고성군 등 3곳에 평화도시 건설을 추진하고, 창원, 구미, 울산, 반월, 시화, 광주, 원주, 군산 등 8개 산업단지는 혁신 클러스터로 재정비될 계획이다.

교통과 정보통신 인프라도 크게 확충해 2003년 기준 2,923km인 고속도로 총길이를 남북 7개 축과 동서 9개 축 격자형 도로망 확대를 통해 6,000km로 늘리고, 철도 복선화율도 32.3%에서 80%로, 철도영업연장 길이는 31.40km에서 5,000km로 확대하기로 하였다. 김포공항은 한·중·일 자유무역 체결 이후를 대비해 역내(域內) 전용공항으로, 부산신항과 광양항은 동북아 거점 항만으로 육성된다.

수도권 인구비중은 2020년 47.5%로 2003년과 비슷한 수준으로 유지하고, 2020년까지 주택수를 인구 1,000명당 2003년 238가구에서 370가구, 주택보급률은 2003년 101.2%에서 120%로 각각 끌어올려 일본과 비슷한 수준으로 늘리기로 하였다. 쾌적한 생활환경을 위해 1인당 공원면적은 2003년 7m²(2.1평)에서 12.5m²(3.8평)으로 확대하고, 상수도 보급률도 2003년 89.3%에서 2020년 97.0%로 올려 대부분의 국민이 수돗물을 공급받을 수 있도록 하였다.

그러나 2005년 수정된 국토종합계획이 2010년에 이르러 다시 5년이 경과하면서 국토해양부는 국토·지역·환경 등 관계 전문가 및 시·도 발전연구원 등과의 폭넓은 토론과 자문을 구한 후, 2010년 12월 공청회를 통해 「제4차 국토종합계획에 대한 수정계획(2011~2020)(안)」을 새로 마련하였다.

이는 국토종합계획이 1차 수정된 이후 녹색성장과 광역경제권 전략 등이 새로운 국가발전전략으로 대두되는 중요한 여건변화가 있었고, 4대강 살리기, KTX 망 확충, G20 회의 주최 등 국가발전의 새로운 모멘텀을 살려 2020년 이후를 바라보는 미래지향적인 국토관리의 패러다임을 제시하기 위한 것이다.

이번의 「2010~2020년 수정안」에 반영된 핵심정책 방향은 크게 일곱 가지로 요약할 수 있는데, 이는 (1) 광역화·특성화를 통한 지역경쟁력 강화, (2) 저탄소·에너지 절감형 녹색국토 실현, (3) 기후변화·기상이변에 대한 선제적 방재능력 강화, (4) 새로워진 강과 산·바다를 연계한 품격 있는 국토 창조, (5) 인구·사회구조 변화에 대응한 사회 인프라 확충, (6) 대륙과 해양을 연결하는 글로벌 거점기능 강화, (7) 국토관리 시스템의 선진화·효율화 성화를 통한 지역경쟁력 강화 등이다. 각 정책의 주요내용은 〈표

표 12.6 기존의 계획과 수정된 계획의 변경된 주요내용 비교

구분	제4차 국토종합계획	제4차 국토종합계획 수정계획
기간	• 2000~2020	• 2006~2020
기조	• 21세기 통합국토의 실현	• 약동하는 통합국토의 실현
목표	• 4대 목표 　- 균형국토 　- 녹색국토 　- 개방국토 　- 통일국토	• 5대 목표 　- 균형국토 　- 개방국토 　- 녹색국토 　- 복지국토 　- 통일국토
국토 공간 구조	• 개방형 통합국토축 형성 　- 연안국토축+동서내륙축	• 개방형 국토축과 다핵연계형 국토구조 형성 　- π형 국토축 +(7+1) 구조
추진전략	• 5대 전략 　- 개방형 통합국토축 형성 　- 지역별 경쟁력 고도화 　- 건강하고 쾌적한 국토환경조성 　- 고속교통·정보망 구축 　- 남북한 교류협력기반조성	• 6대 전략 　- 자립형 지역발전기반의 구축 　- 동북아시대의 국토경영과 통일 기반 조성 　- 네트워크형 인프라 구축 　- 아름답고 인간적인 정주환경 조성 　- 지속 가능한 국토 및 자원관리 　- 분권형 국토계획 및 집행체계 구축
지역개발	• 적극적 지방 육성을 추진하기 위해 지방의 10대 광역권을 종합적으로 개발	• 지역혁신체계 구축을 통한 자립적 지역발전기반 마련 • 행정중심복합도시 건설, 공공기관의 지방이전, 혁신도시 및 기업도시 건설 추진
남북한	• 접경지역의 평화 벨트 조성 • 남북 연계교통망의 복원	• 접경지역의 평화 벨트 조성 • 북한 경제특구 개발과 한반도 통합 인프라 구축
교통	• 30분 내 기간교통망 접근체계를 구축하기 위해 전국을 하나의 생활권으로 묶는 통합 교통망 체제를 제시 • 동북아 관문기능 수행을 위한 국제교통망 구축을 강조 • 인간중심적·친환경적 교통망 강조	• 7×9 간선도로망 지속추진 • 행정중심 복합도시와 각 지역의 연결성 강화 • TCR, TSR 등 남북한-동북아 연결교통망 구축 • 인간중심적·친환경적 교통망 강조

자료 : 대한민국정부, 2005, 「제4차 국토종합계획 수정계획(2006~2020)」, pp. 228-231.

12.7〉에 정리되어 있다.

「제4차 국토종합계획」은 2000년 1월 확정·발표되어 2005, 2010년 2차례 수정계획이 만들어졌는데, 이 계획은 좀 더 현실적인 정책수립을 위해 초기부터 민·관·연이 참여한 상향식 계획수립방식을 채택하였으며, 과거의 국토종합개발정책들과는 달리 국토를 대외개방형 국토축으로 형성하여 동북아 교류중심지로 육성할 것을 강조하였다. 국내적으로는 10대 광역권 개발 방향을 설정하여 지역 간 균형개발을 꾀하고, 국가개발사업 전반에 친환경적 개발 모델이 도입된 전방위 국토환경관리체제를 확립할 것도 천명하였다. 또한 첨단국가정보기반구축 계획이 수립되었으며, 한반도 통일에 대비한 계획들도 포함시켰다.

6. 모두를 위한 국토, 함께 누리는 삶터, 제5차 국토종합계획

제5차 국토종합계획은 세계 경제가 하강 국면에 들어서고, 수출 산업이 경기 둔화의 압박을 받던 2019년 12월에 발표되었다. 2020~2040년까지를 계획기간으로 대통령 공고 제 295호로 고시되었는데, 제4차 계획에서 비전을 '21세기 통합국토 실현', '글로벌 녹색국토' 등 국토 자체에 중점을 두고 수립하였다면, 5차 계획에서는 "모두를 위한 국토, 함께 누리는 삶터"로 정해 국토에 살고 있는 국민에 초점을 맞추었다.

제5차 국토종합계획은 그동안의 국가 주도 성장과 개발 시대에서 저출산·고령화에 따른 인구감소와 저성장 시대로의 추세 전환과 인공지능, 블록체인 등 디지털 기술과 빅데이터, 자율 주행 및 스마트 교통망 등으로 대표되는 4차 산업혁명 시대의 도래, 장기적으로 남북관계의 변화와 파리 기후변화협약 등 새로운 국제규범 강화 등의 변화에 대응하기 위해 계획되었다. 또한 총량적이고 획일적인 국토개발 과정에서 야기된 지역 간 격차와 불균형, 난개발에 따른 환경오염 및 경관 훼손 등을 개선하여 국민들이 좀 더 깨끗한 환경과 안전한 생활공간에서 품격 있는 생활을 영위하도록 하고, 미래 세대에도 지속가능한 국가 발전 기반을 조성하며, 지역과 지역, 중앙과 지역이 함께 연대하고 협력하면서 유연하고 스마트한 국토를 조성하는 새로운 국토 미래상도 포함시켰다.

이에 따라 어디서나 살기 좋은 균형 국토, 안전하고 지속가능한 스마트 국토, 건강하고 활력있는 혁신 국토를 3대 목표로 설정하였고, 이를 실현하기 위해 ① 개성있는 지역발전과 연대·협력 촉진, ② 지역산업 혁신과 문화·관광 활성화, ③ 세대와 계층을 아우르는 안심 생활 공간 조성, ④ 품격 있고 환경친화적 공간 창출, ⑤ 인프라의 효율

표 12.7 제4차 국토종합계획 수정계획(2011~2020) 주요정책방향

핵심정책	주요 내용
광역화·특성화를 통한 지역경쟁력 강화	• 권역별 선도·전략산업 육성, 광역 인프라 확충으로 (5+2) 광역경제권의 특성화를 발전시켜 지역경쟁력을 제고 • 광역경제권별로 거점도시권을 육성하여 광역경제권 발전 견인 　– 이를 위해, 도시 간 산업 클러스터 구축, 광역교통망 확충, 첨단산업 및 고차 서비스업 유치, 도시권 고유문화 창출 등을 추진하고, 특히 KTX 확충전략에 따라 KTX 정차 도시를 거점도시권의 핵심도시로 육성 • 해양자원 확보(북극해 항로 참여, 극지 해양자원 공동개발 등)와 해양영토의 관리(무인도서 등)를 강화하고, 해양 신재생 에너지(풍력, 조력, 파력 등) 산업 육성, 해양 산업 클러스터 조성 등을 통해 해양부문을 전략적으로 집중 육성
저탄소·에너지 절감형 녹색국토 실현	• 온실가스배출 가이드라인을 제시하는 '녹색도시계획'을 수립 　– 도심·역세권의 고밀개발, 도심 내 주택공급 확대, 대중교통지향형 개발(TOD), 시가지 내 미이용지 우선 개발 등을 통해 '한국형 압축도시(Compact City)'를 조성 • 교통 인프라를 철도·해운 중심체제로 전환하고, 　– 대중교통 활성화(복합환승센터 및 BRT 확충 등), 교통 혼잡개선(ITS, 스마트하이웨이, 교통수요관리 등), 친환경 교통수단 개발(전기자동차, 하이브리드카 등), 도심 내 자전거 이용 및 보행 활성화 등을 추진 • 에너지 순환형 생태산업단지 조성, 에코 산업 등 친환경산업 육성, 스마트 그리드 시스템 개발 등 에너지 절감 등 산업부문의 녹색성장기반을 강화하고, 건축·주택부문에서도 신재생 에너지 건축 기준 강화, 그린홈 보급확대 등을 추진
기후변화·기상이변에 대한 선제적 방재능력 강화	• 계획·설계단계에서부터 방재능력을 강화하기 위해, 　– 도시계획 수립 시 재해위험도 분석을 시행하여 재해 위험지역의 개발 억제, 배수체계의 설계기준 상향조정 등을 시행하고, 　– 대형재해에 대비하여 토지이용, 교통시설, 기반시설, 공원·녹지계획 등이 유기적으로 연계된 '통합도시계획'을 수립 • 재해위험지도 작성, 첨단 U-방재체계 구축, 기후변화에 대한 관측·감시체계 강화 등을 추진하고, • 대형 건축물 및 지하공간의 설계기준 강화, 도시 내 방재거점 설정, 재해발생 시 긴급수송 등 도시기반시설의 비상대응체계 강화 등 도시 내 방재체계를 강화

자료 : 국토정책국, 2010. 12. 2, 「제4차 국토종합계획 수정계획(2011~2020)」 보도자료에서 발췌.

표 12.7 제4차 국토종합계획 수정계획(2011~2020) 주요정책방향 (계속)

핵심정책	주요 내용
새로워진 강과 산·바다를 연계한 품격 있는 국토 창조	• 4대강 정비를 계기로 강과 산·바다를 통합적으로 관리하는 '강·산·해' 통합형 국토관리 네트워크를 구축하고, 　－ 생태공원 조성, 자전거 도로 확충, 수변 레저·관광 활성화 등을 통해 수변공간을 여가·건강·문화공간으로 조성하여 치수를 넘어 강을 다목적으로 이용하는 새로운 하천문화를 창출 • 국가조망점 지정·관리, 국토녹색길 조성, 전통건축양식 보급 확대, 상징거리 조성 등을 통해 국토 경관을 개선하고, 고도(古都) 정비, 역사·문화축 복원 등을 통해 문화품격을 제고
인구·사회구조 변화에 대응한 사회 인프라 확충	• 노령화, 1~2인 가구 증가 및 주택수요의 다양화에 따라 고령자 전용주택, 소형주택(도시형 생활주택, 준주택 등), 재택근무 지원형 주택, 전원주택, 별장주택 등 '수요맞춤형 주택공급'을 강화 • 영·유아에 대한 보육시설, 노인복지시설, 도시공원 및 필수문화시설 등을 확충하여 도시 내 복지·문화수요에 적극 대응하고, 　－ 다문화 특별지구 지정, 다문화 체험거리 조성, 다문화 커뮤니티 활성화 등을 통해 다문화사회 기반을 강화 • 저소득층·장애인·외국인 등에 대한 주거안전망 확충, 도시기반시설·교통시설 등의 무장애설계 확대 등 사회적 약자에 대한 보호체제도 강화
대륙과 해양을 연결하는 글로벌 거점기능 강화	• 광역경제권별 거점항만의 특화 육성, 동북아 포트 얼라이언스(Port Alliance) 확대, 항공자유화 확대, 인천공항의 허브 기능 강화 등 항만·공항의 글로벌 게이트웨이 기능을 강화 • 장기적으로 한반도 철도망과 TSR, TCR의 연결을 통해 아시아·유럽으로 진출을 확대할 수 있는 철도 수송·물류체계의 구축과 동아시아국가연합 하이웨이의 결손 부분의 연결을 위한 국제협력을 추진 • 공동사업 발굴·추진, 당사국 간 협력기구 확대 등을 통해 동북아+동아시아국가연합(ASEAN) 지역의 초국경적 지역개발 협력을 강화
국토관리체계의 선진화·효율화	• 우리경제가 성숙기에 진입함에 따라 신규 개발보다는 국토재생 중심으로 국토관리 기조를 전환하고, 　－ 특히 기존 도심의 중추기능 회복을 통한 도시경쟁력 제고를 위해 체계적인 도시재생 프로그램을 수립·추진 • 유사·중복된 계획·지구제도의 통폐합, 대규모 개발사업에 대한 조정 및 검증·평가체계 구축 등을 통해 저성장시대에 맞는 '국토의 수용능력을 고려한 개발체계'를 구축 • 아울러, 지역실정에 따른 유연한 토지이용의 확대, 중앙-지방 간 협약을 통한 지역개발, 주택정책 등에 있어 지자체의 역할 강화

적 운영과 국토 지능화, ⑥ 대륙과 해양을 잇는 평화국토 조성 등 6대 실천 전략을 수립했다(〈그림 12-4〉 참조).

수립된 6대 실천 전략은 좀 더 구체적으로 살펴보면 다음과 같다.

첫째, 개성 있는 지역발전과 연대·협력 촉진 전략은 1) 지역간 연대·협력을 통해 경쟁 기반을 구축하고, 2) 지역 특성을 살린 상생형 균형발전을 추진하는 것을 주요 내용으로 한다. 산업, 관광, 문화 등 지역 수요를 기반으로 교통, 행정 등에 대해 지역간 협력을 통해 국가 및 지역발전 기반을 확보하고, 기존산업의 개선, 신산업 유치 등 지역 주도의 발전전략을 마련하고, 교통인프라, 정주 여건 등 지원 기반을 개선하기로 했다. 한편 수도권과 지방 대도시권, 중소도시권, 농산어촌 등은 서로 다른 전략을 수립하여 균형발전을 꾀하도록 하였다. 즉, 수도권은 지방과의 상생발전, 주민의 삶의 질 향상, 수도권 내 균형발전, 글로벌경쟁력 제고 등을 추진하고, 지방대도시권은 인근 지역과의 경제, 사회, 문화 등을 연계하여 광역형 인프라를 구축하고, 중소도시권은 행복도시나 혁신 도시 등 균형발전의 거점을 완성하고 지역 여건에 맞는 중소도시 연계형

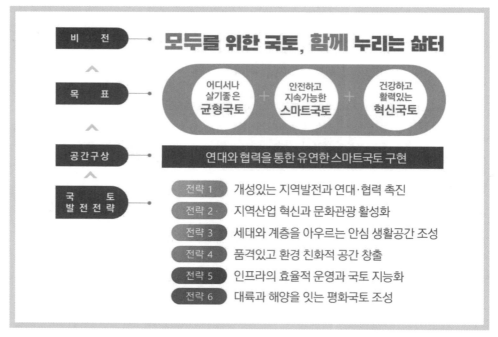

그림 12.4 제5차 국토종합개발 비전과 목표

자료 : 대한민국 정부, 2020, 『제5차 국토종합계획 실천계획 (2020~2040)』, p. 25.

도시권을 육성하며, 농산어촌은 정주 여건의 개선과 매력 재고를 통해 인구의 유입을 유도하고 낙후지역에 대한 지원을 내실화하도록 하였다. 또한 다른 목표를 지닌 지역들이 상호협력과 연대를 촉진하고, 신산업 유치 등에 있어 지역이 주도하는 발전전략을 마련하도록 하였다. 수도권 광역철도망, 충청권 광역연계교통망, 전북대도시권 형성, 동서내륙철도, 송도-부평-서울 신산업벨트, 충청·전라·남해안 광역관광권 개발 등이 이러한 전략에 기초하여 기획되었다.

둘째, 지역산업 혁신과 문화·관광 활성화 전략은 1) 4차 산업혁명 시대 신산업의 육성 기반 조성과 지역산업 생태계 회복력 제고, 2) 매력있는 문화공간 조성과 협력적 관광 활성화를 주요 내용으로 한다. 이에, 기존산업 혁신과 미래 신산업을 지역과 연계

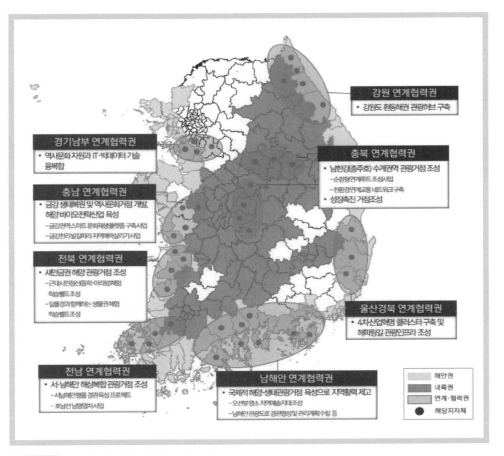

그림 12.5 관광분야 지역 연계·협력사업

자료 : 대한민국 정부, 2020, 『제5차 국토종합계획 (2020~2040)』, p. 74.

하여 지역 혁신성장 공간을 확충하고, 일터-삶터-쉼터가 조화된 미래형 복합산업공간을 조성·확산하고, 지역 특성에 적합한 산업생태계 조성 및 노후 산업단지 재생을 추진한다. 또한 지역 고유의 역사와 문화자산을 활용해 특색있는 문화공간을 창출하고, 주변 지역의 관광자원과 연계해 다양한 협력사업을 발굴하며, 쇠퇴한 관광지와 시설의 문화적 재생을 통해 지역의 활력 거점으로 활용해서 지역경제의 활력을 높이기로 하였다. 연계·협력 관광자원 지원을 위한 교통인프라 개선 때는 특별한 테마를 활용해 관광 요소를 접목시킴으로서 사람-자연-문화-역사가 만나는 새로운 경관 인프라로 조성해 활용하기로 했다.

구체적으로 경기 남부, 충남, 남해안, 강원 등 총 8개의 관광분야 연계협력권을 만들어 지역간 협력적 관광자원을 발굴하고, 글로벌 문화관광 서비스 인프라를 개선하는 것 등이 핵심 내용이다.

셋째, 세대와 계층을 아우르는 안심 생활공간 조성 전략은 1) 인구감소에 맞춘 유연한 도시개발 및 관리와, 2) 인구구조 변화에 대응한 도시개발과 생활공간 조성, 3) 수요 맞춤형 주거 복지와 주거 공간의 선진화, 4) 안전하고 회복력 높은 국토 대응체계 구축 등을 주요 내용으로 한다.

인구감소에 맞춰 도시 확장보다는 도심 내 복합개발과 도시 재생 활성화를 통해 구도심의 활력을 제고하며, 노후 건축물과 빈집을 계획적으로 관리 및 활용하여 난개발을 방지하며, 집약적 도시공간구조 개편을 추진한다. 또 저출산·고령사회 진입에 대비해 사회통합형 생활공간을 조성하고, 보육·복지 등 일상생활과 밀접한 생활 SOC의 질적 기준을 높이고, 1인 가구 등 새로운 거주 수요에 맞춘 주거 공간을 확충하고, 청년, 신혼부부, 저소득층의 생애 단계별·소득 수준별 맞춤형 지원을 강화한다. 그리고 재난 대응 범위를 확장하여 전 주기 방재체계를 구축하고, 지역별 통합 대응체계와 스마트 기술을 활용한 지능형 방재체계를 구축하는 것을 주요 내용으로 한다.

넷째, 품격 있고 환경친화적 공간 창출 전략은 1) 깨끗하고 지속가능한 국토환경 관리와 2) 국토자원의 미래 가치 창출 및 활용도 제고, 3) 매력 있는 국토 및 도시 경관 창출 등을 주요 내용으로 한다. 구체적으로는 온실가스 감축과 미세먼지 심화 등 기후변화로 야기된 문제들에 대응하기 유리한 국토환경을 조성하고, 도시 내 녹색 인프라를 확충하고 국토 생태 축 보존 및 복구 등을 통해 국토환경 관리를 위한 네트워크를 강화하고, 오염과 방치된 공간을 재생하기로 했다. 또한 수자원과 해양자원, 산지자원, 에너지자원 등 국토자원 특성을 고려해 미래 가치 창출과 활용도를 제고하고, 국토 경관 및

표 12.8 국토-환경 계획 5대 통합관리 추진전략

전략 1. 인구감소 시대에 대응한 국토공간 구조 개편

- 국토 및 도시 적정 개발과 체계적 관리
- 집약적 도시공간구조로 개편
- 재생과 복원을 통한 쇠퇴지역 활력 제고
- 오염 · 방치 공간의 친환경적인 활용 강화

전략 2. 국토환경의 연결성 강화를 위한 체계적인 국토관리

- 국토생태축과 도시 자연공간의 연계 강화
- 생태공간 확충을 위한 도시계획과 환경계획 강화
- 국토자원의 친환경적 활용성 제고

전략 3. 기후변화에 대응하여 안전한 저탄소 국토 조성

- 저탄소 국토공간 조성을 위한 기반 확충
- 안전하고 회복력 높은 국토대응체계 강화
- 지역 특성에 맞는 기후위험 관리체계 구

전략 4. 첨단기술을 활용한 혁신적 국토-환경 공간 구축

- 스마트 그린인프라 확충
- 친환경 신산업 공간 조성
- 신재생에너지 시설의 확산 기반 구축
- 친환경 지능형 교통 인프라 확충

전략 5. 남북 협력과 국제협력을 통한 글로벌 위상 제고

- 지속가능발전을 고려한 한반도 신경제구상의 단계적 이행
- 환경분야 동북아 협력 확대
- 환경분야 국제협력의 선도국가 위상 확립

자료: 대한민국정부, 2020, 『제5차 국토종합계획 (2020~2040)』, p. 114.

도로 · 철도 등 주요 기반 시설의 디자인을 개선하여 경관의 품격을 높이고, 도시 경관 전체를 통합적 관점에서 추진하면서 일상생활에서의 경관도 향상시키기로 하였다.

다섯 번째, 인프라의 효율적 운영과 국토 지능화 전략은 1) 네트워크형 교통망의 효율화와 대도시권 혼잡 해소, 2) 인프라의 전략적 운영과 포용적 교통정책 추진, 3) 지능형 국토 · 도시공간 조성 등을 주요 내용으로 한다. 구체적으로 KTX 철도망 증설, 지방 공항 등 국가 간선망의 확충과 효율화를 통해 전국을 2시간 대로 연결하는 교통 서비스 기반을 확충하고, 수도권뿐만 아니라 동남권, 대구권, 광주권, 충청권의 광역 대중

교통망을 확충하여 대도시권을 30분대에 연결하고, 대심도 지하도로도 추진한다. 자율주행차와 친환경차, 드론, 하이퍼 루트 등 미래형 교통수단에 대응할 수 있는 교통체계로 개편하고, 도시와 공항, 항만의 물류 허브 기능을 강화하며, 신규 스마트시티를 조성, 기존 도시의 스마트, 국토정보 통합을 통한 가상국토 플랫폼 구축 등 국토정보 보안체계 정비를 통해 지능형 국토 공간을 만들어 내는 등을 내용으로 한다.

여섯 번째, 대륙과 해양을 잇는 평화국토 조성 전략은 1) 한반도 신경제 구상의 이행과 경제 협력, 2) 한반도- 유라시아 경제공동체 육성과 글로벌 위상 제고를 주요 내용으로 한다. 구체적으로는 남·북한의 협력을 통해 경제공동체를 형성하고, 유라시아 대륙과 태평양을 연결하는 관문 국가로 발전을 추구하고, 비무장지대(DMZ)에 유엔기구, 생태기구 등을 유치해 국제 평화지대화를 추진한다. 또 한반도와 유라시아를 아우르는 경제공동체를 육성을 통해 글로벌 위상을 드높이고, TCR, TMGR, TSR 등과 연결 및 운영을 활성화하기 위해 대륙 연결형 교통망을 구축하고, 신북방·신남방 정책, 도시개발모델 수출 등 교류·협력의 선도국가로 위상을 제고시키기로 하였다.

그림 12.6 한반도 신경제구상 개념도

자료 : 대한민국 정부, 2020, 『제5차 국토종합계획 (2020~2040)』, p. 157.

남북한 교류 협력이 본격화될 경우를 대비해 신뢰 형성과 기반 구축에 힘을 쏟고, 한반도 신경제구상의 이행을 통해 남북한 공동번영 도모하기로 기획하였는데, 한반도 신경제구상은 먼저 남과 북이 서로에게 도움이 되는 경제공동체 형성을 추구하고, 나아가 유라시아 대륙과 태평양을 연결하는 교량 국가로 발전하여 동아시아의 평화와 번영에 기여하고자 하는 구상이다, 한반도 신경제 구상은 한반도 3대 경제벨트를 구축하고 '하나의 시장' 협력을 통해 실현되는데, 3대 벨트는 러시아와의 에너지(가스, 석탄) 협력, 단천특구 등에서의 광물자원(아연, 마그네사이트 등) 공동개발을 매개로 한 환동해 에너지·자원 벨트, 서울-평양을 잇는 서해 축의 지리적 인접, 남·북·중 교역 규모와 상호보완적 무역구조, 중국의 일대일로 진전에 따른 복합물류 혁신 등을 기회로 활용하여 물류와 산업을 특화하여 개발하는 환서해 물류·산업 벨트, 군사지역인 DMZ의 생태 환경적 특성을 활용하여 관광지구로 개발하고, 접경지역을 산업단지로, 한강하구를 공동관리·이용의 장으로 조성하여 정치·군사적 긴장을 완화하고 평화 정착을 견인하는 목적의 접경지역 평화 벨트이다. '하나의 시장 협력' 계획은 남북 간 경제협력을 위한 물리적·제도적 공간을 하나로 형성해 나감으로써 상품과 생산요소, 기술교류의 촉진과 협력을 통해 3대 벨트 기반 조성 및 생활공동체를 구현하려는 구상이다. 나아가 남북관계 진전에 기초하여 동·서해 주요 거점에 남북공동특구를 조성하고, 남북한 교통인프라를 연결하고 현대화하며, 남북 접경지역에 연결도로를 만들고 생태역사문화관광벨트를 구축하며, 대륙연결형 물류 네트워크와 동북아시아 1일 생활권을 구축하며, 동아시아 철도공동체를 만들고, 동북아 경제 협력과 문화교류를 활성화하며, 글로벌 환경이슈에 대응하는 초국가적 협력을 강화하고, 한국형 스마트시티 모델을 수출하고, 국제적 협력을 통한 인프라 구축을 지원하는 것 등을 주요 내용으로 한다[40].

이렇게 총 5차에 걸쳐 시행되었던 국가종합개발계획들은 해방 이후 직·간접적으로 국토 개발 정책을 수행하는 데 기초 계획이 되었으며, 1972년 제1차 계획을 시작으로 반세기에 가까운 기간 동안 대한민국 국토의 공간적 기틀을 마련하는 데 핵심적 역할을 수행한 최상위 국토계획이었다.

---

40) 제5차 국토종합계획(20202-2040) pp. 27-29. 전략별 자세한 추진계획은 pp. 35-166 참조.

표 12.9 제4차 국토종합계획 수정계획과 제5차 국토종합계획 비교

구분	제4차 국토종합계획 수정계획 (2011-2020)	제5차 국토종합계획 (2020-2040)
비전	• 새로운 도약을 위한 글로벌 녹색국토	• 모두를 위한 국토, 함께 누리는 삶터
목표	• 경쟁력 있는 **통합국토** • 지속가능한 **친환경국토** • 품격 있는 **매력국토** • 세계로 향한 **열린국토**	• 어디서나 살기좋은 **균형국토** • 안전하고 지속가능한 **스마트국토** • 건강하고 활력 있는 **혁신국토**
공간 전략	• 개방형 국토발전축 5+2 **광역경제권** 중심 거점도시권	• 연대와 협력을 통한 **유연한 스마트국토** 구축
발전 전략	〈6대전략〉 • 국토경쟁력 제고위한 지역 특화 및 광역적 협력 강화 • 자연친화적, 안전한 국토 조성 • 쾌적하고 문화적인 도시·주거환경 • 녹색교통·국토정보 통합 네트워크 구축 • 세계로 열린 신성장 해양국토 기반·초국경적 국토경영 기반 구축	〈6대 전략〉 • 개성 있는 지역발전과 연대·협력 촉진 • 지역산업 혁신과 문화관광 활성화 • 세대와 계층을 아우르는 안심 생활공간 조성 • 품격 있고 환경친화적인 공간 창출 • 인프라의 효율적인 운영과 국토 지능화 • 대륙과 해양을 잇는 평화국토 조성
지역 발전 방향	• 광역경제권 형성하여 지역별 특화발전, 글로벌 경쟁력 강화 • 지역특성을 고려한 전략적 성장거점 육성(대도시와 KTX 정차도시 중심으로 도시권 육성)	• 공간 재배치를 통해 압축적 발전, 지역 간 다양한(하드웨어 + 소프트웨어) 연계·협력으로 경쟁력 강화 • 혁신도시 등 균형발전 거점을 지속 육성하고 수도권과 지방의 상생
집행	• 지역개발사업 남발 방지를 위한 효율적인 지역개발 시스템 구축 • 재원조달방식 다양화	• 계획 모니터링 및 평가 연동 • 국토-환경 계획 통합관리

자료 : 국토교통부, 2019, 보도자료 "모두를 위한 국토, 함께 누리는 삶터," 2019, 11, 19, p. 7.

되돌아보면 제1차 국토종합개발계획은 고도성장을 위한 기반 시설을 조성하는 데 목표를 두었고, 이를 위해 수도권과 동남해안 공업 벨트를 중심으로 개발이 이루어졌다. 제2차 국토종합개발계획에서는 인구의 지방 정착과 생활환경 개선이 주요 목표였고, 이때부터 수도권 집중을 억제하고 권역 개발을 주요 실천과제로 추진하였다. 한편 제3차 국토종합개발계획에서는 서해안 산업지대 및 지방도시 육성을 통한 지방분산형

국토개발이 목표였고, 핵심과제는 국민복지 향상과 환경보전이었다. 제4차 국토종합계획에서는 지역 간의 통합, 동북아 지역과의 통합을 목표로 균형개발, 개발과 환경의 조화를 통한 개방형 통합국토 추진하였고, 계획기간도 변경(10년→20년)하면서, 2006년과 2011년 두 번에 걸쳐 수정 계획을 수립, 운영한 후 현재는 제5차 국토종합계획을 확정, 시행 중이다.

과거 국가계획을 수립할 연구 기반이 변변치 않았던 1970년대 초에 시행한 1차 국토개발계획은 프랑스 지역개발 컨설팅회사(오탐 메트라)가 주도해 기획되었다. 그러나 1978년 국토연구원이 설립된 이후 제2차 계획부터는 외국인을 배제하고 정부와 국내 전문가가 중심이 되어 만들었다. 특히 제5차 국토종합계획은 자발적으로 신청한 국민 중 170명(17개 광역지자체 각 5명, 나이·성별 고려)을 선정하여 직접 계획 수립 과정에 참여시켰다. 그리고 제4차 계획이 '5+2 광역경제권'이라는 국가 주도의 하향식 공간 전략을 제시하였다면, 제5차 계획에서는 국가와 지방이 협력적 관계에서 다양한 연대와 협력이 가능한 유연한 공간 전략을 제시하였다.

정부가 그동안의 국토종합계획 실행을 통해 수자원이나 에너지, 주택, 상·하수도, 도로, 철도 등 사회간접자본과 국민 생활 개선 부문에서 많은 성과를 거둠으로써 국가 경제성장의 기반을 확충하고, 국민들의 삶의 질을 한 단계 높이는 데 큰 기여를 하였다.

반면 수도권의 인구집중을 막고 산업의 공간적 균형 배치를 위해 시행하였던 수도권 정비계획들이나 공업배치법들이 좋은 결과를 내지 못하였다. 특히 제1차 국토종합개발계획의 4대권, 8중권, 17소권 중심의 지방거점도시 육성정책이나, 제2차 국토종합개발계획의 28개 지역생활권 개발정책, 제3차 국토종합개발계획의 U자형 7대 광역권 계획들은 필요한 법적·제도적 장치가 뒤따르지 않았고, 관련 부처 간의 알력, 거점도시나 권역에 대한 선정기준 미흡, 세부시행계획 미비 등으로 목표한 성과를 얻지 못하였다. 이에 수도권과 남동 임해 공업 지역으로의 양극화가 촉진됨으로써 지역 격차가 심화되고, 공업 입지의 확산에 따른 환경 파괴와 오염 문제가 더욱 심화되는 등 국민의 생활환경이 악화된 측면도 있었다. 그래서 지금까지도 수도권에 대한 인구 및 산업 집중 문제는 미해결 과제로 남아 있다.

과거 제1차 국토종합개발계획을 수립했던 1970년에 1인당 명목GNP 243달러였던 것이 2021년에는 1인당 명목GNI가 3만 5,373달러로 약 146배 증가했다. 도로나 철도, 전력생산 등 각종 인프라 공급도 크게 증대되었고, 신도시 및 주택단지 개발로 주택보급률은 2008년에 이미 100%를 넘어섰다. 1960년 상수도의 보급률이 16.9%에서 현재는 거의 93%에 이르러 국토종합계획이 국민의 삶의 질 향상에 크게 기여하였다. 도로확충과 소득향상에 따른 국민들의 차량보유율 증가, 고속도로망 확충에 따른 지역 간 이동성 증대와 이동시 간 단축 등으로 생활의 질도 훨씬 높아졌다. 2000년대 들어서 결정된 제4차 국토종합계획 부터는 명칭도 '계발계획'에서 '종합계획'으로 변경하여, 국토의 개발보다는 국토의 관리 와 국민의 삶의 질에 더 많은 중점을 두는 기조로 정책 변화를 꾀했다.[41]

그러나 다른 한편으로는 1970년대 이후 급속한 산업화과정에서 국가의 경제적 성장 과 국토발전을 견인해 온 국토종합계획이 최근 들어 시대적 환경에 효과적으로 대응하 지 못하여 최상위 공간계획으로서 위상 및 실효성이 크게 저하되었다는 평을 받는다. 특히 1987년 6.29선언을 계기로 대통령직선제, 지방자치 등 권위주의 체제에서 민주주 의 체제로의 전환기를 맞게 되었고, 세계화, 외환위기 등의 시기를 지나면서 국토종합 계획 성격 역시 많이 변화되었다. 정부주도적 성격이 완화되고 전문가 집단의 참여가 강화되었으며, 개발 우선의 논리에 균형발전과 환경보전 논리 등이 추가되면서, 포괄 적 합리주의 계획에 점진적·옹호적 계획(advocacy planning) 성격이 좀 더 강화되었 다. 2000년대 들어서는 민주화와 지방화의 진전 속에 성장과 균형, 보전의 계획가치가 동시에 추구되면서, 개발 위주의 물리적 계획을 바탕으로 했던 기존의 국토종합계획의 위상도 과거에 비해 많이 낮아졌다. 포괄적 합리주의적 계획 성격 위에 점진주의적· 옹호주의적 요소들이 혼재하고, 도시 분야를 중심으로 뉴어바니즘과 협력적 계획요소 가 부분적으로 도입되었다. 그리고 제4차 국토종합계획은 수립과정에 참여적 요소가 많이 반영되었다. 그러나 2008년 경제위기의 여파와 이명박 정부의 등장 이후 경제성 장을 강조하는 기류가 다시 강해졌으며, 이로 인해 국토종합계획은 수정계획(2011~ 2020)을 통해 광역경제권 구상 등 정부정책의 내용 변화를 수용하게 되었다. 2013년 정권교체 이후 지역생활권정책이 새로운 공간계획의 지역단위로 도입되는 등 정권교 체에 따른 국토정책의 변경내용을 반영하는 과정에서 포괄적 합리주의적 계획으로서 의 한계도 드러냈다.

한편 2017년에 진보적 성격의 문재인 정부가 들어섰다가 2022년 보수적 성격의 윤석 렬 정부로 바뀜에 따라 지역개발정책 기조와 실행에도 새로운 변화가 생길 것으로 예 상된다. 따라서 이러한 새로운 정책 환경에 부응하면서, 미래 국토발전을 선도하는 본 연의 기능도 동시에 수행할 수 있는 발전적 국토종합계획의 실천이 기대되고 있다.

---

41) 국토연구원, 2016, 「미래 선도·국민 중심의 국토정책 어젠다」. p. 12.

표 12.10 국토종합계획의 변천

구분	제1차 국토개발계획 (1972~1981)	제2차 국토개발계획 (1982~1991)	제3차 국토종합계획 (1992~2001)	제4차 국토종합계획 (2000~2020)	제4차 국토종합계획 (2006~2020)	제4차 국토종합계획 (2011~2020)
수립 배경	● 국력의 신장 ● 공업화 추진	● 국민생활환경의 개선 ● 수도권의 과밀 완화	● 사회간접자본시설의 미흡에 따른 경쟁력 약화 ● 자율적 지역개발 전개	● 21세기 여건변화에 주도적으로 대응 ● 국가융성과 국민 삶의 질 확보하기 위한 새로운 국토비전과 전략 필요	● 노무현정부 출범 -분권·분산에 입각한 균형발전이 국정기조로 강조 -행정중심복합도시 등 국토공간구조 변화 반영 -남북 교류협력 확대에 및 대외환경 변화에 대응	● 이명박정부 출범 -국가경쟁력이 국정기조로 강조 -4대강 살리기사업 등 국책사업 반영 -FTA시대의 글로벌 트렌드를 수용한 글로벌 국토 실현
비전 및 목표			● 지방분산형 국토 골격 형성 ● 분산적·자원절약적 국토이용체계 구축 ● 국민복지 수준의 제고 및 국토자연환경 보전 ● 남북통일에 대비한 국토기반의 조성	● 비전 -21세기 통합국토 실현 ● 더불어 잘사는 균형국토 ● 자연과 어우러진 녹색국토 ● 지구촌으로 열린 개방국토 ● 민족이 화합하는 통일국토	● 비전 -약동하는 통합국토 실현 ● 더불어 잘사는 균형국토 ● 자연과 어우러진 녹색국토 ● 지구촌으로 열린 개방국토 ● 민족이 화합하는 통일국토	● 비전 -글로벌 녹색국토 ● 경쟁력 있는 통합국토 ● 지속가능한 친환경국토 ● 품격 있는 매력국토 ● 세계로 향한 열린 국토
추진 전략 및 주요 정책 과제	● 대규모 공업기반 구축 ● 교통통신, 수자원 및 에너지 공급망 정비 ● 부진지역 개발을 위한 지역기능 강화	● 국토의 다핵구조 형성과 지역생활권 조성 ● 서울·부산 양대 도시의 성장억제 및 관리 ● 지역기능 강화를 위한 교통·통신 등 ● 사회간접자본 확충 ● 후진지역의 개발 촉진	● 지방분산형 국토 골격 형성 ● 분산적·자원절약적 국토이용체계 구축 ● 국민복지 수준의 제고 및 국토자연환경 보전 ● 남북통일에 대비한 국토기반의 조성	● 개방형 통합국토축 형성 ● 지역별 경쟁력 고도화 ● 건강하고 쾌적한 국토환경 조성 ● 고속교통·정보망 구축 ● 남북한 교류협력 기반 조성	● 행정중심복합도시 건설, 공공기관 지방이전, 혁신도시·기업도시 건설추진 ● 개방형 국토축 + 다핵연계형 국토구조 π 형 국토축(7+1) 구조	● 광역경제권 형성하여 지역별 특화발전, 글로벌 경쟁력 강화 ● 지역특성을 고려한 전략적 성장거점 육성 ● 5+2광역경제권

자료 : 대한민국정부. 제1차 국토개발계획. 1982, 제2차 국토개발계획. 1991. 제3차 국토종합계획. 2001. 제4차 국토종합계획. 2000, 2006, 2011.

참고문헌

건설교통부, 2007, 국토업무편람.

국토교통부, 2020, 『제5차 국토종합계획 실천계획 (2021~2025)』.

국토교통부, 2019, 보도자료 "모두를 위한 국토, 함께 누리는 삶터" 국토의 새로운 비전 20일 총리 주재 국
    토 정책위서 '제5차 국토종합계획안(2020-2040)'심의 "연대와 협력을 통한 유연한 스마트 국토"를 공간
    전략으로 제시, 2019.11.19.

국토개발연구원, 1967, 「대국토 건설계획 요지」.

국토개발연구원, 1982, 「제1차 국토종합개발계획의 평가분석」.

국토개발연구원, 1990, 「국토개발의 평가와 과제」.

국토개발연구원, 1992a. 「제2차 국토종합개발계획(안), 1982~1991−답신보고서」.

국토개발연구원, 1992b, 「제2차 국토종합개발계획의 추진실적평가(IX)」.

국토개발연구원, 1996, 국토 50년−21세기를 향한 회고와 전망, 도서출판 서울 프레스.

국토연구원, 1999a, 「제4차 국토종합개발계획 시안, 2000~2020−총괄보고서」.

국토연구원, 1999b, 「제4차 국토종합개발계획 시안−부문별보고서 (제1권)」.

국토연구원, 1999c, 「제4차 국토종합개발계획 시안−부문별보고서 (제2권)」.

국토연구원, 1999d, 「제4차 국토종합개발계획 시안−부문별보고서 (제3권) : 수립과정」.

국토연구원, 1999e, 「제4차 국토종합개발계획 시안−부문별보고서 (제4권) : 아이디어모음집」.

국토연구원, 2015, 「국토의 미래와 도시의 경쟁력」. 2015년 국토연구원 정책세미나, 2015.4.8.

국토연구원, 2016, 「미래 선도·국민 중심의 국토정책 어젠다」. 2016년 국토연구원 정책세미나, 2016.4.20.

국토연구원, 2019, 『알기 쉬운 제5차 국토종합계획 2020-2040』.

국토정책국, 2010. 12. 2 「제4차 국토종합계획 수정계획(2011~2020)」 보도자료.

권영섭, 김선희, 하수정, 정우성, 한지우, 2015, 「미래 국토를 선도하는 국토종합계획의 발전방안 연구」. 국
    토연구원.

건설부, 1973, 「한국의 국토개발계획」.

김수신, 고병호 공저, 1997, 「지역개발론」. 한국방송대학출판부.

김수신, 1983, "우리나라 지역정책의 변화와 전략", 「청주대학교 사회과학논총」, 제1집 : pp. 167-189.

김용웅, 1997, "광역권 개발계획의 도입배경과 발전방향", 「국토연구」, 제26권, pp. 1-18.

노기성, 김호영, 장준경, 1998, 「수도권 정책의 평가와 기본방향」. 한국개발연구원.

대한민국 정부, 1971, 「제1차 국토종합개발계획, 1972~1981」.

대한민국 정부, 1982, 「제2차 국토종합개발계획」.

대한민국 정부, 1987, 「제2차 국토종합개발계획 수정계획 1987~1991」.

대한민국 정부, 1992, 「제3차 국토종합개발계획」.

대한민국 정부, 2000, 「제4차 국토종합개발계획, 2000~2020」.

대한민국정부, 2005, 「제4차 국토종합계획 수정계획, 2006~2020」.

대한민국 정부, 2020, 『제5차 국토종합계획 (2020~2040)』.

류웅교, 1999, 「국토계획론」. 보성문화사.

박양호 外 5인, 1998, 「21세기의 국토비전과 전략」. 국토개발연구원.

박양호, 주성재, 1999, "21세기 통합국토 실현의 청사진-제4차 국토종합계획의 목표와 전략", 국토연구원. 국토, pp. 6-10.

서창원, 1993, "국토개발계획모델과 지역격차에 관한 연구", 국토연구, 제XX권, pp. 27-43.

서창원, 양진홍, 1997, 「제3차 국토종합개발계획 추진성과 분석 연구」. 국토연 97-55. 국토개발연구원.

서창원, 양진홍, 1998, 「도표로 본 국토의 공간구조의 변화」, 국토연 98-36. 국토개발연구원.

서창원, 1998, 「국토와 정책」. 도서출판.

정홍열, 2002, "한국의 국토개발정책들에 대한 고찰", 「인문사회과학論叢」, 한국해양대학교, 第9호, pp. 23-44.

이성근, 이춘근, 나주몽, 2014, 「최신지역경제학」, 법문사.

이주훈, 1997, 「한국의 경제성장과 지역산업구조」. 계축문화사.

제4차 국토계획연구단, 1999, 「제4차 국토종합계획 수립지침」.

제4차 국토계획연구단, 1999, 「제4차 국토종합계획 시안(2000~2020)」.

황갑손, 1987, "지역개발정책의 기본방향-농촌중심도시개발정책을 中心으로", 「개발과 자치」, 제1권 제1호, pp. 1-27.

황갑손, 1988, "한국 지역개발정책의 변천과 전망", 「개발과 자치」, 제2권 제1호, pp. 25-54.

Armstrong, H. and J. Taylor, 2000, *Regional Economics and Policy,* 3rd, Harvey Armstrong : Blackwell.

Cameron, G. C., 1974, "Regional economic policy in the United Kingdom", in N.M. Hanson, ed., *Public Policy and Regional Economic Development : The Experience of Nine Western Countries,* Cambridge, Mass : Ballinger, pp. 65-102.

Firestone, O. J., 1974, "Regional economic and social disparity", in O. J. Firestone ed., *Regional Economic Development,* Ottawa : University of Ottawa Press.

Fratesi, Ugo, 2008, "Regional policy from a supra-regional perspective", *The Annals of Regional Science,* Vol. 42, pp. 681-703.

Higgins, Benjamin and Donald J. Savoie, 1995, *Regional Development Theories & Their Application,* New Bruenswick(USA) and London(UK) : Transaction Publisher.

Hong, Ki-yong, 1997, "Regional Policy in the Republic of Korea", *Regional Studies.* Vol. 31, No. 4, pp. 417-423.

Hong, Sung Woong, 1986, "Regional Policy Reconsidered", *The Korea Spatial Planning Review.* Vol. 6, pp. 1-16.

Lee, Jeong Sik, 1994, "National Development Planning in Korea-Priority Setting and Implementation

Strategy—", *The Korea Spatial Planning Review.* Vol. 21, pp. 1-22.

Lie, Ben-Chieh, 1975a, "Differential net migration and the quality of life", *Review of Economics and Statistics,* Vol. 57, Iss. 3, pp. 329-37.

Lie, Ben-Chieh, 1975b, "Quality of Life : concept, Measure and results", *American Journal of Economics and sociology,* Vol. 34, Iss. 1, pp. 1-13.

Richardson, Harry W., 1978, *Regional Economics,* University of Illinois Press.

Temple, Marion, 1994, *Regional Economics,* St. Martin's Press.

Thirlwall, A. P., 1974, "Regional economic disparities and regional policy in the Common Market", *Urban Studies,* Vol. 11, No. 1, pp. 1-12.

United Nations, 1987, *Report of the World Commission on Environment and Development,* General Assembly Resolution 42/187, 11 December 1987, Retrieved : 2007-04012.

찾아보기